“十三五”国家重点图书出版规划项目

Translation Series on the International Law of the Sea

世界海洋法译丛

大洋洲卷

张海文　李红云

·主编·

青岛出版社

前言
PREFACE

从1609年荷兰法学家格劳秀斯发表著名的《海洋自由论》到1994年11月16日《联合国海洋法公约》(以下简称《公约》)生效,海洋法经历了一个漫长而坎坷的发展过程。如今,海洋法已发展成为国际法中内容最新、最完备的一个分支。截至2017年11月,《公约》已成为一个拥有168个缔约国的国际条约。根据《公约》,沿海国家可以拥有自己的领海、毗连区、专属经济区、大陆架;群岛国还可拥有群岛水域。国家在不同的海域中行使不同的主权、主权权利和管辖权。

联合国秘书处海洋事务与海洋法司已将各国政府根据《公约》的有关规定向联合国秘书处交存的文件予以公布,这些文件主要有:(1)沿海国家的有关海图或地理坐标表,注明直线基线、群岛基线;领海、专属经济区和大陆架外部界限的大地基准点。(2)沿海国公布的所有有关无害通过的法律和规章;海峡沿岸国公布的在用于国际航行的海峡中有关过境通行的法律和规章;沿海国在其领海的特定区域内暂时停止外国船舶的无害通过的情况。(3)沿海国家的立法实践。

考虑到我们在海洋法研究、实践以及立法工作上的需要,我们决定将世界各国海洋立法、海洋边界实践以及国际海洋争端解决的经典案例译成汉语,并列为国家海洋局海洋发展战略研究所关于海洋权益与法律问题的系列研究项目之一,逐步编译成册出版,丛书名定为《世界海洋法译丛》。我们的决定得到了联合国秘书处海洋事务与海洋法司的赞同和支持。

本丛书的内容包括世界沿海国家的海洋立法汇编8卷(非洲卷1卷、欧洲卷3卷、美洲卷2卷、亚洲卷1卷、大洋洲卷1卷)、海上边界协定1卷、海洋法争端解决国际案例汇编1卷和海上边界国家实践发展现状4卷,共计14卷。

《公约》生效后,《公约》中包含的原则和规则开始对各国的海洋实践产生重大影响,在各国海洋立法中尤为明显。国内立法是国际法研究的一个重要方面,不仅是一国履行国际义务的实践,还可以为国际习惯法的形成和发展提供证据。本丛书中的沿海国海洋立法系列将沿海国立法分为5个部分,分别是非洲国家、亚洲国家、大洋洲国家、欧洲国家和美洲国家。在每部分中将国家按英文字母先后顺序排列。此系列的翻译原文均为联合国网站公布的各国提交的该国立法英文文本。需说明的是,其中有些立法是从其他语种的官方文本译为英文的。我们在翻译过程中尽量做到忠实原文,对有明显错误的地方作了注释。译文尽量保持原立法的完整性,仅对个别立法中与海洋法无关的内容作了省略,并作出标明。

海洋划界是现代海洋法的重要部分。《公约》对国家主权和管辖海域的规定(增加领海宽度、设立专属经济区这一新制度,重新界定大陆架等)使得各沿海国之间出现了大量的重叠主张。各沿海国家相互之间签署了大量的边界协议,但仍有200多项海洋划界问题亟待解决。海洋划界的发展经历了3个阶段:第一个阶段自18世纪至二战爆发前,见证了沿海国普遍接受将陆地领土主权延伸至领海的历程,形成了一些划界的基本原则。第二个阶段始于第一项领海范围以外海洋划界协定(1942年《帕里亚湾条约》)的出台,进而杜鲁门1945年发布《大陆架公告》,直至1958年《大陆架公约》和1969年《北海大陆架案》,见证了海洋划界向外拓展并涵盖大陆架的过程。第三个阶段自专属经济区概念和大陆架新定义首次引入第三次《联合国海洋法公约》会议谈判案文并最终写进《公约》开始,海洋划界有了新的内涵。本丛书中的海上边界协定部分收录了1942—1991年相关国家之间签订的海洋划界协定。为方便查询,协定按地区分类汇总,如大西洋区域(北大西洋和南大西洋）、加勒比区域、地中海区域、印度洋区域和太平洋区域（东太平洋和西太平洋），每个区域依照国别和划界区域列出协议。

本丛书中的海洋法争端解决案例系列收录了自19世纪末至20世纪初的33个海洋法典型案例，内容编排为7章，涵盖了海洋法主要的案例类型：第一章为基线、海湾和领海类案例；第二章为国际航行海峡类案例；第三章为海洋划界类案例；第四章为渔业和海洋生物资源类案例；第五章为公海刑事管辖权和船旗国管辖权类案例；第六章为航行类案例；第七章为海洋环境类案例。这些案例包含了国际常设法院（Permanent Court of International Justice，2宗）、中美洲法院（Central American Court of Justice，1宗）、国际法院（12宗）和国际海洋法法庭（International Tribunal for the Law of the Sea，7宗）作出的判决及仲裁法庭（10宗）和特别委员会（1宗）作出的仲裁裁决。由于有些涉及海洋法的争议仍在审理当中，因此不排除以后会更新相关审理结果的可能性。

本丛书中的海上边界国家实践发展现状系列旨在广泛传播各国在实践中适用《公约》的现状，为《公约》的实施提供帮助，促进各国统一、一致地适用《公约》规定的复杂而全面的国际规则。此系列包括1982—1994年的双边和多边条约、国内立法及政府照会、宣告和声明，按照国家字母顺序逐一列出。内容涵盖以下事务：领海基线、领海宽度及归属、专属经济区的建立、大陆架的界定、海岸相向或相邻国家间海上边界的划定等。

本丛书的编译工作由张海文主持，北京大学法学院李红云教授及其部分研究生、北京师范大学法学院张桂红教授及其部分研究生以及原国家海洋局国际合作司梁凤奎、祁冬梅、宁佳、蔡壁岭等参与了翻译工作。天津外国语大学黄影讲师负责本丛书的审校工作。丛书的文字翻译是对联合国公开资料的客观展示，以利于国内读者作为资料参考，并不代表编者和出版者认可其观点和立场。在编译过程中由于水平所限，错误在所难免，在此欢迎读者批评指正。

本丛书集合了国内立法和政策、边界协定和国际法案例，为我国了解国际海洋边界的最新进展、熟悉“海上丝绸之路”沿线国家的基本情况以及国际司法和仲裁机构对各类涉海问题的解读和分析提供了权威参考资料,对于推动国际法治、实现海洋强国具有重要的现实意义。我们希望通过《世界海洋法译丛》的编译出版,能对我国研究海洋法的学者和学生、涉海的政府行政主管部门、海洋立法和执法机构提供一些帮助和参考,为我国海洋事业的发展尽绵薄之力。

编译者

2017 年 11 月 28 日

目　录
CONTENTS

澳大利亚
Australia

（英文文本截止于 2010 年 9 月 15 日）

1968—1973 年大陆架（生物自然资源）法

第一部分　序　　言

第一条

本法可被称为《1968—1973 年大陆架（生物自然资源）法》。

第二条

本法应从公告之日起生效。

第三条

废止《1952 年采珠业法》、《1953 年采珠业法》及《1953 年采珠业法（第 2 号）》。

…………

第五条

1. 本法中，除非有相反的意思表示 ——

“澳大利亚” 包括：

（1）诺福克岛（Norfolk Island）；

（2）亚什摩及卡地尔群岛（Ashmore and Cartier Islands）；

（3）珊瑚海群岛（Coral Sea Islands）的领土。

“澳大利亚大陆架”是指与澳大利亚海岸相邻的大陆架（包括与诺福克岛相邻的大陆架、与亚什摩及卡地尔群岛领土相邻的大陆架以及与珊瑚海群岛领土相邻的大陆架）。

“澳大利亚船舶”是指在澳大利亚境内作业并由澳大利亚居民或者在澳大利亚成立的公司完全所有的船舶。该船——

（1）建造于澳大利亚；

（2）合法进口到澳大利亚，且非临时性的；或者

（3）根据本法或其他法律或根据他国或其他地区的法律，被没收或扣押后，在澳大利亚被出售或处置。

“商业目的”包括一切交易或制造目的。

“大陆架”与《公约》中的“大陆架”含义相同。

“海外领土大陆架”是指与海外领土相邻的大陆架。

“管制区”是指澳大利亚大陆架或海外领土大陆架的某一区域，是依据第十一条发布的有效通知宣布成为的、有关任何定居种生物的管制区。

“公约”是指1958年4月29日于日内瓦签署的《大陆架公约》，该公约的英文文本载于《1967—1973年石油（下沉陆地）法》的“附件一”中。

“潜水员”是指依靠机械呼吸器进行潜水的潜水员，不论其是否能够不依靠机械呼吸器进行潜水。

“潜水员照看人”是指照看潜水员并当潜水员在水下时负责潜水作业的人。

“豁免船只”是指属于并且通常附着于或载于船上的一艘小艇（非外国船舶），但不包括当时独立于船舶使用的小艇。

“海外领土”（原文为“external Territory”——译者注）是指非澳大利亚组成部分的领土。

“外国船舶”是指——

（1）就澳大利亚大陆架而言——非澳大利亚船舶；

（2）就海外领土大陆架而言——非有关该领土的本国船舶。

“官员”是指——

（1）经产业部部长或海外领土部部长书面授权、依本法行使职权的澳大利亚、海外领土政府或澳大利亚当局的官员或雇员；

（2）依照澳大利亚某一州的协议，由产业部部长书面授权、依本法行使职权的某一州官员或雇员；

（3）联邦警察部队的成员或一国或某一州或某一海外领土的警察部队；或

（4）国防军的成员。

“定居种生物”是指依第七条通过有效公告宣布的属于定居种生物并适用本法的一类生物。

“船舶”是指不包括航空用船只和船艇的船只、小艇、船艇，包括大型驳船、小型驳船和其他浮动式船只。

“本国船舶”（Territory ship—— 译者注），就海外领土而言，是指在领土内作业并由该领土居民或在该领土成立的公司完全所有的船舶。该船 ——

（1）建造于该领土；

（2）依法进口到该领土；

（3）依据本法或其他法律或该领土的法律，被没收或扣押后在该领土被出售或处置。

2. 除非有相反的意思表示，本法所指的澳大利亚大陆架或海外领土大陆架应视情况理解为包括澳大利亚大陆架或海外领土大陆架上覆的水体，本法所指的澳大利亚大陆架或海外领土大陆架的某一区域或某一区域的某一部分应理解为包括该区域或该区域该部分的上覆水体。

3. 为本法的目的，在下列情况下，“个人”应被视为使用船舶搜寻并捕捞某一特定种类的定居种生物的人：

（1）他将船舶作为住所或避难所，或用于为以下人群储存物资 ——

（a）受雇从事搜寻或捕捉或有关搜寻或捕捉该种定居种生物的人员；或

（b）监督上述雇员的人员；

（2）他将船舶用于运输或储存定居种生物或其一部分；

（3）他将船舶用于搜寻或捕捉该种定居种生物的场所；或

（4）他将船舶用于搜寻或捕捉该种定居种生物或与搜寻或捕捉该种定居种生物有关的其他活动。

4. 为本法的目的，巴布亚（Papua）与新几内亚（New Guinea）的领土应被视为一块领土，且该领土被视为海外领土。

第六条

本法规定中所指的有关大臣或部长，在适用有关澳大利亚大陆架的规定时，应视情况被理解为产业国务大臣或产业部部长，并在适用有关海外领土大陆架的规定时，应视情况被理解为海外领土国务大臣或海外领土部部长。

第六A条

1. 产业部部长或其代表或产业国务大臣的代表，在依据本法行使其权力并履行其职务时，受产业国务大臣指令的限制。

2. 除巴布亚新几内亚的下议院大臣外，海外领土部部长或其代表或海外领土国务大臣的代表，在依据本法行使其权力并履行其职务时，受海外领土国务大臣指令的限制。

第七条

为《公约》的目的，当总督认为一种海洋生物因属于定居种生物而成为澳大利亚大陆架或海外领土大陆架的生物自然资源的一部分时，他可以通过公告宣布该生物属于适用于本法的定居种生物。

第八条

1. 为本法的目的，总督可以通过公告宣布公告中规定的大陆架某一区域是与公告中规定的海外领土相邻的大陆架区域。

2. 如果依前一款的规定公告有效，为本法的目的，则公告中规定的大陆架某一区域应被视为与公告中规定的海外领土相邻，并应被视为与澳大利亚不相邻。

第九条

本法及于一切领土以及澳大利亚大陆架和海外领土大陆架的任何部分，适用于一切自然人，包括外国人，并适用于一切船舶，包括外国船舶。

第十条

1. 受本条的限制，由本法授予权力或职能的国务大臣或部长可通过书面形式将其权力或职能的全部或部分以一般或其他授权方式委托给个人或主管部门，但该项委托权或第十三A条规定的权力或职能除外。

1A 对于依据第十三A条对居住在巴布亚新几内亚的居民、在巴布亚新几内亚注册成立的公司以及在其境内作业的船舶所享有的权力和职能，海外领土国务大臣可以通过书面形式,以一般或其他授权方式,将之委托给巴布亚新几内亚下议院大臣。

2. 依据第 1 款或第 1A 款被委托的权力或职能可以由受托人依委托行使或履行,而且为本法的目的,这些权力或职能的行使或履行应被视为委托人的行为。

3. 该条规定的委托可任意撤回,且不妨碍委托人行使权力或履行职能。

第二部分　关于捕获定居种生物的规章

第十一条

为本法的目的,有关大臣可以在公报上发布通知,宣布通知中规定的澳大利亚大陆架或海外领土大陆架的某一区域作为有关特定种类的定居种生物的管制区。

第十二条

1. 有关大臣可以在公报上发布通知——

(1)如果澳大利亚大陆架或海外领土大陆架的某一区域或某一区域的特定部分是有关定居种生物的管制区,则禁止于任何时期或某一特定时期在该区域捕捉该特定种类的定居种生物。

(2)如果澳大利亚大陆架或海外领土大陆架的某一区域或某一区域的特定部分是有关定居种生物的管制区,则禁止在该区域捕捉任何小于特定尺寸或其本身或其一部分小于特定体积的特定种类的定居种生物。

(3)如果澳大利亚大陆架或海外领土大陆架的某一区域或某一区域的特定部分是有关定居种生物的管制区,则禁止使用特定的方法或装置在该区域捕捉特定种类的定居种生物。

(4)如果澳大利亚大陆架或海外领土大陆架的某一区域或某一区域的特定部分是有关定居种生物的管制区,则禁止船舶于特定期间在该区域捕捉超过特定数量的特定种类的定居种生物。

(a)禁止在澳大利亚大陆架或海外领土大陆架的某一区域的特定部分搜寻或捕捉特定种类的定居种生物,但如果个人依第十三条第 1A 款的批准而持有依第十三条第 1 款获得的授权该种搜寻或捕捉的执照,则视情况而定;

（b）禁止在澳大利亚大陆架或海外领土大陆架的某一区域的特定部分使用船舶搜寻或捕捉特定种类的定居种生物，除非船舶依第十三条第2A款的批准而持有依第十三条第2款获得的执照得到该种使用的授权。

（5）如果澳大利亚大陆架或海外领土大陆架的某一区域或某一区域的特定部分是有关定居种生物的管制区，则禁止个人于特定期间在澳大利亚大陆架或海外领土大陆架的某一区域或某一区域的特定部分捕捉超过特定数量的特定种类的定居种生物。

（6）禁止从澳大利亚大陆架或通知规定的海外领土大陆架中除去特定种类的定居种生物，除非这些生物已经死亡。

2. 依据该条发出的通知可以规定对通知中禁止事项的免除。

第十三条

1. 有关大臣或部长可以向个人颁发执照，授权其在作为定居种生物管制区的澳大利亚大陆架或海外领土大陆架的某一区域或某一区域的特定部分搜寻并捕捉该特定种类的定居种生物。

1A　除依第十二条第1款第（a）项发布的通知外，当依第1款所颁发的执照及于授权个人在适用某一通知的澳大利亚大陆架或海外领土大陆架某一区域的一部分搜寻并捕捉某类定居种生物时，有关大臣或部长可以在该通知适用的范围内批准该执照，使其及于授权该人在该区域搜寻并捕捉该类定居种生物。

2. 有关大臣或部长可以向个人颁发有关船舶的执照，授权该人或其代表使用该船舶在作为定居种生物管制区的澳大利亚大陆架或海外领土大陆架的某一区域或某一区域的特定部分搜寻并捕捉该类定居种生物。

2A　除依第十二条第1款第（a）项发布的通知外，当依据第2款所颁发的执照及于授权使用船舶在适用某一通知的澳大利亚大陆架或海外领土大陆架某一区域的一部分搜寻并捕捉某类定居种生物时，有关大臣或部长可以在该通知适用的范围内批准该执照，使其及于授权使用该船在该部分搜寻并捕捉该类定居种生物。

3. 授权使用船舶在澳大利亚大陆架或海外领土大陆架的某一区域搜寻并捕捉特定种类的定居种生物的执照受其所载条款的限制，及于在该区域为第五条第3款某项规定的任何目的就该类定居种生物使用船舶。

4. 有关大臣或部长可以向个人或就个人颁发 ——

（1）授权该人在执照所载的管制区内受雇为一名潜水员的执照；

（2）授权该人在执照所载的管制区内受雇为一名试用潜水员的执照；或

（3）授权该人在执照所载的管制区内受雇为一名潜水员照看人的执照。

5. 依本条获授权批予执照的人可酌情决定批准或拒绝执照申请。

6. 依本条颁发的执照 ——

（1）受执照所载条款的限制；

（2）在执照所载期间内有效。

7. 对于相关船舶执照的持有者和提议受让者的申请，有关大臣或部长可以斟酌决定同意将执照转让给该提议受让者。

8. 若规定了颁发或转让执照的相关费用（如果有的话），应当依据本条规定予以支付。

9. 如果在一年中的任何月份内依据本条颁发或转让了有关海外领土大陆架的执照，澳大利亚应当在下一个月最后一天之前向海外领土政府支付澳大利亚收取的所有有关颁发或转让执照的费用。

10. 本条所指的执照应符合产业国务大臣核准的形式。

11. 载明依本条颁发并在一定期限内有效的执照的登记册应存放在有关大臣指定的地方。

12. 本法不得妨碍依本条颁发的执照和依其他州或其他海外领土的法律颁发的同种执照被合并且作为同一文件颁发。

第十三 A 条

1. 有关大臣或部长可以依据本条撤销某项执照，如果 ——

（1）其确信存在违反或不遵守执照所限制的条件的行为；

（2）执照持有人被判有违反本法或违反《1952 年渔业法》或其修正案的罪行；或

（3）执照持有人被判有违反某州或某海外领土的相关渔业法的罪行。

2. 除原先依本款行使权力的已有根据外，有关大臣或部长如果有合理根据怀疑存在违反或不遵守执照所限条款的行为，可以依本款向根据第十三条持有执照的人明确以书面通知的形式暂停该执照。

3. 依第 2 款暂停的执照，除已被撤销外，终止于 ——

（1）如果在执照被暂停后一个月内向执照持有人提起有关违反执照犯罪的司法程序，则在这些司法程序完成时；或

（2）在其他情况下，暂停期满后的一个月届满之日。

4. 有关大臣或部长可依本款向根据第十三条持有执照的人明确以书面通知的形式在一定时间内暂停该执照，如果——

（1）持有人依据某州或某海外领土的法律持有的有关使用船舶搜寻或捕捉定居种生物的执照已经被撤销或暂停；

（2）有关大臣或部长视情况在咨询相关的州或海外领土当局后，确信依据本款在该期间内暂停执照是出于正当管理位于海床或海洋底土的某一区域定居种生物的必要。

5. 依据第2和第4款暂停执照，可以在一般情况下或在适用执照的有关大陆架的某一区域或特定种类的定居种生物的范围内进行操作。

第十四条

官员可以——

（1）登临或进入管制区内的船舶或其有理由认为已被用于、正被用于或将被用于搜寻或捕捉管制区内定居种生物的船舶，并可以在船舶上搜寻被用作或能够被用作搜寻或捕捉定居种生物的装备；

（2）检查在任何船舶上或任何地点发现的其有理由认为已被用于、正被用于或打算用于搜寻或捕捉管制区内定居种生物的装备；

（3）扣押、夺取、扣留、移走、获得任何其有理由认为已被用于、正被用于或将被用于从事违反本法活动的船舶或任何其有理由认为违反本法捕捉的任何定居种生物；

（4）在无逮捕令的情况下逮捕其有理由认为犯有违反本法罪行的人；

（5）要求船长或主管船舶的其他人将其有理由认为已被用于、正被用于或将被用于从事违反本法活动的船舶驶到指定的属于澳大利亚或某一海外领土的某一地点，并保持对船舶的控制，直至允许该船离开此地；

（6）将其有理由认为已被用于、正被用于或将被用于从事违反本法活动的船舶置于澳大利亚或某一海外领土的某一地点，在对该违法行为启动相关司法程序并得出判决之前保持对该船舶的控制；

（7）对于依本法须拥有有效执照的船舶，要求船长或主管船舶的其他人

出示执照，并复制或摘录该执照；

（8）对于依本法须拥有有效执照的船舶，要求船长或主管船舶的其他人提供关于船舶、船员和船上任何其他人的信息；

（9）对于依本法须拥有有效执照的船舶上的个人或在管制区从事搜寻或捕捉定居种生物的个人或官员合理怀疑的犯有违反本法罪行的个人，要求该人说明姓名和住所；

（10）要求在管制区内从事搜寻或捕捉定居种生物的个人说明是否持有第十三条第 1 款或第 4 款规定的执照，并在持有的情况下出示执照；并且

（11）出售其依据本法扣押的任何定居种生物。

第三部分　犯　　罪

第十五条

1. 任何人不得在澳大利亚大陆架或海外领土大陆架的有关任何定居种生物的管制区内搜寻或捕捉该种定居种生物，不论是为自身利益还是作为他人的合作者、代理人或雇员，除非其具有依第十三条第 1 款所颁发的执照授权。

2. 任何人不得在澳大利亚大陆架或海外领土大陆架的有关任何定居种生物的管制区内使用船舶（除豁免船只外）搜寻或捕捉该种定居种生物，除非其或其所代表的人具有依据第十三条第 2 款所授予的执照授权。

3. 任何人不得将其占有或控制的船舶（除豁免船只外）用于在管制区内搜寻或捕捉定居种生物，除非依第十三条第 2 款规定具有有效的相关船舶执照授权其或其所代表的人使用船舶在该区域搜寻并捕捉定居种生物。

3A　任何人不得在澳大利亚大陆架或海外领土大陆架的有关任何定居种生物的管制区内使用外国船舶搜寻或捕捉该种定居种生物，除非有第十三条第 2 款规定的有效执照授权其在该区域内如此使用该船舶。

3B　任何人不得将其占有或控制的外国船舶用于在管制区内搜寻或捕捉定居种生物，除非有第十三条第 2 款规定的有效执照授权其在该区域内如此使用该船舶。

3C　任何人不得在管制区内向没有依第十三条规定获得有效执照的船舶

转运定居种生物。

4. 在管制区内，任何人不得为搜寻或捕捉定居种生物的目的雇用或在船舶上载有潜水员、试用潜水员或潜水员照看人，除非其有依第十三条第4款颁发的有效执照，授权其在该区域视情况成为潜水员、试用潜水员或潜水员照看人。

5. 依本法持有执照的个人不得违反执照的条款，而且依第十三条第2款代表执照持有人行事的人同样不得违反该执照的条款。

6. 当被指控有犯罪的人能够证明存在以下情况时，则构成对违反第1、2、3A、3B、4款规定的指控的抗辩：

（1）对于违反第1款的罪行，行为人不是为商业目的搜寻或捕捉定居种生物；

（2）对于违反第2款或第3A款的罪行，行为人不是为商业目的使用船舶搜寻或捕捉定居种生物；

（3）对于违反第3款或第3B款的罪行，行为人不是为商业目的使用其占有或控制的船舶搜寻或捕捉定居种生物；或

（4）对于违反第4款的罪行，潜水员、试用潜水员或潜水员照看人不是为商业目的搜寻或捕捉定居种生物而受雇或在船舶上。

7. 第2、3、3A、3B款不适用于外国船舶，如果——

（1）船舶上搜寻或捕捉定居种生物的装备被收藏并固定；并且

（2）对定居种生物的切割、分解、清洗、分类、包装不是在船舶上进行。

第十六条

1. 任何人（包括依本法规定持有执照的人或其代表人或与依本法持有有效执照的人相关的个人）不得违反根据第十二条规定生效的通知。

2. 为指控个人有违反第1款的罪行的目的，被指控人的雇员或代理人的行为应被视为被指控人的行为。

第十七条

任何人不得——

（1）未能用一切合理方法便利官员依本法授权登临船舶；

（2）拒绝本法授权或规定的搜查；

（3）拒绝或忽视遵守某官员依据第十四条作出的规定；

（4）在某官员依本法授权合法要求其说明姓名和住所时，向官员陈述虚假的姓名或住所；

（5）在某官员依本法授权合法要求其提供信息时，向官员提供虚假或使人误解的信息；

（6）对依本法行使权力的官员使用辱骂性或威胁性语言；

（7）对依本法行使权力的官员进行攻击、抵抗或阻碍；

（8）假冒官员；或

（9）在任何情况下，在为本法的目的提交的申请中提供虚假或使人误解的陈述或信息。

第十七 A 条

1. 船长或负责船舶的其他人如果在船上或使用该船犯有违反本法的罪行（在本条中称为“主要罪行”），即构成违反本条的罪行。

2. 个人可因犯有违反本条的罪行而被定罪。无论犯有主要罪行的人的身份是否会出现在或已经出现在针对违反本条罪行的司法程序或其他司法程序的证据中，该人都不应同时被判有违反本条罪行和主要罪行。

3. 若违反本条的罪行是主要罪行，则第十八条的规定同样适用于该罪行。

第十八条

1. 违反或不遵守本法的规定即构成犯罪。

2. 受本条的限制，对于违反本法的罪行应适用简易程序指控，并可处以 1 000 元以下罚金。

3. 对于违反第十五条第 3A 款或第 3B 款的罪行，可以适用简易或公诉程序指控，但对于同一违法者的同一罪行只能处罚一次。该罪行可 ——

（1）依简易程序审判 —— 单处或并处 1 000 元以下罚金或 6 个月以下监禁，或并处；或

（2）依公诉程序审判 —— 单处或并处 1 000 元以上 10 000 元以下罚金或一年以下监禁，或并处。

4. 当违反第十五条第 3A 款或第 3B 款的罪行在简易法庭被提起司法程序时，法庭可以对被告人进行审理，或经被告人同意决定程序。

5. 当个人被判有违反第十五条或第十六条的罪行时，法院可以命令没收其从事犯罪活动所使用或涉及的任何船舶、船舶上的装备和物品（船员的

私人物品除外）以及在船舶上发现的任何定居种生物或出售定居种生物的收入。

6. 法院依本条命令没收的船舶或货物成为澳大利亚的财产，应依有关部长的指令进行处理或处置。

7. 对于违反第十七条的罪行，应处以 1 000 元以下罚款或 6 个月以下监禁。

第十九条

1. 受本条的限制 ——

（1）各州法院分别被授予联邦管辖权；

（2）对于在澳大利亚和海外领土之外违反本法或规章的罪行，分别授予各海外领土法院管辖权。

2. 上一条所赋予或授予法院的管辖权分别在法院各自管辖权的权限内（依犯罪行为地生效的管辖权除外）被赋予或授予。

3. 对未在国内犯下的违反本法的罪行进行公诉审判，可在任何州或海外领土进行。

4. 受本法限制，某州或地区有关逮捕和拘留违法者或被指控犯罪者的下列法律程序，只要可以适用，就应适用于在该州或海外领土被指控的在澳大利亚和海外领土之外犯有违反本法或规章罪行的人：

（1）简易审判程序；

（2）公诉的审查和起诉程序；

（3）公诉的审判和定罪程序；

（4）由任何此类审判或定罪或与之相关的司法程序引起的上诉的审理和判决程序，以及保释被指控者的程序。

5. 除本法另有规定外，《1903—1968 年司法法》适用于违反本法或规章的罪行。

第二十条

1. 国务产业大臣或经其书面授权可依本款授予证书的人可以出具证书，以证明在证书规定的时间内证书所指的船舶是否是澳大利亚船舶。

1A 国务海外领土大臣或经其书面授权可依本款授予证明的人可以出具证书，以证明在证书规定的时间内证书所指的船舶是否是与某一海外领土或证书上规定的海外领土有关的本国船舶。

1B 书面授权个人可依据本款出具证书的有关大臣可出具证书证明 ——

（1）证书所规定的海底区域是澳大利亚大陆架或海外领土大陆架的一部分；

（2）在证书规定的时间内，证书规定的人是否为依第十三条第 1 款授权其在证书规定的澳大利亚大陆架或海外领土大陆架的某一区域或某一区域的一部分搜寻并捕捉证书规定的某类定居种生物的执照持有人；

（3）在证书规定的时间内，证书规定的人是否是依第十三条第 1 款并依该条第 1A 款的批准授权其在证书规定的澳大利亚大陆架或海外领土大陆架的某一区域的某一部分搜寻并捕捉证书规定的某类定居种生物的执照持有人；

（4）在证书规定的时间内，证书规定的人是否是依第十三条第 2 款授权其或其代表人在证书规定的澳大利亚大陆架或海外领土大陆架的某一区域或某一区域的一部分使用船舶搜寻并捕捉证书规定的某类定居种生物的执照持有人，或没有人是该执照的持有人；

（5）在证书规定的时间内，证书规定的人是否是依第十三条第 2 款并依据该条第 2A 款的批准授权其或其代表人在证书规定的澳大利亚大陆架或海外领土大陆架的某一区域的一部分使用船舶搜寻并捕捉证书规定的某类定居种生物的有关船舶的执照持有人，或没有人是该执照的持有人；或

（6）在证书规定的时间内，对于依第十三条第 4 款发出的授权个人在证书规定的管制区内视情况成为潜水员、试用潜水员、潜水员照看人的就业执照是无效的。

1C 在个人依第 1B 款第（2）项或第（3）项出具证书证明其是执照持有人时，其可以在证书中证明证书中的条款即执照中的条款。

1D 在处理违反本法或规章罪行的司法程序中，或在对依据本法扣押的船舶进行充公或没收的司法程序中，依据本条出具的证书是证书中规定事项的初步证据。

1E 为本条的目的，一份声称是依据本条出具的证书的文书应被视为正式出具的证书，除非有相反的证明。

2. 当个人（包括在船舶上的个人）位于澳大利亚大陆架或海外领土大陆

架的一部分或其上方，且该人占有或控制着任何定居种生物时，在对该人提起的违反第十五条第1款罪行的指控程序中，该占有或控制即为该人在澳大利亚大陆架或海外领土大陆架的该部分（视情况而定）捕捉定居种生物的证据。

第四部分 研 究

第二十一条

有关大臣可以下令对澳大利亚大陆架或海外领土大陆架的生物自然资源进行研究，特别是在不对上述条款进行一般限制的情况下研究：

（1）对这些资源进行商业开发的方法；以及

（2）养护这些资源的方法。

第二十二条

有关大臣可以下令调查有关澳大利亚大陆架或海外领土大陆架生物自然资源开发的经济问题。

第五部分 其他规定

第二十三条

1. 有关大臣或有关大臣书面授权依本条颁发特许证的人可以向个人颁发特许证，授权个人在澳大利亚大陆架或海外领土大陆架的某一区域，为科学研究的目的，并在许可证中规定条款的限制下，搜寻并捕捉在其他情况下本法禁止捕捉的定居种生物。

2. 依本条规定持有特许证的人所从事的一切经特许授权的行为不视为构成违反本法的罪行。

第二十四条

1. 为本法的目的，如果管制区的某一部分在依本法的一项文书中被描述为管制区的一部分，且其范围在文书规定的区域之内，那么即使文书中规定的区域包括任何不属于管制区的区域，管制区的该部分也应在该文书中被充分识别。

2. 为本法的目的，如果大陆架的某一区域在文书中被描述为文书规定的水体区域下方的大陆架的某一区域，则该区域在依据本法的文书中被充分描述。

第二十五条

总督可以制定不违反本法的规章，规定本法要求或容许规定的任何事项，或制定为了执行本法或为使本法生效而必要或便利规定的事项，特别是——

（1）规定规章中指明的澳大利亚大陆架的某些区域或海外领土大陆架某些区域的简称以及可能使用这些简称的目的；

（2）规定旨在让在控制区内进行搜寻或捕捉定居种生物的船舶负责人遵守的航行规则和航行信号；

（3）规定对依本法持有有效执照的船舶进行标记的方法和在没收已被扣押的外国船舶的过程中提供的服务；

（4）规定出售和处置依本法没收的任何船舶、定居种生物或其他货物，或没收无人认领的、用于搜寻或捕捉在管制区内发现的定居种生物的装备；

（5）规定在管制区从事搜寻或捕捉定居种生物的优先权，如搜查或获取定居种生物的人之间的优先权，以及规定在管制区内从事搜寻和捕捉定居种生物的人必须遵守的规则；

（6）规定提供有关在管制区内捕捉定居种生物和出售或处置在管制区内捕捉的定居种生物的统计资料；

（7）规定对违反规章的罪行处以 200 美元以下的罚款。

大陆架（生物自然资源）修正案

（1981年第182号法律）

简称和生效时间

第一条

1.本法可被称为《1981年大陆架（生物自然资源）修正案》。

2.《1968年大陆架（生物自然资源）法》在本法中被称为《基本法》。

生效时间

第二条

1.第一条与本条应于本法获得御准之日起生效。

2.本法其他规定（第八条除外）应于《1981年外国渔船征税法》生效之日当日生效。

3.第八条应生效于——

（1）如果《1980年鲸鱼保护法》于《1981年外国渔船征税法》生效之日前生效——于《1981年外国渔船征税法》生效之日当日生效；或

（2）在其他情况下——于《1980年鲸鱼保护法》生效后第二日生效。

代　表

第三条

《基本法》第十条被修改为在第1款“第十三A条”后添加“第十三B条、第十三C条或第十三D条”。

第四条

在《基本法》第十三A条后添加如下条款：

协议与执照颁发

第十三 B 条

1. 大臣可以代表联邦与个人签订协议,其中包含这样一项条款:依该条款,大臣同意依第十三条第 2 款对一艘或两艘或多艘外国船舶颁发一张或两张或多张执照(无论是向该人还是向任何其他人颁发)。

2. 若大臣已与个人签订了包含第 1 款所指条款的协议,则大臣可以与该人签订进一步协议,规定对该条款的修改或对该条款中措辞的修改视为根据本款作出的修改。

3. 若大臣签订了包含第 1 款所指条款的协议,或依第 2 款签订了进一步协议,则大臣应在签订这些协议或进一步协议后将其复印本于各议院开会前 15 日内提交各议院。

4. 如果大臣已经签订包含本条第 1 款所指条款的协议,或澳大利亚与他国之间签订的有效协议中包含这样一项条款,即依该条款同意向外国船舶依第十三条第 2 款颁发执照(无论该条款是否同时规定了须向澳大利亚支付一笔或数笔款项),则大臣或部长在决定是否颁发执照或颁发与协议有关的执照时应当注意该协议的条款。

5. 第 4 款仅在其不属于《宪法》第五十五条所指的税收征收法律时有效。

缴 纳 税 款

第十三 C 条

1. 本条中,“税款” 是指在向外国船舶颁发执照时依《1981 年外国渔船征税法》向其征收的税款。

2. 大臣或部长可以与纳税人或即将纳税的人签订协议,规定其纳税的时间或方式及需缴纳的数额或部分数额。

3. 大臣可以代表联邦与法人团体签订协议。该团体是依某一州或海外领土的有效法律成立的,并依第十三条第 2 款已申请到或将申请到一艘或两艘或多艘外国船舶的一张或两张或多张执照。该协议包含这样一项条款:依该条款,鉴于该法人团体同意在协议规定的一段或数段时间内向澳大利亚提供一项或多项利益，大臣同意免除该法人团体除本条外应缴纳的有关申请执照的部分或全部税款，并按第 6 款的规定，当大臣签订此种协议时，视情况免除该法人团体的全部或部分税款。

4. 如果大臣与某一法人团体签订了包含第 3 款所指规定的协议，则大臣可以与该法人团体签订进一步的协议，规定对该条款的修改或对该条款中措辞的修改视为根据本款作出的修改。

5. 如果大臣签订包含第 3 款所指规定的协议或依第 4 款签订的进一步协议，则大臣应在签订这些协议或进一步协议后将其复印本于各议院开会前 15 日内提交各议院。

6. 如果大臣与某一法人团体签订包含第 3 款所指规定的协议，但该法人团体不能提供其依据该条款同意提供的任何一项或多项利益，或者如果该条款根据第 4 款作出了修改，则在法人团体同意提供该项利益或该多项利益的期间内——

（1）大臣同意免除的该法人团体的全部或部分税款立即由该法人团体到期缴纳；

（2）大臣可以以书面形式通知该法人团体，依协议暂停根据第十三条第 2 款应向该法人团体颁发的一份或数份执照。

7. 如果大臣已依第 6 款暂停某一执照，则大臣应以书面形式通知执照持有人在下列情况下暂停撤销——

（1）该法人团体向联邦缴纳了该执照所需的全部相关税款以及依第 11 款应缴纳税款的各项罚款；或

（2）大臣确信该法人团体已经提供了导致执照暂停的未能缴纳的一项或多项利益。

8. 对依第十三条第 2 款向外国船舶颁发执照（依包含第 3 款的协议颁发的执照除外）应征收的相应税款，如果个人未能在应缴纳日之前或之日向联邦缴纳，部长可向该人发出书面通知，以暂停该执照。

9. 当部长已经依据第 8 款暂停某执照时，如果该执照持有人向联邦缴纳了该执照所需的税款以及依第 11 款应缴纳的该税款的罚款，则部长应以书面方式撤销原暂停该执照的通知。

10. 颁发执照的税款（依第 6 款到期且应缴纳的税款除外）应于以下情

况到期缴纳 ——

（1）如果大臣或部长已依第 2 款与缴税人或将要缴税的人就需缴纳数额或部分数额的缴纳时间或方式签订协议 —— 依照协议；

（2）在其他任何情况下 —— 于颁发执照后 30 日的届满之日。

11. 对于依第十三条第 2 款向外国船舶颁发执照的相应税款，如果个人未能在应缴纳日之前或之日向联邦缴纳，则该人除了须向联邦缴纳该税款，还应缴纳每月未缴纳税款的 10% 作为罚款。罚款的计算从该税款应缴纳之日起，到执照的有效期间届满为止。

12. 对于到期并应缴纳的税款以及依据第 11 款应缴纳的罚款，联邦可以在有管辖权的法院以到期债务的方式收回。

渔业协议

第十三 D 条

1. 如果澳大利亚与他国政府签订的协议包含这样一项条款，即依该条款同意向外国船舶依第十三条第（2）项颁发执照（无论该条款是否同时规定了须向澳大利亚缴纳一笔或数笔款项），则大臣应在该协议生效后将其复印本于各议院开会前 15 日内提交各议院。

2. 如果存在下列情形，则大臣可以以书面形式向第 3 款所指执照的持有人发出通知，以暂停该执照 ——

（1）含有第 1 款所指条款的协议是有效的；

（2）该条款规定了应向澳大利亚缴纳一笔或数笔款项；

（3）与该条款相关的一张或数张执照已依第十三条第 2 款向一艘外国船舶或数艘外国船舶颁发；

（4）条款中规定的费用的数额或总额或该数额或总额的任何部分未按该条款的规定向澳大利亚缴纳。

3. 当大臣已依第 2 款暂停某执照时，如果那些导致执照暂停的一笔或多笔未缴纳的款项已经向澳大利亚缴纳，大臣应以书面形式向执照持有人发出通知，撤销对其执照的暂停。

4. 第 2 款和第 3 款仅在其不属于《宪法》第五十五条所指的税收征收法

律时有效。

官员的权力

第五条

1. 对《基本法》第十四条进行如下修改 ——

（1）在第 2 项后添加如下项：

（ba）登临或进入其认为应缴纳或已缴纳由《1981 年外国渔船征税法》征收的税款的船舶，并对船舶进行测量。

（2）在《基本法》第十四条末添加如下款：

（2）为行使第（1）款第（ba）项规定的权力，官员可以获得个人（官员除外）的协助，并且当官员获得该人的协助时，为行使这些权力的目的，该人应被视为官员。

对官员的妨碍及其他

第六条

《基本法》第十七条被修改为在第（ c ）项后添加如下项：

（ca）拒绝个人依据第十四条第（1）款第（ba）项测量船舶。

正式的修改

第七条

修改后的《基本法》载于附件一中。

进一步的正式修改

第八条

修改后的《基本法》载于附件二中。

依《1973 年海洋与下沉陆地法》第七条的 1983 年 2 月 4 日公告

[内部界限（基线）公告]

…………

鉴于《1973 年海洋与下沉陆地法》第七条第 1 款规定总督可以在不违反《领海与毗连区公约》第一部分第二条的情况下随时以公告形式宣布领海全部或部分的界限。

并鉴于该法第七条第 2 款规定，为此公告的目的，总督可以特别确定以下两项中的一项或两项：

（1）领海的宽度；

（2）测算领海或其任何部分宽度的基线。

现在，本人，尼尼安・马丁・斯蒂芬爵士，作为澳大利亚联邦的总督，在联邦执行委员会的建议下，根据《1973 年海洋与下沉陆地法》第七条 ——

（3）撤销依据该法第七条于 1974 年 10 月 24 日通过并于 1974 年 10 月 31 日在公报上发表的公告。该撤销于 1983 年 2 月 14 日起生效。

（4）宣布：自 1983 年 2 月 14 日起，附件中所指澳大利亚的部分领海内部界限即按照该附件确定的基线划定。

附　件

第一条

1. 本附件中——

"公约"指《领海与毗连区公约》;

"低潮高地"与《公约》中的含义相同;

"低水位"指最低天文潮位,并且与"低潮"含义相同;

"海里"指国际海里,合 1 852 米;

"直线"指大地测量线;

"领海"指澳大利亚领海。

2. 为本附件的目的——

(1)受第(2)项和第(3)项的限制,如果水曲天然入口两端的低潮标之间的距离不超过 24 海里,则此水曲是海湾;

(2)如果有一个曲口的水曲其面积小于以横越曲口所划的直线作为直径的半圆形的面积,则该水曲不是海湾;

(3)如果水曲因有岛屿而有一个以上的曲口,而该水曲的面积小于在与横越各曲口的各线总长度相等的一条线上画出的半圆形的面积,则该水曲不是海湾;

(4)水曲的面积是位于水曲陆岸周围的低潮标和一条连接水曲天然入口两端低潮标的线之间的面积,水曲内的岛屿视为水曲水域的一部分而包括在内。

3. 为本附件的目的,构成海港体系组成部分的最外部永久性海港工程视为海岸的一部分。

4. 为第二条第(4)项、第三条第(4)项和第四条第 2 款第(4)项的目的,不应考虑低潮高地的低潮线,除非低潮高地上筑有永久高于海平面的灯塔或类似设施。

5. 若为本附件的目的需要参考澳大利亚大地基准来确定某点、某条线或某区域在地球表面的位置——

(1)那么该位置的确定应依据一个以地球的中心为其中心、长(赤道)半径为 6 378 160 米、扁平率为 100/29 825 的椭球体,并参照在北部领土(Northern Territory)的约翰斯顿大地测量站(Johnston Geodetic Station)的位

置;并且

（2）约翰斯顿大地测量站应被认为位于南纬 25°56′54.551 5″和东经 133°12′30.077 1″,并且其地平面位于第（1）项所指椭球体之上 571.2 米。

第二条

受第五条、第六条和第七条的限制,测算与澳大利亚大陆相邻的领海宽度的基线由以下线组成:

（1）沿着海岸的低潮线,但在第（2）项、（3）项或（4）项所指的线的向陆一侧的低潮线除外;

（2）对于每一条河都从海岸直接流入海洋的情况,在两侧河岸低潮线上的点之间横越河口所划的一条直线,但在第（3）或第（4）项所指的线的向陆一侧的线除外;

（3）对于每一个海湾都位于海岸的情况,在海湾天然入口两端低潮标之间所划的直线,但与第（4）项所指的线为同一条的线或在其向陆一侧的线除外;

（4）连接海岸低潮线上两点之间的直线,这些点位于表 1 中某项第 2 列规定的纬度和经度（依据澳大利亚大地基准确定的纬度和经度）之上或与之最接近。

第三条

受第五条、第六条和第七条的限制,测算与塔斯马尼亚州（State of Tasmania）大陆相邻的领海宽度的基线由以下线组成:

（1）沿着海岸的低潮线,但在第（2）项、（3）项或（4）项所指的线的向陆一侧的低潮线除外;

（2）对于每一条河都从海岸直接流入海洋的情况,在两侧河岸低潮线上的点之间横越河口所划的一条直线,但在第（3）或第（4）项所指的线的向陆一侧的线除外;

（3）对于每一个海湾都位于海岸的情况,在海湾天然入口两端低潮标之间所划的直线,但与第（4）项所指的线为同一条的线或在其向陆一侧的线除外;

（4）连接海岸低潮线上两点之间的直线,这些点位于表 1 中某项第 2 列规定的纬度和经度（依据澳大利亚大地基准确定的纬度和经度）之上或与之最接近。

第四条

1. 本条中——

（1）某州或某海外领土的基线是指——

（a）对于某州（塔斯马尼亚州除外）或北部领土（Northern Territory）——按照第二条、第五条、第六条和第七条确定的线；

（b）对于塔斯马尼亚州——按照第三条、第五条、第六条和第七条确定的线。

（2）岛屿不包括——

（a）为第2款的目的依第3款宣布排除的岛屿；或

（b）为第2款的目的依第4款宣布排除的岛群所包括的某一岛屿；并且

（c）岛群不包括为第2款的目的依据第4款宣布排除的岛群。

2. 受第五条、第六条和第七条的限制，测算与某州或北部领土包括的岛屿或岛群邻接的领海宽度的基线以及测算该州或该领土大陆向海一侧领海宽度的基线由以下线组成：

（1）沿着岛屿海岸的低潮线，或对于岛群，沿着岛群各岛屿海岸的低潮线，但在第（2）项、（3）项或（4）项所指的线向陆一侧的低潮线除外；

（2）对于每一条河都从某一岛屿或岛群中某一岛屿的海岸直接流入海洋的情况，在两侧河岸低潮线上的点之间横越河口所划的一条直线，但在第（2）项、（3）项或（4）项所指的线向陆一侧的低潮线除外；

（3）对于每一个海湾都位于海岸或位于岛群中某一岛屿的海岸的情况，在海湾天然入口两端低潮标之间所划的直线，但与第（4）项所指的线为同一条的线或在其向陆一侧的线除外；

（4）连接在岛屿的海岸低潮线或岛群中岛屿的海岸低潮线上的两点之间的直线，这些点位于表3中某项第2列规定的纬度和经度［原文表述为“in column 2 or an item in Table 3”，此处的“or”疑为书写错误，应为“of”，且第2款第（4）项与第3款第（4）项的类似部分均使用“of”——译者注］（依据澳大利亚大地基准确定的纬度和经度）之上或与之最接近。

3. 皇后岛（State of Queensland）包含的Turnagain岛、Turu Cay和Pearce Cay属于为第2款的目的被排除的岛屿。

4. 皇后岛包含的如下岛群属于为第2款的目的被排除的岛群：

（1）被称为“Aubusi”、“Boigu”和“Moimi”的岛屿；

（2）被称为“Dauan”、“Kaumag”和“Saibai”的岛屿；

（3）被称为“Anchor Cay”和“East Cay”的岛屿；

（4）被称为“Black Rocks”和“Bramble Cay”的岛屿；

（5）被称为“Deliverance Island”和“Kerr Islet”的岛屿。

第五条

用以测算全部或部分与大陆或岛屿的距离不超过领海宽度、与低潮高地相邻的领海的基线是该低潮高地的低潮线。

第六条

1. 当高潮时高于水面且自然形成的陆地区域的低潮线与按本附件的某一条款所划的直线基线相交时，如果该区域向海一侧的部分是澳大利亚大陆的海岸，在直线基线与低潮线交点之间的部分基线应由交点之间的基线取代。

2. 在第 1 款中 ——

（1）若该低潮线与基线相交于两个以上的点，陆地区域低潮线与直线基线的交点是指最外缘的两个交点；

（2）陆地区域向海一侧是指陆地区域位于该直线基线向海一侧的部分。

第七条

1. 当本附件第二条第（4）项、第三条第（4）项和第四条第 2 款第（4）项所指的直线在同一岛屿的低潮线上连接不同的点时，测算在这些点之间的、该岛或包括该岛的岛群邻接的领海的基线为假设这些点之间的该岛海岸向海一侧的部分是澳大利亚大陆的一部分时所划的基线。

2. 在第 1 款中，两点之间的岛屿海岸向海一侧的部分是指这些点之间的岛屿海岸包括岛屿最向海一侧的点的部分。

表 1 依据《公约》第四条的直线基线基点 —— 澳大利亚大陆海岸

第 1 列	第 2 列			
	纬度（南纬）和经度（东经）			
项	起		止	
编号	南纬	东经	南纬	东经
1	32°44′35″	152°11′08″	32°44′28″	152°11′29″
2	32°44′28″	152°11′29″	32°44′30″	152°11′53″
3	32°44′30″	152°11′53″	32°44′37″	152°12′16″
4	32°44′37″	152°12′16″	32°44′47″	152°12′23″
5	32°44′47″	152°12′23″	32°44′57″	152°12′17″
6	32°44′57″	152°12′17″	32°45′06″	152°12′13″
7	32°45′06′	152°12′13″	32°45′19″	152°11′14″
8	32°45′19″	152°11′14″	32°45′28″	152°10′41″
9	32°45′28″	152°10′41″	32°45′52″	152°10′17″
10	32°45′52″	152°10′17″	32°46′01″	152°09′37″
11	32°46′01″	152°09′37″	32°46′12″	152°09′04″
12	32°46′12″	152°09′04″	32°46′13″	152°08′38″
13	32°46′13″	152°08′38″	32°47′10″	152°07′24″
14	36°43′35″	149°59′26″	36°43′50″	149°59′24″
15	36°43′50″	149°59′24″	36°45′20″	149°58′58″
16	36°45′20″	149°58′58″	36°45′57″	149°58′48″
17	36°45′57″	149°58′48″	36°46′13″	149°58′41″
18	36°46′13″	149°58′41″	36°46′52″	149°58′23″
19	36°46′52″	149°58′23″	36°47′16″	149°58′08″
20	36°47′16″	149°58′08″	36°47′35″	149°57′43″
21	39°08′20″	146°22′22″	39°08′32″	146°22′02″
22	39°08′32″	146°22′02″	39°09′35″	146°18′50″
23	39°09′37″	146°18′40″	39°09′39″	146°17′38″
24	39°09′35″	146°17′30″	39°07′08″	146°14′08″

续表

编号	南纬	东经	南纬	东经
25	39°06′59″	146°13′58″	39°05′13″	146°13′26″
26	39°04′21″	146°13′15″	39°01′25″	146°14′07″
27	39°01′20″	146°14′08″	38°59′45″	146°14′41″
28	38°59′43″	146°14′43″	38°59′42″	146°14′51″
29	35°38′41″	138°31′19″	35°45′38″	138°18′10″
30	35°45′38″	138°18′10″	35°46′39″	138°17′34″
31	35°46′53″	138°17′26″	35°47′06″	138°17′20″
32	35°47′15″	138°17′09″	35°50′42″	138°07′57″
33	35°53′15″	136°31′58″	34°57′12″	135°37′22″
34	34°57′12″	135°37′22″	34°56′54″	135°37′24″
35	32°54′23″	134°03′32″	32°43′36″	133°57′46″
36	32°43′36″	133°57′46″	32°35′11″	133°17′04″
37	32°34′55″	133°16′44″	32°33′48″	133°16′35″
38	32°33′48″	133°16′35″	32°30′54″	133°15′02″
39	32°30′28″	133°14′52″	32°13′31″	133°06′37″
40	32°13′31″	133°06′37″	32°08′4″	132°59′19″
41	32°08′40″	132°59′17″	32°07′37″	132°58′43″
42	32°07′37″	132°58′43″	32°01′52″	132°28′16″
43	33°58′52″	123°17′10″	34°00′57″	123°17′30″
44	34°01′30″	123°17′25″	34°03′15″	123°15′27″
45	34°03′15″	123°15′27″	34°04′20″	123°14′10″
46	34°04′20″	123°14′10″	34°06′27″	123°12′52″
47	34°07′13″	123°12′20″	34°09′59″	123°08′45″
48	34°09′55″	123°08′00″	34°07′54″	122°50′43″
49	34°07′54″	122°50′43″	34°11′58″	122°29′42″
50	34°11′58″	122°29′42″	34°12′44″	122°20′48″
51	34°12′44″	122°20′48″	34°13′33″	122°08′49″
52	34°13′33″	122°08′49″	34°14′00″	122°03′52″

续表

编号	南纬	东经	南纬	东经
53	34°14′00″	122°03′52″	34°10′51″	121°56′32″
54	34°10′51″	121°56′32″	34°02′38″	121°36′13″
55	34°02′38″	121°36′13″	33°52′26″	121°20′39″
56	33°52′26″	121°20′39″	33°51′06″	121°15′56″
57	32°22′15′	115°42′42″	32°21′16′	115°41′11″
58	32°21′16″	115°41′11″	32°19′55″	115°41′22″
59	32°19′55″	115°41′22″	32°19′23″	115°41′15″
60	32°19′23″	115°41′15″	32°18′18″	115°41′16″
61	32°18′18″	115°41′16″	32°16′21″	115°41′03″
62	32°15′56″	115°41′04″	32°14′44″	115°40′44″
63	32°09′20″	115°39′27″	32°07′20″	115°39′23″
64	32°07′20″	115°39′23″	32°04′03″	115°38′00″
65	32°04′03″	115°38′00″	32°01′47″	115°31′39″
66	31°59′27″	115°32′28″	31°56′22″	115°45′10″
67	26°08′42″	113°09′26″	26°07′28″	113°10′48″
68	25°28′52″	112°58′11″	25°16′33″	113°04′23″
69	24°59′36″	113°06′56″	24°59′14″	113°07′02″
70	24°45′30″	113°09′10″	24°45′07″	113°09′32″
71	24°44′58″	113°09′35″	24°29′32″	113°24′22″
72	21°46′56″	114°09′33″	21°43′17″	114°17′43″
73	21°39′38″	114°20′38″	21°39′02″	114°20′55″
74	21°37′19″	114°23′30″	21°35′57″	114°30′25″
75	21°35′57″	114°30′25″	21°31′51″	114°44′54″
76	21°30′50″	114°45′57″	21°15′11″	115°01′21″
77	21°15′11″	115°01′21″	20°58′29″	115°19′28″
78	20°56′54″	115°18′31″	20°56′24″	115°18′57″
79	20°53′49″	115°19′10″	20°53′37″	115°19′12″
80	20°40′01″	115°26′08″	20°34′07″	115°26′31″

续 表

编号	南纬	东经	南纬	东经
81	20°34′07″	115°26′31″	20°26′06″	115°29′58″
82	20°26′06″	115°29′58″	20°21′56″	115°31′41″
83	20°22′07″	115°32′17″	20°22′43″	115°33′28″
84	20°24′20″	115°35′05″	20°28′36″	116°32′08″
85	20°28′36″	116°32′08″	20°26′33″	116°36′51″
86	20°26′33″	116°36′51″	20°21′19″	116°49′49″
87	20°25′24″	116°57′30″	20°25′55″	117°04′04″
88	20°26′20″	117°06′09″	20°32′55″	117°10′35″
89	20°32′55″	117°10′35″	20°34′43″	117°11′59″
90	20°34′43″	117°11′59″	20°37′58″	117°12′12″
91	16°23′40″	122°55′27″	16°23′10″	122°55′15″
92	16°23′07″	122°55′25″	16°16′40″	123°03′33″
93	16°16′40″	123°03′33″	16°02′46″	123°16′14″
94	16°02′02″	123°18′42″	15°52′34″	123°37′56″
95	15°51′52″	123°38′24″	15°51′02″	123°40′15″
96	15°51′02″	123°40′15″	15°20′20″	124°10′59″
97	15°20′20″	124°10′59″	15°12′49″	124°15′26″
98	15°12′49″	124°15′26″	15°02′46″	124°19′16″
99	15°02′46″	124°19′16″	14°59′14″	124°31′58″
100	14°59′14″	124°31′58″	14°51′43″	124°42′23″
101	14°51′43″	124°42′23″	14°30′42″	124°55′02″
102	14°30′42″	124°55′02″	14°24′31″	124°57′17″
103	14°23′05″	124°58′20″	14°17′16″	125°12′28″
104	14°17′16″	125°12′28″	14°14′30″	125°19′11″
105	14°14′30″	125°19′11″	14°06′04″	125°33′13″
106	14°06′03″	125°33′14″	13°55′19″	125°37′06″
107	13°55′19″	125°37′06″	13°48′09″	125°47′55″
108	13°48′09″	125°47′55″	13°44′13″	126°08′49″

续 表

编号	南纬	东经	南纬	东经
109	13°44′13″	126°08′49″	13°44′48″	126°20′58″
110	13°44′48″	126°20′58″	13°47′41″	126°35′23″
111	13°47′41″	126°35′23″	13°43′56″	126°46′27″
112	14°52′41″	129°01′35″	14°25′45″	129°21′04″
113	12°40′14″	130°20′53″	11°49′32″	130°02′55″
114	11°20′49″	130°15′02″	11°10′15″	130°22′18″
115	11°11′20″	131°16′40″	11°09′21″	131°51′45″
116	11°09′21″	131°51′45″	11°07′17″	131°58′06″
117	11°07′24″	132°08′05″	11°06′47″	132°11′19″
118	11°06′47″	132°11′19″	11°05′57″	132°17′20″
119	11°05′57″	132°17′20″	11°01′18″	132°27′21″
120	10°58′12″	132°35′34″	10°58′03″	132°49′11″
121	10°58′05″	132°49′53″	11°01′57″	132°58′15″
122	11°05′35″	132°59′42″	11°10′13″	132°55′32″
123	11°10′13″	132°55′32″	11°19′59″	132°54′57″
124	11°56′59″	134°44′51″	11°54′31″	135°01′43″
125	11°55′33″	135°07′13″	11°54′46″	135°08′28″
126	11°54′25″	135°09′09″	11°57′03″	135°35′34″
127	11°45′18″	135°52′29″	11°40′52″	135°57′05″
128	11°38′17″	136°01′13″	11°37′20″	136°01′33″
129	11°37′20″	136°01′33″	11°37′05″	136°01′50″
130	11°37′05″	136°01′50″	11°35′39″	136°04′23″
131	11°34′59″	136°05′05″	11°33′45″	136°06′15″
132	11°32′38″	136°07′14″	11°28′26″	136°25′45″
133	11°28′26″	136°25′45″	11°24′54″	136°28′53″
134	11°24′54″	136°28′53″	11°23′30″	136°29′46″
135	11°02′27″	136°43′24″	11°02′04″	136°43′40″
136	11°01′38″	136°43′50″	11°00′32″	136°44′06″

续表

编号	南纬	东经	南纬	东经
137	11°00′24″	136°45′41″	11°01′30″	136°45′58″
138	11°01′30″	136°45′58″	11°01′42″	136°45′56″
139	11°02′04″	136°46′00″	11°39′19′	136°50′14″
140	11°39′19″	136°50′14″	12°01′55″	136°53′00″
141	12°01′55″	136°53′00″	12°20′35″	136°58′41″
142	12°30′27″	136°48′15″	12°30′31″	136°48′20″
143	12°30′40″	136°48′27″	12°30′56″	136°48′39″
144	12°31′04″	136°48′42″	12°34′59″	136°46′37″
145	12°35′11″	136°46′20″	12°35′15″	136°46′13″
146	12°35′29″	136°45′56″	12°43′12″	136°43′53″
147	12°43′12″	136°43′53″	12°44′46″	136°43′29″
148	12°44′46″	136°43′29″	12°46′49″	136°43′23″
149	12°46′49″	136°43′23″	12°52′59″	136°43′48″
150	12°53′23″	136°43′47″	13°00′21″	136°40′04″
151	13°00′21″	136°40′04″	13°37′34″	136°57′35″
152	13°37′43″	136°57′43″	13°37′44″	136°57′44″
153	13°37′47″	136°57′45″	13°48′29″	136°55′27″
154	13°48′29″	136°55′27″	14°10′21″	136°59′01″
155	14°10′21″	136°59′01″	14°13′15″	136°58′46″
156	14°13′15″	136°58′46″	14°15′36″	136°59′03″
157	14°15′53″	136°59′00″	14°18′06″	136°57′52″
158	14°18′06″	136°57′52″	14°20′56″	136°57′05″
159	14°21′16″	136°56′47″	14°21′11″	136°56′34″
160	14°21′14″	136°55′30″	14°20′24″	136°49′18″
161	14°20′24″	136°49′18″	14°18′47″	136°39′32″
162	14°18′21″	136°39′22″	14°17′53″	136°38′52″
163	14°14′52″	136°19′29″	14°11′52″	135°53′46″
164	15°24′12″	136°15′23″	15°30′03″	136°35′13″

续表

编号	南纬	东经	南纬	东经
165	15°30′03″	136°35′13″	15°30′18″	136°52′06″
166	15°30′01″	136°53′15″	15°29′42″	136°55′08″
167	15°29′42″	136°55′08″	15°30′04″	136°57′19″
168	15°30′04″	136°57′19″	15°36′59″	137°05′36″
169	15°37′16″	137°05′41″	15°45′00″	137°06′21″
170	15°45′07″	137°06′20″	15°45′13″	137°06′22″
171	15°45′29″	137°06′22″	15°46′16″	137°06′24″
172	15°51′11″	137°04′36″	15°51′18″	137°04′26″
173	15°52′04″	137°04′04″	15°58′06″	137°09′26″
174	16°54′53″	139°02′24″	16°53′13″	139°02′39″
175	16°53′13″	139°02′39″	16°52′05″	139°03′20″
176	16°52′05	139°03′20″	16°48′47″	139°05′24″
177	16°48′47″	139°05′24″	16°45′05″	139°08′16″
178	16°40′36″	139°09′49″	16°40′13″	139°09′55″
179	16°30′24″	139°14′24″	16°13′56″	139°14′58″
180	16°13′50″	139°15′10″	16°23′33″	139°32′46″
181	16°27′10″	139°40′35″	16°26′48″	139°43′29″
182	16°26′48″	139°43′29″	16°26′30″	139°46′08″
183	16°26′32″	139°46′21″	16°29′37″	139°48′54″
184	16°29′37″	139°48′54″	16°39′04″	139°53′38″
185	16°39′42″	139°53′26″	16°42′41″	139°50′26″
186	16°42′41″	139°50′26″	17°03′40″	139°37′32″
187	17°08′46″	139°36′56″	17°24′41″	139°29′55″
188	11°05′06″	142°08′00″	10°59′42″	142°06′02″
189	10°58′33″	142°05′57″	10°53′16″	142°01′21″
190	10°53′16″	142°01′21″	10°51′10″	142°01′12″
191	10°51′10″	142°01′12″	10°36′22″	141°54′23″
192	10°36′22″	141°54′23″	10°21′28″	142°02′29″

续 表

编号	南纬	东经	南纬	东经
193	10°21′28″	142°02′29″	10°15′34″	142°02′09″
194	10°15′34″	142°02′09″	10°15′05″	142°02′08″
195	10°15′05″	142°02′08″	10°13′13″	142°03′06″
196	10°13′13″	142°03′06″	10°07′25″	142°03′02″
197	10°07′25″	142°03′02″	10°02′44″	142°03′30″
198	10°02′44″	142°03′30″	09°55′50″	142°09′16″
199	09°55′50″	142°09′16″	09°56′15″	142°10′40″
200	09°56′15″	142°10′40″	09°56′51″	142°12′38″
201	09°56′51″	142°12′38″	09°58′40″	142°14′19″
202	09°58′40″	142°14′19″	10°04′58″	142°19′38″
203	10°04′58″	142°19′38″	10°09′18″	142°30′37″
204	10°09′41″	142°31′00″	10°11′19″	142°31′17″
205	10°11′57″	142°30′56″	10°14′52″	142°29′28″
206	10°14′52″	142°29′28″	10°27′54″	142°27′00″
207	10°27′54″	142°27′00″	10°35′52″	142°38′31″
208	10°35′52″	142°38′31″	10°39′23″	142°45′19″
209	10°39′40″	142°45′40″	10°43′21″	142°46′47″
210	10°43′21″	142°46′47″	10°50′24″	142°46′57″
211	10°50′24″	142°46′57″	11°00′14″	142°59′20″
212	11°00′31″	142°59′44″	11°09′10″	143°04′33″
213	11°11′18″	143°07′15″	11°24′32″	143°05′01″
214	11°24′32″	143°05′01″	11°41′56″	143°11′18″
215	11°41′56″	143°11′18″	11°49′08″	143°29′11″
216	11°49′57″	143°29′43″	11°56′06″	143°29′21″
217	11°56′06″	143°29′21″	12°17′53″	143°25′09″
218	12°17′53″	143°25′09″	12°24′16″	143°29′20″
219	12°24′16″	143°29′20″	12°48′45″	143°36′42″
220	12°48′45″	143°36′42″	12°53′17″	143°36′17″

续 表

编号	南纬	东经	南纬	东经
221	12°53′17″	143°36′17″	12°59′24″	143°37′03″
222	12°59′24″	143°37′03″	13°09′06″	143°37′03″
223	13°09′06″	143°37′03″	13°18′10″	143°47′04″
224	13°20′49″	143°47′16″	13°28′08″	143°45′31″
225	13°28′08″	143°45′31″	13°38′43″	143°44′36″
226	13°38′43″	143°44′36″	13°54′16″	143°50′40″
227	13°54′16″	143°50′40″	14°03′08″	144°16′03″
228	14°03′08″	144°16′03″	14°05′14″	144°20′10″
229	14°05′14″	144°20′10″	14°06′47″	144°31′31″
230	14°06′47″	144°31′31″	14°18′51″	144°51′44″
231	14°18′51″	144°51′44″	14°23′59″	144°58′51″
232	14°23′59″	144°58′51″	14°38′47″	145°27′09″
233	14°40′06″	145°28′36″	14°44′43″	145°30′57″
234	14°44′43″	145°30′57″	14°49′31″	145°33′17″
235	14°49′31″	145°33′17″	15°01′40″	145°26′50″
236	15°01′40″	145°26′50″	15°07′22″	145°25′42″
237	15°07′22″	145°25′42″	15°16′31″	145°21′27″
238	17°39′04″	146°08′54″	17°39′16″	146°09′22″
239	17°39′16″	146°09′22″	17°40′33″	146°10′47″
240	17°40′44″	146°10′52″	17°44′21″	146°09′44″
241	17°44′21″	146°09′44″	17°58′12″	146°10′50″
242	17°58′12″	146°10′50″	18°02′21″	146°12′03″
243	18°02′21″	146°12′03″	18°09′31″	146°18′22″
244	18°09′31″	146°18′22″	18°14′13″	146°19′35″
245	18°14′13″	146°19′35″	18°25′16″	146°21′25″
246	18°25′16″	146°21′25″	18°32′38″	146°30′06″
247	18°32′38″	146°30′06″	18°44′34″	146°41′19″
248	18°44′34″	146°41′19″	18°46′25″	146°43′02″

续表

编号	南纬	东经	南纬	东经
249	18°46′25″	146°43′02″	19°06′36″	146°52′50″
250	19°06′36″	146°52′50″	19°10′59″	147°00′44″
251	19°57′38″	148°13′19″	19°58′23″	148°26′59″
252	19°58′28″	148°27′20″	19°59′23″	148°33′33″
253	19°59′23″	148°33′33″	20°00′55″	148°37′25″
254	20°00′55″	148°37′25″	20°02′16″	148°53′00″
255	20°02′16″	148°53′00″	20°03′41″	148°57′51″
256	20°03′41″	148°57′51″	20°14′31″	149°10′24″
257	20°14′31″	149°10′24″	20°15′18″	149°11′05″
258	20°15′18″	149°11′05″	20°29′02″	149°07′58″
259	20°29′02″	149°07′58″	20°36′08″	149°11′14″
260	20°36′08″	149°11′14″	20°43′42″	149°27′57″
261	20°43′42″	149°27′57″	20°45′42″	149°37′19″
262	20°45′42″	149°37′19″	20°56′45″	149°44′02″
263	20°56′45″	149°44′02″	20°59′29″	149°47′54″
264	20°59′29″	149°47′54″	21°00′11″	149°54′18″
265	21°01′13″	149°54′42″	21°06′30″	149°57′50″
266	21°06′30″	149°57′50″	21°28′06″	150°18′29″
267	21°28′15″	150°18′35″	21°40′28″	150°21′22″
268	21°40′28″	150°21′22″	21°45′57″	150°26′27″
269	21°45′57″	150°26′27″	21°56′21″	150°41′28″
270	21°56′21″	150°41′28″	21°57′09″	150°42′06″
271	21°57′09″	150°42′06″	21°57′13″	150°42′07″
272	21°57′20″	150°42′05″	22°05′30″	150°40′34″
273	22°05′30″	150°40′34″	22°20′18″	150°43′13″
274	22°20′18″	150°43′13″	22°24′46″	150°44′53″
275	22°24′46″	150°44′53″	22°27′00″	150°45′52″
276	22°27′00″	150°45′52″	22°28′42″	150°46′21″

续表

编号	南纬	东经	南纬	东经
277	22°28′42″	150°46′21″	22°39′20″	150°57′40″
278	22°39′20″	150°57′40″	22°43′38″	150°59′26″
279	22°44′11″	150°59′50″	23°09′19″	151°05′06″
280	23°09′19″	151°05′06″	23°11′56″	151°06′04″
281	23°11′56″	151°06′04″	23°24′34″	151°11′02″
282	23°24′34″	151°11′02″	23°29′17″	151°14′17″
283	23°29′17″	151°14′17″	23°31′56″	151°16′43″
284	23°31′56″	151°16′43″	23°45′14″	151°20′00″
285	23°48′25″	151°22′04″	23°48′55″	151°23′16″
286	23°48′55″	151°23′16″	23°57′11″	151°29′23″
287	23°57′11″	151°29′23″	23°58′30″	151°37′30″
288	23°58′30″	151°37′30″	23°58′43″	151°46′25″
289	23°58′43″	151°46′25″	24°08′58″	151°53′04″
290	24°45′16″	152°24′22″	24°41′55″	153°15′08″
291	25°47′42″	153°04′37″	25°48′44″	153°04′08″
292	26°48′13″	153°09′02″	27°01′45″	153°28′04″
293	27°01′45″	153°28′04″	27°23′34″	153°33′08″
294	27°23′34″	153°33′08″	27°25′28″	153°33′12″
295	27°25′12″	153°33′12″	27°26′18″	153°32′44″
296	27°43′58″	153°26′58″	27°44′49″	153°26′44″
297	27°55′42″	153°25′29″	27°56′19″	153°25′39″

表 2 依据《公约》第四条的直线基线基点
—— 塔斯马尼亚（Tasmanin）大陆海岸

第 1 列	第 2 列			
	纬度（南纬）和经度（东经）			
项	起		止	
编号	南纬	东经	南纬	东经
1	41°51′19″	148°16′30″	41°51′30″	148°17′18″
2	41°51′30″	148°17′18″	41°52′19″	148°18′46″
3	41°52′19″	148°18′46″	41°52′43″	148°18′53″
4	41°52′43″	148°18′53″	41°53′25″	148°18′30″
5	41°53′25″	148°18′30″	41°53′48″	148°18′28″
6	42°13′21″	148°20′44″	42°20′33″	148°20′41″
7	42°20′36″	148°20′38″	42°39′04″	148°10′04″
8	42°39′04″	148°10′04″	43°07′30″	148°03′13″
9	43°07′30″	148°03′13″	43°13′19″	148°00′38″
10	43°13′19″	148°00′38″	43°14′14″	148°00′28″
11	43°14′42″	148°00′20″	43°14′50″	148°00′14″
12	43°14′50″	148°00′14″	43°32′03″	147°17′54″
13	43°32′03″	147°17′54″	43°38′22″	146°52′12″
14	43°38′38″	146°49′26″	43°39′57″	146°15′35″
15	43°39′57″	146°15′35″	43°39′55″	146°14′50″
16	43°39′55″	146°14′50″	43°34′26″	146°01′45″
17	43°34′23″	146°01′45″	43°34′19″	146°01′43″
18	43°29′24″	146°01′34″	43°29′07″	146°01′27″
19	43°29′07″	146°01′27″	43°28′09″	146°00′22″
20	43°28′06″	146°00′18″	43°28′05″	146°00′15″
21	43°28′05″	146°00′15″	43°26′09″	145°59′51″
22	43°26′09″	145°59′51″	43°25′48″	145°57′58″
23	43°25′45″	145°57′53″	43°25′21″	145°55′56″

续 表

编号	南纬	东经	南纬	东经
24	43°25′21″	145°55′56″	43°25′16″	145°55′15″
25	43°25′16″	145°55′15″	43°25′14″	145°55′13″
26	43°25′09″	145°55′08″	43°22′58″	145°55′08″
27	43°22′58″	145°55′08″	43°22′56″	145°55′15″
28	40°50′01″	144°42′29″	40°50′05″	144°42′15″
29	40°50′03″	144°42′14″	40°50′01″	144°42′12″
30	40°50′00″	144°42′10″	40°49′43″	144°41′56″
31	40°49′43″	144°41′56″	40°49′23″	144°41′46″
32	40°49′23″	144°41′46″	40°48′50″	144°41′38″
33	40°48′50″	144°41′38″	40°48′20″	144°41′41″
34	40°48′20″	144°41′41″	40°48′14″	144°41′45″
35	40°48′09″	144°41′48″	40°48′07″	144°41′51″
36	40°48′07″	144°41′51″	40°48′00″	144°42′03″
37	40°44′11″	144°40′59″	40°43′33″	144°40′32″
38	40°43′33″	144°40′32″	40°43′10″	144°40′26″
39	40°43′10″	144°40′26″	40°40′20″	144°40′06″
40	40°40′20″	144°40′06″	40°37′39″	144°40′34″
41	40°37′39″	144°40′34″	40°36′33″	144°40′51″
42	40°36′33″	144°40′51″	40°35′03″	144°40′41″
43	40°35′03″	144°40′41″	40°34′00″	144°40′34″
44	40°34′00″	144°40′34″	40°33′50″	144°40′39″
45	40°33′50″	144°40′39″	40°30′26″	144°42′11″
46	40°30′26″	144°42′11″	40°29′44″	144°42′05″
47	40°29′44″	144°42′05″	40°29′15″	144°42′22″
48	40°24′02″	144°47′03″	40°23′24″	144°53′03″
49	40°23′24″	144°53′03″	40°23′23″	144°53′23″
50	40°25′39″	144°58′07″	40°42′42″	145°16′21″

表 3 依据《公约》第四条的直线基线基点
—— 各州及北部领土的沿海岛屿

第 1 列	第 2 列			
	纬度(南纬)和经度(东经)			
项	起		止	
编号	南纬	东经	南纬	东经
1	40°12′45″	148°20′01″	40°17′39″	148°19′53″
2	40°29′27″	148°23′46″	40°31′14″	148°20′53″
3	40°31′27″	148°20′43″	40°33′51″	148°14′44″
4	40°33′51″	148°14′44″	40°35′29″	148°11′45″
5	40°34′01″	148°06′42″	40°33′29″	148°05′44″
6	40°33′29″	148°05′44″	40°29′53″	148°01′01″
7	40°29′53″	148°01′01″	40°22′54″	147°53′33″
8	40°22′54″	147°53′33″	40°19′02″	147°48′02″
9	40°17′58″	147°47′00″	40°17′54″	147°46′55″
10	40°17′43″	147°46′44″	40°08′00″	147°43′10″
11	40°07′50″	147°43′10″	40°06′19″	147°43′27″
12	40°05′35″	147°43′16″	39°52′34″	147°44′37″
13	54°45′54″	158°51′36″	54°46′00″	158°51′36″
14	54°46′00″	158°51′36″	54°46′30″	158°51′30″
15	54°46′30″	158°51′30″	54°46′36″	148°51′36″
16	54°46′36″	158°51′36″	54°46′42″	158°51′24″
17	54°46′42″	158°51′24″	54°46′48″	158°49′18″
18	54°46′48″	158°49′06″	54°46′24″	158°47′36″
19	54°46′24″	158°47′36″	54°45′54″	158°47′36″
20	54°45′54″	158°47′36″	54°45′30″	158°47′48″
21	54°45′30″	158°47′48″	54°44′54″	158°48′00″
22	54°44′54″	158°48′00″	54°44′42″	158°48′00″
23	54°44′42″	158°48′00″	54°43′48″	158°48′24″

续表

编号	南纬	东经	南纬	东经
24	54°43′48″	158°48′24″	54°41′48″	158°49′00″
25	54°41′48″	158°49′00″	54°41′12″	158°49′00″
26	54°41′12″	158°49′00″	54°39′48″	158°49′18″
27	54°39′48″	158°49′18″	54°38′12″	158°49′54″
28	54°38′12″	158°49′54″	54°36′54″	158°50′12″
29	54°36′54″	158°50′12″	54°36′30″	158°50′18″
30	54°36′30″	158°50′18″	54°35′36″	158°51′06″
31	54°35′36″	158°51′06″	54°35′12″	158°51′12″
32	54°35′12″	158°51′12″	54°34′12″	158°51′48″
33	54°34′12″	158°51′48″	54°32′36″	158°52′18″
34	54°32′36″	158°52′18″	54°31′54″	158°52′12″
35	54°31′54″	158°52′12″	54°31′12″	158°52′12″
36	54°31′12″	158°52′12″	54°31′00″	158°52′18″
37	54°31′00″	158°52′18″	54°30′06″	158°53′06″
38	54°30′36″	158°53′06″	54°30′00″	158°53′18″
39	28°52′36″	113°48′29″	28°45′13″	113°45′28″
40	28°45′13″	113°45′38″	28°29′04″	113°40′05″
41	28°29′04″	113°40′05″	28°18′48″	113°34′35″
42	28°17′46″	113°36′26″	28°25′36″	113°44′41″
43	28°25′36″	113°44′41″	28°27′30″	113°48′42″
44	28°27′44″	113°48′51″	28°37′22″	113°53′03″
45	28°37′22″	113°53′03″	28°48′04″	114°02′30″
46	28°48′04″	114°02′30″	28°53′44″	114°00′31″

…………

1983 年 2 月 4 日公告
[根据《1973 年海洋与下沉陆地法》第七条的托雷斯海峡（Torres Strait）外部界限公告]

…………

鉴于《1973 年海洋与下沉陆地法》第七条第 1 款规定总督可以在不违反《领海与毗连区公约》第一部分第二条的情况下随时以公告的形式宣布全部或部分领海的界限，并鉴于该法第七条第 2 款规定，为此公告的目的，总督可以特别确定如下其一或两者：

（1）领海的宽度；

（2）测算领海或其任何部分宽度的基线。

现在，本人，尼尼安·马丁·斯蒂芬爵士，作为澳大利亚联邦的总督，在联邦执行委员会的建议下，根据《1973 年海洋与下沉陆地法》第七条，并自 1983 年 2 月 14 日生效，特此宣告如下：

第一条

1. 本公告中，“海里”是指国际海里，合1 852米。

2. 若为本附件的目的需要参考澳大利亚大地基准来确定某点、某条线或某区域在地球表面的位置——

（1）那么该位置的确定应依据一个以地球的中心为其中心、长（赤道）半径为 6 378 160 米、扁平率为 100/29 825 的椭球体，并参照北部领地（Northern Territory）的约翰斯顿大地测量站（Johnston Geodetic Station）的位置；

（2）约翰斯顿大地测量站应被认为位于南纬 25°56′54.551 5″和东经 133°12′30.077 1″，并且其地平面位于第（1）项所指椭球体之上 571.2 米。

第二条

以下为与皇后岛（State of Queensland）包含的某些岛屿相邻的领海的外部界限：

（1）与被称为“Aubusi”、“Boigu”和“Moimi”的岛屿相邻的澳大利亚领海的外部界限为附件 1 中描述的界限；

（2）与被称为“Dauan”、“Kaumag”和“Saibai”的岛屿相邻的澳大利亚领海的外部界限为附件 2 中描述的界限；

（3）与被称为“Anchor Cay”和“East Cay”的岛屿相邻的澳大利亚领海的外部界限为附件 3 中描述的界限；

（4）与被称为“Black Rocks”和“Bramble Cay”的岛屿相邻的澳大利亚领海的外部界限为附件 4 中描述的界限；

（5）与被称为“Deliverance Island”和“Kerr Islet”的岛屿相邻的澳大利亚领海的外部界限为附件 5 中描述的界限；

（6）与被称为“Turnagain Island”的岛屿相邻的澳大利亚领海的外部界限为附件 6 中描述的界限；

（7）与被称为“Turu Cay”的岛屿相邻的澳大利亚领海的外部界限为附件 7 中描述的界限。

第三条

与皇后岛包含的位于南纬 9°33′00″以北且被称为“Pearce Cay”的岛屿相邻的澳大利亚领海的外部界限为附件 8 中描述的界限。

第四条

与位于南纬 9°33′00″以北的 Pearce Cay 相邻的澳大利亚领海的内部界限为 Pearce Cay 位于最低天文潮位的低潮线。

附件 1 Aubusi，Boigu 和 Moimi 岛

与 Aubusi，Boigu 和 Moimi 岛相邻的领海的外部界限是一条连续的线——

（1）起始点位于南纬 9°15′43″、东经 142°03′30″；

（2）从起始点沿着大地测量线依次连接以下点——

	南纬	东经
1	9°15′43″	142°03′30″
2	9°12′50″	142°06′25″
3	9°11′51″	142°08′33″
4	9°11′58″	142°10′18″
5	9°11′22″	142°12′54″

续 表

6	9°11′34″	142°14′08″
7	9°13′53″	142°16′26″
8	9°16′04″	142°20′41″

（3）从起始点沿着一系列半径为 3 海里的相交的圆弧，依次由以下点直至起始点为圆心划出——

	南纬	东经
1	9°15′53″	142°17′39″
2	9°16′26″	142°17′36″
3	9°16′28″	142°17′36″
4	9°16′31″	142°17′30″
5	9°17′06″	142°17′30″
6	9°17′15″	142°17′30″
7	9°17′26″	142°17′15″
8	9°17′50″	142°16′46″
9	9°17′55″	142°16′39″
10	9°17′56″	142°16′30″
11	9°17′53″	142°16′11″
12	9°17′52″	142°16′07″
13	9°17′44″	142°14′52″
14	9°17′45″	142°14′49″
15	9°17′44″	142°14′38″
16	9°17′44″	142°14′30″
17	9°17′38″	142°14′06″
18	9°17′38″	142°13′59″
19	9°17′36″	142°13′47″
20	9°17′34″	142°13′31″
21	9°17′33″	142°13′20″
22	9°17′32″	142°12′56″

续表

	南纬	东经
23	9°17′32″	142°12′46″
24	9°17′33″	142°12′26″
25	9°17′38″	142°11′56″
26	9°17′39″	142°11′51″
27	9°17′38″	142°11′34″
28	9°17′37″	142°11′30″
29	9°17′33″	142°10′20″
30	9°17′30″	142°10′13″
31	9°17′15″	142°09′08″
32	9°17′13″	142°09′00″
33	9°17′02″	142°08′35″
34	9°16′56″	142°08′23″
35	9°16′52″	142°08′15″
36	9°16′47″	142°08′01″
37	9°16′46″	142°07′58″
38	9°16′21″	142°06′52″
39	9°16′19″	142°06′51″
40	9°15′08″	142°06′28″

附件 2 Dauan，Kaumag 和 Saibai 岛

与 Dauan，Kaumag 和 Saibai 岛相邻的领海的外部界限是一条连续的线——

（1）起始点位于南纬 9°22′04″、东经 142°29′41″；

（2）从起始点沿大地测量线依次连接以下点——

	南纬	东经
1	9°22′04″	142°29′41″
2	9°21′48″	142°31′29″
3	9°22′33″	142°33′28″
4	9°21′25″	142°35′29″
5	9°20′21″	142°41′43″
6	9°20′16″	142°43′53″
7	9°19′26″	142°48′18″

（3）从起始点沿着一系列半径为 3 海里的相交的圆弧，依次由以下点直至起始点为圆心划出——

	南纬	东经
1	9°22′24″	142°47′49″
2	9°22′28	142°47′53″
3	9°22′39″	142°47′57″
4	9°22′48″	142°48′00″
5	9°22′58″	142°48′01″
6	9°23′02″	142°48′01″
7	9°23′06″	142°47′59″
8	9°23′12″	142°47′55″
9	9°23′28″	142°47′46″
10	9°23′44″	142°47′41″
11	9°25′46″	142°46′36″
12	9°25′48″	142°46′36″
13	9°25′53″	142°46′29″
14	9°26′05″	142°46′12″
15	9°26′10″	142°46′03″
16	9°26′15″	142°45′47″
17	9°26′15″	142°45′34″
18	9°26′12″	142°45′25″
19	9°26′09″	142°45′12″

续 表

	南纬	东经
20	9°26′06″	142°45′07″
21	9°25′57″	142°44′39″
22	9°25′48″	142°43′07″
23	9°25′54″	142°42′42″
24	9°25′53″	142°42′13″
25	9°25′52″	142°41′59″
26	9°25′51″	142°41′51″
27	9°25′48″	142°41′15″
28	9°25′47″	142°41′04″
29	9°25′46″	142°40′55″
30	9°25′43″	142°40′20″
31	9°25′44″	142°40′04″
32	9°25′50″	142°39′30″
33	9°25′51″	142°39′22″
34	9°25′50″	142°39′13″
35	9°25′48″	142°39′03″
36	9°25′35″	142°38′05″
37	9°25′31″	142°37′46″
38	9°25′28″	142°37′36″
39	9°25′23″	142°37′22″
40	9°25′22″	142°37′19″
41	9°25′04″	142°36′35″
42	9°24′50″	142°36′03″
43	9°25′25″	142°33′03″
44	9°25′27″	142°32′58″
45	9°25′54″	142°32′17″
46	9°26′11″	142°33′00″

续 表

	南纬	东经
47	9°26′15″	142°31′55″
48	9°26′17″	142°31′52″
49	9°26′17″	142°31′48″
50	9°26′15″	142°31′46″
51	9°26′06″	142°31′47″
52	9°25′38″	142°31′35″
53	9°25′28″	142°31′34″
54	9°25′24″	142°31′33″
55	9°25′05″	142°31′27″
56	9°24′39″	142°31′18″
57	9°24′37″	142°31′17″
58	9°24′32″	142°31′24″

附件 3　Anchor Cay 和 East Cay 岛

与 Anchor Cay 和 East Cay 岛相邻的领海外部界限是由一系列半径为 3 海里的相交的圆弧组成的一条连续的线，由以下点为圆心依次划出，以包围岛屿——

	南纬	东经
1	9°21′27″	144°07′30″
2	9°21′25″	144°07′28″
3	9°21′25″	144°07′38″
4	9°21′26″	144°07′44″
5	9°21′29″	144°07′50″
6	9°21′31″	144°07′55″
7	9°21′44″	144°08′24″
8	9°21′45″	144°08′27″

续 表

	南纬	东经
9	9°21′49″	144°08′33″
10	9°21′54″	144°08′37″
11	9°23′09″	144°12′43″
12	9°23′02″	144°12′55″
13	9°23′02″	144°13′23″
14	9°23′04″	144°13′29″
15	9°23′06″	144°13′33″
16	9°23′09″	144°13′40″
17	9°23′13″	144°13′44″
18	9°23′30″	144°13′59″
19	9°23′40″	144°14′11″
20	9°23′44″	144°14′18″
21	9°23′50″	144°14′25″
22	9°23′59″	144°14′30″
23	9°24′05″	144°14′31″
24	9°24′19″	144°14′33″
25	9°24′29″	144°14′37″
26	9°24′40″	144°14′40″
27	9°24′44″	144°14′40″
28	9°24′49″	144°14′35″
29	9°24′53″	144°14′33″
30	9°24′57″	144°14′27″
31	9°24′57″	144°14′20″
32	9°24′56″	144°14′14″
33	9°24′44″	144°13′19″
34	9°24′40″	144°13′02″
35	9°24′36″	144°12′58″

续 表

	南纬	东经
36	9°24′31″	144°12′56″
37	9°23′47″	144°12′34″
38	9°22′06″	144°08′38″
39	9°22′07″	144°08′31″
40	9°21′59″	144°07′57″
41	9°21′47″	144°07′32″
42	9°21′44″	144°07′29″
43	9°21′40″	144°07′26″
44	9°21′35″	144°07′24″

附件 4　Black Rocks 和 Bramble Cay 岛

与 Black Rocks 和 Bramble Cay 岛相邻的领海外部界限是由一系列半径为 3 海里的相交的圆弧组成的一条连续的线，由以下点为圆心依次划出，以包围岛屿——

	南纬	东经
1	9°10′28″	143°49′59″
2	9°08′40″	143°52′19″
3	9°08′33″	143°52′22″
4	9°08′26″	143°52′32″
5	9°08′24″	143°52′41″
6	9°08′23″	143°52′48″
7	9°08′24″	143°52′54″
8	9°08′27″	143°53′06″
9	9°08′32″	143°53′12″
10	9°08′43″	143°53′19″

续 表

	南纬	东经
11	9°08′48″	143°53′19″
12	9°08′52″	143°53′17″
13	9°09′00″	143°53′13″
14	9°09′04″	143°53′07″
15	9°09′08″	143°53′00″
16	9°09′07″	143°53′49″

附件 5 Deliverance Island 和 Kerr Islet

与 Deliverance Island 和 Kerr Islet 岛相邻的领海的外部界限是由一系列半径为 3 海里的相交的圆弧组成的一条连续的线，由以下点为圆心依次划出，以包围岛屿——

	南纬	东经
1	9°32′39″	141°32′15″
2	9°32′35″	141°32′11″
3	9°32′07″	141°31′50″
4	9°32′02″	141°31′54″
5	9°31′56″	141°31′58″
6	9°31′51″	141°32′02″
7	9°31′29″	141°32′17″
8	9°31′27″	141°32′19″
9	9°31′24″	141°32′21″
10	9°30′40″	141°33′32″
11	9°30′08″	141°34′01″
12	9°30′01″	141°34′05″

续表

	南纬	东经
13	9°29′57″	141°34′08″
14	9°29′51″	141°34′14″
15	9°29′51″	141°34′19″
16	9°29′58″	141°36′13″
17	9°30′04″	141°36′16″
18	9°30′12″	141°36′16″
19	9°30′28″	141°36′18″
20	9°30′47″	141°36′18″
21	9°31′00″	141°36′15″
22	9°31′11″	141°36′10″
23	9°31′29″	141°36′02″
24	9°31′38″	141°35′55″
25	9°31′47″	141°35′46″
26	9°31′50″	141°35′42″
27	9°32′02″	141°35′21″
28	9°36′21″	141°34′33″
29	9°36′24″	141°34′34″
30	9°36′35″	141°34′33″
31	9°36′49″	141°34′26″
32	9°36′56″	141°34′21″
33	9°37′05″	141°34′02″
34	9°37′14″	141°33′47″
35	9°37′15″	141°33′28″
36	9°37′13″	141°33′25″

续 表

	南纬	东经
37	9°37′09″	141°33′22″
38	9°37′03″	141°33′21″
39	9°36′58″	141°33′22″
40	9°36′52″	141°33′27″

附件 6 Turnagain Island

与 Turnagain Island 岛相邻的领海的外部界限是由一系列半径为 3 海里的相交的圆弧组成的一条连续的线,由以下点为圆心依次划出,以包围岛屿——

	南纬	东经
1	9°32′54″	142°10′47″
2	9°32′54″	142°10′44″
3	9°32′54″	142°10′40″
4	9°32′52″	142°10′36″
5	9°32′49″	142°10′35″
6	9°32′44″	142°10′36″
7	9°32′23″	142°10′54″
8	9°32′11″	142°11′39″
9	9°32′10″	142°11′45″
10	9°32′15″	141°11′54″
11	9°32′37″	142°14′59″
12	9°32′36″	142°15′08″
13	9°32′37″	142°15′14″
14	9°32′40″	142°15′24″
15	9°32′44″	142°15′40″
16	9°32′44″	142°15′47″

续 表

	南纬	东经
17	9°32′45″	142°15′53″
18	9°32′48″	142°16′04″
19	9°32′51″	142°16′16″
20	9°32′53″	142°16′28″
21	9°32′54″	142°16′34″
22	9°32′56″	142°16′39″
23	9°32′58″	142°16′49″
24	9°33′02″	142°17′01″
25	9°33′03″	142°17′12″
26	9°33′05″	142°17′18″
27	9°33′11″	142°17′30″
28	9°33′14″	142°17′40″
29	9°33′16″	142°17′50″
30	9°33′18″	142°18′00″
31	9°33′21″	142°18′09″
32	9°33′23″	142°18′16″
33	9°33′28″	142°18′27″
34	9°33′33″	142°18′42″
35	9°33′35″	142°18′51″
36	9°33′38″	142°19′03″
37	9°33′41″	142°19′12″
38	9°33′42″	142°19′19″
39	9°33′44″	142°19′25″
40	9°33′47″	142°19′38″
41	9°33′49″	142°19′40″
42	9°34′15″	142°20′11″
43	9°34′19″	142°20′16″

续表

	南纬	东经
44	9°34′23″	142°20′17″
45	9°34′29″	142°20′14″
46	9°34′34″	142°20′10″
47	9°34′42″	142°20′03″
48	9°34′46″	142°19′58″
49	9°34′49″	142°19′52″
50	9°34′52″	142°19′32″
51	9°34′52″	142°19′24″
52	9°34′52″	142°19′15″
53	9°34′50″	142°19′05″
54	9°34′48″	142°18′54″
55	9°34′46″	142°18′39″
56	9°34′43″	142°18′28″
57	9°34′40″	142°18′11″
58	9°34′38″	142°18′05″
59	9°34′35″	142°17′56″
60	9°34′30″	142°17′39″
61	9°34′23″	142°17′09″
62	9°34′21″	142°16′55″
63	9°34′19″	142°16′39″
64	9°34′16″	142°16′29″
65	9°34′07″	142°15′58″
66	9°34′05″	142°15′49″
67	9°34′01″	142°15′41″
68	9°33′50″	142°15′17″
69	9°33′48″	142°15′10″

续表

	南纬	东经
70	9°33′44″	142°15′00″
71	9°33′35″	142°14′48″
72	9°33′24″	142°14′31″
73	9°33′09″	142°13′59″
74	9°33′08″	142°13′53″

附件 7 Turu Cay

与 Turu Cay 岛相邻的领海的外部界限是由一系列半径为 3 海里的相交的圆弧组成的一条连续的线，由以下点为圆心依次划出，以包围岛屿——

	南纬	东经
1	9°49′53″	141°24′42″
2	9°49′39″	141°24′44″
3	9°49′31″	141°24′52″
4	9°49′25″	141°25′02″
5	9°49′23″	141°25′13″
6	9°49′20″	141°25′25″
7	9°49′19″	141°25′36″
8	9°49′18″	141°25′43″
9	9°49′18″	141°25′53″
10	9°49′17″	141°26′07″
11	9°49′23″	141°26′09″
12	9°49′26″	141°26′06″
13	9°49′32″	141°25′58″
14	9°49′38″	141°25′49″
15	9°49′44″	141°25′38″
16	9°49′47″	141°25′31″

续 表

	南纬	东经
17	9°49′53″	141°25′19″
18	9°49′56″	141°25′09″
19	9°49′57″	141°24′54″
20	9°49′56″	141°24′45″

附件 8 Pearce Cay

与位于南纬 9°33′00″以北的 Pearce Cay 岛相邻的领海的外部界限为一条连续的线——

（1）起始点为南纬 9°33′00″、东经 143°14′51″；

（2）从起始点沿着一系列半径为 3 海里的相交的圆弧，依次由以下点直至位于南纬 9°31′00″、东经 143°19′46″的点为圆心划出——

	南纬	东经
1	9°30′56″	143°17′03″
2	9°30′53″	143°17′03″
3	9°30′50″	143°17′08″
4	9°30′46″	143°17′19″
5	9°30′43″	143°17′26″
6	9°30′42″	143°17′34″
7	9°30′41″	143°17′43″
8	9°30′48″	143°17′42″
9	9°30′50″	143°17′40″

（3）从起始点沿南纬 9°33′00″向西，直至起始点。

…………

根据《1973 年海洋与下沉陆地法》第八条的 1987 年 3 月 19 日公告

本人,尼尼安·马丁·斯蒂芬爵士,作为澳大利亚联邦的总督,在联邦执行委员会的建议下,根据《1973 年海洋与下沉陆地法》第八条,确信如下每一个海湾,即 Anxious 海湾、Encounter 海湾、Lacepede 海湾和 Rivoli 海湾,是历史性海湾。据此:

(1)宣布这些海湾均为历史性海湾;

(2)将这些海湾向海一侧的界限定义为按照附件确定的界限。

附　　件

第一条

本附件中:

"低潮"是指最低天文潮位;

"直线"是指大地测量线。

第二条

1. 如果为本公告的目的定义某一历史性海湾向海一侧的界限,而第四条所指的直线在同一岛屿的低潮线上连接两个不同点,则该历史性海湾向海一侧的、在这两点之间的界限定义为该岛屿海岸向海一侧的低潮线在这两点之间的部分。

2. 在第 1 款中,岛屿海岸向海一侧的部分是指岛屿海岸包括岛屿向海一侧最近各点组成的部分。

第三条

若为本附件的目的需要参考澳大利亚大地基准来确定某点在地球表面的位置:

(1)该位置的确定应依据一个以地球的中心为其中心、长(赤道)半径为 6 378 160 米、扁平率为 100/29 825 的椭球体,并参照北部领地(Northern Territory)的约翰斯顿大地测量站(Johnston Geodetic Station)的位置;并且

(2)约翰斯顿大地测量站应被认为位于南纬 25°56′54.551 5″和东经

133°12′30.077 1″，并且其地平面位于第（1）项所指椭球体之上 571.2 米。

第四条

1. 为第 2 款的目的：

（1）相关表格中的第 1、2 和 3 项涉及 Anxious 海湾；

（2）相关表格中的第 4 项涉及 Encounter 海湾；

（3）相关表格中的第 5 项涉及 Lacepede 海湾；

（4）相关表格中的第 6 和第 7 项涉及 Rivoli 海湾。

2. 受第二条的限制，由本公告宣布为历史性海湾的海湾向海一侧的界限定义为连接海岸低潮线上两点的一条或多条直线（视情况而定）。这些点位于有关海湾的相关表格中某项或各项第 2 列规定的纬度和经度（依据澳大利亚大地基准确定的纬度和经度）之上或与之最接近。

3. 为本条的目的，相关表格如下：

第 1 列	第 2 列			
	纬度（南纬）和经度（东经）			
	起		止	
项编号	南纬	东经	南纬	东经
1	33°12′03″	134°19′38″	33°35′41″	134°45′03″
2	33°35′50″	134°45′54″	33°35′59″	134°46′30″
3	33°36′43″	134°48′20″	33°37′28″	134°49′40″
4	35°35′48″	138°36′06″	35°35′48″	138°57′24″
5	36°35′48″	139°50′00″	36°56′36″	139°40′24″
6	37°34′01″	140°06′20″	37°30′03″	140°00′48″
7	37°29′57″	140°00′41″	37°29′52″	140°00′38″

根据《1973 年海洋与下沉陆地法》第七条的 1987 年 3 月 19 日公告

本人，尼尼安·马丁·斯蒂芬爵士，作为澳大利亚联邦的总督，在联邦执行委员会的建议下，根据《1973 年海洋与下沉陆地法》第七条，对依该法该条于 1983 年 2 月 4 日作出并于 1983 年 2 月 9 日在公报上发布的公告中附件所列的澳大利亚领海的内部界限进行修改：

（1）删除附件第二条（a）款中的"或（d）款"，并代之以"（d）或（e）"；

（2）在附件第二条（c）款的"各海湾"后添加"（历史性海湾除外）"；

（3）在附件第二条（d）款后添加如下款：

"（a）当表 1A 某项第 2 列规定的海岸的各海湾依据《1973 年海洋与下沉陆地法》第八条的公告宣布成为历史性海湾时，该基线为：

"（b）若该项第 3 列规定了两组纬度和经度 —— 连接位于该海岸低潮线上的那些点或与那些点最接近的各点的直线；或

"（c）当该项第 3 列规定了两组以上纬度和经度 —— 由分别连接该海岸低潮线上的、与该项该列规定的位置相对的两点或与之最接近的各点（由澳大利亚大地基准确定的作为纬度和经度的点）的直线所组成的线。"

（4）在附件第七条第（1）款的"第二条（d）款"后添加"第二条（e）款"；

（5）在附件的"表 1"后添加如下表格：

表 1A　基点 —— 历史性海湾

第 1 列	第 2 列	第 3 列			
项编号	历史性海湾	纬度（南纬）和经度（东经）			
		起		止	
1	Anxious 海湾	33°12′03″	134°19′38″	33°35′41″	134°45′03″
		33°35′50″	134°45′54″	33°35′59″	134°46′30″
		33°36′43″	134°48′20″	33°37′28″	134°49′40″
2	Encounter 海湾	35°35′48″	138°36′06″	35°35′48″	138°57′24″

续 表

3	Lacepede 海湾	36°35′48″	139°50′00″	36°56′36″	139°40′24″
4	Rivol 海湾	37°34′01″	140°06′20″	37°30′03″	140°00′48″
		37°29′57″	140°00′41″	37°29′52″	140°00′38″

根据《1973 年海洋与下沉陆地法》第七条的 1990 年 11 月 9 日公告

本人,威廉姆·乔治·海登,作为澳大利亚联邦的总督,在联邦执行委员会的建议下,根据《1973 年海洋与下沉陆地法》第七条宣布:自 1990 年 11 月 20 日起,除附件所指的领海部分,澳大利亚领海的外部界限为从依据国际法确定的或依据《1973 年海洋与下沉陆地法》第七条随时作出的公告确定的基线量起 12 国际海里。

附件　领海除外的部分

第一条

就皇后岛(State of Queensland)所包含的某些岛屿而言,岛屿的领海是指 1983 年 2 月 4 日根据《1973 年海洋与下沉陆地法》第七条发布的公告中附件 1、2、3、4、5、6 或 7 所指的岛屿的领海。

第二条

该公告附件 8 所指的岛屿的领海,以该公告确定的、与位于南纬 9°33′00″以北的岛屿相邻的领海的外部界限为限。

比尔·海登

1990 年 11 月 9 日

经本人签署以及

澳大利亚印章盖章

依《1994年海事立法修正案》修改的《1973年海洋与下沉陆地法》

本法涉及海洋的某些水域和这些水域的上空、海床与底土的主权，以及有关大陆架和专属经济区的主权权利与有关毗连区的某些管制权。

第一部分 序 言

鉴于邻接澳大利亚海湾并被称为领海的一带海域及领海的上空、海床和底土在澳大利亚的主权之内。

并鉴于澳大利亚作为沿海国享有：

（1）为如下目的，对构成澳大利亚专属经济区的水域、海床和底土的主权权利：

（a）勘探该区域；

（b）开发、养护和管理该区域的自然资源。

（2）有关在澳大利亚专属经济区内从事经济性开发和勘探的其他活动的主权权利，如利用海水、水流和风力生产能等。

（3）按照国际法有关下列事项的管制权：

（a）专属经济区内人工岛屿、设施和结构的建造与使用；

（b）专属经济区内的海洋科学研究；

（c）专属经济区内海洋环境的保护和保全。

（4）《联合国海洋法公约》规定的其他有关专属经济区的权利和义务。

并鉴于澳大利亚作为沿海国有为勘探大陆架（即与海岸相邻但在领海之外的某些海底区域的海床和底土）和开发其自然资源的目的的主权权利。

并且，鉴于澳大利亚作为沿海国依据国际法有权在毗连区进行管制：

（1）防止在澳大利亚或澳大利亚领海内违反其海关、财政、移民或卫生的法律；

（2）惩治违反上述法律的行为。

因此，澳大利亚女王、参议院和众议院颁布如下法律：

第三条 解释

1. 本法中，除非有相反的意思表示：

“澳大利亚” 包括本法及于的领土；

"大陆架"与《公约》第七十六条第一款的含义相同；

"毗连区"与《公约》第三十三条的含义相同；

"专属经济区"与《公约》第五十五和第五十七条的含义相同；

"领海"与《公约》第三条和第四条的含义相同；

"公约"是指 1982 年 12 月 10 日于蒙特哥湾通过的《联合国海洋法公约》(《公约》第二、第五和第六部分载于附件中)。

2. 本法中，包括第六条，澳大利亚领海是指其随时及于的领海。

2A 本法中，包括第十 A 条，澳大利亚专属经济区是指其随时及于的区域。

3. 本法中，包括第十一条，澳大利亚大陆架是指其随时及于的大陆架。

3A 本法中，包括第十三 A 条，澳大利亚毗连区是指其随时及于的区域。

4. 若第七条的公告是有效的，为本法的一切目的，澳大利亚领海应及于该公告宣布的界限。

4A 若第十 B 条的公告是有效的，为本法的一切目的，澳大利亚专属经济区应及于该公告宣布的界限。

5. 若第十二条的公告是有效的，为本法的一切目的，澳大利亚大陆架应及于该公告宣布的界限。

5A 若第十三 B 条的公告是有效的，为本法的一切目的，澳大利亚毗连区应及于该公告宣布的界限。

第四条 领土的延伸

本法及于一切领土。

第二部分 主权、主权权利和管制权

第一节 领 海

第五条 解释

本部分中，"领海"是指澳大利亚领海。

第六条 领海主权

经本法宣布并颁行，领海及其上空、海床和底土的主权在英联邦的权利下属于君王，并可由其行使。

第七条 领海的界限

1. 总督可以随时通过不违反《公约》第二部分第一节的公告宣布领海全部或一部分的界限。

2. 为上述公告的目的,总督可以特别规定如下其一或全部事项:

(1)领海的宽度;

(2)测算领海或其任何部分的宽度的基线。

第八条 历史性海湾和历史性水域的声明

当总督确信:

(1)某海湾是历史性海湾,他可以通过公告宣布该海湾为历史性海湾,并应通过同一公告或其他公告确定该海湾向海一侧的界限;或

(2)某水域是历史性水域,他可以通过公告宣布该水域为历史性水域,并应通过同一公告或其他公告确定该水域的界限。

第九条 领海界限的海图

1. 大臣可以下令绘制并颁布他认为合适的、标明有关领海界限的任何事项的海图。

2. 特别是,大臣可以下令绘制并颁布标明沿海岸低潮线的大比例尺海图,并下令在这种海图上标明第 1 款所指的其他任何事项。

3. 一份由大臣确认成为依本条绘制的海图的真正副本,其唯一纸质副本是有关领海界限的海图标明的任何事项的初步证据。

第十条 内水主权

经本法宣布并颁行,随时及于澳大利亚内水(即领海基线向陆一面的任何海域)、内水上空和内水之下的海床与底土的主权在英联邦的权利下归属君王,并可由其行使。

第一 A 节 专属经济区

第十 A 条 有关专属经济区的主权权利

经本法宣布并颁行,澳大利亚在专属经济区内的权利和管辖权在英联邦的权利下归属君王,并可由其行使。

第十 B 条 专属经济区的界限

总督可以随时通过不违反如下规定的公告宣布澳大利亚专属经济区全部或任何部分的界限：

（1）《公约》第五十五条或第五十七条；或

（2）澳大利亚作为缔约方的其他国际协定。

第十C条　专属经济区界限的海图

1. 大臣可以下令绘制其认为合适的、标明有关澳大利亚专属经济区界限的任何事项的海图。

2. 一份由大臣确认的该海图的真正副本，其唯一纸质副本是有关澳大利亚专属经济区界限的海图标明的任何事项的初步证据。

第二节　大陆架

第十一条　有关大陆架的主权权利

经本法宣布并颁行，澳大利亚作为沿海国所拥有的有关澳大利亚大陆架的、以勘探大陆架和开发其自然资源为目的的主权权利，在英联邦的权利下归属国王，并可由其行使。

第十二条　大陆架的界限

总督可以随时通过不违反《公约》第七十六条或澳大利亚作为缔约方的其他相关国际协定的公告宣布澳大利亚大陆架全部或任何部分的界限。

第十三条　大陆架界限的海图

1. 大臣可以下令绘制并颁布他认为合适的、标明有关澳大利亚大陆架界限的任何事项的海图。

2. 一份由大臣确认成为依据本条绘制的海图的真正副本，其唯一纸质副本是有关澳大利亚大陆架界限的海图标明的任何事项的初步证据。

第二A节　毗连区

第十三A条　有关毗连区的管制权

经本法宣布并颁行，澳大利亚拥有毗连区。

注释：澳大利亚作为沿海国所拥有的有关澳大利亚毗连区的管制权按

照可适用的联邦、州或领土法行使。

第十三 B 条 毗连区的界限

总督可以随时通过不违反如下规定的公告宣布澳大利亚毗连区全部或任何部分的界限：

（1）《公约》第二部分第四节；或

（2）澳大利亚作为缔约方的其他国际协定。

第十三 C 条 毗连区界限的海图

1. 大臣可以下令绘制其认为合适的、标明有关澳大利亚毗连区界限的任何事项的海图。

2. 一份由大臣确认的该海图的真正副本，其唯一纸质副本是有关澳大利亚毗连区界限的海图标明的任何事项的初步证据。

第三节 保 留

第十四条 第二部分不影响州界限内的水域及其他

对于属于港湾、海湾、河口、河流、小溪、小港、港口、海港的水域，以及于1901 年 1 月 1 日在某州界限之内并且保持在该州界限之内的水域，或对于在这些水域之内的海域，本部分的一切内容均不影响有关这些海域或其上空或其水下的海床或底土的主权和主权权利。

第十五条 不属于联邦的某些财产

本部分的一切事物，包括任何码头、防波堤、直码头、防浪堤、建筑、平台、管道、灯塔、信号浮标、导航设备、浮标、电缆或其他结构或工程，均不应被认为在英联邦权利下属于君王。

第十六条 对其他法律的保留

1. 本部分的以上规定：

（1）不限制或排除任何于本法生效之日当天或之后生效的联邦或北部领地（Northern Territory）以外的其他领土的法律的效力；

（2）不限制或排除任何于本法生效之日当天或之后生效的某州或北部领地的法律的效力，明确授予或允许行使本部分以上规定之外的任何主权或主权权利的法律除外。

2. 某州或北部领地的法律不应由于如下情况被理解为属于第 1 款第（2）项的除外事项：

（1）如果有关该海床或底土的专有权利依据联邦法律归属于在该州或北部领地权利之下的君王，该法规定了有关或相关于或涉及任何被第一节宣布在英联邦权利之下的君王的主权之内的海床或底土，或任何该海床或底土的生物或非生物资源；或

（2）如果该法在《1980 年沿海水域（州权力）法》或《1980 年沿海水域（北领地权力）法》授予该州或北部领地的立法机关有关特别事项的权力之内，其规定了有关或关于或涉及任何第一节或第二节所指的且不适用第（1）项的海床或底土，或任何该海床或底土的生物或非生物资源。

依据《1973 年海洋与下沉陆地法》第十 B 条和《1901 年法律解释法》第四条的 1994 年 7 月 26 日公告

本人，威廉姆·乔治·海登，作为澳大利亚联邦的总督，在联邦执行委员会的建议下，根据《1973 年海洋与下沉陆地法》第十 B 条和《1901 年法律解释法》第四条宣布：从 1994 年 8 月 1 日起，

（1）受第（2）项的限制，澳大利亚专属经济区的外部界限包含：

（a）对于海外领土之外的澳大利亚区域，距离《1973 年海洋与下沉陆地法》第七条公告确定的基线向海一侧 200 国际海里的线；

（b）对于海外领土，距离国际法确定的基线向海一侧 200 国际海里的线。

（2）当附件规定的线的任何部分距离第（1）项所指的相关基线向海一侧不足 200 国际海里时，该线的该部分组成该区域的外部界限。

（3）为附件第一、四 [第（1）项除外]、五、六和七条的目的：

（a）所有地理坐标均用 1972 年世界测地系统（“WGS 72”）表示；

（b）确定某点或某线在地球表面的位置应参考“WGS 72”，即参考一个以地球中心为其中心、长（赤道）半径为 6 378 135 米、扁平率为 100/29 826 的椭球体。

（4）为附件第二条和第三条以及第四条第（a）项的目的：

（a）所有地理坐标均用1966年澳大利亚大地基准（“AGD 66”）表示。

（b）确定某点或某线在地球表面的位置应参考“AGD 66”，即：

（i）一个以地球的中心为其中心、长（赤道）半径为6 378 160米、按100/29 825比例压缩的椭球体；

（ii）在北部领地（Northern Territory）的约翰斯顿大地测量站（Johnston Geodetic Station），该站被认为位于南纬25°56′54.551 5″和东经133°12′30.077 1″，并且其地平面位于椭球体之上571.2米。

附件　规定的线

1. Christmas岛：

线：

（1）从南纬8°52′21″、东经102°34′09″起；

（2）再沿大地测量线向东北方向到南纬8°48′28″、东经103°22′50″；

（3）再沿大地测量线向东北方向到南纬8°44′41″、东经104°09′11″；

（4）再沿大地测量线向东北方向到南纬8°44′05″、东经104°16′22″；

（5）再沿大地测量线向东北方向到南纬8°43′45″、东经105°13′36″；

（6）再沿大地测量线向东北方向到南纬8°43′34″、东经105°18′01″；

（7）再沿大地测量线向东南方向到南纬8°44′54″、东经105°23′36″；

（8）再沿大地测量线向东南方向到南纬8°47′34″、东经105°34′41″；

（9）再沿大地测量线向东南方向到南纬8°49′15″、东经105°41′56″；

（10）再沿大地测量线向东南方向到南纬8°49′16″、东经105°42′01″；

（11）再沿大地测量线向东南方向到南纬8°55′54″、东经106°10′50″；

（12）再沿大地测量线向东南方向到南纬8°58′44″、东经106°20′52″；

（13）再沿大地测量线向东南方向到南纬8°59′23″、东经106°23′10″；

（14）再沿大地测量线向东南方向到南纬 9°02′18″、东经106°33′31″；

（15）再沿大地测量线向东南方向到南纬9°07′57″、东经106°49′22″；

（16）再沿大地测量线向东南方向到南纬9°09′04″、东经106°50′55″；

（17）再沿大地测量线向东南方向到南纬 9°10′20″、东经 106°52′42″；
（18）再沿大地测量线向东南方向到南纬 9°18′39″、东经 107°04′21″；
（19）再沿大地测量线向东南方向到南纬 9°24′39″、东经 107°11′58″；
（20）再沿大地测量线向东南方向到南纬 9°42′32″、东经 107°34′41″；
（21）再沿大地测量线向东南方向到南纬 9°49′34″、东经 107°43′34″；
（22）再沿大地测量线向东南方向到南纬 9°49′47″、东经 107°43′47″；
（23）再沿大地测量线向东南方向到南纬 10°00′04″、东经 107°54′18″；
（24）再沿大地测量线向东南方向到南纬 10°04′37″、东经 107°59′01″；
（25）再沿大地测量线向东南方向到南纬 10°08′26″、东经 108°03′00″；
（26）再沿大地测量线向东南方向到南纬 10°24′42″、东经 108°19′46″；
（27）再沿大地测量线向东南方向到南纬 10°34′22″、东经 108°29′24″；
（28）再沿大地测量线向东南方向到南纬 11°07′08″、东经 109°02′06″。

2. Timor and Arafura 海：

线：

（1）从南纬 13°15′、东经 118°27′ 起；
（2）再沿大地测量线向东北方向到南纬 12°50′、东经 119°24′；
（3）再沿大地测量线向东北方向到南纬 12°38′、东经 119°51′；
（4）再沿大地测量线向东北方向到南纬 12°35′、东经 120°16′；
（5）再沿大地测量线向东北方向到南纬 12°24′、东经 121°20′；
（6）再沿大地测量线向东北方向到南纬 11°43′、东经 121°56′；
（7）再沿大地测量线向东北方向到南纬 11°40′、东经 122°00′；
（8）再沿南纬 11°40′ 向东到与东经 122°02′ 相交；
（9）再沿大地测量线向东北方向到南纬 11°38′、东经 122°27′；
（10）再沿大地测量线向东北方向到南纬 11°37′、东经 122°43′；
（11）再沿大地测量线向东北方向到南纬 11°33′、东经 123°14′；
（12）再沿大地测量线向东北方向到南纬 11°32′、东经 123°18′；
（13）再沿大地测量线向东北方向到南纬 11°31′、东经 123°22′；
（14）再沿大地测量线向东南方向到南纬 11°33′、东经 123°56′；
（15）再沿大地测量线向东南方向到南纬 11°34′、东经 123°58′；
（16）再沿大地测量线向东南方向到南纬 11°31′、东经 124°26′；

（17）再沿南纬 11°31′ 向东到与东经 124°27′ 相交；
（18）再沿大地测量线向东南方向到南纬 11°34′、东经 124°34′；
（19）再沿大地测量线向东南方向到南纬 11°40′、东经 124°57′；
（20）再沿大地测量线向东南方向到南纬 11°47′、东经 125°20′；
（21）再沿大地测量线向东北方向到南纬 11°45′、东经 125°25′；
（22）再沿大地测量线向东北方向到南纬 11°37′、东经 125°45′；
（23）再沿大地测量线向东北方向到南纬 11°31′、东经 126°00′；
（24）再沿大地测量线向东北方向到南纬 11°26′、东经 126°12′；
（25）再沿大地测量线向东北方向到南纬 11°21′、东经 126°28′；
（26）再沿大地测量线向东北方向到南纬 11°20′、东经 126°31′；
（27）再沿大地测量线向东北方向到南纬 11°19′、东经 126°48′；
（28）再沿大地测量线向东北方向到南纬 11°17′、东经 126°57′；
（29）再沿大地测量线向东北方向到南纬 11°14′、东经 127°31′；
（30）再沿大地测量线向东北方向到南纬 10°55′、东经 127°47′；
（31）再沿大地测量线向东北方向到南纬 10°45′、东经 127°58′；
（32）再沿大地测量线向东北方向到南纬 10°28′、东经 128°12′；
（33）再沿大地测量线向东北方向到南纬 10°26′、东经 128°18′；
（34）再沿大地测量线向东北方向到南纬 9°59′、东经 129°01′；
（35）再沿大地测量线向东北方向到南纬 9°45′、东经 129°30′；
（36）再沿大地测量线向东北方向到南纬 9°39′、东经 130°06′；
（37）再沿大地测量线向东南方向到南纬 9°45′、东经 130°43′；
（38）再沿大地测量线向东南方向到南纬 9°47′、东经 130°55′；
（39）再沿大地测量线向东北方向到南纬 9°42′、东经 131°28′；
（40）再沿大地测量线向东北方向到南纬 9°40′、东经 131°31′；
（41）再沿大地测量线向东北方向到南纬 9°36′、东经 131°43′；
（42）再沿大地测量线向东北方向到南纬 9°33′、东经 131°52′；
（43）再沿大地测量线向东北方向到南纬 9°31′、东经 131°57′；
（44）再沿大地测量线向东北方向到南纬 9°23′、东经 132°12′；
（45）再沿大地测量线向东北方向到南纬 9°20′、东经 132°20′；
（46）再沿大地测量线向东北方向到南纬 9°16′、东经 132°30′；

（47）再沿大地测量线向东北方向到南纬 9°14′、东经 132°33′；
（48）再沿大地测量线向东北方向到南纬 9°06′、东经 132°46′；
（49）再沿大地测量线向东北方向到南纬 8°53′、东经 133°23′；
（50）再沿大地测量线向东南方向到南纬 9°25′、东经 134°50′；
（51）再沿大地测量线向东北方向到南纬 9°22′、东经 135°03′；
（52）再沿大地测量线向东北方向到南纬 9°17′、东经 135°13′；
（53）再沿大地测量线向东北方向到南纬 9°08′、东经 135°29′；
（54）再沿大地测量线向东南方向到南纬 9°57′、东经 137°45′；
（55）再沿大地测量线向东南方向到南纬 10°09′、东经 138°13′；
（56）再沿大地测量线向东南方向到南纬 10°22′、东经 138°35′；
（57）再沿大地测量线向东南方向到南纬 10°24′、东经 138°38′；
（58）再沿大地测量线向东南方向到南纬 10°50′、东经 139°12′。

3. Torres 海峡：

线：

（1）从南纬 10°50′00″、东经 139°12′00″ 起；
（2）再沿大地测量线向东南方向到南纬 11°09′00″、东经 139°23′00″；
（3）再沿大地测量线向东北方向到南纬 10°59′00″、东经 140°00′00″；
（4）再沿大地测量线向东北方向到南纬 9°46′00″、东经 142°00′00″；
（5）再沿大地测量线向东北方向到南纬 9°45′24″、东经 142°03′30″；
（6）再沿东经 142°03′30″ 向北到与南纬 9°15′43″ 相交；
（7）再沿大地测量线向东北方向到南纬 9°12′50″、东经 142°06′25″；
（8）再沿大地测量线向东北方向到南纬 9°11′51″、东经 142°08′33″；
（9）再沿大地测量线向东南方向到南纬 9°11′58″、东经 142°10′18″；
（10）再沿大地测量线向东北方向到南纬 9°11′22″、东经 142°12′54″；
（11）再沿大地测量线向东南方向到南纬 9°11′34″、东经 142°14′08″；
（12）再沿大地测量线向东南方向到南纬 9°13′53″、东经 142°16′26″；
（13）再沿大地测量线向东南方向到南纬 9°16′04″、东经 142°20′41″；
（14）再沿大地测量线向东南方向到南纬 9°22′04″、东经 142°29′41″；
（15）再沿大地测量线向东北方向到南纬 9°21′48″、东经 142°31′29″；
（16）再沿大地测量线向东南方向到南纬 9°22′33″、东经 142°33′28″；

（17）再沿大地测量线向东北方向到南纬 9°21′25″、东经 142°35′29″；

（18）再沿大地测量线向东北方向到南纬 9°20′21″、东经 142°41′43″；

（19）再沿大地测量线向东北方向到南纬 9°20′16″、东经 142°43′53″；

（20）再沿大地测量线向东北方向到南纬 9°19′26″、东经 142°48′18″，在此处与 Saibai 岛的 3 国际海里领海的外部界限相连；

（21）再沿该外部界限到 Saibai Island 东边的南纬 9°23′40″、东经 142°51′00″；

（22）再沿东经 142°51′00″ 向南到与南纬 9°40′30″ 相交；

（23）再沿大地测量线向东北方向到南纬 9°40′00″、东经 143°00′00″；

（24）再沿大地测量线向东北方向到南纬 9°33′00″、东经 143°05′00″；

（25）再沿南纬 9°33′00″ 向东到与东经 143°20′00″ 相交；

（26）再沿大地测量线向东北方向到南纬 9°24′00″、东经 143°30′00″；

（27）再沿大地测量线向东北方向到南纬 9°22′00″、东经 143°48′00″；

（28）再沿大地测量线向东南方向到南纬 9°30′00″、东经 144°15′00″；

（29）再沿大地测量线向东南方向到南纬 9°51′00″、东经 144°44′00″；

（30）再沿大地测量线向东南方向到南纬 12°20′00″、东经 146°30′00″；

（31）再沿大地测量线向东南方向到南纬 12°38′30″、东经 147°08′30″；

（32）再沿大地测量线向东南方向到南纬 13°10′30″、东经 148°05′00″；

（33）再沿大地测量线向东南方向到南纬 14°38′00″、东经 152°07′00″；

（34）再沿大地测量线向东南方向到南纬 14°45′00″、东经 154°15′00″；

（35）再沿大地测量线向东北方向到南纬 14°05′00″、东经 156°37′00″。

4. Coral 海：

线：

（1）从南纬 14°04′00″、东经 157°00′00″起；

（2）再沿大地测量线向东南方向到南纬 14°41′00″、东经 157°43′00″；

（3）再沿大地测量线向东南方向到南纬 15°44′07″、东经 158°45′39″；

（4）再沿大地测量线向西南方向到南纬 16°25′28″、东经 158°22′49″；

（5）再沿大地测量线向西南方向到南纬 16°34′51″、东经 158°16′26″；

（6）再沿大地测量线向西南方向到南纬 17°30′28″、东经 157°38′31″；

（7）再沿大地测量线向西南方向到南纬 17°54′40″、东经 157°21′59″；

（8）再沿大地测量线向西南方向到南纬 18°32′25″、东经 156°56′44″；
（9）再沿大地测量线向西南方向到南纬 18°55′54″、东经 156°37′29″；
（10）再沿大地测量线向西南方向到南纬 19°17′12″、东经 156°15′20″；
（11）再沿大地测量线向东南方向到南纬 20°08′28″、东经 156°49′34″；
（12）再沿大地测量线向东南方向到南纬 20°32′28″、东经 157°03′09″；
（13）再沿大地测量线向东南方向到南纬 20°42′52″、东经 157°04′34″
（14）再沿大地测量线向东南方向到南纬 20°53′33″、东经 157°06′25″；
（15）再沿大地测量线向东南方向到南纬 21°12′57″、东经 157°10′17″；
（16）再沿大地测量线向东南方向到南纬 21°47′21″、东经 157°14′36″；
（17）再沿大地测量线向东南方向到南纬 22°10′31″、东经 157°13′04″；
（18）再沿大地测量线向东南方向到南纬 22°31′38″、东经 157°18′43″；
（19）再沿大地测量线向东南方向到南纬 23°14′54″、东经 157°48′04″；
（20）再沿大地测量线向东南方向到南纬 25°08′48″、东经 158°36′39″；
（21）再沿大地测量线向东南方向到南纬 26°26′30″、东经 163°43′30″；
（22）再沿大地测量线向东北方向到南纬 26°12′04″、东经 165°51′37″；
（23）再沿大地测量线向东北方向到南纬 25°50′42″、东经 168°44′18″；
（24）再沿大地测量线向东南方向到南纬 25°55′51″、东经 169°25′54″。

5. Norfolk 岛 / 新西兰：

线：

（1）从南纬 30°54′、东经 171°14′起；
（2）再沿大地测量线向西南方向到南纬 31°11′、东经 170°46′；
（3）再沿大地测量线向西南方向到南纬 31°18′、东经 170°35′；
（4）再沿大地测量线向西南方向到南纬 31°19′、东经 170°33′；
（5）再沿大地测量线向西南方向到南纬 32°26′、东经 168°39′。

6. Macquarie 岛：

线：

（1）从南纬 51°09′、东经 160°39′起；
（2）再沿大地测量线向东南方向到南纬 51°12′、东经 160°42′；
（3）再沿大地测量线向东南方向到南纬 52°15′、东经 162°04′；
（4）再沿大地测量线向东南方向到南纬 52°26′、东经 162°19′；

（5）再沿大地测量线向东南方向到南纬 53°43′、东经 164°05′；
（6）再沿大地测量线向东南方向到南纬 53°50′、东经 164°16′；
（7）再沿大地测量线向东南方向到南纬 54°01′、东经 164°21′；
（8）再沿大地测量线向东南方向到南纬 54°21′、东经 164°32′；
（9）再沿大地测量线向东南方向到南纬 54°42′、东经 164°43′；
（10）再沿东经 164°43′ 向南，直到与南纬 54°43′ 相交。

7. Heard 岛与 McDonald 岛：

线：

（1）从南纬 53°14′07″、东经 67°03′20″ 起；
（2）再沿大地测量线向东北方向到南纬 52°42′28″、东经 68°05′31″；
（3）再沿大地测量线向东北方向到南纬 51°58′18″、东经 69°44′02″；
（4）再沿大地测量线向东北方向到南纬 51°24′32″、东经 71°12′29″；
（5）再沿大地测量线向东北方向到南纬 51°03′09″、东经 72°28′28″；
（6）再沿大地测量线向东北方向到南纬 50°54′23″、东经 72°49′21″；
（7）再沿大地测量线向东北方向到南纬 49°49′34″、东经 75°36′08″；
（8）再沿大地测量线向东北方向到南纬 49°24′07″、东经 76°42′17″。

于 1994 年 7 月 26 日签署，并经澳大利亚印章盖章

总督，Bill Hayden

库克群岛
Cook Islands

（英文文本截止于 2009 年 5 月 22 日）

1964 年大陆架法，经《大陆架修正案》修改的 1964 年 11 月 3 日第 28 号法律
(1977 年 11 月 14 日第 17 号法律)

第一条 简称

本法可被称为《1977 年大陆架修正案》,并与《1964 年大陆架法》(下文所指的“基本法”)一起合并阅读,视为基本法的一部分。

第二条 解释

1. 在本法中,除非上下文另有要求——

“大陆架”是指库克群岛领土范围以外依库克群岛陆地领土的全部自然延伸,扩展到大陆边外缘的海底区域的海床和底土;如果从测算领海宽度的基线量起到大陆边外缘的距离不到 200 海里,则扩展到 200 海里的距离(相关规定在《1977 年领海与专属经济区法》第三条中)。

“矿物”包括煤。

“自然资源”是指——

(1)海床和底土的矿物与其他非生物自然资源;

（2）属于定居种的生物，即在可捕捞阶段在海床上方或下方不能移动或其躯体须与海床或底土保持接触才能移动的生物。

2. 为执行国际协定的目的，或根据国际法的任何其他目的，高级专员可以随时通过执行委员会的命令划定大陆架的实际边界。

第三条 大陆架的勘探和开发

为勘探大陆架和和开发其资源的目的，新西兰行使的有关大陆架及其自然资源的所有权利据此归属国王。

…………

第五条 大陆架矿物的开采

1. 除按照本条颁发的执照外，任何人不得对大陆架海床或底土中的矿物进行勘探或开采，或从事回收这些矿物的活动。

2. 矿业部部长可随时基于申请颁发执照，授权执照持有人对大陆架特定区域的特定种类的矿物进行勘探或开采，或从事回收这些矿物的活动。

3. 依据本条颁发的执照受部长在授予执照时根据各具体情况附加的其认为合适的条款的限制，其中包括但不限制在本条上述规定的一般性原则下对执照持有人就如下事项提出要求——

（1）遵守执照规定的有关安全的条款。为此目的，部长可要求执照持有人遵守《1926 年矿业法》或《1925 年煤矿法》或其他依据这些法律制定的规章中有关安全的全部或任何规定，而且部长认为必要时可作出更改；

（2）就有关执照持有人从大陆架回收矿物，向国王支付执照中规定的特许权使用费。

4. 依据本条颁发执照应在任何情况下由矿业部部长全权决定。

5. 可以向同一人颁发任何数目的本条规定的执照。

6. 受本条第 3 款规定的限制，《1926 年矿业法》或《1925 年煤矿法》不适用于大陆架海床或底土中的矿物。

7. 任何人不依本条颁发的执照和执照中的条款（但不包括向国王支付特许权使用费的条款）对大陆架海床或底土中的矿物进行勘探或开采或回收，即构成犯罪，一经简易程序定罪，可被判处 100 镑以下的罚款。

…………

第八条 规章

1. 总督可以随时通过委员会的命令为如下全部或任何目的制定规章：

（1）管理在大陆架之内、之上或其上方或在其他特定部分建造、安装或使用有关勘探大陆架或其特定部分或开发其自然资源的设施或装置；

（2）禁止在大陆架之内、之上或其上方可能对沿岸或国际航行必要的公认航道的使用造成干扰的地方建造、安装、放置或使用设施或装置；

（3）在大陆架之内、之上或其上方的设施或装置周围设立从设施或装置外缘的每一点起算不超过500米的安全区；

（4）规定在任何上述安全区内采取总督认为必要的措施，以保护设立安全区的设施或装置；

（5）管理或禁止船舶进入任何上述安全区；

（6）规定在任何上述安全区内为保护海洋生物资源和大陆架自然资源免受有害药剂危害应采取的措施；

（7）规定在大陆架之内、之上或其上方建造、安装或安置设施或装置而应发出的通知；

（8）规定为向船舶和飞机警告大陆架之内、之上或其上方存在设施或装置而安装的永久性设施；

（9）规定拆除被放弃或不再使用的建造、安装或放置在大陆架之内、之上或其上方的设施或装置；

（10）禁止或限制总督认为会对航行、捕鱼或海洋生物资源的养护，或对国防或海洋学研究或其他科学研究，或对海底电缆或管道造成干扰的任何对大陆架或其任何特定部分的勘探或对其自然资源的开发；

（11）规定为使本法的规定充分执行并进行适当管理所必要的事项；

（12）规定对违反规章的惩罚，但罚款不超过500镑。

2. 本条中，“大陆架”包括新西兰领土界限之内海底区域的海床和底土。

第九条 库克群岛内有效的法律

1. 除第四条和第六条外，本法应在库克群岛内有效。

2. 在对库克群岛适用本法时——

（1）任何对新西兰的提及应被理解为对库克群岛的提及。

…………

领海与专属经济区法
(1977 年 11 月 14 日第 16 号法律)

本法规定库克群岛的领海,并设立与领海相邻的库克群岛专属经济区,制定条款规定库克群岛对海洋资源的勘探和开发、养护和管理行使主权权利,以及规定与这些目的相关的事项。

第一条 简称与生效

1. 本法可被称为《1977 年领海与大陆架法》。

2. 本法第二十五条于本法通过之日起生效。

3. 除本条第 2 款的规定外,本法规定于高级专员通过执行委员会命令所指定之日起生效。

4. 为本条第 3 款的目的,可以作出一条或多条执行委员会命令 ——

(1)使本法的不同规定于不同时间生效;

(2)在库克群岛的特定地区使本法在不同时间生效。

…………

第二部分 库克群岛专属经济区

第八条 专属经济区

1. 库克群岛专属经济区包含在库克群岛领海之外并与之相邻的海域、海床和底土,其外部界限为从本法第五条描述的基线量起向海一侧的一条线,该线上每一点与基线上最近一点的距离为 200 海里。

2. 不论本条第 1 款如何规定,如果存在以下情形,那么中间线的该部分则应作为专属经济区的外部界限 ——

(1)库克群岛和任何国家的中间线的任何部分与库克群岛领海基线最近部分的距离小于 200 海里;

(2)当时没有依本条第 4 款作出的执行委员会命令决定专属经济区的其

他外部界限。

4. 为执行任何国际协议、任何国际机构的仲裁裁决或任何国际法庭的判决的目的，或为任何其他符合国际法的目的，高级专员可以随时通过执行委员会命令宣布专属经济区不应及于依本条本应包括在专属经济区内的任何特定的海域、海床或底土。

第九条 总可捕量的计算

大臣应随时决定专属经济区内每个渔场的总可捕量。

第十条 外国渔船可捕量的计算

1. 大臣应随时决定在专属经济区内每个渔场的总可捕量中库克群岛渔船的可捕量。

2. 当大臣已决定在专属经济区内每个渔场的总可捕量中库克群岛渔船的可捕量后，剩余的为该渔场的外国渔船可捕量。

第十一条 外国渔船可捕量的分配

1. 依本法第十条，大臣可以在除库克群岛之外的其他国家之间随时分配专属经济区内任何渔场中外国船舶的可捕量。

2. 在依本条第 1 款作分配时，大臣可以考虑（除其他外）如下情况：

（1）可能得到分配的国家的渔船是否在专属经济区内从事日常捕鱼；

（2）上述国家是否与库克群岛合作，在专属经济区进行捕鱼研究和鱼的种群识别；

（3）上述国家是否与库克群岛合作，在专属经济区内进行渔业资源的养护和管理，以及执行库克群岛有关这些资源的法律；

（4）任何相关国际协议的条款；

（5）大臣在与总理协商后决定的任何其他相关事项。

第十二条 无执照外国渔船在专属经济区内活动的禁止

外国渔船不得在专属经济区内捕鱼，除非按照大臣依本法第十三条就该渔船颁发的执照。

第十三条 执照的颁发

1. 受本条第 2 款的限制，大臣可以向指定的外国渔船所有者授予并颁发在专属经济区内捕鱼的执照。

2. 大臣应行使本条授予的权力,以此保证——

(1)依本条取得执照的外国渔船,获准在专属经济区内任何渔场捕鱼的期间内,其渔获量不得超过依本法第十条计算的该渔场内外国渔船的可捕量;

(2)依本条取得执照的特定国家的所有外国渔船,获准在专属经济区内任何渔场捕鱼的期间内,其渔获量不得超过依本法第十一条确定的在该渔场该外国渔船得到的配额。

3. 在依本条颁发执照时,大臣可以在执照上附加有关(除其他外)如下任何或全部事项的条款:

(1)在专属经济区内授权捕鱼的区域;

(2)授权捕鱼的理由、时间和特定航程;

(3)可以捕捉的鱼的种类、大小、年龄和数量;

(4)可以捕鱼的方式;

(5)外国渔船可以使用或携带的捕鱼装备的类型、大小和数量以及该装备不使用时的存放方式;

(6)对渔获的使用、转让、转运、卸下和加工;

(7)不论是为检查渔获量的目的还是为其他目的,外国船舶在库克群岛港口的进入;

(8)就外国渔船对其他渔船及其装备或渔获量、鱼的种群或库克群岛的其他利益造成的损失或损害,库克群岛居民或库克群岛政府可获得的赔偿;

(9)需由外国渔船向经济服务和自然资源部提交的统计资料和其他信息,包括有关捕捞和活动的统计数据以及船舶位置的报告;

(10)从事渔业研究特别项目的外国渔船的行为;

(11)对外国渔船聘用的库克群岛人员在捕鱼方法方面的培训及对库克群岛转让有关的渔业技术;

(12)在船上出示颁发给该外国渔船的执照;

(13)外国渔船的标志或其他识别该船的方法;

(14)外国渔船应遵守的由库克群岛政府船舶或飞机作出的命令、指令或其他要求;

(15)外国渔船上对库克群岛观察员的配置以及执照持有人向经济服务

和自然资源部就配置观察员补偿的费用；

（16）在外国渔船上安装发射器或其他确定其位置或身份的设备及其确定自己位置的必要航行设备，并维持它们在工作状态；

（17）外国渔船在船上携带的特定航海图；

（18）大臣认为对专属经济区内渔业资源的养护和管理有必要或有利的其他事项。

第十四条　执照的续签

受本法第十三条第2款的限制，大臣可以随时续签依据本法第十三条颁发的执照。

第十五条　执照的变更

1. 大臣如果认为有必要或适宜对专属经济区内的捕鱼活动进行适当的管理，可随时变更依据本法第十三条颁发的执照中的条款或条件或该执照的级别。

2. 依据本条变更任何执照的通知应当在实际可行范围内尽快向执照持有人发出。

第十六条　执照费用

每个执照持有人应向国王支付依本法第十三条颁发执照的费用或依本法第十四条续签执照的费用。这些费用可随时被规定。

第十七条　许可犯罪

1. 如果任何未依本法第十三条取得执照的外国渔船违反本法第十二条的规定从事捕鱼行为，渔船的每个所有人、船长以及每名船员均犯有违反本法的罪行。

2. 如果任何在专属经济区内捕鱼的外国船舶违反了依本法第十三条颁发的执照中的任何条款，执照持有人、渔船的所有人、船长以及每名船员均犯有违反本法的罪行。

3. 如犯有本条第1款规定的罪行，外国渔船的每个所有人或船长经定罪后可被判处100 000美元以下的罚款。

4. 如犯有本条第1款规定的罪行，外国渔船的每个船员经定罪后可被判处5 000美元以下的罚款。

5. 如犯有本条第2款规定的罪行，外国渔船的执照持有人、所有人或船长经定罪后可被判处 25 000 美元以下的罚款。

6. 如犯有本条第 2 款规定的罪行，外国渔船的每个船员经定罪后可被判处 1 500 美元以下的罚款。

7. 本条中，“船员”不包括外国渔船的执照持有人、所有人或船长。

第十八条 执照的暂停和吊销

1. 若大臣确信存在以下情况，他可在规定的期间暂停或吊销其执照——

（1）任何依本法第十三条取得执照且正在或已经在专属经济区内捕鱼的外国渔船违反了执照的任何条款或适用于在专属经济区内捕鱼的库克群岛法律；或

（2）外国渔船的任何执照持有人、所有人、船长或船员已被判有违反本法或违反依本法第十九条制定的规章或违反关于在专属经济区内捕鱼的库克群岛的任何法律的罪行。

2. 在与总理协商后，若大臣认为对适当规范专属经济区内的捕鱼活动有必要或适宜，他可在规定的期间内暂停或吊销任何一张或数张执照。

3. 任何法院不得复审大臣依据本条第 2 款作出的决定、变更、暂停、吊销或其他行为。

4. 当执照依据本条被暂停时，它应失去效力。

第十九条 渔业规章

1. 为如下全部或任何目的，高级专员可随时通过执行委员会的命令制定规章：

（1）规定依据本法第十三条申请执照的方式和依据本法第十四条续签执照的方式以及申请形式；

（2）规定执照的有效期条款；

（3）规定大臣签发执照的形式；

（4）规定为签发执照和续签执照应向库克群岛政府支付的费用；

（5）规定执照持有人在库克群岛特定当局的要求下出示执照，并由该当局对执照进行检查；

（6）规定为确保在专属经济区内捕鱼的外国渔船遵守执照的条款与条件所必要或适宜的其他措施；

（7）规定与本法不冲突的外国渔船可以在专属经济区内捕鱼的条件；

（8）规定与本法不冲突的养护和管理专属经济区内渔业资源的措施；

（9）规定特别种类的高度回游鱼种，并以与本法不冲突的方式管理在专属经济区内对这些鱼种的捕捞活动和库克群岛渔船在专属经济区外对这些鱼种的捕捞活动；

（10）规定违反任何上述规章的行为应构成犯罪，并对犯有上述罪行的渔船的执照持有人、所有人、船长处以10 000美元以下的罚款，对犯有上述罪行的任何其他船员处以1 000美元以下的罚款；

（11）为本法第二十二条的目的规定保证金的形式。

2. 依据本条制定的规章可以对专属经济区的不同部分和不同鱼种制定不同的规定。

3. 在依据本条制定的规章规定费用时，执行委员会高级专员可以——

（1）考虑（除其他外）执行本法规定的费用，包括养护和管理渔业资源的费用、渔业研究的费用以及管理和执行上述条款的费用；

（2）为不同级别的外国渔船规定不同的费用（不论是根据大小、渔获量、捕鱼方法、功能，还是根据其他方面）。

第二十条 为研究、试验和体育目的的捕鱼

不论本法第十二条的规定如何，外国渔船可以被用于在专属经济区内为渔业研究、试验或娱乐目的的捕鱼，但必须受大臣对上述活动的书面事先同意的限制，并遵守大臣可能附加在其同意中的条款（如果有的话）。

第二十一条 对违法者的逮捕

1. 当本条第11款规定的任何官员有合理理由认为任何外国渔船犯有违反本法、违反依据本法第十九条制定的规章或违反任何其他有关在专属经济区内捕鱼的库克群岛法律的犯罪行为时，他可以——

（1）停船，登船，并搜查该船；

（2）检查、扣押并扣留船上所有的渔获；

（3）逮捕其有理由认为犯有本条第1款所规定的任何罪行的任何人；

（4）当其有理由认为渔船的执照持有人、所有人或船长犯有任何上述罪行时，扣押并扣留渔船。

2. 本条第11款规定的任何官员可以行使本条第1款授予的权力，并取得其认为为行使该权力的目的所必要的协助。

3. 依本条第 1 款被扣留的外国渔船应由王国政府保管，直到 ——

（1）已决定对所扣留渔船的罪名不进行控告或指控；或

（2）进行控告或指控时，给予渔船本法第二十二条所要求的安全措施。

4. 是否对导致外国渔船依本条第 1 款被扣留的罪名进行控告或指控，其决定应在渔船被扣留后在实际、合理、可行的范围内尽快作出。

5. 解除对外国渔船的扣留不应影响此后由于对任何人的定罪而对该船的没收。

6. 在对外国渔船的执照持有人、所有人或船长就有关本条第 1 款规定的罪行定罪后，应没收该渔船，收归于王国政府，并应按照大臣命令的方式处置。此外，法院仍可判处犯罪人一定数额的罚款。

7. 本条第 11 款规定的任何官员依据本条第 1 款逮捕任何人时，渔获应由王国政府保管，直到对导致渔获被扣留的罪名作出不控告或指控的决定，或者如果进行上述控告或指控，则直到对该控告或指控作出判决。

8. 在对任何犯有本条第 1 款规定的罪行的人定罪后，应将其渔获没收归王国政府，并应按照大臣命令的方式处理，而且法院可以判处该罪犯一定数额的罚款。

9. 本条第 11 款规定的任何官员依据本条第 1 款逮捕任何人时，应在实际、合理、可行的范围内尽快将其送至法庭，以便依法作出处理。

10. 凡以任何方式阻止或妨碍本条第 11 款规定的任何官员或官员的任何助手行使本条授予的权力的，即构成违反本法的罪行，应在定罪后判处 10 000 美元以下的罚款。

11. 本条第 1 款所指的官员如下：

（1）警察部队的任何成员；

（2）经济服务和自然资源部的任何官员或雇员；

（3）大臣为本目的任命的任何其他人。

12. 本条中，“外国渔船”包括渔船上的全部设备。

第二十二条　释放外国渔船的担保

1. 当外国渔船依据本法第二十一条被扣留，而且导致渔船被扣留的渔船的执照持有人、所有人或船长的罪行已被控告或指控，该渔船的执照持有人、所有人或船长可以依据本条在控告或指控判决前的任何时间，向有权判决控告或指控的法院申请提供担保条件释放渔船。

2. 收到申请后,法院应在为本目的准许的任何合适的一人或多人向女皇提供保证金后命令释放该外国渔船。保证金应以本条第 4 款规定的形式和条件提供,其数额不低于渔船的价值与被告在定罪后将被判处的最高罚款之和。

3. 尽管有本条第 2 款的规定,法院仍可在确信存在可作为合理理由的特殊情况时,规定保证金的数额低于上述条款要求的特定数额。

4. 保证金如果存在以下情形,则保证无效,但对于其他情况应保持全部效力——

(1)发现被告无罪;或

(2)被判有罪的被告在定罪后 14 天内全额缴清法院判处的罚款,并且外国渔船在上述期限内交由王国政府没收。

5. 保证中规定的数额应作为连带或单独提供保证金的一人或多人对女皇的债务,可全额缴付,除非该人或多人能证明其适当履行了使保证无效的条件。

6. 本条中,“外国渔船”包括渔船上的全部设备。

第二十三条 专属经济区内的一般规章

1. 若当时没有任何其他法律为以下目的制定任何规章,高级专员可以随时通过执行委员会的命令,为以下全部或任何目的制定不与其他任何法律相冲突的规章:

(1)管理专属经济区内的科学研究行为;

(2)规定专属经济区内海洋环境的保护和保全措施;

(3)管理专属经济区内的人工岛屿(不论是永久性的还是临时性的)和其他设施与结构的建造、操作、使用,包括在上述岛屿、设施和结构周围设立安全区;

(4)管理为利用海水、洋流和风力生产能以及为其他任何经济目的对专属经济区的勘探和开发;

(5)规定任何违反上述规章的行为构成犯罪,并对于上述罪行处以不超过 10 000 美元的罚款;

(6)规定为使本法本部分的规定完全生效并适当执行须考虑或所必要的其他事项(可依据本法第十九条制定规章的事项除外)。

2. 依据本条制定的规章可以宣布，在适用规章所规定的更改和例外（如果有）的同时，任何法律（不论是在本法通过之前还是之后制定的法律）应适用于专属经济区或专属经济区内的特定部分或专属经济区内的作为和不作为，并且上述法律的规定（以及上述更改和例外，如果有的话）应相应地适用，如同专属经济区或其中的特定部分处于库克群岛领土界限之内。

第二十四条 在专属经济区内的犯罪视为发生在库克群岛

在专属经济区内发生的任何违反本法的罪行应视为发生在库克群岛。

第三部分 其他规定

第二十五条 临时性和过渡性措施

在本法第二部分尚未生效的期间内，高级专员可以随时通过执行委员会的命令，规定养护和管理库克群岛领海之外但在本法第五条规定的基线200海里以内的渔业资源的临时性与过渡性措施以及在与这些措施相关的任何区域内限制外国渔船捕鱼的临时性和过渡性措施。

第二十六条 使国际协议生效的更改

为使第三次联合国海洋法会议通过的任何公约生效之必要，高级专员可以随时通过执行委员会的命令限制本法中有关专属经济区的规定。

第二十七条 官方海图

1. 为本法的目的，任何特定区域的低潮线为新西兰政府在当时最大比例尺海图上描绘的该区域平均低潮春潮时的低水位线，或者当该区域的上述海图不存在时，为当时最大比例尺英版海图描述的该区域平均低潮春潮时的低水位线。

2. 在任何法院的司法程序中，声称由新西兰政府国防部长或新西兰政府国防部副部长授权的新西兰海军官员签署如下证书，则应被接受为证书所记载事项的证据，并且在无相反证据时，签署任何上述证书的每一个人应被推定为具有适当的授权签署该证书——

（1）证明任何区域的任何特定的新西兰政府海图为当时该区域的最大比例尺新西兰官方海图；或

（2）证明任何区域的任何特定的新西兰官方海图不存在，而且该区域的任何特定的英版海图为当时该区域的最大比例尺英版海图。

第二十八条 有关犯罪的举证责任

在依据本法的任何刑事诉讼中，当被告被指控违反本法第十二条或违反任何依据本法制定的规章中有关任何行为人需要执照或许可或任何人的同意的条款时，应由被告证明在指控涉及的期间内其持有必要的执照、许可或同意。

第二十九条 废止与保留

1. 废止《1976 年渔业保护法》。

2. 除本法明确规定外，本法的规定不得替代其他法律规定，并且本法的任何规定不应限制或减损其他任何法律的规定。

斐　济
Fiji

（英文文本截止于 2010 年 1 月 5 日）

大陆架法
（1970 年 12 月 30 日第 9 号法律）

…………

第二条　解释

…………

在本法中，除文本另有要求外：

“大陆架”指那些邻接斐济岛屿海岸水下区域的海床和底土，但是在斐济领土界限之外海面之下 200 米处或者在该界限之外某一区域的上覆水域内允许考察自然资源处。

“指定区域”指根据下面部分第三条第 2 款发布的命令所指定的区域；

“设备或设施”指为勘探海床、底土或者开发其自然资源的目的而建造或安置在指定区域的任何设备、装置或者其他财产。

…………

“自然资源”指：

（1）海床和底土的矿物与其他自然非生物资源；

（2）属于定居种的生物，即在可捕捞阶段在海床上或海床下不能移动或其躯体须与海床或底土保持接触才能移动的生物。

“石油”指：

（1）任何自然存在的碳氢化合物，无论其处于气态、液态或固态；

（2）任何自然存在的碳氢化合物的混合物，无论其处于气态、液态或固态；或者

（3）任何自然存在的一种或几种碳氢化合物的混合物（无论其处于气态、液态或固态）和一种或多种以下化合物的混合物，即硫化氢、氮、氦和二氧化碳，并且包括任何本定义第（1）、（2）、（3）项中界定且已返回天然储层的石油。

第三条 对大陆架的勘探和开发

1. 为勘探大陆架并开发其资源而对斐济大陆架及其自然资源行使的所有权利由国王授予。

2. 部长可经常通过命令指定以下任何区域作为适用于本法的区域，并可在包括大陆架上覆水域的任何区域内行使上一款所指的权利：

（1）斐济领海界限之内的区域；

（2）大陆架的上覆水域。

3. 关于以下方面的法律，只要它们可以适用，并且在进行必要修改后在符合本法规定以及根据下一节规定制定的法令的前提下，分别适用于指定区域的大陆架内或大陆架上的石油、矿物和贝壳类或海绵状生物的定居种：

（1）可行使本条第 1 款中提及的任何权利的任何石油；任何现行有效的关于勘探和开发斐济石油的法律；

（2）可行使本条第 1 款中提及的任何权利的任何矿物；任何现行有效的关于在斐济采矿的法律；

（3）可行使本条第 1 款中提及的任何权利的有关定居种的贝壳类或海绵状生物；任何现行有效的关于斐济渔业的法律。

该种适应如同：

（a）在任何上述法律中对“斐济”的提及都包括对指定区域的大陆架的提及；

（b）在本款第（1）项或第（2）项提到的任何法律中对“陆地”的提及都包括对指定区域的大陆架的提及；

（c）在本款第（3）项提到的法律中对“斐济领海”的提及都包括对指定区域的大陆架及其上覆水域的提及。

4. 为使该段的规定充分实施，在有必要时，部长可以经常通过命令修改或废除上一条款涉及的任何法律。

第四条 法律适用

1. 根据本法的规定，斐济现行有效的所有法律规定和所有根据任何此类法律（本法下文中简称为“可适用的条款”）而有效的文件，应按照本条的规定适用于任何指定区域的大陆架的上覆水域，如同此类水域为斐济的组成部分。

2. 这些适用条款应适用于与勘探指定区域的大陆架、开发大陆架的自然资源有关或由其引起的所有行为、不作为、事件、情势、事项。

3. 在不对上一款规定构成限制的情况下，可适用的条款应当适用于：

（1）对于涉及任何发生于大陆架内、其上、其上方、其下方或其附近的行为或疏忽，并且任何存在或由之引起或者与之有联系的事件、情势或事项，任何在指定区域内与勘探指定区域的大陆架、开发该大陆架的自然资源有关或由其引起的设施或设备。

（2）对任何人并就该人而言——

（a）在任何此类设施或设备之中、之上、上方或下方或附近的人；或者

（b）任何在指定区域内以任何理由触及、涉及或有关于勘探指定区域的大陆架或开发该大陆架的自然资源的人；或者

（c）为上文中涉及的任何种类的原因而在指定区域内实施任何操作或从事任何工作的人。

4. 为本条规定的目的，应当颁布一部在斐济生效的法律，即使该法只在斐济的部分生效。

5. 受以下两款规定的限制，根据可适用的规定，斐济法院对依据可适用的规定引起的所有事项享有管辖权。

…………

第五条 海关法的适用

在不限制任何有关海关法律规定的情况下，每一个设施或设备和任何用于建造该设施或设备的材料与部件，如从海上任何港口或地点被带到指定区域，则在该设施或设备建造、架设或放置在此类指定区域内的海床之内、之上

或其上方，且与勘探海床或底土或者开发那里的自然资源有关时，应视为已经进口到斐济。

第六条 为保护指定区域内设施的安全区域

1. 部长为保护任何指定区域内的任何设施或设备，可通过命令阻止船舶（该命令规定的任何例外情况除外）在未经部长许可的情况下进入或停留在此类法令中规定的任何区域（在本法案以下内容中简称为“安全区域”）。

2. 根据上段规定制定的命令所规定的安全区域，可以围绕此类命令中规定的设施或设备周围，从设施或设备最外缘的各点量起，延伸到500米的距离。

3. 如果任何船舶违反根据本条制定的命令进入或停留在安全区域的任何部分，此类船舶的所有者或管理者应构成犯罪，并应被处以不超过1 000美元的罚金或者不超过6个月的监禁，或者两者并处，除非其证明不知道或不应知道禁止的规定。

第七条 航行安全

1. 任何人在没有部长书面同意的情况下在任何指定区域内不得：

（1）在海床任何部分之上、之下或者在其上方的任何部分修建、改变或者改善工程；或者

（2）以可能对航行造成任何阻碍或危险的方式，从海床的任何部分移动任何物体或任何材料。

…………

3. 如果部长认为根据本条规定向他申请的任何操作将导致或可能导致任何对航行的阻碍或危险，他可以拒绝同意，或可在考虑到他认为会造成或可能造成的阻碍或危险的性质和程度后，在他认为适当的条件下时作出同意。

…………

第八条 实施

1. 任何个人实施任何违反上述条文第1款规定的行为，或者未能符合部长依据该条规定授予同意时限制的任何条件，应构成犯罪，并处以不超过3 000美元的罚金。

2. 在不妨碍任何上述条文规定的情况下，若任何个人修建、改造或改善上文所称的任何工程，或者未能符合部长依据该条规定授予同意时限制的任何条件，部长可以向该人发出通知，要求他在不少于30天的期间内将工程移

走或进行改造，或者部长认为确有紧急必要时自行安排将工程移走或进行改造。

3. 如果在上述条文中规定的任何通知所规定的期间内接到通知的个人没有遵守通知的要求，部长可以自行安排将工程移走或进行改造。

4. 若部长行使上述两个条文中任何一个条文所赋予的权力，安排将工程移走或进行改造，他得将此项花费作为民事债权向建造、改造或改善该工程的个人主张清偿。

第九条 油污排放

1. 如果在任何指定区域适用本条规定的任何油类或任何在 100 万份组成单位中有不少于 100 份该等油类组成单位的混合物被排放或泄漏到海洋的任何部分，不论是经管道，还是作为在指定区域内勘探海床或者开发其自然资源的任何活动的结果，管道所有者或行为实施人应构成犯罪，除非他能证明（如果是在他的职业场所卸下的话）这是由于未经其明示或者暗示许可而在该处的人的行为所致，或者在泄漏的情况下他采取了所有合理的措施来防止泄漏发生，并且在发现泄漏后尽快采取了所有可能的合理步骤阻止或减少泄漏。

2. 本条规定同样适用于可能由部长根据本条规定制定的命令界定的原油、燃油、润滑油和重型柴油，对于任何其他类型的、可能由部长根据该种油类的持久特征以及如果排放或泄漏到海洋造成污染的可能性来界定的油类也同样适用。

3. 任何根据本条规定构成犯罪的人应被处以 3 000 美元的罚金。

第十一条 对犯罪行为的起诉

1. 对任何违反本法的罪行（包括根据任何可适用的条款构成的犯罪）的诉讼，可以在斐济的任何地方提起，并且这种犯罪行为可以为任何附带的目的视为发生在斐济的任何地方。

2. 当法人团伙构成犯罪，并且该罪行被证明是基于任何的董事、经理、秘书或其他相关官员或者任何声称有能力代表公司行事的个人的同意或默许，或者由于他们的过失而发生，则这些相关的个人及该法人团体均应构成犯罪，并应对其起诉，作出相应的处罚。

3. 为上一款规定的目的，在涉及应由公司成员管理的事项时，该公司相关的“董事”指该公司的成员。

执行《1970年大陆架法案》的1971年4月16日关于区域名称的法令

（自然资源部部长发布）

在行使《1970年大陆架法案》第三条第（2）款赋予我的权力时，本人规定：位于南纬15°30′和南纬21°30′之间、被东经176° 30′和西经178°包围的区域，是上述法律规定适用的区域，并且上述法律第3条第（1）款规定的权利均可在那里的大陆架上覆水域的任何区域行使。

1977年《海洋区域法》，经《1978年海洋区域（修正）法案》修订的1977年12月15日第18号法案

（1978年10月6日第15号法令）

第一部分 序 言

第一条 简称

本法案可以简称为1978年《海洋区域法》。

…………

第二部分 海洋区域

第六条 专属经济区

1. 根据本条以下条款，斐济的专属经济区包括所有以领海的外部边界作为其内部边界、以一条其上每一点距离领海基线上最近点200海里的线作为外部边界的海洋区域。

2. 外交部长为执行任何国际条约或者国际组织的要求可通过命令或者其他方式，宣布斐济专属经济区的外部界限为一条其上每一点与领海基线上

最近点的距离小于200海里的线。

3. 当第4款所规定的中间线与最近的领海基线的距离小于200海里，并且没有第2款所规定的其他线时，斐济专属经济区的外部界限应为该中间线。

4. 中间线是一条其上每一点与据以测量斐济领海的基线和据以测量与斐济相向或相邻国家或地区领海的基线距离相等的线。

第七条 大陆架法案的适用

根据《1970年大陆架法案》，斐济专属经济区内所有的海床及其底土应构成斐济大陆架的组成部分。这些区域如果构成该法第三条第2款所规定的指定区域，则应受该法约束。

第八条 海图和公布

1. 外交部长应当将所有封口线、基线和其他根据本法规定为确定斐济的内水、领海与专属经济区的界限所划的线清晰地标示在大比例尺海图上，或标示在它们易于被识别的海图上，并应通过在公报上发布通知妥为公布此类海图，同时应将每一份此类海图的副本交存联合国秘书长。

2. 在任何法院进行的任何诉讼程序中，一份声称由海洋事务负责人签署的大比例尺海图的证书，如果可证明该指定海图由官方绘制，并由当时负责海洋事务的部长保存，则该海图应视为证明其所陈述事项的证据。

第九条 海洋区域的法律特征

…………

2. 在专属经济区内，斐济享有以勘探和开发、养护和管理海床、底土与上覆水域的自然资源的主权权利，无论该资源是生物资源还是非生物资源。

3. 斐济根据本条行使主权和主权权利时，应遵守国际法的规则。

第九A条 其他国家在海洋区域内的权利

1. 根据第2、3、4款的规定，所有国家的船舶和飞机根据国际法的规则享有无害通过和飞越领海与群岛水域的权利。

2. 外交部长可以根据国际法的规则，通过命令指定适用于外国船舶、飞机持续和迅速通过与飞越群岛水域及邻近领海的船舶航道和飞行航线，并且可以为保障船舶在此类航道中安全通过狭窄的海峡而规定分道通行制。

3. 在此类航道和飞行航线中，所有的船舶和飞机可以根据国际法的规则，为连续、迅速和无障碍地目的，享有以通常的方式通过和飞越群岛水域及邻近的领海的权利,以便从专属经济区的一部分到专属经济区的另一部分。

4. 在船舶航道和飞行航线尚未根据第 2 款的规定确定时,第 3 款中所指的航行和飞越的权利可以在通常用于国际航行和飞越的路线上行使。

5. 第 3 款所涉及的航行和飞越的权利应符合斐济根据国际法规则所制定的所有法律。

6. 根据本法和任何其他根据相关国际法规则制定的成文法,所有国家及其国民在专属经济区内应享有航行、飞越、铺设电缆和管道的公海自由以及与这些自由有关的海洋的其他国际合法用途。

第九 B 条　专属经济区内的一般性规定

若任何其他现行成文法没有为此目的作出其他规定,外交部长可根据国际法的规则为以下全部或任何目的制定规章:

(1)管理在专属经济区内进行的科学研究活动;

(2)管理在该区内从事经济性开发和勘探的其他活动,如利用海水、海流和风力生产能;

(3)管理专属经济区内岛屿、设施与结构的建造、经营和使用,包括但不限于在岛屿、设施和结构周围建立安全区;

(4)规定保护和保全专属经济区内海洋环境的措施;

(5)规定为使斐济在专属经济区内的权利和义务得以实施所必要或适宜的其他此类事项或者为使本法条文得到充分执行所必要的事项,但根据第二十二条可能制定规章的事项除外。

第三部分　管理和保护渔业

第十条　渔业法的适用

1. 群岛水域和专属经济区应构成《渔业法》第二条第 1 款所界定的斐济渔业水域的组成部分。在不违反该条第 2 款规定的情况下,该法规定应适用于群岛水域和专属经济区。

2. 尽管本条或者《渔业法》中已有任何其他规定,该法案中与获取捕鱼许可或者与捕鱼船舶登记相关的规定不应适用于外国渔船或者其船员在专属经济区内的捕鱼行为。

第十一条 外国渔船可捕捞量的计算和分配

1. 部长应当随时根据可获得的最佳信息决定——

（1）在专属经济区的每一渔场允许捕捞的总量；

（2）斐济渔船有能力收获的捕捞量。

2. 若部长根据在专属经济区内允许捕捞的总量决定了斐济渔船有能力收获的数量，剩下的部分应为允许外国渔船在该渔场捕捞的数量。

3. 部长可以随时在斐济之外的国家间分配外国渔船在专属经济区内的任何渔场根据第 2 款规定获准捕捞的数量。

4. 部长在根据第 3 款的规定进行分配时，可以考虑以下因素：

（1）分配所适用的国家的渔船是否经常在专属经济区内捕鱼；

（2）这些国家是否与斐济就专属经济区渔业研究和鱼种鉴定进行过合作；

（3）这些国家是否与斐济就养护和管理专属经济区内的渔业资源以及与此类资源有关的斐济法律的实施进行过合作；

（4）任何有关国际条约的条款；

（5）部长认为相关的其他事项。

第十二条 外国渔船的许可证

1. 在不违反第 2 款规定的情况下，部长可以授予并颁发授权外国渔船在专属经济区内捕鱼的许可证。

2. 部长在行使本条赋予的权力时，应当保证在他可获得的信息范围内：

（1）根据本条获得许可的外国渔船，其在专属经济区内任何渔场的捕捞量不超过第十三条第 2 款所计算的允许外国渔船在该渔场捕捞的数量。

（2）根据本条获得许可的一个特定国家的所有渔船，其在专属经济区内的任何渔场的捕获量不超过第十三条第 3 款所计算的允许该国渔船捕捞的数量。

3. 根据本条规定颁发的许可证应由申请者支付规定的费用。许可证应当按照许可证上标明的名称颁发给特定的船舶所有者，并可授权其从事一般的捕鱼行为，或者参照下列全部或任何限制和条件授予其有限的权力：

（1）获准捕鱼的区域；

（2）获准捕鱼的期间、时间或者特殊的航线；

（3）可捕捞的鱼的种类和数量；

（4）可以使用的捕鱼方式；

（5）可使用的捕鱼工具的类型以及该工具不用时的储存方法；

（6）已经捕捞的鱼类的利用、运输、上岸和加工；

（7）渔船进入斐济港口；

（8）渔船对其他渔船、捕具或渔获或者任何鱼种或者斐济的其他利益造成任何损失或损害时需要支付的赔偿；

（9）需要提供的与船舶的经营有关的统计数据和其他信息，包括捕捞和成果的统计数据、船舶位置报告；

（10）进行渔业研究计划；

（11）对斐济人员进行关于渔船捕鱼方法的培训和向斐济转让渔业技术；

（12）在任何渔业官员提出要求时出示许可证；

（13）渔船的标志和标识渔船的其他方法；

（14）在渔船上安排斐济的观察员；

（15）在船上携带指定的海图；

（16）渔船上的定位装置或者其他识别设备的安装和维护；

（17）渔船服从斐济船舶和飞机的指示与说明；

（18）部长认为对于管理捕鱼行为或者养护和管理渔业所必要或者适宜的其他条件。

第十三条 许可证的暂停和吊销

1. 当部长认为存在以下情况时，他可以在其指定的时间内暂停或吊销许可证——

（1）任何根据第十四条已获得许可证而且正在或者已经在专属经济区内进行捕鱼的外国渔船违反了许可证的任何条件或者任何与捕鱼相关的斐济法律；

（2）外国船长、许可证获得者或任何船员违反了本法，或违反了任何根据本法规定制定的规章，或者违反了任何与捕鱼有关的斐济法律。

2. 如果部长认为适当规范专属经济区内的捕鱼行为是必要的或适宜的，他可以在其指定的时间内改变许可或许可证的条件，或暂停任何许可或许可证，或吊销任何许可或许可证。

3. 部长根据第2款所作的决定、改变、暂停、吊销或其他行为不受任何法院审查。

4. 当许可证根据本条规定被暂停时，其将失去效力。

第十四条 许可犯罪

1. 如果任何未按照第十四条获得许可证的外国渔船在专属经济区内捕鱼，则渔船的所有者和管理者将分别构成犯罪，一经定罪，可分别被处以不超过 100 000 美元的罚金。

2. 任何外国渔船违反任何根据第十四条颁发的许可证规定的限制或条件，在专属经济区从事了捕鱼行为，则该船的船长和许可证持有者将分别构成犯罪，一经定罪，可分别被处以不超过 25 000 美元的罚金。

第十五条 渔业官员

1. 为本法的目的，以下人员是渔业官员，即——

（1）任何根据《渔业法》规定任命的渔业官员；

（2）任何根据《海关法》规定任命的海关官员；

（3）任何警察；

（4）斐济皇家军队的任何委任官员；

（5）指挥或控制任何由斐济皇家军队操作的船舶或飞机的任何人；

（6）由负责渔业事务的部长任命的作为渔业官员的任何其他人。

2. 为实施本法规定的目的，渔业官员可以对斐济渔业水域范围内的任何外国渔船以及这些水域范围之外的斐济渔船行使下列权力——

（1）可以登临该渔船，并可为此目的要求渔船停止，并做出任何便于其登临该渔船的行为。

（2）为实施本法的目的，可对船长及船上其他人员进行他认为必要的任何检查或者询问，特别是——

（a）可以搜查渔船，检查船上发现的任何渔获和船上的设备，包括捕鱼工具，并可要求船上人员做任何他认为为方便检查所必要的事情；

（b）可要求船上任何人员出示其所保管或持有的与渔船及船上人员有关的任何文件，并复制此类文件。

3. 当渔业官员有合理的理由认为外国渔船违反了第十六条的规定或者违法了有关在专属经济区捕鱼的任何斐济法律时，他可以不经授权——

（1）逮捕任何他有理由认为构成犯罪的人；

（2）当他有理由认为任何此类犯罪的行为人是船长或许可证持有者时，

他可占领并扣留该船以及在船上发现的所有渔获，并可以将它们以及船员带到他认为最近且方便的港口。

4. 任何渔业官员可以在他认为必要的助手的帮助下行使本条赋予他的权力。

5. 根据本条第 3 款的规定被扣留的任何渔船应交由国王保管，直到对所指称的罪行作出不起诉的决定，或者如果诉讼程序已经开始，则直到该渔船提供了第十九条所要求的保证为止。

6. 所有依本条规定被扣押的渔获应就被扣押的指称罪行交由国王保管，或者如果提起此类诉讼，则该保管直至诉讼程序结束为止。

在等待诉讼程序结束期间，如果不存在保管此类渔获的适当设施，部长可采取所有必要措施，以合理的市场价格出售这些渔获。销售所得的净收益应由正在审理该案件的法院设立基金保存，直到由该法院就渔获的没收或其他方面作出最终决定。

7. 是否对依照第 3 款被扣留的外国渔船就所指称的罪行提起诉讼，应在该渔船被扣留后在尽可能快的合理时间内启动。

8. 释放被扣留的外国渔船不影响此后任何因个人的犯罪行为对船舶进行的没收。

9. 当渔业官员根据第 3 款的规定拘留任何人员时，他应依照法律，尽可能快地在合理时间内将此人交付法庭审判。

第十六条 对渔船的没收

在根据第十六条对渔船的所有者、管理者或者许可证持有者定罪时，法院可以没收渔船以及在其上发现的任何渔获、捕鱼工具、器具、货物和存货。

第十七条 释放外国渔船的担保

1. 当任何外国渔船根据第十七条被扣留时，在对船长和许可证持有者的诉讼程序开始后，船长或许可证持有者或任何其他对渔船享有利益的人员，可以在诉讼程序结束前的任何时候，依照本条担保的规定要求，向法院提出释放该船的申请。

2. 接到申请后，法院应指定一名法院认为为此目的合适的人员执行该外国渔船的释放，但交给国王的担保应符合第 4 款规定的形式和条件，担保数额应不少于该渔船的价值与可能被处的最高罚金之和。

3. 虽然第 2 款已有规定，法院仍可在他认为有特殊情况时命令担保数额为一个少于该款要求的特定数额。

4. 在以下情况，担保应无效，否则担保应仍然得全面保持效力并实施——

（1）被告被判定没有实施犯罪；或者

（2）被判有罪的被告在得知法院对其处以的罚金数额后 14 天内全额缴付罚金，而且在此期间内该外国渔船根据法院的没收令被交付于国王。

5. 特定数额的担保可作为对国王的完全债务，由担保的个人单独或几人共同承担，除非该人或这些人证明该债务无效。

6. 在本条中，"外国渔船" 包括渔船上的所有设备。

第十八条 对渔业官员的妨碍等

1. 任何人有以下行为应构成犯罪，并被处以不超过 5 000 美元的罚金——

（1）阻止或妨碍任何渔业官员或任何协助官员行使任何本法赋予的权力的人；或者

（2）未能遵守渔业官员根据本法提出的任何合法要求或者回答其提出的任何合法询问；或者

（3）在任何被追捕或者渔业官员正要登临的渔船上，向岸上投掷或者破坏任何渔获、捕鱼工具或者任何其他此类物品。

2. 如果第 1 款所规定的罪行发生在渔船上或者在渔船旁边，该船长应构成相应犯罪，并被处以相应的罚金。

第十九条 渔业官员的免责

任何渔业官员不应因行使或声称行驶本法赋予的职权而对自己的作为或不作为承担个人责任。

第二十条 规章

1. 部长可以为以下全部或部分目的制定规章——

（1）规定根据本法申请和授予许可证续签的程序和形式；

（2）规定许可证的条款和期限；

（3）规定可能颁发的许可证的形式；

（4）规定可能颁发的包括不同种类的许可证的类型，无论是根据渔船的大小、捕捞量、捕鱼方式、捕捞的种类，还是根据其他因素；

（5）规定因许可证而支付的费用，包括不同类型许可证的不同费用；

（6）规定渔业检查员或其他特定的官员提出检查要求时出示许可证；

（7）规定外国渔船可以在专属经济区内捕鱼的条件；

（8）规定养护和管理专属经济区内渔业资源的方法；

（9）规定保证外国渔船遵守其许可证的限制和条件的措施；

（10）规定装载捕鱼工具的方式和时间；

（11）为第十九条的目的规定债权的形式；

（12）为管理在斐济渔业水域内捕捞高度洄游物种的行为和斐济渔船在该水域之外的此类行为，规定不与本法规定相抵触的措施；

（13）规定他认为为使斐济的主权或者主权权利在斐济的渔业水域内充分行使所必要的其他此类事项。

2. 为本条的目的，"高度洄游物种" 指在其生命周期内在海洋中远距离迁徙的物种。

第二十一条 为研究和娱乐目的之外的捕鱼行为

本法本部分的规定不适用于也不禁止或限制外国渔船在取得部长书面同意的情况下，根据部长可能做出同意的条件，以渔业研究或者娱乐为目的进行捕鱼。

第四部分 其 他

第二十二条 视为在斐济违法

任何在专属经济区内做出的违反本法规定的违法行为应视为在斐济违法。

第二十三条 临时性措施

在本法其他条款生效期间，为养护和管理斐济领海之外的渔业资源，并限制外国渔船在距离领海基线 200 海里以内的某个区域进行捕鱼，部长可以通过命令规定临时性或者过渡性措施。

海洋区域（领海）（Rotuma 及其附属国）法令
（1981 年）

第一条 简称

本法令可以简称为《海洋区域（领海）（Rotuma 及其附属国）法令》。

第二条 领海基线

为确定 Rotuma 及其附属国领海的最内部界限而划定的直线基线上的各点在下列表格中用地理坐标点表示。这些数据取自 1972 年世界大地测量系统（WGS72），根据不同情况，纬度增加 3″，经度增加 2″。

明细表

地理坐标

（1972 年世界大地测量系统地理数据）

序号	纬度	经度
1	南纬 12°28′41″	东经 177°07′29″
2	南纬 12°29′42″	东经 177°08′21″
3	南纬 12°29′54″	东经 177°08′30″
4	南纬 12°30′18″	东经 177°08′39″
5	南纬 12°31′19″	东经 177°08′51″
6	南纬 12°31′39″	东经 177°08′50″
7	南纬 12°31′45″	东经 177°08′48″
8	南纬 12°31′54″	东经 177°08′30″
9	南纬 12°31′40″	东经 177°06′54″
10	南纬 12°31′43″	东经 177°05′21″
11	南纬 12°31′21″	东经 177°01′54″
12	南纬 12°29′58″	东经 176°56′04″

续 表

序号	纬度	经度
13	南纬 12°29′53″	东经 176°55′59″
14	南纬 12°29′50″	东经 176°56′02″
15	南纬 12°28′33″	东经 176°57′41″
16	南纬 12°28′10″	东经 176°58′15″
17	南纬 12°27′47″	东经 176°59′11″
18	南纬 12°27′44″	东经 176°59′20″
19	南纬 12°27′46″	东经 176°59′35″

海洋区域（群岛基线和专属经济区）法令
（1981 年）

简　　称

第一条

本法令可以简称为《海洋区域（群岛基线和专属经济区）法令》。

斐济群岛基线

第二条

为确定斐济群岛水域的最外部界限和斐济群岛领海的最内部界限而划定的直线基线上的各点在下列表格中用地理坐标点表示。这些数据取自 1972 年世界大地测量系统（WGS72），并根据不同情况，纬度减少 7″，经度减少 14″。

第三条

斐济专属经济区的外部界限是按数字顺序连接第二个明细表中规定的地理坐标点形成的线。这些数据来自 1972 年世界大地测量系统（WGS72）。

专属经济区的基线

第四条

为第三条的目的，据以确定斐济专属经济区的基线是——

（1）对于斐济群岛，是根据第二条的条款确定的直线基线；

（2）对于 Rotuma 岛及其附属岛屿，是根据《海洋区域（领海）（Rotuma 及其附属国）法令》确定的直线基线；

（3）对于 Ceva-i-Ra 岛，是一条沿着暗礁向海方向的低潮线所划的线。

第一明细表

群岛水域

地理坐标

1972 年世界大地测量系统地理数据

序号	纬度	经度
1	南纬 16°05′30″	西经 179°08′36″
2	南纬 16°44′48″	西经 178°55′54″
3	南纬 17°05′06″	西经 178°40′24″
4	南纬 17°10′00″	西经 178°37′06″
5	南纬 17°55′30″	西经 178°14′00″
6	南纬 18°18′30″	西经 178°12′48″
7	南纬 18°53′00″	西经 178°21′00″
8	南纬 18°57′30″	西经 178°19′45″
9	南纬 19°14′00″	西经 178°18′36″
10	南纬 19°48′00″	西经 178°13′24″
11	南纬 19°53′30″	西经 178°16′18″
12	南纬 20°39′48″	西经 178°41′24″
13	南纬 20°59′54″	西经 178°44′30″
14	南纬 21°01′42″	西经 178°50′48″

续 表

序号	纬度	经度
15	南纬 20°44′00″	西经 178°53′30″
16	南纬 19°12′18″	东经 179°44′48″
17	南纬 19°11′30″	东经 178°06′00″
18	南纬 19°10′42″	东经 178°00′00″
19	南纬 19°08′42″	东经 177°57′18″
20	南纬 19°07′48″	东经 177°56′54″
21	南纬 18°36′24″	东经 177°39′36″
22	南纬 18°07′00″	东经 177°19′00″
23	南纬 17°56′36″	东经 177°12′24″
24	南纬 17°38′54″	东经 176°59′48″
25	南纬 17°11′54″	东经 176°52′42″
26	南纬 17°09′24″	东经 176°53′30″
27	南纬 17°06′54″	东经 176°54′36″
28	南纬 16°47′00″	东经 177°17′00″
29	南纬 16°39′06″	东经 177°34′24″
30	南纬 16°26′24″	东经 178°05′48″
31	南纬 16°19′24″	东经 178°27′12″
32	南纬 16°10′30″	东经 179°04′00″
33	南纬 15°42′30″	西经 179°58′30″
34	南纬 15°56′54″	西经 179°23′30″

第二明细表
专属经济区外部界限

连续的

序号	纬度	经度
1	南纬 25°04′23″	东经 175°16′32″
2	南纬 20°01′21″	东经 172°45′53″
3	南纬 18°32′36″	东经 173°33′36″

沿着一条 200 英里（370 400 米）长且中心点坐标为南纬 17°11′47″、东经

176°52′28″的弧，经过以下各点：

序号	纬度	经度
4	南纬 18°18′49″	东经 173°34′55″
5	南纬 18°02′02″	东经 173°29′43″
6	南纬 17°44′52″	东经 173°26′05″
7	南纬 17°27′29″	东经 173°24′02″
8	南纬 17°09′59″	东经 173°23′34″
9	南纬 16°52′30″	东经 173°24′41″
10	南纬 16°35′11″	东经 173°27′22″
11	南纬 16°18′10″	东经 173°31′36″
12	南纬 16°01′33″	东经 173°37′20″
13	南纬 15°45′29″	东经 173°44′31″
14	南纬 15°30′04″	东经 173°53′06″
15	南纬 15°15′26″	东经 174°03′01″
16	南纬 15°01′41″	东经 174°14′11″
17	南纬 14°48′28″	东经 174°27′14″

沿着一条 200 英里（370 400 米）长且中心点坐标为南纬 12°29′56″、东经 176°56′01″的弧，经过以下各点：

序号	纬度	经度
18	南纬 14°40′56″	东经 174°20′20″
19	南纬 14°27′07″	东经 174°09′17″
20	南纬 14°12′24″	东经 173°59′33″
21	南纬 13°56′54″	东经 173°51′11″
22	南纬 13°40′45″	东经 173°44′14″
23	南纬 13°24′05″	东经 173°38′47″
24	南纬 13°07′00″	东经 173°34′50″
25	南纬 12°49′38″	东经 173°32′25″
26	南纬 12°32′09″	东经 173°31′33″

此后，一条线连接第 26 点和第 27 点。从那里，沿着一条 200 英里（370 400 米）长且中心点坐标为南纬 12°29′56″、东经 176°56′01″的连续的弧，经过以下各点：

序号	纬度	经度
27	南纬 11°57′16″	东经 173°34′29″
28	南纬 11°40′09″	东经 173°38′15″
29	南纬 11°23′25″	东经 173°43′30″
30	南纬 11°07′11″	东经 173°50′11″
31	南纬 10°51′36″	东经 173°58′16″
32	南纬 10°36′45″	东经 174°07′40″
33	南纬 10°22′46″	东经 174°18′20″
34	南纬 10°09′45″	东经 174°30′10″
35	南纬 09°57′47″	东经 174°43′05″
36	南纬 09°46′59″	东经 174°57′00″

此后,一条线连接以下各点:

序号	纬度	经度
37	南纬 09°49′09″	东经 175°51′52″
38	南纬 09°49′19″	东经 175°56′40″
39	南纬 09°49′36″	东经 176°05′12″
40	南纬 09°49′52″	东经 176°13′48″
41	南纬 10°05′17″	东经 177°06′03″
42	南纬 10°06′53″	东经 177°11′10″
43	南纬 10°16′05″	东经 177°17′30″
44	南纬 10°18′18″	东经 177°19′01″
45	南纬 11°33′50″	东经 178°14′47″
46	南纬 11°38′45″	东经 178°18′29″
47	南纬 11°58′58″	东经 178°33′48″
48	南纬 12°07′15″	东经 178°40′08″
49	南纬 12°12′25″	东经 178°44′04″
50	南纬 12°36′34″	东经 179°02′40″
51	南纬 13°14′05″	东经 179°31′48″
52	南纬 13°19′41″	东经 179°29′39″
53	南纬 14°48′18″	西经 179°14′23″

续表

序号	纬度	经度
54	南纬 15°17′47″	西经 178°31′00″
55	南纬 15°56′12″	西经 177°22′35″
56	南纬 15°59′08″	西经 177°22′31″
57	南纬 16°49′39″	西经 176°53′48″
58	南纬 16°50′06″	西经 176°53′23″
59	南纬 17°28′28″	西经 176°16′24″
60	南纬 17°40′49″	西经 176°16′40″
61	南纬 17°59′05″	西经 176°21′27″
62	南纬 18°35′17″	西经 176°27′02″
63	南纬 18°51′23″	西经 176°34′46″
64	南纬 18°54′51″	西经 176°36′05″
65	南纬 19°00′45″	西经 176°37′40″
66	南纬 19°15′09″	西经 176°40′10″
67	南纬 19°20′31″	西经 176°40′01″
68	南纬 20°26′07″	西经 176°53′00″
69	南纬 20°54′36″	西经 177°01′27″
70	南纬 20°57′42″	西经 177°01′55″
71	南纬 21°05′34″	西经 177°07′57″
72	南纬 21°22′21″	西经 177°18′03″
73	南纬 22°21′27″	西经 177°54′12″
74	南纬 24°22′08″	西经 179°04′16″

沿着一条 200 英里（370 400 米）长且中心点坐标为南纬 21°01′35″、西经 178°50′34″的弧，经过以下各点：

序号	纬度	经度
75	南纬 24°21′29″	西经 179°09′39″
76	南纬 24°19′08″	西经 179°28′35″
77	南纬 24°15′16″	西经 179°47′11″
78	南纬 24°09′53″	东经 179°54′12″
79	南纬 24°03′02″	东经 179°36′39″

续 表

80	南纬 23°54′47″	东经 179°19′52″
81	南纬 23°45′12″	东经 179°03′58″
82	南纬 23°34′20″	东经 178°49′04″
83	南纬 23°22′19″	东经 178°35′17″
84	南纬 23°09′12″	东经 178°22′44″
85	南纬 22°55′08″	东经 178°11′31″
86	南纬 22°43′23″	东经 178°03′46″

沿着一条 200 英里（370 400 米）长且中心点坐标为 CEVA-I-RA 岛（南纬 21°44′18″，东经 174°38′24″）的弧，经过以下各点：

序号	纬度	经度
87	南纬 22°50′50″	东经 178°01′52″
88	南纬 23°07′09″	东经 177°55′01″
89	南纬 23°22′50″	东经 177°46′39″
90	南纬 23°37′47″	东经 177°36′47″
91	南纬 24°04′58″	东经 177°12′54″
92	南纬 24°17′01″	东经 176°59′04″
93	南纬 24°27′52″	东经 176°44′05″
94	南纬 24°37′28″	东经 176°28′06″
95	南纬 24°45′44″	东经 176°11′13″
96	南纬 24°52′35″	东经 175°53′35″
97	南纬 24°57′58″	东经 175°35′20″
98	南纬 25°01′51″	东经 175°16′37″
99	南纬 25°04′11″	东经 174°57′35″
100	南纬 25°04′58″	东经 174°38′24″
101	南纬 25°04′11″	东经 174°19′13″

此后，一条线连接位置 1。

这些位置的确定基于或者近似于目前可获得的1972年世界大地测量系统（WGS72）的最佳数据。

注：

（本注不构成法令的组成部分，但作为一般信息公布。）

以上法令构成斐济对其群岛水域和200海里专属经济区的正式声明。

关于说明斐济的内水、群岛水域、领海和专属经济区界限的海图的有效性信息通过1981年第119号法律通告发布。

基 里 巴 斯
Kiribati

（英文文本截止于 2009 年 1 月 16 日）

1983 年海洋区域（声明）法，
1983 年 5 月 16 日第 7 号法令
（本法条款涉及内水、群岛水域、领海和专属经济区）

生效时间：1983 年 5 月 16 日

由基里巴斯中央政府制定，并经总统批准。

第一部分　序　　言

第一条　简称和序言

本法可被称为《1983 年海洋区域（声明）法》。

第二条　解释

1. 本法中，除非上下文另有规定 ——

“基里巴斯的基线” 是指靠近基里巴斯任何部分海岸的礁石或连接海岸任何部分的环礁湖向海一侧的低潮线，或礁石并未显示的海岸本身的低潮线。

“养护和管理” 包括所有涉及以下事项的规则、法规、方法和措施：

（1）开发、恢复及维持或有利于开发、恢复及维持任何渔业资源或海洋环境；或

（2）为保证——

（a）持续地供应食品或其他产品，或获取可再生的利益；

（b）避免渔业资源或海洋环境受到不可逆转或长期的不良影响；

（c）在上述资源利用方面保持可供选择的多样性。

“渔业资源”是指任何鱼类、鱼群、鱼种和鱼的栖息地。

“低潮高地”是指在大潮平均低潮时四面环水并高于水面但在大潮平均高潮时没入水中的自然形成的陆地。

“低潮线”，就任何区域而言，是指负责海洋事务的部长主持绘制的大比例尺海图所标示的大潮平均低潮时的低水位线。

“中间线”是指一条其上各点与下述基线上最近各点距离相等的线——

（1）测算基里巴斯领海的基线；

（2）测算其他任何国家领海的基线。

“海里”是指国际海里，即 1 852 米。

2. 为本法之目的，构成海港体系组成部分的永久性海港工程应视为海岸的一部分。

第三条 关于国际法规则

如果本法规定任何行为或任何法律的制定均应符合国际法规则，那么不论是否这样实施或制定，这都是不可由法院审理的问题。

第二部分 海洋区域

第四条 内水

1. 为基里巴斯任何法律之目的，内水是指测算领海宽度的基线向陆一侧的所有水域以及依第 2 款划定的封口线延伸至斯里巴基基线外的水域。

2. 依照国际法规则，并参照官方海图标示的自然特征或地理坐标表注明的大地基准点，在环礁湖的入海口或入口处，部长可以为确定斯里巴基内水外部界限之目的，宣布划定封口线所需的各点。

第五条 群岛水域

1. 为基里巴斯任何法律之目的,基里巴斯的群岛水域(如果存在)包括依据第2款确定的基线内的所有海域。

2. 依照国际法规则,并参照官方海图标示的自然特征或地理坐标表标明的大地基准点,部长可以为确定基里巴斯群岛水域的外部界限和领海的内部界限之目的,宣布划定直线基线所需的各点。

第六条 领海

1. 受第2款规定的限制,为基里巴斯任何法律之目的,领海是自基里巴斯内水外部界限起算12海里内的海域。

2. 按照第五条第2款划定的群岛基线,领海的宽度应该自这些群岛的基线起算,延伸至基里巴斯内水外部界限之外。

第七条 专属经济区

1. 在本条随后条款的限制下,为基里巴斯任何法律之目的,基里巴斯的专属经济区包括以领海的外部界限为其内部界限、以一条自内陆水的外部界限起算向海一侧延伸200海里的线作为外部界限的海域。

2. 部长可以依照国际法规则,并参照官方海图标示的自然特征或地理坐标表标明的大地基准点,宣布为确定专属经济区的外部界限之目的而划定直线基线所需的各点。

3. 如果依照第2款划定基线,专属经济区的宽度应自该基线量起。

4. 为履行国际协定或国际机构的裁决之目的,或为其他目的,部长可以通过命令或其他方式宣布:在命令中有具体规定的情况下,基里巴斯专属经济区的界限延伸至依照第1款和第3款确定的专属经济区向陆一侧的外部界限。

5. 如果测算领海宽度的基线到中间线的距离小于200海里,专属经济区的外部界限延伸至该中间线。

6. 为基里巴斯任何法律之目的,专属经济区的海床及其底土应被视为基里巴斯大陆架的组成部分。

第八条 海洋区域的法律性质及其他

1. 基里巴斯共和国主权及于其陆地领土与内水之外的领海以及领海的上空、海床和底土。

2. 基里巴斯共和国在专属经济区内享有以勘探和开发、养护和管理海床及其底土和上覆水域的自然资源（不论是生物资源还是非生物资源）为目的的主权权利。

3. 本部分规定的基里巴斯共和国的主权权利的行使应符合国际法规则。

第九条 国家在海洋区域的权利

1. 在本条随后条款的限制下，各国船舶和飞机均有权依照国际法规则自由通过或飞越基里巴斯领海和群岛水域。

2. 部长可以依照国际法规则通过命令指定海道和空中航道，以便外国船舶和飞机继续不停且迅速通过或飞越群岛水域与邻接的领海，也可以规定分道通航制，以保证船舶安全通过任何此种海道内的狭窄水道。

3. 在第 2 款指定的海道和空中航道中，所有船舶和飞机均可依照国际法规则享有以正常方式航行和飞越的权利，以便继续不停、迅速、无障碍地通过和飞越群岛水域与邻接的领海，从专属经济区的一部分到另一部分。

4. 在依照第 2 款规定海道或空中航道之前，可以在通常用于国际航行的航道内行使第 3 款中所指的通过和飞越的权利。

5. 第 3 款和第 4 款中所指的通过和飞越的权利受基里巴斯依照国际法规则制定的所有法律的限制。

6. 在本法和其他任何法令或国际法规则的限制下，所有国家及其国民在专属经济区享有航行和飞越的公海自由、铺设海底电缆和管道的公海自由以及与这些自由相关并符合国际法规则的海洋的其他国际合法用途。

第十条 关于专属经济区的一般规定

如果在任何法律中没有为以下目的作出规定，部长可以依照国际法规则为以下所有或任何目的制定规章：

（1）管理专属经济区内的海洋研究活动；

（2）管理专属经济区内为利用海水、海流、和风力生产能或为其他经济性目的而进行的开发和勘探；

（3）管理建造、操作和使用专属经济区内的人工岛屿、设施与结构，包括在人工岛屿、设施和结构周围设置安全地带的要求；

（4）规定保护和保全专属经济区内海洋环境的措施；

（5）规定使基里巴斯共和国关于专属经济区的权利和义务得到行使或使

本法各条款得到充分执行所必要或适宜的其他事项。

第十一条 海图、公布及其他

1. 对于为确定基里巴斯内水、群岛水域、领海和专属经济区界限而为本法目的划定的所有封口线、基线和其他界线,部长应该在足以确定这些线的一种或几种比例尺的海图上清楚地标出,并通过公报或其他途径妥为公布。

2. 不论第2款规定的任何事项是否得以完全公布,这都是不可由法院审理的问题。

3. 第1款中所指的各海图的一份副本应交存于联合国秘书长和南太平洋委员会秘书长。

第十二条 证据条款

在法院或司法人员进行的任何诉讼程序中,一份声称由海事总监签署、表明任何地区的特定海图是由部长主持制定并适用于第十一条的证明书,是该证明书所陈述事项的证据,且该海图是其上所标示事项的证据。

马绍尔群岛
Mashall Islands

（英文文本截止于 2009 年 1 月 16 日）

1984 年 海洋区域（声明）法
（本法条款涉及共和国的内水、群岛水域、领海、
专属经济区和毗连区）

本法由马绍尔群岛国会通过。

第一部分　序　　言

第一条　简称

本法可称为《1984 年海洋区域（声明）法》。

第二条　解释

1. 在本法中：

“马绍尔群岛的基线”是马绍尔群岛任何部分的海岸边缘的礁石向海侧的低潮线，或与海岸任何部分相连的咸水湖的边界，或不存在礁石时海岸本身的低潮线。

“养护和管理”包括以下所有规则、法规、方法和措施：

（1）用于开发、恢复或维持或有利于开发、恢复或维持任何渔业资源或海洋环境。

（2）旨在保证：

（a）在持续的基础上供应食品或其他产品，或获取可再生的利益；

（b）避免渔业资源或海洋环境受到不可逆转或长期的不良影响；

（c）在上述资源利用方面保持可供选择的多样性。

“渔业资源”指任何鱼类、鱼群、鱼种或鱼的栖息地。

“低潮高地”指在大潮低潮时四面环水并高于水面但在大潮高潮时没入水中的自然形成的陆地。

“低潮线”，对任何区域而言，指在部长主持绘制的该区域大比例尺海图上标示的大潮平均低潮时的低水位线。

“中间线”是指一条其上各点到下列基线上最近各点的距离相等的线：

（1）测算共和国领海的基线；

（2）测算其他任何国家领海的基线。

“海里”是指国际海里，即 1 852 米。

2. 为本法之目的，构成海港体系组成部分的最外部永久性海港工程应视为海岸的一部分，但本款不适用于近岸设施和人工岛屿。

第三条　关于国际法规则

如果本法规定马绍尔群岛政府或内阁应该采取行动，或根据国际法规则制定任何法律或命令或采取任何其他行动，则无论是否这样实施或制定，这都是不可由法院审理的问题。

第四条　本法的适用

对本法条款的理解受共和国接受的或代表共和国接受的并为本法实施之目的由国会以正式决议批准的任何条约或国际义务的限制。

第二部分　海洋区域

第五条　内水

1. 为共和国任何法律之目的，共和国的内水是指测算领海宽度的基线向陆一侧的所有水域以及依照第 2 款划定的封口线延伸至上述基线外的水域。

2. 在存在礁湖的入海口或入口的情形下，内阁可以根据国际法规则，并参照官方海图标示的自然特征或地理坐标表标明的大地基准点，宣布为确定共和国内水的外部界限之目的而划定封口线所需的各点。

第六条 群岛水域

1. 为共和国任何法律之目的，共和国的群岛水域（如果有）包括依第 2 款确定的基线之内的所有海域。

2. 经国会正式决议批准，内阁可以依照国际法规则，并参照官方海图标示的自然特征和地理坐标表注明的大地基准点，宣布为确定共和国群岛水域的外部界限和领海的内部界限之目的而划定直线基线所需的各点。

第七条 领海

1. 受第 2 款限制，为共和国任何法律之目的，共和国的领海是自马绍尔群岛基线起算 12 海里内的水域。

2. 如果依照第六条第 2 款划定群岛基线，则领海的宽度自该基线起算，延伸至共和国内水的外部界限以外。

第八条 专属经济区

1. 受本条随后条款的限制，为共和国任何法律之目的，共和国的专属经济区包括以领海的外部界限为内部界限、以一条自测算领海宽度的基线量起向海一侧延伸 200 海里的线为外部界限的一带海域。

2. 内阁可以依照国际法规则，并参照官方海图标示的自然特征和地理坐标表注明的大地基准点，宣布为确定专属经济区的外部界限之目的而划定直线基线所需的各点。

3. 如果依照第 2 款划定基线，专属经济区的宽度应自该基线量起。

4. 如果中间线到测算领海宽度的基线的距离小于 200 海里，则专属经济区的外部界限只能延伸至该中间线。

5. 为履行国际协议或国际机构的裁决之目的，或为其他目的，内阁可以通过命令宣布共和国专属经济区的外部界限如该命令中所规定的那样。

第九条 毗连区

为共和国任何法律之目的，共和国的毗连区包括自测算领海宽度的基线起算向海一侧 24 海里以内的一带海域。

第十条 海洋区域的法律性质及其他

1. 共和国的主权及于其领陆和内水以外的群岛水域、领海及它们的上空、水体、底土和其中包含的资源。

2. 在专属经济区内,共和国享有下列主权权利:

(1)以勘探和开发、养护和管理海床及其底土和上覆水域的自然资源(不论是生物资源还是非生物资源)为目的的主权权利;

(2)关于在该区内从事经济性开发和勘探的其他活动,如利用海水、海流和风力生产能。

3. 在专属经济区内,共和国享有国际法授予或承认的其他权利。

4. 在毗连区内,共和国享有以下全部必要的权利:

(1)防止在共和国领土或领海内违反关于税收、财政、移民和卫生的法律与规章;

(2)处罚上述违法行为。

共和国的所有相关法律效力同样及于毗连区。

5. 本条规定的共和国的主权和权利应依照国际法规则行使。

第十一条 其他国家在海洋区域内的权利

1. 在本条随后条款的限制下,所有国家的船舶和飞机均有权依照国际法规则自由通过或飞越领海和群岛水域(如果有)的权利。

2. 内阁可以依照国际法规则通过命令:

(1)指定海道和空中航线,以便外国船舶和飞机继续不停且迅速通过或飞越群岛水域与邻接的领海;

(2)规定分道通航制,以保证船舶安全通过这种海道内的狭窄水道。

3. 在按照第 2 款指定的海道和空中航线中,所有的船舶和飞机均可依照国际法规则享有以正常方式航行和飞越的权利,以便继续不停、迅速和无障碍地通过与飞越群岛水域及邻接的领海,从专属经济区的一部分到另一部分。

4. 如果还没有依照第 2 款规定海道或空中航线,则可以在所有正常用于国际航行和飞越的航线上行使第 3 款中所指的通过和飞越的权利。

5. 第 3 款和第 4 所指的通过和飞越的权利受共和国依照国际法规则制定的所有法律的限制。

6. 在本法和其他任何法令或国际法规则的限制下,所有国家及其国民在专属经济区享有航行和飞越的公海自由、铺设海底电缆和管道的公海自由以及与这些自由相关并符合国际法规则的海洋的其他国际合法用途。

第十二条 关于专属经济区的一般规定

如果在任何法律中没有为以下目的规定条款，内阁可以依照国际法规则为以下所有或任何目的制定规章：

（1）管理专属经济区内的海洋研究活动；

（2）管理专属经济区内为利用海水、海流、和风力生产能或为其他经济性目的而进行的开发和勘探；

（3）管理建造、操作和使用专属经济区内的人工岛屿、设施与结构，包括在人工岛屿、设施和结构周围设置安全地带的要求；

（4）规定保护和保全专属经济区内海洋环境的措施；

（5）规定使共和国关于专属经济区的权利和义务得到行使或使本法各条款得到充分执行所必要或适宜的其他事项。

第十三条 海图、公布及其他

1. 对于为确定共和国的内水、群岛水域、领海、专属经济区和毗连区界限而为本法目的划定的所有封口线、基线和其他界线，部长应该在足以确定这些线的一种或几种比例尺的海图上清楚地标出，并通过公报或其他途径妥为公布。

2. 不论第 2 款规定的任何事项是否得以完全公布，这都是不可由法院审理的问题。

3. 第 1 款中所指的各海图的一份副本应交存于联合国秘书长和南太平洋委员会秘书长。

第十四条 证据条款

在法院或司法人员进行的任何诉讼程序中，一份声称由海事总监签署、表明任何地区的特定海图是由部长主持绘制并适用于第十一条的证明书，应视为该证明书所陈述事项的证据，而且该海图是其所标示事项的证据。

第三部分 过渡期和生效期

第十五条 美国权力的保留

本法不影响美国或其任何机构或办事处根据托管协定所享有的任何权

利、权力、特权或权威。

第十六条 生效期

本法案自成为法律之日起生效。

证 明 书

本人特此证明：

1. 上述第十六号国会议案（Nitijela Bill No. 16 N.D. 1）于 1984 年 8 月 17 日由马绍尔群岛国会通过。

2. 本人证实第十六号国会议案的通过符合马绍尔群岛宪法和国会规则。本人在此于 1984 年 9 月 13 日在国会书记员面前签字。

密克罗尼西亚联邦
Micronesia

（英文文本截止于 2009 年 5 月 22 日）

密克罗尼西亚联邦法典第十八编修正案

修订第一百零一条、第一百零二条、第一百零三条、第一百零四条、第一百零五条和第一百零七条，并新增第一百零八条，以在密克罗尼西亚联邦周边海洋内确立专属经济区，扩大领海的范围，使该章与密克罗尼西亚联邦当前政治地位保持一致，并为其他目的
（1988 年 12 月 16 日）

第一条

《密克罗尼西亚联邦法典》第十八编第一百零一条在此修正如下：

第一百零一条 基线制度定义

基线是一条环绕岛屿或环礁的连续的线。测算本章规定的区域的基线如下：

（1）无堤礁、岸礁或其他礁系的岛屿或岛屿的部分地区的基线是经密克罗尼西亚联邦政府承认的大比例尺官方海图标示的岛屿低潮线。

（2）有堤礁、岸礁或其他礁系的岛屿或岛屿的部分地区的基线是沿该礁群向海一侧边缘的等深线。该线连接低潮时高于水面的最外缘的礁石高地，且在密克罗尼西亚联邦政府承认的大比例尺官方海图中标出。

第二条

《密克罗尼西亚联邦法典》第十八编第一百零二条在此修正如下：

第一百零二条 领海和内水的定义

1. 在此确立宽度为 12 海里的领海。每个岛屿或环礁的领海的内部界限是上述基线……外部界限是其上每一点到基线上最近各点向海一侧的距离为 12 海里的一条线。

…………

第三条

《密克罗尼西亚联邦法典》第十八编第一百零三条在此修正如下：

第一百零三条 领海和内水的主权

密克罗尼西亚联邦的主权及于其领海和内水，包括对领海和内水的上空、海床与底土的生物资源或非生物资源的主权权利。

…………

第四条

《密克罗尼西亚联邦法典》第十八编第一百零四条在此修正如下：

第一百零四条 专属经济区的定义

在此确立邻接领海的专属经济区。每个岛屿或环礁的专属经济区的内部界限是领海向海一侧的边界，外部边界是其上每一点到依本编第一百零一条定义的基线上最近各点向海一侧的距离为 200 海里的一条线。

第五条

《密克罗尼西亚联邦法典》第十八编第一百零五条在此修正如下：

第一百零五条 专属经济区的规定

在专属经济区内，密克罗尼西亚联邦国家政府应享有：

（1）以勘探和开发、养护和管理海床上覆水域与海床及其底土的自然资源（不论是生物资源还是非生物资源）为目的的主权权利，以及关于在该区内进行经济性开发和勘探的其他活动的主权权利；

（2）关于人工岛屿、设施和结构的建造与使用以及海洋科学研究和海洋环境的保护与保全的管辖权；

（3）国际法规定的其他权利和义务。

第六条

《密克罗尼西亚联邦法典》第十八编第一百零七条在此修正如下：

第一百零七条 规章

在有必要确定内水、领海和专属经济区的界限时，密克罗尼西亚联邦可以颁布规章。

…………

第八条

本法案经密克罗尼西亚联邦总统批准后即成为法律，或虽未经该批准立法完成后即为法律。

瑙　　鲁
Nauru

（英文文本截止于 2009 年 2 月 12 日）

定义领海的 1971 年条款解释法令

…………

“瑙鲁的领海”是指：

从环绕低潮时露出水面的瑙鲁岛屿的干礁外缘最近点算起，其上每一部分与最近各点的距离为 12 海里的封闭线所包围的水域及其下方的水体、底土。如果礁石有开口，则自横跨开口外缘划定的直线算起。

…………

确定领海、毗连区和专属经济区的直线基线及外部界限的地理坐标点的公告

（1997 年 8 月 12 日）

公　　告

鉴于瑙鲁共和国是《联合国海洋法公约》的缔约国，

且鉴于共和国依照上述公约主张拥有领海、毗连区和专属经济区，并承担了相应的权利、义务和责任，

并根据《1977 年海洋边界法》第九条的规定，总统可以通过公告宣布依照该法条款划定的基线和其他线，以确定内水、领海、毗连区和专属经济区的界限，

因此，本人，金扎·克洛杜马尔（Kinza Clodumar），作为总统，在此宣布：

（1）附表中所列地理坐标为列表中所列的各个区域和各条界线上各点的地理坐标；

（2）根据 1984 年世界大地测量系统（WGS84）标示地理坐标。该测量系统是拥有 6 378.137 米大（赤道）半径、压扁率为 1/298.257 223 563 且以地球为中心的参考椭球体。

于 1977 年 8 月 12 日经本人签署，并加盖瑙鲁共和国印章。

金扎·克洛杜马尔总统

瑙鲁共和国

附表　瑙鲁基线的基准点

点	南纬	东经	点	南纬	东经
001	00°30′01.2″	166°56′19.4″	014	00°30′04.0″	166°55′55.0″
002	00°30′00.9″	166°56′17.8″	015	00°30′04.7″	166°55′53.4″
003	00°30′00.6″	166°56′16.0″	016	00°30′05.2″	166°55′52.3″
004	00°30′00.6″	166°56′14.8″	017	00°30′06.6″	166°55′50.9″
005	00°30′00.4″	166°56′12.5″	018	00°30′07.5″	166°55′49.9″
006	00°30′00.6″	166°56′10.7″	019	00°30′09.1″	166°55′48.5″
007	00°30′00.7″	166°56′08.8″	020	00°30′10.5″	166°55′47.4″
008	00°30′01.1″	166°56′06.3″	021	00°30′11.9″	166°55′46.7″
009	00°30′01.6″	166°56′04.4″	022	00°30′13.4″	166°55′45.6″
010	00°30′01.9″	166°56′02.0″	023	00°30′15.3″	166°55′44.4″
011	00°30′02.0″	166°56′01.1″	024	00°30′16.8″	166°55′43.3″
012	00°30′02.8″	166°55′58.5″	025	00°30′18.0″	166°55′42.3″
013	00°30′03.6″	166°55′56.2″	026	00°30′19.4″	166°55′40.9″

点	南纬	东经	点	南纬	东经
027	00°30′21.0″	166°55′39.5″	058	00°31′27.4″	166°54′37.5″
028	00°30′23.4″	166°55′37.6″	059	00°31′30.6″	166°54′36.7″
029	00°30′25.3″	166°55′35.9″	060	00°31′33.0″	166°54′36.0″
030	00°30′27.8″	166°55′33.6″	061	00°31′35.4″	166°54′35.6″
031	00°30′30.9″	166°55′30.9″	062	00°31′37.3″	166°54′34.8″
032	00°30′32.8″	166°55′29.0″	063	00°31′38.2″	166°54′34.2″
033	00°30′35.7″	166°55′26.3″	064	00°31′39.1″	166°54′33.8″
034	00°30′37.3″	166°55′24.7″	065	00°31′40.6″	166°54′33.5″
035	00°30′40.2″	166°55′22.3″	066	00°31′42.0″	166°54′33.4″
036	00°30′42.4″	166°55′20.3″	067	00°31′42.9″	166°54′33.0″
037	00°30′45.7″	166°55′17.6″	068	00°31′44.4″	166°54′32.8″
038	00°30′47.6″	166°55′15.5″	069	00°31′46.3″	166°54′32.1″
039	00°30′48.8″	166°55′14.5″	070	00°31′47.4″	166°54′32.0″
040	00°30′50.7″	166°55′12.7″	071	00°31′49.9″	166°54′31.9″
041	00°30′53.4″	166°55′10.0″	072	00°31′52.0″	166°54′31.5″
042	00°30′55.3″	166°55′08.0″	073	00°31′53.4″	166°54′31.3″
043	00°30′56.7″	166°55′06.6″	074	00°31′54.3″	166°54′31.3″
044	00°30′58.5″	166°55′04.1″	076	00°31′56.9″	166°54′31.3″
045	00°31′00.7″	166°55′01.4″	077	00°31′59.5″	166°54′31.1″
046	00°31′02.8″	166°54′58.9″	078	00°32′00.7″	166°54′30.9″
047	00°31′05.0″	166°54′56.6″	079	00°32′02.1″	166°54′31.3″
048	00°31′06.6″	166°54′54.8″	080	00°32′03.8″	166°54′31.7″
049	00°31′08.2″	166°54′53.3″	081	00°32′05.7″	166°54′31.9″
050	00°31′09.9″	166°54′51.6″	082	00°32′08.0″	166°54′31.9″
051	00°31′12.1″	166°54′49.2″	083	00°32′09.9″	166°54′32.3″
052	00°31′14.8″	166°54′46.7″	084	00°32′11.7″	166°54′32.4″
053	00°31′17.8″	166°54′44.1″	085	00°32′13.2″	166°54′32.6″
054	00°31′20.4″	166°54′41.9″	086	00°32′15.8″	166°54′33.1″
055	00°31′22.1″	166°54′40.6″	087	00°32′17.2″	166°54′33.3″
056	00°31′24.3″	166°54′39.0″	088	00°32′19.8″	166°54′33.6″
057	00°31′26.3″	166°54′38.1″	089	00°32′22.7″	166°54′34.5″

点	南纬	东经	点	南纬	东经
090	00°32′25.0″	166°54′35.5″	121	00°33′16.0″	166°55′32.6″
091	00°32′28.9″	166°54′36.9″	122	00°33′16.7″	166°55′36.4″
092	00°32′32.5″	166°54′37.7″	123	00°33′17.2″	166°55′38.7″
093	00°32′33.6″	166°54′38.0″	124	00°33′17.6″	166°55′41.1″
094	00°32′35.7″	166°54′39.3″	125	00°33′18.0″	166°55′44.1″
095	00°32′38.4″	166°54′41.0″	126	00°33′18.3″	166°55′47.2″
096	00°32′40.9″	166°54′42.0″	127	00°33′18.4″	166°55′49.7″
097	00°32′41.8″	166°54′42.7″	128	00°33′18.8″	166°55′51.2″
098	00°32′44.6″	166°54′45.1″	129	00°33′19.0″	166°55′53.6″
099	00°32′46.7″	166°54′47.5″	130	00°33′19.1″	166°55′54.4″
100	00°32′48.6″	166°54′49.3″	131	00°33′19.0″	166°55′56.4″
101	00°32′50.0″	166°54′50.5″	132	00°33′19.1″	166°55′58.1″
102	00°32′51.3″	166°54′51.6″	133	00°33′19.1″	166°55′59.8″
103	00°32′52.5″	166°54′53.0″	134	00°33′18.9″	166°56′01.7″
104	00°32′53.7″	166°54′54.1″	135	00°33′18.7″	166°56′03.8″
105	00°32′55.2″	166°54′56.0″	136	00°33′18.7″	166°56′06.3″
106	00°32′56.3″	166°54′56.9″	137	00°33′18.3″	166°56′08.4″
107	00°32′58.7″	166°55′00.5″	138	00°33′17.8″	166°56′10.5″
108	00°33′01.0″	166°55′03.2″	139	00°33′16.5″	166°56′13.3″
109	00°33′02.5″	166°55′05.4″	140	00°33′16.1″	166°56′14.7″
110	00°33′03.5″	166°55′07.1″	141	00°33′15.4″	166°56′17.1″
111	00°33′04.1″	166°55′08.2″	142	00°33′14.9″	166°56′18.8″
112	00°33′07.1″	166°55′13.3″	143	00°33′13.6″	166°56′21.5″
113	00°33′07.6″	166°55′13.9″	144	00°33′12.6″	166°56′23.6″
114	00°33′08.4″	166°55′15.7″	145	00°33′12.0″	166°56′24.9″
115	00°33′09.7″	166°55′19.5″	146	00°33′10.9″	166°56′26.9″
116	00°33′11.2″	166°55′21.9″	147	00°33′09.7″	166°56′28.2″
117	00°33′12.1″	166°55′23.6″	148	00°33′08.4″	166°56′29.8″
118	00°33′13.5″	166°55′26.1″	149	00°33′07.6″	166°56′30.6″
119	00°33′14.6″	166°55′28.3″	150	00°33′05.7″	166°56′32.8″
120	00°33′15.5″	166°55′30.9″	151	00°33′03.8″	166°56′35.1″

点	南纬	东经	点	南纬	东经
152	00°33′02.4″	166°56′37.1″	183	00°31′52.5″	166°57′10.0″
153	00°33′01.1″	166°56′39.0″	184	00°31′47.9″	166°57′11.6″
154	00°32′59.4″	166°56′42.4″	185	00°31′44.5″	166°57′13.0″
155	00°32′58.3″	166°56′44.5″	186	00°31′41.6″	166°57′14.6″
156	00°32′57.0″	166°56′46.8″	187	00°31′37.7″	166°57′16.6″
157	00°32′55.8″	166°56′49.2″	188	00°31′34.6″	166°57′18.5″
158	00°32′54.8″	166°56′50.8″	189	00°31′30.6″	166°57′22.3″
159	00°32′53.6″	166°56′53.0″	190	00°31′28.7″	166°57′24.0″
160	00°32′51.8″	166°56′55.8″	191	00°31′26.8″	166°57′26.5″
161	00°32′50.6″	166°56′57.5″	192	00°31′24.1″	166°57′28.8″
162	00°32′48.4″	166°57′00.6″	193	00°31′22.0″	166°57′31.1″
163	00°32′47.5″	166°57′02.0″	194	00°31′19.4″	166°57′33.5″
164	00°32′45.5″	166°57′03.7″	195	00°31′17.2″	166°57′34.9″
165	00°32′43.3″	166°57′05.5″	196	00°31′14.6″	166°57′36.0″
166	00°32′41.5″	166°57′06.2″	197	00°31′11.4″	166°57′36.3″
167	00°32′39.5″	166°57′07.0″	198	00°31′07.5″	166°57′36.4″
168	00°32′37.6″	166°57′07.1″	199	00°31′03.3″	166°57′35.7″
169	00°32′35.7″	166°57′07.1″	200	00°30′59.0″	166°57′35.0″
170	00°32′32.7″	166°57′07.0″	201	00°30′54.6″	166°57′33.6″
171	00°32′30.6″	166°57′06.5″	202	00°30′49.6″	166°57′32.4″
172	00°32′28.0″	166°57′05.9″	203	00°30′45.1″	166°57′30.9″
173	00°32′25.6″	166°57′05.7″	204	00°30′40.4″	166°57′29.3″
174	00°32′23.1″	166°57′05.5″	205	00°30′36.5″	166°57′27.5″
175	00°32′20.9″	166°57′05.1″	206	00°30′34.2″	166°57′25.9″
176	00°32′18.8″	166°57′04.7″	207	00°30′30.2″	166°57′23.0″
177	00°32′14.6″	166°57′04.5″	208	00°30′28.1″	166°57′21.7″
178	00°32′12.5″	166°57′04.7″	209	00°30′26.3″	166°57′20.0″
179	00°32′10.7″	166°57′05.0″	210	00°30′24.6″	166°57′18.4″
180	00°32′08.0″	166°57′05.3″	211	00°30′22.8″	166°57′16.3″
181	00°32′02.6″	166°57′06.9″	212	00°30′21.0″	166°57′14.3″
182	00°31′57.9″	166°57′08.3″	213	00°30′18.5″	166°57′11.5″

点	南纬	东经	点	南纬	东经
214	00°30′17.2″	166°57′09.7″	226	00°30′05.2″	166°56′41.7″
215	00°30′15.6″	166°57′07.0″	227	00°30′04.7″	166°56′40.0″
216	00°30′14.5″	166°57′05.3″	228	00°30′04.4″	166°56′37.8″
217	00°30′13.3″	166°57′03.3″	229	00°30′04.3″	166°56′35.7″
218	00°30′11.7″	166°57′00.7″	230	00°30′04.2″	166°56′34.0″
219	00°30′10.9″	166°56′59.2″	231	00°30′04.2″	166°56′31.7″
220	00°30′09.7″	166°56′55.7″	232	00°30′04.1″	166°56′29.6″
221	00°30′08.5″	166°56′52.3″	233	00°30′03.8″	166°56′27.1″
222	00°30′07.7″	166°56′50.1″	234	00°30′03.1″	166°56′24.4″
223	00°30′06.6″	166°56′48.2″	235	00°30′03.1″	166°56′24.5″
224	00°30′06.0″	166°56′46.2″	236	00°30′02.0″	166°56′21.5″
225	00°30′05.5″	166°56′44.4″			

12 海里圆弧相交点

12 海里坐标点

		顶点			基点	
编号	南纬	东经	南纬	东经	南纬	东经
01	00°18′04.5″	166°57′58.5″	00°30′00.9″	166°56′17.8″	00°30′00.6″	166°56′16.0″
02	00°17′58.9″	166°57′07.5″	00°30′00.6″	166°56′16.0″	00°30′00.4″	166°56′12.5″
03	00°17′59.7″	166°55′08.1″	00°30′00.4″	166°56′12.5″	00°30′00.7″	166°56′08.8″
04	00°18′05.6″	166°54′19.0″	00°30′00.7″	166°56′08.8″	00°30′01.1″	166°56′06.3″
05	00°18′10.0″	166°53′53.3″	00°30′01.1″	166°56′06.3″	00°30′02.0″	166°56′01.1″
06	00°18′31.1″	166°52′27.7″	00°30′02.0″	166°56′01.1″	00°30′02.8″	166°55′58.5″
07	00°18′31.1″	166°52′27.7″	00°30′02.8″	166°55′58.5″	00°30′03.6″	166°55′56.2″
08	00°18′45.3″	166°51′45.8″	00°30′03.6″	166°55′56.2″	0°30′04.0″	166°55′55.0″
09	00°19′04.5″	166°50′59.3″	00°30′04.0″	166°55′55.0″	00°30′05.2″	166°55′52.3″
10	00°21′13.7″	166°47′44.7″	00°30′05.2″	166°55′52.3″	00°30′06.6″	166°55′50″
11	00°21′22.3″	166°47′35.5″	00°30′06.6″	166°55′50.9″	00°30′07.5″	166°55′49.9″
12	00°22′12.8″	166°46′47.5″	00°30′07.5″	166°55′49.9″	00°30′09.1″	166°55′48.5″
13	00°22′23.4″	166°46′38.4″	00°30′09.1″	166°55′48.5″	00°31′06.6″	166°54′54.8″
14	00°22′28.7″	166°46′33.0″	00°31′06.6″	166°54′54.8″	00°31′12.1″	166°54′49.2″
15	00°23′04.2″	166°45′58.5″	00°31′12.1″	166°54′49.2″	00°31′14.8″	166°54′46.7″
16	00°23′12.5″	166°45′51.0″	00°31′14.8″	166°54′46.7″	00°31′17.8″	166°54′44.1″
17	00°23′29.1″	166°45′36.5″	00°31′17.8″	166°54′44.1″	00°31′20.4″	166°54′41.9″

编号	南纬	东经	南纬	东经	南纬	东经
18	00º24′12.3″	166º45′02.5″	00º31′20.4″	166º54′41.9″	00º31′24.3″	166º54′39.0″
19	00º26′09.3″	166º43′52.0″	00º31′24.3″	166º54′39.0″	00º31′27.4″	166º54′37.5″
20	00º27′54.7″	166º43′10.6″	00º31′27.4″	166º54′37.5″	00º31′39.1″	166º54′33.8″
21	00º28′38.2″	166º42′57.9″	00º31′39.1″	166º54′33.8″	00º31′40.6″	166º54′33.5″
22	00º28′58.8″	166º42′52.9″	00º31′40.6″	166º54′33.5″	00º31′46.3″	166º54′32.1″
23	00º29′51.8″	166º42′42.5″	00º31′46.3″	166º54′32.1″	00º31′47.4″	166º54′32.0″
24	00º30′28.8″	166º42′37.5″	00º31′47.4″	166º54′32.0″	00º31′53.4″	166º54′31.3″
25	00º31′18.3″	166º42′33.4″	00º31′53.4″	166º54′31.3″	00º32′00.7″	166º54′30.9″
26	00º33′43.7″	166º42′39.5″	00º32′00.7″	166º54′30.9″	00º32′08.0″	166º54′31.9″
27	00º33′53.7″	166º42′40.9″	00º32′08.0″	166º54′31.9″	00º32′11.7″	166º54′32.4″
28	00º33′56.7″	166º42′41.3″	00º32′11.7″	166º54′32.4″	00º32′13.2″	166º54′32.6″
29	00º33′57.6″	166º42′41.4″	00º32′13.2″	166º54′32.6″	00º32′19.8″	166º54′33.6″
30	00º35′57.2″	166º43′08.1″	00º32′19.8″	166º54′33.6″	00º32′22.7″	166º54′34.5″
31	00º36′10.9″	166º43′12.4″	00º32′22.7″	166º54′34.5″	00º32′33.6″	166º54′38.0″
32	00º38′30.4″	166º44′12.7″	00º32′33.6″	166º54′38.0″	00º32′40.9″	166º54′42.0″
33	00º40′00.7″	166º45′11.3″	00º32′40.9″	166º54′42.0″	00º32′41.8″	166º54′42.7″
34	00º40′40.4″	166º45′43.7″	00º32′41.8″	166º54′42.7″	00º32′44.6″	166º54′45.1″
35	00º41′10.0″	166º46′10.8″	00º32′44.6″	166º54′45.1″	00º32′51.3″	166º54′①
36	00º41′38.1″	166º46′38.9″	00º32′51.3″	166º54′51.6″	00º32′53.7″	166º54′54.1″
37	00º41′45.9″	166º46′47.2″	00º32′53.7″	166º54′54.1″	00º32′56.3″	166º54′56.9″
38	00º42′41.3″	166º47′53.9″	00º32′56.3″	166º54′56.9″	00º33′01.0″	166º55′03.2″

① 原文不清——译者注。

编号	南纬	东经	南纬	东经	南纬	东经
39	00°42′59.9″	166°48′19.8″	00°33′01.0″	166°55′03.2″	00°33′02.5″	166°55′05.4″
40	00°43′26.9″	166°49′02.2″	00°33′02.5″	166°55′05.4″	00°33′03.5″	166°55′07.1″
41	00°43′28.0″	166°49′04.2″	00°33′03.5″	166°55′07.1″	00°33′07.6″	166°55′13.9″
42	00°44′01.3″	166°50′05.8″	00°33′07.6″	166°55′13.9″	00°33′08.4″	166°55′15.7″
43	00°44′02.0″	166°50′07.4″	00°33′08.4″	166°55′15.7″	00°33′14.6″	166°55′28.3″
44	00°44′38.9″	166°51′34.8″	00°33′14.6″	166°55′28.3″	00°33′15.5″	166°55′30.9″
45	00°44′55.6″	166°52′29.2″	00°33′15.5″	166°55′30.9″	00°33′16.0″	166°55′32.6″
46	00°45′05.2″	166°53′10.3″	00°33′16.0″	166°55′32.6″	00°33′16.7″	166°55′36.4″
47	00°45′08.7″	166°53′28.5″	00°33′16.7″	166°55′36.4″	00°33′17.6″	166°55′41.1″
48	00°45′16.2″	166°54′17.0″	00°33′17.6″	166°55′41.1″	00°33′18.0″	166°55′44.1″
49	00°45′17.5″	166°54′28.7″	00°33′18.0″	166°55′44.1″	00°33′18.8″	166°55′51.2″
50	00°45′18.1″	166°54′33.4″	00°33′18.8″	166°55′51.2″	00°33′19.0″	166°55′53.6″
51	00°45′22.3″	166°55′32.0″	00°33′19.0″	166°55′53.6″	00°33′19.1″	166°55′54.4″
52	00°45′22.6″	166°55′52.1″	00°33′19.1″	166°55′54.4″	00°33′19.1″	166°55′58.1″
53	00°45′22.6″	166°55′52.7″	00°33′19.1″	166°55′58.1″	00°33′19.1″	166°55′59.8″
54	00°45′21.3″	166°56′42.9″	00°33′19.1″	166°55′59.8″	00°33′18.7″	166°56′06.3″
55	00°45′07.3″	166°58′32.0″	00°33′18.7″	166°56′06.3″	00°33′18.3″	166°56′08.4″
56	00°45′00.7″	166°59′00.7″	00°33′18.3″	166°56′08.4″	00°33′17.8″	166°56′10.5″
57	00°44′39.9″	167°00′10.3″	00°33′17.8″	166°56′10.5″	00°33′14.9″	166°56′18.8″
58	00°44′09.3″	167°01′25.5″	00°33′14.9″	166°56′18.8″	00°33′13.6″	166°56′21.5″

编号	南纬	东经	南纬	东经	南纬	东经
59	00°44′08.3″	167°01′27.4″	00°33′13.6″	166°56′21.5″	00°33′12.0″	166°56′24.9″
60	00°43′44.1″	167°02′14.6″	00°33′12.0″	166°56′24.9″	00°33′10.9″	166°56′26.9″
61	00°43′06.2″	167°03′15.4″	00°33′10.9″	166°56′26.9″	00°32′51.8″	166°56′55.8″
62	00°42′42.9″	167°03′50.3″	00°32′51.8″	166°56′55.8″	00°32′47.5″	166°57′02.0″
63	00°40′47.3″	167°06′00.0″	00°32′47.5″	166°57′02.0″	00°32′45.5″	166°57′03.7″
64	00°40′17.2″	167°06′25.2″	00°32′45.5″	166°57′03.7″	00°32′43.3″	166°57′05.5″
65	00°37′34.1″	167°08′03.6″	00°32′43.3″	166°57′05.5″	00°32′41.5″	166°57′06.2″
66	00°37′10.6″	167°08′13.5″	00°32′41.5″	166°57′06.2″	00°32′39.5″	166°57′07.0″
67	00°35′51.5″	167°08′40.0″	00°32′39.5″	166°57′07.0″	00°31′17.2″	166°57′34.9″
68	00°35′49.6″	167°08′40.8″	00°31′17.2″	166°57′34.9″	00°31′14.6″	166°57′36.0″
69	00°32′31.9″	167°09′30.6″	00°31′14.6″	166°57′36.0″	00°31′11.4″	166°57′36.3″
70	00°31′27.5″	167°09′34.9″	00°31′11.4″	166°57′36.3″	00°31′07.5″	166°57′36.4″
71	00°28′59.2″	167°09′23.8″	00°31′07.5″	166°57′36.4″	00°30′59.0″	166°57′35.0″
72	00°27′45.8″	167°09′07.6″	00°30′59.0″	166°57′35.0″	00°30′49.6″	166°57′32.4″
73	00°26′53.5″	167°08′51.8″	00°30′49.6″	166°57′32.4″	00°30′45.1″	166°57′30.9″
74	00°26′42.5″	167°08′48.1″	00°30′45.1″	166°57′30.9″	00°30′40.4″	166°57′29.3″
75	00°25′32.6″	167°08′19.7″	00°30′40.4″	166°57′29.3″	00°30′36.5″	166°57′27.5″
76	00°23′58.0″	167°07′27.4″	00°30′36.5″	166°57′27.5″	00°30′34.2″	166°57′25.9″
77	00°23′30.7″	167°07′08.7″	00°30′34.2″	166°57′25.9″	00°30′28.1″	166°57′21.7″
78	00°22′17.0″	167°06′09.4″	00°30′28.1″	166°57′21.7″	00°30′26.3″	166°57′20.0″
79	00°22′01.1″	167°05′54.5″	00°30′26.3″	166°57′20.0″	00°30′24.6″	166°57′18.4″

编号	南纬	东经	南纬	东经	南纬	东经
80	00º21′29.7″	167º05′22.4″	00º30′24.6″	166º57′18.4″	00º30′22.8″	166º57′16.3″
81	00º21′18.8″	167º05′10.3″	00º30′22.8″	166º57′16.3″	00º30′21.0″	166º57′14.3″
82	00º21′06.5″	167º04′56.1″	00º30′21.0″	166º57′14.3″	00º30′18.5″	166º57′11.5″
83	00º20′41.0″	167º04′24.4″	00º30′18.5″	166º57′11.5″	00º30′17.2″	166º57′09.7″
84	00º20′03.1″	167º03′29.8″	00º30′17.2″	166º57′09.7″	00º30′14.5″	166º57′05.3″
85	00º19′49.3″	167º03′07.2″	00º30′14.5″	66º57′05.3″	00º30′11.7″	166º57′00.7″
86	00º19′38.0″	167º02′47.6″	00º30′11.7″	166º57′00.7″	00º30′10.9″	166º56′59.2″
87	00º18′53.8″	166º01′12.8″	00º30′10.9″	166º56′59.2″	00º30′06.6″	166º56′48.2″
88	00º18′28.7″	166º59′57.8″	00º30′06.6″	166º56′48.2″	00º30′06.0″	166º56′46.2″
89	00º18′26.3″	166º59′49.1″	00º30′06.0″	166º56′46.2″	00º30′05.5″	166º56′44.4″
90	00º18′13.3″	166º58′50.9″	00º30′05.5″	166º56′44.4″	00º30′04.7″	166º56′40.0″
91	00º18′09.8″	166º58′30.8″	00º30′04.7″	166º56′40.0″	00º30′00.9″	166º56′17.8″

12 海里界限圆弧交叉点与中间点

点	南纬	东经	点	南纬	东经
001	00°18′04.5″	166°57′58.5″	015	00°23′04.2″	166°45′58.5″
	00°18′01.3″	166°57′33.1″		00°23′08.3″	166°45′54.7″
002	00°17′58.9″	166°57′07.5″	016	00°23′12.5″	166°45′51.0″
	00°17′57.0″	166°56′27.7″		00°23′20.8″	166°45′43.7″
	00°17′57.2″	166°55′47.9″	017	00°23′29.1″	166°45′36.5″
003	00°17′59.7″	166°55′08.1″		00°23′50.4″	166°45′19.1″
	00°18′02.3″	166°54′43.5″	018	00°24′12.3″	166°45′02.5″
004	00°18′05.6″	166°54′19.0″		00°24′49.7″	166°44′36.5″
	00°18′07.7″	166°54′06.1″		00°25′28.8″	166°44′13.0″
005	00°18′10.0″	166°53′53.3″	019	00°26′09.7″	166°43′52.0″
	00°18′15.9″	166°53′24.5″		00°26′43.7″	166°43′36.4″
	00°18′22.9″	166°52′56.0″		00°27′18.8″	166°43′22.5″
006	00°18′31.1″	166°52′27.7″	020	00°27′54.7″	166°43′10.6″
	00°18′31.1″	166°52′27.7″		00°28′16.3″	166°43′03.9″
007	00°18′31.1″	166°52′27.7″	021	00°28′38.2″	166°42′57.9″
	00°18′37.9″	166°52′06.7″		00°28′48.5″	166°42′55.3″
008	00°18′45.3″	166°51′45.8″	022	00°28′58.8″	166°42′52.9″
	00°18′54.5″	166°51′22.4″		00°29′25.2″	166°42′47.2″
009	00°19′04.5″	166°50′59.3″	023	00°29′51.8″	166°42′42.5″
	00°19′25.1″	166°50′17.2″		00°30′10.2″	166°42′39.7″
010	00°21′13.7″	166°47′44.7″	024	00°30′28.8″	166°42′37.5″
	00°21′17.9″	166°47′40.1″		00°30′53.5″	166°42′35.0″
011	00°21′22.3″	166°47′35.5″	025	00°31′18.3″	166°42′33.4″
	00°21′38.6″	166°47′19.0″		00°32′06.9″	166°42′32.2″
	00°21′55.4″	166°47′03.0″		00°32′55.4″	166°42′34.2″
012	00°22′12.8″	166°46′47.5″	026	00°33′43.7″	166°42′39.5″
	00°22′18.1″	166°46′42.9″		00°33′48.7″	166°42′40.1″
013	00°22′23.4″	166°46′38.4″	027	00°33′53.7″	166°42′40.9″
	00°22′26.0″	166°46′35.7″		00°33′55.2″	166°42′41.1″
014	00°22′28.7″	166°46′33.3″	028	00°33′56.7″	166°42′41.3″
	00°22′46.2″	166°46′15.4″		00°33′57.1″	166°42′41.4″

点	南纬	东经	点	南纬	东经
029	00°33′57.6″	166°42′41.4″	041	00°43′28.0″	166°49′04.2″
	00°34′38.0″	166°42′48.1″		00°43′45.4″	166°49′34.6″
	00°35′17.9″	166°42′56.9″	042	00°44′01.3″	166°50′05.8″
	00°19′48.4″	166°49′36.5″		00°44′01.7″	166°50′06.6″
	00°20′14.4″	166°48′57.4″	043	00°44′02.0″	166°50′07.4″
	00°20′42.8″	166°48′20.1″		00°44′15.6″	166°50′36.0″
030	00°35′57.2″	166°43′08.1″		00°44′27.9″	166°51′05.1″
	00°36′04.1″	166°43′10.2″	044	00°44′38.9″	166°51′34.8″
031	00°36′10.9″	166°43′12.4″		00°44′47.8″	166°52′01.8″
	00°36′47.0″	166°43′24.7″	045	00°44′55.6″	166°52′29.2″
	00°37′22.3″	166°43′38.9″		00°45′00.7″	166°52′49.7″
	00°37′56.8″	166°43′54.9″	046	00°45′05.2″	166°53′10.3″
032	00°38′30.4″	166°44′12.7″		00°45′07.0″	166°53′19.4″
	00°39′01.5″	166°44′30.7″	047	00°45′08.7″	166°53′28.5″
	00°39′31.6″	166°44′50.3″		00°45′12.9″	166°53′52.7″
033	00°40′00.7″	166°45′11.3″	048	00°45′16.2″	166°54′17.0″
	00°40′20.8″	166°45′27.1″		00°45′16.9″	166°54′22.9″
034	00°40′40.4″	166°45′43.7″	049	00°45′17.5″	166°54′28.7″
	00°40′55.4″	166°45′57.1″		00°45′17.8″	166°54′31.1″
035	00°41′10.0″	166°46′10.8″	050	00°45′18.1″	166°54′33.4″
	00°41′24.2″	166°46′24.7″		00°45′20.8″	166°55′02.7″
036	00°41′38.1″	166°46′38.9″	051	00°45′22.3″	166°55′32.0″
	00°41′42.1″	166°46′43.0″		00°45′22.5″	166°55′42.0″
037	00°41′45.9″	166°46′47.2″	052	00°45′22.6″	166°55′52.1″
	00°42′14.6″	166°47′19.7″		00°45′22.6″	166°55′52.4″
038	00°42′41.3″	166°47′53.9″	053	00°45′22.6″	166°55′52.7″
	00°42′50.7″	166°48′06.7″		00°45′22.4″	166°56′17.8″
039	00°42′59.9″	166°48′19.8″	054	00°45′21.3″	166°56′42.9″
	00°43′13.7″	166°48′40.8″		00°45′18.5″	166°57′19.5″
040	00°43′26.9″	166°49′02.2″		00°45′13.8″	166°57′55.9″
	00°43′27.5″	166°49′03.2″	055	00°45′07.3″	166°58′32.0″

点	南纬	东经	点	南纬	东经
	00°45′04.1″	166°58′46.4″		00°34′12.5″	167°09′12.7″
056	00°45′00.7″	166°59′00.7″		00°33′22.5″	167°09′23.4″
	00°44′51.2″	166°59′35.8″	069	00°32′31.9″	167°09′30.6″
057	00°44′39.9″	167°00′10.3″		00°31′59.8″	167°09′33.5″
	00°44′25.6″	167°00′48.3″	070	00°31′27.5″	167°09′34.9″
058	00°44′09.3″	167°01′25.5″		00°30′37.9″	167°09′34.6″
	00°44′08.8″	167°01′26.5″		00°29′48.4″	167°09′30.9″
059	00°44′08.3″	167°01′27.4″	071	00°28′59.2″	167°09′23.8″
	00°43′56.7″	167°01′51.3″		00°28′22.3″	167°09′16.6″
060	00°43′44.1″	167°02′14.6″	072	00°27′45.8″	167°09′07.6″
	00°43′25.9″	167°02′45.5″		00°27′19.5″	167°09′00.2″
061	00°43′06.2″	167°03′15.4″	073	00°26′53.5″	167°08′51.8″
	00°42′54.8″	167°03′33.0″		00°26′48.0″	167°08′50.0″
062	00°42′42.9″	167°03′50.3″	074	00°26′42.5″	167°08′48.1″
	00°42′17.0″	167°04′25.3″		00°26′07.2″	167°08′34.8″
	00°41′49.0″	167°04′58.6″	075	00°25′32.6″	167°08′19.7″
	00°41′19.1″	167°05′30.2″		00°25′00.2″	167°08′03.8″
063	00°40′47.3″	167°06′00.0″		00°24′28.6″	167°07′46.4″
	00°40′32.4″	167°06′12.8″	076	00°23′58.0″	167°07′27.4″
064	00°40′17.2″	167°06′25.2″		00°23′44.2″	167°07′18.2″
	00°39′39.0″	167°06′53.8″	077	00°23′30.7″	167°07′08.7″
	00°38′58.9″	167°07′19.8″		00°23′05.3″	167°06′50.0″
	00°38′17.3″	167°07′43.1″		00°22′40.7″	167°06′30.2″
065	00°37′34.1″	167°08′03.6″	078	00°22′17.0″	167°06′09.4″
	00°37′22.4″	167°08′08.6″		00°22′09.0″	167°06′02.0″
066	00°37′10.6″	167°08′13.5″	079	00°22′01.1″	167°05′54.5″
	00°36′31.4″	167°08′27.9″		00°21′45.2″	167°05′38.7″
067	00°35′51.5″	167°08′40.0″	08	000°21′29.7″	167°05′22.4″
	00°35′50.6″	167°08′40.4″		00°21′24.2″	167°05′16.4″
068	00°35′49.6″	167°08′40.8″	081	00°21′18.8″	167°05′10.3″
	00°35′01.6″	167°08′58.4″		00°21′12.6″	167°05′03.2″

点	南纬	东经	点	南纬	东经
082	00º21′06.5″	167º04′56.1″	087	00º18′53.8″	167º01′12.8″
	00º20′53.5″	167º04′40.4″		00º18′40.2″	167º00′35.6″
083	00º20′41.0″	167º04′24.4″	088	00º18′28.7″	166º59′57.8″
	00º20′21.4″	167º03′57.5″		00º18′27.5″	166º59′53.4″
084	00º20′03.1″	167º03′29.8″	089	00º18′26.3″	166º59′49.1″
	00º19′56.1″	167º03′18.6″		00º18′19.5″	166º59′20.1″
085	00º19′49.3″	167º03′07.2″	090	00º18′13.3″	166º58′50.9″
	00º19′43.6″	167º02′57.5″		00º18′11.5″	166º58′40.9″
086	00º19′38.0″	167º02′47.6″	091	00º18′09.8″	166º58′30.8″
	00º19′21.8″	167º02′16.7″		00º18′07.0″	166º58′14.7″
	00º19′07.0″	167º01′45.1″	001	00º18′04.5″	166º57′58.5″

24 海里圆弧交叉点与基点

编号	南纬	东经	南纬	东经	南纬	东经
01	00º06′08.2″	166º59′40.0″	00º30′00.9″	166º56′17.8″	00º30′00.6″	166º56′16.0″
02	00º05′57.4″	166º58′00.1″	00º30′00.7″	166º56′16.0″	00º30′00.4″	166º56′12.5″
03	00º05′58.9″	166º54′05.6″	00º30′00.4″	166º56′12.5″	00º30′00.7″	166º56′08.8″
04	00º06′10.4″	166º52′30.4″	00º30′00.7″	166º56′08.8″	00º30′01.1″	166º56′06.3″
05	00º06′18.5″	166º51′42.9″	00º30′01.1″	166º56′06.3″	00º30′02.0″	166º56′01.1″
06	00º06′59.4″	166º48′56.8″	00º30′02.0″	166º56′01.1″	00º30′03.6″	166º55′56.2″
07	00º07′26.9″	166º47′36.1″	00º30′03.6″	166º55′56.2″	00º30′04.0″	166º55′55.0″
08	00º08′04.4″	166º46′05.0″	00º30′04.0″	166º55′55.0″	00º30′05.2″	166º55′52.3″
09	00º12′21.4″	166º39′37.8″	00º30′05.2″	166º55′52.3″	00º30′06.6″	166º55′50.9″
10	00º12′37.5″	166º39′20.7″	00º30′06.6″	166º55′50.9″	00º30′07.5″	166º55′49.9″
11	00º14′06.2″	166º37′55.5″	00º30′07.5″	166º55′49.9″	00º31′12.1″	166º54′49.2″
12	00º14′54.9″	166º37′09.0″	00º31′12.1″	166º54′49.2″	00º31′14.8″	166º54′46.7″
13	00º15′08.7″	166º36′56.6″	00º31′14.8″	166º54′46.7″	00º31′17.8″	166º54′44.1″
14	00º15′39.1″	166º36′30.0″	00º31′17.8″	166º54′44.1″	00º31′20.4″	166º54′41.9″
15	00º17′02.2″	166º35′24.5″	00º31′20.4″	166º54′41.9″	00º31′24.3″	166º54′39.0″
16	00º20′52.7″	166º33′05.7″	00º31′24.3″	166º54′39.0″	00º31′27.4″	166º54′37.5″
17	00º24′16.0″	166º31′45.4″	00º31′27.4″	166º54′37.5″	00º31′39.1″	166º54′33.8″
18	00º25′36.6″	166º31′22.2″	00º31′39.1″	166º54′33.8″	00º31′40.6″	166º54′33.5″

编号	南纬	东经	南纬	东经	南纬	东经
19	00°26′14.1″	166°31′13.0″	00°31′40.6″	166°54′33.5″	00°31′46.3″	166°54′32.1″
20	00°27′56.7″	166°30′52.9″	00°31′46.3″	166°54′32.1″	00°31′47.4″	166°54′32.0″
21	00°29′07.1″	166°30′43.3″	00°31′47.4″	166°54′32.0″	00°31′53.4″	166°54′31.3″
22	00°30′39.6″	166°30′35.7″	00°31′53.4″	166°54′31.3″	00°32′00.7″	166°54′30.9″
23	00°35′23.0″	166°30′47.5″	00°32′00.7″	166°54′30.9″	00°32′08.0″	166°54′31.9″
24	00°35′37.4″	166°30′49.5″	00°32′08.0″	166°54′31.9″	00°32′11.7″	166°54′32″
25	00°35′39.1″	166°30′49.8″	00°32′11.7″	166°54′32.4″	00°32′19.8″	166°54′33.6″
26	00°39′33.3″	166°31′42.1″	00°32′19.8″	166°54′33.6″	00°32′22.7″	166°54′34.5″
27	00°39′53.7″	166°31′48.6″	00°32′22.7″	166°54′34.5″	00°32′33.6″	166°54′38.0″
28	00°44′23.6″	166°33′45.4″	00°32′33.6″	166°54′38.0″	00°32′40.9″	166°54′42.0″
29	00°47′19.9″	166°35′40.1″	00°32′40.9″	166°54′42.0″	00°32′41.8″	166°54′42.7″
30	00°48′37.7″	166°36′43.4″	00°32′41.8″	166°54′42.7″	00°32′44.6″	166°54′45.1″
31	00°49′32.0″	166°37′33.2″	00°32′44.6″	166°54′45.1″	00°32′51.3″	166°54′51.6″
32	00°50′23.7″	166°38′24.9″	00°32′51.3″	166°54′51.6″	00°32′53.7″	166°54′54.1″
33	00°50′36.8″	166°38′38.8″	00°32′53.7″	166°54′54.1″	00°32′56.3″	166°54′56.9″
34	00°52′23.9″	166°40′47.6″	00°32′56.3″	166°54′56.9″	00°33′01.0″	166°55′03.2″
35	00°52′58.0″	166°41′35.3″	00°33′01.0″	166°55′03.2″	00°33′02.5″	166°55′05.4″
36	00°53′50.6″	166°42′57.9″	00°33′02.5″	166°55′05.4″	00°33′07.6″	166°55′13.9″
37	00°54′52.8″	166°44′53.2″	00°33′07.6″	166°55′13.9″	00°33′14.6″	166°55′28.3″
38	00°56′02.7″	166°47′39.9″	00°33′14.6″	166°55′28.3″	00°33′15.5″	166°55′30.9″
39	00°56′35.4″	166°49′26.6″	00°33′15.5″	166°55′30.9″	00°33′16.0″	166°55′32.6″

编号	南纬	东经	南纬	东经	南纬	东经
40	00°56′54.0″	166°50′46.0″	00°33′16.0″	166°55′32.6″	00°33′16.7″	166°55′36.4″
41	00°57′00.3″	166°51′18.2″	00°33′16.7″	166°55′36.4″	00°33′17.6″	166°55′41.1″
42	00°57′14.6″	166°52′51.4″	00°33′17.6″	166°55′41.1″	00°33′18.0″	166°55′44.1″
43	00°57′16.7″	166°53′09.8″	00°33′18.0″	166°55′44.1″	00°33′18.8″	166°55′51.2″
44	00°57′17.2″	166°53′14.4″	00°33′18.8″	166°55′51.2″	00°33′19.0″	166°55′53.6″
45	00°57′25.5″	166°55′10.0″	00°33′19.0″	166°55′53.6″	00°33′19.1″	166°55′54.4″
46	00°57′26.1″	166°55′47.5″	00°33′19.1″	166°55′54.4″	00°33′19.1″	166°55′59.8″
47	00°57′23.8″	166°57′22.7″	00°33′19.1″	166°55′59.8″	00°33′18.7″	166°56′06.3″
48	00°56′56.0″	167°00′56.7″	00°33′18.7″	166°56′06.33″	00°33′18.3″	166°56′08.4″
49	00°56′43.4″	167°01′52.1″	00°33′18.3″	166°56′08.4″	00°33′17.8″	166°56′10.5″
50	00°56′03.5″	167°04′05.9″	00°33′17.8″	166°56′10.5″	00°33′14.9″	166°56′18.8″
51	00°55′04.3″	167°06′30.8″	00°33′14.9″	166°56′18.8″	00°33′13.6″	166°56′21.5″
52	00°55′03.9″	167°06′31.7″	00°33′13.6″	166°56′21.5″	00°33′12.0″	166°56′24.9″
53	00°54′16.8″	167°08′03.4″	00°33′12.0″	166°56′24.9″	00°33′10.9″	166°56′26.9″
54	00°53′11.3″	167°09′49.8″	00°33′10.9″	166°56′26.9″	00°32′51.8″	166°56′55.8″
55	00°52′36.2″	167°10′41.8″	00°32′51.8″	166°56′55.8″	00°32′47.5″	166°57′02.0″
56	00°48′48.1″	167°14′57.1″	00°32′47.5″	166°57′02.0″	00°32′45.5″	166°57′03.7″
57	00°47′50.0″	167°15′45.8″	00°32′45.5″	166°57′03.7″	0°32′43.3″	166°57′05.5″
58	00°42′25.8″	167°19′01.4″	00°32′43.3″	166°57′05.5″	0°32′41.5″	166°57′06.2″
59	00°41′40.6″	167°19′20.3″	00°32′41.5″	166°57′06.2″	00°32′39.5″	166°57′07.0″
60	00°39′46.6″	167°20′00.5″	00°32′39.5″	166°57′07.0″	00°31′14.6″	166°57′36.0″

编号	南纬	东经	南纬	东经	南纬	东经
61	00°33′50.8″	167°21′25.1″	00°31′14.6″	166°57′36.0″	00°31′11.4″	166°57′36.3″
62	00°31′45.6″	167°21′33.4″	00°31′11.4″	166°57′36.3″	00°31′07.5″	166°57′36.4″
63	00°26′55.2″	167°21′11.9″	00°31′07.5″	166°57′36.4″	00°30′59.0″	166°57′35.0″
64	00°24′37.2″	167°20′41.5″	00°30′59.0″	166°57′35.0″	00°30′49.6″	166°57′32.4″
65	00°22′59.7″	167°20′12.0″	00°30′49.6″	166°57′32.4″	00°30′45.1″	166°57′30.9″
66	00°22′42.3″	167°20′06.0″	00°30′45.1″	166°57′30.9″	00°30′40.4″	166°57′29.3″
67	00°20′26.7″	167°19′11.1″	00°30′40.4″	166°57′29.3″	00°30′36.5″	166°57′27.5″
68	00°17′20.6″	167°17′28.0″	00°30′36.5″	166°57′27.5″	00°30′34.2″	166°57′25.9″
69	00°16′30.2″	167°16′53.6″	00°30′34.2″	166°57′25.9″	00°30′28.1″	166°57′21.7″
70	00°14′06.7″	167°14′58.0″	00°30′28.1″	166°57′21.7″	00°30′26.3″	166°57′20.0″
71	00°13′36.8″	167°14′29.9″	00°30′26.3″	166°57′20.0″	00°30′24.6″	166°57′18.4″
72	00°12′35.7″	167°13′27.3″	00°30′24.6″	166°57′18.4″	00°30′22.8″	166°57′16.3″
73	00°12′15.8″	167°13′05.3″	00°30′22.8″	166°57′16.3″	00°30′21.0″	166°57′14.3″
74	00°11′53.2″	167°12′39.2″	00°30′21.0″	166°57′14.3″	00°30′18.5″	166°57′11.5″
75	00°11′04.1″	167°11′38.2″	00°30′18.5″	166°57′11.5″	00°30′17.2″	166°57′09.7″
76	00°09′50.4″	167°09′52.1″	00°30′17.2″	166°57′09.7″	00°30′14.5″	166°57′05.3″
77	00°09′25.5″	167°09′11.4″	00°30′14.5″	166°57′05.3″	00°30′11.7″	166°57′00.7″
78	00°09′04.7″	167°08′35.2″	00°30′11.7″	166°57′00.7″	00°30′10.9″	166°56′59.2″
79	00°07′38.9″	167°05′31.9″	00°30′10.9″	166°56′59.2″	00°30′06.6″	166°56′48.2″
80	00°06′51.0″	167°03′08.4″	00°30′06.6″	166°56′48.2″	00°30′06.0″	166°56′46.2″
81	00°06′46.8″	167°02′52.9″	00°30′06.0″	166°56′46.2″	00°30′05.5″	166°56′44.4″

编号	南纬	东经	南纬	东经	南纬	东经
82	00º06′ 21.4″	167º00′ 59.6″	00º30′ 05.5″	166º56′ 44.4″	00º30′ 04.7″	166º56′ 40.0″
83	00º06′ 16.7″	167º00′ 32.8″	00º30′ 04.7″	166º56′ 40.0″	00º30′ 00.9″	166º56′ 17.8″

24 海里界限圆弧交叉点与中间点

点	南纬	东经	点	南纬	东经
01	00°06′08.2″	166°59′40.0″		00°07′44.8″	166°46′50.2″
	00°06′04.8″	166°59′15.1″		00°07′54.4″	166°46′27.5″
	00°06′01.8″	166°58′50.2″	08	00°08′04.4″	166°46′05.0″
	00°05′59.3″	166°58′25.1″		00°08′17.5″	166°45′36.8″
02	00°05′57.4″	166°58′00.1″		00°08′31.2″	166°45′08.9″
	00°05′55.4″	166°57′30.8″		00°08′45.5″	166°44′41.3″
	00°05′54.1″	166°57′01.5″		00°09′0.3″	166°44′14.0″
	00°05′53.4″	166°56′32.2″		00°09′15.8″	166°43′47.0″
	00°05′53.3″	166°56′02.8″		00°09′31.9″	166°43′20.3″
	00°05′53.8″	166°55′33.5″		00°09′48.5″	166°42′54.0″
	00°05′54.9″	166°55′04.2″		00°10′05.7″	166°42′28.1″
	00°05′56.6″	166°54′34.9″		00°10′23.5″	166°42′02.6″
03	00°05′58.9″	166°54′05.6″		00°10′41.8″	166°41′37.4″
	00°06′01.2″	166°53′41.7″		00°11′00.7″	166°41′12.6″
	00°06′03.9″	166°53′17.9″		00°11′20.1″	166°40′48.3″
	00°06′06.9″	166°52′54.1″		00°11′40.0″	166°40′24.4″
04	00°06′10.4″	166°52′30.4″		00°12′00.5″	166°40′00.9″
	00°06′12.9″	166°52′14.5″	09	00°12′21.4″	166°39′37.8″
	00°06′15.6″	166°51′58.7″		00°12′29.5″	166°39′29.3″
05	00°06′18.5″	166°51′42.9″	10	00°12′37.5″	166°39′20.7″
	00°06′23.9″	166°51′14.9″		00°12′54.7″	166°39′03.1″
	00°06′29.9″	166°50′47.0″		00°13′12.1″	166°38′45.7″
	00°06′36.4″	166°50′19.2″		00°13′29.8″	166°38′28.7″
	00°06′43.5″	166°49′51.6″		00°13′47.9″	166°38′11.9″
	00°06′51.2″	166°49′24.1″	11	00°14′06.2″	166°37′55.5″
06	00°06′59.4″	166°48′56.8″		00°14′22.2″	166°37′39.7″
	00°07′05.9″	166°48′36.5″		00°14′38.4″	166°37′24.2″
	00°07′12.6″	166°48′16.3″	12	00°14′54.9″	166°37′09.0″
	00°07′19.6″	166°47′56.1″		00°15′01.7″	166°37′02.7″
07	00°07′26.9″	166°47′36.1″	13	00°15′08.7″	166°36′56.6″
	00°07′35.7″	166°47′13.1″		00°15′23.8″	166°36′43.2″

点	南纬	东经	点	南纬	东经
14	00°15′39.1″	166°36′30.0″	20	00°27′56.7″	166°30′52.9″
	00°15′59.5″	166°36′13.1″		00°28′20.1″	166°30′49.3″
	00°16′20.1″	166°35′56.5″		00°28′43.6″	166°30′46.2″
	00°16′41.0″	166°35′40.3″	21	00°29′07.1″	166°30′43.3″
15	00°17′02.2″	166°35′24.5″		00°29′30.2″	166°30′40.9″
	00°17′26.5″	166°35′07.0″		00°29′53.3″	166°30′38.8″
	00°17′51.1″	166°34′50.0″		00°30′16.4″	166°30′37.1″
	00°18′16.1″	166°34′33.5″	22	00°30′39.6″	166°30′35.7″
	00°18′41.4″	166°34′17.5″		00°31′08.0″	166°30′34.4″
	00°19′07.0″	166°34′02.1″		00°31′36.4″	166°30′33.6″
	00°19′33.0″	166°33′47.2″		00°32′04.8″	166°30′33.4″
	00°19′59.3″	166°33′32.8″		00°32′33.2″	166°30′33.8″
	00°20′25.8″	166°33′19.0″		00°33′01.6″	166°30′34.7″
16	00°20′52.7″	166°33′05.7″		00°33′30.0″	166°30′36.2″
	00°21′17.4″	166°32′54.0″		00°33′58.3″	166°30′38.2″
	00°21′42.3″	166°32′42.8″		00°34′26.6″	166°30′40.7″
	00°22′07.5″	166°32′32.0″		00°34′54.8″	166°30′43.9″
	00°22′32.8″	166°32′21.7″	23	00°35′23.0″	166°30′47.5″
	00°22′58.3″	166°32′11.9″		00°35′30.2″	166°30′48.5″
	00°23′24.1″	166°32′02.6″	24	00°35′37.4″	166°30′49.5″
	00°23′49.9″	166°31′53.7″		00°35′38.3″	166°30′49.6″
17	00°24′16.0″	166°31′45.4″	25	00°35′39.1″	166°30′49.8″
	00°24′36.0″	166°31′39.1″		00°36′08.8″	166°30′54.2″
	00°24′56.1″	166°31′33.2″		00°36′38.4″	166°30′59.3″
	00°25′16.3″	166°31′27.5″		00°37′07.9″	166°31′04.9″
18	00°25′36.6″	166°31′22.2″		00°37′37.3″	166°31′11.1″
	00°25′55.3″	166°31′17.5″		00°38′06.5″	166°31′18.0″
19	00°26′14.1″	166°31′13.0″		00°38′35.6″	166°31′25.4″
	00°26′39.6″	166°31′07.3″		00°39′04.5″	166°31′33.5″
	00°27′05.2″	166°31′02.0″	26	00°39′33.3″	166°31′42.1″
	00°27′30.9″	166°30′57.2″		00°39′43.5″	166°31′45.3″

点	南纬	东经	点	南纬	东经
27	00°39′53.7″	166°31′48.6″		00°50′55.7″	166°38′59.4″
	00°40′21.7″	166°31′57.8″		00°51′14.2″	166°39′20.4″
	00°40′49.5″	166°32′07.5″		00°51′32.2″	166°39′41.7″
	00°41′17.1″	166°32′17.9″		00°51′49.9″	166°40′03.3″
	00°41′44.5″	166°32′28.7″		00°52′07.1″	166°40′25.3″
	00°42′11.6″	166°32′40.2″	34	00°52′23.9″	166°40′47.6″
	00°42′38.7″	166°32′52.1″		00°52′35.5″	166°41′03.4″
	00°43′05.2″	166°33′04.7″		00°52′46.8″	166°41′19.3″
	00°43′31.6″	166°33′17.7″		00°53′25.0″	166°42′16.2″
	00°43′57.8″	166°33′31.3″		00°53′38.0″	166°42′36.9″
28	00°44′23.6″	166°33′45.4″	36	00°53′50.6″	166°42′57.9″
	00°44′46.6″	166°33′58.3″		00°54′03.9″	166°43′20.5″
	00°45′09.2″	166°34′11.6″		00°54′16.8″	166°43′43.3″
	00°45′31.7″	166°34′25.4″		00°54′29.2″	166°44′06.4″
	00°45′53.9″	166°34′39.5″		00°54′41.3″	166°44′29.7″
	00°46′15.8″	166°34′54.1″	37	00°54′52.8″	166°44′53.2″
	00°46′37.5″	166°35′09.0″		00°55′04.1″	166°45′16.5″
	00°46′58.8″	166°35′24.4″		00°55′14.9″	166°45′40.0″
29	00°47′19.9″	166°35′40.1″		00°55′25.4″	166°46′03.6″
	00°47′39.8″	166°35′55.4″		00°55′35.4″	166°46′27.4″
	00°47′59.3″	166°36′11.1″		00°55′44.9″	166°46′51.4″
	00°48′18.7″	166°36′27.1″		00°55′54.0″	166°47′15.6″
30	00°48′37.7″	166°36′43.4″	38	00°56′02.7″	166°47′39.9″
	00°48′56.1″	166°36′59.7″		00°56′09.9″	166°48′01.0″
	00°49′14.2″	166°37′16.3″		00°56′16.8″	166°48′22.3″
31	00°49′32.0″	166°37′33.2″		00°56′23.3″	166°48′43.6″
	00°49′49.5″	166°37′50.1″		00°56′29.5″	166°49′5.1″
	00°50′06.8″	166°38′7.4″	39	00°56′35.4″	166°49′26.6″
32	00°50′23.7″	166°38′24.9″		00°56′40.5″	167°49′46.3″
	00°50′30.3″	166°38′31.8″		00°56′45.3″	167°50′06.2″
33	00°50′36.8″	166°38′38.8″		00°56′49.8″	167°50′26.0″

点	南纬	东经	点	南纬	东经
40	00°56′54.0″	167°50′46.0″		00°56′47.9″	167°01′33.7″
	00°56′57.2″	167°51′02.1″	49	00°56′43.4″	167°01′52.1″
41	00°57′00.3″	167°51′18.2″		00°56′36.5″	167°02′19.2″
	00°57′04.4″	167°51′41.4″		00°56′29.0″	167°02′46.1″
	00°57′08.2″	167°52′04.7″		00°56′21.0″	167°03′12.8″
	00°57′11.6″	167°52′28.0″		00°56′12.5″	167°03′39.5″
42	00°57′14.6″	167°52′51.4″	50	00°56′03.5″	167°04′05.9″
	00°57′15.7″	167°53′00.6″		00°55′54.7″	167°04′30.5″
43	00°57′16.7″	167°53′09.8″		00°55′45.5″	167°04′54.9″
	00°57′17.0″	167°53′12.1″		00°55′35.9″	167°05′19.2″
44	00°57′17.2″	166°53′14.4″		00°55′25.8″	167°05′43.2″
	00°57′19.6″	166°53′37.5″		00°55′15.3″	167°06′07.1″
	00°57′21.6″	166°54′0.6″	51	00°55′04.3″	167°06′30.8″
	00°57′23.3″	166°54′23.7″		00°55′04.1″	167°06′31.2″
	00°57′24.5″	166°54′46.8″	52	00°55′03.9″	167°06′31.7″
45	00°57′25.5″	166°55′10.0″		00°54′52.7″	167°06′54.9″
	00°57′26.0″	166°55′28.7″		00°54′41.2″	167°07′18.0″
46	00°57′26.1″	166°55′47.5″		00°54′29.2″	167°07′40.8″
	00°57′26.2″	166°56′11.3″	53	00°54′16.8″	167°08′03.4″
	00°57′25.8″	166°56′35.1″		00°54′04.4″	167°08′25.1″
	00°57′25.0″	166°56′58.9″		00°53′51.7″	167°08′46.6″
47	00°57′23.8″	166°57′22.7″		00°53′38.6″	167°09′07.9″
	00°57′22.1″	166°57′49.6″		00°53′25.1″	167°09′29.0″
	00°57′19.9″	166°58′16.5″	54	00°53′11.3″	167°09′49.8″
	00°57′17.1″	166°58′43.4″		00°52′59.8″	167°10′07.3″
	00°57′13.9″	166°59′10.2″		00°52′48.1″	167°10′24.6″
	00°57′10.2″	166°59′37.0″	55	00°52′36.2″	167°10′41.8″
	00°57′05.9″	167°00′3.6″		00°52′19.6″	167°11′5.1″
	00°57′01.2″	167°00′30.2″		00°52′02.5″	167°11′28.0″
48	00°56′56.0″	167°00′56.7″		00°51′45.0″	167°11′50.6″
	00°56′52.1″	167°01′15.2″		00°51′27.1″	167°12′12.8″

点	南纬	东经	点	南纬	东经
	00°51′08.7″	167°12′34.7″	60	00°39′46.6″	167°20′00.5″
	00°50′49.8″	167°12′56.2″		00°39′17.9″	167°20′11.0″
	00°50′30.6″	167°13′17.3″		00°38′49.0″	167°20′20.8″
	00°50′10.9″	167°13′38.1″		00°38′19.9″	167°20′30.0″
	00°49′50.8″	167°13′58.5″		00°37′50.5″	167°20′38.6″
	00°49′30.3″	167°14′18.4″		00°37′21.1″	167°20′46.6″
	00°49′09.4″	167°14′38.0″		00°36′51.4″	167°20′54.0″
56	00°48′48.1″	167°14′57.1″		00°36′21.6″	167°21′00.8″
	00°48′29.0″	167°15′13.7″		00°35′51.7″	167°21′06.9″
	00°48′09.7″	167°15′29.9″		00°35′21.6″	167°21′12.4″
57	00°47′50.0″	167°15′45.8″		00°34′51.4″	167°21′17.3″
	00°47′27.0″	167°16′03.8″		00°34′21.2″	167°21′21.5″
	00°47′03.7″	167°16′21.3″	61	00°33′50.8″	167°21′25.1″
	00°46′40.0″	167°16′38.4″		00°33′25.8″	167°21′27.6″
	00°46′15.9″	167°16′54.9″		00°33′00.8″	167°21′29.7″
	00°45′51.6″	167°17′11.0″		00°32′35.8″	167°21′31.3″
	00°45′26.9″	167°17′26.6″		00°32′10.7″	167°21′32.6″
	00°45′01.8″	167°17′41.7″	62	00°31′45.6″	167°21′33.4″
	00°44′36.5″	167°17′56.3″		00°31′16.4″	167°21′33.9″
	00°44′10.9″	167°18′10.4″		00°30′47.3″	167°21′33.7″
	00°43′45.0″	167°18′23.9″		00°30′18.1″	167°21′33.0″
	00°43′18.9″	167°18′36.9″		00°29′49.0″	167°21′31.8″
	00°42′52.5″	167°18′49.4″		00°29′19.9″	167°21′29.9″
58	00°42′25.8″	167°19′01.4″		00°28′50.8″	167°21′27.4″
	00°42′10.8″	167°19′07.8″		00°28′21.8″	167°21′24.4″
	00°41′55.8″	167°19′14.1″		00°27′52.8″	167°21′20.8″
59	00°41′40.6″	167°19′20.3″		00°27′24.0″	167°21′16.6″
	00°41′18.1″	167°19′29.0″	63	00°26′55.2″	167°21′11.9″
	00°40′55.4″	167°19′37.5″		00°26′32.0″	167°21′07.8″
	00°40′32.6″	167°19′45.5″		00°26′08.9″	167°21′03.3″
	00°40′09.7″	167°19′53.2″		00°25′45.8″	167°20′58.4″

点	南纬	东经	点	南纬	东经
	00º25′22.9″	167º20′53.1″		00º14′26.2″	167º15′15.7″
	00º25′00.0″	167º20′47.5″	70	00º14′06.7″	167º14′58.0″
64	00º24′37.2″	167º20′41.5″		00º13′51.6″	167º14′44.1″
	00º24′12.6″	167º20′34.7″	71	00º13′36.8″	167º14′29.9″
	00º23′48.2″	167º20′27.6″		00º13′21.1″	167º14′14.6″
	00º23′23.9″	167º20′20.0″		00º13′05.7″	167º13′59.1″
65	00º22′59.7″	167º20′12.0″		00º12′50.6″	167º13′43.3″
	00º22′51.0″	167º20′09.0″	72	00º12′35.7″	167º13′27.3″
66	00º22′42.3″	167º20′06.0″		00º12′25.7″	167º13′16.3″
	00º22′19.3″	167º19′57.8″	73	00º12′15.8″	167º13′05.3″
	00º21′56.5″	167º19′49.2″		00º12′04.4″	167º12′52.3″
	00º21′33.8″	167º19′40.3″	74	00º11′53.2″	167º12′39.2″
	00º21′11.3″	167º19′30.9″		00º11′40.6″	167º12′24.2″
	00º20′48.9″	167º19′21.2″		00º11′28.2″	167º12′09.1″
67	00º20′26.7″	167º19′11.1″		00º11′16.0″	167º11′53.7″
	00º20′02.6″	167º18′59.7″	75	00º11′04.1″	167º11′38.2″
	00º19′38.8″	167º18′47.9″		00º10′48.6″	167º11′17.5″
	00º19′15.1″	167º18′35.6″		00º10′18.7″	167º10′35.3″
	00º18′51.7″	167º18′23.0″		00º10′04.4″	167º10′13.8″
	00º18′28.6″	167º18′09.9″	76	00º09′50.4″	167º09′52.1″
	00º18′05.7″	167º17′56.3″		00º09′42.0″	167º09′38.6″
	00º17′43.0″	167º17′42.4″		00º09′33.7″	167º09′25.0″
68	00º17′20.6″	167º17′28.0″	77	00º09′25.5″	167º09′11.4″
	00º17′03.7″	167º17′16.7″		00º09′15.0″	167º08′53.4″
	00º16′46.9″	167º17′05.3″	78	00º09′04.7″	167º08′35.2″
69	00º16′30.2″	167º16′53.6″		00º08′50.9″	167º08′09.8″
	00º16′08.8″	167º16′38.3″		00º08′37.6″	167º07′44.1″
	00º15′47.7″	167º16′22.5″		00º08′24.8″	167º07′18.1″
	00º15′26.9″	167º16′06.3″		00º08′12.5″	167º06′51.9″
	00º15′06.3″	167º15′49.8″		00º08′00.8″	167º06′25.4″
	00º14′46.1″	167º15′32.9″		00º07′49.6″	167º05′58.8″

点	南纬	东经	点	南纬	东经
79	00°07′38.9″	167°05′31.9″			
	00°07′29.9″	167°05′08.3″			
	00°07′21.3″	167°04′44.6″			
	00°07′13.1″	167°04′20.8″			
	00°07′05.3″	167°03′56.8″			
	00°06′58.0″	167°03′32.6″			
80	00°06′51.0″	167°03′08.4″			
	00°06′48.9″	167°03′00.7″			
81	00°06′46.8″	167°02′52.9″			
	00°06′40.9″	167°02′30.4″			
	00°06′35.5″	167°02′07.8″			
	00°06′30.4″	167°01′45.2″			
	00°06′25.7″	167°01′22.4″			
82	00°06′21.4″	167°00′59.6″			
	00°06′19.0″	167°00′46.2″			
83	00°06′16.7″	167°00′32.8″			
	00°06′13.7″	167°00′15.2″			
	00°06′10.8″	166°59′57.6″			
01	00°06′08.2″	166°59′40.0″			

200 海里圆弧交叉点坐标

编号	圆弧交叉点		基点			
	北纬	经度	纬度	经度	纬度	经度
01	02°42′05.1″	165°57′21.3″	00°30′02.0″	166°56′01.1″	00°30′03.6″	166°55′56.2″
02	02°38′23.4″	165°46′30.6″	00°30′03.6″	166°55′56.2″	00°30′04.0″	166°55′55.0″
03	02°33′16.5″	165°34′05.9″	00°30′04.0″	166°55′55.0″	00°30′05.2″	166°55′52.3″
04	01°57′43.7″	164°40′34.6″	00°30′05.2″	166°55′52.3″	00°30′06.6″	166°55′50.9″
05	01°55′37.8″	164°38′20.9″	00°30′06.6″	166°55′50.9″	00°30′07.5″	166°55′49.9″
06	01°47′23.4″	164°30′12.9″	00°30′07.5″	166°55′49.9″	00°31′12.1″	166°54′49.2″
07	01°44′40.3″	164°27′41.5″	00°31′12.1″	166°54′49.2″	00°31′14.8″	166°54′46.7″
08	01°43′06.1″	164°26′16.5″	00°31′14.8″	166°54′46.7″	00°31′17.8″	166°54′44.1″
09	01°39′12.7″	164°22′53.5″	00°31′17.8″	166°54′44.1″	00°31′20.4″	166°54′41.9″
10	01°28′04.5″	164°14′06.1″	00°31′20.4″	166°54′41.9″	00°31′24.3″	166°54′39.0″
11	00°56′30.4″	163°55′06.8″	00°31′24.3″	166°54′39.0″	00°31′27.4″	166°54′37.5″
12	00°29′11.3″	163°44′17.2″	00°31′27.4″	166°54′37.5″	00°31′39.1″	166°54′33.8″
13	00°18′48.4″	163°41′18.9″	00°31′39.1″	166°54′33.8″	00°31′40.6″	166°54′33.5″
14	00°14′02.2″	163°40′08.8″	00°31′40.6″	166°54′33.5″	00°31′46.3″	166°54′32.1″
15	00°00′12.9″	163°37′26.1″	00°31′46.3″	166°54′32.1″	00°31′47.4″	166°54′32.0″
16	00°09′07.6″	163°36′09.6″	00°31′47.4″	166°54′32.0″	00°31′53.4″	166°54′31.3″
17	00°21′08.9″	163°35′09.5″	00°31′53.4″	166°54′31.3″	00°32′00.7″	166°54′30.9″
18	00°59′35.8″	163°36′44.7″	00°32′00.7″	166°54′30.9″	00°32′08.0″	166°54′31.9″

编号	北纬	经度	纬度	经度	纬度	经度
19	01°00′35.5″	163°36′53.0″	00°32′08.0″	166°54′31.9″	00°32′19.8″	166°54′33.6″
20	01°32′17.1″	163°43′58.4″	00°32′19.8″	166°54′33.6″	00°32′22.7″	166°54′34.5″
21	01°34′16.7″	163°44′36.1″	00°32′22.7″	166°54′34.5″	00°32′33.6″	166°54′38.0″
22	02°10′38.5″	164°00′19.4″	00°32′33.6″	166°54′38.0″	00°32′40.9″	166°54′42.0″
23	02°34′38.4″	164°15′56.9″	00°32′40.9″	166°54′42.0″	00°32′41.8″	166°54′42.7″
24	02°45′13.1″	164°24′32.7″	00°32′41.8″	166°54′42.7″	00°32′44.6″	166°54′45.1″
25	02°52′11.0″	164°30′54.0″	00°32′44.6″	166°54′45.1″	00°32′51.3″	166°54′51.6″
26	02°58′49.0″	164°37′32.4″	00°32′51.3″	166°54′51.6″	00°32′53.7″	166°54′54.1″
27	03°00′19.7″	164°39′08.6″	00°32′53.7″	166°54′54.1″	00°32′56.3″	166°54′56.9″
28	03°14′45.8″	164°56′28.4″	00°32′56.3″	166°54′56.9″	00°33′01.0″	166°55′03.2″
29	03°19′07.2″	165°02′34.8″	00°33′01.0″	166°55′03.2″	00°33′02.5″	166°55′05.4″
30	03°26′02.4″	165°13′23.9″	00°33′02.5″	166°55′05.4″	00°33′07.6″	166°55′13.9″
31	03°33′57.3″	165°28′01.7″	00°33′07.6″	166°55′13.9″	00°33′14.6″	166°55′28.3″
32	03°43′11.3″	165°50′09.8″	00°33′14.6″	166°55′28.3″	00°33′15.5″	166°55′30.9″
33	03°47′38.6″	166°04′44.0″	00°33′15.5″	166°55′30.9″	00°33′16.0″	166°55′32.6″
34	03°50′09.7″	166°15′26.8″	00°33′16.0″	166°53′32.6″	00°33′16.7″	166°55′36.4″
35	03°50′56.2″	166°19′24.4″	00°33′16.7″	166°55′36.4″	00°33′17.6″	166°55′41.1″
36	03°52′50.8″	166°31′53.6″	00°33′17.6″	166°55′41.1″	00°33′18.0″	166°55′44.1″
37	03°53′04.3″	166°33′49.9″	00°33′18.0″	166°55′44.1″	00°33′18.8″	166°55′51.2″
38	03°53′04.8″	166°33′54.1″	00°33′18.8″	166°55′51.2″	00°33′19.0″	166°55′53.6″

编号	北纬	经度	纬度	经度	纬度	经度
39	03°54′12.4″	166°49′46.6″	00°33′19.0″	166°55′53.6″	00°33′19.1″	166°55′54.4″
40	03°54′17.8″	166°54′37.1″	00°33′19.1″	166°55′54.4″	00°33′19.1″	166°55′59.8″
41	03°53′59.4″	167°07′07.9″	00°33′19.1″	166°55′59.8″	00°33′18.7″	166°56′06.3″
42	03°50′10.2″	167°36′22.8″	00°33′18.7″	166°56′06.3″	00°33′18.3″	166°56′08.4″
43	03°48′29.0″	167°43′49.0″	00°33′18.3″	166°56′08.4″	00°33′17.8″	166°56′10.5″
44	03°43′08.0″	168°01′47.4″	00°33′17.8″	166°56′10.5″	00°33′14.9″	166°56′18.8″

200海里圆弧交叉点与中间点

编号	纬度（S）	经度（E）	编号	纬度（S）	经度（E）
1	02°41′29.7″	165°55′28.6″		02°32′27.0″	165°32′17.6″
	02°41′13.8″	165°54′39.4″		02°32′01.8″	165°31′23.7″
	02°40′57.7″	165°53′50.2″		02°31′36.3″	165°30′29.9″
	02°40′41.4″	165°53′01.0″		02°31′10.6″	165°29′36.2″
	02°40′24.9″	165°52′12.0″		02°30′44.6″	165°28′42.6″
	02°40′08.2″	165°51′23.0″		02°30′18.4″	165°27′49.2″
	02°39′51.3″	165°50′34.1″		02°29′51.8″	165°26′55.9″
	02°39′34.1″	165°49′45.2″		02°29′25.0″	165°26′02.7″
	02°39′16.7″	165°48′56.5″		02°28′58.0″	165°25′09.7″
	02°38′59.2″	165°48′07.8″		02°28′30.7″	165°24′16.8″
	02°38′41.4″	165°47′19.2″		02°28′03.1″	165°23′24.0″
2	02°38′23.4″	165°46′30.6″		02°27′35.2″	165°22′31.4″
	02°38′03.2″	165°45′36.8″		02°27′07.1″	165°21′38.9″
	02°37′42.6″	165°44′43.0″		02°26′38.8″	165°20′46.6″
	02°37′21.9″	165°43′49.3″		02°26′10.1″	165°19′54.4″
	02°37′00.9″	165°42′55.8″		02°25′41.2″	165°19′02.3″
	02°36′39.6″	165°42′02.3″		02°25′12.1″	165°18′10.4″
	02°36′18.0″	165°41′09.0″		02°24′42.7″	165°17′18.6″
	02°35′56.3″	165°40′15.7″		02°24′13.0″	165°16′27.0″
	02°35′34.2″	165°39′22.5″		02°23′43.1″	165°15′35.4″
	02°35′11.9″	165°38′29.5″		02°23′12.9″	165°14′44.1″
	02°34′49.3″	165°37′36.6″		02°22′42.5″	165°13′52.9″
	02°34′26.5″	165°36′43.7″		02°22′11.8″	165°13′01.9″
	02°34′03.4″	165°35′51.0″		02°21′40.8″	165°12′11.0″
	02°33′40.1″	165°34′58.4″		02°21′09.6″	165°11′20.3″
3	02°32′51.9″	165°33′11.7″		02°20′38.2″	165°10′29.7″

编号	纬度（S）	经度（E）	编号	纬度（S）	经度（E）
	02°20′06.5″	165°09′39.3″		02°04′18.0″	164°48′01.5″
	02°19′34.5″	165°08′49.0″		02°03′39.6″	164°47′15.9″
	02°19′02.3″	165°07′58.9″		02°03′01.0″	164°46′30.6″
	02°18′29.8″	165°07′09.0″		02°02′22.1″	164°45′45.4″
	02°17′57.1″	165°06′19.2″		02°01′43.0″	164°45′00.4″
	02°17′24.2″	165°05′29.6″		02°01′03.6″	164°44′15.6″
	02°16′51.0″	165°04′40.1″		02°00′24.1″	164°43′31.1″
	02°16′17.5″	165°03′50.9″		01°59′44.3″	164°42′46.6″
	02°15′43.8″	165°03′01.7″		01°59′04.3″	164°42′02.4″
	02°15′09.9″	165°02′12.8″		01°58′24.1″	164°41′18.4″
	02°14′35.7″	165°01′24.0″	4	01°57′43.7″	164°40′34.6″
	02°14′01.3″	165°00′35.4″		01°57′12.4″	164°40′01.0″
	02°13′26.6″	164°59′46.9″		01°56′41.0″	164°39′27.5″
	02°12′51.7″	164°58′58.6″		01°56′09.5″	164°38′54.2″
	02°12′16.5″	164°58′10.5″	5	01°55′37.8″	164°38′20.9″
	02°11′41.1″	164°57′22.6″		01°55′00.8″	164°37′42.4″
	02°11′05.5″	164°56′34.9″		01°54′23.6″	164°37′04.0″
	02°10′29.6″	164°55′47.3″		01°53′46.2″	164°36′25.8″
	02°09′53.5″	164°54′59.9″		01°53′08.7″	164°35′47.8″
	02°09′17.2″	164°54′12.7″		01°52′31.0″	164°35′09.9″
	02°08′40.6″	164°53′25.6″		01°51′53.2″	164°34′32.2″
	02°08′03.8″	164°52′38.8″		01°51′15.1″	164°33′54.6″
	02°07′26.7″	164°51′52.1″		01°50′36.9″	164°33′17.3″
	02°06′49.5″	164°51′05.6″		01°49′58.6″	164°32′40.1″
	02°06′12.0″	164°50′19.3″		01°49′20.0″	164°32′03.0″
	02°05′34.2″	164°49′33.2″		01°48′41.3″	164°31′26.1″
	02°04′56.2″	164°48′47.2″		01°48′02.5″	164°30′49.5″

编号	纬度（S）	经度（E）	编号	纬度（S）	经度（E）
6	01°47′23.4″	164°30′12.9″		01°29′35.7″	164°15′13.6″
	01°46′51.0″	164°29′42.4″		01°28′50.2″	164°14′39.7″
	01°46′18.5″	164°29′12.0″	10	01°28′04.5″	164°14′06.1″
	01°45′45.9″	164°28′41.7″		01°27′17.5″	164°13′31.7″
	01°45′13.1″	164°28′11.5″		01°26′30.3″	164°12′57.6″
7	01°44′40.3″	164°27′41.5″		01°25′42.9″	164°12′23.7″
	01°44′09.0″	164°27′13.1″		01°24′55.4″	164°11′50.1″
	01°43′37.6″	164°26′44.7″		01°24′07.8″	164°11′16.6″
8	01°43′06.1″	164°26′16.5″		01°23′19.9″	164°10′43.4″
	01°42′27.5″	164°25′42.3″		01°22′31.9″	164°10′10.5″
	01°41′48.9″	164°25′08.2″		01°21′43.8″	164°09′37.7″
	01°41′10.1″	164°24′34.3″		01°20′55.5″	164°09′05.2″
	01°40′31.0″	164°24′00.5″		01°20′07.0″	164°08′33.0″
	01°39′52.0″	164°23′26.9″		01°19′18.3″	164°08′00.9″
9	01°39′12.7″	164°22′53.5″		01°18′29.6″	164°07′29.1″
	01°38′29.4″	164°22′16.9″		01°17′40.6″	164°06′57.6″
	01°37′45.8″	164°21′40.4″		01°16′51.5″	164°06′26.2″
	01°37′02.1″	164°21′04.2″		01°16′02.3″	164°05′55.1″
	01°36′18.2″	164°20′28.2″		01°15′12.9″	164°05′24.3″
	01°35′34.2″	164°19′52.5″		01°14′23.3″	164°04′53.7″
	01°34′49.9″	164°19′16.9″		01°13′33.6″	164°04′23.3″
	01°34′05.6″	164°18′41.5″		01°12′43.8″	164°03′53.1″
	01°33′21.0″	164°18′06.3″		01°11′53.8″	164°03′23.2″
	01°32′36.3″	164°17′31.4″		01°11′03.7″	164°02′53.6″
	01°31′51.4″	164°16′56.6″		01°10′13.4″	164°02′24.2″
	01°31′06.3″	164°16′22.1″		01°09′23.0″	164°01′55.0″
	01°30′21.1″	164°15′47.8″		01°08′32.4″	164°01′26.0″

编号	纬度(S)	经度(E)	编号	纬度(S)	经度(E)
	01°07′41.7″	164°00′57.3″		00°43′57.4″	163°49′34.0″
	01°06′50.9″	164°00′28.9″		00°43′02.8″	163°49′12.2″
	01°05′59.9″	164°00′00.7″		00°42′08.1″	163°48′50.6″
	01°05′08.8″	163°59′32.7″		00°41′13.2″	163°48′29.4″
	01°04′17.5″	163°59′05.0″		00°40′18.3″	163°48′08.4″
	01°03′26.2″	163°58′37.6″		00°39′23.2″	163°47′47.6″
	01°02′34.6″	163°58′10.3″		00°38′28.1″	163°47′27.1″
	01°01′43.0″	163°57′43.4″		00°37′32.8″	163°47′06.9″
	01°00′51.2″	163°57′16.7″		00°36′37.5″	163°46′47.0″
	00°59′59.3″	163°56′50.2″		00°35′42.0″	163°46′27.3″
	00°59′07.3″	163°56′24.0″		00°34′46.5″	163°46′07.9″
	00°58′15.1″	163°55′58.0″		00°33′50.8″	163°45′48.8″
	00°57′22.8″	163°55′32.3″		00°32′55.1″	163°45′29.9″
11	00°56′30.4″	163°55′06.8″		00°31′59.3″	163°45′11.3″
	00°55′37.4″	163°54′41.3″		00°31′03.4″	163°44′53.0″
	00°54′44.3″	163°54′16.1″		00°30′07.4″	163°44′35.0″
	00°53′51.0″	163°53′51.2″	12	00°29′11.3″	163°44′17.2″
	00°52′57.6″	163°53′26.5″		00°28′19.7″	163°44′01.0″
	00°52′04.1″	163°53′02.1″		00°27′28.4″	163°43′45.2″
	00°51′10.5″	163°52′37.9″		00°26′36.5″	163°43′29.5″
	00°50′16.8″	163°52′14.0″		00°25′44.7″	163°43′14.0″
	00°49′22.9″	163°51′50.4″		00°24′52.9″	163°42′58.8″
	00°48′29.0″	163°51′27.0″		00°24′01.1″	163°42′43.9″
	00°47′34.9″	163°51′03.8″		00°23′09.1″	163°42′29.1″
	00°46′40.7″	163°50′41.0″		00°22′17.1″	163°42′14.6″
	00°45′46.4″	163°50′18.4″		00°21′25.0″	163°42′00.3″
	00°44′52.0″	163°49′56.1″		00°20′32.9″	163°41′46.3″

编号	纬度（S）	经度（E）	编号	纬度（S）	经度（E）
	00°19′40.7″	163°41′32.4″		00°04′26.9″	163°36′44.6″
13	00°18′48.4″	163°41′18.9″		00°05′22.9″	163°36′37.1″
	00°18′00.8″	163°41′06.7″		00°06′19.0″	163°36′29.8″
	00°17′13.2″	163°40′54.7″		00°07′15.2″	163°36′22.8″
	00°16′25.5″	163°40′42.9″		00°08′11.4″	163°36′16.1″
	00°15′37.8″	163°40′31.4″	16	00°09′07.6″	163°36′09.6″
	00°14′50.0″	163°40′20.0″		00°10′02.9″	163°36′03.5″
14	00°14′02.2″	163°40′08.8″		00°10′58.3″	163°35′57.6″
	00°13′07.3″	163°39′56.1″		00°11′53.7″	163°35′52.0″
	00°12′12.3″	163°39′43.8″		00°12′49.1″	163°35′46.6″
	00°11′17.3″	163°39′31.6″		00°13′44.6″	163°35′41.4″
	00°10′22.2″	163°39′19.8″		00°14′40.0″	163°35′36.6″
	00°09′27.1″	163°39′08.2″		00°15′35.5″	163°35′31.9″
	00°08′31.9″	163°38′56.8″		00°16′31.0″	163°35′27.6″
	00°07′36.6″	163°38′45.7″		00°17′26.6″	163°35′23.5″
	00°06′41.3″	163°38′34.9″		00°18′22.1″	163°35′19.6″
	00°05′46.0″	163°38′24.3″		00°19′17.7″	163°35′16.0″
	00°04′50.6″	163°38′13.9″		00°20′13.3″	163°35′12.6″
	00°03′55.2″	163°38′03.9″	17	00°21′08.9″	163°35′09.5″
	00°02′59.7″	163°37′54.0″		00°22′08.1″	163°35′06.5″
	00°02′04.1″	163°37′44.5″		00°23′07.3″	163°35′03.7″
	00°01′08.6″	163°37′35.2″		00°24′06.6″	163°35′01.3″
15	00°00′12.9″	163°37′26.1″		00°25′05.8″	163°34′59.1″
	00°00′42.9″	163°37′17.3″		00°26′05.1″	163°34′57.2″
	00°01′38.9″	163°37′08.8″		00°27′04.4″	163°34′55.6″
	00°02′34.8″	163°37′00.5″		00°28′03.6″	163°34′54.3″
	00°03′30.8″	163°36′52.4″		00°29′02.9″	163°34′53.2″

编号	纬度(S)	经度(E)	编号	纬度(S)	经度(E)
	00°30′02.2″	163°34′52.5″		00°56′39.4″	163°36′21.8″
	00°31′01.5″	163°34′52.0″		00°57′38.3″	163°36′29.1″
	00°32′00.8″	163°34′51.9″		00°58′37.1″	163°36′36.8″
	00°33′00.1″	163°34′52.0″	18	00°59′35.8″	163°36′44.7″
	00°33′59.4″	163°34′52.4″		01°00′05.7″	163°36′48.8″
	00°34′58.7″	163°34′53.1″	19	01°00′35.5″	163°36′53.0″
	00°35′58.0″	163°34′54.1″		01°01′34.1″	163°37′01.4″
	00°36′57.2″	163°34′55.4″		01°02′32.5″	163°37′10.0″
	00°37′56.5″	163°34′57.0″		01°03′31.0″	163°37′19.0″
	00°38′55.8″	163°34′58.9″		01°04′29.4″	163°37′28.2″
	00°39′55.0″	163°35′01.0″		01°05′27.7″	163°37′37.7″
	00°40′54.3″	163°35′03.5″		01°06′26.0″	163°37′47.5″
	00°41′53.5″	163°35′06.2″		01°07′24.3″	163°37′57.6″
	00°42′52.7″	163°35′09.2″		01°08′22.5″	163°38′08.0″
	00°43′51.9″	163°35′12.5″		01°09′20.6″	163°38′18.6″
	00°44′51.1″	163°35′16.1″		01°10′18.7″	163°38′29.6″
	00°45′50.3″	163°35′20.0″		01°11′16.8″	163°38′40.8″
	00°46′49.4″	163°35′24.2″		01°12′14.7″	163°38′52.3″
	00°47′48.5″	163°35′28.6″		01°13′12.7″	163°39′04.0″
	00°48′47.6″	163°35′33.4″		01°14′10.5″	163°39′16.1″
	00°49′46.7″	163°35′38.4″		01°15′08.4″	163°39′28.5″
	00°50′45.8″	163°35′43.8″		01°16′06.1″	163°39′41.1″
	00°51′44.8″	163°35′49.4″		01°17′03.8″	163°39′54.0″
	00°52′43.8″	163°35′55.3″		01°18′01.4″	163°40′07.2″
	00°53′42.7″	163°36′01.5″		01°18′59.0″	163°40′20.6″
	00°54′41.7″	163°36′08.0″		01°19′56.5″	163°40′34.4″
	00°55′40.6″	163°36′14.7″		01°20′53.9″	163°40′48.4″

编号	纬度（S）	经度（E）
	01°21′51.2″	163°41′02.7″
	01°22′48.5″	163°41′17.3″
	01°23′45.7″	163°41′32.2″
	01°24′42.8″	163°41′47.3″
	01°25′39.9″	163°42′02.7″
	01°26′36.9″	163°42′18.4″
	01°27′33.8″	163°42′34.4″
	01°28′30.6″	163°42′50.7″
	01°29′27.3″	163°43′07.2″
	01°30′24.0″	163°43′24.0″
	01°31′20.6″	163°43′41.1″
20	01°32′17.1″	163°43′58.4″
	01°32′57.0″	163°44′10.9″
	01°33′36.9″	163°44′23.4″
21	01°34′16.7″	163°44′36.1″
	01°35′13.4″	163°44′54.4″
	01°36′09.9″	163°45′13.0″
	01°37′06.4″	163°45′31.8″
	01°38′02.8″	163°45′51.0″
	01°38′59.1″	163°46′10.4″
	01°39′55.3″	163°46′30.0″
	01°40′51.4″	163°46′50.0″
	01°41′47.4″	163°47′10.2″
	01°42′43.3″	163°47′30.7″
	01°43′39.1″	163°47′51.5″
	01°44′34.8″	163°48′12.5″
	01°45′30.3″	163°48′33.8″
	01°46′25.8″	163°48′55.4″
	01°47′21.2″	163°49′17.3″
	01°48′16.4″	163°49′39.4″
	01°49′11.6″	163°50′01.8″
	01°50′06.6″	163°50′24.5″
	01°51′56.4″	163°51′10.6″
	01°52′51.1″	163°51′34.1″
	01°53′45.6″	163°51′57.9″
	01°54′40.1″	163°52′21.9″
	01°55′34.4″	163°52′46.2″
	01°56′28.6″	163°53′10.7″
	01°57′22.7″	163°53′35.6″
	01°58′16.7″	163°54′00.6″
	01°59′10.5″	163°54′26.0″
	02°00′04.3″	163°54′51.6″
	02°00′57.9″	163°55′17.5″
	02°01′51.3″	163°55′43.6″
	02°02′44.6″	163°56′10.0″
	02°03′37.8″	163°56′36.7″
	02°04′30.9″	163°57′03.6″
	02°05′23.8″	163°57′30.8″
	02°06′16.6″	163°57′58.3″
	02°07′09.3″	163°58′26.0″
	02°08′01.8″	163°58′53.9″
	02°08′54.1″	163°59′22.2″
	02°09′46.4″	163°59′50.6″
22	02°10′38.5″	164°00′19.4″

编号	纬度(S)	经度(E)	编号	纬度(S)	经度(E)
	02°11′28.6″	164°00′47.3″		02°33′52.6″	164°15′22.4″
	02°12′18.6″	164°01′15.4″	23	02°34′38.4″	164°15′56.9″
	02°13′08.4″	164°01′43.8″		02°34′21.8″	164°16′29.9″
	02°13′58.1″	164°02′12.4″		02°36′05.0″	164°17′03.1″
	02°14′47.6″	164°02′41.3″		02°36′48.1″	164°17′36.6″
	02°15′37.0″	164°03′10.3″		02°37′31.1″	164°18′10.2″
	02°16′26.3″	164°03′39.6″		02°38′13.8″	164°18′44.0″
	02°17′15.4″	164°04′09.2″		02°38′56.5″	164°19′18.0″
	02°18′04.4″	164°04′39.0″		02°39′39.0″	164°19′52.2″
	02°18′53.3″	164°05′09.0″		02°40′21.3″	164°20′26.6″
	02°19′42.0″	164°05′39.2″		02°41′03.4″	164°21′01.2″
	02°20′30.5″	164°06′09.7″		02°41′45.4″	164°21′36.0″
	02°21′18.9″	164°06′40.4″		02°42′27.3″	164°22′10.9″
	02°22′07.2″	164°07′11.3″		02°43′09.0″	164°22′46.1″
	02°23′43.3″	164°08′13.9″		02°43′50.5″	164°23′21.4″
	02°24′31.1″	164°08′45.5″		02°44′31.9″	164°23′57.0″
	02°25′18.7″	164°09′17.4″	24	02°45′13.1″	164°24′32.7″
	02°26′06.2″	164°09′49.4″		02°45′55.7″	164°25′09.9″
	02°26′53.6″	164°10′21.7″		02°46′38.1″	164°25′47.4″
	02°27′40.8″	164°10′54.2″		02°47′20.3″	164°26′25.0″
	02°28′27.8″	164°11′27.0″		02°48′02.4″	164°27′02.9″
	02°29′14.7″	164°11′59.9″		02°48′44.3″	164°27′40.9″
	02°30′01.4″	164°12′33.1″		02°49′26.0″	164°28′19.1″
	02°30′48.0″	164°13′06.5″		02°50′07.5″	164°28′57.6″
	02°31′34.4″	164°13′40.2″		02°50′48.9″	164°29′36.2″
	02°32′20.6″	164°14′14.0″		02°51′30.0″	164°30′15.0″
	02°33′06.7″	164°14′48.1″	25	02°52′11.0″	164°30′54.1″

编号	纬度（S）	经度（E）	编号	纬度（S）	经度（E）
	02°52′51.7″	164°31′33.1″		03°09′34.9″	164°49′47.2″
	02°53′32.1″	164°32′12.2″		03°10′10.3″	164°50′31.1″
	02°54′12.4″	164°32′51.6″		03°10′45.4″	164°51′15.2″
	02°54′52.5″	164°33′31.2″		03°11′20.4″	164°51′59.5″
	02°55′32.3″	164°34′10.9″		03°11′55.2″	164°52′43.9″
	02°56′12.1″	164°34′50.9″		03°12′29.7″	164°53′28.5″
	02°56′51.6″	164°35′31.0″		03°13′04.1″	164°54′13.2″
	02°57′30.9″	164°36′11.3″		03°13′38.2″	164°54′58.1″
	02°58′10.0″	164°36′51.8″		03°14′12.1″	164°55′43.2″
26	02°58′49.0″	164°37′32.4″	28	03°14′45.8″	164°56′28.4″
	02°59′19.3″	164°38′04.4″		03°15′19.1″	164°57′13.7″
	02°59′49.6″	164°38′36.4″		03°15′52.5″	164°57′59.1″
27	03°00′19.7″	164°39′08.6″		03°16′25.5″	164°58′44.7″
	03°00′58.1″	164°39′5.0″		03°16′58.2″	164°59′30.4″
	03°01′36.3″	164°40′31.5″		03°17′30.8″	165°00′16.2″
	03°02′14.3″	164°41′13.2″		03°18′03.2″	165°01′02.3″
	03°02′52.1″	164°41′55.1″		03°18′35.3″	165°01′48.4″
	03°03′29.8″	164°42′37.1″	29	03°19′07.2″	165°02′34.8″
	03°04′07.2″	164°43′19.3″		03°19′38.3″	165°03′20.2″
	03°04′44.4″	164°44′01.7″		03°20′09.1″	165°04′05.8″
	03°05′21.4″	164°44′44.3″		03°20′39.7″	165°04′51.6″
	03°05′58.2″	164°45′27.1″		03°21′10.1″	165°05′37.5″
	03°06′34.9″	164°46′10.0″		03°21′40.3″	165°06′23.5″
	03°07′11.3″	164°46′53.1″		03°22′10.3″	165°07′09.7″
	03°07′47.5″	164°47′36.4″		03°22′40.1″	165°07′56.0″
	03°08′23.5″	164°48′19.8″		03°23′09.6″	165°08′42.4″
	03°08′59.3″	164°49′03.4″		03°23′39.0″	165°09′29.0″

编号	纬度（S）	经度（E）	编号	纬度（S）	经度（E）
	03°24′08.1″	165°10′15.7″		03°36′00.9″	165°32′21.8″
	03°24′37.0″	165°11′02.6″		03°36′24.8″	165°33′14.2″
	03°25′05.7″	165°11′49.6″		03°36′48.5″	165°34′06.7″
	03°25′34.2″	165°12′36.7″		03°37′12.0″	165°34′59.3″
30	03°26′02.4″	165°13′23.9″		03°37′35.2″	165°35′52.0″
	03°26′30.4″	165°14′11.6″		03°37′58.1″	165°36′44.9″
	03°26′58.8″	165°14′59.4″		03°38′20.8″	165°37′37.8″
	03°27′26.7″	165°15′47.4″		03°38′43.2″	165°38′30.9″
	03°27′54.3″	165°16′35.5″		03°39′05.4″	165°39′24.0″
	03°28′21.7″	165°17′23.7″		03°39′27.3″	165°40′17.3″
	03°28′48.9″	165°18′12.1″		03°39′49.0″	165°41′10.6″
	03°29′15.8″	165°19′00.6″		03°40′10.4″	165°42′04.1″
	03°29′42.6″	165°19′49.1″		03°40′31.5″	165°42′57.7″
	03°30′09.1″	165°20′37.9″		03°40′52.4″	165°43′51.4″
	03°30′35.3″	165°21′26.7″		03°41′13.0″	165°44′45.1″
	03°31′01.4″	165°22′15.7″		03°41′33.4″	165°45′39.0″
	03°31′27.2″	165°23′04.8″		03°41′53.5″	165°46′33.0″
	03°31′52.8″	165°23′54.0″		03°42′13.3″	165°47′27.0″
	03°32′18.2″	165°24′43″		03°42′32.9″	165°48′21.2″
	03°32′43.3″	165°25′32.7″		03°42′52.2″	165°49′15.4″
	03°33′08.2″	165°26′22.3″	32	03°43′11.3″	165°50′09.8″
	03°33′32.9″	165°27′11.9″		03°43′29.9″	165°51′03.8″
31	03°33′57.3″	165°28′01.7″		03°43′48.3″	165°51′57.9″
	03°34′22.5″	165°28′53.5″		03°44′06.5″	165°52′52.1″
	03°34′47.5″	165°29′45.4″		03°44′24.4″	165°53′46.4″
	03°35′12.2″	165°30′37.4″		03°44′42.0″	165°54′40.8″
	03°35′36.7″	165°31′29.6″		03°44′59.3″	165°55′35.2″

编号	纬度（S）	经度（E）	编号	纬度（S）	经度（E）
	03°45′16.4″	165°56′29.7″		03°51′06.0″	166°20′17.6″
	03°45′33.3″	165°57′24.3″		03°51′15.5″	166°21′10.9″
	03°45′49.9″	165°58′19.0″		03°51′24.8″	166°22′04.3″
	03°46′06.2″	165°59′13.8″		03°51′33.8″	166°22′57.7″
	03°46′22.2″	166°00′08.6″		03°51′42.6″	166°23′51.1″
	03°46′38.0″	166°01′03.6″		03°51′51.2″	166°24′44.6″
	03°46′53.6″	166°01′58.6″		03°51′59.5″	166°25′38.0″
	03°47′08.8″	166°02′53.6″		03°52′07.5″	166°26′31.6″
	03°47′23.8″	166°03′48.8″		03°52′15.4″	166°27′25.2″
33	03°47′38.6″	166°04′44.0″		03°52′233.2″	166°28′18.8″
	03°47′52.5″	166°05′37.2″		03°52′30.3″	166°29′12.4″
	03°48′06.2″	166°06′30.5″		03°52′37.4″	166°30′06.1″
	03°48′19.7″	166°07′23.9″		03°52′44.2″	166°30′59.8″
	03°48′32.9″	166°08′17.3″	36	03°52′50.8″	166°31′53.6″
	03°48′45.9″	166°09′10.8″		03°52′55.5″	166°32′32.3″
	03°48′58.6″	166°10′04.4″		03°53′00.0″	166°33′11.1″
	03°49′11.1″	166°10′58.0″	37	03°53′04.3″	166°33′49.9″
	03°49′23.3″	166°11′51.6″		03°53′04.6″	166°33′52.0″
	03°49′35.3″	166°12′45.4″	38	03°53′04.8″	166°23′54.1″
	03°49′47.0″	166°13′39.1″		03°53′10.9″	166°34′49.9″
	03°49′58.5″	166°14′33.0″		03°53′16.7″	166°35′45.8″
34	03°50′09.7″	166°15′26.8″		03°53′22.3″	166°36′41.7″
	03°50′19.4″	166°16′14.3″		03°53′27.6″	166°37′37.7″
	03°50′28.9″	166°17′01.7″		03°53′32.6″	166°38′33.6″
	03°50′38.2″	166°17′49.3″		03°53′37.4″	166°39′29.6″
	03°50′47.3″	166°18′36.8″		03°53′41.9″	166°40′25.6″
35	03°50′56.2″	166°19′24.4″		03°53′46.1″	166°41′21.6″

编号	纬度（S）	经度（E）	编号	纬度（S）	经度（E）
	03°53′50.1″	166°42′17.7″		03°54′02.3″	167°06′14.3″
	03°53′53.8″	166°43′13.8″	41	03°53′59.4″	167°07′07.9″
	03°53′57.2″	166°44′09.8″		03°53′55.9″	167°08′06.8″
	03°54′00.4″	166°45′05.9″		03°53′52.2″	167°09′05.7″
	03°54′03.4″	166°46′02.0″		03°53′48.2″	167°10′04.7″
	03°54′06.0″	166°46′58.2″		03°53′43.9″	167°11′03.5″
	03°54′08.4″	166°47′54.3″		03°53′39.3″	167°12′02.4″
	03°54′10.5″	166°48′50.5″		03°53′34.4″	167°13′01.3″
39	03°54′12.4″	166°49′46.6″		03°53′29.3″	167°14′00.1″
	03°54′13.8″	166°50′35.0″		03°53′23.8″	167°14′58.9″
	03°54′15.0″	166°51′23.4″		03°53′18.1″	167°15′57.6″
	03°54′16.0″	166°52′11.8″		03°53′12.0″	167°16′56.4″
	03°54′16.8″	166°53′00.3″		03°53′05.7″	167°17′55.1″
	03°54′17.4″	166°53′48.7″		03°52′59.0″	167°18′53.8″
40	03°54′17.8″	166°54′37.1″		03°52′52.1″	167°19′52.4″
	03°54′18.1″	166°55′30.7″		03°52′44.9″	167°20′51.0″
	03°54′18.1″	166°56′24.4″		03°52′37.4″	167°21′49.6″
	03°54′17.8″	166°57′18.0″		03°52′29.6″	167°22′48.1″
	03°54′17.4″	166°58′11.7″		03°52′21.5″	167°23′46.6″
	03°54′16.7″	166°59′05.3″		03°52′13.2″	167°24′45.1″
	03°54′15.7″	166°59′59.0″		03°52′04.5″	167°25′43.5″
	03°54′14.5″	167°00′52.6″		03°51′55.6″	167°26′41.8″
	03°54′13.1″	167°01′46.3″		03°51′46.3″	167°27′40.2″
	03°54′11.4″	167°02′39.9″		03°51′36.8″	167°28′38.4″
	03°54′09.5″	167°03′33.5″		03°51′27.0″	167°29′36.7″
	03°54′07.3″	167°04′27.4″		03°51′16.9″	167°30′34.9″
	03°54′04.9″	167°05′20.7″		03°51′06.5″	167°31′33.0″

编号	纬度（S）	经度（E）
	03°50′55.8″	167°32′31.1″
	03°50′44.9″	167°33′29.1″
	03°50′33.6″	167°34′27.1″
	03°50′22.1″	167°35′25.0″
42	03°50′10.2″	167°36′22.8″
	03°49′59.8″	167°37′12.6″
	03°49′49.2″	167°38′02.3″
	03°49′38.4″	167°38′52.0″
	03°49′27.4″	167°39′41.6″
	03°49′16.1″	167°40′31.2″
	03°49′04.6″	167°41′20.7″
	03°48′53.0″	167°42′10.2″
	03°48′41.1″	167°42′59.6″

编号	纬度（S）	经度（E）
43	03°48′29.0″	167°43′49.0″
	03°48′16.5″	167°44′38.9″
	03°48′03.9″	167°45′28.9″
	03°47′51.0″	167°46′18.7″
	03°47′37.9″	167°47′08.6″
	03°47′24.6″	167°47′58.3″
	03°47′11.0″	167°48′48.0″
	03°46′57.3″	167°49′37.7″
	03°46′43.3″	167°50′27.2″
	03°46′29.1″	167°51′16.8″
44	03°46′14.7″	167°52′06.2

新 西 兰
New Zealand

（英文文本截止于 2010 年 9 月 9 日）

1977 年领海及专属经济区法
（经 1980 年第 146 号法令修改的 1977 年 9 月 26 日第 28 号法令）

第一条 简称和生效时间

1. 本法可称为《1977 年领海及专属经济区法》。

2. 本法第二十九条应在本法通过后立即生效。

3. 除本条第 2 款的规定外，本法各条款在总督根据枢密院命令指定之日起生效。

4. 为本条第 3 款的目的，枢密院可发布一个或一个以上命令：

（1）使本法的不同条款在不同日期生效；

（2）使本法的不同条款于不同日期在新西兰各特定地区生效。

第二条 解释

1. 本法中，除根据上下文另有规定外：

“海湾”指海岸的水曲，其面积不小于以横越曲口所划直线为直径的半圆形的面积。为此定义的目的 ——

（1）水曲的面积应认为是由水曲沿岸周围的低潮标和连接水曲的天然入口各点的各低潮标的直线所包围的面积。

（2）如果因存在岛屿水曲有不止一个曲口，上面所提及的半圆形的直径的长度应是横越各曲口的各直线长度的总和。

（3）在计算水曲面积时，位于水曲内的任何岛屿的面积应视为该水曲面积的一部分。

…………

“国际协定”指新西兰作为一方的任何双边和多边条约、公约或协定，以及新西兰政府同任何其他国家之间达成的任何谅解。

“岛屿”是指在大潮平均高潮时四周环水但露出水面的自然形成的陆地。

…………

“低潮高地”是指在大潮平均低潮时四周环水并露出水面但在大潮平均高潮时没入水中的自然形成的陆地。

…………

“中间线”指在新西兰和其他国家之间其上每一点与新西兰领海基线的最近点和另一国家领海基线的最近点距离相等的线。

“部长”指渔业部长。

“海里”为国际海里，即 1 852 米。

“新西兰”（除为本法第二部分及本法第二十九条的目的外）包括罗斯属地（Ross Dependency）。

…………

“规定的”指依本法制定的各种规章所规定的。

…………

2. 为本法之目的，构成海港体系一部分的永久性海港工程应视为海岸的组成部分。

第一部分　新西兰的领海

第三条　领海

新西兰领海包括以本法第五条和第六条规定的基线为内部界限、以一条自该线向海量起其上各点与基线上最近点的距离均为 12 海里的线为外部界限的海域。

第四条　内水

新西兰内水包括新西兰领海基线向陆一侧的任何海域。

第五条　领海基线

1. 除本法第六条另有规定外,测算新西兰领海宽度的基线应为沿新西兰海岸(包括所有岛屿的海岸)的低潮标。

2. 为本法的目的,如果在测算领海宽度时所有低潮高地均不予考虑,全部或部分位于领海海域内的低潮高地应视为岛屿。

第六条　邻接海湾的领海的基线

在海域邻接海湾的情形下,测算领海宽度的起始基线:

(1)如果海湾仅有一个湾口,而海湾天然入口处的低潮标之间的距离不超过 24 海里,则应为连接上述低潮标之间的直线;

(2)如果由于岛屿的存在海湾有不止一个出口,而每一湾口的天然入口处的低潮标之间的距离加在一起不超过 24 海里,则应为横越各湾口并连接上述各低潮标的一系列直线;

(3)如果本条第 1 款和第 2 款均不适用,则应为在海湾内低潮标间、长度为 24 海里的直线,以划入该长度的线所能包围的最大水域。

第七条　属于国王的领海及内水的海床

除非作为财产权或股权转让(无论是依任何法律还是依据其他规定转让,也无论是在本法生效前还是在失效后转让),在向陆一侧以新西兰沿岸(包括所有岛屿的沿岸)的低潮标为界限,在向海一侧以新西兰领海的外部界限为界限,其所包围的水下海床和底土应视为属于并且永久属于国王所有。

第八条　领海内的规章

如果目前尚无任何其他法律为任何下列目的作出规定,则总督得随时以枢密院令为下列所有或任何目的制定规章:

(1)管理领海内的科学研究活动;

(2)规定保护和保全领海海洋环境的措施;

(3)管理领海内人工岛屿(不论是永久性的还是暂时性的)以及其他设施和结构的建造、操作与使用,包括在这些岛屿、设施和结构周围设立安全区;

（4）管理为利用海水、海流或风力生产能以及为任何其他经济目的对领海进行的勘探和开发；

（5）规定为使新西兰充分行使其对领海的主权所必要的或适宜的其他事项；

（6）规定违反这些规章应构成刑事犯罪，并对这类刑事罪处以不超过10 000美元的罚款；

（7）规定为充分实施本法本部分各条款和应有的管理所应有的或必要的其他事项。

第二部分 新西兰的专属经济区

第九条 专属经济区

1. 新西兰的专属经济区包括新西兰领海以外并邻接领海的那些海域、海床及其底土。专属经济区以一条从本法第五条和第六条规定的基线向海量起、其上各点与基线上最近点的距离均为200海里的线为外部界限。

2. 虽有本条第1款的规定，但在以下情形下上述中间线部分应为该区域的外部界限——

（1）新西兰和任何其他国家之间的中间线的任何部分距离新西兰领海基线上最近部分不足200海里的情形下；

（2）目前尚未按照第3款和第4款的规定以枢密院令确定专属经济区的任何其他外部界限。

3. 总督得随时以枢密院令宣布本法本部分的任何特定条款和本法中有关专属经济区的任何其他特定条款应适用于罗斯属地（Rose Dependency），但他在该枢密院令中可能作出的那些修订或例外（若有此情况）应予除外。

4. 为履行任何国际协定或任何国际组织的仲裁裁决或任何国际法院判决的目的，或为任何符合国际法的其他目的，总督得随时以枢密院令宣布专属经济区将不扩及按照本条应包括在专属经济区内的任何特定的海域、海床或底土。

第十条 可作为新西兰渔业水域的海域

1. 包括在新西兰专属经济区内的海域应是新西兰渔业水域的一部分。

2. 以下法令将相应地(受这些法令中任何相反规定的限制)在专属经济区内适用:

(1)《1908年渔业条例》(该条例第二部分除外);

(2)《1978年海洋哺乳动物保护条例》。

第十一条 全部可捕量的计算

部长应随时确定专属经济区内每一鱼种的全部可捕量。

第十二条 外国渔船可捕量的计算

1. 部长应随时确定在专属经济区内每一鱼种的全部可捕量中新西兰渔船有能力捕捞的部分。

2. 在部长确定专属经济区内每一鱼种的全部可捕量中新西兰渔船有能力捕捞的部分后,该鱼种的剩余部分即为外国渔船的可捕量。

第十三条 外国渔船可捕量的分配

1. 部长得随时在非新西兰国家间分配本法第十二条所规定的专属经济区内任何鱼种的外国渔船的可捕量。

2. 根据第1款进行分配时,部长得考虑(特别是)以下情况:

(1)被分配国家的渔船是否经常在专属经济区内捕鱼;

(2)该国家是否在渔业研究和区域内渔业资源的鉴定方面与新西兰进行过合作;

(3)该国是否在养护和管理区域内的渔业资源以及执行关于上述资源的新西兰法律方面同新西兰进行过合作;

(4)任何有关的国际协定的条款;

(5)经与外交部长商议后,部长确认的与此有关的其他问题。

第十四条 禁止未经许可的外国渔船在区域内作业

任何外国渔船不得在专属经济区内捕鱼,除非按照部长根据本法第十五条的规定发放给该渔船的许可证。

第十五条 许可证的发放

1. 在本条第2款的限制下,部长可以向任何指定的外国渔船船主授予并发放在专属经济区内捕鱼的许可证。

2. 部长应行使本条所授予的权力,以确保:

(1)根据本条规定持有许可证的所有外国渔船临时获准的对专属经济区

内任一鱼种的捕捞量,不超过本法第十二条所规定的外国渔船对那一鱼种的可捕量;

（2）根据本条持有许可证的某一特定国家的所有渔船临时获准的对专属经济区内任一鱼种的捕捞量不超过根据本法第十三条为该国规定的那一鱼种的配额。

3. 在根据本条发放许可证时,部长得将有关(特别是)以下所有或任何事项的条件附加在许可证内:

（1）批准在专属经济区内捕鱼的区域;

（2）批准捕鱼的季节、时间和特别航次;

（3）可以捕捞的鱼的种类、大小、年龄和数量;

（4）可以使用的捕鱼方式;

（5）外国渔船可以使用或载有的渔具的类型、规模和数量以及渔具未使用时的放置方式;

（6）渔获的使用、运输、转载、卸货和加工;

（7）为检查其渔获量或其他目的,外国渔船可进入的新西兰港口;

（8）在对其他渔船或其渔具或渔获、鱼种群以及管道或电缆或新西兰的其他利益造成任何损失或损害的情形下,外国渔船对新西兰公民或国王的赔偿;

（9）外国渔船应向农业与渔业部长提供的资料和其他情报,包括关于渔获量和捕捞结果的统计数字以及关于船舶位置的报告;

（10）外国渔船从事的特别渔业研究项目;

（11）外国渔船在捕鱼方法方面培训其所雇用的新西兰人员,并向新西兰转让有关的渔业技术;

（12）外国渔船出示发放给它的许可证;

（13）外国渔船的标志和其他识别方法;

（14）外国渔船应遵守的新西兰武装部队的舰船或飞机或新西兰政府的舰船和飞机向其发布或提出的指示、命令和其他要求;

（15）外国渔船上配置新西兰观察员,并由许可证持有人就此向农业与渔业部长补偿费用;

（16）外国船舶上用以识别和确定船舶位置的发射机应答器的安置和使

用，以及用以定位船舶的适当导航仪器的安置和使用；

（17）外国渔船上指定的海图、航海出版物和航行仪器的配置；

（18）部长认为出于对区域资源的养护和管理所必要或适宜的其他事项。

第十六条 许可证的更换

在本法第十五条第 2 款的限制下，部长得随时更换根据本法第十五条发放的许可证。

第十七条 许可证的修改

1. 在本法第十五条第 2 款的限制下，部长得随时修改根据本法第十五条所发放的任何一个、若干个或任何一类、若干类许可证的条款和条件，如果他认为这样做对合理地管理专属经济区内的捕鱼活动是必要或适宜的。

2. 根据本条对任何许可证作出的任何修改，应尽快通知许可证持有人。

第十八条 许可证的费用

就任何授予或更换许可证、使用渔船和捕鱼而言，应以不时规定的方式支付给国王指定的费用或使用费。

第十九条 关于许可证的犯罪

1. 如果未根据本法第十五条的规定取得许可证的任何外国渔船在专属经济区内捕鱼，该船的船主、船长及船员均构成违反本法的罪行。

2. 如果未根据本法第十五条取得许可证的任何外国渔船在新西兰渔业水域内显示任何识别标志，表示其已根据该条取得许可证，则该船船主、船长或船员均构成违反本法的罪行。

3. 如果任何外国渔船在专属经济区内捕鱼时违反了根据本法第十五条发放给它的许可证的任何条件，该船的许可证持有人、船主、船长及船员均构成违反本法的罪行。

4. 对外国渔船，犯有本条第 1 款或第 2 款所指罪行的船主或船长，一经简易程序定罪，被处以不超过 100 000 美元的罚款。

5. 对外国渔船，犯有本条第 1 款和第 2 款所指罪行的船员，一经简易程序定罪，被处以不超过 5 000 美元的罚款。

6. 对外国渔船，犯有本条第 3 款所指罪行的许可证持有人或船长，一经简易程序定罪，被处以不超过 25 000 美元的罚款。

7. 对外国渔船，犯有本条第 3 款所指罪行的船员，一经简易程序定罪，被处以不超过 1 500 美元的罚款。

8. 在本条中，“船员”不包括外国渔船的许可证持有人、船主或船长或根据本法第十五条第 3 款规定的许可证附加条件而在该船上的任何新西兰人或新西兰观察员。

第二十条 许可证的中止和吊销

1. 如果部长认为存在以下情况，部长可在其指定的时间内暂停或吊销该船的许可证——

（1）任何根据本法第十五条的规定取得许可证且用于或一直用于在专属经济区内捕鱼的外国渔船，违反许可证的任何条件或违反适用于在区域内捕鱼的任何新西兰法律；或

（2）任何许可证持有人、船主或外国渔船上的船员被证明犯有违反本法或违反根据本法第二十二条制定的任何规章或关于在区域内捕鱼的任何其他的新西兰法律的罪行；或

（3）任何许可证持有人、船主或外国渔船的船员未在本法第二十六条第 8 款规定的时限内向国王缴付部长依据该条对其处以的任何数量的罚款。

2. 如果部长在与外交部长磋商后确认将对合理管理专属经济区内的捕鱼活动必要或有利，部长可以在其指定的时间内暂停或吊销任何许可证或许可证的种类或等级。

3. 根据本条中止的许可证不再有效。

第二十一条 法院的审查

不得以部长行使权力的条件不具备或不再存在为理由，在任何发言中对部长行使本法第十七条或第二十条第 2 款授予他的任何权力提出质疑、进行审查、予以废止或表示异议。

第二十二条 渔业规章

1. 总督得随时以枢密院令为下列所有或任何目的制定规章：

（1）规定根据本法第十五条申请许可证及根据本法第十六条更换许可证的方式和申请形式；

（2）规定许可证的使用期限；

（3）规定部长发放许可证的形式；

（4）规定应向国王缴纳的费用和特许权使用费及缴付方式，并规定这种

费用或特许权使用费或其任何部分可以退还的情况；

（5）规定许可证持有人在必要时向新西兰的指定机关出示许可证，并由该机关对许可证进行检查；

（6）要求许可证申请者和许可证持有人在新西兰指定外国渔船的代理人；

（7）规定为确保外国渔船仅按照其许可证的条款和条件在专属经济区内捕鱼所必要或有利的其他措施；

（8）规定外国渔船可据以在区域内捕鱼、与本法相一致的条件；

（9）规定与本法相一致的区域内渔业资源的养护和管理措施；

（10）规定特定种类的高度洄游种群，并以与本法不相抵触的方式管理在区域内对上述种群的捕捞以及新西兰渔船在区域外的捕捞；

（11）规定违反任何此类规定的行为均构成刑事犯罪，对许可证持有人、船主或渔船船长处以不超过 10 000 美元的罚款，对任何其他船员处以不超过 1 000 美元的罚款；

（12）规定为本法第二十五条目的的担保方式；

（13）规定为本法第二十五条目的所应遵循的通知和程序方式；

（14）就根据本法或在根据本法进行的任何民事或刑事诉讼中送达的通知、传票或其他文书而言，指定的送达方式（包括对外国渔船指定代理人的送达和对船舶注册国驻新西兰的外交或领事代表的送达）应视为对任何许可证持有人、船主、船长或船员的送达，并且指定的送达方式应被视为送达的充分证据。

2. 根据本法制定的规章可就专属经济区的不同部分和不同鱼种规定不同的条款。

3. 在根据本条制定的规章确定各类费用时，总督得：

（1）考虑到（除其他外）实施本法和《1908 年渔业法》中关于外国渔船在专属经济区内捕鱼的费用，包括养护和管理渔业资源、进行渔业研究和调整与执行此类法令的费用；

（2）为不同种类的外国渔船（不论是参照传播大小、捕捞量、方法、功能，还是参照其他情况）规定不同的费用。

第二十三条 为研究、实验和体育运动目的的捕鱼

尽管根据本法第十四条或第十九条的规定外国渔船可以为渔业研究或

实验或体育运动的目的在专属经济区内捕鱼,但须事先取得部长对此种活动的书面同意,并应遵守部长在给予同意时所提出的条件(如果提出了任何此种条件)。

第二十四条 违法者的拘留

1. 本条第 16 款所指的任何官员得随时停止、登临、检查和搜查新西兰渔业水域内的任何外国渔船,并检查船上的任何渔获。在有充分理由认为任何外国渔船违反了本法或违反了依本法第二十二条制定的规章或关于在专属经济区内捕鱼的任何其他新西兰法律的情形下,该官员得:

(1)查封和扣留船上的一切渔获;

(2)扣留有充分理由认为构成本条所指任何犯罪的人员;

(3)如有充分理由认为任何此类犯罪为许可证持有人、船主或船长所实施,查封并扣留该船。

2. 本条第 16 款所指的任何官员得在他认为为此目的所必要的助手的协助下行使本条第 1 款赋予的权力。

3. 在任何外国渔船根据本条第 1 款被扣留的情形下,应将该船置于国王的监管之下直至:

(1)作出不对该船舶被扣的指称罪行提起任何诉讼或控告的决定;或

(2)在提起此种诉讼或控告的情形下,为船舶提供了本法第二十五条所要求的担保。

4. 船舶被扣留后,应在实际可行的情况下尽快地根据本条第 1 款规定对所指控的引起外国渔船被扣的犯罪作出是否起诉和控告的决定。

5. 解除对外国渔船的扣留不应影响此后由于对任何人的定罪而对该船的没收。

6. 在判定外国渔船任何许可证持有人、船主或船长犯有本条第 1 款所指任何罪行的情形下,除任何法院得对犯罪人员处以任何罚款外,应将船舶没收给国王,并按部长命令的方式进行处置。

7. 在根据本条第 1 款的规定扣留任何渔获的情形下,应将渔获置于国王的监督之下(或保存在被没收的渔船上或部长指示的其他地方),直至:

(1)作出不对所指控的引起渔获被没收行为的犯罪提起任何诉讼或控告的决定;或

（2）在提起此种诉讼或控告的情形下，为渔获提供了本法第二十五条所要求的担保。

8. 解除对任何渔获的扣留，不应影响此后由于对任何人员的定罪而对该渔获的没收。

9. 对于任何根据本条第 1 款被扣留渔获的变质，国王不对任何人承担责任，不论此种变质是由于国王的疏忽还是由于其他原因所致。

10. 在判定任何人员犯有本条第 1 款所指的任何罪行，并根据该款没收任何渔获的情形下，除法院得对犯罪人员判处任何罚款外，应将渔获没收给国王，并按照部长命令的方式进行处置。

11. 在本条第 16 款所指的任何官员根据本条第 1 款的规定扣留任何人员的情形下，该官员应在实际可行的范围内，尽快将该人送交法院依法审理。

12. 在根据本条规定将任何外国渔船或渔获交由国王监管，并在判定有关该船或该渔获的任何人犯有本条第 1 款所指的任何罪行的情形下，国王根据本条规定在监管船舶和渔获过程中所支出的费用，根据具体情况，构成许可证持有人、船主和船长对国王负连带责任的债务，因而应由国王通过有管辖权的法院予以收回。

13. 在不限制以任何其他方式追讨根据本条第 12 款所欠国王的任何债务的情形下，如果任何外国渔船的许可证持有人、船主或船长因犯有本条第 12 款所指的任何罪行而被定罪，判定其有罪的法院可发出命令，使其向国王缴付根据该款应承担的任何费用。

14. 在根据本条第 1 款的规定扣留任何外国渔船或渔获，后来又将被控告犯有根据本条规定应酌情没收船只或渔获的任何罪行的人员无罪释放的情形下，虽有本条任何其他条款的规定，但在本条第 9 款的限制下，应视情况即刻释放在国王监督下的渔船或渔获。

15. 任何人以任何方式阻止或妨碍本条第 16 款所指的任何官员或其任何助手行使本条所授予的权力，均构成违反本法的罪行，一经简易程序定罪，可被处以不超过 10 000 美元的罚款。

16. 本条第 1 款所指的官员为下列任何官员：

（1）指挥新西兰武装部队的任何船只或航空器的军官；

（2）按照《1908 年渔业法》第四条规定任命的任何海上渔业检查员；

（3）任何警察；

（4）任何新西兰政府船舶的船长。

17. 本条中，“外国渔船”包括船上或该船所使用的所有设备。

第二十五条 释放外国渔船的担保

1. 在根据本法第十四条的规定扣留任何外国渔船并就引起船舶被扣的罪行对许可证持有人、船主或船长提起诉讼和控告的情形下，该许可证持有人、船主或船长得在上述起诉或控告终止之前，随时向将中止诉讼或控告的法院提出按照本条规定的担保条款释放该船的申请。

2. 在收到申请时，法院应当在任何合适的人或法院为该目的指定的人代表政府提供保证金后释放该外国渔船。保证金应当以本条第 4 款规定的方式和条件，并以一个不少于渔船价值总额、在被告被认定有罪的情况下根据本法第二十四条第 12 款国王可以追回的费用以及被告如果被判有罪而被处以罚金的最大数额的总额执行。

3. 虽有本条第 2 款的规定，在法院认为存在合理理由的特殊情形下，法院可做出保证金少于该款所要求的指定数额的命令。

4. 如果保证存在以下情形，则保证无效，但对于其他情况保证应保存完全效力：

（1）发现被告未犯有被起诉或控告的罪行；或

（2）被起诉或控告人在判罪后 14 日内全部缴清法院所处罚的罚款和根据本法第二十四条第 12 款的规定应向国王缴纳的一切费用，而且在这期间外国渔船已由国王没收。

5. 保证金数额作为缴付保证金的一人或数人对国王陛下负连带责任的债务，应由任何有管辖权的法院全部收回，除非该人或这些人能证明已适当地履行了撤销保证金的条件。

6. 在本条中，“外国渔船”包括船上和船舶所使用的一切设备，并包括根据本法第二十四条第 1 款规定在该船上查封并根据该条规定扣留在船上由国王监管的所有渔获。

第二十六条 轻微渔业犯罪的行政处罚

1. 如部长有适当理由认为存在以下情形，则部长得依本条第 2 款的规定向其送达书面的和其他指定形式的通知：

（1）任何外国渔船上的人员可能已构成违反本法或依本法第二十二条所制定的规章或与专属经济区内捕鱼有关的任何其他新西兰法律的犯罪；

（2）考虑到与被指控的具有轻微性质的犯罪有关的所有情况，并考虑到有关的船舶和人员在新西兰渔业水域内的先前行为，根据本条规定应当进行处罚。

2. 根据本条第 1 款的规定，通知应详细说明以下事项，并应经过签署和附有说明本条各款的声明：

（1）犯罪的日期和性质；

（2）指控犯罪所依据的事实摘要（摘要应足以充分和适当地告知该人对他的指控）；

（3）部长认为与给予处罚有关的任何（以前没有判罪的）其他事项。

3. 根据本条第 1 款规定被送达通知的任何人，在通知送达后 28 天以内，可以按照规定格式书面通知农业与渔业部长，请求将被指控的犯罪的任何诉讼提交法院审理。在此种情况下，下列条款应予以适用：

（1）部长不应根据本条规定提出进一步的诉讼；

（2）本条的任何规定不应妨碍以后对被指控的犯罪提起任何诉讼或控告，或妨碍法院对犯罪人员判罪，或妨碍根据任何法令给予任何处罚或在判罪后根据本法规定实行没收。

4. 根据本条第 1 款规定被送达通知但没有请求将被指控的犯罪的任何诉讼提交法院审理的任何人，可书面通知农业与渔业部长：

（1）承认犯罪；

（2）在任何情况下向部长建议他希望部长在根据本条规定给予任何处罚时加以考虑的事项。

5. 如果根据本条第 1 款的规定被送达通知的人在通知送达后 28 天以内没有以下情形，在上述日期期满后应视为其承认犯罪：

（1）请求将关于被指控的犯罪的任何诉讼提交法院审理；或

（2）承认犯罪。

6. 在根据本条规定某人承认犯罪或被视为承认犯罪的情形下，部长可在考虑该人根据本条第 4 款规定提出的任何建议后，对该人的罪行处以罚款。罚款应不超过在法院判罪后该人所应承担的最高罚款的三分之一。

7. 在部长根据本条规定对某人的罪行加以处罚的情形下,部长应按照规定格式将处罚的详细情况书面通知本人。

8. 根据本条规定受到处罚的人,应在依照本条第 7 款规定向其送达罚款通知后的 28 天以内向国王缴纳罚款。

9. 在不妨碍本条第 8 款的要求或本法第二十条第 1 款规定的情形下,根据本条规定所处的罚款应由国王以对任何犯罪进行简易审判后收取罚款的同样方式向被处以罚款的人收取。

10. 虽有本法第十九、第二十二、第二十四和第二十五条或任何其他法令的规定,但在根据本条承认任何犯罪的情形下,不得对已承认犯罪的人员提起任何诉讼和控告。

11. 本条各款不适用于:

(1)本法第十九条第 1 款或第 2 款规定的犯罪或被指控的犯罪;或

(2)已对其提起诉讼或控告的任何犯罪或被指控的犯罪。

第二十七条 区域内的一般规章

如果目前尚无任何其他法令为任何下列目的作出其他规定,总督得随时以枢密院令为下列所有目的或任何目的制定规章:

(1)管理专属经济区内的科学研究活动;

(2)规定保护和保全区域海洋环境的措施;

(3)管理区域内人工岛屿(不论是永久性的还是临时性的)以及其他设施和结构的建造、操作与使用,包括在这些岛屿、设施和结构周围设立安全区;

(4)管理为利用海水、海流、风力生产能和为任何其他经济目的而对区域进行的勘探和开发;

(5)规定为使新西兰充分行使其对区域的主权权利所要的或有利的其他事项;

(6)规定违反任何上述规章应构成刑事犯罪,并对任何此类犯罪处以不超过 10 000 美元罚款的处罚;

(7)规定为充分执行本法本部分各条款(不包括根据本法第二十二条可能制定规章的事项)和使其得到适当实施所应有或必要的其他事项。

第二十八条 关于区域内犯罪的一般规定

1. 任何在专属经济区内发生的违反本法或违反依本法制定的任何规章

的犯罪应视为在新西兰发生的犯罪。

2. 在外国渔船的任何许可证持有人、船主、船长或船员被控告犯有本法第十九条或依本法第二十二条制定的任何规章所指的任何罪行以及从事了本法第二条第 1 款“捕鱼”一词定义中第(2)项和第(3)项所规定的任何活动的情形下,如果被告证明此类仅与捕鱼有关的活动系在专属经济区外部界限以外进行的,此情况可作为对上述控告的辩护。

3. 在根据本法本部分规定授予任何人拘留任何人员或停滞、登临、搜查任何渔船或检查、查封、扣留任何渔船或渔获的任何权力的情形下,不论有无授权令均可行使该权力。

第三部分 杂 项

第二十九条 临时性和过渡性措施

1. 在本法第二部分失效前,总督可随时以枢密院令制定规章,规定在新西兰领海外且从本法第五条和第六条确定的基线量起 200 海里内的区域内养护和管理渔业资源的临时性和过渡性措施,规定在实施这些措施的区域内限制外国渔船捕鱼的临时性和过渡性措施。

2. 根据本条制定的规章可规定违反任何这类规章应构成刑事犯罪,对这类刑事犯罪可处以不超过 100 000 美元的处罚,并可宣布任何此类罪行应视为发生在新西兰领土上的犯罪。

3. 根据本条制定的规章可规定本法第二十四条、第二十五条和第二十六条等条款适用于违反这些规章的犯罪行为。

第三十条 为执行国际协定而进行的修改

如为全面实施联合国第三次海洋法会议通过的《公约》所需,总督可随时以枢密院令限制本法关于专属经济区的任何规定。

第三十一条 官方海图

1. 为本法的目的,在任何法院的任何诉讼程序中,新西兰皇家海军水文局领土界限图册中的海图上所标明的任何地区的低潮线应为该地区低潮标线的足够证据。

2. 为本法的目的,在任何法院的任何诉讼程序中,由国防部长或国防部副部长授权新西兰海军军官签署的、证明任何特定的海图为本条第 1 款中提及的海图的证明书，应被视为该证明书所陈述事项的证据。

3. 如无相反证据，每一个签署任何此种证明书的人应假定为经正式授权签订该证明书的人。

第三十二条 关于犯罪行为举证责任

在根据本法进行的任何刑事诉讼中，若被告被控告犯有本法第十九条所指的罪行，或被指控违反了依据本法制定的任何规章的任何其他规定，而根据这些规章，从事任何活动需持有执照或许可证或任何人的同意，则被告有责任提供证据，证明在控告所涉及的时间内他持有所需之执照、许可证或同意。

第三十三条 修正、废除与保留

1. 本法附表中所指的法令已按附表中所述的方式修正。

2. 在任何情况下，除非上下文另有规定，在本条生效时任何其他有效的法令或规章、规则、命令、协定、契约、文件、申请、通知、许可证和其他任何文件中：

（1）凡《1965 年领海和捕鱼区法》第三条所规定的新西兰领海或该法第八条所确定的新西兰捕鱼区应被理解为是指本法第三条所规定的新西兰领海；

（2）凡该法第四条规定的新西兰内水应被理解为本法第四条所规定的新西兰内水。

3. 兹废除《1965 年领海和捕鱼法》。

4. 除本法另有明确规定外，本法各条款为其他法令各条款之补充，而不是其替代。因此，本法任何条款都不应限制或背离任何其他法律的条款。

…………

1977 年托克劳（Tokelau）（领海与专属经济区）法

第一条 简称和前言

1. 本法可称为《1977 年托克劳(领海与专属经济区)法》,而且应当与《1948 年托克劳法》一起阅读,并应视为该法的组成部分。

2. 本法于总督在枢密院命令中指定的日期生效。

3. 为本条第 2 款之目的,委员会的命令可以:

(1)规定本法的不同条款在不同的日期生效;

(2)规定本法条款于不同日期在托克劳的各特定地区生效。

第二条 解释

本法中,除非上下文另有规定:

“法院”是指纽埃岛(Niue)高级法院。

…………

“鱼”是指各种海洋动物及其幼仔、鱼苗、卵子或卵,包括贝类、甲壳动物、海绵动物、海参和龟类。

“捕鱼”是指:

(1)捕捞任何鱼类;或者

(2)参加与捕捞相关的任何活动,包括涉及准备、供应、存储、冷藏、运输、加工任何鱼类的任何活动;或者

(3)参与关于提供任何使渔船能够进行捕鱼或帮助渔船进行捕鱼的服务的任何活动。

“渔船”是指可用于捕鱼活动的、无论何种型号的任何船舶、飞机、气垫船、潜水艇或其他工具。

…………

“船长”,对于渔船而言,是指暂时控制或负责该船的人。

“中间线”是指在托克劳和其他国家之间其上每一点到托克劳领海基线和其他国家相应基线的最近各点的距离相等的一条线。

“海里”是指国际海里,即 1 852 米。

“所有人”,对于船舶而言,是指任何拥有船舶的人员,无论其是否为公司

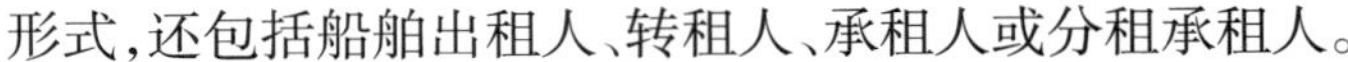

形式，还包括船舶出租人、转租人、承租人或分租承租人。

…………

"领海"是指依本法第三条定义的托克劳的领海。

…………

托克劳的领海

第三条 领海

托克劳领海的海域以本法第五条确定的基线作为内部界限，自上述基线向海一侧延伸，以其上各点到该基线最近点的距离均为12海里的一条线作为外部界限。

…………

第五条 领海的基线

测算领海宽度的基线是礁石向海一侧外缘的低潮线。如果礁石有间隔或有通道穿过，则基线为连接该间隔或通道入口处的各点划定的直线。

第六条 领海内禁止外国捕鱼

1. 外国渔船不得用于在领海内捕鱼。

2. 如果任何外国渔船违反本条第1款规定，则该渔船的所有人、船长及任何船员构成犯有违法本法的罪行，应对其罪行处以：

（1）对所有人和船长，不超过10万美元的罚款；

（2）对其他船员，不超过5 000美元的罚款。

3. 在证明任何人犯有本条规定的罪行时，法院可以决定在刑罚以外对其施行以下处罚：

（1）立即没收与犯罪行为有关的外国渔船、船上载有或使用的任何装备和船上的所有渔获，归国王所有；或

（2）如果在规定期间内未缴纳因该罪行被处以的罚款，应在一定时期内扣留该外国渔船、装备和渔获，并没收该渔船、装备和渔获，归国王所有。

…………

一般规定

第十条 属于国王的海滩、海床和底土

托克劳的海滩、内水、领海和专属经济区的海床及底土应被视为属于并且永久属于国王所有。

第十一条 一般规章

如果暂时没有任何其他法律为任何下列目的作出其他规定，则总督得随时以枢密院令为下列所有或任何目的制定规章：

（1）管理领海和专属经济区内的科学研究活动；

（2）规定保护和保全领海和专属经济区海洋环境的措施；

（3）管理领海或专属经济区内人工岛屿（不论是永久性的还是临时性的）以及其他设施和结构的建造、操作或使用，包括在这些岛屿、设施和结构周围设立安全区；

（4）管理为利用海水、海流或风力生产能及为任何其他经济目的而对领海和专属经济区进行的勘探和开发；

（5）规定为本法之目的选派和指定授权官员；

（6）规定在领海和专属经济区内对渔业资源的养护和管理；

（7）规定为使托克劳充分行使其对领海的主权和对专属经济区的主权权利所必要或有利的其他事项；

（8）规定违反依本条制定的规章应构成刑事犯罪，并对这类刑事犯罪处以不超过 10 000 美元的罚款；

（9）规定为充分执行本法各条款所应有的或必要的其他事项。

第十二条 关于执行的一般规定

1. 任何警察或授权官员可以（不论有无授权）随时停止、登临、检查和搜查位于托克劳内水、领海或专属经济区的外国渔船，搜查船上载有或使用的装备和船上载有的渔获。

2. 如果警察和授权官员有充分理由认为任何外国渔船在托克劳内水、领海或专属经济区内有违反本法、违反任何依本法制定的规章或其他有关渔业的法律的犯罪行为，不论有无授权，他可以：

（1）查封和扣留船上的一切渔获；

（2）逮捕和扣留有充分理由认为构成任何此类犯罪的人员；

（3）如有充分理由认为任何此类犯罪为许可证持有人、船主或船长所实施，依照法律规定查封并扣留该船及船上载有或使用的装备，并依法处理。

3. 任何警察或授权官员可在他认为为此目的所必要的助手的协助下行使本条第 1 款和第 2 款授予的权力。

4. 如果依照本法或依照其他依本法制定的规章命令没收任何外国船舶、装备或渔获归国王所有，则该渔船、装备或渔获应当依此被没收，并依照托克劳行政官员认为适当的方式进行处置。

纽　埃
Niue

（英文文本截止于 2009 年 1 月 16 日）

1996 年领海及专属经济区法

本法规定纽埃领海，并建立邻接领海的专属经济区，制定条款规定纽埃对该区内的资源行使勘探和开发、养护和管理方面的主权权利，并规定与之相关的事项。

本法由纽埃议会制定，并由同一机关作出如下规定：

第一条　简称和生效

1. 本法可称为《1996 年领海及专属经济区法》；

2. 本法于 1997 年 8 月 7 日生效。

第二条　解释

本法中，除非上下文另有规定：

"准入协议"是指第二十二条规定的协议，并包括此种协议中规定的其他任何协议和安排。

"主管官员"是指：

（1）主任；或

（2）渔业官员；或

（3）警察；或

（4）监视官员；或

（5）第三十八条规定的人员；或

（6）第二十四条所指的人员或者团体。

“法人团体”是指纽埃宪法规定的法人团体。

“内阁”是指根据《1974年纽埃宪法》第二条建立的内阁。

“治安主管机关”是指负责纽埃治安的主管机关。

“商业捕鱼”是指为销售目的进行的捕鱼活动。

“法院”是指有合法管辖权的任何法院。

“特许渔业”是指根据第十二条特许的任何渔业活动。

“主任”是指农业、林业和渔业主管。

“流网”是指长度大于2.5千米的刺网或其他网，其目的是钓住、诱捕或网住鱼类。

“流网捕鱼”是指用流网进行捕鱼。

“专属经济区”和“海域”是指本法第十条规定的纽埃的专属经济区。

“鱼”是指任何水生植物或动物，无论其是否为鱼类；且包括任何牡蛎或其他软体动物、甲壳动物（包括突变生物）、珊瑚、海绵动物、海参、棘皮动物、龟类、海洋哺乳类动物，还包括它们的卵、仔、蚝卵和幼年阶段。

“鱼类加工”是指以任何方法将鱼加工成任何物质和物品，包括切碎、分割、清理、分类、冷冻、密封、腌制和保存渔获。

“鱼类加工企业”是指除经许可的渔船之外，在纽埃境内外进行鱼类的密封、脱水、去除内脏、腌制、冷藏、冷却、冷冻或其他加工以供出售的地方。

“渔业”是指为养护和管理之目的，针对一种或多种鱼类或者可视为某一特定种类的鱼种进行的任何渔业作业。

“渔业水域”是指所有：

（1）纽埃的内水（包括咸水湖）；

（2）纽埃的领海；

（3）专属经济区。

“捕鱼”是指下列活动：

（1）搜寻、捕捉、抓获或捕捞鱼类；

（2）企图搜寻、捕捉、抓获或捕捞鱼类；

（3）参与任何可以合理地预测鱼类的定位、捕捉、抓获或捕捞的活动；

（4）设置、搜寻或回收任何捕鱼、聚合装置或包括无线电导航台在内的相关设备；

（5）在渔业水域内进行的鱼类加工活动；

（6）在渔业水域内进行的转运活动；

（7）为支持或准备本段所述的任何活动而在海上进行的任何作业活动；

（8）与本定义所述的任何活动相关的使用渔船的活动；

（9）任何相关活动；或

（10）为本段所述的任何活动使用任何车辆、船舶或飞机，但涉及船舶安全或船员安全和健康的紧急事件除外。

“渔船”是指任何能够被用于捕鱼的各种型号的船舶、飞机、气垫船、潜水艇或其他小船，但不包括总长度小于或等于 5 米的任何船舶。

“渔具”是指可以用于捕鱼活动的任何装备、设施或其他物品，包括任何渔网、绳子、渔线、鱼漂、陷阱、鱼钩、绞车、渔船或船舶。

“渔业官员”是指由纽埃公共服务委员会指定并对主管负责的渔业官员。

“海滩”是指位于大潮平均高潮时高潮线和大潮平均低潮时低潮线之间的所有陆地。

“公报”是指任何在纽埃境内流通的定期出版的刊物，例如《纽埃之星》（Niue Star）。

“高等法院”是指根据《1974 年纽埃宪法》第三十七条定义的纽埃高等法院。

“高度洄游鱼类种群”是指在其生命周期过程中在海洋中进行长距离迁移的鱼类。

“低潮标”为本法第八条第 1 款规定的含义。

“船长”，对于渔船而言，指暂时控制或负责该船或表面上控制或负责该船的人。

“中间线”是指在纽埃和其他国家之间其上每一点到纽埃领海基线和到

其他国家相应基线的最近各点的距离相等的一条线。

“部长”是指农业、林业和渔业部长。

“海里”是指国际海里。

“纽埃人”是指:

(1)属于纽埃土著种族的人,包括纽埃人的后裔;或

(2)拥有《1985年入境、居住和离境法》及其相关规章和修正案定义的永久居民地位的人。

“观察员”是指根据第三十八条授权以观察员身份行事的人,包括根据准入协议拥有观察员的某种或全部职能、权力和责任的人。

“观察装置”是指依本法或准入协议规定放置在渔船上、用于传送有关渔船捕鱼活动位置的信息和数据的任何装置或机械(不论其是否需要与其他机械装置进行协作)。

“操作员”,相对于船舶而言,包括任何操作船只的人和任何控制船舶捕鱼活动的所有人、船舶出租人、船长、转租人、承租人或分租承租人,不论其是否具有法人地位。

“所有人”,对于船舶而言,指任何拥有船舶的个人或团体,无论其是否具有公司形式,还包括任何船舶出租人、转租人、承租人或分租承租人。

“规定”是指依本法规章制定的规定。

“受保护的鱼类种群”是指纽埃政府认可的应在纽埃领海和专属经济区内受到保护的鱼类种群,例如:

(1)鲸类;脊美鲸、灰鲸、须鲸3类中的所有鲸鱼种类。

(2)鲸类;抹香鲸、突吻鲸、白鲸、角鲸、海豚和鼠海豚5类中的所有鲸鱼种类。

(3)龟科的所有海洋物种,包括所有种类的海龟。

(4)燕魟目;所有种类的鳐鱼。

(5)鼠鲨目;所有种类的鲨鱼。

一旦被捕获,它们应在被捕获的地方被安全释放。

“区域注册”是指位于所罗门群岛(Solomon Islands)霍尼亚拉(Honiara)的南太平洋区域性渔业管理组织对外国渔船要求的区域注册。

“相关活动”是指为支持或准备捕鱼活动采取的任何行动,包括进行、企

图进行或准备进行或完成以下事项：

（1）转运渔获；或

（2）在渔获未运上岸之前的任何时候储存、加工或运输渔获；或

（3）为渔船加油或提供供给；

（4）进行支持捕鱼作业的活动。

“监督官员”是指用于执行本法的船舶或飞机的任何官员，无论该官员是否为纽埃人，或该船舶或飞机是否在纽埃注册。

“领海”指本法第四条定义的海洋区域。

“转运”是指在不同的渔船之间转移任何渔获或鱼类产品。

“船舶”是指任何船只或其他水中交通工具。

2. 本法在内阁的约束和指导下实施。内阁可以将其依本法所享有的所有或某些一般性或特殊性权力委托给下级。

第三条 关于货币数额

1. 本法或规章中涉及的确定的罚款或费用的数额或其他任何确定的货币数额，应理解为按照美国通用货币确定的具体数额。

2. 本法或规章中涉及的不确定的罚款或费用的数额或其他任何不确定的货币数额，应理解为经授权的个人或团体有权按照美国通用货币确定该数额。

第一部分 领 海

第四条 领海

纽埃的领海包括以本法第六条所述的基线作为内部界限，以自该基线起算向海一侧的、其上每一点距离基线最近点 12 海里的一条线作为外部界限的海域。

第五条 内水

纽埃的内水包括纽埃领海基线向陆一面侧所有海洋区域。

第六条 领海的基线

测算领海宽度的基线是纽埃沿岸的低潮线；如果在纽埃沿岸某些地区有珊瑚礁，则为珊瑚礁外部边缘的低潮线。

第七条 属于国王的海滩、内水海床和领海

1. 纽埃内水水下区域的海床和底土是而且一直被认为是属于国王的。

2. 纽埃的海滩和自海滩起向内 10 米的内陆以及领海的海床与底土是而且一直被认为是属于国王的。

第八条 官方海图

1. 为本法之目的，特定区域的低潮线是英国海军总部大比例尺海图标示的该区域目前大潮平均低潮时的低水位线。

2. 在法院的任何诉讼程序中，一份由国防部长或副部长授权的新西兰海军军官签署且声称任何特定海域的海图为当时该海域的英国海军总部的大比例尺海图的证明书，即可作为证明书中所陈述事项的证据。

第九条 永久性海港工程

为本法之目的，构成海港体系组成部分的永久性海港工程视为纽埃海岸的一部分。

第二部分 专属经济区

第十条 专属经济区

1. 纽埃的专属经济区包括纽埃领海以外且邻接领海的一带海域及其海床和底土，其外部界限是自第六条确定的基线起向海一侧、其上每一点距离基线最近点 200 海里的一条线。

2. 除本条第 1 款规定外，如果纽埃和其他国家之间的中间线到纽埃领海基线上最近各点的距离小于 200 海里，则该中间线即该区域的外部界限。

第三部分 适用

第十一条 适用

1. 本法适用于渔业水域内的任何个人、渔船和船舶以及捕鱼活动。

2. 除非依照本法第二十八条授权，任何渔船不得用于商业捕捞。

第四部分 渔业的管理和开发

第十二条 指定渔业

内阁如果认为保证有效养护和高效利用一种渔业符合国家利益，则可在政府公报上宣布该渔业为指定渔业。

第十三条 管理和开发计划

1. 主任可以命令渔业官员为指定渔业准备或实施一项管理或养护计划。

2. 管理和养护计划应该：

（1）确定相关的渔业。

（2）制定该计划所要达到的目标。

（3）确定为达到该目标所应采取的措施。

（4）规定对渔业栖息地的保护。

（5）规定渔业开发的限度。

（6）规定适用于有意从事该渔业作业的任何人的许可要求。

（7）规定对其他指定渔业（不论是通过管理措施、栖息地保护、开发限制的方式，还是采用许可要求的手段）或为下列目的给予的保护——

（a）根据养护和发展计划保证渔业资源的养护；或

（b）保证养护和发展计划的目的得以实现。

（8）确定新的“保护鱼类种群”。

第十四条 管理和养护计划的变更

1. 如果主任认为为保证相关渔业资源的有效养护和高效利用而需要变更管理和开发计划，他可以通过书面形式准备变更计划，并提交内阁批准。

2. 经内阁批准或决定后，变更即生效。

第十五条 免除

1. 内阁可以根据个人或团体代表的申请，宣布一项管理和开发计划或该计划的特定部分不适用于该个人或团体。

2. 为保证管理和开发计划涉及的渔业资源得到有效养护和高效利用，内阁可根据其认为必要的条件（如果有的话）发布文告。

第十六条 管理和开发计划的废止

如果内阁认为管理和开发计划的目标已经实现,内阁可以在政府公报上发布公告废止该计划。

第十七条 犯罪

1. 任何人不得触犯和违反适用于该人的管理和开发计划条款。处罚为不超过 10 万美元的罚款。

第五部分 非法捕捞与禁止捕捞方法

第十八条与第十九条 插入页

第二十条 流网以及船上其他设备

1. 如果在船上发现流网,为本法第十九条规定的任何诉讼程序之目的:

(1)流网被认为由船舶的所有人、船舶出租人、船长所有或控制;

(2)船舶被认为用于在渔业水域中进行流网捕鱼;

(3)船上渔获被认为在渔业水域内用流网捕捞。

2. 如果在船上发现主要被用于捕鱼的炸药、毒药或其他有害物质,除有相反证据证明,则推定该炸药、毒药或其他有害物质被试图用于违反本法第十九条第 1 款第(3)项规定的用途。

第二十一条 作为证据的证明书

在针对本法第十九条犯罪提起的诉讼程序中,由授权官员签署并陈述鱼种伤亡方式或原因或涉嫌犯罪的环境的证明书是其所陈述事项的证据。

第六部分 准入协议

第二十二条 准入协议

1. 经内阁批准,部长可以代表纽埃政府与其他一个或多个国家政府签订双边或多边准入协议。

2. 准入协议可以允许相关国家或其国民拥有或控制的船舶:

（1）在渔业水域捕鱼，并有权为此目的进入该水域；

（2）参与任何其他相关的活动。

3. 部长可以在签署准入协议时给予南太平洋区域渔业管理组织成员国所有或控制的船舶以优惠待遇。

4. 每一个准入协议必须：

（1）规定与适当养护和管理渔业资源水平相一致的捕捞配额；

（2）与相关的管理和开发计划相一致；

（3）规定纽埃人对渔业的适当保护；

（4）要求协议的其他成员方采取一切必要措施，以保证适用协议的船舶遵守协议的条款和纽埃可适用的法律；

（5）要求在特定时间和地点转运渔获须依据协议规定经许可机关授权，但持照的围网船队向其经许可机关事先批准的持照货船进行转运除外；

（6）要求适用协议的每一船舶保留使用该船舶在邻接渔业水域的公海进行捕鱼活动的捕鱼数据，并依照规定的格式和方式向渔业官员报告该数据；

（7）依照本法规定的条款或情形，规定在渔业水域或在该水域的特定部分进行捕鱼活动的许可证的颁发事项。

第二十三条 依照本法颁发许可证

为本法之目的，根据某一准入协议颁发或授予的许可证或授权证书应被视为是依照本法规定颁发和授予的。

第二十四条 在特定情况下个人可以代表纽埃政府行事

1. 多边准入协议可以授权个人或团体代表纽埃政府行事，或以个人名义履行职责并承担责任和义务（包括许可证的颁发）。

2. 根据多边准入协议授权代表纽埃政府的任何个人的行为应视为纽埃政府的行为。

第二十五条 某些条款无效的情况

如果开放性协议中的条款有以下情况，则该条款无效：

（1）声称代替本法实施；或

（2）声称妨碍纽埃政府执行准入协议中的条款；或

（3）声称妨碍纽埃政府对任何未经协议授权的捕鱼活动提起本法规定的诉讼程序。

第二十六条 相关协议

1. 经内阁批准,部长可以缔结促进纽埃和其他任何国家之间的渔业合作与协调的任何其他适当协议。

2. 除本条第1款规定外,该部分所涉及的协议还包括关于下列方面的协议:

(1)协调准许捕鱼的最低条款与条件;或

(2)执行多边准入协议;或

(3)确立统一联合或互惠的渔业监管和执行措施;或

(4)协调渔业资源的联合勘探和开发;或

(5)发展观察员计划;或

(6)协调转运需求;或

(7)协调渔业资源养护和管理。

第七部分 许 可 证

第二十七条 渔船许可证的申请

1. 渔船许可证应由船舶所有人或租船人或其代表申请。

2. 申请应采用书面形式,并向主任提交。申请必须包括下列事项:

(1)渔船的名称、国际无线电呼号、说明书和注册国家;

(2)船舶所有人或租船人和船长的姓名;

(3)拟开发的渔业资源和预计开发的时期;

(4)许可证的期限;

(5)所找到的渔业资源的分配;

(6)拟进行开发活动的渔业水域;

(7)开发渔业资源的方法;

(8)处理渔获的方式,包括处理渔获的港口的详细信息和渔获是否被加工的说明,如果进行了加工,还应注明以何种方式进行加工;

(9)开发渔业资源的预期费用和开发渔业资源获得的预期收入;

(10)法定的其他事项(如果有的话)。

3. 申请书还必须包括下列事项:

（1）该船舶是否在任何时候违反过准入协议（不论纽埃政府是否为该协议的成员方），如果有违反准入协议的行为，应写明违法的性质和行为以及受到的处罚；

（2）该船舶是否因被指控违反该种开放性协议而成为询问或调查的对象，如果有此情况，写明指控的性质；

（3）该船舶是否是留置、指控、扣押、抵押或债务的对象，不论是可能的还是事实上的，也不论是协助询问调查还是协助法定诉讼程序；

（4）该船舶是否曾被拒绝批准在其他国家的水域进行捕鱼活动，如果有此情况，写明被拒绝的原因；

（5）该船舶在其他国家的水域中进行捕鱼的批准是否被中止或吊销过，如果有此情况，写明被中止或吊销的原因。

4. 申请书还须包括以下事项：

（1）船舶的所有人、租船人或船长是否违反过准入协议（不论纽埃政府是否为成员方），如果有此情形，写明违法的性质；

（2）船舶的所有人、租船人或船长是否曾因违反准入协议被指控，如果有此情形，写明指控的性质；

（3）船舶的所有人、租船人或船长是否曾因在其他国家水域内进行捕鱼活动而被询问、调查或参与法定诉讼程序，如有此情形，写明参与的详细情况；

（4）船舶的所有人、租船人或船长是否因本款第（1）、（2）和（3）项提到的询问、调查或诉讼已经或可能受到处罚或承担责任；

（5）船舶的所有人、租船人或船长是否使用过流网捕鱼或因流网捕鱼被指控。

第二十八条 许可证的颁发

1. 部长可以依据本法第二十七条规定的申请书和内阁的批准颁发许可证，允许申请书中确定的渔船从事：

（1）在渔业水域捕鱼（包括试验性捕鱼）；

（2）在渔业水域进行科学研究。

2. 部长可以为渔船颁发许可证，不论该渔船是否包含在有效的准入协议中。

3. 许可证应该：

（1）规定其允许的特定捕鱼活动；

（2）规定与适当养护和管理渔业资源相适应的捕捞量；

（3）与相关管理和开发计划相一致；

（4）保证纽埃人对渔业的保护。

4. 在批准许可证时，内阁可以附加其认为为保证适当养护和管理渔业资源所需要的任何特殊条件。例如，关于下列事项的条件：

（1）捕鱼的方法和类型；

（2）允许捕鱼的区域；

（3）授权捕捞的鱼种和数量，包括副渔获物的限制；

（4）许可证的期限。

5. 除非为了保证对纽埃人捕鱼权利的适当保护，否则内阁没有必要必须批准一项许可证。

6. 依据本款，不得将许可证颁发给渔船，除非该渔船在区域注册上信誉良好。

7. 如果渔船未经区域注册登记，许可证仍可颁发给为以下完全控制或所有的渔船：

（1）纽埃政府；或

（2）纽埃人或纽埃永久性居民；或

（3）居住在纽埃的人。

8. 在本条中：

“试验性捕鱼”是指为测试商业捕捞可行性的捕鱼。

“科学研究”是指为养护或管理某种渔业资源进行的数据收集。

第二十九条　许可证的一般条件

1. 内阁可以通过政府公报指定适用于所有许可证的一般条件。

2. 一般条件于公告中确定的日期开始实行，如果公告中没有确定日期，则自公报发布之日起实行。

3. 不论准入协议是否生效，适用于所有许可证的一般条件可包括下列相关事项的条件，例如：

（1）开放和关闭鱼汛期；

（2）禁止捕鱼的区域；

（3）渔网眼最小尺寸或渔网；

（4）鱼的最小尺寸；

（5）观察员装置；

（6）内阁要求的其他一般条件。

4. 任何人未经主管事先批准，不论是否蓄意，破坏、损毁或以其他方式干扰渔船观察装置即构成犯罪。处罚：不超过 25 万美元的罚款。

第三十条 条件的变更和废止

1. 如果为保证对渔业资源的适当养护和管理之必要，内阁可以变更或废止依本法设定的任何一般或特殊条件。

2. 一般条件的变更或废止应在政府公报上公布。

3. 内阁如果增加新的一般条件，必须在政府公报上公布。

4. 内阁如果增加了新的特殊条件，或变更或废止特殊条件，必须相应地通知相关许可证持有人。

第三十一条 法定条件

依本法第七部分颁发的许可证受下列条件的限制：

（1）许可证适用的渔船的所有人或租船人和船长必须遵守纽埃法律；

（2）许可证所涉及的渔船的性能必须与许可证申请书中给出的信息和财务预测随时保持一致。

第三十二条 许可证期限

1. 受本法或依本法设定的特殊或一般条件的限制，依本法第七部分颁发的许可证的期限为自许可证颁发之日起一年。

2. 依本法颁发的许可证应在许可证到期前依本法第二十七条重新申请。

第三十三条 使用渔船进行特定活动的授权

1. 经内阁批准，主任可以授权使用渔船在渔业水域内进行特定的捕鱼活动。

2. 授权应受到内阁设定的条件的限制。

3. 除非满足下列条件，否则主任不得根据本条授权：

（1）给渔船颁发许可证允许其进行相关活动的情形是不适合的；

（2）该活动不涉及捕鱼活动；

（3）该活动不是持续进行的。

第三十四条 费用

1. 依照本法颁发的许可证或授予的授权证书应交纳一定费用，但如果准入协议中规定了此种费用，则不再收取额外费用。

2. 内阁应不时地确定颁发许可证的费用，并决定授予授权证书应支付的费用数额。

第三十五条 许可证或授权证书的转让

1. 依本法颁发或授予的许可证或授权证书不得转让，除非经内阁批准或根据准入协议的规定。

2. 合同或安排中旨在分配、转让或处理依本法授予或颁发的授权证书或许可证所赋予的全部或部分权利和利益的任何条款是无效的。

3. 任何人签订包含第 2 款所述类型条款的合同或安排被认为是犯罪。处罚：不超过 10 万美元的罚款。

4. 为本条之目的，对依本法获得或被授予许可证或授权证书的渔船的租赁，被认为是对许可证或授权证书的转让。

第三十六条 许可证的撤销和中止

1. 如果存在以下情形，内阁可以撤销依本法颁发的许可证，或在规定的时间内中止该许可证：

（1）许可证在颁发时或颁发后与管理和开发计划要求不一致；或

（2）持有许可证的渔船或其所有人、租船人和船长违反——

（a）本法条款；或

（b）许可证的条件；或

（c）如果许可证根据准入协议颁发，则违反该协议的条款；

（3）未缴纳许可证应支付的费用或其他相关费用；或

（4）渔船在区域注册上的良好信誉被中止或撤销；或

（5）渔船或其所有人、租船人或船长参与流网捕鱼；或

（6）渔船上载有流网。

2. 应根据内阁的指示，通知渔船的所有人、租船人或船长其许可证被撤销或中止。

3. 当本条第 2 款规定的通知已经发出，该撤销或中止即生效。

4. 如果基于本条第 1 款第（1）项的原因许可证被撤销或中止，颁发许可证所付的任何费用应当进行分配，期限未满的应按照在许可证期限内所占的比例返还给支付费用的人。

第三十七条 上诉

因内阁撤销或中止许可证的决定而受损的人可以在撤销和中止生效后 21 天内就该决定向高等法院提起上诉。

第八部分 授权官员和观察员

第三十八条 授权官员的委任

1. 为本法之目的，部长可以在政府公报上发布公告，委任个人或团体中的每个人（包括国民和其他国家的国民）为授权官员。

2. 部长委任的授权官员不得是公共服务委员会职员。

第三十九条 授权官员的权力

1. 为执行本法之目的，授权官员无需授权可进行下列活动：

（1）有合理根据怀疑触犯或违反本法条款时，可停止、登临或搜查适用于本法的任何渔船；

（2）在该渔船上逗留；

（3）要求船长或船上任何人员告知该渔船的名称、呼号和登记国以及船长、所有人、租船人或其他船员的姓名；

（4）要求船长或船上任何人员回答与渔船的货物、船舱和储藏室内物品和船舶航行及活动有关的问题；

（5）对已经或将要被行使本法赋予的权力的处所、船舶、车辆和或飞机，授权官员认为必要时可以进行任何检查或询问，并可以对该处所、船舶、车辆或飞机内或其上的任何渔获或鱼类产品采集样本；

（6）检查并复制任何本法要求的或与渔船操作相关的许可证、航海日志、记录或其他文件；

（7）在航海日志上做记录，注明日期并签字；

（8）检查任何处所、船舶、车辆或飞机内或其上的任何渔获、渔具，或炸药、毒药，或其他有害物质；

（9）为本法规定的任何目的之必要或作为合理的权宜之计，对被停止、登临或搜查的船只的船长或任何船员发出任何指示，或规定渔船、船长和任何船员遵守依本法授予或颁发的任何许可证、授权证书、执照或批准的条件；

（10）检查任何观察装置；

（11）要求渔船船长或明显负责任何处所、车辆或飞机的人向授权官员提供渔船、处所、车辆或飞机内或这些设备上载有的第（6）、（8）或（10）项或随后条款涉及的任何事物。

2. 如果授权官员有合理根据相信已经或将要发生违反本法的犯罪行为，则他无须令状即可：

（1）在有合理根据相信犯罪已经或将要发生或藏匿非法渔获时，进入、检查或搜查除专门用于居住以外的任何处所。

（2）在有合理根据怀疑任何车辆或飞机运输渔获或渔产品时，停止、进入和搜查该车辆或飞机，并在该车辆或飞机上停留。

（3）在渔业水域内依照国际法开始紧追后，在渔业水域外截停、登临、搜查有合理根据相信被用于犯罪活动的船舶，并将该船舶以及船上的所有人员和物品带回渔业水域内。

（4）扣押以下任何事物或物品——

（a）有合理根据相信已经或正在被用于犯罪活动的任何船舶（包括其渔具、设备、储备和货物）、车辆或飞机，或他知道或有合理根据相信依本法条款已经被捕获没收的船舶、车辆或飞机；

（b）有合理根据相信是在犯罪活动过程中捕捞的任何渔获或鱼类产品，或违反本法规定获得的渔获或鱼类产品；

（c）任何日志、海图或其他依本法或任何许可证或执照的条款要求保留的文件，或者有合理根据相信证明或可能证明违反本法的犯罪活动的文件，不论有没有其他证据；

（d）有合理根据认为可能在本法规定的诉讼程序中作为证据使用的任何物品。

（5）逮捕有合理根据认为违反本法规定的人。

3. 不论是否有令状或经其他程序，授权官员可以：

（1）执行有合法管辖权的法院发布的任何手令或其他程序；

（2）行使任何有法律效力的授权。

第四十条　授权官员在渔业水域外的权力

如果紧追中的船舶超出了渔业水域的范围，本法规定的授权官员可依照国际法在渔业水域外行使其权力。

第四十一条　被扣押船舶的处置

1. 如果渔船依照本法被扣押：

（1）船长和船员必须将船驶向授权官员指定的最近或便利的港口；

（2）在渔船达到指定港口之前，船长负责渔船及船上人员的安全。

2. 如果船长没有将被扣押的船只驶往指定港口，授权官员或其协助人员可以将被扣押的船只驶往指定港口。

3. 如果渔船依照本条第 2 款规定的情形驶往指定港口，对于船舶驶向指定港口过程中的任何死亡、伤害、损失或损害，不得向授权官员或纽埃政府索赔。

4. 第 1、2、3 款（可作必要改变）适用于依本法被扣留的车辆和飞机，且分别适用于它们的驾驶员和飞行员。

5. 渔船所有人和操作员应支付渔船造成的任何环境破坏、清理、处置费用或从专属经济区迁移船只的费用。

第四十二条　被扣留船舶零件的拆卸

1. 为使渔船不能移动的目的，授权官员可以拆卸被纽埃政府扣留的渔船的任何部分或零件。

2. 根据第 1 款，拆卸渔船零件的授权官员应保证该零件得到妥善的保管，并在渔船合法释放时将该零件返还该渔船。

3. 个人不得：

（1）占有或安排获取第 1 款中拆卸的零件，除非根据第 2 款为妥善保管该零件之目的；或

（2）占有或安排获取或用其他替换物或替代品代替第 1 款中拆卸的零件；或

（3）给纽埃政府扣留的渔船安装任何零件或替换物或替代品。

对第 3 款犯罪的处罚：不超过 25 万美元的罚款。

第四十三条 观察员

1. 主任可以书面形式指定一人或多人在依本法颁发或授予许可证或授权证书的渔船上履行观察员的职能。

2. 准入协议可以授予个人观察员的权力和责任,并可以授予本条规定以外的权力和责任。

3. 为以下之目的,观察员可以登临任何依本法授予许可证或授权证书的渔船:

(1)保证渔船及其船员遵守本法和许可证或授权证书的条款和条件;或

(2)监督渔船的任何活动;或

(3)开展主任决定的任何研究。

4. 渔船的操作员和每个船员必须允许和协助观察员行使下列权力:

(1)登临渔船;

(2)有权获得和使用观察员认为为履行职责所必要的渔船上的任何设备和装置;

(3)有权进入驾驶舱或用来保存、称重和储藏渔获的区域;

(4)有权查看渔船的记录(包括日志),并收集他需要的渔业水域内与渔业有关的任何信息;

(5)有权接触船上的任何渔获,并进行采样;

(6)检查并复制渔船的记录(包括日志);

(7)在主任或开放性协议规定的时间和地点登陆。

5. 在渔船上,操作员应向观察员提供可被主任接受的免费食物、住宿和医疗设施。

6. 观察员可以进入渔业水域内卸载或转运渔获的地方,并可以采样和收集他所需要的渔业水域内与渔业相关的任何信息。

第四十四条 授权官员和观察员的职责

1. 任何渔船的船长和每个船员、任何车辆的驾驶员及飞机的飞行员和机组人员必须时刻遵守授权官员或观察员给出的具有法律效力的引导和指示。

2. 渔船的船长和每个船员、车辆的驾驶员及飞机的飞行员和机组人员必须采取合理措施:

(1)保证授权官员或观察员在行使职责时的安全;

（2）协助授权官员或观察员履行职责或行使权力。

3. 个人不得：

（1）攻击、阻碍、抵制、延误、恐吓或以其他方法干扰授权官员或观察员行使职责；或

（2）攻击、阻碍、抵制、延误、恐吓或以其他方法干扰执行授权官员命令或协助授权官员合法行事的任何人；或

（3）在授权官员或观察员履行职责或行使权力时，对其进行威胁、侮辱或使用攻击性语言或侮辱性手势；或

（4）对依照授权官员命令或协助授权官员合法行事的任何人进行威胁、侮辱或使用攻击性语言或侮辱性手势；或

（5）不遵守任何授权官员或观察员的合法要求；或

（6）向授权官员提供任何其明知在细节方面有错误或误导性的详细材料；或

（7）假冒授权官员或假冒根据授权官员命令或协助授权官员依法行事的人。

本条所有犯罪的处罚为不超过25万美金的罚款或不超过两个月的监禁，或并处。

第四十五条　授权官员和观察员的身份证明

在行使本法授予的权力时，如果被要求证明身份，授权官员或观察员必须出示其身份证明，以示他为本法规定的授权官员或观察员。

第四十六条　授权官员、观察员或其他人员的保护

对忠实地履行或执行或本意上为履行或执行本法规定的权力或职能的人，对其作为或不作为不得提起诉讼或其他诉讼程序（不论是民事的还是刑事的）。

第四十七条　信息必须真实、完整和正确

1. 依本法要求记录、通知、传达或报告信息的人必须保证记录、通知或传达的任何信息是真实、完整和正确的。

2. 依本法或规章要求向主任通知、传达或报告任何信息的人必须立刻将情况的任何变化通知主任。这种变化可能导致先前通知、传达、报告的任何信息存在错误、变得不完整或有误导性。

3. 个人违反本条规定即构成犯罪。

处罚:不超过25万美金的罚款。

第九部分 相关财产的出售、释放和没收

第四十八条 被扣押货物的释放

1. 高等法院在接受保证金或其他形式的担保后,可以依申请命令释放依本法扣押的任何渔船(包括船上的渔具、设备、储备和货物)、车辆、飞机或其他物品。

2. 在确定保证金或其他形式的担保的价值时,法院必须考虑下列因素:

(1)被释放财产的总价值,包括可能没收的任何捕捞物;

(2)被指控或可能被指控的犯罪的最高罚款(或罚款总额);以及

(3)如果判决有罪,可能承担的诉讼费用。

第四十九条 被扣押的易腐烂货物的出售

1. 依本法扣押的任何渔获或其他易腐烂物品,必须依本法保存和处理。

2. 主任可以出售第1款提及的渔获或其他物品。

3. 在做出合理努力后,如果主任不能将第1款提及的渔获或其他物品出售,或该渔获或物品不适合出售,主任应以他认为适当的方式处置上述物品。

第五十条 扣押物的保存

纽埃政府必须保存依本法扣押的物品以及任何保证金或抵押物和销售的收益,直到:

(1)根据本法提起的任何相关法定诉讼程序最终结束;或

(2)决定不提起诉讼程序。

第五十一条 高等法院没收的权力

1. 如果一个人被判犯有违反本法的罪行,除了可判处任何其他处罚,高等法院还可以命令:

(1)将用于犯罪活动的任何渔船(包括船上的渔具、设备、储备和货物)、车辆或飞机没收给国王;

(2)没收在犯罪行为发生时捕捞的或与之有关的任何渔获或易腐烂的捕

捞物,或任何渔获或易腐烂物品的销售收益,以及用于犯罪活动的任何炸药、毒药和其他有害物质。

2. 依本法被扣留的渔船、车辆、飞机或其他物品,或保证金、抵押物或销售收益,如果没有被没收或用来偿还依本法判处的任何罚款、费用或处罚,则必须由其所有人或所有人委托的人领取,或者在没有所有人及委托人时由表面有此权利的人领取。

3. 如果渔船、车辆、飞机或其他物品在交纳保证金或抵押物后被释放,除法院因特殊原因确定了较小金额外,没收的命令应视为执行没收保证金或抵押物的命令。

4. 如果渔船、车辆、飞机或其他物品在交纳保证金或抵押物后被释放,法院可以要求依本法被判有涉及渔船、车辆、飞机或其他事物的犯罪的被告人或相关渔船、车辆、飞机或其他事物的所有人(不论其是否为被告)支付保证金或抵押物与根据第五十四条确定的应没收财产总值之间的差额。

第五十二条 保证金、抵押物或销售收益的使用

保证金或抵押物或销售的收益必须按照下列顺序使用:

第一,支付与销售有关的费用(只要存在);

第二,缴付根据第五十一条应予没收的财产;

第三,缴付所有依本法规定的有关渔船、车辆、飞机或其他物品的罚款;

第四,支付所有的因渔船、车辆或飞机引起的诉讼程序的费用;

第五,确保高等法院决定的其他费用(只要存在)。

第五十三条 被没收物的移转

依本法被扣押或没收的渔船、车辆、飞机或其他事物被纽埃政府扣留时,如果被非法移转,则应予充公。

第五十四条 被扣押或没收物品的处置

1. 上诉期满后没有提起上诉的,应按照内阁指定的方式处理依本法被没收的渔船、车辆或其他物品。

2. 依本法被扣押但未被没收的渔船、车辆或其他物品必须被出售,并按照第五十二条规定的顺序和方式处理销售收益。

第五十五条 扣留物品丢失、损毁、变质的责任

在渔船、车辆、飞机和其他物品依本法被纽埃政府扣留期间,纽埃政府承

担其丢失、损毁或变质的责任。

第五十六条 禁令

1. 如果行为人犯有违反第四十四条第3款的犯罪,除施加任何处罚外,法院还可以要求行为人在5年内不得于渔船在渔业水域捕鱼期间登船或在任何渔船上逗留。

2. 行为人违反第1款规定,或渔船的船长在明知行为人因违反第1款规定被禁止在渔船上逗留但仍允许其上船,被认为是犯罪。

处罚:不超过25万美元的罚款。

第五十七条 被扣留物品的移转

如果行为人未经合法授权移转依本法被纽埃政府扣留的渔船、车辆、飞机或其他物品,则被认为是犯罪,不论行为人是否明知该渔船、车辆、飞机或其他物品已被纽埃政府扣留。

处罚:不超过25万美金的罚款或不超过3个月的监禁,或并处。

第十部分 责任和处罚的一般条款

第五十八条 船长的责任

如果船上人员或渔船的雇员犯有违反本法的罪行,船长被指控为犯有同样的罪行。

第五十九条 处罚

如果对依本法规定的犯罪没有明确的处罚,则处以不超过25万美金的罚款。

第十一部分　规　　章

第六十条　规章

1. 内阁认为必要时或本法条款有效期满时，内阁可以为适当管理之目的随时制定规章。

2. 除第 1 款的一般性授权外，在制定规章时可规定下列事项：

（1）渔业或任何特定渔业的养护、管理、开发、许可和控制。

（2）根据本法对用于捕鱼、其他相关活动或本法规定的其他目的的任何渔船、用于捕鱼的渔船的等级或种类进行许可授权或登记，包括与许可、授权或登记有关的格式、发证要求、拒绝理由、条款和条件、酬金、收费、版税以及其他形式的赔偿。

（3）渔民或渔民类别、用于捕鱼的渔具和其他设备或装置的许可、授权或登记。

（4）渔业水域中渔船的操作和应遵守的条件与程序。

（5）根据本法规定为任何目的进入渔业水域的任何其他渔船的操作和应遵守的条件与程序。

（6）捕捞、装载、卸下、处理、转运、运输、占有或处置渔获。

（7）进口、出口、分销和买卖渔获与鱼类产品。

（8）装载任何渔具的方式。

（9）授权官员和观察员的委任、权力和职责。

（10）任何船舶的船长和船员应遵守的有关授权官员和观察员的义务和程序。

（11）支付酬金给提供外国渔船违反本法犯罪活动的相关信息的任何人。

（12）许可、控制或使用鱼类聚集装置和聚集鱼类的权利，以及规定在该装置周围的任何船舶可捕鱼的时间与最短距离。

（13）限制或禁止使用自持式水下呼吸机以及除水下通气管以外的其他任何水下呼吸装置。

（14）限制或禁止使用捕鱼枪或其他类似装置。

（15）规定渔船的登记、船上人员安全以及渔船安全的标准和措施。

（16）规制水产养殖业，获得被租赁用于水产养殖的陆地与邻接陆地的水域。

（17）规定水产养殖业的租借条款和条件。

（18）要求提供与渔业有关的统计和其他信息。

（19）鱼类加工企业作业的控制、监管和操作条件。

（20）防止海洋污染，不论污染是来自陆地还是在海洋中排放的。

（21）依照本法规定接收和回应程序的代理人的任命、维持及其程序。

（22）实施任何准入协议或相关协议或其他依本法缔结的协议或安排。

（23）对普通或特定渔场的限制或禁止：

（a）捕捞珊瑚和贝壳；

（b）设置鱼栏或渔网；

（c）捕捞人工饲养的鱼；或

（d）水产养殖作业；

（e）规定保护海洋生物的措施；

（f）在允许捕鱼活动或禁止捕鱼活动的期间内，管理或禁止在任何咸水湖或咸水湖的任何部分进行任何种类的捕鱼活动，以及准许、限制或禁止使用可能用于该捕鱼活动的设备或方法。

（24）规定违反规章的犯罪及其处罚，罚款不超过 25 万美元；如果该犯罪为连续犯罪，则在犯罪持续的期间内处以每天不超过 500 美元的罚款。

（25）规定以下事项：

（a）准入协议的实施；

（b）纽埃政府作为成员方的且有关协议各方在养护、管理、开发和监管方面建立统一测试与约束机制的协议的实施；

（c）在各成员方的渔业水域内采取的准入和执行措施。

第十一部分　一般规定

第六十一条　例外

依《1978 年领海与专属经济区法》制定并颁布的所有规章、命令和公告，以及所有按该法颁发或制定的许可证、执照、其他授权书或协议，除非不符合本法规定，否则继续有效，如同是依照本法颁发或制定的。

第六十二条 废止

下表中的法令被废止。

表 格
废止的法令

1951 年库克群岛商业捕鱼规章（SR 1951/2）

1950 年库克群岛贝类捕捞规章（SR 1950/50）

1950 年库克群岛贝类出口税规章（SR 2950/51）

1978 年领海和专属经济区法

1984 年领海和专属经济区法修正案

1987 年领海和专属经济区法修正案

我，John Tofo Funaki，纽埃议会发言人，证明本法符合《纽埃宪法》第三十四的条要求。

1997 年 4 月于议会大厅签名盖章。

帕　劳
Palau

（英文文本截止于2009年5月22日）

帕劳国家法（PNC）

第二十七编　渔业
第一分编　外国渔业法
第一章　渔业区域和外国渔业规章
第三节　渔业区域

141. 基线
142. 领海;内水
143. 专属经济区
144. 扩展渔业区域
145. 合并区
146. 暗礁
147. 划界

第一百四十一条　基线

基线是环绕岛屿或环状珊瑚礁的一条连续的线。本章指定区域的基线按如下测量：

（1）没有堤礁、岸礁或其他礁石的岛屿或岛屿的部分的基线是经政府承认的官方大比例尺海图标示的低潮线。

（2）有堤礁、岸礁或其他礁石的环状珊瑚礁或岛屿或岛屿的部分的基线是沿礁石向海一侧的外部边缘的线。该线连接低潮时礁石露出水面的最外缘的高地，并被标示在经政府承认的官方大比例尺海图上。

第一百四十二条 领海；内水

1. 在此确立宽度为 3 海里的领海。每个岛屿或环状珊瑚礁的领海的内部界限为根据本编第一百四十一条定义的基线。其外部界限为其上各点到基线上最近各点的距离为 3 海里的一条线。

2. 基线向陆一侧的水域为内水，包括礁湖、环状珊瑚礁或岛屿。

第一百四十三条 专属渔业区域

1. 在此确立邻接领海的专属渔业区域。每个岛屿或环状珊瑚礁的专属渔业区域的内部界限是领海向海一侧的界线，且外部界限是其上各点到本编第一百四十一条定义的基线上向海一侧最近各点的距离为 12 海里的一条线。

2. 国家政府在专属渔业区享有并行使与领海相同的生物资源主权权利。

第一百四十四条 扩展渔业区域

1. 在此确立邻接专属渔业区域的扩展渔业区域。每个岛屿或环状珊瑚礁的扩展渔业区域的内部界限是专属渔业区域向海一侧的界线，且外部界限是其上各点到本编第一百四十一条定义的基线上向海一侧最近各点的距离为 200 海里的一条线。

2. 政府在国际法认可的范围内应对扩展渔业区域内的所有生物资源享有专属的管理、养护和监管权。

第一百四十五条 合并区

如果一个岛屿的区域与另一岛屿的类似区域重叠，则两个区域合并为一个区域，两个区域向海一侧的外部界限为合并区的外部界限。

第一百四十六条 暗礁

在共和国渔业区内的暗礁区，传统承认的渔业权利应依照有关当局的法规予以保留和尊重。

第一百四十七条 划界

1. 如果扩展渔业区域与其他国家确立国家管辖权的区域重叠,有关当局、美国政府和托管领土政府应在划界问题上进行合作。

2. 如果共和国的渔业区域与托管领土的另一国家的区域重叠,有关当局可以通过与该国适当机构达成协议来解决各自渔业区域的冲突。

修正《帕劳国家法典》第一编第一章的法律
(2003年9月5日)

本法修正《帕劳国家法典》第二十七编第一章,以禁止外国渔船在Malakal港礁石入口东边的50海里半径范围内捕鱼;禁止外国渔船捕捞热带鱼类、海龟、鳐鱼、鲨鱼和海洋哺乳动物;禁止外国渔船使用钢制渔线;规定对某些违反该章的行为的刑罚;使共和国海洋管辖权的范围与《联合国海洋法公约》(UNCLOS)保持一致;在27PNC增加第一百七十四条,对在共和国卸载和销售的长嘴鱼类的实际销售额征收40%的税;以及为相关目的。

代表帕劳人民的国会颁布以下法律:

第一条 立法发现

国会发现帕劳共和国必须采取更明确的措施,以便为了保护帕劳人民的利益和发展共和国的海洋资源。共和国从外国渔船在我们的水域中捕捞的金枪鱼和其他鱼类的价值中取得了很小部分收入。同时,外国渔船使共和国国家水域中的鱼类和其他海洋生物以令人忧心的速度锐减。外国渔船通常捕获“副渔获物”,包括青枪鱼、旗鱼、剑鱼和鲨鱼。有些外国船舶还参与了截取鲨鱼鳍(在实践中常被称为“鱼翅”)的活动。海洋资源的这种快速减少危及一些种群的可持续性,并且永久地改变了共和国水域中脆弱的生态平衡。

外国渔船还造成了额外的环境和审美问题。这些船舶向共和国的水域排放废弃物和其他污染物,危害海洋生物,并威胁公共健康和安全。渔船也是破坏了共和国自然风光的不利因素。这毫无疑问对旅游业造成消极影响,而旅游业是共和国现今最大和最重要的产业,而且在将来大有前景。此外,共和国正在努力促进可持续垂钓产业的发展。外国渔船的存在和不可持续的活动不可逆转地损害了这两项产业。

由此，国会认为，共和国必须采取一切适当措施，削弱那些在共和国水域内捕鱼的外国渔船造成的消极影响，并鼓励当地捕渔业的发展。相应地，禁止钢制渔线的目的在于减少捕捞鲨鱼的可能性。

国会进一步认为，从共和国在 1996 年 9 月批准了《联合国海洋法公约》（UNCLOS）后，《帕劳国家法典》第二十七编的一些规定与公约的内容有抵触。依照帕劳在公约中承担的义务，国会认为，共和国的国内渔业法必须根据我们的国际条约义务作出修正，以禁止因违反共和国渔业法律而被监禁，并且澄清共和国海洋管辖权的范围。

第二条 修正

《帕劳国家法典》第二十七编第一章修正如下：

第一百零二条 定义

…………

（6）“外国渔业协定”指经国家政府和外国政府或与一个或多个外国商业捕鱼利益团体达成的协定，准许外国船舶在共和国的专属经济区内捕鱼。

（7）“外国捕鱼”指本法典第七编规定的未在共和国合法登记的船舶的捕鱼，或者依据该编第一百六十七至一百七十二条规定获发许可证的船舶的捕鱼。

…………

（12）“钢制渔线”指一种钢铁制成的、连接钓丝和吊钩的渔线。

（13）“鱼类种群”指……

（14）“水下礁石”指……

（15）“部门”指……

（16）“部长”指……”

…………

第一百二十三条 资源和发展部；有关外国捕鱼协定的职能和义务

除第二编规定的职能和义务之外，部长另有以下义务、职能和权限：

（1）依据本编第一百二十五条和第一百四十四条制定养护、管理与开发共和国毗连区及专属经济区所有生物资源的规章；

(2)谈判和缔结……

(3)发放外国捕鱼许可证……

(4)履行此类其他职能……

…………

第一百四十二条　领海;内水

(1)特此确定12海里宽的领海。每个岛屿或环礁的领海内部界限是本编第一百四十一条定义的基线,而外部界限是一条其上各点与基线上最近点的距离均为12海里的线。

…………

第一百四十三条　毗连区

(1)特此确定邻近领海的毗连区。每个岛屿或环礁的毗连区内部界限是领海向海一侧的界限,而外部界限是一条其上各点与基线上最近点的距离均为24海里的向海一侧的线。

(2)国家政府对毗连区享有并行使与领海相同的生物资源主权权利。

第一百四十四条　专属经济区

(1)特此确定邻近毗连区的专属经济区。每个岛屿或环礁的专属经济区内部界限是毗连区向海一侧的界限,而外部界限是一条其上各点与本编第一百四十一条定义的基线上最近点的距离均为200海里的向海一侧的线,除非国际法或协定另有限制。

(2)国家政府对专属经济区内的所有生物资源享有国际法承认的专属管理、养护和调整权。

…………

第一百六十一条　受限制的外国捕鱼

(1)外国渔船均不得在领海、内水、毗连区或马拉卡尔港礁石入口东边50海里半径范围内的任何一处捕鱼。如果外国捕鱼公司在本款生效之日是某个外国捕鱼协定的当事方,并且持有依据该协定和依据本章发放的有效许可证,则该外国渔船可以按照该外国捕鱼协定捕鱼,直至协定的有效期届满。

(2)外国渔船仅在依据本章规定在马拉卡尔港礁石入口东边50海里半径范围外的专属经济区内,并且在遵守共和国法律、任何可适用的规章、任何许可证以及共和国缔结的渔业协定的任何规定的情况下才被允许捕鱼。

…………

第一百六十三条　同样;有关部门采用的措辞和条件

在谈判外国捕鱼协定时,有关部门应……

(1)……

(2)……

(3)外国缔约方和该缔约方所有渔船的所有人和运营人任何一年内都不得超过该方在外国渔业总可捕量中分得的份额。

(4)……

(a)……

(b)……

(c)遵守在没有有效的和适用的许可证的情况下不允许外国渔船在共和国专属经济区捕鱼的要求,以及遵守许可证的所有条件和限制的要求。

(5)……

…………

第一百六十五条　同样;在各外国间分配可捕量;可持续的限制

有关当局通过每年的规章……

(1)……

(2)……

(3)……

规章应规定在共和国领海、内水、毗连区和专属经济区内外国捕鱼的总可捕量、捕捞限制和各自的可捕份额,以确保每个鱼种的长期可持续性和健康以及生物资源、热带鱼与水下珊瑚的数量。

…………

第一百六十七条　捕鱼许可证;一般

(1)外国渔船只有持有依据本章发放的有效许可证,才可以在共和国的专属经济区内捕鱼。

(2)……

第一百六十八条　同样;适用过程

(1)根据外国捕鱼协定要求取得许可证的每个外国缔约方,应以有关当局规定的形式提出申请,其中应具体说明:

…………

(d)在许可证有效期间,预备分给每艘此类船舶的渔获数量或捕捞重量;

(e)从事此类捕鱼的海域、季节或时间段;

(f)按各自科学名称列出每艘此类船舶在其许可证有效期内可以捕捞的鱼类种群。

…………

第一百六十九条　同样;费用和补偿

在共和国专属经济区内享有开发生物资源的权利所要求的费用和其他形式的补偿应在外国捕鱼协定中确定。

第一百七十条　同样;禁止性行为的后果

如果持有依据本章发放的许可证的任何外国船舶被用于从事法律、规章或措施、条件禁止的任何活动,或违反了与该渔船相关的外国捕鱼协定或许可证规定的限制,或者法律施以的任何民事或刑事罚款尚未支付且逾期,有关当局在不妨碍有关缔约方在以后任何一年为该船舶获取许可证的权利的情况下得吊销该许可证。

第一百七十一条　同样;非商业捕鱼

不论本章任何其他规定如何,有关当局可以通过规章,在合理的条件下向外国渔船或缔约方发放许可证,以便外国渔船或缔约方在共和国专属经济区内进行研究、休闲或其他非商业性捕鱼活动。

第一百七十二条　同样;饵鱼

不论本章任何其他规定如何,外国渔船……由有关当局发放捕鱼许可证。特殊的饵鱼许可证……在共和国的领海、内水、毗连区和专属经济区,可能受到这种饵鱼捕捞的影响。

…………

第一百八十一条　禁止性行为

任何人有以下行为是违法的:

(1)使用任何外国渔船捕捞27PNC第十二章定义的任何热带鱼、海龟、鳐鱼或海洋哺乳动物,或任何此类鱼或海洋哺乳动物的任何部分,或在其他情况下故意截取或伤害任何此类鱼或海洋哺乳动物。如果任何此类鱼或海洋哺乳动物被无意捕捞或俘获,应以为其提供最大生存机会的方式将其释放;

（2）在共和国的内水、领海、毗连区或专属经济区时，在任何外国渔船上使用钢制渔线作为渔具，或拥有钢制渔线；

（3）违反本章任何规定 ……

（4）适用任何渔船 ……

（5）违反可适用的任何规定或规章 ……

（6）拒绝任何获授权执行本章规定的官员登上受该人控制的渔船，以执行与本章或本条第（3）、（4）和（5）项提及的任何规章、许可证或协定有关的任何搜查或检查；

（7）武力袭击、抗拒、反对、阻碍、恐吓或干扰任何此类授权官员执行本条各款规定的搜索或检查；

（8）抗拒一项合法的 ……

（9）故意用船运送、运输、提供销售、销售、购买、进口、出口或保管、控制或占有任何因违反本章或本条第（3）、（4）和（5）项提及的任何规章、许可证或协定而被扣押或保留的任何鱼类。

（10）干扰、延迟 ……

（11）使用任何外国渔船捕捞 27PNC 第十二章定义的任何鲨鱼或任何此类鱼的任何部分，或切去任何此类鲨鱼的鳍，或故意截取或伤害任何此类鲨鱼。如果任何鲨鱼被无意捕捞或俘获，不论鲨鱼是死的还是活的，应立即将其释放；如果鲨鱼被捕捞或俘获，应以为其提供最大生存机会的方式将其释放。

第一百八十二条　刑事处罚

（1）……

（2）有第一百八十一条第（1）、（2）、（3）、（4）、（5）或（11）项规定的禁止性行为而构成任何犯罪的，被判处不超过 250 000 美元的罚金；

（3）有第一百八十一条第（6）、（7）、（8）、（9）或（10）项规定的禁止性行为而构成任何犯罪的，对每项违法行为均判处不超过 500 000 美元的罚金。除此之外，在实施任何此类犯罪时，若此人使用危险武器造成任何授权执行本章规定的官员的身体伤害，或者使任何此类官员陷于立即将遭受身体伤害的恐惧中，对每项违法行为均处以不超过 1 000 000 美元的罚金。持续犯罪的每天应构成单独的罪行。

（4）这些罚金应在任何依据其他法规可适用的其他刑罚之外收缴。

第一百八十三条　民事处罚

(1)在最高法院在民事诉讼程序中,若任何人被发现犯有本编第一百八十一条规定的禁止性行为,则此人应为每项违规行为被判向国家政府缴付不超过500 000 美元的民事罚款。持续违法的每天应构成单独的罪行。

(2)……

(3)总检察长或任何在共和国居留的人有权启动本条规定的诉讼程序,以及追回被判定为民事处罚的金额,并得到禁令救济,以预防违法行为或强制遵守法律。

(4)在依据第(3)项启动民事诉讼法律程序前,共和国的居民应向总检察长提交书面请求以启动程序。该请求应包括相信存在诉讼事由的理由陈述。总检察长应在收到此项请求后 30 日内回复,明确其是否将依据第(3)项启动程序。如果总检察长在30日内提起申诉,原告不可以提起进一步的诉讼,除非总检察长提起的诉讼被驳回而不损害法定权益,并且总检察长在此后60 日内未再次提起该程序。

(5)民事处罚所得应按照本编第一百八十五条和第一百八十九条归入国库。

第一百八十四条　没收;程序

…………

(6)为本章的目的,在因本编第一百八十一条规定的禁止性行为被扣押的渔船上发现的渔获是在违反本章规定的过程中捕捞或保留的,是可以反驳的假设。

(7)如果渔船的所有人不能缴付因违反本章规定被判处的所有民事或刑事罚款,总检察长应对被以任何方式用于本章规定的禁止性行为的渔船启动没收程序。

…………

第一百八十九条　同样;奖励

任何个人 …… 判处并收缴的此类惩罚。任何依据本章第一百八十三条提起民事诉讼程序的个人,应由国家政府给予一笔相当于实际收缴的民事罚款的 50% 的金额,并且应被授权向被告主张诉讼费用,包括合理的律师费。

第三条 生效日期

本法应于总统批准之日生效,或者无需批准即生效,除非法律另有规定。

于 2003 年 8 月 20 日通过

于 2003 年 9 月 5 日批准

Tommy E. Remengesau, Jr.

帕劳共和国总统

巴布亚新几内亚
Papua New Guinea

（英文文本截止于 2009 年 5 月 22 日）

1974 年大陆架（生物自然资源）法，第二百一十章

本法涉及大陆架的生物自然资源。

第一部分 序 言

第一条 解释

1. 本法中，除有相反规定——

"商业目的"包括任何交易或制造目的。

"大陆架"与《公约》中的大陆架含义相同。

"控制区"，相对于任何种类的定居种生物而言，是指根据第五条宣布的巴布亚新几内亚大陆架内有相对定居种生物的某一区域。

"公约"是指 1958 年 4 月 29 日在日内瓦签订的《大陆架公约》。该公约英文版本在附表中列出。

"潜水员"是指借助机械呼吸装置潜水的潜水员，不论他是否也可以不借助该装置潜水。

“潜水员助手”是指照看潜水员并在潜水员在水下时负责潜水操作的人。

“豁免船只”（exempt boat）是指属于或附属于某一船舶或载于某一船舶之上的船只（不得是外国船舶），但该船只独立于船舶使用时不包括在内。

“外国船舶”是指除巴布亚新几内亚船舶之外的船舶。

“官员”是指——

（1）公共部门或巴布亚新几内亚当局的官员或雇员，经部长书面授权根据本法行使职责；或

（2）警察部队的一员；或

（3）国防部队的一员。

“巴布亚新几内亚船舶”是指在该国境内运营并且完全由居住在巴布亚新几内亚的自然人或在该国注册的公司全资拥有的船舶，且该船——

（1）在该国境内建造；或

（2）被合法进口，但期限有限的除外；或

（3）在根据本法或在独立日之前根据澳大利亚法律被没收或扣押后被出售或处置。

“规章”是指任何根据本法制定的规章。

“定居种生物”是指根据第二条作出的有效公告宣布为适用于本法的一种定居种生物。

“船舶”是指各种船舶、艇（除了用于空中航行的船只和艇），包括驳船、轻舟或其他任何浮动艇筏。

“本法”包括规章。

“传统捕捞”是指本地人进行的捕鱼——

（1）就船只、设备和使用的方法而言，捕获定居种生物的方式基本符合本国土著居民的传统；

（2）将定居种生物从捕捞地运抵该国陆上，或从一只船上转运到根据第8款第（2）项持有特别授予的许可证的船上。

2. 除非有相反规定，本法涉及——

（1）巴布亚新几内亚大陆架；或

（2）巴布亚新几内亚大陆架地区或部分地区，包括上覆水域；

（3）大陆架；或

（4）该地区或该地区的部分区域（视具体情况而定）。

3. 为本法之目的，如果个人将渔船用于以下用途，则认为其使用渔船搜寻或捕捞特定种类的定居种生物——

（1）作为下列人员暂留和避难的场所或为下列人员储存供给——

（a）被雇佣搜寻某种定居种生物或与搜寻该种类的定居种生物有关的人；或

（b）从事监管上述被雇佣人员的人；或

（2）作为运输或储存该种定居种生物或部分定居种生物的场所；

（3）作为寻找和捕捞某种定居种生物的场所；

（4）用于与搜寻或捕捞该种定居种生物有关的活动。

第二条 定居种生物的宣布

如果部长为《公约》之目的认为任何一种海洋生物是巴布亚新几内亚大陆架生物自然资源的一部分，且根据实际情况为《公约》之目的属于定居种生物，他可以在政府公报上发布公告，宣布该种生物是适用于本法的定居种生物。

第三条 适用

本法及于巴布亚新几内亚大陆架的所有部分，适用于包括外国人在内的所有人以及包括外国船舶在内的所有船舶。

第四条 例外

1. 本法不适用于下列情况，也不适用于对定居种生物的捕捞——

（1）为消费而非销售或交易或制造商品的目的；或

（2）为运动或娱乐；或

（3）传统捕鱼；或

（4）根据本条规定获豁免。

2. 如果船舶正在用于或将来被用于巴布亚新几内亚大陆架生物自然资源的调查，且在相关信息或充分信息尚不存在的情形下，部长可以根据正式文件免除本法所有或部分条款对船舶的约束。

3. 第2款规定的例外可能针对一定的时期和区域，并受到部长认为适当且在文件中规定的那些条件的限制。

4. 在根据本法提起的任何诉讼程序中，第1款所涉事项的举证责任由被告承担。

第二部分　捕捞定居种生物的规定

第五条　控制区域

为本法之目的，部长可以在政府公报上发布公告，宣布公告中规定的巴布亚新几内亚大陆架的某个区域是与本法指定的定居种生物有关的控制区。

第六条　禁止公告

1. 部长可以在政府公报上发布公告——

（1）禁止捕捞特定种类的定居种生物——

（a）在特定期间内的任何时间；或

（b）小于特定尺寸或一部分小于特定规格；或

（c）通过使用某种特定装置的方法，在控制区域或控制区域的特定部分；或

（2）禁止任何一艘船舶在特定时期，在控制区域或控制区的特定部分，捕捞超过规定数量的某种定居种生物；或

（3）除非个人持有根据第七条第 1 款颁发的许可证或根据第 2 款的授权进行搜寻或捕捞（视情况而定），否则禁止搜寻或捕捞巴布亚新几内亚大陆架特定区域的特定种类的定居种生物；或

（4）除非船舶持有根据第七条第 3 款颁发的许可证或根据第 4 款的授权进行搜寻或捕捞，否则禁止使用船舶搜寻或捕捞巴布亚新几内亚大陆架特定区域的特定种类的定居种生物；或

（5）在特定的期间内，禁止个人在控制区或控制区的特定部分捕捞超过规定数量的某种定居种生物；或

（6）除非该定居种生物死亡，否则禁止从巴布亚新几内亚大陆架上除去特定种类的定居种生物。

2. 根据本款发布的公告可以就公告中的禁止豁免作出规定。

第七条　许可证

1. 部长可以授予个人许可证，以授权该人在控制区或部分控制区搜寻并捕捞特定种类的定居种生物。

2. 如果为第六条第 1 款第（3）项规定的公告，根据第 1 款授予的许可证

扩及授权个人在公告适用的巴布亚新几内亚大陆架部分区域内搜寻或捕捞公告适用的特定定居种生物。部长可以同意该许可证，以授权该人在该区域搜寻和捕捞特定种类的定居种生物。

3. 部长可以授予个人有关船舶的许可证，授权该人或代表该人行事的人在控制区或部分控制区使用船舶搜寻并捕捞特定种类的定居种生物。

4. 如果为第六条第1款第(4)项规定的公告，根据第3款授予的许可证扩及授权个人使用船舶在公告适用的巴布亚新几内亚大陆架部分区域搜寻或捕捞公告适用的特定定居种生物。部长可以同意该许可证，以授权该人使用船舶在该区域搜寻和捕捞特定种类的定居种生物。

5. 受许可证规定的任何条件的限制，授权使用船舶在巴布亚新几内亚大陆架部分地区搜寻和捕捞特定种类的定居种生物的许可证，扩及授权使用船舶在该区域为第一条第3款规定的任何目的进行与特定定居种生物相关的活动。

6. 部长可以授予个人或相关人员许可证，以授权该人在许可证规定的控制区域受雇为——

(1)潜水员；或

(2)试用潜水员；或

(3)潜水员助手。

7. 部长可酌情批准或拒绝许可证的申请。

8. 根据本条授予的许可证——

(1)受许可证规定条件的限制；

(2)在根据第3款颁发许可证的情况下——为第一条第1款“传统捕鱼”定义第(2)项之目的，应特别同意允许根据该定义第(1)项捕捞的定居种生物转运至该船；

(3)在许可证规定的期限内有效。

9. 经船舶相关许可证持有人和提议受让人的申请，部长可以酌情将许可证转让给另一人。

10. 根据本条授予和转让许可证须支付法定的费用(如果有的话)。

11. 许可证应该采用部长批准的格式。

12. 根据本条授予且不时生效的许可证书的登记簿应保存在部长指定的

地方。

第八条 许可证的撤销和吊销

1. 如果有以下情况，部长可以根据本条撤销许可证 ——

（1）部长相信许可证所限制的条件已被违反或没有被遵从；

（2）许可证持有人被判犯有违反本法或渔业法的罪行。

2. 如果部长有合理根据而非基于他先前根据本部分行使许可证的有关权力怀疑存在抵触或违反许可证所限制的条件的行为，部长可以根据本条给许可证持有人发出书面通知吊销许可证。

3. 除非较早地撤销许可证，否则根据第 2 款对许可证的吊销终止于 ——

（1）如果吊销后一个月内对许可证持有人提起关于许可证的诉讼程序 —— 诉讼结束之时；

（2）在其他任何情况下 —— 吊销后一个月期满之日。

4. 为适当管理一定区域海床和底土的定居种生物，如果部长认为有必要在一定时期暂时吊销许可证，部长可以根据本条向许可证持有人发出书面通知，表明在一定时期内暂时吊销许可证。

5. 根据第 2 款和第 4 款暂时吊销许可证，可以表示为一般操作，或在许可证适用于大陆架相关区域或特定种类的定居种生物的范围内操作。

第九条 官员的权力

官员可以 ——

（1）登上或进入船舶 ——

（a）在控制区域；或

（b）在他有理由相信已经、正在或打算在控制区域用于搜寻定居种生物并载有用于或可能用于搜寻或捕捞定居种生物设备的船只上。

（2）进入并搜查任何船舶、处所或其他地方，如果 ——

（a）他有理由认为在该处可能发现违反本法的犯罪的证据；

（b）为查明本法条款是否得到遵守而有必要搜查。

（3）检查在船舶上或在车辆与处所内或在其他地方所发现的任何设备和他有理由认为已经、正在或打算用于搜寻或捕捞控制区内定居种生物的设备。

（4）没收、带走、扣押、移动和留置任何 ——

（a）他有理由相信已经、正在或试图用于违反本法的船舶；

（b）他有理由相信违反本法捕捉的任何定居种生物。

（5）在没有授权的情况下逮捕他有理由认为犯有违反本法罪行的人。

（6）要求他有理由相信已经、正在或打算用于违反本法的船舶的船长和其他负责该船舶的人——

（a）将船驶往官员指定的国内某个地方；

（b）在官员允许其离开该地之前继续保持对船舶的控制。

（7）将他有理由相信已经、正在或打算用于违反本法的船舶驶往指定的国内某个地方，在等待对违法行为的判决结果期间保持对船舶的控制。

（8）如果某一船舶根据第十五条被扣押，要求船长或其他负责船舶的人在船舶被扣押之前——

（a）将船驶往官员指定的国内某个地方；

（b）在官员允许其离开该地之前继续保持对船舶的控制。

（9）将根据第十五条被扣押的船舶驶往指定的国内某个地方，在船舶被定罪、收回或释放之前保持对船舶的控制。

（10）要求船长或其他持有本法规定的相关许可证且对船舶负有责任的人——

（a）出示许可证（可以是许可证复印件或节录）；

（b）提供该船舶以及船员和船上任何人员的信息。

（11）要求下列人员提供自己的姓名和住所地——

（a）按本法要求持有许可证的船上人员；

（b）在控制区参与搜寻或捕捞任何定居种生物的人。

（12）要求官员有理由认为犯有违反本法行为的人提供自己的姓名和住所地。

（13）要求在控制区参与搜寻或捕捞任何定居种生物的人说明他是否为第七条第1款或第6款规定的许可证持有人，如果是，要求其出示许可证。

（14）出售他根据本法扣押的任何定居种生物。

第三部分　犯　　罪

第十条　关于许可证或无证作业的犯罪

1. 在控制区域内与任何种类的定居种生物有关的人实施下列行为，即视为构成犯罪——

（1）除了根据第七条第 1 款授予的许可证获得授权，以自己的名义或作为合伙人、代理人、其他人的雇员搜寻或捕捞该种定居种生物；

（2）除了根据第七条第 3 款授予的许可证获得授权，他本人或代表他行事的人使用船舶（除豁免船外）搜寻或捕捞该种定居种生物；

（3）除根据第七条第 3 款授予有效的许可证授权在该区域使用船舶外，使用外国船舶在该区域搜寻或捕捞该种定居种生物。

2. 除非根据第七条第 3 款获得关于船舶的有效许可证，授权个人或代表他行事的人使用船舶搜寻或捕捞该区域的定居种生物，否则个人在控制区内拥有或负责用于搜寻或捕捞定居种生物的船舶（豁免船除外）被视为构成犯罪。

3. 除非根据第七条第 3 款获得有效许可证，授权在该区域使用该船舶，否则个人在控制区内拥有或负责用于搜寻或捕捞定居种生物的外国船舶被视为构成犯罪。

4. 除非经部长同意，并受到部长认为适当条件的限制或根据第七条第 8 款第（2）项的支持，个人没有根据第七条授予的有效许可证而在控制区域内从某一船舶或向另一船舶转运定居种生物被视为构成犯罪。

5. 在控制区域内，为搜寻或捕捞任何定居种生物的目的，个人雇佣或在船上载有潜水员、试验潜水员、潜水员助手被认为构成犯罪，除非其具有根据第七条第 6 款授予的有效许可证，授权其在该地区受雇为潜水员、试验潜水员或潜水员助手。

6. 下列人员若违反许可证规定的条件，则被视为构成犯罪——

（1）本法规定的许可证的持有人；或

（2）根据第七条第 3 款规定代表许可证持有人行事的人。

7. 被指控犯有违反第 1、3 或 5 款所指罪行的人如果证明下列事项，则该证明即可作为抗辩理由——

（1）在违反第1款第（1）项犯罪的情况下——他没有为了商业目的进行搜寻和捕捞定居种生物的活动；

（2）在违反第1款第（2）项或第（3）项犯罪的情况下——他没有为商业目的使用船舶搜寻和捕捞定居种生物；

（3）在违反第3款犯罪的情况下——他拥有或负责的船舶没有为商业目的用于搜寻和捕捞定居种生物；

（4）在违反第5款犯罪的情况下——潜水员、试验潜水员或潜水员助手不是为了商业目的搜寻或捕捞定居种生物而被雇佣或逗留在船上。

8. 第1款第（2）项和第（3）项以及第2、3款不适用于外国船舶，如果——

（1）属于船舶的、用于搜寻和捕捞定居种生物的设备被收好且加固；

（2）没有在船上进行切块、分割、清理、分类或包装定居种生物的工作。

第十一条 违反第六条的犯罪

1. 违反第六条规定的公告的人（包括代表本法规定的有效许可证的持有人或与许可证相关的人员行事的人）被视为构成犯罪。

2. 为起诉因违反第1款而构成犯罪的人，该人的雇员或其他代理人作出的行为也被视为该人的行为。

第十二条 妨碍官员

一个人若实施下列行为，则视为构成犯罪——

（1）未能使用一切合理手段协助官员根据本法规定登上船舶；

（2）拒绝接受本法授权或根据本法进行的搜查；

（3）拒绝或忽略遵守官员根据第九条提出的要求；

（4）在官员根据本法要求其提供姓名和住所地时，向官员提供虚假姓名或住所地；

（5）在官员根据本法要求其提供信息时，向官员提供虚假或误导性的信息；

（6）对根据本法行事的官员使用侮辱性或威胁性的语言；

（7）攻击、抵制或阻碍官员依照本法行事；

（8）冒充官员；

（9）在为本法之目的的申请书中进行虚假或误导性的陈述，或提供错误或误导性的信息。

第十三条 船长或船舶负责人的责任

1. 船长或其他负责船舶的人如果在船上或利用船舶犯有违反本法的罪行（在本条中称为“主要犯罪”），则被视为犯有违反本条的罪行。

2. 个人可能被指控犯有违反本条的罪行，不论犯有主要犯罪的人的身份是否在有关违反本条的犯罪的诉讼程序或任何其他诉讼程序的证据中出现或已经出现，他都不得同时被指控构成违反本条的犯罪和主要犯罪。

3. 如果该犯罪是主要犯罪，则第十四条适用于违反本条犯罪的方式与适用于主要犯罪的方式相同。

第十四条 犯罪的处理

1. 受本条限制，对违反本法的犯罪应立即提起公诉，并处以不超过 1 000.00 基那[①]的罚款。

2. 对违反第十条第 1 款第（2）项或第（3）项或第十条第 3 款的犯罪，应立即控告或提起诉讼，并处罚 ——

（1）立即定罪的，处以不超过 1 000.00 基那的罚款或不超过 7 个月的监禁，或二者并罚；

（2）被定罪起诉的，处以 1 000.00 基那以上或不超过 1 000.00 基那的罚款或不超过一年的监禁，或二者并罚。

3. 对违反第十二条的犯罪，处以不超过 1 000.00 基那的罚款或不超过 7 个月的监禁。

4. 如果对违反第十条第 1 款第（2）或第（3）项 或第十条第 2 款和第 3 款且涉及外国船舶的犯罪提起的诉讼适用简易程序，则法院可以 ——

（1）使被告人参加审判；

（2）经被告人同意，决定诉讼程序。

5. 受第 6 款限制，如果一个人犯有违反第十条或第十一条的罪行，定罪的法院可以命令没收 ——

（1）任何用于犯罪或犯罪活动涉及的船舶；

（2）船舶的设备或船上所载之物（除了船员的个人物品）；

（3）在船上发现的任何定居种生物或销售定居种生物所得的任何收益。

---

① 巴布亚新几内亚货币单位。

6. 如果一个人被法院指控犯有违反第十一条和第十二条的罪行，且犯罪活动中使用或涉及的船舶是外国船舶，法院可以命令没收——

（1）犯罪活动发生时船上载有的任何捕捞定居种生物的设备；

（2）犯罪活动发生时船上载有的没有根据第九条出售的任何定居种生物。

7. 法院根据本条没收的船舶或货物或根据第十五条没收的船舶和设备成为国家财产，并且根据部长的命令处理和处置。

第十五条 外国船舶的没收

1. 为本条之目的，除用于捕捞定居种生物的设备以外，船舶的设备应被视为船舶的组成部分。

2. 如果在违反本法的犯罪活动中使用或涉及外国船舶，则该船应被国家没收。

3. 官员可以扣押任何被没收的或他根据本条有理由认为没收的船舶。

4. 如果被判有罪，根据本条扣押的船舶在交纳了可以支付船舶价值的担保后，部长可以授权将该船释放给船长。

5. 国家可以对根据本法扣押的船舶提起诉讼。

6. 在下列情况下，船舶被视为没收——

（1）没有人根据本条对被扣押的船舶主张利益，并向国家提起诉讼，要求在船舶被扣押之日起60日内返还；或

（2）所有在该时间内进行的诉讼均被撤回。

7. 为第6款之目的，根据本条被扣押的船舶的追回诉讼应视为未在船舶被扣押之后60日内提起，如果该诉讼中的书面令状没有在该段期间内交给政府。

8. 如果船舶由于个人犯有违反本条的罪行而被没收，那么对个人犯罪的定罪具有对船舶定罪的效力。

9. 在根据本法被扣留的船舶的没收或复原诉讼中，如果法院已裁定该案中个人无罪，那么诉讼一方不得主张违反本法的犯罪为个人所为。

第十六条 证明书

1. 部长或经他书面授权提供证明书的人可以在证明书中规定的时间内说明特定船舶是否为巴布亚新几内亚的船舶。

2. 部长或经他书面授权提供证明书的人可以提供证明书证明——

（1）证明书中所指的特定潜水地区是（或在特定时间内是）巴布亚新几内亚大陆架的一部分。

（2）证明书所指的特定时间内——

（a）特定的人是否为第七条第1款规定的许可证的持有人——

（i）授权他在巴布亚新几内亚大陆架或部分大陆架的特定区域搜寻或捕捞特定种类的定居种生物；

（ii）同意根据第七条第2款授权其在巴布亚新几内亚部分大陆架的特定区域搜寻或捕捞特定种类的定居种生物。

（b）特定的人是或不是或无人是第七条第3款规定的许可证的持有人——

（i）授权他本人或代表他行事的人在巴布亚新几内亚大陆架或部分大陆架的特定区域搜寻或捕捞特定种类的定居种生物时使用船舶；

（ii）关于船舶，同意根据第七条第4款授权他本人或代表本人行事的人在巴布亚新几内亚部分大陆架的特定区域搜寻或捕捞特定种类的定居种生物时使用船舶。

（c）第七条第6款规定的许可证对特定人员在特定控制区域受雇为潜水员、试验潜水员或潜水员助手的授权是无效的（视情况而定）。

3. 根据第2款第（2）项第（b）目第（i）或第（ii）次目发给某人证明书证明某人是许可证持有人的人可以在证明书中证明：证明书中的具体条件是许可证中规定的具体条件。

4. 在有关违反本法罪行的诉讼程序中，或在对根据本法被扣押的船舶进行定罪或追回的诉讼程序中，本条规定的证明书是证明书中所陈述事项的主要表面证据。

5. 为本条之目的，除非有相反的书面证据，否则本条规定的证明书应被认为是正确给出的证明书。

6. 如果一个人位于巴布亚新几内亚大陆架或其上，并占有或控制任何定居种生物，那么在对他违反第十条第1款第（1）项的犯罪提起的诉讼中，占有和控制是该人捕捞巴布亚新几内亚大陆架区域定居种生物的证据。

第四部分 研 究

第十七条 关于大陆架生物自然资源的研究

部长可以促进研究：

（1）巴布亚新几内亚大陆架的生物自然资源。

（2）在不限制第（1）项的一般性原则下——

（a）发展对这些资源的商业开发；

（b）养护这些资源。

第十八条 经济因素的调查

部长可以对涉及开发巴布亚新几内亚大陆架生物自然资源的经济事项进行调查。

第五部分 杂 项

第十九条 科学研究许可证的颁发

1. 部长或经他根据本法书面授权的人，可以授予许可证以授权某人在巴布亚新几内亚大陆架某区域，或在许可证规定的条件的限制下，为科学研究之目的，搜寻和捕捞本法禁止或根据本法禁止捕捞的定居种生物。

2. 本条规定的许可证持有人因许可证授权作出的行为不视为违反本法的犯罪行为。

第二十条 参照较大区域描述区域

1. 为本法之目的，如果控制区的某一部分在文书中被描述为控制区的一个部分，且其范围在文书规定的区域之内，尽管事实是文书中的特定区域包括了部分非控制区的任何区域，则仍认为控制区的部分在该文书中被充分标识。

2. 为本法之目的，如果正式文书中描述的大陆架区域在文书规定的水域下方，则根据本法规定，大陆架区域在正式文书中被充分描述。

第二十一条 规章

1. 国家元首根据建议可以制定不与本法抵触的规章，规定本法要求的事项或为本法的生效和执行所必要或适宜的所有事项，尤其是——

（1）在规章中规定关于巴布亚新几内亚大陆架区域的简短参照办法和适用这些参照办法的目的。

（2）规定在控制区域内搜寻或捕捞定居种生物的船舶的负责人应遵守的航行信号和规则。

（3）规定对取得本法规定的有效许可证的船舶进行标记的方法。

（4）规定对被没收的外国船舶进行定罪而提供的服务。

（5）规定销售和处置——

（a）根据本法没收的任何船舶、定居种生物或其他货物；

（b）根据第十五条被没收并被判没收的船舶和设备；

（c）在控制区域内被发现用于搜寻或捕捞定居种生物但所有人不明的设备。

（6）管制在控制区域内搜寻或捕捞定居种生物的优先权、搜寻和捕捞定居种生物的人之间的优先权，规定在控制区域搜寻或捕捞定居种生物的人应遵守的规则。

（7）规定提供以下方面的统计数字——

（a）控制区域内定居种生物的捕捞；

（b）在控制区域内捕捞的定居种生物的销售和处置。

（8）规定对违反规章的违法行为处以不超过 200.00 基那的罚款。

2. 规章可以规定许可证的收费标准。除其他因素外，收费标准可根据被授予的许可证的相关经营规模和价值或对巴布亚新几内亚的实际或预期贡献确定。规章还可规定征收临时性费用。

第六部分　大陆架公约

第二十二条　公约的遵守

1. 如果巴布亚新几内亚是公约的缔约国，保证公约的相关条款得到完全和有效的遵守是受本法管理的所有人员和机关的义务。

2. 如果巴布亚新几内亚是公约的缔约国，本法并未授权巴布亚新几内亚作出任何可能违反公约规定的行为(包括制定规章)。

1977年大陆架（生物自然资源）(国家海洋)法

[1977年2月7日第5号法令：
1974年大陆架（生物自然资源）法修正案]

第一条 解释(修正第二条)：

“大陆架”。

“高潮线”。

“定居种物种”。

“陆架区”。

第二条 废止并代替第三条：

第三条 宣布适用本法的定居种生物。

第三条 废止并代替第六条：

第六条 宣布相关区域的生物为非定居种生物。

第四条 禁止公告(修正第七条)。

第五条 许可证(修正第八条)。

第六条 官员的权力(修正第十条)。

第七条 关于许可证或无证作业的犯罪(修正第十一条)。

第八条 证明书(修正第十七条)。

第九条 参照较大区域描述区域(修正第二十一条)。

第十条 规章(修正第二十二条)。

第十一条 次要和附带修正案。

第十二条 规章和文件的保留。

…………

(1)由于《1977年国家海洋法》的制定,重新定义“大陆架”;

(2)规定对大陆架上或大陆架任何部分已宣布的定居种生物适用本法。

本法由国家议会制定,根据国家元首在政府公报上发布的公告,并依照部长的建议实施。

第一条 解释（修正第二条）

原法律第二条修正为：

1. 省略第一款“大陆架”、“控制区”的定义，在原定义的位置插入下列定义：

“大陆架”是指海床和底土——

（1）位于高潮线和基线之间的水域下方；

（2）位于领海下方；

（3）邻接巴布亚新几内亚海岸，位于近海不超过200米的深度，或在该界限外其上覆水域允许在该区域进行自然资源开发的深度。

2. 在“外国船舶”定义后插入以下定义：

“高潮线”是指在大潮平均高潮时巴布亚新几内亚海岸的高潮线。

3. 在“定居种生物”定义“是指”一词后插入“除第六条另有规定外”。

4. 在该定义后插入如下定义：

“定居种物种”是指在可捕捞期固定在海床上、海床下不能移动或其躯体须与海床或底土保持接触才能移动的海洋生物；

“陆架区”是指大陆架区域。

5. 在第2款后插入下列条款：

2A 在任何情况下对高潮线的位置存疑时，部长可以根据政府公报发布的公告，以他认为适当的任何方式宣布该高潮线的位置。

第二条 废止并代替第三条

原法第三条予以废止，并在该位置插入下条：

第三条 宣布适用本法的定居种生物

如果部长认为任何一种海洋生物构成大陆架生物自然资源的一部分，并属于定居种生物，那么他可以通过在政府公报发布公告，宣布该生物为适用本法的定居种生物。

第三条 废止并代替第六条

原法第六条予以废止，并在该位置插入下条：

第六条 宣布相关区域的生物为非定居种生物

1. 尽管根据第3条发布的任何公告中载有任何规定，但部长仍可通过在政府公报上发布公告，宣布某种特定生物不是大陆架特定区域的定居种生物。

2. 根据第 1 款刊登公告后,除非公告期限届满或被废除,否则该特定物种不得被认为是大陆架特定区域的定居种生物。

3. 本条中,“特定” 是指第 1 款所指的公报的具体规定。

第四条 禁止公告(修正第七条)

修正原法第七条:

1. 省略第(1)款,在该位置插入下列条款:

(1)部长可以通过在政府公报发布公告 ——

(a)禁止在特定期间在陆架区或陆架区的特定部分捕捞任何特定种类的定居种生物;或

(b)禁止在陆架区或陆架区的特定部分捕捞小于一定尺寸或某部分小于特定规格的任何特定种类的定居种生物;或

(c)禁止以某种特定方法或设备在陆架区或陆架区的特定部分捕捞任何特定种类的定居种生物;或

(d)禁止任何一艘船舶在特定期间在陆架区或陆架区的特定部分捕捞超过特定数量的任何特定种类的定居种生物; 或

(e)禁止在特定陆架区搜寻或捕捞特定种类的定居种生物,除非某人持有第八条第(1)款规定的许可证,而根据该条第(2)款的批注,该许可证及于授权此种搜寻和捕捞(视情况而定);或

(f)禁止在特定陆架区搜寻或捕捞特定种类的定居种生物,除非某人持有第八条第(3)款规定的许可证,而根据该条第(4)款的批注,该许可证及于授权此种搜寻和捕捞(视情况而定);或

(g)在特定期间,禁止任何人在陆架区或陆架区的特定部分捕捞超过特定数量的任何特定种类的定居种生物;或

(h)除非该定居种生物死亡,禁止从大陆架移走特定种类的定居种生物。

2. 在本条后增加下列条款:

(3)本条中的“特定” 是指第(1)款所指公报中的具体规定。

第五条 许可证(修正第八条)

修正原法第八条:

1. 省略第(1)款中“巴布亚新几内亚大陆架的一个区域是关于该种定居种生物的控制区”,代之以“陆架区”。

2. 省略第（3）款中“巴布亚新几内亚大陆架的一个区域是关于该种定居种生物的控制区”，代之以“陆架区”。

3. 省略第（6）款（a）段“控制区”一词，代之以“一个区域”。

4. 省略第（6）款（b）段“控制区”一词，代之以“一个区域”。

5. 省略第（6）款（c）段“控制区”一词，代之以“一个区域”。

第六条 官员权力（修正第十条）

修正原法第十条：

1. 省略（a）段“控制区”一词（出现两次），代之以“陆架区”。

2. 省略（c）段“控制区”一词（出现两次），代之以“陆架区”。

3. 省略（*l*）段“控制区”一词（出现两次），代之以“陆架区”。

4. 省略（m）段“控制区”一词（出现两次），代之以“陆架区”。

第七条 关于许可证或无证作业的犯罪（修正第十一条）

修正原法第二部分，省略原（1）至（7）款[包括第（7）款]，代之以下列条款：

1. 在陆架区内，除非有根据第八条第（1）款授予的许可证授权，否则任何人不得以自己的名义或作为合伙人、代理人或其他人员的雇员搜寻或捕捞定居种生物。

2. 在陆架区内，除非有许可证或根据第八条第（3）款由其代表行事的人的授权，否则任何人不得使用船舶（豁免船除外）搜寻或捕捞定居种生物。

3. 在陆架区内，除非根据第八条第（3）款授予的与船舶有关的有效许可证授权个人或由其代表行事的人使用船舶（豁免船除外）进行搜寻或捕捞定居种生物，否则任何人不得使用其所有或负责的船舶搜寻或捕捞定居种生物。

4. 在陆架区内，除非根据第八条第（3）款授予的有效许可证授权某人在该区域内使用外国船舶，否则任何人不得使用外国船舶搜寻或捕捞定居种生物。

5. 在陆架区内，除非根据第八条第（3）款授予的有效许可证授权某人在该区域内使用外国船舶，否则任何人不得使用其所拥有或负责的外国船舶搜寻或捕捞定居种生物。

6. 除非根据第八条第（8）款（b）项的允许，或经部长同意并受其认为适当条件的限制，否则任何人不得在陆架区内从没有依据第八条取得与该区域有关的有效许可证的船舶上转运定居种生物或向其转运定居种生物。

7. 在陆架区，除非依据第八条第（6）款授予的有关的有效许可证授权某人在该区域受雇为潜水员、试验潜水员或潜水员助手，否则任何人不得为搜寻和捕捞定居种生物的目的雇佣或载有潜水员、试验潜水员或潜水员助手。

第八条 证明书（修正第十七条）

修正原法第十七条：

1. 省略第（2）款，代之以下列条款：

（2）部长或经书面授权根据本法发出证明书的人可以证明：

（a）某一特定海底区域处于或曾在特定期间处于陆架区内；或

（b）在特定时间，特定人员是或不是第八条第（1）款规定的许可证持有人，以授权该人在陆架区或陆架区的特定部分搜寻或捕捞特定种类的定居种生物；或

（c）在特定时间，特定人员是或不是经第八条第（2）款核准的第八条第（1）款下的许可证持有人，以授权该人在陆架区或陆架区的特定部分搜寻或捕捞特定种类的定居种生物；或

（d）在特定时间，特定人员是或不是或无人是第八条第（3）款规定的许可证持有人，以授权该人或代表该人行事的人使用船舶在陆架区或陆架区的特定部分搜寻或捕捞特定种类的定居种生物；或

（e）在特定时间，特定人员是或不是或无人是经第八条第（4）款核准的第八条第（3）款下的船舶的许可证持有人，以授权该人或代表该人行事的人在陆架区或陆架区的特定部分使用船舶搜寻或捕捞特定种类的定居种生物；或

（f）在特定时间，第八条第（6）款规定的许可证并未授权在特定区域雇佣特定的人为潜水员、试验潜水员或潜水员助手（视情况而定）。

2. 在本条最后增加下列条款：

（7）本条中的“特定”是指第（2）款所指的证明书中的具体规定。

第九条 参照较大区域描述区域（修正第二十一条）

修正原法第二十一条第（1）款：

1. 省略“控制区”一词，代之以“陆架区”。

2. 省略“控制区”一词（出现两次），代之以“陆架区”。

第十条 规章（修正第二十二条）

修正原法第二十二条第（1）款：

1. 省略“在控制区”一词,代之以“在陆架区”。

2. 省略(e)段“在控制区”一词,代之以“在陆架区”。

3. 省略(f)“在控制区”一词(出现3次),代之以“在陆架区”。

4. 省略(g)“在控制区”一词(出现两次),代之以“在陆架区”。

第十一条 次要和附带修正案

原法根据表格进行进一步修正。

第十二条 规章和文件的保留

为避免产生疑问,在此宣布:本修正案的生效并非暗示废除或影响根据原法制定的任何规章、公告、许可证、证明书或文件。

国家海洋法

（1977年2月7号第七号法令）

第一部分 前 言

第一条 解释

1. 本法中,除非有相反的解释:

“基线”是指领海基线;

“低潮高地”是指在大潮平均低潮时四面环水并高于水面但在高潮时没入水中的自然形成的陆地;

“低潮线”是指大潮平均低潮时的低水位线;

“英里”是指国际海里。

2. 为本法之目的,新几内亚岛东部和该国主权范围下的各个岛屿应被视为拥有独立的连续基线。

第二部分 领 海

第二条 领海的定义

国家的领海由构成近海海域部分的水域、基线和外部界限包含的水域构成,但国家元首根据建议依照本条发表声明认为不属于领海组成部分的水域除外。

第三条 领水界限的位置

1. 为第二条之目的:

(1)基线或部分基线的位置应该由国家元首根据建议确定,并在国家公报上公布;

(2)外部界限是连接每个限点(limit point)的一条线。

2. 本节中,“限点”是指到基线上最近点距离为 12 海里的向海一侧的点。

第四条 未确定基线的情况

对于没有根据第三条确定基线的任何沿海地区,基线的位置应该根据附表一确定。

第三部分 内 水

第五条 内水的定义

1. 国家的内水包括国家领土内的任何水域,包括基线向陆一侧的所有水域。

2. 第 1 款中的“水域”包括湖湾、海湾、海口、江、河、溪、湖和礁湖。

第四部分 近海海域

第六条 定义

在与邻国划定相关边界的情况下,国家的近海海域自基线向海一侧延伸至 200 海里的距离,除非另有其他具体规定,否则应视为包括基线以外且在国家元首为本条之目的根据建议在国家公报中声明的线以内的所有水域。

第五部分　群岛水域

第七条　群岛水域的定义

1. 国家的群岛水域包括国家主权范围内的群岛的所有水域(除第 2 款外),构成近海海域的一部分。

2.Tauu Islands 群岛和 Nukumanu Islands 群岛的内水可构成群岛水域的一部分。

3. 为第 1 款之目的,群岛水域是指国家元首为本条之目的根据建议划定且在国家公报上公布的线以内的水域。

4. 群岛水域可以参照低潮点在相关区域划定。

5. 在本条中,"有关联的" 是指任何在近海海域内,并邻接、邻近海岸线或与海岸线特征有关联的:

(1)小岛;或

(2)礁石;或

(3)干礁;或

(4)外围低潮高地。

"海岸线的特征" 包括海岬、海角、礁石、泥滩和沙洲。

"低潮点" 是指大潮平均低潮时海岸线特征或相关特征上显示的标记。

"Nukumanu Islands 群岛" 是指位于南纬 4°20′和 4°50′纬线、东经 159°和 160°经线之间的岛屿。

"Tauu Islands 群岛" 是指位于南纬 4°30′和 5°纬线、东经 156°30′和 157°30′经线之间的岛屿。

第六部分　杂　　项

第八条　存疑时界限的划定

1. 在任何情况下,如果对基线或根据本法确定的任何其他界线有疑问,部长可以通过国家公报发布公告,以他认为适当的任何方法宣布基线或其他任何界线的位置。

2. 第 1 款中,对基线或其他界线的提及包括对基线或其他界线一部分的提及。

第七部分 过 渡 期

第九条 群岛水域的暂时划定

1. 本节和附表三自根据第七条发布第一条公告之日起失效。

2. 在根据第七条划定群岛水域之前,群岛水域是指根据附表二规定的线划定的水域。

附表一 群岛基线规则

第一条 附表一的解释

1. 本附表中,"海湾"是指海岸地区的水曲,其面积等于或大于以横越曲口所划直线作为直径的半圆形的面积。

2. 为本附表之目的,构成海港体系组成部分的最外部永久性海港工程应视为海岸的一部分。

第二条 一般规定

受本附表的限制,海岸任何部分的基线依照低潮线确定。

第三条 海湾

如果海湾天然入口两端的低潮线之间的距离——

(1)不超过24海里,基线是在这两个低潮标之间划出的一条直线;

(2)超过24海里,基线是在海湾内划定的长24海里的直线,以划入该长度的线所能包围的最大水域面积。

第四条 低潮高地

1. 如果低潮高地的全部或一部分位于海岸12海里以内,则基线为该高地的低潮线。

2. 由于第1款规定,低潮高地不属于海岸的一部分。

第五条 河流

在河口或直接流入海洋的河流的河口,基线应是一条在两岸低潮线上两点之间横越河口的直线。

附表二　群岛水域的暂时划定

第一部分　主要群岛

该线穿越印度尼西亚陆地边界最南端，沿着该边界至其最北端，然后沿着大地测量线连续连接下列陆地区域最外部的低潮点，即：

（1）Wuvulu 岛；

（2）Aua 岛；

（3）Manu 岛；

（4）Palitolla 岛（Pellelehu Group）；

（5）Heina 岛；

（6）Sae 岛；

（7）Kaniet 岛；

（8）Marengan 岛；

（9）Ahet 岛；

（10）Ponam 岛；

（11）Andra 岛；

（12）Hapinbuch 岛；

（13）Hus 岛；

（14）Onpeta 岛；

（15）Mandrindr 岛；

（16）Pityilu 岛；

（17）Hauwei 岛；

（18）Ndrilo 岛；

（19）Koruniat 岛；

（20）Los Negros 岛；

（21）Pak 岛；

（22）Tong 岛；

（23）Towi 岛；

（24）Putuli 岛；

（25）Moatmanda 岛；

（26）Mussau 岛；

（27）Emirau 岛；

（28）Elomusao 岛；

（29）Enus 岛；

（30）Simberi 岛；

（31）Mahur 岛；

（32）Boang 岛；

（33）Malum 岛；

（34）Southern Nuguria 岛；

（35）Kilinailau 岛；

（36）Anusagaio 岛；

（37）沿从 Bougainville 到 Kabukeai 岛东南和南部海岸的岛屿和低潮标；

（38）Motupena 岬；

（39）Puruata 岛；

（40）沿从 Bougainville 到 Rungnoum 角西北海岸的岛屿和低潮标；

（41）St. George 角（New Ireland）；

（42）Orford 角（New Britain）；

（43）沿从 New Britain 到 auptimeti 岛南部海岸的岛屿和低潮标；

（44）Tami 岛；

（45）Mitre 礁；

（46）Nelson 角；

（47）Kanapu 岛；

（48）Gwadarab 岛；

（49）Kuaniagal 岛；

（50）Simlindon 岛；

（51）Kadai 岛；

（52）Bomatu 岬（Kiriwina 岛）；

（53）Iwa 岛；

（54）Dugumenu 岛；

（55）Cam 岬（Madau 岛）；

（56）Woodlark 岛；

（57）Cannac 岛；

（58）Wabomat 岛；

（59）Budelun 岛；

（60）Bukulan 岛；

（61）Oburak 岛；

（62）Tokona 岛；

（63）Henry 角（Misima 岛）；

（64）Renard 岛；

（65）Rossel 岛；

（66）Loa Boloba 岛；

（67）Tagula 岛；

（68）Duchateau 岛；

（69）Pana Boba 岛；

（70）Montemont 岛；

（71）Pana Waipona 岛；

（72）Punawan 岛；

（73）Duperre 小岛；

（74）Lejeune 岛；

（75）Long Reef 岛；

（76）Sable 岛；

（77）Quessant 岛；

（78）Steuers 岛；

（79）Dumoulin 岛；

（80）Harikoia 岛；

（81）Brumer 岛；

（82）Baibesiga 岛；

（83）Suau 岛；

(84)New Guinea 岛的南部海岸(向西至起始点)。

第二部分 陶乌群岛(TAUU ISLANDS ARCHIPELAGO)

该线包围所有位于南纬 4°30′纬线圈和 5°纬线圈、东经 156°30′经线圈和 157°30′经线圈之间的岛屿、沙洲、岩石、礁石(包括暗礁),是一条通过连接岛屿、沙洲、岩石、礁石最外部的点划定的连续的线,并通过在国家公报上发布公告的方式,在部长指定的海图上公布。

第三部分 努库马努群岛(NUKUMANU ISLANDS ARCHIPELAGO)

该线包围所有位于南纬 4°20′纬线圈和 4°50′纬线圈、东经 159° 经线圈和 160° 经线圈之间的岛屿、沙洲、岩石、礁石(包括暗礁),是一条通过连接岛屿、沙洲、岩石、礁石最外部的点划定的连续的线,并通过在国家公报上发布公告的方式,在部长指定的海图上公布。

我在此证明:上述内容为经国民议会制定的《1977 年国家海洋法》的正式版本。

国民议会书记员

我在此证明:《1977 年国家海洋法》由国民议会于 1977 年 2 月 7 日制定。

国民议会议长

1978 年近海声明

本声明：

（1）划定国家的近海海域；

（2）规定不构成国家领海的特定海域。

…………

不包含在领海范围内的水域

5. 为《1977 年国家海洋法》第二条之目的，附表六所述包含在基线和 12 海里外部界线内的、到基线上最近各点距离大于 3 海里的向海一侧的海域，不构成领海的一部分。

…………

表六　符合第五条规定的区域

该区域以这样一条线为界：以南纬 9°21′30″纬线圈和东经 142°33′15″子午线交界处为起点，自此沿着测地线到南纬 9°08′15″纬线圈和东经 143°52′00″子午线交界处，自此向南沿着经度子午线到南纬 9°40′00″纬线圈，自此向西沿着纬度圈到东经 142°03′30″子午线，自此沿着经度子午线向北，到和新几内亚岛（the island of New Guinea ）平均大潮低潮时南海岸交界的点，自此沿着该海岸线向东，到和东经 142°33′15″子午线的交界处，自此向南沿着子午线回到起点。

为确定群岛基线的目的确定基点坐标和基线的声明

[2002 年 7 月 25 日（1）]

群岛基线的位置和主要群岛的坐标

岛屿和高水位地形		地理坐标（1984 年世界大地测量系统）					
序号	基点	南纬				东经	
		度	分	秒	度	分	秒
1	Wuvulu 岛	2	35	36.85423	142	49	52.0
2	Aua 岛	1	27	22.85387	143	02	53.0
3	Mame 岛	1	18	35.85383	143	34	35.0
4	Palitolla 岛（PellelehuGroup）	1	04	32.85376	144	23	46.0

续表

岛屿和高水位地形		地理坐标（1984 年世界大地测量系统）					
序号	基点	南纬			东经		
		度	分	秒	度	分	秒
5	Heina 群岛	1	06	34.85377	144	29	18.0
6	Sae 群岛	0	45	27.85368	145	18	10.0
7	Kaniet 岛	0	52	27.85371	145	33	55.0
8	Marengan 岛	1	54	07.85401	146	34	45.0
9	Ahet 岛	1	54	24.85401	146	36	10.0
10	Poman 岛	1	54	22.85401	146	52	30.0
11	Andra 岛	1	56	04.85402	146	59	55.0
12	Hapinbuch 岛	1	56	19.85402	147	01	03.0
13	Hus 岛	1	56	19.85402	147	06	13.0
14	Onpeta 岛	1	56	34.85402	147	07	58.0
15	Mandrindr 岛	1	56	59.85402	147	11	23.0
16	Pityilu 岛	1	57	19.85402	147	13	08.0
17	Hauwei 岛	1	57	32.85403	147	17	18.0
18	Ndrito 岛	1	57	37.85403	147	19	56.0
19	Koruniat 岛	1	58	16.85403	147	21	05.0
20	LosNegros 岛	1	58	24.85403	147	21	58.0
21	Pak 岛	2	03	59.85406	147	39	20.0
22	Tong 岛	2	02	07.85405	147	45	40.0
23	Towi 岛	1	59	49.85404	147	55	48.0
24	Putuli 岛	1	58	57.85403	148	01	40.0
25	Mbatmanda 岛	1	58	17.85403	148	03	58.0
26	Mussau 岛	1	18	5285383	149	32	53.0
27	Emirau 岛	1	37	26.85392	149	57	30.0
28	Elomusao 岛	1	40	33.85394	150	01	50.0
29	Enus 岛	1	38	43.85393	150	40	18.0
30	Simberi 岛	2	35	49.85424	151	59	45.0
31	Mahur 岛	2	46	11.85430	152	39	40.0
32	Boang 岛	3	22	14.85452	153	19	55.0
33	Malum 岛	3	06	22.85442	154	26	25.0
34	SouthernNigeria 群岛	3	15	14.85447	154	40	28.0
35	Anusagaio 岛	6	03	36.85570	155	30	30.0

续 表

岛屿和高水位地形		地理坐标（1984 年世界大地测量系统）					
序号	基点	南纬			东经		
		度	分	秒	度	分	秒
36	环绕从 Bougainville 岛到 Kabukelai 岛东南和南部海岸的岛屿和低潮标	6	57	29.85616	155	30	30.0
37	Motupena 岬	6	31	37.85593	155	09	30.0
38	Puruata 岛	6	14	57.85579	155	01	38.0
39	沿从 Bougainville（1）到 Rungnoum 角西北海岸的岛屿和低潮标岛	4	51	12.85513	152	52	40.0
40	StGeorge 角（NewIreland）						
41	Orford 角（NewBritain）	5	26	54.85540	152	05	00.0
42	沿从 NewBritain 到 Kauptimete 岛南部海岸的岛屿和低潮标	6	11	10.85576	148	57	05.0
43	Tami 岛	6	45	59.85606	147	54	38.0
44	Mitre 礁	8	03	14.85677	148	07	50.0
45	Nelson 角	8	59	54.87535	149	15	00.0
46	Kanapu 岛	8	20	44.85695	150	07	05.0
47	Gwadarab 岛	8	18	14.85692	150	06	33.0
48	Kuaniagal 岛	8	20	34.85695	150	25	30.0
49	Simlindon 岛	8	19	36.85694	150	34	20.0
50	Kudai 岛	8	19	36.85694	150	49	00.0
51	Bomatu 岬（Kiriwina 岛）	8	24	11.85698	151	07	13.0
52	Iwa 岛	8	41	47.85716	151	40	40.0
53	Dugumenu	8	47	54.85722	151	55	18.0
54	Carn 岬（Madau 岛）	8	56	42.85731	152	27	00.0
55	Woodlark 岛	9	00	21.85735	152	47	25.0
56	Cannac 岛	9	16	07.85752	153	30	25.0
57	Wabomat 岛	9	15	31.85751	153	40	15.0
58	Budelun 岛	9	17	16.85753	153	41	48.0
59	Bukulan 岛	9	18	21.85754	153	40	35.0
60	Tokona 岛	9	34	17.85771	152	29	18.55400
61	Henry 角（Misima 岛）	10	39	41.85844	152	52	00.55400

续 表

岛屿和高水位地形		地理坐标（1984 年世界大地测量系统）					
序号	基点	南纬				东经	
		度	分	秒	度	分	秒
62	Renard 群岛	10	48	21.85854	152	59	40.55400
63	Rossel 岛	11	17	33.85889	154	12	38.55400
64	LoaBoloba 岛	11	26	59.85900	154	23	52.55400
65	Tagula 岛	11	37	39.85913	153	45	52.55400
66	Duchateau 岛	11	16	57.85888	152	22	15.55400
67	Monternont 岛	11	18	22.85890	152	17	57.55400
68	Punawan 岛	11	11	44.85882	152	01	40.55400
69	Duperre 小岛	11	10	41.85881	151	57	20.55400
70	Lejeune 岛	11	10	34.85880	151	48	55.55400
71	LongReef 岛	11	09	14.85879	151	40	10.55400
72	Quessant 岛	11	09	21.85879	151	15	20.55400
73	Steuers 岛	11	06	11.85875	151	07	52.55400
74	Dumoulin 岛	10	55	29.85863	150	47	18.55400
75	Harikoia 岛	10	46	09.85852	150	24	38.55400
76	Brumer 岛	10	46	17.85852	150	21	45.55400
77	Baibesiga 岛	10	44	04.85849	150	17	00.55400
78	Suau 岛	10	43	37.85849	150	14	28.55400

国家海洋法，第八条

（为确定群岛基线的目的确定基点坐标和基线的声明）

本人，外交部长，John D. Waiko，MP.，负责《国家海洋法》的部长，依据1998年《国家海洋法》第八条以及所有其他权力和授权，特为确定巴布亚新几内群岛基线和主要群岛基点坐标发表声明：

出现在列表1中的高水位与岛屿、礁石和其他被使用的地形以及它们相关的坐标有关。

于2002年7月25日

荣誉教授 John D. Waiko，博士，议员

外交部长

萨 摩 亚
Samoa

（英文文本截止于 2009 年 3 月 10 日）

1999 年第 18 号法律：海域法
（ 1999 年 8 月 25 日 ）

本法对萨摩亚的内水、毗连区、专属经济区和大陆架以及相关事项作出规定。

（1999 年 8 月 25 日）

由萨摩亚议会的立法会召开会议，颁布以下法律：

第一部分　序　　言

第一条　简称和生效

1. 本法可以被称为《1999 年海域法》。

2. 本法应于国家元首同意之日起生效。

第二条　解释

1. 在本法中，除非上下文另有规定 ——

"基线" 指一条起算线，测量 ——

（1）领海宽度。

（2）以下区域的外部界限：

（a）毗连区；

（b）专属经济区；

（c）大陆架。

“海湾”指海岸的明显水曲，其面积等于或大于以横越曲口所划的直线作为直径的半圆形的面积。并且，为本定义的目的，该水曲面积是位于水曲陆岸周围的低潮标和一条连接水曲天然入口两端低潮标的直线之间的面积。并且，如果因有岛屿而水曲有一个以上的曲口，该半圆形应划在与横越各曲口的各线总长度相等的一条线上。水曲内的岛屿应视为水曲水域的一部分而包括在内。

“专属经济区”指按照第十九条定义的萨摩亚的专属经济区。

“外国船舶”指任何当时未在萨摩亚登记的船舶。

“高潮标”指平均高潮线。

“内水”指按照第三条定义的萨摩亚内水。

“岛屿”指自然形成的陆地，其四面环水，并且在高潮时仍在水面之上。

“低潮标”与第十条规定的含义相同，并且“低潮线”应具有相应的含义。

“低潮高地”指在低潮时四面环水并高于水面但在高潮时没入水中的自然形成的陆地。

“部长”应指负责外交事务的部长。

“海里”指国际海里，相当于 1 852 米。

“官方海图”指依据第十条第 3 款发布的海图。

“官方地理坐标表”指规定了大地基准并依据第十条第 3 款发布的地理坐标表。

“领海”指按照本法第四条定义的萨摩亚领海。

2. 为帮助确定第 1 款所定义的任何词语的含义以及适用本法规定的任何原则或事项，可以参考本法规定的任何书籍或参考资料。

第二部分　内水与领海

第三条　内水

内水包括位于萨摩亚领海基线向陆一侧的任何海域。

第四条　领海

萨摩亚的领海由以第六条和第七条规定的基线为内部界限，以这些基线向海一侧且其上各点与基线最近点的距离均为 12 海里的一条线为外部界限的海域构成。

第五条　主权

萨摩亚独立国的主权及于其陆地领土和内水之外的领海、领海上空以及领海的海床与底土。

第六条　领海基线

除第七条另有规定外，测算萨摩亚领海宽度的基线应为以下各项的向海一侧——

（1）萨摩亚任何部分海岸的任何边缘礁的低潮标；

（2）全部或部分距离大陆或岛屿不超过领海宽度的低潮高地的低潮标；

（3）在不存在边缘礁的情况下，萨摩亚海岸的低潮线。

第七条　邻接海湾的领海基线

在邻接海湾的海域，测量领海宽度的基线应——

（1）如果海湾只有一个入口，并且海湾天然入口两端低潮标之间的距离不超过 24 海里，则为连接该低潮标的直线。

（2）如果海湾因有岛屿而有一个以上的入口，并且每个天然入口两端低潮标之间的距离总和不超过 24 海里，则为横越各曲口连接所述低潮标的一系列直线。

（3）如果海湾天然入口两端的低潮标之间的距离超过 24 海里，则为一条 24 海里的直线基线，其应在海湾内的低潮标之间，以划入该长度的线所可能包围的最大水域。

第八条　港口

为本法的目的，构成海港体系组成部分的最外部永久性海港工程视为海岸的一部分。

近岸设施和人工岛屿不应视为永久性海港工程。

第九条 属于萨摩亚的内水和领海的海床

在获得任何产业权或利益（不论是否通过或依据任何法律或其他规定，也不论是在本法生效之前还是在生效之后作出）的情况下，包括所有岛屿海岸在内的萨摩亚海岸高潮标向陆一侧以及萨摩亚领海外部界限向海一侧的水下海床和底土应视为且始终视为属于萨摩亚的公有土地。

第十条 低潮标、官方海图和公布

1. 为本法的目的，任何区域的低潮标应是低潮时的低潮标 ——

（1）标示在一份官方海图上；或者

（2）参照官方地理坐标表确定。

2. 在任何法院的任何法律程序中，一份由土地、测量和环境部部长或依据《1998 年港务法》任命的港务长或由交通部长签署且声称任何区域的海图是该区域的官方海图的证明书，应接受为其所述事项的证据。

3. 国家元首应根据内阁建议，通过命令，将根据本法绘制的且用于确定萨摩亚内水、领海、毗连区与专属经济区界限的封口线、基线和其他线明确地标示在足以确定这些线的位置的大比例尺官方海图上，或制作正式的地理坐标表，具体注明大地基准点，并应在《政府周报》（Savali）上发布公告，将这种海图或地理坐标表妥为公布。

4. 在依据本条第 3 款发布一项命令时，国家元首也可以参照官方海图或官方地理坐标表上标示的地理特征，宣布为确定内水、领海和专属经济区界限所确定的基线的各基点。

第三部分 无害通过

第十一条 无害通过权

1. 所有外国船舶可以依据本法和国际法享有无害通过领海的权利。

2. “通过” 指为以下目的通过领海 ——

（1）穿过领海但不进入内水，或是停靠于内水以外的泊船处或港口设施；或

（2）驶往或驶出内水，或停靠于这种泊船处或港口设施。

3. 停船和下锚应仅以通常航行所附带发生的或由于不可抗力或遇难所必要的或为救助遇险或遭难的人员、船舶或飞机的目的为限。

第十二条 被禁止的通过

如果外国船舶在领海内进行下列任何一种活动，其通过即应被视为损害沿海国的和平、良好秩序或安全：

（1）对萨摩亚的主权、领土完整或政治独立进行任何武力威胁或使用武力，或以任何其他违反《联合国宪章》所体现的国际法原则的方式进行武力威胁或使用武力；

（2）未经授权，以任何种类的武器进行任何操练或演习；

（3）任何目的在于搜集情报使萨摩亚的防务或安全受损害的行为；

（4）任何目的在于影响萨摩亚防务或安全的宣传行为；

（5）在船上起落或接载任何飞机、直升机或军事装置；

（6）违反萨摩亚法律和规章，上下任何商品、货币或人员；

（7）任何故意严重污染萨摩亚海洋环境的行为；

（8）未获得按照萨摩亚法律颁发的许可证的任何捕鱼活动；

（9）进行研究活动或水文测量活动；

（10）任何目的在于干扰萨摩亚任何通信系统或任何此类设施或设备的行为；

（11）与通过没有直接关系的任何其他活动。

第十三条 无害通过的暂停

1. 为预防第十二条规定的有损萨摩亚和平秩序与良好管理的任何外国船舶通过，萨摩亚政府可以采取必要的任何措施。

2. 如果为保护国家安全而有必要，部长可以在其领海的特定区域内暂时停止外国船舶的无害通过。

3. 这种暂停仅应在正式公布后发生效力。

第十四条 外国船舶的义务

1. 潜水艇和其他潜水器须在海面上航行，并在通过领海期间展示其旗帜。

2. 运载放射性废料或其他本质上有危害、有毒或有危险的废料或对环境有危害的物质的船舶，在通过领海时必须获得部长和被赋予相关合法权力的萨摩亚任何其他部门的事前授权。

第十五条 对外国船舶征收的费用

1. 对外国船舶不得仅以其通过领海为理由而征收任何费用。

2. 不论第 1 款的规定如何,对通过领海的外国船舶可以征收费用,仅作为对该船舶提供特定服务的报酬。

第四部分 对外国船舶的管辖权

第十六条 刑事管辖权

萨摩亚不应在通过领海的外国船舶上行使刑事管辖权,但下列情形除外:

(1)罪行的后果及于萨摩亚或对萨摩亚产生任何影响;或

(2)罪行属于扰乱萨摩亚和平或领海良好秩序的性质;

(3)船长或船旗国外交代表或领事官员请求萨摩亚部门予以协助;或

(4)这些措施是取缔违法贩运麻醉药品或精神调理物质所必要的。

第十七条 民事管辖权

1. 不应为对通过领海的外国船舶上某人行使民事管辖权的目的而停止船舶航行。

2. 任何人不得为任何民事诉讼的目的而对船舶从事执行或加以逮捕,但涉及该船舶本身在通过领海水域的航行中或为该航行的目的而承担的义务或因而负担的责任则不在此限。

3. 不论第 2 款的规定如何,如果外国船舶在领海内停泊或驶离内水后通过领海,任何人可以为任何民事诉讼的目的对船舶从事执行或加以逮捕。

第五部分 毗 连 区

第十八条 毗连区

1. 萨摩亚的毗连区包括从测量领海宽度的基线量起 24 海里内的那部分海域。

2. 为预防或惩罚违反有关海关、财政事务、移民、环境保护或卫生的法律或本法规定的任何其他法律的行为,萨摩亚政府可以对毗连区行使任何必要的权力，并采取任何必要的措施。

第六部分　专属经济区

第十九条　专属经济区

萨摩亚专属经济区由领海以外并邻接领海的海域、海床及底土组成。在领海基线向海一侧且其上各点与基线最近点的距离均为 200 海里的线为其外部界限。

第二十条　在专属经济区的权利和管辖权

1. 在专属经济区内，萨摩亚政府享有以勘探和开发、养护和管理海床上覆水域与海床及其底土的自然资源（不论是生物资源还是非生物资源）为目的的主权权利，以及关于在该区内从事经济性开发和勘探的任何其他活动的主权权利。

2. 在不限制第 1 款一般性原则的情况下，萨摩亚政府在专属经济区内对以下事项享有管辖权：

（1）人工岛屿、设施和结构的建造与使用；

（2）海洋科学研究；

（3）海洋环境的保护和保全。

第二十一条　专属经济区的划界

1. 若萨摩亚的专属经济区和相向或相邻国家的专属经济区重叠，萨摩亚专属经济区外部界限应在《国际法院规约》第三十八条所指国际法的基础上以协议划定，以便得到公平解决。

2. 若萨摩亚政府和另一相向或相邻国家之间尚未达成第 1 款中提及的协议，在不妨碍任何协议谈判的情况下，中间线应暂时作为萨摩亚专属经济区的外部界限。

3. 为第 2 款的目的，“中间线” 指其上每一点与萨摩亚海岸领海基线和相向或相邻国家海岸领海基线上最近各点距离相等的线。

4. 部长应将依据本法制定的、标明专属经济区外部界限的每一份海图和官方列表的一份副本交存联合国秘书长。

第二十二条 禁止的行为

1. 任何人不得在专属经济区的界限内参与任何违背第二十条提及的萨摩亚独立国的主权权利和管辖权的活动，除非其事先获得部长的授权或持有任何其他萨摩亚法律规定的授权证书。

2. 任何人违反本条第 1 款应被判处不超过 1 000 个刑事单位的罚金或不超过 5 年的监禁，或者两者并罚。

第二十三条 在专属经济区内的犯罪

任何发生在专属经济区内违反本法的罪行应被视为发生在萨摩亚。

第七部分 大 陆 架

第二十四条 大陆架

萨摩亚大陆架包括其领海之外依其陆地领土的全部自然延伸扩展到以下的水下海床和底土 ——

（1）大陆边外缘；或

（2）如果从测算领海宽度的基线量起到大陆边外缘的距离不到200海里，则扩展到 200 海里的距离。

第八部分 一 般 规 定

第二十五条 法院管辖权

不论任何法律的规定如何，最高法院对由本法引起的任何事项具有专属管辖权。

第二十六条 国际协定

为使萨摩亚履行其加入的任何条约所规定的任何义务，国家元首可以根据内阁建议，不时对本法任何规定作出限制。

第二十七条 规章

国家元首根据内阁建议，可以为使本法原则和规定得以实施或生效的目的制定规章，并且在不限制前述规章一般性原则的情况下，特别为以下全部或任何目的制定规章 ——

（1）管理在专属经济区内的科学研究行为；

（2）管理为利用海水、水流和风力生产能和为其他经济目的对专属经济区进行的开发和勘探行为；

（3）管理在专属经济区内建筑、经营和使用人工岛屿、设施与结构的行为，包括在岛屿、设施和结构周围建立安全区的要求；

（4）规定为保护和保全渔业水域的海洋环境而采取的措施；

（5）管理船舶在领海和专属经济区内通过的行为；

（6）规定为实施本法规定所必要或适宜的此类其他事项。

第二十八条 废止

废止以下法律：

（1）《1971 年领海法》；

（2）《1977 年专属经济区法》。

所罗门群岛
Solomon Islands

（英文文本截止于 2009 年 5 月 22 日）

1978 年海域划界法案
（1978 年 12 月 21 日第 32 号法案）

第一条 引用和生效

本法案可被称为《1978 年海域划界法案》，于部长在通知中指定的日期生效。

部长可以为本法案的不同部分指定不同的生效日期。

第二条 解释

1. 在本法案中，除有相反规定：

“群岛”指一群岛屿，包括岛屿的各部分、其内部相连的水域和其他自然地形。它们彼此密切相关，在本质上构成一个地理实体，并且由部长在政府公报上发布法令宣布其为群岛。

“群岛基线”指根据第四条第 2 款所划的基线。

“岛屿”指一个自然形成的、被海水包围并且在平均高春潮时高出水面的陆地区域。

“低潮线”指由任何主管当局绘制并在当时由负责海洋事务的部长掌握

和使用的大比例尺海图所标识的平均春潮低潮线。

"中间线"指其上每一点到据以测量所罗门群岛和任何相向或相邻国家或领海宽度的基线上最近点的距离相等的一条线。

"英里"指国际海里。

"部长"指外交部长。

"领海"指第五条中界定的所罗门群岛领海。

2. 为本法案的目的,构成一个海港系统完整部分的永久性海港工程应被视为海岸的组成部分。

第三条　内水

1. 除了依据第2款划定的闭合线,所罗门群岛的领海基线向陆地一侧的水域是所罗门群岛的内水。

2. 当根据第四条发布命令时,部长可以参照标明在官方海图上的物理特征或地理坐标表确定的大地基准,宣布为界定所罗门任何群岛内水的外部界限的目的而划定的闭合线上的点。

3. 当根据第2款划闭合线时,所罗门群岛任何群岛的内水应包括这些闭合线向陆地一侧的所有水域。

第四条　群岛水域

1. 所罗门群岛每个群岛的群岛水域应包括根据本条确定的领海基线之内的所有水域。

2. 部长可以根据国际法,参照标明在官方海图上的物理特征或者地理坐标表确定的大地基准,在政府公报上发布命令,公布为确定所罗门群岛的任何群岛水域的外部界限和所罗门群岛领海的最内部界限而划定的直线基线之间的点。

第五条　领海

1. 所罗门群岛的领海包括以依据本条确定的领海基线作为最内部界限,并以一条从领海基线向海一侧起算、其上每一点到领海基线上最近点的距离均为12海里的线作为最外部界限的所有海域。

如果所罗门群岛和巴布亚新几内亚主权国家之间的中间线分别与据以测量所罗门群岛和巴布亚新几内亚主权国家领海宽度的基线的距离小于12海里,那么所罗门群岛领海的最外部界限应以部长在公报上发布的为准。

2. 若群岛基线确定，所罗门群岛的任何群岛的领海宽度都应根据其加以测量。

3. 在任何其他情况下，据以测量领海宽度的领海基线是沿着每一个岛屿海岸的低潮线，除非岛屿位于环礁之上或岛屿有暗礁，此时领海基线是礁石向海的低潮线。

第六条 专属经济区

1. 在不违反本法下节规定的情况下，所罗门群岛的专属经济区包括以领海基线为最内部界限、以一条其上每一点到适当的领海基线上最近点的距离为 200 海里的线作为最外部界限的所有海洋区域。

2. 为实施任何国际条约或者任何国际组织的安排，部长可以在政府公报上发布命令或以其他方式，宣布所罗门群岛专属经济区的外部界限延伸至一条其上每一点到适当的领海基线上最近点的距离小于 200 海里的线。

3. 若中间线到最近的领海基线的距离小于 200 海里，并且当时根据第 2 款没有其他线可以适用，则所罗门群岛专属经济区的外部界限延至该中间线。

第七条 大陆架

为《1970 年大陆架法案》的目的，所有包含在所罗门群岛专属经济区内的海床和底土构成所罗门群岛大陆架的组成部分，并且受该法案规定的约束，犹如它们是根据该法案第三条第 3 款规定指定的区域。

第八条 海图和公布

1. 部长应将所有根据本法案为确定所罗门群岛的内水、领海、专属经济区的界限而划定的闭合线、基线和其他线在足以确定这些线位置的一种或几种比例尺的海图上明确标出，并且应在公报上将此类海图妥为公布，还应将各海图的副本交存联合国秘书长。

2. 在任何法院进行的任何诉讼程序中，一份声称由首席海洋官员签署的证明书，证明任何区域的特定海图是为确定所罗门群岛内水、领海或专属经济区界限的目的最适宜的海图，而且该证明书由当时负责海洋事务的部长持有，则该证明书应作为其所陈述事项的证据被接受。

第九条 海洋水域的法律特征

1. 所罗门群岛的主权及于其陆地领土和内水之外的群岛水域、领海、其上的领空以及其下的海床与底土。

2. 在专属经济区内，所罗门群岛享有以勘探和开发、养护和管理海床、底土及上覆水域的自然资源（不论是生物资源还是非生物资源）为目的的主权权利。

3. 所罗门群岛依据本条行使主权和主权权利应遵守国际习惯法规则。

第十条 通过权

1. 在第2、3、4、5款的限制下，根据国际法的规定，所有国家的船舶和飞机享有无害通过和飞越领海及群岛水域的权利。

2. 根据国际法的规则，部长可通过在政府公报上发布命令，指定适当的海道和其上的空中航道，以便外国船舶和飞机继续不停和迅速通过或飞越群岛水域与邻接的领海，也可以为使船舶安全通过这种海道内的狭窄海道而规定分道通航制。

3. 在此类船舶海道和空中航道中，所有船舶和飞机可以根据国际法的规则，以正常的方式享有航行和飞越的权力，以便继续不停、迅速、无障碍地通过和飞越群岛水域与邻接的领海，从专属经济区的一部分到专属经济区的另一部分。

4. 在根据第2款确定船舶海道和空中航道之前，第3款所称的航行和飞越的权利可以在所有通常用于国际航行和飞越的航道上行使。

5. 第3款所称的航行和飞越的权利受制于所有所罗门群岛依据国家法规则制定的法律。

6. 受本法和根据国际法的相关规则制定的任何其他成文法的限制，在专属经济区内，所有的国家及其国民在公海上享有航行和飞越的自由、铺设海底电缆和管道的自由以及与这些自由有关并符合国际法规则的海洋的其他所有国际合法用途

第十一条 规章

若当时任何其他成文法中没有为任何此类目的而作出其他规定，部长可以为以下全部或任一目的根据国际法的规则制定规章：

（1）规范专属经济区内的科学研究行为；

（2）规范在专属经济区内为利用海流、潮汐和风力生产能以及其他经济用途而进行的勘探和开发；

（3）规范在专属经济区内建造、运营和使用人工岛屿、设施和结构，包括但不限于在岛屿、设施和结构周围建立安全区；

（4）规定保护和养护专属经济区海洋环境的措施；

（5）规定其必要或适宜的事项，以落实所罗门群岛在专属经济区内的权利和义务或使本法规定得到充分执行。

1979 年第 41 号法律声明：群岛基线的声明
[海域划界法案（1978 年第 32 号）]

群岛基线的声明

在行使《1978 年海域划界法案》第四条第 2 款赋予的权力时，总理在此声明，确定所罗门群岛的群岛水域外部界限及领海内部界限的直线基线各点的地理坐标如下：

主要的群岛

点	坐标点		在英国军方海图上的编号
	南纬	东经	
1. 在暗礁上	06°59′.2	155°31′.75	3419
2. 在 MonoI. 的西海岸	07°23′.85	155°31′.2	3419
3. 在 Laifa 岬	07°25′.1	155°31′.6	3419
4. 在 StirlingI. 的西海岸	07°27′.2	155°33′.1	3419
5. 在 Satisfaction 角	08°18′.4	156°31′.1	3419
6. 在 RendovaI. 上	08°43′.15	157°20′.0	3416
7. 在 RendovaI. 上	08°44′.25	157°23′.0	3416
8. 在 TetipariI. 上	08°47′.75	157°37′.75	3416
9. 在 SouthI. 附近	08°48′.7	157°45′.9	3416
10. 在 EastI. 附近	08°48′.5	157°49′.0	3416
11. 在 Masaubaga 岬	09°42′.6	159°42′.4	1469
12. 在 Hunter 岬附近	09°47′.7	159°49′.1	1469

续 表

点	坐标点		在英国军方海图上的编号
	南纬	东经	
13. 在 Koliula 岬附近	09°49′.7	160°03′.1	1469、3404
14. 在 SanCristobalI. 上	10°35′.3	161°30′.7	3412
15. 在 Howu 角	10°40′.1	161°37′.1	3412
16. 在 Sydney 角附近	10°45′.9	161°46′.8	3412
17. 在暗礁上	10°47′.25	161°51′.0	3412
18. 在 Sta.CatalinaI. 上	10°54′.2	162°27′.0	3412
19. 在 Sta.CatalinaI. 的 S.E. 岬上	10°54′.0	162°28′.0	3412
20. 在 Sta.AnaI. 上	10°50′.0	162°28′.5	3412
21. 在 UlawaI. 上	09°43′.4	161°59′.5	3412
22. 在 NgoraNgora 岬	09°42′.5	161°58′.9	3412
23. 在 Arsacides 角	08°37′.55	161°00′.7	3404
24. 在 NadiI. 附近	07°52′.4	160°38′.2	3403
25. 在 NadiI. 附近	07°52′.1	160°37′.15	3403
26. 在 Megapode 附近	07°45′.2	158°57′.45	3403
27. 在 PapaturaIto.I. 附近	07°34′.75	158°47′.2	3402
28. 在 OmonaI. 附近	07°29′.5	158°40′.4	3402
29. 在 NorthGi junabeanaI. 附近	07°28′.6	158°38′.8	3402
30. 在 SukiI. 附近	07°18′.4	158°04′.7	3402
31. 在 Malaengari 附近	06°38′.15	156°39′.25	3419
32. 在 Alexander 角附近	06°35′.5	156°31′.9	3419
33. 在 PombaInlet 附近	06°34′.7	156°27′.75	3419
34. 在 OomaAtoll 上	06°37′.8	156°06′.03	419
35. 在 OvauI. 上	06°46′.8	155°59′.3	3419
36. 在 MaifuI. 上	06°54′.45	155°49′.75	3419
37. 在暗礁上接上述第 1 点	06°58′.9	155°31′.85	3419
38. 在 BellonaI. 附近	11°16′.1	159°44′.9	208

Rennell 与 Bellona 以及不可缺的环礁群岛

点	坐标点		在英国军方海图上的编号
	南纬	东经	
39. 在 North 暗礁上	12°19′.0	160°03′.1	208
40. 在 Middle 暗礁上	12°39′.8	160°17′.0	208
41. 在 South 暗礁上	13°00′.0	160°33′.0	208
42. 在 South 暗礁上	13°02′.5	160°36′.0	208
43. 在 South 暗礁上	13°00′.1	160°38′.5	208
44. 在 RennellI. 上	11°51′.2	160°39′.1	208
45. 在 RennellI. 上	11°42′.8	160°29′.7	208
46. 在 BellonaI. 上	11°17′.1	159°48′.8	208
47. 在 BellonaI. 上,接上述第 38 点	11°16′.3	159°46′.7	208

Ontong Java 群岛

48. 在 KengoI. 附近	05°24′.7	159°12′.05	214
49. 在 KilomaI. 附近	05°28′.65	159°16′.8	214
50. 在 AlungaI. 附近	05°31′.6	159°33′.8	214
51. 在 NgikoloI. 附近	05°32′.35	159°38′.9	214
52. 在 AkooI. 附近	05°31′.55	159°40′.5	214
53. 在 LuaniuaI. 附近	05°28′.95	159°43′.0	214
54. 在 NuikaI. 上	05°23′.1	159°42′.5	214
55. 在暗礁上	05°02′.1	159°23′.1	214
56. 在暗礁上	05°00′.7	159°18′.6	214
57. 在暗礁上	05°02′.0	159°16′.0	214
58. 在暗礁上	05°07′.65	159°12′.9	214
59. 在暗礁上	05°21′.5	159°10′.85	214
60. 在 NguhakaiI.附近,接上述第 48 点	05°23′.4	159°11′.0	214
61. 在 Boscawon 角	10°49′.85	165°46′.1	17
62. 在 Astrolabe 暗礁群上	11°43′.9	166°49′.9	17
63. 在 Astrolabe 暗礁群上	11°44′.5	166°51′.15	17
64. 在 Astrolabe 暗礁群上	11°45′.05	166°54′.3	17
65. 在 Boussole 暗礁上	11°43′.8	166°59′.4	17
66. 在 Astrolabe 岬附近	11°42′.45	167°01′.7	17
67. 在东北通道附近	11°36′.05	167°01′.2	17

续 表

点	坐标点		在英国军方海图上的编号
	南纬	东经	
68. 在 TemoaI. 上	10°15′.5	166°22′.65	17
69. 在 NufiloliI. 附近	10°10′.55	166°17′.8	17
70. 在 NukapuI. 附近	10°04′.1	166°02′.75	17
71. 在 NupaniI. 附近	10°01′.9	165°42′.9	17
72. 在 NupaniI. 附近	10°02′.2	165°42′.3	17
73. 在 NupaniI. 附近	10°05′.65	165°41′.65	17
74. 在 Nemba 附近	10°46′.95	165°44′.8	17
75. 在 Nemba 附近,接上述第 61 点	10°47′.9	165°45′.0	17

DUFF 群岛

76. 在 Tuleki 上	09°45′.35	167°03′.06	17
77. 在 PapaI. 上	09°48′.06	167°05′.08	17
78. 在 TaumakoI. 附近	09°53′.06	167°10′.05	17
79. 在 LotevaI. 上	09°55′.08	167°14′.08	17
80. 在小岛上	09°55′.05	167°14′.08	17
81. 在 TaumakoI. 上	09°52′.05	167°11′.55	17
82. 在小岛上	09°46′.05	167°05′.03	17
83. 在 TulekiI. 上,接上述第 76 点	09°45′.55	167°04′.1	17

汤　　加
Tonga

（英文文本截止于 2009 年 5 月 22 日）

领海和专属经济区法，1978 年 10 月 23 日第 30 号法案，1989 年第 19 号法案修正

第一条　简称和开端

1. 本法案可被称为《1989 年修正的 1978 年领海与专属经济区法》。

2. 本法案应于国王在枢密院指定的日期生效。

第二条　释义

1. 本法案中，除内容另有规定外：

"海湾" 指海岸的水曲，其面积不小于以横越曲口所划的直线作为直径的半圆形面积。为定义的目的：

（1）水曲的面积应是位于水曲陆岸周围的低潮标和一条连接水曲天然入口两端低潮标的线之间的面积；

（2）如果因有岛屿而水曲有一个以上的曲口，前述半圆的直径长度应与横越各曲口的各线总长度相等；

（3）在计算水曲的面积时，水曲内的任何岛屿都应被视为水曲水域的组成部分。

…………

“国际条约”指汤加作为缔约方并由汤加政府和任何其他国家政府达成的任何双边或多边条约、协议或协定。

“岛屿”是指四周环水并且在平均高水位春潮时位于水面之上的自然形成的陆地。

…………

“低潮高地”指四周环水并且在平均低水位春潮时位于水位之上但在平均高水位春潮时被水淹没的自然形成的陆地。

“中间线”指位于汤加和任何其他国家之间,其上每一点到据以测量汤加和相应国家领海宽度的基线上最近点的距离相等的一条线。

“海里”是指 1 852 米的国际海里。

…………

“规定”指根据本法制定的规章规定。

…………

2. 为本法的目的,构成海港系统完整部分的永久性海港工程应被视为海岸的组成部分。

第一部分 汤加领海

第三条 领海

汤加领海包括以本法第五条和第六条规定的基线作为内部界限,以一条从基线向海一侧量起、其上每一点与基线上最近点的距离为 12 海里的线作为外部界限的海洋区域。

…………

第五条 领海基线

1. 除本法第六条另有规定外,测量汤加领海宽度的基线应当:

(1)在岛屿位于环礁上或岛屿有岸礁环列的情形下,为沿岸礁向海一侧外缘的低潮线;

(2)在岛屿没有位于环礁上或岛屿无岸礁环列的情形下,为这些岛屿沿岸的低潮线。

2. 为本条的目的，如果所有的低潮高地为测量领海宽度的目的可以忽略不计，则一个全部或部分位于领海宽度内的低潮高地应被视为一个岛屿。

第六条 邻接海湾的领海基线

在邻接海湾的情况下，测量领海宽度的基线应为：

（1）如果海湾只有一个入口，而且其天然入口两端的低潮标之间的距离不超过 24 海里，则应是连接这些低潮标的一条直线；

（2）如果因有岛屿的存在海湾有不止一个曲口，每个曲口的天然入口两端的低潮标之间的距离之和不超过 24 海里，则应是跨越每个曲口连接那些低潮标的一系列直线；

（3）当本条的第（1）款和第（2）款都不能适用时，应是在海湾内从低潮标到低潮标之间长度为 24 海里的直线，以划入该长度的线所可能包围的最大水域。

第七条 归属国王的领海海床和内水

在获得任何产业权或利益的条件下（不论是依据或根据任何法律条文还是依据或根据其他，且不论是在本法案实施之前还是在实施之后），汤加所有岛屿海岸的低潮线向陆一侧和汤加领海外部界限向海一侧的海床和底土应被视为并一直被视为属于国王。

第八条 领海规章

国王在议会中可以随时通过议会命令为以下全部或任一目的制定规章：

（1）管理领海内进行的科学研究活动；

（2）规定保护和保全领海内海洋环境的措施；

（3）管理在领海内建造、运营和使用人工岛屿（无论是永久性的还是临时性的）与其他设施及结构，包括在此类岛屿、设施和结构周围建立安全区；

（4）管理为利用海水、洋流和风力生产能或为任何其他经济目的而勘探和开发领海的行为；

（5）规定为使汤加对领海的主权所必要或适宜的此类其他事项；

（6）规定违反任何此类规章的行为即构成违法，并对任何此类违法行为处以不超过 10 000 美元的罚金；

（7）规定为使本法案的该部分得到充分实施及适当管理所需要详细考虑或必要的此类其他事项。

第二部分　汤加的专属经济区

第九条　专属经济区

1. 汤加的专属经济区包括邻接汤加领海并在汤加领海之外的海域、海床和底土，其外部界限是一条从本法第五条和第六条规定的基线向海一侧量起的线，线上的每一点与基线上最近点的距离为 200 海里。

2. 不论本部分第 1 款的规定如何，若存在以下情形，则中间线的该部分应是专属经济区的外部界限——

（1）汤加和任何其他国家之间中间线的任何部分到汤加领海基线上最近部分的距离不足 200 海里；

（2）当时没有与邻国通过协议或依据本条第 3 款发布议会命令来确定专属经济区的其他外部界限。

3. 为执行任何国际条约、任何国际机构的仲裁裁决或者任何国际法院判决的目的，或者为了任何国际法的目的，国王可以随时通过议会命令，宣布专属经济区不应延伸至依据本条本应包括在专属经济区内的任何特定区域的海洋、海床或底土。

第十条　允许捕捞的总量的计算

部长应当随时对专属经济区内的每个渔场确定总可捕量。

第十一条　外国渔船总可捕量的计算

1. 部长应当随时根据专属经济区内每个渔场的总可捕量确定汤加渔船有能力捕捞的份额。

2. 若部长根据专属经济区内一个渔场的总可捕量确定了汤加渔船有能力捕捞的份额，则剩下的份额应构成外国渔船可捕量。

第十二条　外国渔船可捕量的分配

1. 部长可以随时在汤加之外的其他国家之间，就专属经济区内任何渔场中依据本法第十一条确定的外国渔船的可捕量进行分配。

2. 在依据本条第 1 款进行分配时，部长可以考虑（特别是）以下因素：

（1）获得分配的国家的渔船是否经常在专属经济区内进行捕鱼活动；

（2）此类国家与汤加是否在专属经济区内渔业研究和鱼群认定方面有过

合作；

（3）此类国家与汤加是否在专属经济区内渔业资源的养护和管理方面以及与这些资源有关的汤加法律的实施方面有过合作；

（4）任何相关的国际条约的规定；

（5）部长在与外交部长磋商后认为有关的其他事项。

第十三条 禁止未获授权的外国船舶在专属经济区内作业

外国船舶不得在专属经济区内从事捕鱼，除非拥有部长依据本法第十四条向该渔船颁发的许可证。

第十四条 许可证的授予

1. 受本条第2款的限制，部长可以向任何外国船舶的所有人授予和颁发在专属经济区内捕鱼的许可证。

2. 部长应当在确保以下事项的基础上行使本条授予他的权力：

（1）所有依据本条获得许可的外国船舶目前获准从专属经济区内任何渔场捕捞的渔获量，不得超过依据本法第十一条确定的外国渔船在该渔场的可捕量；

（2）所有依据本条获得许可的一个特定国家的所有外国渔船，目前获准从专属经济区内任何渔场捕捞的渔获量，不得超过依据本法第十二条分配给该国在该渔场的可捕量。

3. 在根据本条授予许可证时，部长可对该许可附加有关以下全部或任何事项的条件：

（1）在专属经济区内授权捕鱼的区域；

（2）授权捕鱼的季节、时间和特定的航程；

（3）可捕捞的鱼的种类、大小、年龄和数量；

（4）可采用的捕鱼方法；

（5）外国渔船可以使用或携带的捕鱼工具的类型、大小和数量以及不使用时的储存方式；

（6）渔获的使用、转移、运输、着陆和加工；

（7）不论是为检查捕捞量的目的，还是为其他目的，外国渔船在汤加港口的进入；

（8）外国渔船在对其他渔船或其捕捞工具或捕捞物或渔获或管道、电缆

或汤加的其他利益造成损失或损害的情况下,可向汤加公民或者国王支付的赔偿;

(9)外国渔船需要提供给农业、林业和渔业部部长的统计数据和其他信息,包括与捕捞量、活动有关的统计数据和渔船位置的报告;

(10)外国渔船进行特定项目的渔业研究的行为;

(11)外国渔船就所使用的捕鱼方式对汤加人员进行的培训以及渔业技术的转让;

(12)在外国渔船上展示其获得的许可证;

(13)外国渔船的标志以及其他身份识别方式;

(14)汤加船舶或飞机、政府船舶或本法第二十三条授权的任何官员给予或制定的要求外国渔船遵守的指令、说明或其他要求;

(15)在外国渔船上安排汤加的观察员,并由许可人向农业、林业和渔业部部长补偿进行前述活动的费用;

(16)外国渔船安装和维护用于识别和确定船舶位置的应答器或其他设备,以及安装适当的导航设备,使其位置固定在船舶上;

(17)外国渔船上携带特定的海图、海洋出版物和航海仪器;

(18)部长认为对养护和管理专属经济区内的渔业资源必要或适当的其他此类事项。

第十五条 许可证的更新

受本法第十四条第2款的限制,部长可以随时更新任何根据本法第十四条授予的许可证。

第十六条 许可证的变更

1. 受本法第十四条第2款的限制,如果部长认为对适当管理专属经济区内的捕鱼行为有必要或适宜,他可以随时改变任何根据本法第十四条授予的任何许可证或一些许可条款和条件或许可的等级和类型。

2. 依据本条更改任何许可证,应在切实可行的情况下尽快通知被许可人。

第十七条 许可费

每个被许可人都应就根据本法第十四条授予许可或者根据本法第十五条对许可证进行续期向国王支付随时规定的费用。

第十八条　许可证违规

1. 若任何外国渔船未获得本法第十四条规定的许可而被用于在专属经济区内捕鱼，其所有者、船长和任何船员都构成违反本法的罪行。

2. 若任何未根据本法第十四条取得许可证的外国渔船在专属经济区内做出任何标志或其他识别方式，表明其已经根据本条获得许可证，其所有者、船长和任何船员都构成违反本法的罪行。

3. 若外国渔船被用于在专属经济区内捕鱼时违反了任何根据本法第十四条颁发的许可证规定的任何条件，其所有者、船长和任何船员都构成违反本法的罪行。

4. 任何外国渔船的所有人或船长如果犯有本条第 1 款或者第 2 款所规定的罪行，一经定罪，应被处以不超过 100 000 美元的罚金。

5. 任何外国渔船的船员如果犯有本条第 1 款或第 2 款所规定的罪行，一经定罪，应被处以不超过 5 000 美元的罚金。

6. 任何外国渔船的被许可人或船长如果犯有本条第 3 款所规定的罪行，一经定罪，应被处以不超过 25 000 美元的罚金。

7. 任何外国渔船的船员如果犯有本条第 3 款所规定的罪行，一经定罪，将被处以不超过 1 500 美元的罚金。

8. 在本条中，“船员”不包括外国渔船的被许可人、所有人或船长或者根据本法第十四条第 3 款颁发的许可证上的附加条件而登上该船的汤加人员或观察员。

第十九条　许可证的暂停与撤销

1. 若部长认为存在下列情况，部长可以在其确定的时间内暂停或者撤销渔船的许可证：

（1）根据本法案第十四条被授予许可证的任何外国渔船正在或已经被用于在专属经济区捕鱼，违反了适用于在专属经济区内捕鱼的任何许可证条件或者任何汤加法律；或者

（2）任何外国渔船的被许可人、船长或船员已经被认定构成违反本法或者违反根据本法第二十一条制定的任何规章或者违反汤加任何与在专属经济区内捕鱼有关的法律的罪行；或者

（3）任何外国渔船的被许可人、船长或船员没有在本法第二十五条第 8

款所规定的时限之内向国王支付部长根据该条对其处以的任何罚金。

2. 与外交部长磋商后，若部长确认为为适当管理专属经济区的捕鱼活动而有必要或适当，他可以决定在他确定的时间内暂停任何许可或许可证或许可的等级或类别，或者撤销任何许可或许可证或者许可的等级或类别。

3. 当许可根据本条被暂停时，它将失去效力。

第二十条 法院的审查

部长对本法第十六条或第十九条第2款所授予的任何权力的行使，不得以他据以行使这些权力的条件并没有出现或者已经终止为理由而在任何法院中被改变、审查、废除或者质询。

第二十一条 渔业规章

1. 国王可以随时通过议会命令，为以下全部或任一目的制定规章：

（1）规定根据本法第十四条申请许可证的方式、根据本法第十五条申请此类许可证续期的方式以及申请形式；

（2）规定许可证的期限；

（3）规定部长颁发许可证的形式；

（4）规定就许可证的颁发和续期应向国王支付的费用；

（5）规定被许可者在经汤加有关当局要求时出示许可证以及由该当局对许可证进行检查；

（6）对于外国渔船，要求对许可证申请人和被许可者由指定的汤加授权代理人代理；

（7）规定为确保外国船舶仅依据其许可证上的条款和条件在专属经济区捕鱼所必要或适当的其他此类事项；

（8）规定外国渔船在专属经济区内捕鱼所应遵守的且与本法不抵触的条件；

（9）规定不违反本法的、养护和管理专属经济区内渔业资源的措施；

（10）具体规定特定种类的高度洄游鱼种，并以与本法不相抵触的方式管理在专属经济区内捕捞该种群的行为以及汤加渔船在专属经济区外捕捞该种群的行为；

（11）规定违反任何此类规定的行为应构成犯罪，并对渔船的被许可人、所有人或者船长处以不超过10 000美元的罚金，对任一犯罪船员处以1 000

美元的罚金；

（12）规定为本法第二十四条目的的保证的形式；

（13）规定为本法第二十五条目的应遵循的通知和程序的形式；

（14）对于根据本法或者在本法规定的任何民事或刑事程序中送达的通知、传票和其他文件，规定的特定送达方式（包括对外国渔船授权代理的送达或者对渔船注册地的汤加外交官或者领事代表的送达）应被视为对渔船的任何被许可人、所有人和船长或者船员的送达，并且规定那些特定的送达证明方式应被视为该送达的充分证据。

2. 根据本条制定的规章可以就专属经济区的不同部分和不同种类的鱼作出不同的规定。

3. 在根据本法制定的规章中规定费用时，国王在议会中可以 ——

（1）考虑（特别是）实施本法规定的费用，包括养护和管理渔业资源的费用、渔业研究的费用以及管理和实施此类立法的费用；

（2）对于不同种类的外国渔船规定不同的费用（无论是参照大小、捕捞量、捕鱼方式、功能，还是参照其他）。

第二十二条　为渔业、实验和娱乐的目的而捕鱼

尽管第十三条或第十八条规定外国渔船可以在专属经济区内为渔业、实验或者娱乐的目的捕鱼，但此类活动须得到部长的书面同意，并遵守部长在同意时规定的条件（如果有）。

第二十三条　对违法者的逮捕

1. 本条第 16 款所规定的任何官员可以在任何时候停止、登临、检查和搜查任何在领海与专属经济区内的外国渔船，并且检查渔船上的任何渔获。当他有合理理由认为外国渔船违反了本法，或者违反了依据本法第二十一条制定的规章，或者违反了汤加关于在专属经济区内捕鱼的任何法律时，他可以：

（1）拿捕并扣留渔船上的所有渔获；

（2）逮捕任何他有理由相信实施了本条规定的任何违法行为的个人；并且

（3）如果他有理由相信任何船舶的被许可者、所有者或者管理者犯有任何此类违法罪行，则拿捕并扣留该船。

2. 本条第 16 款规定的任何官员，可在其认为为此目的所必要的助手的协助下行使本条第 1 款授予的权力。

3. 若任何外国渔船根据本条第1款被扣留,它应由王国政府保管,直到——

(1)对造成船舶被扣留的违法行为作出不控告或不指控的决定;或者

(2)若确定作出此类控告或指控,对船舶提供了本法第二十四条要求的担保。

4. 是否对依据本条第1款被扣押的外国船舶的指称罪行作出控告或指控,应在船舶被扣押后在合理可行的范围内尽快作出决定。

5. 释放被扣押的外国渔船,不影响此后因任何人被定罪而没收该船舶。

6. 基于对外国渔船的任何被许可人、所有人或船长实施本条第1款规定的任何违法行为的认定,除法院可对违法的个人处以任何罚金,船舶应由王国政府没收,并且应以部长命令的方式处置。

7. 任何渔获根据本条第1款被扣留时,应当由王国政府保管(保存在被扣留时的外国渔船上或者部长指定的其他此类地点)直到——

(1)对造成渔获被扣留的违法行为作出不控告或指控的决定;或者

(2)若确定作出此类控告或指控,为渔获提供了本法第二十四条要求的担保。

8. 释放被扣留的渔获,不影响此后因任何人被定罪而没收该渔获。

9. 对于根据本条第1款被扣留的任何渔获的变质,王国政府不对任何个人承担责任,不论变质是否由王国政府的疏忽或其他原因引起。

10. 基于对任何人构成本条第1款规定的、与依据该条被扣押的渔获有关的违法行为的认定,在法院对违法个人处以任何罚金之外,渔获应由王国政府没收,并应以部长指定的方式处理。

11. 本条第16款规定的任何官员在法庭上应根据本法处理。

12. 如任何外国渔船或渔获根据本条交由王国政府保管,则基于对任何人构成本条第1款规定的与该渔船或渔获有关的违法行为的认定,王国政府依据本条保管该渔船或该渔获的费用应构成每个渔船的被许可人、所有人和船长连带并单独的对国王偿还的债务,并且应当由王国政府在任何有管辖权的法院相应地追回。

13. 在不限制以任何其他方式追回依据本条第12款所欠王国政府债务的情况下,基于对外国渔船的被许可人、所有人和船长构成任何本条第1款规定的违法行为的认定，审判法院可以命令该人向王国政府支付依据该款他应当承担的费用。

14. 受本条第 9 款的限制，即使本条另有任何其他条款的规定，若外国渔船或渔获已经根据本条第 1 款被扣留，则在被控犯有导致渔船或渔获被没收的任何罪行的人被判无罪后，王国政府保管的渔船或渔获应被释放。

15. 任何人以任何方式阻止或妨碍本条第 16 款规定的任何官员或者官员的任何助手行使本条授予的权力，即构成违反本法的罪行，一经定罪，可被处以不超过 10 000 美元的罚金。

16. 本条第 1 款所指的是以下任何官员：

（1）警察部队的成员；

（2）汤加国防部门的委托官员；

（3）指挥或控制任何由汤加政府国防部门或其代表掌管的船舶或飞机的个人；

（4）部长为此目的任命的任何其他人。

第二十四条　释放外国渔船的担保

1. 若任何外国渔船根据本法第二十三条被扣押，并且对渔船的被许可人、所有人或船长就导致渔船被扣押的违法行为提起指控，则渔船的被许可人、所有人或船长可以在对该指控作出裁决之前的任何时候，向对该指控作出裁决的法院请求依据本条的担保规定释放渔船。

2. 在接到申请后，法院应当在任何合适的人或法院为该目的指定的人代表政府执行保证金后，命令释放该外国渔船。保证金的执行应当以本条第 4 款规定的方式和条件，并以一个不少于渔船价值总额、在被告被认定有罪的情况下根据本法第二十三条第 2 款国王可以追回的费用以及被告如果被判有罪而被处以罚金的最大数额的总和执行。

3. 不论本条第 2 款的规定如何，若法院认为在特定的情况下是正当的，它可以命令保证金的数额应是一个少于该条所要求数额的特定数额。

4. 保证如果存在以下情形，则保证无效，但在其他情况下保证应仍然保持完全的效力并有效 ——

（1）发现被告未犯有被控告或指控之罪；或者

（2）被判有罪的被告在被法院处以规定的罚金后 14 天之内全额缴清罚

金和依据本法第二十三条第12款应向王国政府支付的所有费用,并且外国渔船处于可能被王国政府没收的期间。

5. 保证中规定的数额应作为连带或单独提供保证金的一人或多人对政府的债务可全额缴付,除非其证明适当履行了使保证无效的条件。

6. 在本条中,"外国渔船"包括船上的所有设备或者根据本法第二十三条第1款由渔船使用的设备以及根据本条被扣留在由王国政府保管的渔船上的设备。

第二十五条 轻微渔业违法行为的行政处罚

1. 若部长有合理理由认为存在以下情况,他可以根据本条第2款向其送达书面通知或者其他规定形式的通知:

(1)与外国渔船有关的任何个人犯有违反本法或者违反根据本法第二十一条制定的规章或者违反有关在专属经济区捕鱼的任何其他汤加法律的罪行;

(2)考虑到所有与被指控的具有轻微性质的违法行为有关的情况,并且考虑到渔船以及有关个人之前在专属经济区的行为,根据本条规定应当进行适当的处罚。

2. 根据本条第(1)款发出的通知应当规定以下事项,并且应当备述一项说明本条规定的声明:

(1)违法行为的日期和性质;

(2)对违法行为进行指控所依据的事实的摘要(应是足以全面和公正地告知该人其被指控的违法行为的摘要);

(3)部长认为与处罚相关的任何其他事项(先前没有被定罪的)。

3. 任何接到本条第1款规定的通知的个人可以在接到通知后的28天内,以部长规定形式的书面通知,要求任何涉及被指控罪行的程序在法庭上进行。在此情况下,以下规定应当适用:

(1)部长不得根据本条进行进一步的诉讼;

(2)本条中的任何规定不被解释为阻止随后对被指控的罪行提起任何问讯或指控,或者阻止法院对违法者定罪,或者阻止基于此类判决而根据任何法律进行施加处罚,或者阻止根据本法进行没收。

4. 任何接到本条第1款规定的通知的个人,如果未要求在法庭上对被指控的违法行为进行任何法律程序,可以向部长发出书面通知 ——

（1）承认违法;

（2）在任何情况下,向部长提交他希望部长在依据本条进行处罚时考虑的事项。

5. 若任何接到依据本条第 1 款作出的通知的个人在接到通知后 28 天内没有要求在法庭上对被指控的违法行为进行任何法律程序或者承认违法,则在期限届满时视为他已经承认了违法。

6. 若根据本条规定,个人承认违法或者视为承认违法,在考虑到个人根据本条第 4 款提交的事项后,部长可以就违法行为对该人处以罚金,其数额不超过法院对其定罪时可能处以最高罚款的三分之一。

7. 若部长根据本条就违法行为对个人进行处罚,部长应当按照规定的形式向该人发出载明处罚详情的书面通知。

8. 根据本条,被处罚的个人应当在收到根据本条第 7 款发出的通知后,在 28 天内向国王缴纳罚款。

9. 在不违背本条第 8 款的要求或者本法第十九条第 1 款的情况下,根据本法处罚的罚款应由王国政府向被处罚的个人追缴,追缴的方式与对任何违法行为定罪后追缴罚金的方式相同。

10. 不论本法第十八、第二十一、第二十三和第二十四条或者任何其他成文法的规定如何,若已根据本条承认犯罪行为,则不得就该罪行向承认犯罪的人提起诉讼或指控。

11. 本条中的任何规定不得适用于:

（1）本法第十八条第 1 款或第 2 款规定的任何违法行为或被指控的违法行为;或者

（2）被起诉的任何违法行为或被指控构成违法的行为。

第二十六条 专属经济区内的一般性规章

国王可以随时通过议会命令为以下所有或任何目的制定规章:

（1）管理专属经济区内的科学研究行为;

（2）规定保护和保全专属经济区海洋环境的措施;

（3）管理建造、经营和使用人工岛屿（无论是永久性的还是临时性的）及专属经济区内的其他设施与结构,包括在此类人工岛、设施和结构周围设立安全区；

（4）管理为利用海水、洋流和风力生产能和为任何其他经济目的而勘探和开发专属经济区的活动；

（5）规定为使汤加与专属经济区相关的主权权利得以充分实施所必要或适宜的其他此类事项；

（6）规定违反任何此类规章的行为应构成犯罪，并对任何此类犯罪行为处以不超过 10 000 美元的罚金；

（7）规定为使本法的该部分得到充分实施以及适当管理所设想或必要的其他此类事项（依据本法第二十一条可以制定规章的事项除外）。

第二十七条 关于专属经济区内违法行为的一般条款

1. 任何在专属经济区内发生的违反本法或者违反依据本法制定的规章的行为，应被视为在汤加发生。

2. 若任何外国渔船的被许可人、所有人、船长或者船员被指控犯有本法第十八条或者根据本法第二十一条制定的规章规定的违法行为，对于在本法第二条第 1 款对“捕鱼”定义的第（2）项或第（3）项中规定的任何活动，只要被告证明此类仅与捕鱼有关的活动是在专属经济区的外部界限之外进行的，就可构成对被指控行为的抗辩。

3. 若逮捕任何人或者停止、登临或者搜查任何渔船或搜查任何渔获的任何权力是根据本法该部分授予任何人的，则该权力无论是否有授权都可以被行使。

第三部分 其他规定

第二十八条 为使国际条约生效而作出修改

只要是使第三次联合国海洋法会议通过的任何条约充分实施所必要的，国王可以随时通过议会命令限制本法中与专属经济区有关的任何规定。

第二十九条 官方海图

1. 为本法的目的，任何特定海域的低潮线应是当时该区域最大比例尺的英国军方海图上标示的平均低水位春潮时的低潮线。

2. 在任何法院的任何诉讼程序中，若有一份证明声称是由港务长签署，表明该区域的任何特定的英国军方海图是当时可适用于该区域最大比例尺的英国军方海图，则该证明应被视为该事项的可接受的证据。

第三十条 关于犯罪行为的举证责任

在本法规定的任何行使程序中，如果某人被指控犯有本法第十八条规定的犯罪行为，或者被指控违反了依据本法制定的任何条例，而根据这些规定、条例，任何人作出任何行为需获得许可、准许或同意，则被告有责任证明在指控涉及的时间内妥为持有必要的许可证、执照或者同意。

第三十一条 修正、废除和保留

1. 本法附表中规定的法律兹以附表规定的方式修正。

2. 在此废止《1973 年渔业保护法案》。

3. 除本法另有明确规定外，本法的规定是对每一部任何其他成文法的补充，而非替代。本法的任何规定同时不得构成对任何其他法律规定的限制或减损。

图 瓦 卢
Tuvalu

（英文文本截止于 2009 年 1 月 16 日）

1983 年海洋区域（宣言）法案

本法规定图瓦卢的内水、群岛水域、领海、专属经济区和毗连区。

第一条 简称

本法案可称为《1983 年海洋区域（宣言）法案》。

第二条 释义

1. 在本法案中，除非另有规定：

"图瓦卢的领海基线"指图瓦卢任何部分海岸边缘或环绕邻接海岸任何部分潟湖的礁石向海一侧的低潮水位线。若没有礁石，该基线则为海岸的低潮线。

"养护和管理"包括所有下列相关的规则、规章、办法、措施：

（1）要求建立、恢复或维持或者有助于建立、恢复或维持任何渔业资源或海洋环境；或者

（2）旨在确保——

（a）在持续的基础上可能实现的食物和其他产品的供应以及可能获得的游憩效益；

(b)避免对渔业资源或海洋环境产生不可逆转的或长期的不良影响；

(c)在使用这些资源方面将会有多种选择。

"渔业资源"指任何渔业、鱼类、鱼的种群或者鱼类栖息地。

"低潮高地"指一个四周环水且在平均低水位春潮时露出水面而在平均高水位春潮时被水淹没的自然形成的陆地区域。

"低潮线"，就任何区域而言，指由部长掌握的大比例尺区域海图上描述的平均低水位春潮时的低潮线。

"海里"指国际海里 1 852 米。

2. 为本法的目的，作为海港体系组成部分的永久性海港工程应被视为海岸的组成部分，但本条款不适用于离岸设施或人工岛屿。

第三条　国际法规则的参照

若在本法案中规定任何事项的实施或任何法律或命令的制定应当符合国际法的规则，则该事项是否如此实施或该法律是否如此制定的问题本身不具有司法可审性。

第四条　本法的适用

对本法规定的理解应遵循由图瓦卢或代表图瓦卢批准或最终接受的任何条约或其他国际义务的规定。

第五条　内水

1. 为图瓦卢任何法律的目的，图瓦卢的内水为：

(1)测量领海宽度的基线向陆地一侧的所有水域；

(2)若根据第 2 款划定闭合线，则为该线的内陆水域及于那些基线外的范围。

2. 部长可以根据国际法的规则，参照官方海图上标示的物理特征或者标明大地测量数据的地理坐标表，为确定图瓦卢内水外部界限的目的，宣布在潟湖口或入口处划定闭合线的点。

第六条　群岛水域

1. 为图瓦卢任何法律的目的，图瓦卢的群岛水域(如果有)包括根据第 2 款确定的群岛基线以内的所有海域。

2. 部长可以根据国际法，参照官方海图上标示的物理特征或者标明大地测量数据的地理坐标表，宣布划定直线基线的点，以确定图瓦卢群岛水域的外部界限以及领海的内部界限。

第七条 领海

1. 受第2款的限制，为图瓦卢任何法律的目的，图瓦卢的领海为从图瓦卢的领海基线量起12海里范围的海域。

2. 在根据第六条划定群岛基线时，领海的宽度应从领海基线算起，直到超出图瓦卢内水的外部界限为止。

第八条 专属经济区

1. 受本条以下规定的限制，为图瓦卢任何法律的目的，图瓦卢的专属经济区包括以下海域：

（1）以领海的外部界限作为它们的内部界限；

（2）以一条从测量领海宽度的基线量起向海方向200海里的位置划定的线作为它们的外部界限。

2. 为确定专属经济区的外部界限，部长可以根据国际法，参照官方海图上标示的物理特征或者标明大地测量数据的地理坐标表，宣布划定专属经济区外部界限的直线基线的点。

3. 若根据第2款确定了领海基线，那么专属经济区的宽度应从这些基线起测量。

4. 为实施任何国际协议或者任何国际组织的安排的目的，或为其他目的，部长可以通过命令宣布命令中规定的图瓦卢专属经济区的外部界限。

第九条 毗连区

为图瓦卢任何法律的目的，图瓦卢的毗连区为从测量其领海宽度的基线算起24海里的海域。

第十条 海洋区域的法律性质

1. 图瓦卢的主权及于其陆地领土、内水和群岛水域（如果有）之外的领海、其上的领空、其下的海床与底土以及其中包含的资源。

2. 图瓦卢在其专属经济区内享有以下主权权利：

（1）勘探和开发、养护和管理处于以下位置的生物自然资源或非生物自然资源——

（a）海床；

（b）海床之下的底土；

（c）海床之上的水域。

（2）在该区域内进行经济性勘探和开发的其他活动，比如利用海水、海流和风力生产能。

3. 在专属经济区内，图瓦卢享有国际法赋予或认可的其他此类权利。

4. 在毗连区内，图瓦卢享有以下必要的权利：

（1）防止在图瓦卢的领土、领海或者群岛水域（如果有）内发生违反海关、财政、移民和卫生的法律及法规的行为；

（2）惩罚任何此类违法行为。

并且，图瓦卢所有相关法律相应地适用于毗连区。

5. 本条规定的图瓦卢的主权和权利的行使应遵循国际法的规则。

第十一条 他国在海洋区域的权利及其他

1. 受本条以下规定的限制，所有国家的船舶和飞机根据国际法规则享有自由通过和飞越图瓦卢的领海与群岛水域（如果有）的权利。

2. 部长可以通过命令：

（1）根据国际法的规则，指定适合外国船舶和飞机持续、迅速通过群岛水域与邻接的领海的海道及空中航线；

（2）为保证在任何此类海道中船舶安全通过狭窄的水道而指定分道通航制。

3. 在根据第 2 款指定的航道和空中航线中，所有的船舶和飞机可根据国际法规则享有按照其正常方式航行与飞越的权利，以便持续不停、迅速和无障碍地通过与飞越群岛水域及其邻接的领海，从专属经济区的一个部分到另一个部分。

4. 在根据第 2 款指定航道和飞行航线之前，第 3 款所称的航行和飞越的权利可以在通常用于国际航行与飞越的所有路线上行使。

5. 第 3 款和第 4 款所称的航行和飞越的权利受制于图瓦卢根据国际法规则制定的所有法律。

6. 受本法和任何其他法律以及国际法的规则的限制，所有的国家及其国民在专属经济区内享有公海上的航行和飞越自由、铺设海底电缆和管道的自由以及符合国际法规则且与这些自由相关的所有其他对海洋的国际合法用途。

第十二条 专属经济区的一般规定

若任何其他法律没有为以下目的作出相关规定，部长可以为全部或任何以下目的，根据国际法的规则制定规章：

（1）规范专属经济区内的科学研究行为；

（2）规范为利用海水、海流、风力生产能以及为其他经济目的而勘探和开发专属经济区的行为；

（3）规范在专属经济区内建造、运营和使用人工岛屿、设施与结构的行为，包括在这种岛屿、设施和结构周围建立安全区的要求；

（4）为保护和保全专属经济区的海洋环境而采取措施；

（5）规定为使图瓦卢的专属经济区内的权利和义务得以实现或者为使本法案的规定得以实施所必要或适宜的其他此类事项。

第十三条 海图、公布及其他

1. 对于为本法目的划定且用于确定图瓦卢的内水、群岛水域（如果有）、领海、专属经济区和大陆架界限的所有闭合线、基线与其他界线，部长应在足以确定这些线位置的一种或几种比例尺海图上标出，并将它们妥为公布。

2. 是否根据第 1 款妥为公布这一问题不具有司法可审性。

3. 第 1 款提及的每份海图的副本应交存联合国秘书长和南太平洋委员会秘书长。

第十四条 证据规定

在法院或司法人员进行的法律诉讼中，若一项声称由部长签署的证明书表明适用于第十三条的任何区域的任何特定海图为部长所持有，则该证明书可作为其主张事项的证据，并且该海图是其所列事项的证据。

瓦 努 阿 图
Vanuatu

（英文文本更新截止2010年7月21日）

第81号部长令
（2009年7月29日）

行使《海域法》（CAP138）第十三条（a）款授予我的权力，本人，光荣的Patrick Crowby Manarewo，内务部长，发布以下命令：

1. 修正

《海域法》（CAP138）附表的修正在附表中列出。

2. 生效

本命令于发布之日起生效。

于2009年7月29日在维拉港（Port Vila）发布。

光荣的Patrick Crowby Manarewo

内务部长

附　表
修正《海域法》(CAP138)的附表

1. 废止

废除以 2009 年第 49 号命令列入的附表,代之以下表:

附　表

(第四条)

群岛基线

群岛基线起始于坐标为东经 167° 38'39.2244" 与南纬 13° 15'18.4248" 、在 Vot Tande 岛外礁石低潮线最外缘的点。并且,除非有相反的意思表示,群岛基线接续测地线,依次连接以下陆地区域低潮线上最外缘的点——

坐标(1984 年世界大地测量系统)

点编号	陆地区域	东经(DMS)	南纬(DMS)
1	Vat Tande 岛	167°38′39.2244″	13°15′18.4248″
2	在 Hiu 岛的 Vewoag 岬	166°32′53.1564″	13°4′19.884″
3	在 Hiu 岛的 Vewoag 岬 并且由此沿低潮线到点 4	166°32′51.81″	13°4′19.7796″
4	在 Hiu 岛的 Vewoag 岬	166°32′50.784″	13°4′19.812″
5	在 Hiu 岛的 Vewoag 岬	166°32′45.5352″	13°4′21.6156″
6	在 Hiu 岛的 Vewoag 岬 并且由此沿低潮线到点 7	166°32′43.1268″	13°4′25.986″
7	在 Hiu 岛的 Vewoag 岬	166°32′41.2584″	13°4′34.9464″
8	在 Hiu 岛的 Repemutu 岬	166°32′33.2016″	13°8′28.016″
9	在 Hiu 岛的 Nremoy 岬	166°32′34.244″	13°10′8.0184″
10	Latsmagabe 岬	166°32′55.7808″	14°47′11.1048″
11	在 Santo 岛的 Lovia 岬 并且由此沿低潮线到点 12	166°32′293568″	14°50′45.9456″
12	在 Santo 岛的 Lovia 岬	166°32′29.5908″	14°50′49.02″
13	Linduri 村, Wusi	166°38′48.318″	15°23′45.5316″

点编号	陆地区域	东经（DMS）	南纬（DMS）
	并且由此沿低潮线到点 14		
14	Linduri 村，Wusi	166°38′50.7156″	15°23′51.0828″
15	Lavusvo，Santo 岛	166°46′21.4212″	15°39′4.3056″
	并且由此沿低潮线到点 16		
16	Lavusvo，Santo 岛	166°46′23,502″	15°39′7.4232″
17	Toman（Urur）岛	167°27′43.5636″	16°35′21.786″
18	Leinamaia 岬，SW Efate	168°9′24.246″	17°42′43.596″
19	Leinamaia 岬，SW Efate	168°9′27.6012″	17°42′48.8988″
20	Tukutuku 岬，SW Efate	168°10′13.2024″	17°43′57.36″
21	Tukutuku 岬，SW Efate	168°10′14.6136″	17°43′59.4516″
	并且由此沿低潮线到点 22		
22	Tukutuku 岬，SW Efate	168°10′14.8584″	17°43′59.8404″
23	Tukutuku 岬，SW Efate	168°10′16.392″	17°44′1.932″
24	Toven Kasau Pt，Erromaango 岛	168°59′29.0652″	18°52′33.15″
25	SW 1manaka	169°13′29.8488″	19°28′18.2532″
26	SW 1manaka	169°13′30.8352″	19°28′20.6148″
27	Lenus，Lekapo，Louteth（Tanna）	169°14′12.012″	19°29′48.5736″
	并且由此沿低潮线到点 28		
28	Lenus，Lekapo，Louteth（Tanna）	169°14′18.5928″	19°30′1.7532″
29	Itunga（Tanna）	169°14′40.416″	19°30′50.274″
	并且由此沿低潮线到点 30		
30	Itunga（Tanna）	169°14′46.4064″	19°31′1.5564″
31	Lenuvalu（Tanna）	169°15′0.9756″	19°31′29.6796″
32	Ikiyo，SW Tanna（Tanna）	169°17′12.2172″	19°34′35.7348″
33	Mystery 岛	169°45′3750.12″	20°15′36.6984″
	并且由此沿低潮线到点 34		
34	Mystery 岛	169°45′44874″	20°15′41.2632″
35	Mystery 岛	169°45′590.832″	20°15′43.6644″
36	Niav Pt.	169°51′135″	20°15′16.2792″
37	SE Anietyum	169°52′8.7348″	20°14′55.460.4″
38	SE Anietyum	169°52′15.4812″	20°14′52.1124″

点编号	陆地区域	东经（DMS）	南纬（DMS）
39	SE Anietyum	169°52′28.218″	20°14′44.0988″
40	SE Anietyum	169°52′37.4484″	20°14′36.7224″
41	SE Anietyum	169°52′40.9944″	20°14′33.3492″
42	SE Anietyum	169°53′10.968″	20°13′56.8092″
43	SE Anietyum	169°53′29.4216″	20°13′27.6528″
44	SE Anietyum	169°53′56.6196″	20°12′45.216″
45	Imad 岬, Futuna	170°14′9.7764″	19°32′23.2008″
46	Sinow 岬, Futuna	170°14′17.6028″	19°30′41.8248″
47	Sinow 岬, Futuna	170°14′17.7864″	19°30′36.0288″
	并且由此沿低潮线到点 48		
48	Sinow 岬, Futuna	170°14′17.3256″	19°30′33.984″
49	Sinow 岬, Futuna	170°14′15.432″	19°30′30.294″
	并且由此沿低潮线到点 50		
50	Sinow 岬, Futuna	170°14′14.1936″	19°30′28.8468″
51	Vetemanu 岛	169°18′16.6212″	18°41′49.7832″
52	Manuro 岬, Efate. 的 SE	168°35′43.71″	17°41′21.9912″
53	Initatam Pt, Tongariki	168°38′56382″	17°0′24.0156″
54	Initatam Pt, Tongariki	168°38′56.1588″	17°0′18.8352″
55	Initatam Pt, Tongariki	168°38′55.662″	17°0′167256″
56	Pantayal 岬	168°16′58.3608″	15°55′20.2656″
57	Vot Totlav 岛	168°4′11.0712″	14°26′32.028″
58	Vot Tande 岛	167°38′45.3948″	13°15′24.75″
	并且由此沿低潮线到点 59		
59	Vot Tande 岛	167°38′44.5704″	13°15′23.6952″

Mathew 岛的地理坐标（1984 年世界大地测量系统）

正常基线

点编号	东经（DMS）	南纬（DMS）
1	171°21′1.77″E	22°20′35.62″S
2	171°21′0.78″E	22°20′36.47″S
3	171°21′0.33″E	22°20′37.28″S

点编号	东经(DMS)	南纬(DMS)
4	171°21′0.34″E	22°20′38.18″S
5	171°21′0.51″E	22°20′39.20″S
6	171°21′0.99″E	22°20′39.79″S
7	171°21′1.42″E	22°20′40.69″S
8	171°21′1.75″E	22°20′41.77″S
9	171°21′1.72″E	22°20′42.64″S
10	171°21′2.15″E	22°20′43.68″S
11	171°21′2.51″E	22°20′44.49″S
12	171°21′2.77″E	22°20′45.27″S
13	171°21′3.16″E	22°20′45.99″S
14	171°21′3.93″E	22°20′46.67″S
15	171°21′4.71″E	22°20′46.94″S
16	171°21′5.39″E	22°20′47.29″S
17	171°21′5.88″E	22°20′47.89″S
18	171°21′5.72″E	22°20′48.09″S
19	171°21′5.53″E	22°20′48.4.5″S
20	171°21′5.56″E	22°20′49.14″S
21	171°21′6.47″E	22°20′49.65″S
22	171°21′7.08″E	22°20′50.22″S
23	171°21′8.11″E	22°20′50.33″S
24	171°21′9.34″E	22°20′50.42″S
25	171°21′11.43″E	22°20′50.46″S
26	171°21′11.88″E	22°20′50.60″S
27	171°21′12.43″E	22°20′51.06″S
28	171°21′13.01″E	22°20′51.33″S
29	171°21′13.61″E	22°20′51.07″S
30	171°21′13.96″E	22°20′50.79″S
31	171°21′14.81″E	22°20′50.65″S
32	171°21′15.62″E	22°20′50.29″S
33	171°21′17.00″E	22°20′49.98″S
34	171°21′17.83″E	22°20′50.04″S

点编号	东经（DMS）	南纬（DMS）
35	171°21′18.87″E	22°20′50.18″S
36	171°21′19.67″E	22°20′50.18″S
37	171°21′20.41″E	22°20′49.96″S
38	171°21′21.19″E	22°20′49.99″S
39	171°21′21.48″E	22°20′50.50″S
40	171°21′22.54″E	22°20′50.70″S
41	171°21′23.31″E	22°20′50.72″S
42	171°21′23.86″E	22°20′50.63″S
43	171°21′24.28″E	22°20′5024″S
44	171°21′25.08″E	22°20′50.11″S
45	171°21′26.24″E	22°20′50.29″S
46	171°21′27.21″E	22°20′50.85″S
47	171°21′28.89″E	22°20′51.43″S
48	171°21′29.44″E	22°20′52.09″S
49	171°21′30.48″E	22°20′52.83″S
50	171°21′31.31″E	22°20′52.81″S
51	171°21′32.50″E	22°20′52.62″S
52	171°21′32.85″E	22°20′51.72″S
53	171°21′32.88″E	22°20′50.46″S
54	171°21′32.55″E	22°20′49.68″S
55	171°21′32.80″E	22°20′49.05″S
56	171°21′33.48″E	22°20′48.81″S
57	171°21′34.35″E	22°20′48.83″S
58	171°21′34.96″E	22°20′48.86″S
59	171°21′35.15″E	22°20′48.11″S
60	171°21′35.14″E	22°20′47.06″S
61	171°21′34.98″E	22°20′46.46″S
62	171°21′34.84″E	22°20′45.98″S
63	171°21′35.00″E	22°20′45.47″S
64	171°21′35.49″E	22°20′45.38″S
65	171°21′36.29″E	22°20′45.55″S

点编号	东经（DMS）	南纬（DMS）
66	171°21′37.03″E	22°20′45.55″S
67	171°21′37.61″E	22°20′45.46″S
68	171°21′38.32″E	22°20′45.42″S
69	171°21′39.03″E	22°20′45.24″S
70	171°21′39.80″E	22°20′45.02″S
71	171°21′40.31″E	22°20′44.84″S
72	171°21′40.95″E	22°20′44.60″S
73	171°21′41.50″E	22°20′44.38″S
74	171°21′41.72″E	22°20′43.96″S
75	171°21′41.98″E	22°20′43.51″S
76	171°21′42.20″E	22°20′42.85″S
77	171°21′42.68″E	22°20′42.70″S
78	171°21′42.74″E	22°20′42.19″S
79	171°21′42.58″E	22°20′41.68″S
80	171°21′42.96″E	22°20′41.17″S
81	171°21′43.34″E	22°20′40.71″S
82	171°21′43.79″E	22°20′40.29″S
83	171°21′43.95″E	22°20′39.93″S
84	171°21′44.47″E	22°20′39.81″S
85	171°21′45.43″E	22°20′39.80″S
86	171°21′46.46″E	22°20′39.80″S
87	171°21′46.98″E	22°20′39.31″S
88	171°21′47.36″E	22°20′38.53″S
89	171°21′47.84″E	22°20′37.96″S
90	171°21′48.02″E	22°20′37.27″S
91	171°21′48.09″E	22°20′36.46″S
92	171°21′48.11″E	22°20′35.59″S
93	171°21′48.11″E	22°20′34.81″S
94	171°21′48.23″E	22°20′34.24″S
95	171°21′48.68″E	22°20′33.88″S
96	171°21′49.09″E	22°20′33.22″S

点编号	东经（DMS）	南纬（DMS）
97	171°21′49.31″E	22°20′32.02″S
98	171°21′49.05″E	22°20′31.57″S
99	171°21′48.54″E	22°20′31.21″S
100	171°21′47.92″E	22°20′31.07″S
101	171°21′47.47″E	22°20′31.07″S
102	171°21′46.99″E	22°20′31.16″S
103	171°21′46.57″E	22°20′31.50″S
104	171°21′46.12″E	22°20′31.83″S
105	171°21′45.54″E	22°20′31.77″S
106	171°21′45.09″E	22°20′31.53″S
107	171°21′44.64″E	22°20′31.53″S
108	171°21′43.74″E	22°20′31.27″S
109	171°21′43.19″E	22°20′31.33″S
110	171°21′42.42″E	22°20′31.40″S
111	171°21′41.77″E	22°20′31.49″S
112	171°21′41.23″E	22°20′31.88″S
113	171°21′40.84″E	22°20′31.95″S
114	171°21′40.27″E	22°20′32.10″S
115	171°21′39.78″E	22°20′32.46″S
116	171°21′39.17″E	22°20′32.23″S
117	171°21′38.88″E	22°20′31.99″S
118	171°21′38.59″E	22°20′32.02″s
119	171°21′38.37″E	22°20′32.02″S
120	171°21′37.91″E	22°20′32.00″S
121	171°21′37.34″E	22°20′32.12″S
122	171°21′37.05″E	22°20′32.42″S
123	171°21′36.63″E	22°20′32.48″S
124	171°21′36.01″E	22°20′32.24″S
125	171°21′35.24″E	22°20′31.74″S
126	171°21′34.66″E	22°20′31.38″S
127	171°21′34.17″E	22°20′30.99″S

点编号	东经（DMS）	南纬（DMS）
128	171°21′33.75″E	22°20′30.58″S
129	171°21′33.33″E	22°20′30.04″S
130	171°21′33.33″E	22°20′29.53″S
131	171°21′33.00″E	22°20′29.14″S
132	171°21′32.71″E	22°20′29.06″S
133	171°21′32.26″E	22°20′29.09″S
134	171°21′32.07″E	22°20′28.88″S
135	171°21′32.00″E	22°20′28.31″S
136	171°21′31.96″E	22°20′27.89″S
137	171°21′31.67″E	22°20′27.63″S
138	171°21′31.67″E	22°20′27.09″S
139	171°21′31.86″E	22°20′26.63″S
140	171°21′31.89″E	22°20′26.19″S
141	171°21′31.60″E	22°20′25.83″S
142	171°21′31.30″E	22°20′25.47″S
143	171°21′31.11″E	22°20′25.26″S
144	171°21′30.85″E	22°20′25.05″S
145	171°21′30.53″E	22°20′24.93″S
146	171°21′30.37″E	22°20′24.93″S
147	171°21′29.98″E	22°20′24.94″S
148	171°21′29.72″E	22°20′25.06″S
149	171°21′29.76″E	22°20′25.41″S
150	171°21′30.05″E	22°20′25.68″S
151	171°21′30.02″E	22°20′25.93″S
152	171°21′29.73″E	22°20′26.11″S
153	171°21′29.44″E	22°20′26.35″S
154	171°21′29.41″E	22°20′26.68″S
155	171°21′29.41″E	22°20′26.95″S
156	171°21′29.61″E	22°20′27.19″S
157	171°21′29.67″E	22°20′27.39″S
158	171°21′29.77″E	22°20′27.75″S

点编号	东经(DMS)	南纬(DMS)
159	171°21′29.87″E	22°20′28.14″S
160	171°21′30.03″E	22°20′28.41″S
161	171°21′30.39″E	22°20′28.95″S
162	171°21′30.23″E	22°20′29.07″S
163	171°21′29.88″E	22°20′28.98″S
164	171°21′29.46″E	22°20′28.83″S
165	171°21′28.94″E	22°20′28.66″S
166	171°21′28.58″E	22°20′28.57″S
167	171°21′28.13″E	22°20′28.18″S
168	171°21′27.75″E	22°20′28.22″S
169	171°21′27.36″E	22°20′28.22″S
170	171°21′27.23″E	22°20′27.80″S
171	171°21′27.26″E	22°20′27.47″S
172	171°21′27.00″E	22°20′27.17″S
173	171°21′26.77″E	22°20′27.11″S
174	171°21′26.49″E	22°20′27.11″S
175	171°21′26.10″E	22°20′27.15″S
176	171°21′25.97″E	22°20′26.67″S
177	171°21′25.96″E	22°20′26.10″S
178	171°21′25.83″E	22°20′26.07″S
179	171°21′25.42″E	22°20′26.25″S
180	171°21′25.03″E	22°20′26.49″S
181	171°21′24.93″E	22°20′26.37″S
182	171°21′24.70″E	22°20′25.75″S
183	171°21′24.57″E	22°20′25.45″S
184	171°21′24.25″E	22°20′25.21″S
185	171°21′23.89″E	22°20′24.85″S
186	171°21′23.57″E	22°20′24.55″S
187	171°21′23.25″E	22°20′24.35″S
188	171°21′22.38″E	22°20′24.23″S
189	171°21′21.76″E	22°20′23.99″S

点编号	东经（DMS）	南纬（DMS）
190	171°21′21.18″E	22°20′23.85″S
191	171°21′20.86″E	22°20′23.31″S
192	171°21′20.21″E	22°20′22.77″S
193	171°21′19.31″E	22°20′22.66″S
194	171°21′18.76″E	22°20′22.57″S
195	171°21′18.27″E	22°20′22.46″S
196	171°21′17.86″E	22°20′22.31″S
197	171°21′17.53″E	22°20′22.19″S
198	171°21′17.11″E	22°20′22.04″S
199	171°21′16.63″E	22°20′21.75″S
200	171°21′16.05″E	22°20′21.75″S
201	171°21′15.53″E	22°20′21.75″S
202	171°21′14.63″E	22°20′21.73″S
203	171°21′13.86″E	22°20′21.70″S
204	171°21′12.67″E	22°20′21.77″S
205	171°21′11.99″E	22°20′21.95″S
206	171°21′11.70″E	22°20′22.23″S
207	171°21′11.58″E	22°20′22.52″S
208	171°21′11.06″E	22°20′22.74″S
209	171°21′11.13″E	22°20′23.49″S
210	171°21′11.01″E	22°20′23.79″S
211	171°21′10.75″E	22°20′23.85″S
212	171°21′10.42″E	22°20′23.31″S
213	171°21′10.13″E	22°20′22.68″S
214	171°21′9.61″E	22°20′22.26″S
215	171°21′9.03″E	22°20′22.09″S
216	171°21′8.06″E	22°20′22.03″S
217	171°21′6.78″E	22°20′22.19″S
218	171°21′6.04″E	22°20′22.41″S
219	171°21′5.27″E	22°20′22.92″S
220	171°21′4.56″E	22°20′23.70″S

点编号	东经（DMS）	南纬（DMS）
221	171°21′3.93″E	22°20′24.43″8
222	171°21′3.29″E	22°20′25.69″S
223	171°21′3.04″E	22°20′26.56″S
224	171°21′3.07″E	22°20′27.22″S
225	171°21′3.18″E	22°20′27.85″S
226	171°21′3.60″E	22°20′28.65″S
227	171°21′3.99″E	22°20′28.95″S
228	171°21′4.54″E	22°20′29.16″S
229	171°21′5.18″E	22°20′29.37″S
230	171°21′4.89″E	22°20′29.55″S
231	171°21′3.44″E	22°20′29.62″S
232	171°21′2.38″E	22°20′29.74″S
233	171°21′1.74″E	22°20′30.02″S
234	171°21′1.81″E	22°20′30.38″S
235	171°21′2.00″E	22°20′31.00″S
236	171°21′2.39″E	22°20′31.51″S
237	171°21′2.65″E	22°20′31.93″S
238	171°21′2.66″E	22°20′32.32″S
239	171°21′2.46″E	22°20′32.68″S
240	171°21′1.98″E	22°20′32.77″S
241	171°21′1.43″E	22°20′32.81″S
242	171°21′1.21″E	22°20′33.11″S
243	171°21′1.21″E	22°20′33.50″S
244	171°21′1.38″E	22°20′33.80″S
245	171°21′1.73″E	22°20′34.06″S
246	171°21′2.09″E	22°20′34.48″S
247	171°21′2.09″E	22°20′34.87″S
248	171°21′1.97″E	22°20′35.23″S
249	171°21′1.77″E	22°20′35.62″S

Mathew 岛周围礁石的最低天文潮的地理坐标
（1984 年世界大地测量系统）

地形	东经（DMS）	南纬（DMS）
RockNW	171°21′0.27″E	22°20′32.55″S
RockN	171°21′11.18″E	22°20′20.82″S
RockNE	171°21′33.99″E	22°20′28.19″S

Hunter 岛的地理坐标
（1984 年世界大地测量系统）
正常基线

点编号	东经（DMS）	南纬（DMS）
1	172°5′16.57″E	22°23′23.45″S
2	172°5′16.18″E	22°23′23.81″S
3	172°5′15.95″E	22°23′23.99″S
4	172°5′15.52″E	22°23′23.83″S
5	172°5′15.03″E	22°23′24.33″S
6	172°5′14.54″E	22°23′24.87″S
7	172°5′14.24″E	22°23′25.28″S
8	172°5′14.14″E	22°23′25.46″S
9	172°5′13.82″E	22°23′25.26″S
10	172°5′13.56″E	22°23′25.26″S
11	172°5′13.20″E	22°23′26.08″S
12	172°5′13.10″E	22°23′26.74″S
13	172°5′12.78″E	22°23′26.88″S
14	172°5′12.58″E	22°23′26.73″S
15	172°5′12.58″E	22°23′26.12″S
16	172°5′12.08″E	22°23′25.97″S
17	172°5′11.87″E	22°23′25.95″S
18	172°5′11.48″E	22°23′25.55″S
19	172°5′11.12″E	22°23′25.15″S

点编号	东经（DMS）	南纬（DMS）
20	172°5′10.92″E	22°23′25.13″S
21	172°5′10.56″E	22°23′25.33″S
22	172°5′10.37″E	22°23′25.59″S
23	172°5′10.24″E	22°23′25.59″S
24	172°5′9.90″E	22°23′25.36″S
25	172°5′9.68″E	22°23′25.18″S
26	172°5′9.27″E	22°23′25.28″S
27	172°5′9.04″E	22°23′25.44″S
28	172°5′8.57″E	22°23′25.44″S
29	172°5′8.20″E	22°23′25.44″S
30	172°5′7.80″E	22°23′25.67″S
31	172°5′7.57″E	22°23′26.19″S
32	172°5′7.22″E	22°23′26.39″S
33	172°5′6.82″E	22°23′26.93″S
34	172°5′6.54″E	22°23′27.15″S
35	172°5′6.20″E	22°23′27.01″S
36	172°5′5.B6″E	22°23′26.84″S
37	172°5′5.45″E	22°23′27.08″S
38	172°5′5.28″E	22°23′27.60″S
39	172°5′5.41″E	22°23′27.88″S
40	172°5′5.B4″E	22°23′28.22″S
41	172°5′5.59″E	22°23′28.56″S
42	172°5′5.27″E	22°23′28.66″S
43	172°5′4.71″E	22°23′28.66″S
44	172°5′4.17″E	22°23′28.50″S
45	172°5′3.Bl″E	22°23′28.51″S
46	172°5′3.57″E	22°23′28.61″S
47	172°5′3.39″E	22°23′29.05″S
48	172°5′3.0B″E	22°23′29.05″S
49	172°5′3.04″E	22°23′28.69″S
50	172°5′2.99″E	22°23′28.21″S

点编号	东经（DMS）	南纬（DMS）
51	172°5′2.73″E	22°23′28.07″S
52	172°5′2.33″E	22°23′28.13″S
53	172°5′2.20″E	22°23′28.53″S
54	172°5′2.25″E	22°23′28.95″S
55	172°5′2.21″E	22°23′29.17″S
56	172°5′1.82″E	22°23′29.18″S
57	172°5′1.50″E	22°23′29.18″S
58	172°5′1.18″E	22°23′29.44″S
59	172°5′0.92″E	22°23′29.66″S
60	172°5′075″E	22°23′29.82″S
61	172°5′0.56″E	22°23′29.82″S
62	172°5′0.22″E	22°23′29.58″S
63	172°4′59.92″E	22°23′29.08″S
64	172°4′59.68″E	22°23′29.03″S
65	172°4′59.53″E	22°23′29.35″S
66	172°4′59.66″E	22°23′29.91″S
67	172°4′59.19″E	22°23′29.85″S
68	172°4′58.83″E	22°23′29.85″S
69	172°4′58.53″E	22°23′30.05″S
70	172°4′58.53″E	22°23′30.53″S
71	172°4′57.93″E	22°23′30.45″S
72	172°4′57.44″E	22°23′30.74″S
73	172°4′57.23″E	22°23′31.30″S
74	172°4′57.28″E	22°23′32.24″S
75	172°4′57.37″E	22°23′33.16″S
76	172°4′57.65″E	22°23′33.74″S
77	172°4′58.17″E	22°23′34.20″S
78	172°4′58.54″E	22°23′34.52″S
79	172°4′58.86″E	22°23′34.65″S
80	172°4′59.22″E	22°23′34.71″S
81	172°4′59.93″E	22°23′34.67″S

点编号	东经(DMS)	南纬(DMS)
82	172°5′0.48″E	22°23′34.65″S
83	172°5′0.89″E	22°23′34.68″S
84	172°5′1.05″E	22°23′35.10″S
85	172°5′0.99″E	22°23′36.16″S
86	172°5′1.04″E	22°23′36.95″S
87	172°5′0.83″E	22°23′37.55″S
88	172°5′0.42″E	22°23′37.97″S
89	172°5′0.23″E	22°23′38.51″S
90	172°5′0.39″E	22°23′39.83″S
91	172°5′0.52″E	22°23′40.85″S
92	172°5′0.23″E	22°23′41.85″S
93	172°5′0.32″E	22°23′42.95″S
94	172°5′0.35″E	22°23′44.05″S
95	172°5′0.65″E	22°23′44.55″S
96	172°5′0.91″E	22°23′44.95″S
97	172°5′1.32″E	22°23′45.51″S
98	172°5′1.50″E	22°23′46.05″S
99	172°5′1.50″E	22°23′46.81″S
100	172°5′0,99″E	22°23′47.31″S
101	172°5′0.70″E	22°23′47.66″S
102	172°5′0.64″E	22°23′48.26″S
103	172°5′0.85″E	22°23′48.74″S
104	172°5′0.86″E	22°23′49.35″S
105	172°5′0.80″E	22°23′49.96″S
106	172°5′0.52″E	22°23′50.58″S
107	172°5′0.27″E	22°23′51.32″S
108	172°5′0.05″E	22°23′51.60″S
109	172°5′0.06″E	22°23′52.16″S
110	172°4′59.87″E	22°23′52.44″S
111	172°4′59.64″E	22°23′52.64″S
112	172°4′59.68″E	22°23′52.84″S

点编号	东经（DMS）	南纬（DMS）
113	172°4′59.94″E	22°23′53.08″S
114	172°5′0.02″E	22°23′53.42″S
115	172°4′59.94″E	22°23′53.74″S
116	172°4′59.71″E	22°23′54.09″S
117	172°4′59.86″E	22°23′54.58″S
118	172°5′0.01″E	22°23′54.70″S
119	172°5′0.44″E	22°23′54.70″S
120	172°5′0.78″E	22°23′54.92″S
121	172°5′1.07″E	22°23′55.54″S
122	172°5′1.18″E	22°23′55.96″S
123	172°5′1.31″E	22°23′56.22″S
124	172°5′1.69″E	22°23′56.30″S
125	172°5′2.27″E	22°23′56.01″S
126	172°5′2.89″E	22°23′55.85″S
127	172°5′3.27″E	22°23′55.93″S
128	172°5′3.58″E	22°23′56.17″S
129	172°.5′3.75″E	22°23′56.35″S
130	172°5′3.84″E	22°23′56.71″S
131	172°5′3.29″E	22°23′57.27″S
132	172°5′3.20″E	22°23′57.55″S
133	172°53.37″E	22°23′57.81″S
134	172°5′3.72″E	22°23′57.99″S
135	172°5′4.25″E	22°23′58.03″S
136	172°5′4.88″E	22°23′58.10″S
137	172°5′5.09″E	22°23′58.30″S
138	172°5′5.31″E	22°23′58.72″S
139	172°5′5.35″E	22°23′58.96″S
140	172°5′5.65″E	22°23′58.98″S
141	172°5′5.93″E	22°23′58.78″S
142	172°5′6.12″E	22°23′58.38″S
143	172°5′6.48″E	22°23′57.98″S

点编号	东经（DMS）	南纬（DMS）
144	172°5′6.87″E	22°23′58.03″S
145	172°5′7.11″E	22°23′58.17″S
146	172°5′7.56″E	22°23′58.37″S
147	172°5′7.64″E	22°23′58.55″S
148	172°5′7.98″E	22°23′58.51″S
149	172°5′8.26″E	22°23′58.47″S
150	172°5′8.52″E	22°23′58.51″S
151	172°5′8.69″E	22°23′58.75″S
152	172°5′9.01″E	22°23′58.74″S
153	172°5′9.81″E	22°23′58.84″S
154	172°5′11.12″E	22°23′58.89″S
155	172°5′11.89″E	22°23′58.83″S
156	172°5′12.25″E	22°23′58.69″S
157	172°5′12.69″E	22°23′58.11″S
158	172°5′11.12″E	22°23′57.53″S
159	172°5′13.16″E	22°23′57.26″S
160	172°5′13.42″E	22°23′56.98″S
161	172°5′13.99″E	22°23′56.98″S
162	172°5′14.55″E	22°23′57.28″S
163	172°5′14.81″E	22°23′57.72″S
164	172°5′14.90″E	22°23′57.98″S
165	172°5′15.09″E	22°23′58.17″S
166	172°5′15.61″E	22°23′58.21″S
167	172°5′16.27″E	22°23′58.37″S
168	172°5′16.64″E	22°23′58.61″S
169	172°5′17.24″E	22°23′58.63″S
170	172°5′17.45″E	22°23′58.07″S
171	172°5′17.64″E	22°23′57.93″S
172	172°5′17.88″E	22°23′58.10″S
173	172°5′18.12″E	22°23′58.42″S
174	172°5′18.44″E	22°23′58.62″S

点编号	东经(DMS)	南纬(DMS)
175	172°5′18.14″E	22°23′58.58″S
176	172°5′18.82″E	22°23′58.30″S
177	172°5′18.13″E	22°23′57.86″S
178	172°5′18.86″E	22°23′57.56″S
179	172°5′19.37″E	22°23′57.54″S
180	172°5′20.06″E	22°23′57.09″S
181	172°5′20.63″E	22°23′56.35″S
182	172°5′21.03″E	22°23′56.01″S
183	172°5′21.51″E	22°23′55.17″S
184	172°5′21.63″E	22°23′55.53″S
185	172°5′21.80″E	22°23′55.04″S
186	172°5′21.13″E	22°23′54.56″S
187	172°5′21.94″E	22°23′54.12″S
188	172°5′22.28″E	22°23′53.62″S
189	172°5′22.37″E	22°23′52.98″S
190	172°5′22.45″E	22°23′52.36″S
191	172°5′22.34″E	22°23′51.94″S
192	172°5′22.25″E	22°23′51.68″S
193	172°5′22.01″E	22°23′51.40″S
194	172°5′21.75″E	22°23′51.04″S
195	172°5′21.66″E	22°23′50.50″S
196	172°5′21.85″E	22°23′49.92″S
197	172°5′22.04″E	22°23′49.34″S
198	172°5′22.15″E	22°23′49.02″S
199	172°5′22.44″E	22°23′48.70″S
200	172°5′22.48″E	22°23′48.34″S
201	172°5′22.59″E	22°23′47.84″S
202	172°5′22.78″E	22°23′47.43″S
203	172°5′22.93″E	22°23′46.91″S
204	172°5′23.12″E	22°23′46.41″S
205	172°5′23.14″E	22°23′45.95″S

点编号	东经（DMS）	南纬（DMS）
206	172°5′23.17″E	22°23′44.91″S
207	172°5′23.17″E	22°23′44.65″S
208	172°5′23.42″E	22°23′44.21″S
209	172°5′23.29″E	22°23′43.69″S
210	172°5′22.84″E	22°23′43.27″S
211	172°5′22.86″E	22°23′42.77″S
212	172°5′22.71″E	22°23′42.51″S
213	172°5′22.38″E	22°23′42.13″S
214	172°5′22.38″E	22°23′41.49″S
215	172°5′22.25″E	22°23′41.13″S
216	172°5′21.99″E	22°23′40.75″S
217	172°5′22.01″E	22°23′40.31″S
218	172°5′22.11″E	22°23′39.71″S
219	172°5′22.24″E	22°23′39.33″S
220	172°5′22.28″E	22°23′38.75″S
221	172°5′22.23″E	22°23′38.37″S
222	172°5′21.91″E	22°23′38.07″S
223	172°5′21.42″E	22°23′38.01″S
224	172°5′21.00″E	22°23′37.69″S
225	172°5′20.29″E	22°23′36.76″S
226	172°5′19.86″E	22°23′36.26″S
227	172°5′19.60″E	22°23′35.48″S
228	172°5′19.25″E	22°23′34.90″S
229	172°5′18.78″E	22°23′34.00″S
230	172°5′18.37″E	22°23′33.50″S
231	172°5′18.08″E	22°23′32.68″S
232	172°5′17.78″E	22°23′31.88″S
233	172°5′17.62″E	22°23′31.08″S
234	172°5′17.62″E	22°23′30.43″S
235	172°5′17.61″E	22°23′30.08″S
236	172°5′17.27″E	22°23′29.77″S

点编号	东经（DMS）	南纬（DMS）
237	172°5′16.75″E	22°23′29.61″S
238	172°5′16.22″E	22°23′29.11″S
239	172°5′16.00″E	22°23′28.83″S
240	172°5′15.95″E	22°23′28.45″S
241	172°5′16.17″E	22°23′28.03″S
242	172°5′16.57″E	22°23′27.87″S
243	172°5′16.83″E	22°23′27.71″S
244	172°5′17.04″E	22°23′27.27″S
245	172°5′17.27″E	22°23′26.80″S
246	172°5′17.46″E	22°23′26.30″S
247	172°5′17.37″E	22°23′25.82″S
248	172°5′17.07″E	22°23′25.44″S
249	172°5′17.13″E	22°23′24.88″S
250	172°5′17.17″E	22°23′24.48″S
251	172°5′17.17″E	22°23′24.22″S
252	172°5′17.15″E	22°23′23.86″S
253	172°5′17.02″E	22°23′23.64″S
254	172°5′16.84″E	22°23′23.50″S
255	172°5′16.57″E	22°23′23.45″S

Unnamed 岛的地理坐标
（1984 年世界大地测量系统）
位于 Hunter 岛东北部的正常基线

点编号	东经（DMS）	南纬（DMS）
1	172°5′19.04″E	22°23′27.74″S
2	172°5′18.61″E	22°23′28.30″S
3	172°5′18.33″E	22°23′28.70″S
4	172°5′18.34″E	22°23′29.18″S
5	172°5′18.36″E	22°23′29.46″S
6	172°5′18.49″E	22°23′29.72″S
7	172°5′18.73″E	22°23′29.88″S

点编号	东经（DMS）	南纬（DMS）
8	172°5′19.09″E	22°23′29.88″S
9	172°5′19.41″E	22°23′29.72″S
10	172°5′19.65″E	22°23′29.73″S
11	172°5′20.01″E	22°23′29.95″S
12	172°5′20.40″E	22°23′29.97″S
13	172°5′20.68″E	22°23′29.81″S
14	172°5′21.19″E	22°23′29.59″S
15	172°5′21.44″E	22°23′29.35″S
16	172°5′21.70″E	22°23′29.04″S
17	172°5′22.06″E	22°23′28.62″S
18	172°5′22.02″E	22°23′28.22″S
19	172°5′21.97″E	22°23′28.08″S
20	172°5′21.52″E	22°23′28.17″S
21	172°5′21.50″E	22°23′27.74″S
22	172°5′21.54″E	22°23′27.42″S
23	172°5′21.52″E	22°23′27.20″S
24	172°5′21.13″E	22°23′27.05″S
25	172°5′20.59″E	22°23′27.09″S
26	172°5′20.00″E	22°23′27.27″S
27	172°5′19.50″E	22°23′27.43″S
28	172°5′19.16″E	22°23′27.61″S
29	172°5′19.04″E	22°23′27.74″S

Hunter 岛周围礁石的最低天文潮的地理坐标
（1984 年世界大地测量系统）

地形	东经（DMS）	南纬（DMS）
Rock NE	172°5′12.62″E	22°23′23.48″S
Rock N	172°5′5.19″E	22°23′26.04″S
Rock NW	172°4′58.21″E	22°23′27.47″S
Rock SW	172°4′58.69″E	22°23′55.17″S
Rock SE	172°5′23.22″E	22°23′53.02″S

海 域 法
（2010 年第 6 号法律）

条款目录

本法规定海域的划定及其他相关事项。

由总统和议会颁布以下法律：

第一部分　序　　言

第一条　解释

在本法中，除非有相反的意思表示：

“海湾”指海岸的水曲，其面积等于或大于以横越曲口所划的直线作为直径的半圆形的面积。

“公约”指 1982 年《联合国海洋法公约》。

“外国船舶”指除本地船舶外的任何船舶。

“岛屿”指四面环水并且在高潮时位于水面上的自然形成的陆地。

“部长”指负责海洋区域的部长。

“海里”指国际海里，相当于 1 852 米。

“船只或船舶”包括被设计的用于或能够单独或部分用于海上航行且无需考虑推进方式或无推进方式的任何种类的船只、船舶、小艇或小船。

“军舰”指属于以下的船舶：

（1）具备辨别军舰国籍的外部标志的一国武装部队；

（2）由国家政府正式委任的官员指挥；

（3）名列相应的现役名册或类似名册；

（4）配备有服从正规武装部队纪律的船员。

第二部分　内水和群岛水域

第二条　瓦努阿图的主权

瓦努阿图的主权包括：

（1）群岛内的所有岛屿，包括 Mathew（Umaenupne）和 Hunter（Leka）岛；

（2）瓦努阿图专属经济区内的任何岛屿或珊瑚礁。

第三条　内水

瓦努阿图的内水构成瓦努阿图领土的组成部分，包括：

（1）测量瓦努阿图领海的基线向陆一侧的水域；

（2）对于群岛基线围绕的区域——包含在群岛水域最内侧界限中的全部水域。

第四条　群岛水域

1. 在本条中，“低潮线”指：

（1）标示在最新的相关英国海军部海图上的相关低潮基准线，或者如果没有此种基准，则是最低天文潮线；或者

（2）如果对英国海军部海图存疑，部长可以为本定义的目的，通过命令绘制海图。

2. 瓦努阿图的主权及于群岛水域，包括水域上空以及海床、底土和其中蕴含的所有自然资源，并且为部长规定的 1 至 59 号群岛基线点所环绕。

3. 群岛水域最内侧界限由以下组成：

（1）低潮线；或

（2）海湾的邻近水域，如果——

（a）该海湾只有一个入口，并且天然入口两端的低潮标距离不超过 24 海里，则是一条连接那些低潮标的封口线；或

（b）海湾因有岛屿而有一个以上的入口，各天然入口两端的低潮标距离总和不超过 24 海里，则是一系列横越各入口连接那些低潮标的封口线；或

（c）若（a）目或（b）目均不适用，则为划在海湾内长 24 海里的封口线，

以划入该长度的线所可能划入的最大水域;或

(3)在流入海的河流入口或其各入口,是一条在两岸低潮线上两点之间横越河口的封口线。

第五条　无害通过

1. 在本条中,“无害通过”指为以下目的通过领海和群岛水域:

(1)穿过领海或群岛水域但不进入瓦努阿图的内水,或停靠于内水以外的泊船处或港口设施;或

(2)驶往或驶出内水,或停靠于这种泊船处或港口设施。

2. 在本法的限制下,外国船舶、军舰或潜艇可享有无害通过权。

3. 外国船舶、潜艇或军舰行使无害通过权必须:

(1)持续不停和迅速通过,并且遵守公约和其他国际法规则;

(2)以无损于瓦努阿图和平、良好秩序和安全的方式通过。

4. 外国船舶、潜艇或军舰在行使无害通过权时,只有在下列情况下可以允许停船和下锚:

(1)此类活动是外国船舶、潜艇或军舰的通常航行所附带发生的;或

(2)由于自然灾害或遇难所必要;或

(3)为救助遇险或遭难的人员、船舶或飞机所必要。

5. 行使无害通过权的外国船舶、潜艇或军舰不得参与以下全部或任何活动:

(1)对瓦努阿图的主权、领土完整或政治独立进行任何武力威胁或使用武力,或以任何其他违反《联合国宪章》所体现的国际法原则的方式进行武力威胁或使用武力;

(2)以任何种类的武器进行任何操练或演习;

(3)任何目的在于搜集情报使瓦努阿图的防务或安全受损害的行为;

(4)任何目的在于影响瓦努阿图防务或安全的宣传行为;

(5)在船上起落或接载任何飞机。

6. 为本条的目的,外国船舶、潜艇或军舰如果事先获得部长对其演习的书面同意,可以进行任何演习。

7. 外国船舶、潜艇或军舰的船长违反第5款第(1)、(2)、(3)、(4)或(5)项的规定即构成犯罪,并可被判处不超过30 000 000瓦图的罚金。

8. 部长为航行安全和管理外国船舶、潜艇或军舰的通过的目的，可以通过命令为外国船舶、潜艇或军舰行使无害通过权规定海道或分道通航制。

9. 享有无害通过权的潜艇必须在海面上航行，并在明显的地方展示其旗帜。

10. 以下外国船舶、潜艇或军舰享有无害通过权要受部长事先书面同意的限制：

（1）外国军舰；或

（2）外国核动力船舶；或

（3）运载核物质或任何其他危险或有害物质的外国船舶或船只；

（4）潜艇。

11. 行使无害通过权通过领海或群岛水域的外国船舶、潜艇或军舰，必须持有必要的证书，并遵守国际协定所规定的特别预防措施。

12. 部长可以：

（1）采取任何必要的措施，以防止非无害通过；或

（2）采取任何措施，以防止发生船舶进入内水或在港口设施处停泊的任何违反条件的行为；

（3）如果为保护瓦努阿图的国家安全而有必要，在其领海或群岛水域的特定区域内暂时停止无害通过。

13. 依据第 12 款作出的暂停应于公布之日起生效。

第三部分　泊船处、领海和毗连区

第六条　泊船处

为本法的目的，通常用于船舶装卸和下锚且全部或一部分位于瓦努阿图领海外部界限之外的泊船处，视为包括在瓦努阿图领海范围之内。

第七条　领海

1. 瓦努阿图的主权及于其陆地领土、内水和群岛水域，延伸到称为“领海”的邻近水域，并且及于领海的上空、海床和底土。

2. 瓦努阿图的领海包括：

（1）以第四条第2款规定的基线为内部界限，并以一条从基线向海一侧量起且其上每点与相关基线上最近点相距12海里的线为外部界限的海域；

（2）以1至249号基点包围的Mathew（Umaenupne）岛和1至255号基线包围的Hunter（Leka）岛的沿岸低潮线为内部界限，并以一条从基线向海一侧量起且其上每点与相关基线上最近点相距12海里的线为外部界限的那些海域。

3. 如果部长认为瓦努阿图对某一海湾、水域或任何其他区域有历史性的或其他的主权权利，他或她可以通过命令宣布该海湾、水域或其他区域的权利，并确定其向海一侧的界限。

第八条　毗连区

瓦努阿图的毗连区包括毗连领海的海洋区域，从测量领海宽度的基线量起，延伸至24海里的距离。

第四部分　专属经济区的划定

第九条　专属经济区的建立

1. 瓦努阿图共和国的专属经济区位于瓦努阿图的领海之外，并与之邻接。

2. 专属经济区包括邻接领海的区域，从测量领海宽度的基线量起，延伸至 200 海里的距离。

3. 专属经济区的边界按以下确定：

（1）与其他国家专属经济区的边界，在《国际法院规约》第三十八条所指国际法的基础上以协议划定，以便得到公平解决。或

（2）瓦努阿图和其他国家如果就瓦努阿图和该国的专属经济区边界存有任何争议，可通过协议解决。或

（3）如果不能通过第 3 款第（2）项规定的协议解决争议，可通过以下方式解决——

（a）《公约》第十五部分规定的调解程序；

（b）国际法授权的任何其他程序。

第十条　瓦努阿图在专属经济区的权利和管辖权

1. 瓦努阿图在以下方面享有专属经济区的主权权利：

（1）勘探、开发、养护和管理海床上覆水域与海床及其底土的自然资源（不论是生物资源还是非生物资源）；以及

（2）在该区内从事经济性开发和勘探的任何其他活动，包括利用海水、海流和风力生产能；以及

（3）《公约》或国际法承认的任何其他权利。

2. 瓦努阿图在专属经济区内对以下事项有管辖权和控制权：

（1）人工岛屿、设施和结构的建造与使用；以及

（2）海洋科学研究的授权、管理和控制，考古或历史文物的恢复；以及

（3）海洋环境的保护和保全以及海洋污染的预防和控制；以及

（4）《公约》或国际法承认的任何其他管辖领域。

第五部分　大陆架的划定

第十一条　大陆架

1. 瓦努阿图的大陆架包括水下海床和底土，延伸至：

（1）领海以外依陆地领土的全部自然延伸，扩展到大陆边外缘；或

（2）如果从测量领海宽度的基线量起到大陆边外缘的距离不到200海里，则扩展到200海里的距离。

2. 如果第1款提及的大陆边外缘从测量领海宽度的基线的最近点量起超过200海里，则大陆架的外部界限依据《公约》第七十六条确定。

3. 瓦努阿图的大陆架边界按以下确定：

（1）与其他国家的大陆架划界在《国际法院规约》第三十八条所指国际法的基础上以协议划定，以便得到公平解决；或

（2）瓦努阿图和其他国家如果就瓦努阿图和该国的大陆架边界存有任何争议，可通过协议解决；或

（3）如果不能通过第3款第（2）项规定的协议解决争议，可通过以下方式解决——

（a）《公约》第十五部分规定的调解程序；

（b）国际法授权的任何其他程序。

第十二条　在大陆架上的管辖权

1. 瓦努阿图在大陆架上有以下专属权利：

（1）为勘探大陆架和开发其自然资源的目的的权利；

（2）为一切目的授权和管理钻探的权利；

（3）建造、运营、维持和使用人工岛屿、设施与结构的权利；

（4）预防、减少或控制来自管道的污染的权利；

（5）开凿隧道以开发底土的权利，不论底土上覆水域的深度如何。

2. 任何人不得行使第1款第（1）、（2）、（3）、（4）或（5）项规定的任何权利，除非其获得内阁的事前书面同意。

3. 第1款第（1）项提及的自然资源包括：

（1）海床和底土中的矿产与其他非生物资源以及属于定居种的生物有机体；

（2）该有机体在可捕捞阶段在海床上或海床下不能移动，或其躯体须与海床或底土保持接触才能移动。

4. 为避免疑问，瓦努阿图在大陆架上的权利不取决于：

（1）瓦努阿图对大陆架的占有；或

（2）占有大陆架的主张；或

（3）任何明示的宣告。

第十三条 人工岛屿、设施和结构

1. 瓦努阿图在其专属经济区和大陆架内，对管理人工岛屿、设施和结构的建筑、运营与使用享有专属权利。

2. 瓦努阿图对人工岛屿、设施和结构，包括在有关海关、财政、卫生、安全、移民的法律与规章方面，享有专属管辖权和控制权。

3. 经内阁事前同意，部长可以通过命令：

（1）确定人工岛屿、设施和结构周围的安全区，以确保航行安全和人工岛屿、设施与结构的安全；或

（2）考虑到可适用的国际标准，确定安全区的宽度——

（a）确保安全区与人工岛屿、设施和结构的性质及功能有合理联系；

（b）从人工岛屿、设施和结构最外缘各点量起，安全区不超过人工岛屿、设施和结构周围500米，除非有被普遍接受的国际标准的授权或有合法的国际组织的建议；或

（3）确定人工岛屿、设施和结构的深度、位置与范围；或

（4）确定安全区的深度、位置和范围。

4. 部长负责确保对建立和维持人工岛屿、设施与结构给予警告的永久性方法。

5. 本地或外国船舶必须遵守和尊重安全区，并且遵守与在人工岛屿、设施、结构和安全区附近航行有关的被普遍接受的国际标准。

6. 瓦努阿图的法律和规章适用于：

（1）任何海上设施或结构，从其为勘探大陆架或开发大陆架矿产或其他非生物资源的目的附着或固定在瓦努阿图的大陆架上之时起，直至该海上设

施或结构从瓦努阿图大陆架的上覆水域中被移除;或

(2)任何在瓦努阿图大陆架上建筑或设置的人工岛屿;或

(3)在有关规章确定的第(1)项或第(2)项提及的海上设施、结构或人工岛屿周围的安全区内。

7. 在本条中,海上设施或结构包括:

(1)任何船只或沉船、锚地、锚索或索具垫(原文为"rig pad"—— 译者注);

(2)任何离岸钻井平台、采油平台、水下设施、泵站、起居舱、存储器、装卸平台、挖泥机、浮吊、输油管线或其他驳船或管道和任何锚地、锚索或索具垫。

第六部分 杂 项

第十四条 定义

在本部分,"研究" 指一项海洋科学研究。

第十五条 在瓦努阿图海域的研究

1. 国家有管理、授权和从事在领海与群岛水域进行的研究的专属权利。

2. 在《公约》规定的限制下,国家可以行使其管辖权:

(1)在以下区域管理、授权和从事研究:

(a)专属经济区内;

(b)大陆架上。

3. 国家之外的任何人不得在大陆架从事研究,除非此人已事先获得部长经咨询其他相关机构后对此作出的书面同意。

4. 违反第 3 款的人构成犯罪,并可被判处不超过 20 000 000 瓦图的罚金。

5. 部长可以依据第 3 款对其决定附加条件。

6. 研究结果报告的副本,必须在报告结束后的 3 个月内向部长提交。

7. 从事研究的人必须向部长申报在瓦努阿图主权范围内从事研究期间发现的任何数据或采集的样本或具有独特特征的任何事物。

8. 为避免疑问,在从事研究期间取得的任何数据或采集的样本和独特事物仍然是国家财产。

9. 不遵守第 7 款规定的人构成犯罪,并可被判处不超过 10 000 000 瓦图的罚金。

第十六条 部长管理与研究有关的事务

1. 部长可以制定规章,规定与研究有关的事项,并且可以规定以下全部或任何事项:

(1)为了解海洋及其生态系统和生物与非生物资源的目的而采集数据、从事调查;

(2)对瓦努阿图的海域和内水进行水文学与海洋学测量;

(3)开展与渔业资源及其栖息地和生态系统有关的海洋科学调查;

(4)开展与水文学、海洋学和其他海洋科学有关的基础与应用研究,包括对渔业资源及其栖息地和生态系统的研究;

(5)编制和公布与瓦努阿图海域及内水有关的数据、报告、统计、图表、地图、计划、章节和其他资料;

(6)授权和分发或交易数据、报告、统计、图表、地图、计划、章节与其他资料;

(7)根据海图的性质和规模,编制和公布划定所有或部分瓦努阿图领海、群岛水域、毗连区、专属经济区和大陆架与相邻水域的海图;

(8)参与海洋技术的开发。

2. 在第 1 款的规定之外,部长可以管理:

(1)与渔业科学、水文学、海洋学和其他海洋科学有关的国家政策及项目的合作、促进、建议;

(2)为了解海洋及其生物资源和生态系统的目的,从事以及与人合作从事应用和基础研究项目、调查、经济研究;

(3)维持和操作为了解海洋及其生物资源和生态系统的目的而被用于调查、测量和监测的船舶、研究机构、实验室与其他研究机构;

(4)就海洋和海洋事务,向瓦努阿图政府各部和各局以及代表瓦努阿图政府向其他国家、国际组织和其他人提供科学建议、服务和支持。

第十七条 规章

1. 部长可以制定规章规定:

(1)本法要求或准许的规定;或

（2）为执行本法或实施本法规定所必要或适宜的规定。

2. 部长可以不受第2款的限制制定规章：

（1）管理对内水、领海、群岛水域、毗连区、专属经济区和大陆架的利用；

（2）就在内水、领海、群岛水域、毗连区、专属经济区和大陆架内进行的除捕鱼、游船、勘探和开发非生物资源外的任何活动设定并收取费用；

（3）规定本法、《公约》或有关内水或其他水域的国际法授权的任何其他事项。

第十八条 海图和地理坐标

1. 部长可以通过命令，公布标明以下事项的海图和注明大地基准的地理坐标表：

（1）基线、低潮线、直线基线和任何封口线；

（2）领海、群岛水域、毗连区、专属经济区和大陆架向海一侧的界限；

（3）任何海道、空中航线或分道通航制。

2. 依据第1款制备的数据可以按照《公约》的要求，向联合国和其他部门提交。

第十九条 权利的保留

为避免疑问，国家保留《公约》中规定但本法并未明确规定的国家的所有权利和权力。

第二十条 命令

依据《海域法》（CAP138）第十三条（a）款发布的命令在本法生效之前立即生效，在本法生效之时或之后继续有效，如同是依据本法发布的。

第二十一条 废止

废止《海域法》（CAP138）。

第二十二条 生效

本法自政府公报公布之日起生效。

图书在版编目（CIP）数据

世界海洋法译丛. 大洋洲卷 / 张海文, 李红云主编. —青岛：青岛出版社, 2017.12

ISBN 978-7-5552-6264-0

Ⅰ. ①世… Ⅱ. ①张… ②李… Ⅲ. ①海洋法－大洋洲 Ⅳ. ①D993.5

中国版本图书馆CIP数据核字（2017）第314248号

书　　名　世界海洋法译丛·大洋洲卷
主　　编　张海文　李红云
出 版 人　孟鸣飞
出版发行　青岛出版社（青岛市海尔路 182 号，266061）
本社网址　http：//www.qdpub.com
责任编辑　朱凤霞
封面设计　张　晓
照　　排　青岛新华出版照排有限公司
印　　刷　青岛国彩印刷有限公司
出版日期　2017 年 12 月第 1 版　2017 年 12 月第 1 次印刷
开　　本　16 开（710mm × 1000mm）
印　　张　21
字　　数　330 千
书　　号　ISBN 978-7-5552-6264-0
定　　价　180.00 元
编校印装质量、盗版监督服务电话　4006532017　0532-68068638

编纂说明

在漫长的历史长河中，从瑰丽奇特的远古神话到《诗经》、楚辞、汉赋、唐诗、宋词、元曲、明清小说……，出现了许多古今知名的文学家和文学巨著，成就了中国文化的博大精深，也使得中国文学以其优秀的历史、多样的体裁、众多的作家、丰富的作品、独特的风格、鲜明的个性和辉煌的成就而成了世界文学宝库中光彩夺目的瑰宝。几千年来，中国文化因自身的巨大成就和积累的丰富经验，一直以辉煌的面貌屹立于世界之林。

而今，随着改革开放政策的实施和社会经济的进步，我国的社会文化也呈现了蓬勃发展的新面貌，其中，我国的学术研究也取得了巨大成就，在各个领域均出现了誉满海内外的著名学者。他们的思想光辉夺目，他们的作品精细微妙，文采肌理具在。我们要了解当代社会学术研究发展的大趋势，要研究学术名家的学术思想，主要也应从他们的专业研究著作加以探讨。为了使读者可以仔细领会名家作品的内在精细微妙之处，细细品味每一部作品，感受他们带给我们的新领悟，我们特意编纂了此套《当代名家学术思想文库》，并邀请原中华书局总编辑、现任清华大学中国古典文献研究中心主任的傅璇琮先生担任本丛书的顾问，傅先生在丛书的编纂过程中给我们提供了很多帮助，在此表示感谢。

本文库以自选集的体例形式推出，所选作品兼具学术性与文学性，收录的是当代著名学者关于国学或传统文化的论文、随笔、专著节选等，此次出版的十种包括田余庆、戴逸、袁行霈、王尧、徐季子、乐黛云、罗宗强、李学勤、傅璇琮、王水照诸位名家的著作。这些享誉海内外的学者呕心沥血的求索，潜心研究的成果，处处展现了当代“大家”的风范，无不是当代学术思想的精华。他们以自己卓越而深邃的人格、思想和学力，以简练优美的语言、细腻的情感在各自的研究领域独领风骚，极大地丰富了中国的文化宝库。本文库轻松而不浅薄，深厚却不晦涩，是一项极具价值的出版工程，它不仅将带领我们领略美不胜收的文化之旅，而且能让我们更深领悟当代学术成就的精妙思想，社会意义深远，学术价值极高。愿此项凝聚众多专家和编辑心血的工作，能对中国社科文化的发展和学者思想的传播起到积极的作用。

自　　序

这本文集的主要内容有两方面，一是浙东文化的研究，一是佛教哲学和中国文学的研究。

浙东学术文化，兴于两宋，盛于明清。自章学诚在《文史通义》立《浙东学术》篇，揭示浙东学术之源流，阐发浙东学者的思想要点之后，浙东学术引起学界普遍重视，前辈学者章太炎、梁启超等大师对浙东学术都作过精辟的评述；何炳松还出版了《浙东学派溯流》的专著，研究浙东学术的内涵，探讨“浙东学派”的传承。浙东学术是浙东文化的华章，对浙东文化的发展有着深远的影响，著名的历史学家陈祖武先生认为，“明清时期的浙东学术，已经远远逾出地域学术的范围，从而成为一个具有普遍文化价值的学术形态”。概要地说，浙东学术文化继承了孔子的仁、忠、恕、儒学；发扬了孟子性善论的心性学说；确立了尊德性、立诚信、致良知、贵实践的道德观；建立了“天下为主君为客”、民为邦本、《经》为今用、史为国用、经史致用的浙东史学；倡导了知行合一、经世致用、求真务实、严谨治学的思维方式。历代有代表性的浙东学者，都对浙东学派、浙东学术、浙东学风的形成，作出各自的贡献。

与浙东学术相对称的还有宁波的商贸文化，浙东学术文化和商贸文化都有过辉煌的历史，两者同时出现在四明大地上，相互间不能不受影响。历来善于经商的宁波工商业者都是务本求实、勇于开拓创业的实践家，他们长期形成的务实思想，无形中影响宁波人的思维方式。浙东学术一个很大的特点就是在学术思想上要求真务实，主张在行为实践上下工夫，这与宁波商贸文化的影响不无关系。同时，我们也看到宁波帮的商业智慧也受到浙东传统文化的影响，宁波商人常说“做生意要讲良心”、“经商要以诚信为本”。显然，这种商业道德同浙东文化影响有着密切关系。宁波商贸文化以务实精神影响浙东文化，浙东学术文化以诚信、尊德、重义思想影响宁波商人，两者相济相成，使甬帮商人有较高的商业智慧和良好的商业信誉，这是“宁波帮”能够不败不衰的历史原因。

有一与浙东文化紧密相关的地方叫“月湖”。明州月湖是唐贞观四年（630）开辟的城中水地，到北宋嘉祐年间（1056）和元祐八年（1093）由钱公辅、刘珵两任明州太守主政时先后营造完成的水乡胜境，湖上有七桥三堤十洲，“湖水之深静，足以洗道心。湖水之澄洁，足以励清节。湖水之霏微，足以悟天机”（全祖望《湖语》）。月湖是四明高官致仕后，息影林泉休闲之地，也是浙东学者名士问道讲学之处。宋孝宗时任宰相的史浩致仕后，在月湖读书赋诗；宋代鸿儒楼钥、王应麟在月湖著述《攻媿集》和《困学纪闻》；心学大家杨简、袁燮、沈焕、舒璘四明四先生在月湖传授象山心学；黄宗羲、万斯同等师徒在月湖附近白云庄探究浙东史学；一代才士全祖望在月湖完成鸿篇巨制《鲒埼亭集》……月湖可以说既是浙东文化的一面镜子，也是浙东学术的发祥地之一，介绍月湖也就是介绍浙东文化。

《佛教哲学和中国文学研究》是笔者从事古代文学和古文论研究部分论文的汇编。印度佛教在东汉时传入中国，经过魏晋南北朝数百年时间与中国文化相斥相济的磨合，终于与中国文化逐渐融会，到了隋唐便形成了有中国文化因素的汉化佛教，同时也进一步扩大了佛教在中国的影响。本土化的佛教思想对我国古代文学艺术和文学理论都有较大影响，尤其是大乘空宗哲学、般若学、中道观以及禅宗明心见性的证心法门，对古代文论、诗论、画论的影响尤深，文论和诗学中的境界、意象、意境、情性、空灵、妙悟、气韵等观点，大都是受佛教哲学的影响而生发的。我国古代的诗歌、小说、戏曲、绘画、音乐受佛教思想影响的作品更是难以胜数。

研究古代文论和文学艺术，既要深入了解儒家、道家思想的影响，也不可忽视释家思想的影响。我们在了解古代文学家和文论家论著和创作时，发觉逾能吸收融会诸家思想的作家和理论家，愈能写出醒人耳目、不同凡响的作品和论著。如盛唐三大诗人，杜甫诗篇处处流露仁爱思想，被称为“诗圣”；李白诗篇豪迈恣纵，不受拘束，被称为“诗仙”；王维诗篇清静恬淡，被称为“诗佛”。其实，杜诗中也有道家的旷达，李诗中也表露过“仁政爱民”的儒家思想，王诗中也抒发过“政通人和”的入世精神，在他们形象化的诗句中，蕴涵着多种哲理思维，是很自然的。宋代大家苏轼更是将儒道佛思想融会贯通，在不同境遇中做出不同的反应。他有时以儒家思想为主导，有时以佛老思想为主导，有时则水乳交融，不露痕迹，将三种思想融化于一篇诗文中，如他在元丰五年（1032）被贬在黄州时作的《赤壁赋》，就是在特定环境、特殊心境中，将儒道佛三种思想熔于一炉的千古绝唱。又如南朝梁代杰出的文学理论家刘勰，他那“体大思精”的巨著《文心雕龙》，称儒家的经典为“含章之玉牒，秉文之金科”（《文心雕龙·征圣》），“恒久之至道，不刊之鸿教”（《宗经》）；他著《文心雕龙》的指导思想是“本乎道、师乎圣、体乎经、酌乎纬、变乎骚”（《序志》）的儒家思想，而他对作家、作品“擘肌分理，唯务折中”的分析方法，却是以龙树的“不即不离，双遮双照”的思维方式，“有不定有，空不定空，空有不二，名为中道”（《佛祖统记》卷六）的“中道观”为依据。他言“为文之用心”，论文思理之周密圆通，就得益于他儒佛兼修的学养。我国儒释道三家思想，在民族传统文化中既相对立又相统一，是相辅相成的。宋明儒的理学，在义理上视佛教为异端，排佛态度明显，而在他们的思维方式上，不论是理学家还是心学家，都在有意无意中吸纳“禅”的思维方式，他们的心学与理学都含有“禅”的意识。佛教哲学和中国古代文学的关系，有许多方面都值得研究。

以上是对本卷内容的一些说明，以为序。

徐季子 2010年5月

目　录

第一辑　浙东文化综论

第二辑　佛教哲学与中国文学研究

第三辑　书序与随笔

第一辑　浙东文化综论

宁波传统文化及其道德思想

宁波传统文化的内涵

宁波是浙东文化的重要基地之一，但宁波文化不能概括浙东文化的全部。历史上浙江分浙东、浙西两部分，浙水以东称浙东，浙水以西称浙西，除杭、嘉、湖为浙西外，其余部称浙东，包括宁、绍、台、金、衢、温、严、处等地。著名的金华学派、四明学派、永嘉学派、永康学派、浙东史学派等总称浙东文化。因此，宁波文化不能涵盖浙东文化。反之，浙东文化也不能涵盖宁波文化。因为宁波文化除学术文化外，还有河姆渡、上林湖遗址文化，天一阁的史志文化，四大丛林的佛教文化，骨木嵌、金银绣、草编竹雕等工艺文化，民宅、桥梁、古塔等建筑文化，会馆、行庄、海运等商贸文化以及民俗风情、民间文化，等等，这些都不在特定含义的浙东文化范围之内，因此，我们研究宁波文化先要分清界限，使概念更确切些。

宁波文化有极其丰富的内涵，而作为学术文化并且能形成气候的，则是从宋开始。北宋庆历年间，27岁的王安石任鄞县县令，他为宁波做了两件好事：一是踏勘并整治鄞东水系，有利于农业生产；二是兴办县学，并延聘名师杜醇、楼郁执教。当时宁波有名的学者杜醇、楼郁、杨适、王致、王说等都是教育家，道德文章名重一时，史称“庆历五先生”，为宁波开创了兴学重教的好风气。南宋时宁波（明州）是南宋半壁江山的重镇，经济文化中心之一，政治上也占重要地位。鄞县人史浩是宋孝宗的老师，曾为岳飞平冤昭雪，他和他的儿子史弥远两人都当过宰相，延揽甬上名士去当官。有“满朝朱紫贵，皆是四明人”之说。史浩与心学大师陆象山交谊甚厚，他致仕回甬后，聘请陆象山及门人来甬讲学，并在月湖竹洲建书院，著名学者袁燮、杨简、沈焕、舒璘同时在月湖开馆讲学。他们是陆象山的高才弟子，做官时官誉都很好，人称“四明四先生”，人品学问受朝野人士推崇，形成著名的四明学派，当时月湖“四桥游人如云，木铎之声相闻”，文风学风盛极一时。

四明学派是心学重要学派。心学与理学是宋明儒学的两大体系。心学大师陆象山（九渊）与理学大师朱熹的两派学说先后在江西鹅湖、庐山白鹿洞会讲并开展辩论。理学认为“理”是超越一切的最高理念，“虽未有物而已有物之理”、“未有这事，先有这理”，不论是伦理道德，还是日常生活，人世间一切都有天理，一切行为必须循天理而行，“总天地万物之理，便是太极”。而人欲是违背天理的，所以要“存天理，去人欲”，哲学上属客观唯心主义。与之对立的心学，认为心即是理，理在人心之中，人只要保持赤子之心，排除后天的污染和蒙蔽，天理和人心并无二致，“盈天地间皆心也，人与天地万物一体，故穷天地万物之理，即在吾心之中”，哲学上属主观唯心主义，但重视人的天然本性，强调自我修养，主张将人的自然本性从理学思想束缚中解脱出来。

慈城人杨简（慈湖）是陆象山的大弟子。杨只比陆小两岁，他在富阳做官时，受陆象山启导，就拜陆象山为师，终身奉行心学。他任温州知府时，以德行政，很受百姓爱戴。宁波、慈溪是他从事教育的地方，在此他培养了一批有德之士，颇有影响，他讲学的慈湖书院（现在的慈湖中学）长期保存着，慈城慈湖上的“师古亭”就是纪念他的。

元朝，元蒙统治者歧视汉族人，思想控制很严，宁波学术思想没有大的发展，有位奉化人戴表元是本地有名的学者，但其学术思想影响不大。只有温州人高则诚在宁波栎社写出宣扬封建伦理道德的《琵琶记》。《琵琶记》与《西厢记》齐名，有“南《琵琶》北《西厢》”之誉，在文学史上有较大影响。

到了明代，余姚王守仁（人们尊称为“阳明先生”）发展了陆象山心学，在陆的“心即理”的思想基础上进一步提出“致良知”和“知行合一”思想（具体内容下面再作介绍）。“良知”说和“知行合一”思想是对理学家“重知轻行”、“重先验轻实践”思想的批判和修正。王阳明与陆象山齐名，其心学被并称为“陆王心学”。王阳明的思想体系庞大，由于各地学者从不同角度、不同观点来研究宣扬王学，因此形成浙中、江右、泰州等许多派别，其中最富于改革精神的泰州学派，被称作“王学左派”；由王阳明直接传授的余姚、绍兴、宁波等地的王门学者被称为“浙中派”。王学左派影响最大，晚期一些著名的思想家、文学家，如李贽、汤显祖、袁宏道、屠隆、徐渭等都受过王学的影响，有不同程度的叛逆精神。陆王心学对宁波传统文化的影响不可小看。

明末清初，宁波出了个具有划时代精神的民主主义启蒙思想家——黄宗羲。黄宗羲是王阳明的再传弟子，从王阳明学生绍兴刘从周修学，其学问也是从心学开始的。青年时代跟随他父亲黄尊素与阉党魏忠贤进行斗争；明亡后，他在四明山组织世忠营进行抗清的武装斗争；清政权稳定后，他拒绝清政府博学鸿词科的征召，拒不做官，潜心于学术研究，对封建制度从政治、经济、文化上作出了全面的批判，写出了著名的《明夷待访录》，反对君主专制，说“天下为主，君为客”，认为“为天下之大害者，君而已矣”，“天下之治乱，不在一姓之兴亡，而在万民之忧乐”。经济上，反对封建经济的轻商思想，提出“工商皆本”，工业、商业和农业一样，都是经济发展的根本。“夫工固圣王之所欲来，商又使其源出于途者，盖皆本也”，主张重本抑末（凡是一切不利于民用的都是末），这是资本主义萌芽时期的思想反映。他尊重理性，反对迷信，说：“今通都大邑，青天白日，怪物公行，而人不以为怪，是为大怪。”他认为，葬地风水之说，鬼荫之说，求仙问卜，供奉舍利等等都属于“怪”。教育上，主张教育民主，学校是“公其非是之处”，“必使治天下之具皆出于学校，而后学校之意始备……天子之所是未必是，天子之所非未必非，天子亦遂不敢自为非是，而公其非是于学校”。他主讲宁绍两地的证人书院，在宁波证人书院造就了一批著名学者，如万斯同、万斯大、李杲堂、郑梁等都是一代名流。特别是他开创了浙东史学，重视近代史研究，认为研究历史是为求“一治之法”，主张不泥古、不弃古、贵创新、重实学、经世致用，倡导新的历史观。由他首倡，经万斯同、全祖望、章学诚、邵晋涵等继承发展，形成浙东史学，对以后的史学研究影响至巨，梁启超称颂“浙东之学，端本于义理，致用于事功，而载之以文史”，是宁波文化史上光辉的一页。黄宗羲的学术专著《明儒学案》、《宋元学案》对宋、元、明各派的学术思想、哲学观点，进行全面评述，是中国最早的学术思想史，有很高的学术价值。他的《明夷待访录》对梁启超、谭嗣同等戊戌变法诸君子影响很大。梁启超说：“《待访录》实为刺激青年最有力的兴奋剂，我自己的政治运动，可以说受这部书的影响最早而最深。”谭嗣同还将《明夷待访录》秘密翻印了几万册到处散发，为戊戌变法作舆论准备。孙中山对黄宗羲也很称赞。

鸦片战争以后，宁波辟为“五口通商”之一，门户被打开了，传统的宁波文化发生了较大的变异，产生了许多消极因素，但同时也输入了近代科学知识。宁波外出经商的人多了，大批涌向上海，一部分由上海转向内地和海外，在国内外一些大商埠中逐步形成了“宁波帮”。在资金和人才大量流向上海的同时，宁波的传统文化和民俗文化也被带到上海，所以在善于吸纳外来文化的海派文化构建中，也有宁波的文化因子。同时，由于宁波与上海交往密切，几乎将近半数的宁波人家都和上海有这样那样的关系，上海文化也必然影响着宁波人，故而近代宁波文化有相当浓厚的海派味道。

外埠和本地新兴的民族资产阶级热心在家乡办学，在家乡培养为工商业服务的人才，这是北宋“庆历五先生”、南宋“四明学派”在家乡办学遗风的延续，也反映了资本主义工商经济的要求。宁波实业家捐资在家乡办学是有传统的，所以，宁波的基础教育历来比其他地区发达，考上外地大学深造的人也比较多，由此宁波出了许多人才。最近公布的科学、工程二院院士中，华东地区有130位，宁波出去的有18位。这也是近代宁波文化的一个特点。1916年孙中山先生在宁波的一次演讲中说“宁波风气之开在各省之先，将来整顿有方，自可为各省之模范，以地位、人才而论，均具有此项资格”，这也可以说是孙中山先生对宁波历史文化的评价。

回顾宁波文化传统，可以看出宁波文化性格的双重性，既有主观唯心主义思想的影响，也富有求实、务新、重于行的实干精神，这双重性反映出宁波文化的主观唯心因素，同时也具有包容性、开放性和务实精神。如何批判继承这一精神，吸收传统文化的优点来建设港城文化，是我们应该考虑的问题。

宁波传统文化的道德思想

宁波传统文化既有民族传统文化的共性，也有由于种种因素而形成的地域文化的特性。宁波人的传统道德观也和其他地方一样，占主导地位的是儒家道德思想，而宁波又是受陆王心学影响较深的地方，相对来说受理学影响就比较浅，受“三从四德”的封建礼教束缚也比较轻，比如说宁波的贞节牌坊就没有徽州多。

早期儒家的道德思想以“仁”、“义”为中心，孔子讲仁“仁者爱人”，孟子讲义“舍生取义”，孔子的“推己及人”、“己所不欲，勿施于人”思想都是富于人本主义精神的。后来儒家思想越演变越复杂，为适应一朝一代封建统治的需要，儒家的条条框框越加越多，从汉儒的“三纲五常”、“天人感应”，到宋儒空言德性，侈谈性命，“存天理，去人欲”，对人的思想束缚越来越严，思维方式也越来越烦琐。陆象山的“心即理”思想就是要解脱思维的烦琐和道德的虚伪。他认为“道理只是眼前道理，虽见到圣人田地，亦只是眼前道理”；认为“天理人欲之言不是至论”，如果说天是理，人是欲，那样就将人与天分割开来了，人就没有天性了。他认为人是有天性的，对人的欲望并不能一概否定，而是要分辨这欲望是正当的还是邪恶的。正当的符合人的天性，邪恶的是后天受坏影响造成的，所以要“切己自反，改过迁善”，一个人是否有道德可以在自己身上找，“汝耳自聪，目自明，事父能孝，事兄能悌，本无缺少，不必他求，在乎自立而已”。陆象山在哲学上虽是主观唯心主义，但其道德观明白易懂，主张从自己身上实实在在去做，“故游其门多践履之士”。他提倡道德贵在行，是有积极意义的。

四明学派实质上就是陆象山的心学学派。杨简认为，人心本善，天人一理，君民一体，反对君尊民卑之分。他说：“人心自善，人心自明，人心自神。”所以人要自尊、自重，要反求诸己，求人格的自我完善。杨简比起他老师来更是一个彻底的唯心主义者，但是他讲道德，重道德行为，重“践履”（说到做到），因此他很受人尊敬。宁波人说，“做人讲良心”，他是最早的影响者。

王阳明继承陆象山“心即理”心学传统外，对心学有更大发展，提出“致良知”的道德哲学和“知行合一”的道德行为。所谓“良知”是指人本性具有良知良能的美德，“人之所以不学而能者，其良能也；所不学而知者，良知也”，也就是孟子所谓“人性本善”。孟子认为恻隐之心、辞让之心、羞恶是非之心，都是人性本来具有的，但“性相近，习相远”，有的人由于受到后天诸因素的影响，例如争名逐利、损人利己、不分是非、不知羞耻，人的良知良能就丧失了。王阳明的“致良知”就是唤醒人的良知良能。他认为：“良知只是个是非之心，是非只是个好恶，只好恶就尽了是非，只是非就尽万事万变。”良知就是要分清是非善恶，从而去恶从善，“良知人人现在，一反观而自得”。良知就在自己身上，你只要反求诸己扪心自问，“学贵心得，如果求之于心而非，虽然其言出于孔子，亦不敢以是也。求之于心而是，其言虽出之于庸常，也不敢以为非也”，王阳明“致良知”有四句教言：“无善无恶心之体，有善有恶意之动，知善知恶是良知，为善去恶是格物”，意思是说良知首先要明白什么是善，什么是恶，分清楚了善恶，就要努力去扩充善念，克服恶念，这就是“致良知”。良知是人的道德意识，也是判别是非的准则，王门学者认为“良知是学问第一大头脑”，“尔身各各自天真，何闲求人更问人；但致良知成德业，漫从故纸费精神”。良知存在于自己身上，重要的是人要奉着良知去行，想到就要做到。“致良知”的“致”就是行，知和行要一致，“知是行的主意，行是知的工夫”。“知而不行只未知”，“知行工夫本不可离，即知即行便是大学问”。“良知”是道德观念，“知行合一”是道德行为，两者合一是王阳明道德思想的核心，他有力地批判了言行相背、知行脱节的伪君子。王阳明道德观基本上是唯心主义的，而他强调主体意识的作用，强调发挥人的主观能动性，有其合理的一面。如果将他被颠倒了的客体和主体、精神和物质的关系再颠倒过来，那么他所强调的道德行为的主观能动性是有积极意义的。他的“知行合一”思想已含有朴素的唯物主义精神，他教导学生“吾辈为学重在实践，不实践不足为学”，这一重实践精神进一步发展到了黄宗羲时代，便成了“经世致用”的崇实务实的实学思想了。

对宁波传统道德思想的影响，黄宗羲比杨简、王阳明更大。黄宗羲也是王学的继承者，但他厌倦王阳明后学各派撇开王学积极的一面，而去宣扬不切实际的唯心主义。他将注意力转向社会现实，联系当时的社会实际来研究王学，扬弃王学中的唯心思想，突出王学重行的哲学；将王阳明反传统的思想，发展为对封建制度的批判；并发展了王阳明“致良知”、“知行合一”思想，主张做学问要“独立思考”，要“博学实证，质疑求信”。他是从封建传统道德观向民主主义道德观过渡的思想家和教育家。他认为道德不是抽象的观念，而是应当见诸行动，道是一个准则。“夫道一而已，修于身则为道德，形于言则为艺文，见于用则为事功名节。”他认为道德、文艺、各项社会事业，总目标是一致的，从事每一项工作都要符合统一的总目标，这和我们现代的道德观念颇为接近。他强调“经世致用”，主张以“实行”（切实笃行）来行孔子之道。他说：“上下千古，汉之诸葛亮，唐之陆贽，宋之韩琦、范仲淹、李纲、文天祥，明之方孝孺，此七公者，至公血诚，任天下之重，屹然砥柱于疾风狂涛之中，世界以之为轻重有无，此能行孔子之道者也。”反对徒托空言、言行不一的伪道学。以黄宗羲的思想为代表的道德思想是宁波传统文化道德观的精髓。

上述这几位在宁波传统文化特别是传统道德思想中有影响的人物，晚年都从事教育工作，教育的场所大都是在宁波（大市范围内），受教的学生很多，一代传一代，代有薪传，影响很广，广到寻常百姓，某些道理一直流传至今。例如宁波各地都有办学传统，学风很盛，甚至学校校名也有传统色彩，像“效实”、“崇实”、“正始”、“务本”、“修正”、“养正”、“崇正”、“树人”、“启明”等。原光华大学校长、著名学者张寿镛（鄞县人）说他“一生立志为君子，不为小人，得益于象山、阳明之处甚多”。

宁波人日常用语涉及心学的地方很多，如“人心都是肉长的”，意思是人都是有同情心的。“做人要凭良心”，良心就是良知、良能、天理公道。“良心给狗吃了”，意思是人的天良泯灭了，禽兽不如。“黑心黑肺”，指坑人害人的坏人。“上半夜忖忖人家，下半夜忖忖自家”，指人要有戒心，要“慎独”。从百姓的日常用语中也可看出心学影响之广。当然这样的话语其他地方也用，这也是“人同此心，心同此理”，一句话能引起共鸣，这话就普遍传开了。再从“宁波帮”发迹的心理因素来看，一靠信誉，做生意要讲良心，要以诚取信；二靠互相帮衬，亲帮亲、邻帮邻，他乡遇同乡，不亲也是亲。上海有许多同乡会，宁波同乡会作用最大。宁波商人头脑灵活，他们审时度势、观察局势的眼光，勤于进取、敢冒风险的勇气，克勤克俭、求实务本的作风，见微知著、随机应变的手腕等本领和才智，不能说和宁波文化传统毫无关系。

道德文化对人的影响是“润物细无声”的，身为宁波人，应当了解宁波的道德文化传统，如果加以提炼，去芜存精，发扬自我教育、自我修养、重视人格自我完善的优良传统，对建设社会主义精神文明是有积极意义的。

思考与建议

1. 宁波文化道德传统，受陆王心学思想影响很深。心学是主观唯心主义哲学，自然有它消极的负面影响；但心学家都比较重视道德行为的实践性，重“践履”，主张“知行合一”，因此也有其积极的一面。诚如马克思在《费尔巴哈论纲》中所指出的那样，“社会生活本身是实践的，凡是把理论导致神秘主义方面去的神秘东西，都能在人的实践中以及对实践的理解中得到解决”。黄宗羲将心学逐渐引向实学，促使唯心主义向朴素唯物主义转化就是例证，这是历史发展的辩证法。因此我们对待传统文化应作科学分析，有的可以继承发扬；有的虽不能继承但必须有所认识；有的则要清理，对历史形成的消极影响和旧习惯势力则要下大力气加以克服。但从总体上说，我们应当珍视优秀的文化道德传统，看到宁波人素质美好的一面。

2. 我们建设港城文明，树立新的道德风尚，应当吸收民族道德的优良传统，但不是简单地引用旧的道德语录，将儒家思想不加区分地灌输到社会主义的意识形态中来，而是要学习先辈们重视道德修养、道德行为、身教重于言教，以自身的德业践履来影响周围群众，将敬师、敬业和敬德统一起来，形成良好的社会风尚。宁波有良好的道德风尚，但随着历史的冲刷，道德传统被渐渐地淡化了，我们应当在爱国主义、社会主义的前提下，振兴弘扬优良的道德传统，为社会主义精神文明建设服务。

3. 宁波文化有丰富的历史内容和文化内涵，有很多学问，应当重视发掘和研究。近年来在市委和市政府领导下，有关部门已经做了不少工作，如河姆渡博物馆的建成、《宁波市志》的出版、天一阁的拆建等，但研究工作还有待进一步深入。建议最好组织一定的力量，聘请造诣深的专家学者，专门从事宁波文化、浙东学术的研究工作。积极开展学术研究，邀请海内外专家来宁波参加学术研讨会，扩大宁波的学术知名度。创办有一定学术水平和较高文化品位的学术刊物，以此为阵地来培养本市学术文化理论研究人才，提高他们的知名度，并约请海内外专家撰稿、讲学，扩大影响，使宁波的学术文化与港城建设相适应。在筹备阶段，可先以已经登记出版的《浙东文化》和《宁波论坛》为基础，逐步丰富，逐步提高。

4. 充分发挥河姆渡遗址、天一阁藏书楼、宁波博物馆、宁波图书馆、白云庄证人书院旧址、余姚龙泉山姚江书院旧址等的学术功能，将这些作为浙东学术研究基地和活动场所，并向青少年开放，让他们多了解家乡的优秀传统文化，培养他们爱国爱乡的感情。

（1996年8月在宁波市政协“港城文化理论”研讨会上的发言）

心学与浙东传统文化

“心学”简释

心是什么？生理学上将人和其他脊椎动物推动血液循环的肌性器官，通常叫“心”。中国古代哲学家却不是将心看做器官，而是将心看成是产生意识的“灵虚”，孟子说“心之官则思”，“形之君而神明之主也”，古代不论哪派哲学家都很强调心的作用。心学是宋明儒学的重要学派，它和宋明理学是相互呼应、相对而成的两大儒家学派。

理学的形成早于心学，北宋大儒周敦颐、邵康节、张横渠等倡导于先，程颢、程颐两兄弟进而使理学系统化，南宋的朱熹则是理学的集大成者。朱熹的《四书集注》用理学思想对儒家经典《大学》、《中庸》、《论语》、《孟子》作了全面的阐释，其理学思想基本上体现在《四书集注》上了。《四书集注》对后世影响极大，元明清科举取士，以《四书集注》为范本，书中的某些教条对读书人的思想影响很深。

心学创始人陆九渊，江西抚州人。他长期在贵溪象山讲学，人们称他为“象山先生”。他反对朱熹将天理人欲分而为二的思想，提出“理在心中”、“心即道，道即天，知心则知道知天”的观点，这是心学思想的发微。明朝大思想家王守仁，余姚人，曾在绍兴阳明洞讲学，被世人称为“阳明先生”。王阳明早年读遍朱熹著作，按照朱熹“格物穷理”学说，专心“格竹子七天”，结果一无所获，不能解决他心中的问题。后来他被贬到贵州龙场，经受磨难之后，忽然领悟到“格物致知当自求诸心，不当求诸物”，因而从学朱熹转而学陆九渊心学，并在陆象山心学思想基础上，进一步发挥“致良知”和“知行合一”的重要观点，完善了心学的思想体系，认为“圣人之学心学也”，成为心学大师。中国哲学史将陆象山、王阳明的思想学说合称为“陆王心学”。

心学在浙东很有影响，陆象山曾应史浩邀请到过宁波。南宋淳熙年间，舒璘、沈焕、袁燮、杨简等著名学者，同时在四明地区讲学授业，被人们尊称为“四明四先生”，他们都心仪陆学，并拜陆象山为师学习心学。“四明学派”被认为是“象山正脉”。张懋建《鄞江人物论》记道：“象山心学，窥测阃奥；杨慈湖（杨简）溯源心性，厘剔篱窦；沈端宪（沈焕）澄澈根源，把握主宰；舒文靖（舒璘）待制奎文，原本性求，皆属象山正脉。”他们处于两位心学大师之间，起了对陆象山思想的承传作用。他们当官时官誉都好，执教时声望很高。文天祥曾著文赞舒璘“春风和平”，赞沈焕“秋霜肃凝”，赞杨简“云简月澄”，赞袁燮“玉泽冰莹”。文天祥是位一身正气、顶天立地的人物，他对四明四先生作了如此高的评价，足以说明四明心学派影响之大了。

天理·人欲之辩

心学和理学原是同宗，都以孔子之道为道统，崇尚孔孟的仁义思想。两派观点分歧开始于对孟子“性善论”尽心知性说的不同理解，及对“太极”和“无极”、“格物致知”、“尊德性而道问学”等问题的不同认识而展开论争，因而宋明儒学分成程朱理学和陆王心学两大学派。本文着重对两派争议最多的天理与人欲问题作一简括的评述。

理学以先验的“理”作为衡量一切事物的最高准则，程颐说“未有这事，先有这理”，“天理”是先天便存在的，人的一切作为合于天理便是善，违背天理便是恶。朱熹又进一步认为“人之性之所以为人者，是天理”。他们又将人之性分为“义理之性”和“气质之性”，义理之性是“仁义根于人心之固有，是天理之公”；气质之性禀于气，由于人的禀赋不一，因此人的性情各异，有的人性情好，有的人性情不好，性情合乎天性是善的，如果反于天性，则“利心生于物我之相形，人欲之私也”。人一有了“欲”便不善了。理学家将人生理的、心理的、社会的要求都看做“人欲”，而人欲是危险的，“欲则水之流而至于滥也”，人欲泛滥就变成恶，因而人性中常会发生“理欲冲突、天人交战”的情况，所以理学家竭力主张“存天理，去人欲”。在理学盛行年代，“存天理，去人欲”观念大大地扼杀了人的自然本能，束缚了人的个性发展。

心学家不同意“存天理，去人欲”的说法，陆象山认为“天理在人心”，天理、人理、物理都“只在吾心之中”，反对将天理与人欲分割开来，“天理人欲之分极有病”。人同此心，心同此理，天道与人道原本是和谐相通的，“若天是理，人是欲，则天人不同矣！”认为天是理，人是欲，将天和人分隔开来，那么天人之间就难以相通了，并且他还断言“人有善有恶，天亦有善有恶，如日月之蚀及恶星之类（指一切自然灾害），岂可以善归之于天，恶皆归之于人”。他指出天理人欲之言出于《乐记》，不是“圣人之言”。孟子说过“尽其心者，知其性也，知其性则知天矣”，尽心养性，不失赤子之心，天理就在心中，不是心外又有天理。

王阳明又进一步指出，“心即理也，此心无私欲之蔽，即是天理，不须外面添加一分”。他不同意程颐所谓“人心即人欲，道心即天理”的说法，认为天理人欲都在人心之中，“天理人心一也，人心有蔽，则天理远；人心无蔽，天理人心一也，故曰存天理去人欲之说非也”。王阳明又在解释“格物致知”时说：“格者正也，正其不正，以归于正。”格物就是要革去心中之不正，而使其正。“所谓致知格物者，致吾心之良知于事事物物也。吾心之良知，即所谓天理也”，格物致知就是使人心与天理合一，天理人心都在人自身，不是要去掉自身的“欲”，再去求身外的“理”，如能以“良知”去对待事事物物，天理就在心中。心学家十分强调人的主体作用，不像理学家那样要把人框在“理”的框子里。

关于如何看待“欲”的问题，心学也比理学要通情达理。心学家认为喜怒哀惧爱恶欲七情人人心中都有，是人的良能，但良知能使七情顺其然流行，该喜则喜，该怒则怒，七情行得其所便是良知之用，七情用在不该用的地方，如由于好货好色之蔽使情欲泛滥，其心就不正了，格其不正而使之正，人心还是完好的。这比理学家将“欲”看做洪水猛兽，一棍子打死的态度要合乎情理多了。理学有些要求不近情理，因此后来在理学影响下就出现了不少虚伪做作、假貌伪善的伪君子。

四明学派代表人物杨简（慈湖）强调“人性自善”，他说得更简单明白，认为一个人只要不弄虚作假，人心就是道心，“圣人之道，质朴无诈伪而已”，一个人的善与不善，在日常生活中就可以看得清楚，“此心常见于日用饮食之间，造次颠沛之间”。如果一个人“见诈伪之巧则喜，见信实之人则窃笑……甚至父母兄弟之间无所不用其诈，此与禽兽鬼魅等耳，尚何以为人哉”。善与不善区别就在真伪之间。他将人欲比喻为遮蔽日月的云翳，驱散云翳，就能复见日月之明，人只要肯学就能够驱散云翳，恢复自心的清明，“学非外求，人心自善”。“人心自善”可以说是四明学派的中心思想。四明学派另一位著名学者袁燮，留下的著作不多，而提出的观点却很切实。他说当官的人为政要顺乎民心，“人为之政，悦人心于一时者易，得人心于悠久者难”。谈到官与民关系时，他说要“以我之心，感民之心，民心不能忘，由我之不可忘也”。做官要得民心，先要从自我做起。他对朱熹提出义理之性善，发于情的性有善与不善观点提出批评，他说“性情皆善”，七情是人的良能，要顺乎人情，“男女之欲，人性之所不能免也”，饮食、男女，人之大欲，“男女相悦，亦人之情也”，要压制它是压制不了的。四明学派强调“人性自善”、“性情皆善”都是针对理学“存天理，去人欲”而言的。

“心学”对浙东传统文化的影响

心学对浙东传统文化的影响，我们想从以下几方面来思考。

1．哲学思想的影响。理学将“理”看成是先天存在的最高真理，是衡量一切事物的标准，属客观唯心主义；心学认为“宇宙便是吾心，吾心即是宇宙”，夸大了心的主体作用，属主观唯心主义。理学、心学，两者都是唯心主义，但两者自宋明以来，在儒家思想中都占有重要地位，对传统文化有较大的影响，我们不能无视于它们的存在。我们应当以历史唯物主义观点来分析这两种唯心主义的论争，扬弃其唯心主义的负面影响，而吸取其在论争过程中闪烁的辩证思维的智慧。文化对人、对社会的影响是无形的，但它又是有渗透性的，我们无形中受了某种文化的影响而又不知其所以然，这是被动地受影响，我们要将被动影响变为能自觉意识到这种文化影响的利弊，进而趋利除弊，减弱唯心主义的负影响，而去吸纳传统文化的优秀部分，这对现代文化建设是有好处的。

2．了解浙东学术的历史地位。自宋元明清以来，浙东学术在中国文化学术史上都处于显著地位，早期的四明学派，中期的姚江学派，后期的浙东史学派都有很大的历史影响。浙东学术从“四明心学”开始，到王阳明的“知行合一”思想，又发展到黄宗羲的“经世致用”的实学思想，由唯心转向唯物，有一条清晰的思想发展的脉络，循着这条脉络来研究浙东学术思想的演变发展，是很有意义的，它展示了宁波之所以成为历史文化名城的文化内涵。

3．心学派重视道德思想的实践。心学派反对烦琐哲学，重视道德实践。陆象山说：“道理只是眼前道理，虽见到圣人田地，亦只眼前道理。”他反对虚言空论，而主张“德贵在行”。他有一句“开口见胆”的名言，主张讲道理要简单明了，“吾之言道，坦然明白，全无粘嚼舌处”。陆象山讲学主张减轻学生负担“到某这里只是与他减担”，让学生懂得基本道理，“圣人教人，只就日用处开端”，由浅入深，举一反三。这连朱熹也承认说“游陆氏之门者多践履之士”。王阳明倡导“知行合一”，他对门生说：“吾辈为学重在实践，不实践不足为学。”杨简是著名教育家，他大胆提出“圣人无常师，师其是而不师其非”，他尊敬孔子，但不盲目崇拜。心学大师大都是教育家，他们培养出许多人才，有良好的学风，反对烦琐，注重实践，做到言行一致，主张“身教重于言教”。这样的教风、学风是值得继承发扬的。

4．心学和甬帮商人的文化心态。宁波人历来以善于经商闻名，造就甬商才干的有多种因素，除诸如海运发展较早、贸易历史悠久、经济较为发达等外部因素外，其内在心理和受心学影响也有关系。前辈甬商一般都通过私塾、学馆接受儒家文化的启蒙教育，而甬地的塾师、教员一般都受过心学影响。受理学的思想束缚少，受心学的主观能动作用影响大，这有利于培养儿童灵活的头脑。甬帮商人有两大传统优点：一是头脑灵活，二是以诚信为本。心学的"百姓日用即是道"的观念，容易为商人所接受。诚信是做人的基本准则，甬帮商人自幼就养成做人要诚实的观念，因此也以诚信为本的思想来做买卖，在商界信誉较好。头脑灵活更是做生意的重要本钱。头脑灵活使他们善于观察行情，随机应变，把握商机。诚信为本使甬帮商人人缘好，头脑灵活使甬帮商人本领大，有这两条再加上外部条件，甬帮商人中发迹的人多，在全国众多的商帮中，宁波帮可算是出类拔萃的商帮之一。

（2000年1月12日《宁波日报》《学苑周刊》）

“四明学派”简论

一

四明学派是南宋时期以传陆九渊心学为宗旨，以尊德性为目的的学术派别，其主要代表人物为杨简、袁燮、舒璘、沈焕，被人们尊称为“甬上四先生”。四先生的学术活动大都在南宋淳熙年间(1174 ~ 1189)，四人都是明州人，同时入太学，先后中进士，又都拜陆九渊（象山）为师，入象山心学之门，既是同乡、同学，又属同门，杨、袁、沈三人晚年又同时在宁波月湖讲学。杨简主讲于碧沚书院，沈焕主讲于竹洲书院，袁燮主讲于城南书院，舒璘在外任教。他们共同推尊德性，以道义相切磨，情谊深厚、过从密切，后来学者将四先生学术概称为“四明学派”，其实四人在当时并未结社立派。

要了解四明学派，先应了解象山心学。关于心学，我曾在本书《心学与浙东传统文化》一文中作过简单的介绍，不重复，本文只就最能反映象山心学精神的“宇宙便是吾心，吾心即是宇宙”两句话，谈谈个人认识。陆九渊认为心是人之大本，心能通天地万物，是宇宙的主体，近代哲学家以此论定陆九渊为主观唯心主义者，象山心学是主观唯心主义哲学。如果单从“吾心即是宇宙”这句话来看，毫无疑问，陆九渊是主观唯心主义者，但与上一句“宇宙便是吾心”联系起来看，那就是说，我的心能反映宇宙间一切事物，因此宇宙也就在我心中。表述“吾心”与“宇宙”的主客观关系，是比较辩证的。中国古代哲学家将心视作思维器官，“心之官则思”，心就是脑。孟子不仅将心当做思维器官，同时还将“赤子之心”视为人伦道德的本源。现代人将推动血液循环的肌性器官叫做“心”，将带有道德含义的内心活动叫做“良心”，两个“心”字所表述的内容是不同的。令人惊喜的是当代科学家对人的思维器官又多了一种说法，认为人的脑有两个，一个在头部，一个在肚子里，2000 年 11 月 7 日新华社柏林电：“越来越多的科学家认为，人类除了大脑之外，还有‘第二大脑’，那就是肚子”，“人类许多感觉和知觉都是从肚子里传出来的，肚子里有一个非常复杂的神经网络”。如果这一论断是科学的，我们不能不敬服我国古代贤哲们的智慧，他们早就把肚子里的心看成思维器官了，从而我们也不能不对孟子的心性学说、陆九渊的心学说、四明学派“心是人之大本”思想，作进一步研究。心学虽然带有唯心色彩，但是他们强调心的能动作用，还是值得肯定的。马克思在论费尔巴哈唯物主义的缺点时指出他“对事物、现实、感性，只是从客体的或者直观的形式去理解，而不是把它们当做人的感情活动，当做实践去理解，不是从主观方面去理解。所以结果竟是这样，和唯物主义相反，唯心主义发展了能动的方面，但是抽象地发展了……”（《费尔巴哈论纲》）。陆象山的心学便是充分发掘心的能动作用的一种学说，四明学派就是心的能动论者，甬上四先生对人的道德本性和心的能动作用都有详细的论述，而且他们都是德行高尚的人。

二

杨简在四明学派中是最有代表性的人物，他留传的著作最多，生前地位较高，曾任温州知府、工部员外郎、国史院编修等职，致仕后封赠为慈溪县男爵。其学术影响也最大。杨简认为心是万物之主，“言其本谓之性，言其精神思虑谓之心，言其天下莫不共有谓之道”（《论〈论语〉》）。性是人之本，是人的本性；心是人的精神，是人思想活动之主宰；道是做人的准则，是天下人共有，也为天下人共同遵循的准则——仁、义、礼、智，是心的精神。“心之精神是谓圣”，他认为圣贤并不是超人，圣贤也是平常人，他们之所以成为圣贤，是因为他们发扬光大了心的精神。人们只要将本性具有的良知良能发扬光大，不被利欲所蒙蔽，那么人人都可以成为圣贤。“人心自善，人心自明，人心自神”（《遗书》），人人都要自尊自重，防止利欲的侵蚀，遇事要反求诸己，求道德人格的自我完善。他所说自善、自明、自神的心，并非深不可测，而是渗透在人们日常生活之中，“此心常见于日用饮食之间，造次颠沛之间”。不过由于各人气禀不同，后天熏染不同，有的人始终保持善良的本心，有的人受利欲之蔽，失去了善良的本心，“人欲蔽之，如云翳日星，故不可无学”（《论〈论语〉》）。日月之光受云雾翳蔽，其光就暗淡了，人心之善受不良欲念之蔽，心灵就被扭曲了，所以必须要受教育，经受磨砺，使人的天良不仅不受伤害，而且还要发扬光大。这就是四明学派为什么十分重视教育的缘故。甬上四先生都是边做官边育人，不做官后便终生执教，都是身体力行以德育人的教育家。

四明学派中另一位地位较高、影响较大的人是袁燮。袁燮曾任国子监祭酒、礼部侍郎，因反对史弥远议和主张被罢官。他儿子袁甫当过兵部尚书，是杨简的门生。袁燮也认为心是人之大本。“人生天地之间，所以超然独贵天群物者，以存是心焉，尔心者，人之大本也，此心存则虽贱而贵，不存则虽贵而贱”（《絜斋毛诗经筵讲义》）。人之可贵，因为有人心，人的贵贱不在于地位高低，而在于他心地是否高尚。心地高尚的人，地位虽低而人品是可贵的；心地卑劣的人，地位虽高而人品却是卑鄙的。在重富贵轻贫贱的封建社会里，袁燮提出这种重人品轻名位的人本思想，是难能可贵的。

舒璘为人淡泊平实，曾任徽州等地教授，被誉为“天下第一教官”。舒璘明白地称心为良心，认为心是人的天良，“人之良心，本自明白，特患无所感发，一朝省悟，邪念释除，志虑所关，莫非至善”（《致薛象先书》）。良心人所共有，但需要感发，受到启发，有了觉悟，人总是向善的。舒璘讲学强调感受和自我“省悟”，他是一位善于感化人的教育家。

沈焕为人刚劲严谨，重道义轻爵位，是非分明，对上司委派非义不往，清贫一生。教育学生善善恶恶，师导尊严，学生初见他时都怕他，后来感到他可亲可敬，乐于受教。晚年，由宋理宗封赠为华文阁直学士。他和舒璘在四先生中是既尊象山心学，也尊程朱理学的人。

三

四明学派重视心的作用，也就是重视人的道德观念和道德行为。陆九渊和朱熹在吕祖谦邀集的鹅湖会上有过一次激烈的辩论，起因是陆、朱两人对《中庸》“尊德性而道问学”这句话的不同解析：陆九渊认为“尊德性而道问学”以尊德性为大，“先立乎其大”，其他一切都能随之而归，如果本体不立，只在问学上下工夫，则是无源之水，学问虽多而无益。朱熹则认为要尊德性先要道问学，学者要以问学为主，“格物致知”、格物穷理是入圣的阶梯，物要天天去格，知要天天去致，要大家去反复钻研四书五经。陆则坚持立本为大，“学苟知本，六经皆我注脚”，反对烦琐哲学。所以陆门弟子都以“尊德性”为立身之本，但也不是不读书，甬上四先生的学问都很渊博，杨简更是无书不读，不过他们不空谈学问，而是着重于德性的实践，连朱熹都认为“游陆氏之门者多践履之士”。袁甫说“慈湖先生平生履践一无瑕玷”。杨简为人找不出一点毛病，他做官廉洁爱民，以德行政，说“政事不出于德，非德政也”，任富阳主簿、温州知府时，“厚实于民”，民心悦服。《宋史》记道：“杨简之学非世儒所及，施诸有政，使人百世而不能忘。”在他离开温州时，老百姓家都立像纪念他。袁燮为人忠信笃实，在朝立论公正，虽得罪权贵，因之罢官也在所不惜，杨简赞誉他道德觉悟为人所不能及。舒璘一生诚实无欺，他说“势利之交出乎情，道谊之交出乎理，情易变，理难忘”，待人接物事事以道谊为重。袁燮说他“平生发于言语，率由中出，未尝见其一语之妄”，楼钥说他“如熙熙然之阳春”。沈焕一生没有做过一件亏心事，他说：“昼观诸妻子，夜卜诸梦寐，两者无愧，始可言学。”如有过失，他严于自责，而不诿过于人。当面肯指出人之过，背后常扬人之善，虽贫穷但不轻易接受别人的钱物。袁燮说他是“直而温，毅而宏”的人。甬上四先生的道德学问，为南宋一时之人望，文天祥曾题词赞誉道：“广平（舒璘）之学，春风和平；定川（沈焕）之学，秋霜肃凝；瞻彼慈湖（杨简），云间月澄；瞻彼素斋（袁燮）玉泽冰莹。一时师友，聚于东浙，呜呼盛哉！”由此可见其影响之大了。

四明学派是浙东学术重要派别之一，“甬上四先生”都是南宋儒林的著名人物，我们要重视宁波传统文化就不能忽视对四明学派的研究。我们重视对四明学派的研究，是重视它的历史影响和宁波学术曾有过的历史地位，并不是对他们的哲学思想和道德观念不加分析地全盘吸收。对他们的哲学思想和道德观念应以马克思主义思想为准绳加以分析，从中国特色社会主义的道德观高度予以检验，扬弃其陈旧的观念，吸取其合理的内核，将他们重视人的主观能动性和他们言行一致的道德行为，重视教育、追求人格的自我完善的优秀传统和有中国特色社会主义精神结合起来，为培养德才兼备的人才、倡导良好的社会风尚服务。

2001年2月27日

（《宁波日报》《学苑》）

由心学向实学转化的浙东文化

前　言

中国古代哲学家将心视作思维器官，“心之官则思”，心就是脑。孟子不仅将心当做思维器官，同时还将“赤子之心”视为人伦道德的本源。现代人将推动血液循环的肌性器官叫做“心”，将带有道德含义的内心活动叫做“良心”，两个“心”字所表述的内容不同。令人惊喜的是当代科学家对人的思维器官又多了一种说法：一个在头部，一个在肚子里，“越来越多的科学家认为，人类除了大脑以外，还有‘第二大脑’，那就是肚子”。“人类许多感觉和知觉都是从肚子里传出来的，肚子里有一个非常复杂的神经网络”（新华社 2000 年 11 月 7 日柏林电）。如果这一论断是科学的，我们就不能不敬服我国古代贤哲们的智慧，他们早已把肚子里的心看成思维器官了。从而我们也不能不对孟子的心性学说，陆九渊、王阳明的心学说，四明学派“心是人之大本”的思想，作进一步研究。

由心学向实学转化的浙东文化

宋以前宁波的学术文化，远远落后于宁波的商贸文化。两宋以后宁波对学术文化开始重视起来，北宋庆历年间由杨适、杜醇、楼郁、王致、王说等硕儒在四明讲学，培养了一批人才，开创了四明兴学重教的好风气。南宋时明州是宋朝半壁山河的重镇，是经济文化中心之一，同时也是浙东文化的开创时期。

儒学发展到南宋，明显地形成了以朱熹为代表的理学和以陆九渊为代表的心学两大学派。心学和理学原是同宗，都以孔子之道为道统，崇尚孔孟的仁义思想。两派的观点分歧开始于对孟子“性善论”尽心知性说的不同理解，以及对“太极和无极”、“格物致知”、“尊德性而道问学”等问题的不同认识而展开的论争，因而宋明儒学便分成程朱理学和陆王心学两大学派。

理学以先验的“理”作为衡量一切事物的最高准则，程颐说“未有这事，先有这理”，天理主宰一切，人的一切作为，合于天理便是善，违背天理便是恶。朱熹又进一步认为“人之性之所以为人者，是天理”。他们又将人之性分为“义理之性”和“气质之性”，义理之性是“仁义根于人心之固有，是天理之公”，气质之性禀于气，由于人的禀赋不一，因此人的性情各异，有的人性情好，有的人性情不好，性情合乎天性便是善，如果反于天性，“利心生于物我之相形，人欲之私也”，人一有了“欲”便不善了。理学家将人生理的、心理的、社会的要求都看做“人欲”，而人欲是危险的，“欲则水之流而至于滥也”，人欲是恶，因而人性中常会发生“理欲冲突、天人交战”的情况，所以理学家竭力主张“存天理，去人欲”。在理学盛行年代，“存天理，去人欲”观念大大地扼杀了人的自然本能，束缚了人的个性发展。与之对立的象山心学，则认为心即是理，理在人心之中，人只要保持赤子之心，清除后天的污染，天理和人心并无二致，“盈天地间皆心也，人与天地万物一体，故穷天地万物之理，即在吾心之中”。陆九渊批评理学，认为“天理人欲之分极有病”，对人的欲望不能一概否定，要分清这欲望是正当的还是邪恶的，是正当的，符合人的天性，邪恶的，是由于后天坏影响造成的，所以要“切己自反，改过迁善”。他还指出判断一个人是否有道德，要从他的日常生活中去看，“道理只是眼前道理，虽见到圣人田地，亦只是眼前道理”，重视人的自然本性，反对理学对人性的束缚。

当时陆九渊的几位高才弟子如杨简、袁燮、沈焕、舒璘等都是四明人，他们同时在明州开馆授徒，影响很大，后人将四人的思想学说归纳称为“四明学派”，四明学派实质上就是心学派。杨简在陆九渊“心即是理”的基础上提出个“意”字，他说：“此心本无过，动于意斯有过。意动于声色故有过。意动于货利故有过，意动于物我故有过，千失万过皆有意动而生。故孔子每每戒学者毋意毋必毋固。”他形容“意如云气，能蔽日月光明”，意害道害心，是人之至善之性的大敌，不良意念一流露，必须将它克服。他在《绝四记》中写道：“人心自明，人心自灵，意起我立，必固凝重，始丧其明，始失其灵。”所以孔子提出毋意、毋必、毋固、毋我，“来止绝学者之病”。不起意，心智就清明，“慈湖以不起意为宗”，发展了象山心学。

象山心学与朱熹理学另一个分歧点是对《中庸》中“尊德性而道问学”这句话的不同解析。朱陆两派在江西鹅湖会上展开激烈辩论，陆九渊认为“尊德性而道问学”以尊德性为大，“先立乎其大”，其他学问都能随之而归，如果本体不立，只在问学上下工夫，则是无源之水，学问虽多而无益。朱熹则认为要尊德性先要道问学，学者要以问学为先，格物穷理是入圣的阶梯，要学者反反复复去读圣贤的书。陆则坚持立本为大，“学苟知本，六经皆我注脚”，反对烦琐哲学。所以陆门子弟都以“尊德性”为立身之本，四明四先生都重德性，并言行一致。他们做官时廉洁爱民，以德行政，说“政事不出于德，非德政也”，教书时以德育人，学生中多有德之士。《宋史》中记杨简道：“杨简之学非世儒所及，施诸有贵，使人百世不能忘。”袁燮为人忠信笃实，在朝立论公正，虽得罪权贵，因之罢官也在所不惜，杨简赞誉他“道德高尚，人所不及”。舒璘一生诚实无欺，待人接物以道义为重，“平生发于言语，率由中出，未尝见其一语之妄”，楼钥说他“如熙熙然之阳春”。沈焕一生没有做过一件亏心事，他说“昼观诸妻子，夜卜诸梦寐，两者无愧，始可言学”，如有过失，则严于自责，而不诿过于人，虽贫穷但不轻易接受别人钱物，袁燮说他为人“直而温，毅而宏”。四明四先生的道德文章，为南宋一时之人望。文天祥盛赞四先生，感叹地说：“一时师友，聚于东浙，呜呼盛哉！”四明学派重道德实践，连朱熹也认为“游陆氏之门多践履之士”。我们以为研究浙东文化离不开陆王心学，研究浙东学术的发展，不能忽视四明学派，四明学派奠定了心学在浙东发展的基础。

明代王守仁（阳明）进一步发展了陆九渊心学，同时也吸收了杨简有关“意”的某些观点，倡导“致良知”和“知行合一”思想。良知说和知行合一说，是对理学重知轻行、重先验轻实践思想的批判和修正。他认为良知是人本性具有的美德，“良知只是个是非之心，是非只是个好恶，只好恶就尽了是非，只是非就尽了万事万物”。良知就是要分清是非善恶，从而去恶从善。“致良知”中的“致”就是行，知和行要一致，“知是行的主意，形是知的工夫”。他教导学生“吾辈为学重在实践，不实践不足为学”。王守仁的“知行合一”思想到了明末清初黄宗羲时又有了进一步发展。入清以后，黄宗羲全面、系统地梳理了宋元明以来儒学诸大家的学术思想，取精用宏，对宋明儒学，分人立案，作了精微的阐述，写就第一部学术思想史著作《明儒学案》，影响深远。黄宗羲又进一步联系当时的社会实际来研究王学，扬弃了王阳明思想及其后学的唯心成分，继承了王阳明知行合一哲学，将注意力转向社会现实，主张“经世致用”，将王阳明反传统思想发展为对封建制度的全面批评，《明夷待访录》就是他的代表作。他认为要传孔子之道必须要切实笃行，他推崇像诸葛亮、范仲淹、文天祥那样能任天下之重的政治家、思想家。在经济思想上他反对封建主义的轻商思想，提出“工商皆本”的重要观点，“夫工固圣王之所欲来，商又使其源出于途者，盖皆本也”。黄宗羲是民主主义启蒙时期的思想家，戊戌变法的谭嗣同、梁启超等人在思想上都受到过他的影响，孙中山也肯定他的观点。黄宗羲出生在余姚，宁波是他活动和讲学的重要基地，他那资本主义萌芽时期意识形态的形成，不能说和海运、商贸、经济发展较早的宁波没有一点关系。反之，王阳明的“知行合一”思想和黄宗羲的“经世致用”、“工商皆本”思想也无形中影响着宁波人的经商积极性。以黄宗羲为学宗，由万斯同、章学诚等史学家全面发展，后由全祖望集其大成的浙东史学，就是由心学向实学转化的浙东文化之学术结晶。

几点思考

1．心学强调心的主观能动性，陆九渊的“宇宙便是吾心，吾心即是宇宙”的思想是唯心的，但含有辩证的能动反映论因素。心学家重视人的主观能动性和道德思想的实践精神，马克思在批判费尔巴哈唯物主义的缺点时指出他“对事物、现实、感性都只是从客体的或者直观的形式去理解，而不是把它们当做人的感情活动，当做实践去理解，不是从主观方面理解。所以结果竟是这样，和唯物主义相反，唯心主义发展了能动的方向，但是抽象地发展了……”马克思还说，“社会生活本身是实践的，凡是把理论导致神秘主义方向去的神秘东西，都能在人的实践中得到解决”(《费尔巴哈论纲》)。心学重视“心”的能动性和道德意识的实践性，由心学转向实学，有其内在的必然联系。“德贵在行”、“知行合一”、“经世致用”等观点都是浙东文化的主要精神，值得我们重视。

2．尊德性、立诚信、致良知、务本崇实是浙东文化的精神内涵，研究浙东文化要将“知行合一”、“德贵在行”思想和与时俱进的时代精神相结合，批判地继承浙东传统文化，这对新时代的道德伦理建设是有意义的。

3．心学是理学的反驳，它将人的自然本性从理学的精神束缚中解放出来。心学派提出的“圣人无常师，师其是而不师其非”、“道理只是眼前道理”、“百姓日用即是道”等观点都是一个意思，就是反对烦琐哲学。四明学风的简明性、实用性、灵活性，对宁波人的头脑灵活、讲究实际、勇于开拓进取等精神风貌的形成，是否有一定关系，我们可以进一步研究。

（2003年12月《明清浙东学术文化研究》）

王应麟的学术品格

王应麟（1223 ~ 1296）是手不释卷、著作等身的大学者，是博通《经》、《诗》明史达理的鸿儒，是求真务实、经世致用，浙东学术的前行者。他历事南宋理宗（赵昀）、度宗（赵禥）两朝，在理宗朝曾任秘书监、中书舍人、吏部侍郎等职；在度宗朝历任国史编修兼侍讲、礼部侍郎兼中书舍人、礼部尚书兼给事中等职。王应麟为人端正，为官清正，治学严正，议事刚正。他 18 岁中进士，不愿做官，认为当时读书人追求举业，只知沽名钓誉，功名得到后就放弃学术，对典章、制度、故实漫无所知，这不是国家所需要的通儒。他继续与双胞胎弟弟王应凤奋发学习，于宝祐四年（1256）得中博学宏词科，王应凤也于开庆元年（1259）中博学宏词科。一门双中博学宏词科，名动朝野。平时王应麟最爱诵读同乡前辈楼钥的“门前莫约频来客，坐上同观未见书”两句诗。他遍读常人未见的书，不交图虚名不务实的沽名钓誉之徒，推崇有真才实学而秉性刚毅忠贞的人。他在理宗时知贡举，看到一篇殿试文章后，立即向理宗顿首致贺道：“是卷古谊若龟镜，忠肝若铁石，臣敢为圣上得士贺。”唱名后方知此卷乃文天祥所作。文天祥后来成了总结南宋历史、正气浩然、流芳千古的民族英雄，王应麟可谓知人。

理宗时丁大全任相，蜀淮等地危难多事，丁大全隐瞒真相，讳言边患，报喜不报忧，欺君误国。王应麟多次向理宗谏言，要理宗警惕忧患，不要只听悦耳之言以自宽，直言丁大全之过，为丁大全所忌，后被罢官。不久丁大全事败，王应麟才重新被起用。

度宗时贾似道擅权，王应麟议论朝政每每与贾似道不合。贾似道本想拉拢王应麟，但王应麟刚正不阿，不为所动。贾似道几次想搞掉王应麟而又怕世人会说他忌才“弃士”，因此迟迟没有下手。有人要王应麟不要得罪贾似道，王应麟说“逆相之患小，负君之罪大”，不顾安危，正气凛然。

王应麟传世之作甚多，大部头的有《深宁集》100 卷，《困学纪闻》20 卷，《玉海》200 卷，《诗地理考》6 卷，《通鉴地理通释》14 卷，《小学绀珠》10 卷……《四库全书总目提要》说：“应麟博洽多闻，在宋代罕与伦比。”王应麟治学也像他从政一样严肃，没有虚言，不尚空谈，立论公正，不私不阿，品格高尚。如他的《通鉴地理通释》将司马光《资治通鉴》所叙列朝列代所据地方的地名变迁、各次战争双方攻略的地理形势，都作了详细的考证，资料丰富、考核翔实、表述明确、得其要领，不仅是读《资治通鉴》宝贵的辅助材料，也对史学研究作出重大贡献。同时，此书对他门生胡三省的《资治通鉴音注》也很有影响。又如《困学纪闻》中的《通鉴问答》，将司马光的《资治通鉴》和朱熹的《通鉴纲目》两书所见有出入的地方，重新作了考证，修正两史不实之处，既不倾向司马光，也不偏袒朱熹，凡事以实证为准则，没有门户之见，充分显示他独立不偏的学术品格。宋朝学者不同学术观点之间，分门立派，互相抨击的风气很盛，而王应麟对各种不同的学术观点都能不偏不倚地辨析精微、以求真实。时任太常少卿的汤清赞誉他道：“吾阅士良广，唯伯厚（王应麟字伯厚）乃真儒也。”尤其值得一提的是，王应麟以一人之力，修纂了鸿篇巨制《玉海》200 卷，令人叹服不止。《玉海》列天文、律宪、地理、帝学、圣制、诏令、礼义、车服、器用、郊祀、音乐、学校、选举、官制、兵制、朝贡、宫室、食货、兵捷、祥瑞等 21 门，凡“博学宏词”所议及的题目都作了详细的阐述，资料丰富，经史子集、百家传记无所不包，其中国史实录、文物掌故，多为其他史志所少见，可称为两宋文化之大观。

今人推崇的《三字经》，是王应麟治学之余，随心口诵的启蒙篇。是宣扬孔孟思想，表彰历代忠贤，培养爱国情感，启发儿童修身进德益智，三字一句，易诵易记的口诀。我想当时王应麟是不会将此定名为“经”的，“三字经”应是后人续绎时加上去的书名。《三字经》为王应麟首唱，后人依体延续的儿童读物，既适用于儿童也有益于成人，至于著作权属谁，恐怕王应麟本人是不会计较的，因为他历来反对沽名钓誉。现在有关方面以大投入修编出版《三字经》，自然是好事。同时，我们更希望学术界能扎扎实实地来研究王应麟的学术思想，使大家对王应麟的学术成就及人品、官品、学品有更深入更全面的了解。

传统文化与甬帮商人经营之道

宁波历来是商贸码头

宁波地处东海之滨，负山面海，气候温和，物产丰富，民风和顺，历来是座商业码头。

秦时置县，属会稽郡，鄞县东近海处有座山，“海人持货贸易于此”，人们就叫此山为“贸山”。汉时便在“贸”字旁加邑，鄞县亦称为“鄮县”。唐时“海外杂国贾舶交至”，海上贸易渐兴，官方便在鄮县设市舶司，经营对外贸易并兼管外事。唐玄宗时改称鄮县为明州。

宋朝于浙、闽、粤三地设市舶务，两浙市舶务初设于杭州，淳化三年（992）移至明州，凡日本、高丽等地来中国从事商务活动的，均由市舶务受理。王安石主政鄞县时就提出“政事所以理财，理财乃义也”，是最早提出义利不相悖的政治家之一。他主张中小商人自由经营，商税钱不满30文者免征，这对甬人的经商活动不无促进作用。

元朝改明州为庆元，仍然是海外贸易的重要港口，设市舶提举司主管对外贸易、验货、征税等舶务，兼理仓库宾馆等业务，同时将上海、澉浦等地市舶司并入庆元市舶提举司。

明朝时因倭寇屡屡在沿海侵扰，洪武二年（1369）明太祖下令禁止通藩下海，但只禁止中国船只出海，不禁止外国船只进港。到了明代中期嘉靖二年（1523），发生日本“争贡”事件，宁波惨遭洗劫，于是嘉靖皇帝下令停止市舶，撤销宁波市舶司，不准外船进港，封闭港口。官商贸易停止，而民间商贸活动却因此活跃起来，据志书记载，“吾甬滨海建郡，辟为商场，生斯土者，皆注意商业，自顺康间海禁弛，已冒险交通百余年来，益奔走驰逐，自二十行省至东南洋群岛，凡商贾所萃，皆有甬人之车辙马迹焉”，于是便有了“无宁不成市”的说法。

鸦片战争后，宁波被迫辟为“五口通商”之一。其结果是洋货占领市场，几乎日用百货都带上“洋”字，诸如洋火、洋油、洋布、洋车等，银两资源外流，使民族工商业经营困难，经济萧条。这促使许多宁波商人出外寻求出路，他们在各地惨淡经营，奋力拼搏，同乡间互相帮助，逐渐形成了“宁波帮”。

宁波商人的文化心态和经营之道

由于历史原因和文化影响，宁波商人大都具有“做生意要讲良心”、“经商要以诚信为本”、“要在义内求财”的文化心态和讲求实际、善于“审时度势，随势谋利”的经营才干。人们常说：“宁波人会做生意。”我认为宁波人的生意经和由心学向实学发展的浙东文化熏染有关，和他们讲实际、求实惠的生活素质有关。这里可以举几个例子来说明。

“信”是宁波商人最看重的道德观和价值观，一般正派商人都把信誉看做经商的生命线，他们以守信和不守信来划分是正派商人还是不正派商人。明朝崇祯年间，镇海庄市人庄士英漂洋过海到南洋做蚕丝、茶叶、药材生意，发迹以后就在故里庄市造栋楼房，门额上题上“止所”两字，意思是“知其所止”，原意出于儒家经典《大学》：“为人君止于仁，为人臣止于敬，为人子止于孝，为人父止于慈，与国人交止于信。”“止于信”可以说是“宁波帮”商人的传统思想。《镇海志》载包玉刚的远祖包祉奎，在宁、台、温一线做丝绸生意，有一晚和一帮商旅一起投宿在台州客栈，黑早就叫挑夫挑起行李货物赶路，走了一程天亮时，发现一头货物不是自己的东西，打开一看里面还有银票，知道是挑夫摸黑拿错了行李，于是急忙赶回客栈。但赶到客栈时人都走散了，包祉奎只好在墙上贴张“招识”，说明原因，并留下自己的地址。隔了些日子，一位福建木材商寻访到包家，包祉奎物归原主，“客感其诚，又高其义，因偕至闽，凡营业十年，遂获利起家焉”。这就是包家远祖以信起家的故事。这类事例不少，如叶澄衷原是在黄浦江撑舢板的小工，开始也是由于他诚实有信而遇到机遇，逐步发迹成为上海五金大王。船王包玉刚曾说过："在商业道德上头，还是老传统好，要有信誉，有信用才行，这里关系很大。"

与信有关的是"义"，商旅遍四海的宁波商人十分看重乡情乡谊，出门在外互相关心，互相帮衬，一个同乡有困难，大家伸手帮一把。崇祯年间，宁波商人在北京设四明会馆，在碑记上刻下了会馆的宗旨："敦亲睦之谊，以叙桑梓之乐，虽异地宛若同乡。"全国各地一些大城市几乎都有宁波同乡会。上海的宁波同乡会在上海影响很大，"宁波帮"商人遇到过几次大风险，都是靠同乡们互助互济而渡过难关的。如由宁波工商业者集资兴办的四明商业储蓄银行于1908年在上海开业时就受到外国银行、洋行的倾轧，一遇到金融风潮，他们便拿四明银行发行的钞票来挤兑现洋，四明银行实力虽不雄厚，但几次挤兑都能安然应付，靠的就是宁波同乡互助团结。宁波人开设的钱庄、银号、大商店，凡遇四明银行被挤兑时，家家都代为收兑四明银行钞票，使风潮平息。《上海县志》记载四明银行"兑现，提存，赖以平定者，俱甬商之力"。又如1911年的"宁绍轮船公司事件"，当时英商太古公司为了垄断、独占沪甬航线，利用英商势力，想挤垮宁绍公司，故意压低票价，使宁绍公司亏损到无法维持经营。在危难时刻，宁波同乡会发起组织"宁绍航业维持会"，集资补贴宁绍公司，并发动宁绍两地同乡不乘外轮，逼使英商妥协，使宁绍公司转危为安。"以义求财"、"以义渡险"是宁波商人的优良传统，"甬人团结自治之力，素著闻于寰宇"(《鄞县通志》)。

甬帮商人除了重信讲义之外，在经营服务态度上把"和气生财"四个字奉为座右铭，老一辈商人都把顾客看做"衣食父母"。例如宁波有家老字号方聚元银楼。顾客乐于上方聚元订购首饰，除了因为其金银首饰制作工艺精细、成色可靠外，还有一个重要原因，就是其待顾客热情周到，能想顾客之所想，“和气生财”。有位姓裘的经理整天坐在店堂内，眼观四方，耳听八面，一发现店员对顾客流露出不耐烦的神色时，就立即过去对顾客笑脸相迎，并且代顾客精挑细拣，直到顾客满意为止。由此，方聚元成了银楼业的牌子店。拿有方聚元钢戳的金器到上海任何一家银楼去兑换，都不打一丝一毫折扣。

“宁波帮”商人除了道义上讲信誉，态度上讲和气外，还有一条成功之路，就是交真心朋友。人们都知道每一位事业成功的人，无不得到过朋友的帮助，“朋友有通财之义”。著名的企业家赵安中有句名言：“多一个朋友，多一条路。”他常对他的儿子说：“钱可以不要，路不能没有，宁可断财路不要断人路。”“宁波帮”的凝聚力就在于每一位成功的宁波工商业家周围都有一帮真诚相待的朋友，其中也包括他们的属下职工，以诚心待人使人心热，心热了事情就好办，敦亲睦邻，善待职工，也是“宁波帮”商人成功的诀窍。

“宁波帮”商人最大的美德就是爱国爱乡，他们不管在外跑过多少地方，经营过多少事业，也不论拥有多大的财富、多高的声望，都有颗爱国爱家乡的赤子之心，“君子虽在他乡，不忘父母之国”。他们捐资办学校、建医院、办社会福利事业……都想为桑梓造福，正像赵安中在给同乡好友的信中所说的那样：“创业、聚财是一种满足，散财、捐助是一种乐趣。”（也可以说是精神上的一种满足）。有钱了，怎样用好钱？有一位甬籍港胞在他病危时说：“我五百元钞票到香港，现在一百万倍也不止了，有什么用场呢？”他们中多数人都在进一步追求新的精神境界，追求人的价值上的自我完善。

当然，当代许多“宁波帮”的企事业家具有许多优秀的素质，诸如他们审时度势、观察局势的敏锐；他们勤于进取、敢冒风险的勇气；克勤克俭、求实务本的精神和见微知著、随机应变的手腕，等等，这是和他们具有新的知识、新的经验及驾驭市场风浪的能力分不开的，但浙东文化传统对他们潜移默化的影响也是一个重要因素。

两点认识

1．中国传统文化中儒家文化占有重要地位，但不能将中国传统文化单一地看成是儒家文化。我们认为我国传统文化是个复杂的整合体，如先秦的儒、道、墨、法……百家争鸣，彼此间既相生相克，又相辅相成，历史地形成了我国光辉灿烂的民族文化。两汉之交，从印度传进来的佛教文化，又与中国本土文化经过一番相斥相济的过程，儒、释、道三大思想体系成为构成中华民族文化的三大支柱。汉儒以后的儒家思想已不像早期孔孟儒家思想那样纯粹了，比如宋明儒学既排斥佛教，又在不知不觉地吸取佛学观点及其思维方式。佛学也不纯粹是印度的佛学思想，而是不断地吸纳孔孟、老庄思想，渐渐地形成汉化的佛学了。它们之间表面上虽然泾渭分明，实质上却是你中有我、我中有你。以王陆心学为主导的浙东文化，本质上属于儒家思想，而在他们“心即是理”的思想观念中，其思维方式，不少地方是从禅宗那里吸纳过来的。

当代海内外不少理论家在分析亚太地区华人经济迅速发展的原因时，认为部分原因应归功于儒家为主体的东方文化。但是我们认为以儒家为主体的东方文化，不能单纯等同于儒家思想。从历史上看，在儒家思想统治时期，社会经济并没有得到明显的发展，有些方面反而受到儒家思想的制约，子思、孟子一系的儒学重德性义理之学，重义轻利，“君子喻于义，小人喻于利”，孔子的“因民之所利而利之”的仁民思想没有得到很好的发挥；荀子发挥了“因民之利而利之”思想，他在《富国》篇中写道：“不利而利之，不如利而后利之之利也；不爱而用之，不如爱而后用之之功也……利而后利之、爱而后用之者，保社稷矣。不利而利之、不爱而用之者，危国家也。”但荀子的爱民利国的功利观却没有受到后儒们的重视。我们认为要认识儒家思想对华人经济发展的影响，必须要以经济的自身发展规律为前提，只有在市场、资源、技术、资金等保证经济发展的客观条件具备时，运用儒家思想，可使从业者有较高的道德修养、较强的敬业精神，使企业有较大的向心力和凝聚力；

在把握客观存在的机遇时，将儒家的伦理道德思想输入到经营管理机制内，使企业有较好的内部条件，从而取得经营上的成功。

2．中华文化博大精深，妥善用之，对发展社会主义市场经济是很有帮助的。不仅儒家思想有用，道家思想在不少方面也是有用的，比如在如何看待“诚”的问题上，儒家主张“不诚无物，是故君子诚之为贵”，老子认为“轻诺必寡信，多易必多难”。儒家从正面讲诚之为贵，老子从反面讲不要轻易许诺，若承诺了而又办不到就会失信于人。诚和信本是统一的，现在市场上推行的承诺制，必须以诚为基础，仅承诺而缺乏诚意，言而无信，比不承诺还要坏，轻诺寡信在商业道德上是不允许的。再以社会主义市场经济的公平竞争为例来说，公平是义，竞争为利，社会主义市场经济必须将公平和竞争两者辩证地统一起来，竞争双方都是为了利，要取胜就得将自己一方处于优势地位，《孙子兵法》说“势者，因利而制权也”。要在竞争中取胜就要争取主动权，要取得主动权又必须了解双方的条件，“知己知彼，百战不殆”，要把握市场经济的竞争态势，就要懂点《孙子兵法》。但是社会主义市场经济除了竞争一面外，还有更重要的公平一面，不公平就不是社会主义，因此，懂了《孙子兵法》，还要懂点“兼相爱，交相利”的墨子思想。社会主义市场经济的竞争不是大鱼吃小鱼、损人利己的竞争，而是互惠互利、求共同发展、促进市场繁荣的竞争，社会主义市场经济的公平竞争是“攻”与“交”相辅相成的竞争。以上仅是举例而言，说明我们对传统文化的认识和利用的面宜宽不宜窄。我们的传统文化包容性很大，可资我们利用的余地也很大。不过传统文化中有精华也有糟粕，我们吸收借鉴时必须要有准则，并且要适合建设社会主义市场经济的需要。

（1997年10月“中国传统文化与现代管理国际学术研讨会”发言稿

被收于经济管理出版社《中国传统文化与现代管理》）

浙东文化与“宁波帮”精神

宁波商贸文化和浙东学术文化简述

宁波商贸文化和浙东学术文化是宁波传统文化的两大主流，两类文化各自发展，但又互相受影响。

（一）宁波的商贸文化。宁波地处东海之滨，负山面海，气候温和，民风和顺，兼有山海之利，自汉唐至今，历来是座商业码头。唐时海上贸易渐兴，官方便在鄮县设市舶司，经营对外贸易并兼外事，唐玄宗时改称鄮县为明州。宋时设两浙市舶务于杭州，后移至明州，当时日本、高丽等地来中国从事商务活动均由市舶务受理。王安石任鄞县知县时试行局部改革，提出“政事所以理财，理财乃义也”。他是最早提出义利不相悖的政治家之一，这对宁波人乐于经商的思想不无影响。元朝改明州为庆元，仍然是海上贸易的重要港口，同时将上海、澉浦等地市舶司划归庆元市舶提举司管辖。明朝初因倭寇屡屡在沿海侵扰，洪武二年（1369）明太祖下令禁止通藩下海，但只禁止中国船只出海，不禁止外国船只进港。到了明代中期，嘉靖下令停止市舶，撤销宁波市舶司，不准外船进港，封闭港口。但官商贸易停止，民间商贸活动却因此活跃起来，据志书记载，“吾甬滨海建郡，辟为商场，生斯土者皆注意商业，自顺（治）康（熙）间海禁弛，已冒险交通百余年来，益奔走驰逐，自二十行省至东南洋群岛，凡商贾所萃，皆有甬人之车辙马迹焉”。于是便有了“无宁不成市”的说法。鸦片战争后宁波被辟为“五口通商”之一，洋货占领市场，白银源源外流，民族工商业者经营困难，加上上海开埠后，具有其独特的区位优势，促使许多宁波工商业者竞相向上海谋求发展。他们先聚集上海，后又从上海向内地和海外开拓谋生。他们在各地苦心经营，奋力拼搏，同乡间互相帮助，逐渐形成了“宁波帮”。从历史回顾，“宁波帮”是很有文化特性的商帮，它的文化特性，约可以概括为：一是机智灵活，克勤克俭，勇于开拓进取的创业精神；二是重乡情乡谊，兼爱互利团结互助的乡邦协作精神；三是长期的经贸活动中逐渐形成的讲实际、谋实利、求实惠的务本求实思想。

（二）宁波的学术文化。宁波的学术文化始兴于宋，特别到了南宋，明州是半壁江山的经济文化重镇，出过不少宰相、尚书等高官，也产生了许多名流学者、思想家，南宋可以说是浙东学术文化的开创时期。孔孟儒学发展到南宋，形成了以朱熹为代表的理学和以陆九渊（象山）为代表的心学两大学派。理学将天理和人欲分开，认为一切善都出之于天理，一切恶都归于人欲，主张“存天理，去人欲”。心学则认为理在心中，“心即是理”，天理和人心不可分，人只要保持赤子之心，清除后天的污染，天理和人心并无二致；对人的欲望也不能一概否定，要分清这欲望是正当的还是邪恶的。正当的符合人的天性，邪恶的是由于后天坏影响造成的，所以要“切己自反，改过迁善”。心学强调心是人之本，尊德性是立身之道，“德贵于行”，认为在日常生活中可以看出一个人有德还是无德，重视人的道德实践。四明地区受心学影响很大很深，陆九渊几位高才弟子如杨简、袁燮、舒璘、沈焕等都是四明人，他们在月湖开馆讲学，传授心学，人称“四明四先生”。他们做官以德行政，廉洁爱民；教书以德育人，学生中多有德之士。他们是浙东学术文化的开创者。到了明代，王阳明进一步发展了陆象山心学，后人称为“陆王心学”，是浙东文化最有代表性的学派，也是中国文化史上有重大影响的学术派别。王阳明倡导“致良知”和“知行合一”思想，认为良知是人本性具有的美德，“知善知恶是良知”，良知就是要分清是非善恶，从而去恶从善。“致良知”的“致”就是行，知和行要一致，“知是行的主意，行是知的工夫”，知行合一，重在实践。他教导门生说，“吾辈为学重在实践，不实践不足为学”，这也是对理学重知轻行、重经验轻实践思想的批判和修正。清初，黄宗羲又进一步发展了王学。黄宗羲联系当时的社会实际，提倡“经世致用”，对腐朽的封建制度进行全面批判。他认为要传孔子之道必须切实笃行，他推崇像诸葛亮、范仲淹、文天祥那样能任天下之重的政治家、思想家。在经济思想上，他反对封建主义的轻商思想，提出“工商皆本”的重要观点，“夫工固圣王之所欲来，商又使其源出于途者，盖皆本也”。后人称他为民主主义启蒙思想家，谭嗣同、梁启超、孙中山等人都受过他思想的影响。

浙东学术文化和宁波商贸文化都有过辉煌的历史，两者同时出现在四明大地上，相互间不可能不受影响。历来善于经营的宁波工商业者都是讲实际、求实利、勇于开拓创业的实践家，他们长期形成的实践进取精神，无形中影响着宁波人的思维方式。浙东学派一个很大的特点就是其务本求实思想，四明学派的“德贵于行”，王阳明的“知行合一”都主张要在实践上下工夫。尤其是黄宗羲的“经世致用”、“工商皆本”思想的产生，不能不说和海运、商贸、商品经济发展较早的宁波商贸文化没有一点关系。同时我们也必须看到，宁波的商贸文化，宁波帮的商业智慧则更多地受到浙东传统文化的良好影响。宁波商人常说“做生意要凭良心、讲信誉”，“经商要以诚信为本”，这都是宁波商人的道德观的体现。这种道德观的形成和以陆王心学为主流的浙东文化密切相关。宁波商贸文化以实践工夫影响浙东学术文化，浙东学术文化以“知善知恶”的良知和以“尊德性为人的大本”的道德观念影响宁波商贸文化，两者相济相成，使“宁波帮”有了卓著的商业智慧和良好的商业信誉，这是“宁波帮”能不败不衰的根本原因。

邓小平同志在20年前发出“把全世界的‘宁波帮’都动员起来建设宁波”的号召意义深远，全世界“宁波帮”有共同的文化渊源，有声气相通的人文精神，大家合力来建设宁波，这力量是无穷的。

“宁波帮”讲诚信，重信誉的商业道德

“宁波帮”是信誉卓著的商帮，历代“宁波帮”代表人士都以诚信为本，勤奋创业，把信誉看做经商的生命线，他们以守信和不守信来划分正派商人和不正派商人。老一辈“宁波帮”人士甚至为维护信誉而不顾个人安危，如著名银行家宋汉章任中国银行上海分行经理时，为冲破外国银行对上海金融市场的垄断，就想方设法增强中国银行的经营运转能力，努力提高中国银行的信誉，与外国银行分庭抗礼。当时袁世凯北洋政府在财政濒临破产时，企图侵吞中国银行和交通银行的库存现金，勒令中、交两行停止兑现，引发金融危机。时任中国银行上海分行经理的宋汉章感到情势危急，如果停止兑现，不仅使中国银行苦心树立的信誉扫地，同时必然使储户遭殃，牵连许多企业破产，造成市场恐慌。因此他俨然不顾个人身家性命，坚决抗拒北洋政府的停兑命令。中国银行照常兑现，稳定垂危局势，使中国银行及宋汉章本人信誉大著。直到解放后，宋汉章先生始终是受人尊敬的银行家。同样，好信誉也是企业家事业成功的有力保证，如包玉刚先生在20世纪海运业尚处兴盛时，已觉察到世界海运业有可能衰退，就毅然决定将他的主要事业由海上转到陆上，用巨额现金竞购香港九龙仓百分之四十九的股份，一举成功。当时有记者问他“一个人怎么可能在一夜之间拿得出21亿港币现钞来”，包的回答只有两个字——“信用”。他又说：“一般说来，我的信用有极好的记录，银行认为你这个人说话算数，信用没问题就好办了……银行知道这事，就自动愿意贷款给我。”他还深有感触地说，现代人的生活方式和从前不一样了，“但说到商业道德这事情上头，还是老传统好，要有良好的信誉记录，有信用才成，这里头的关系很大”。

“宁波帮”代表人士重视商业信誉，这固然是因为事业的成功离不开良好的信誉，同时也与他们受传统道德思想的影响有关。如王宽诚先生，自幼受父母克勤克俭、诚实为人良好家风的熏陶，成人以后本着“立身处世必须宽厚待人，诚实取信”的信念，取名为“宽诚”。由

于他的才智、修养和不辞辛劳、开拓奋进的精神，他在事业上取得了令人钦佩的成就，在港澳和海内外工商界有很高的声望，拥有巨额资产。而他却认为“把自己的财产遗留给子孙是最愚蠢的，现在我快80岁了，我心里时刻在想趁我精力还旺盛的晚年，定要为国家培养人才，多做些实事”。他以1亿美元设立“王宽诚教育基金”，每年选送优秀青年出国深造，为国家培养有用人才。王宽诚精神代表了“宁波帮”人士的思想道德境界。如董浩云先生本着“以中国人为骄傲再创天地”的爱国精神，用他非凡的毅力创建了船队庞大的“海上王国”。为培养海运人才，他创办训练班，开学时对学员说：“人活着要有意义，不然就像行尸走肉一无所有，希望大家本此真理与精神，以中国人为骄傲，去开创天地。”著名学者赵浩生用两句话概括了董浩云的一生业绩和人品：“大丈夫仁中取利，真君子义内求财。”在董先生身上体现了浙东传统文化和宁波商贸文化的完美结合。董建华先生说他父亲给他的最大影响有两个方面：一是做人的道理，一是爱国爱民族的情怀，这也可以说是“宁波帮”的传统。

爱国企业家项松茂创办五洲大药房，以“精诚”为店训，团结店员共同努力，生产人造自来血、固本肥皂等优质产品，与洋商竞争，取得成功，为中国西药业发展作出贡献。他是大义凛然的爱国主义者，在1932年一·二八淞沪会战中为营救11位被日军拘捕的店员，挺身而出与日本侵略者论理抗争，惨遭杀害，时年仅52岁。他的立身格言是“平居宜寡欲养身，临大节则达生委命，治家须量入为出，徇大义当芥视千金”。他以生命实践了自己的诺言，令人敬重。

“宁波帮”善于把握商机，开拓创业的经营理念

道德精神和人格修养是使宁波帮人士取得成功的内在因素，但事业的发展也要靠机遇和条件。包玉刚在答美国《财富》杂志专访时说，他的事业发展并无奥妙，靠的是意志、机遇和信誉。他强调说，“社会给人的机会是大概相等的”，“你若不能驾驭机遇，好运气也会变成坏

运气”。这确是他的经验之谈。大家都说宁波人会做生意，会做生意的关键在于能否审时度势、把握商机。商机就是机遇，商人的智慧在于善于运用机遇，看准了商机就下决心。决心就是意志，有坚定的意志、灵敏的头脑、务本求实的作风、开拓进取的精神，就有事业成功的希望。事业成功的例子在“宁波帮”人士中举不胜举，就以著名实业家刘鸿生为例，起先他做煤炭生意“处处为用户着想，坚守信用”，有钱了就想到“中国之所以受气，是因为没有工业，没有科学，就想用口袋中的现钞做点事”。他利用第一次世界大战期间洋人回国参战，在中国的市场紧缩时办起了火柴厂，成了中国第一位火柴大王；当世界大战快要结束时，他就察觉到上海等地必然要大造房子、大兴土木，水泥需要量会大大增加，就及时办起了上海水泥厂；在煤球、火柴、水泥生意兴隆之时，看到全国各地兴起抵制日货运动，他就收购濒临破产的日本织呢厂，充实资金建立裕华毛绒纺织厂，后改名为章华毛纺织公司……他机敏地抓住一切机遇，不断开拓事业，成为中国著名的实业家。当然，做生意并不都是一帆风顺的，随时都会遇到意想不到的风险，如1908年，四明银行受外资银行的压力，产生挤兑风潮，赖“宁波帮”士商的援助，渡过难关，转危为安。《上海县志》记载四明银行“兑现，提存，赖已平定者，俱甬商力”。“宁波帮”人士的精明才干是举世闻名的，他们将精明与诚心结合，就产生了令人羡慕的商业智慧。

“宁波帮”人士爱国爱乡、热心公益的高尚情怀

“君子虽远在他乡，终不忘父母之邦”，“宁波帮”人士在他们事业有成的时候，都愿为祖国为家乡作贡献，尤其乐于投资兴学为国家培育人才及办医院、办福利院等扶贫济国的公益事业。邵逸夫先生每年捐巨资资助教育事业，至今已有20余亿元，其数额之大，受惠面之广及其持之以恒的精神和对祖国青年学子的爱心，为大家所深深敬佩。赵安中先生不辞辛劳，以耄耋之年跋山涉水，播种希望种子，办起一所又一所希望小学，其深情厚谊，令人感动。闻儒根先生自己节衣缩食，将省下

来的钱在家乡办了一件又一件公益事业，终生不倦。朱绣山先生专心关注家乡的医疗卫生事业，捐资办医学教育楼、实验室，增添先进仪器设备……处处反映其对家乡同胞的关爱之情。这样的好人，这样的好事，记不胜记。他们为建设宁波出资出力，却不想为自己留名后世，但家乡人民会永远记着他们，珍视他们爱国爱乡的高尚情怀，他们以实际行动实践了邓小平同志的深切期望，我们永远感谢他们。

（2004年8月3日在“宁波帮”研讨会上的发言）

千年月湖

月湖是历史文化名城宁波的明珠，初辟于唐贞观年间（627 ~ 649），极盛于宋元祐年间（1086 ~ 1094），至今已有一千四百多年历史。

月湖是风光秀丽的水乡，也是人文荟萃的名人故里。“二分烟水空蒙，三月风光媚妩。”四时佳景如画，月湖的景色是美丽的。“湖水之静深，足以洗道心。湖水之澄洁，足以励清节。湖水之霏微，足以悟天机。”智者乐水，月湖多智者，环湖居住过许多政治家、哲学家、文学家、史学家和藏书家，月湖的文化底蕴是深厚的。“并湖甲第，嵯峨尺五，碧瓦朱甍，更仆难数。”不少达官显宦以月湖为避风港、息影处，因此月湖在恬淡自然中又透露出富贵气象。月湖旧有三堤七桥十洲，是明州一大胜地（上述引文均出自全祖望《湖语》）。随旧中国国势衰落，甬城百业萧索，月湖也就日趋潦落。

国兴万事兴，在中国共产党领导下，邓小平理论和“三个代表”重要思想指引下，国家强盛了，宁波富起来了，月湖也得到复兴。1998年10月，中共宁波市委、宁波市人民政府，了解民情，吸收民意，爱民之所爱，决定投资6亿元修建月湖。重建后的月湖，十洲美景复苏了，园林布局更吸引人了，人文遗址修整完好了，月湖的传统风貌依稀可辨，而境界气象则焕然一新。芳草茵茵，碧水粼粼，人们在欣赏眼前的美景时总会联想翩翩，想了解曾名耀千秋的老月湖究竟是什么样子，何以月湖能以一曲之水而流芳百世？为此，宁波出版社为满足人们这一要求，在宁波建城一千一百八十周年之际，约我们写《千年月湖》一书，以备游客在欣赏眼前风光时，能“思接千载，视通万里”展开想象的翅膀，超越时空，将过去、现在、未来联系起来，从月湖的传统文化和时代文化的结合点上，看到宁波文化建设更美好的前景。

《千年月湖》由“月湖风物记”、“月湖人物志”、“月湖诗文选”三组文字合成。“月湖风物记”详述月湖之变化，三堤七桥、宫观寺院之兴衰，十洲区位的分布，岛屿、汀洲称谓之由来及各洲的特色，并在其中插叙过去月湖的人情物态。借古鉴今，由今思古，使大家对今日的月湖更感亲切。“月湖人物志”撰写在月湖居住过或对月湖有影响的历史人物。月湖极盛于两宋，故月湖名人出于两宋者最多，他们之中有位居极品的宰辅；有丹心耿耿、忧国忧民的谏官；有道德高尚、思理深邃、学识渊博的哲人；有才华横溢、倜傥风流的才士。宁波兴学之风起于北宋庆历年间，而庆历之学首创于湖西；以道德立身，以道德育人，以道德行政的“四明学派”发迹于月湖。贯通经史、评论百家、考证历代制度的《困学纪闻》，教育童蒙、修身立德的《三字经》，逆境进往、勇于攻媿的《攻媿集》，甘冒文字狱风险、为抗清复明的英烈写下惊天地泣鬼神事迹为主的《鲒埼亭文集》等名著都出在月湖，月湖之学是“宋学”的重要部分。月湖人才辈出，代有精英，历元、明、清、民国以至当代，可传可论的人物众多，本篇只略叙其大端而已。有佳景必有佳句，湖上诗人以诗咏景、借景抒怀、情景交融的名句佳作，难以胜数。钱公辅作《众乐亭诗》和诗者有司马光、王安石等名家。刘理咏《西湖（月湖）十洲诗十首》，舒亶、王亘、陈瓘等各以十首诗相和，将十洲景色写活，将诗人游心写绝，将月湖气派写透。楼钥、吴潜、王应麟、全祖望等一批才德之士，他们以传世之笔为月湖作传世之文，给月湖增光不少。月湖人物大多是文章高手、诗词名家，据志书所记自宋至今，月湖以文会友、以诗结社的著名会社有二十余家，留下的诗文无法统计。《月湖诗文选》选有姓名可考查的诗文多篇，借此可略知月湖源远流长的文脉。月湖的景观不仅有秀丽的自然风光，丰富的文化内涵，还有外形端正、内序井然、风格独特的宁式建筑。其中有官家府第、豪门别墅、学者书院、名人书楼分居四端，古人说“月湖甲第连云”并非虚言。月湖的人文景观和自然景观珠联璧合，使月湖胜景更具特色，为其他景区所少见。岁月悠悠，许多古建筑大多圮废，改建后的月湖景区内仍保存几幢老房子，实在难能可贵。

（2001年10月）

月湖记胜碑

月湖之水源自四明山，一经它山堰循南塘河而来，一自大雷山，经望春桥由西门而入，两水汇集护城河，注入月湖。

月湖始辟于唐贞观四年（630），经400余年，湖底淤塞，北宋嘉祐年间（约1056年前后），明州太守钱公辅率众治湖，挖泥为堤，积土成洲，并于湖中建东西憧憧两桥，在两桥间筑亭，取“独乐乐不如众乐乐”之意，定名为“众乐亭”，与民同乐。元祐八年（1093），刘淑主政明州，再次疏浚月湖，后任太守刘珵继之，并于湖中建五屿、三洲、二汀，其名曰“月岛”、“松岛”、“花屿”、“竹屿”、“烟屿”，“芳草洲”、“芙蓉洲”、“菊花洲”、“柳汀”、“雪汀”。因月湖在城之西，总称“西湖十洲”。湖上有七桥三堤，沟通南北，联系十洲，著名者有西憧憧桥，人称“尚书桥”；东憧憧桥，人称“馆驿桥”。此外尚有寿圣院桥、观音寺桥、昼锦桥、衮绣桥等。

宋时文化崇儒雅，秉性喜恬淡，居处爱自然，“仁者乐山，智者乐水”，环湖而居者有：息影林泉之致仕官宦，行吟泽畔之诗人墨客，设馆讲学之名流学者，弦歌不绝之宿儒英才，诵经说法之僧侣道士及附庸风雅之贾客倩女。湖山兀兀，湖水溶溶，四时佳景如画，七桥行人似织，人文荟萃，盛极一时。

岁序因革，兴衰回环，两宋风光不再，月湖虽时有修治，但都不成大观。宁波解放以来，万象更新，尤以改革开放以后，经济日趋繁荣，人民生活日益提高，随之文化生活要求也愈加迫切。中共宁波市委、宁波市人民政府想民之所想，爱民之所爱，于1998年10月决定投资人民币6亿元建设月湖景区，帮助3000余户居民迁住新居。改建后，月湖景区总面积达28.6公顷，其中水域9.8公顷。此一善举使宁波城市生态环境改善，文化品位提高，旅游景观增色，深得民心。工程建设、园林布局进展神速，仅费时一年半即基本完成。1999年1月，一座不设园门、不筑围栏之浙东园林胜境，全面开放，畅怀迎客。改建后的月湖，水乡风光，秀色天然，既不失月湖之传统风貌，又具有江南园林幽深、淡雅、典丽之美。十洲旧景依然，物色形象维新，景难一一描述，什句以概其总貌：

芳草平芜柳色新，
青松翠竹翳古径。
芙蓉出水尘不染，
蓝天白云映明镜。
学士堂前傲霜菊，
不辞桃李作近邻。
丹桂香飘园中园，
烟雨朦胧景外景。
梅花抗寒无媚骨，
素心一片照雪汀。

置身园中如入画境，或登临，或漫步，或吟咏，或谈心，或歌或舞，遂心适意，乐何如也！盛世胜事，不可无记。铭曰：

美哉月湖　浙东之光
爱我家园　文献名邦
泽惠同胞　以德相尚
亲近自然　神清气爽

（2001年1月15日）

月湖人物记

月湖是浙东著名的胜景，历史上聚居过许多著名人物，素有“唐宋衣冠、人文荟萃”之美誉。今选记与月湖有关的历史人物三十人为“月湖人物志”。

贺知章

贺知章（659 ~ 744），字季真，原籍越州永兴（今萧山），早年就以文词著名，武后证圣初（695）进士及第，授国子四门博士。唐玄宗以开元十年（722）兵部尚书张说为丽正殿修书使，奏请贺知章入书院同撰《六典》、《文纂》等书，次年迁直学士转太常少卿，开元十三年（725）迁礼部侍郎，集贤院学士，后迁太子宾客，授秘书监。

贺知章豁达大度，机智幽默，才思敏捷，常于醉后属词，落笔成章，诗风清新委婉，语淡而味高。如七绝《回乡偶书》“少小离家老大回，乡音未改鬓毛衰；儿童相见不相识，笑问客从何处来？”是世人代代传诵的名篇。他的书法犹为人所珍视，权德舆为他草书作赞道：“季真造适，挥翰睨壁，酒仙逸态，草圣绝迹。”

贺知章爱惜人才，助人为乐。李白初到长安，贺知章闻李白之名，即去旅舍看望，李白将《蜀道难》一诗请他看，贺赞叹不已，称李白为“谪仙”，于是“谪仙”之名便传遍天下。贺知章以金龟换酒，与李白尽欢而醉，两人结为忘年之交，经贺知章扬谕，唐玄宗即召李白入宫为翰林供奉。

贺知章虽受唐玄宗宠信，但他素性淡泊，厌于名位，于天宝二年（743）连上二疏要求辞官归四明，唐玄宗终于准其所请，并命其子贺曾为越州司马，回里侍奉知章。贺知章离长安时，唐玄宗特遣左右丞相以下官员随太子于长乐坡为贺知章送行，有诗记其事道："筵开百壶饯，诏许二疏归。仙记是金箓，朝章换羽毛。悄然成睿藻，行路满光辉。"知章归四明，自称"四明狂客"，隐居在鉴湖（关于鉴湖有二说，一说是会稽鉴湖，一说是四明鉴湖，月湖也称"鉴湖"）。有时骑着毛驴到四明山寻诗访道，后来出家当了黄冠道士，李白称他为"四明逸老"。宋绍兴十四年（1144）明州郡守莫将寻访到鉴湖（月湖）贺知章隐居处，建逸老堂祭祀贺知章。宋开庆元年（1259）制使吴潜又重修逸老堂，并刻像与李白合祀。

贺知章的籍贯和生卒之地究竟是在会稽还是在鄞县，两地人士颇多争议。会稽人以《旧唐书》、《新唐书》为证，四明人以李杜诗篇为证；会稽有贺氏之墓，四明有贺家故居。全祖望《重修贺秘监祠碑记》认为贺氏先世曾居会稽，贺知章则诞生于鄞县小溪马湖洗马池附近贺家湾，上有贺秘监钓台，并刻有"高尚"两字，莫将本此确认贺知章为鄞县人。贺知章生活的时代距今已一千多年了，浙东宁绍两地人民都敬他为先贤，"斯人爽气世所尊"，大家尊敬的是贺知章高尚的人格。史学家万斯同在《鄮东竹枝词》中写道"贺监归来鬓已星，鉴湖风月几番更，满朝犹言休官早，想见当年仕宦情"，表达了四明人对这位大诗人的关爱。

王安石

王安石（1021 ~ 1086），字介甫，号半山，江西临川人。他无书不读，记忆力极佳，写文章动笔如飞，早年就以文章闻名于世。同乡好友曾巩将他的文章送给欧阳修看，欧阳修看后大为赞赏。宋仁宗庆历二年（1042）王安石擢进士，授签书淮南判官。庆历七年（1047）调任鄞县知县，到任不久即踏勘巡视了东西十四乡，历时十三天，撰写了著名的《鄞县经游记》，同时着意整治鄞东水利，疏浚东钱湖和附近河道，筑堤造堰，订定湖界，建置破闸，减少了鄞东旱涝灾情。又鉴于青黄不接时农民生活困苦，他以低息贷谷于民，春贷秋还，新陈相易，缓解了农民的燃眉之急；他又改差役为雇役，按大户财产多少分等第出免役钱，由官府雇人服役，减轻徭役负担。庆历八年（1048）创建县学，以孔庙为学舍，延聘杜醇、楼郁等名儒为师，兴教重学，四明风气为之一变。为保障一方平安，他还推行了一乡五里的里保制，这些制度改革，当时深得民心。

王安石勤于政事而读书不辍，于湖西修“西亭”，为他读书之所，后人称为“荆公读书台”。西亭遗址现无考，但流传西亭诗三首可查。其一：“收功无路去无田，窃食穷城度两年。更作世间儿女态，乱栽花柳养风烟”；其二：“山根移竹水边栽，已见新篁破嫩台。可惜主人官便满，无因长向此徘徊”；其三：“主人将去菊初栽，落尽黄花去却回。待到明年官又满，不知谁见此花开”。由诗推断，西亭可能是竹洲之一曲。王安石于皇祐二年（1050）五月离任，治鄞三年深受百姓爱戴。他后来任宰相时施行的新政，有几方面曾试行于鄞县，在鄞县的三年也可以说是形成王安石改革思想的雏形期。

嘉祐元年（1056），王安石为群牧判官，后历任常州知州、提点江东刑狱、三司度支判官、知制诰等，神宗（赵顼）即位（1068），召王安石为翰林学士兼侍讲。神宗问治国以何为先，王安石回答道：“当以择术为先。”神宗问唐太宗如何，王安石说：“陛下应当法尧舜，何必问唐朝太宗。尧舜之道至简而不繁，至要而不迂，易学而不难。但一般学者不知道，以为尧舜高不可攀。”王安石议论高奇，所言颇称神宗心意。神宗当国，图治心切，有意要王安石出来辅政，便道：“唐太宗必得魏徵，刘备必得诸葛亮，然后可以有为。”熙宁二年（1069）二月，王安石任参知政事，次年拜相，神宗诏问施设以何为先，王安石说：“变风俗，立法度，是今之所急。”在神宗支持下，王安石立新制，推行农田水利、青苗、均输、保甲、免役、市易、保马等新法，使国力有所增强。但由于缺乏得力助手，错用了一批贪功求名、急于用事的吕惠卿一流，致使推行新法措施失当，引起一部分人不满，受到吕诲、韩琦、司马光等元老重臣的批评，新旧两派争论激烈，新党得势，于是一批曾经扬谕、推荐过王安石入朝的大臣和王的好友如吕公著、韩维、欧阳修、文彦博、富弼、韩琦、司马光、范镇等都受排挤，相继去位，致使人心不安。再加上熙宁七年（1074）春天，久旱无雨，饥民流离失所，神宗忧形于色，临朝嗟叹，欲罢新法中之不善者，王安石遂被罢相。次年又复相位，隔年（熙宁九年）再次辞去相位，退居江宁，潜心于学术研究和诗文著作。王安石罢相后，吕惠卿为巩固自己的名位，怕王安石复出，便落井下石诽谤王安石；同时由于司马光执政后尽废新法，王安石忧愤交加，于哲宗元祐元年（1086）病故。在王安石生前，神宗曾问曾巩："王安石其人如何？"曾巩说："安石文学行义不减扬雄，以吝，故不及。"神宗道，王安石素不贪财，怎么说他吝？曾巩道："所谓吝者，其勇于有为，吝于改过耳。"神宗以为然，曾巩可谓知人。

王安石是宋代著名文学家，唐宋八大家之一。他论说文成就最高，其《上仁宗皇帝言事书》洋洋万言，体大思精，梁启超评之为"秦汉以后第一大文"。王安石有诗1500余首，炼字锤句极有特色。王安石还擅长集句，采集诸家诗句，形成一联，平仄协调，对仗工整，创宋代一种特殊的诗体，不是读书破万卷的人绝难做到。王安石是政治家、文学家，是"中国十一世纪的改革家"，卒年68岁，赠太傅、谥文，徽宗崇宁三年（1104）追封舒王。

钱公辅

钱公辅，字君倚，常州武进人，宋仁宗庆历（1041 ~ 1048）甲科进士。通判越州，为集贤校理，同判吏部南漕，历开封府推官，以户部判官知明州。钱公辅为人耿介正直，任明州知州时办了不少得民心的事。依旧规百姓为官衙服役分三等，以在酒场卖酒所得补贴费用，而酒场多为富者所占，富者得利贫者劳苦；服役人数不足就征调乡民，或用银两代劳役，乡民因此而破产。钱公辅主政明州，革去这一弊端，改酒场为官卖，将所得之利分轻重补偿给劳役人员，并免除乡民来城服劳役，减轻百姓负担，为民所称道。

嘉祐年间（约 1056）钱公辅看到月湖年久淤塞，旱季缺水，居民用水不便，就亲自带领官民一起治湖，浚水道、筑湖堤，并于湖上建东西憧憧两桥，在两桥间筑亭，环亭垒石堆土为岛为屿，遍植花木，供市民游赏，亭名为“众乐亭”。亭成，司马光有诗祝贺道：“横桥通废岛，华宇出荒榛。风月逢知己，湖山得世人。使君若独乐，众庶必深颦。何以知家给，笙歌满水滨。”钱公辅也以诗表达他得意的心情，“谁把江湖付此翁？江湖更在广城中。葺成世界三千景，占得鹏天九万风。宴豆四时喧击鼓，游子两岸跨长虹。他年若数东亚胜，须作蓬丘第一宫”。钱公辅可说是月湖胜景的创始者。元祐八年（1093），刘淑由户部主政明州，鉴于明州濒江沿海，遇旱季蓄水易干，于是再次发动疏浚月湖，增卑培薄，加大月湖蓄水量。后任太守刘理，在刘淑的治理基础上再次疏浚，并将周围景物又做了一番安排，新辟了月岛、碧沚、松岛、花屿、烟屿、雪汀、柳汀、芙蓉洲、菊花洲、竹洲十处景点，号称“西湖十洲”，并亲自为每一洲题诗，一时唱和者甚众，月湖便成了达官显宦、名人雅士宴饮欢聚及讲学论道之地，久而久之形成有名的“月湖文化”。

英宗即位，钱公辅上疏《治平十议》，并作《帝问》，陈说治国良策，进知制诰。时王畴为翰林学士，不久又擢升为副枢密使，钱公辅认为王畴资望不高，声誉不佳，迟迟不草诏书。英宗在立朝之初，任命大臣就被钱公辅阻诏，十分气恼，贬谪钱公辅为滁州团练使。神宗即位，拜钱公辅为天章阁待制，复任知制诰。当时大臣富弼在中书省对钱公辅说：“上求治如饥渴，正赖君辈同心以济。”公辅说：“如果朝廷所为是天下，谁敢不同心；如果所为非公，要我同心是不可能的。”由此可见其狷介忠直之心。王安石在没有任宰相时，和钱公辅很友好，王安石执政以后，排斥异己，钱公辅就同他疏远了。钱公辅后因病乞返越州，不久去世，卒年 51 岁。

曾 巩

曾巩（1019 ~ 1083），字子固，江西南丰人，12 岁能文，出语惊人。20 岁后因文才出众受到欧阳修赏识。欧阳修道："过吾门者百千人，独于得生为喜。"曾巩少年时和王安石是同乡好友，登欧阳修之门后就向欧阳修推荐王安石。宋仁宗嘉祐二年（1057）中进士，历任太平州司法参军，召编校史馆书籍，迁馆阁校勘、集贤校理。宋神宗元丰元年（1078）出任明州知州，颇有政绩。曾巩以节用为理财之要，修缮明州城墙，勤俭节约，事半功倍。他积极主张扩大海外贸易，发展与高丽、日本的贸易，并在明州建造数艘"万斛船"开拓海上交通。推行宽商政策，招各地商贾来明州做生意。高丽商人崔举来明州经商，中途遇到风暴，漂流到了福建泉州，为渔民救起，送到明州，曾巩亲自安排将他送回高丽。当时对海上遇难商人，遣送时供给很差，还要受到吏士虐待，曾巩专门为此向神宗上《存恤外国人请著为令劄子》奏道："窃以海外蛮夷，遭罹祸乱，漂溺流转，远失乡土，得自托中国，中国礼义所生，宜厚加抚存，令不失所。今后高丽等国人船，因风势不便，或有飘失到沿海诸州县，并令置酒食犒设，送系官屋舍安泊，逐日给以食物，数日一次别设酒食，缺衣服者官为置造……其欲归本国，取禀朝旨，所贵远人得知朝廷仁恩待遇之意。"神宗准奏，于是在湖西修安泊外商之馆舍。这番美意使外商感激不尽，因此常有高丽商人送人参等当地土产或贵重物品给曾巩，曾巩全部拒收，并晓谕官员一律不准收受外商馈赠。他说："中国之贵，所重者礼义，所轻者财货，其于待遇蛮夷之道未有当先于此者。"曾巩在明州也很重视水利建设，从他所作《广德湖记》一文，可看出他对水利建设的重视。

曾巩久负才名，历任越、明、亳、沧等地州官多年，每到一地都有所建树，但多年都未曾升迁。曾巩勤于学问，淡于名利，对仕途进退从不介意。在王安石未得意时，曾巩将他引荐给欧阳修，当王安石得志以后，曾巩对他就敬而远之了。神宗知其贤，称赞他“节用为理财之要”的观点，认为“世之理财者未有及此”。留他在朝，朝臣荐举“曾巩史学见称士类，宜典五朝史事”。留史馆修撰专典。元丰五年（1082）拜中书舍人，同年因母丧去官，65岁卒于江苏。

曾巩学术文章享有盛名，是唐宋八大家之一。朱熹对北宋古文家独服膺曾巩；《宋史》评曰：“曾巩立言于欧阳修、王安石间，徐而未烦，简奥而不晦，卓然自成一家，可谓难矣。”

楼 郁

楼郁（？～1078），字子文，号城南，奉化人，后迁居鄞县，住城南月湖边，便自号城南，人称“西湖先生”。

楼郁与大隐山人杨适、慈溪人杜醇、鄞江人王致及王致从子王说齐名。五人原都隐居乡里，读书明理，安贫乐道，不求闻达，都以节操自持，人格高尚，道德学问为人所敬。北宋庆历年间，仁宗兴学重教，诏谕各郡、县都要办郡学、县学。庆历七年（1047），王安石出任鄞县县令，首创县学，延聘慈溪杜醇、奉化楼郁掌教县学、郡学，同时杨适、王说、王致三先生也在大隐、鄞江等地立书院传道授业，一时四明学风大开，“庆历五先生”亦闻名遐迩，远近学子纷纷前来拜师求教。他们培养出一批出色人才，当时人称四明为“小邹鲁”。

楼郁学问以穷理为先，以德行为重，掌教县学、郡学前后达三十年，学行皆美，声望卓著，从其学者多英俊才士，门人中著名者有丰稷、袁毂、舒亶、罗适等，都是《宋史》有传的名臣。仁宗皇祐五年（1053）楼郁中进士，英宗治平元年（1064）调庐江主簿摄参军事，不久因母丧离职，丧期满后，有司准备起用，楼郁无意于仕进，婉辞道“当官俸禄不能奉亲，做官非我之所愿”。遂致仕，授大理评事衔，依然在湖西掌教，直至终身。楼郁秉性敦厚，虽德高望重，始终谦虚谨慎，从不自炫，卒赠正议大夫。著有《唐书解说》30卷，《正议集》30卷，其孙楼异曾任明州太守，其五世孙楼钥于南宋朝曾任尚书参知政事等职，楼氏为四明望族，始起于楼郁。

楼　异

楼异（？ ~ 1123），字试可，楼郁之孙，神宗元丰八年（1085）进士，初任汾州司马参军，后调任永兴军幕府，又任东京文绣院监正，知太宗正丞。哲宗元符二年（1099）任登封县令，迁度支员外郎、吏部右司员外郎、太府鸿胪卿，以直秘阁衔知秀州。徽宗政和七年（1117）以馆阁学士知隋州。楼异在赴隋州前向徽宗面奏请在明州设置高丽司，依照神宗元丰旧制重开中朝贸易。徽宗同意在明州设高丽司，并命明州造海船备通商之用。这是楼异继曾巩之后对发展明州海运的一大贡献。同时他还奏请徽宗将明州广德湖开垦为田，增收田赋以为国用，此议深得徽宗赞许，改授楼异为明州知州。楼异主政明州后就将广德湖改造成湖田七万二千余亩，征粮三万六千石。楼异加龙图秘阁修撰，又升至徽猷阁大学士。在月湖松岛建“昼锦堂”。

广德湖原为鄞西的大水库，可灌溉良田无数，自废湖为田后，遇旱天鄞西一带就无水抗旱，百姓苦旱，多有怨言。宣和四年（1122）楼异以学士衔知平江府，次年去世，追赠太师、齐国公，再赠楚国公。楼异在朝与权奸蔡京等善，虽未随蔡京做害国害民之事，但系“新党”，又因废广德湖事为民所怨，因此德望不高，不像他祖父楼郁那样受四明人尊敬。

王安石疏浚东钱湖为鄞东农民造福，楼异废广德湖使鄞西百姓受害，水利大事岂可轻率。

楼　钥

楼钥（1137 ~ 1213），字大防，又字启伯，号攻媿主人，鄞县人，世居月湖，是楼郁五世孙。南宋孝宗隆兴元年（1163）进士，策论第一，胡铨赞他有“翰林才”。任宗正寺主簿，出知温州，勤政爱民，废除苛捐杂税，除正常赋税外，不多收分毫。下属的急事可直接上报给他，免得中间周转费时，也便于下情上达。当时，温州属县谣传方腊旧部再起，县令逮捕数人送州治罪。楼钥认为有乱之形，无乱之实，叫做“将乱”。治“将乱”不可懈怠，也不宜急躁。经过审问、实查，被捕之人没有作乱明证，楼钥将他们全部释放，于是民心安定，境内也就太平了。楼钥理事有方，丞相周必大为赞赏。光宗登位，楼钥于绍熙元年（1190）上疏进言道：“人主初当政，当先立其大者，至大莫如恢复（中原），而恢复当先强立志，进君德；为政要简要清明，轸爱黎民，保养元气。”言辞恳切，擢起居郎兼中书舍人。楼钥为人端正忠直，是非分明，敢直言直谏，论事无所回避。禁中有人以私事求光宗，光宗说：“楼舍人必定要谏诤，朕亦惮之。”由此可知楼钥之威严。后迁楼钥为给事中。

时韩侂胄专权，朱熹因论事触犯韩侂胄而被罢官，楼钥多次上疏抗争道：朱熹是鸿儒硕学，声望极高，士大夫视朱熹进退以轻重，陛下将其罢官如折槁木，不是善待有学问之人的道理。虽然楼钥多次上疏不被采纳，但其立论之刚正则为人所敬重，赵汝愚曾对人说“楼公当今人物也，直恐临事少刚决耳”，待看到楼钥处事刚毅、议论公正后，则说：“吾于是大过所望矣！”

宁宗于庆元元年（1195）受禅登基，韩侂胄执政，擅权自重，吏部尚书彭龟年反对韩之所为，韩侂胄便将彭龟年放逐于外，迁楼钥为吏部尚书。韩侂胄原想利用楼钥之声望和文才，虚意笼络，而楼钥素恶韩侂胄之所为，自知不能见容当道，急切求去，改任显谟阁直学士，出知婺州，移知宁国府，但楼钥仍执意辞官，告老回乡。楼钥回乡后居月湖十三年，韬光养晦，著书立说。韩侂胄以楼钥不附己而怀恨在心，但表面上还是想笼络他，对人说：“楼大防善士也，何以无一札入都门。”并派人将此话传给楼钥，楼钥门人弟子也有人希望他再度出仕，楼钥却一言不发，取《颜氏家训》给弟子们看，并写道：“士大夫要以晚年名节为重。”书毕即入内，来客和门人看了都深感惭愧，过片刻楼钥出来待客，举杯谈笑和平时一样，唯绝口不谈出仕事。韩侂胄被诛后，诏起楼钥为翰林学士、吏部尚书兼翰林侍讲。那时楼钥已年过七十，但精敏过人，起诏书令下即就，令人叹服。后晋升端明殿学士签枢密院事，又升同知进参知政事，位居两府五年，多次上疏要求辞官，后除资政殿大学士，卒谥宣献。

楼钥博通经史，学贯古今，讲求实学。善诗，诗多雄奇壮美，有伤时忧国之情；文章极佳，文风深博流丽，著有《攻媿集》120卷。家中藏书逾万卷，皆亲手校对，多善本。于湖西故居昼锦坊建“攻媿斋”读书养心。他曾对人说，“人患不知其过，而知不能改，是无勇也”，故名斋为“攻媿”，自号为“攻媿主人”，以“逆境进德，顺境误人”八字为座右铭，常自警惕，为人如此可问心无愧。月湖名人辈出，如楼攻媿者可说是人中之最。

丰　稷

丰稷，字相之，鄞县人，受学于楼郁，宋仁宗嘉祐四年（1059）进士，知谷城，以清明廉政著名于时，为韩维、曾巩等人所赏识。神宗元丰元年（1078）随安焘出使高丽，海上遇大风暴，舟船几乎覆没，众人惶恐异常，而丰稷端坐如常，神态自若，主使安焘叹服道：“丰君胆识过人，未可限量。”返朝后，神宗问他海上遭风波为何毫不畏惧。丰稷道：海上风涛常有，身负使命，凭仗威灵，也就不怕了。神宗心悦，擢他为监察御史。丰稷前后三任言职，立言公正，敢于直谏，弹劾权贵，无所忌惮。丰稷劾参知政事章惇徇私，受人请托，处事失责，章惇被劾罢职，出知陈州。后迁丰稷为著作佐郎、吏部员外郎、提点利州成都路刑狱。回京后任殿中侍御史。

哲宗即位，赐丰稷三品服，任刑部侍郎兼侍讲。哲宗嗣位不久，即召近幸乐土宣等为内侍，丰稷规劝道：“陛下亲万机，未闻登进忠良而首召近幸，恐上累大德。”要求哲宗不要宠信近幸疏远忠良。当时宦官得势，丰稷侍讲时在皇帝前读《唐书·仇士良传》，读了几行，哲宗说我明白了，不要再读下去了，丰稷装作没听见，继续读完。后迁国子司业、起居舍人，历太常少卿、国子监祭酒。原来国子监地处西门僻静之地，士子们常出西门游玩，前任祭酒便将西门关闭以防士子外出，丰稷则教育士子安心学习，同时撤去西门关锁，但国子生没有一个外出。对此，丞相吕大防大力赞赏道："士可以德服，不可以法制。"曾布得哲宗宦官之助将要拜相，丰稷上表言佞臣误国。哲宗问谁是佞臣。丰稷说曾布就是佞臣，陛下如能将他放逐到外郡，那天下就太平了。结果曾布还是当了宰相，迁丰稷集贤院学士知颍州江宁府，又出知河南府加龙图阁待制。原被外放的章惇回京后，忌丰稷正言直谏不利于己，便蓄意阻止丰稷还朝，一年之内将丰稷调徙六州，使他疲于奔波，困于途中，想以此来拖垮丰稷。徽宗即位，召回丰稷任御史中丞，在朝见时丰稷遇见蔡京，蔡京向他作揖问好，并说："夫子自从外任回京委以执法重任，今日陛见皇上，定有高论。"丰稷严肃地说："到时候你自会知道。"接着就在皇帝面前抨击蔡京奸状。同朝陈瓘、江公望等皆言蔡京之奸，而蔡京仍居相位，受徽宗宠信。丰稷就和同朝陈师锡等人说："蔡京在朝，吾属有何面目居此。"继续不断揭批蔡京。

丰稷忠贞公正，人皆敬重，原将升任尚书左丞，但为权臣所阻，以枢密直学士衔出任越州。又因积怨于蔡京，蔡京再起后贬丰稷为海州团练副使、道州别驾，安置台州，不久丰稷便返回明州老家。丰稷气度高雅，从不以个人进退为怀，返乡后隐居月湖，赋诗作文，读书终老，卒年 75 岁。南宋建炎三年（1129）宋高宗追复丰稷为枢密直学士，卒谥清敏。著作有《丰清敏公遗书》(由张寿镛辑集)。丰稷精于书法，传世之作有慈溪《永时寺碑记》等。

舒 亶

舒亶（1041 ~ 1103），字信道，号懒堂，慈溪大隐（今属余姚）人，居鄞县月湖，曾受学于楼郁。英宗治平二年（1065）进士第一，御史张商英大力荐举，历官临海县尉、提举两浙常平、知制诰、权直学士院、御史中丞等。舒亶富才气而苛察寡恩，初任临海尉，境内有一民，酒后辱骂其后母，并将后母赶出家门外。后母诉于舒亶，舒亶欲斩此民，民不服，亶就动手将此人杀了，自己也投劾挂冠而去，此事此人引起了王安石的注意，舒亶也由此而附丽于王安石门下。

礼部郎郑侠因说了对新法不满的话，当局命舒亶审理，舒亶逮捕郑侠，并在郑侠书箧内搜查到一些人议论新法的陈草和有关亲友的书信，于是舒亶就按姓名一一审查，郑侠被放逐岭南，王安石弟弟王安国及冯京等也受到牵连。神宗元丰初舒亶权监察御史，太学官受贿事发，亶直奉诏前去验办，受贿者固当惩处，但他以多为功，株连了一些无辜之人。升集贤校理。接着又与御史中丞李定罗织苏轼罪状，摘录苏轼诗文中忧时伤民的诗句，劾苏轼以诗讥讪时事，反对新政，拘捕苏轼到御史台鞫治，酿成牵连众多的"乌台诗案"，受波及的名公大臣有王诜、张方子、司马光、范镇、陈襄等。李定、舒亶劾他们相互朋比，反对新政，并向神宗奏请杀苏轼，说苏轼"略能诵说先王之言"，"而所怀如此，可置而不昧乎"，欲置苏轼于死地。神宗认为舒亶之言太过，但也贬苏轼、王诜官职，将他们放置外郡，司马光等科以罚金。张商英原是最早荐举舒亶的人，当他任中书时写一手帖给舒亶，请舒亶照顾他的子婿，舒亶就拿这手帖劾张商英身为宰属而"干请言路"，张商英由宰辅而被贬江陵酒税，舒亶却因此而高升为给事中，权直学士院，进而为御史中丞。舒亶弹劾多人都带私心，虽官位日高，气焰熏灼，路人侧目，却为君子所鄙。后来，舒亶因受厨事越法，又因欺罔罪被废斥。去官后舒亶退居月湖，建"懒堂"安养，悠游月湖，为月湖写了许多诗文篇章。十年后复官为通直郎。徽宗崇宁初（1102）知南康军，又因蔡京荐举知荆南，因开边有功进龙图阁待制致仕。

舒亶多才，美文词，为北宋词家，尤擅长小令，所作小令颇有思致，多被选家选录。《宋史·艺文志》著录《舒亶文集》100卷。以才学而言，舒亶自可卓然成一大家，可叹才德不侔，令人惋惜。

陈 瓘

陈瓘（1057 或 1060 ~ 1124），字莹中，南剑州沙县人。应举中甲科进士，调越州掌书记，签书越州判官，郡守蔡卞闻他有贤名，想笼络他，陈瓘知道蔡卞心术不正，有意疏远。宋哲宗元祐二年（1087）通判明州。明州职分田收入较高，本可以由职官分享，而陈瓘分文不取，将收入全部纳入官库。章惇入京拜相，沿途百官拜谒于道，陈瓘也从众随行，章惇久闻其名，特邀他同行，询问当世政务。陈瓘知道朝中新旧两派斗争激烈，就以所乘之舟作比喻说："水上行舟，船身一定要平稳，偏重一侧船就倾斜，难以行进，不能偏左偏右，若移左置右同样是偏，执政若能明白这个道理就好了。"（章惇属新党，入相后将尽废司马光执政时之法，因此，陈瓘借行船为喻，要章公平执政，不抱偏见。）接着他问章惇："天子待公为政，敢问将何先？"章惇说："司马光奸邪，先要辨势，凡事无急于此。"陈瓘说："错了，行舟先要平稳，如移左以置右势必使舟身偏侧一边，如此将大失天下人所望。"章惇听了极不高兴地说："司马光尽废新法，误国如此，不是奸邪吗？"陈瓘说："司马光有些做法不能说无过，而不察其心，而疑其奸，说司马光奸邪而且要全部改变他做得对的地方，那将更加误国。为今之计唯有消除朋党偏见，主持公道，才能够救弊。"陈瓘这番话虽然不合章惇心意，但也使章惇感到惊奇，至京后迁陈瓘为太学博士。后来，章惇与蔡卞合流，排斥异己，压制正论，陈瓘就更加同他们疏远了。当卞党薛昂林诋毁司马光主编的《资治通鉴》，提出要废弃《资治通鉴》时，陈瓘就责问薛昂林是否将神宗皇帝为《资治通鉴》作的序也废弃掉，薛昂林无言可对。当时卞党得势，"绍述"之说盛行，将一批正直持重的老臣贬称为元祐党人，排斥放逐于外。陈瓘上奏哲宗道："当年尧舜禹稽古训，当否必使合于民情，所以成帝王之治，帝王之孝与士大夫之孝不同，帝王之孝要合乎民情，顺乎民心，不是凡事都听先人的话才算是孝。"这话说动了哲宗，哲宗约他再次入见咨询，陈瓘因而引起章蔡的疑忌，被逐出京都，通判沧州、知卫州。徽宗即位，召陈瓘还朝为右正言，迁左司谏。

陈瓘持论公正，顾全大局，不以细故为借口揭人阴私，而对权奸则不避权势，他连续抨击蔡卞、蔡京、章惇、邢恕等误国祸民之罪。当时，丞相曾布使客笼络陈瓘，暗示有重用他之意。陈瓘就直率地对来客说："我与丞相议事多不合，他是不是想以官爵为诱饵，要我去附和他？"又说："我有一书论其过，将投之。"不久在郊祀时曾布邀陈瓘同席，陈瓘就在曾布面前拿出这封直指曾布过失的书信。曾布大怒，以致破口大骂，陈瓘却神色不变，站起来缓缓地说："我所指的是国事，是非自有公论，丞相不可失去待士之礼。"曾布自觉失态，矍然改容，第二天就命陈瓘出知泰州。崇宁三年（1104）被除名，放逐到袁州、廉州。

陈瓘的儿子陈正彙在杭州告蔡京有动摇东宫太子的迹象，被杭州郡守执送到开封鞫审，此案牵涉陈瓘，开封府尹逼使陈瓘出来作证。陈瓘说："正彙道闻蔡京将不利于社稷，我怎能预先知道？关于蔡京之奸邪必为国祸，我早在台谏时就说过了，何用今日再问？"结果正彙以所告失实罪被流放海上，陈瓘安置通州。陈瓘在通州著《尊尧集》评论绍圣史官只根据王安石《日录》修改神宗历史，混淆是非，不可信，因此著《尊尧集》辨明诬妄，以正君臣之义。张商英为宰相时，曾将《尊尧集》送徽宗看过，张商英被罢相后，陈瓘被遣送到台州。台州府大堂遍布刑具，州官意欲胁迫陈瓘。陈瓘知其用意，责问州官道："这是朝廷的旨意吗？"州官告诉他，朝廷令取《尊尧集》，陈瓘问州官："你知道什么叫尊尧吗？尊尧就是要尊神宗为尧舜，难道这也是罪吗？丞相学术短浅为人所愚弄，你又为了什么，难道你不畏公议吗？"州官深感惭愧，找不出理由来加害陈瓘。陈瓘羁留台州五年，当允其自便后，即返明州，寓居南湖寺院，生活极为清苦，几乎到了无衣无食的地步，但他安之若素，继续著《尊尧集》，后筑"尊尧书屋"于月湖。

陈瓘待人谦和，端庄自持，一身正气，为四明人士所敬重。周锷"四休堂"与"尊尧书屋"比邻，两人暇时便出游月湖，写了许多咏月湖的诗篇，为月湖留下了光彩的一笔。靖康初钦宗赵桓诏赠谏议大夫。南宋高宗赵构曾对左右辅臣说："陈瓘昔为谏官，甚有谠言，近览《尊尧集》明君臣大分，赐谥忠肃。”

周 锷

周锷（1053 ~ 1130），字廉彦，鄞县人，范仲淹外孙，陈瓘之妻兄。神宗元丰二年（1079）进士，初任桐城尉，周锷以为古人学而优乃仕，而己之所学不足为官。于是弃官求学，钻研经籍，遍读百家之书，学深识广，西游颍昌、洛阳，气度风范宛似魏晋时人。在京上书言事，受到国子监祭酒丰稷、给事中范祖禹赞赏，文彦博、司马光均极器重，荐任蕲县主簿，遇荒年饥民嗷嗷，周锷力请户部捐廪赈粮，饥民得以存活。后任濠州司户参军，兼理地方财赋。徽宗崇宁元年（1102），著文论天下财用大计，针砭时弊，识见高明。政和四年（1114），出知南雄，核定田赋市租收入以通财源，裁汰冗费，革除积弊，办了不少利民好事，南雄父老称他“爱民如子，居官如家”。后任江淮、荆湖、浙江、福建提点。周锷熟谙世务，善于理财，治政有方，官誉甚佳。由于议论边境事得罪蔡京，被列为“元祐党人”罢官回乡。蔡党列“元祐党人碑”，原意是想羞辱元祐老臣，凡在碑上列名者永世不得进用，而结果却恰恰相反，党碑列名者都为贤臣良士，备受百姓敬重，周锷与他舅舅范祖禹同列“元祐党人碑”，舅甥同贤传为美谈。

周锷回乡后，在月湖筑“四休堂”，与陈瓘“尊尧书屋”邻近，郎舅两人相与悲愤时事，商榷得失，故《四明尊尧集》中也含有周锷的观点。周锷清风朗丽，既博通世务又超然脱俗，甚得名人赏识，尚书右丞相胡宗愈、翰林学士王公觌，都想择周锷为婿。南宋高宗绍兴元年（1131）赠周锷为中大夫。

汪大猷

汪大猷（1120 ~ 1200），字仲嘉，鄞县人。父汪思温在徽宗及南宋高宗朝曾任司农大府少卿、临安府知府。南宋高宗绍兴七年（1137），汪大猷以父恩补官将仕郎，授江山县尉。绍兴十五年（1145）举进士为金华丞，后累迁大宗丞兼吏部郎官，以贤能闻名。孝宗即位，召汪大猷入对，汪建言任用官吏要量能授官，不必拘于流品，宜因才而任，用其所长，孝宗听了后对左右说汪大猷“疏通详雅，而善议论，是有用之才”。除礼部员外郎，丞相洪适又荐汪大猷兼吏部侍郎、东宫太子侍讲。庄文太子喜宴游，爱听靡靡之音，汪大猷每两日一讲《孟子》，每讲皆寓修身养性之意。后迁秘书少监，修《五礼会要》，兼权给事中。汪大猷通晓刑狱、农事、水利、赋役等事，每有所谏，都能切中时弊。后兼宗政殿说书。孝宗常向他咨询政务，对他说：“朕每厌宦官女子之言，思与卿欵语，欲知朝政得失、民情利病，苟有所闻，可极论之。”汪大猷就将直隶总制和勋戚贵幸侵占民利之事上告孝宗。同时进言：惩办盗贼宜宽严相济，严未必能禁盗，望开其生路，促其自省。孝宗认为大猷前后所言，皆今可行之事，迁权刑部侍郎。汪大猷性情平和，乐善好施，以风节自励。他与史浩既是同乡，又是同科进士，史浩未贵时，两人常有交往，自史浩拜相后，汪大猷庄肃自重，除公事外少行来往。史浩也常言汪大猷之高风。进文阁直学士，同时他两个外甥陈居仁和楼钥也并居翰苑，人称“舅甥三学士”，四明人以此为荣。汪大猷告老还乡时，朱熹以《送敷文汪公还鄞》一诗相赠，诗道：“濯濯才华耀禁林，翻然忽起故园心。九天得请恩万重，一舸东归春未深。照眼湖山非昨梦，及时花酒合同襟。不应便作真狂客，讲殿行思听履音。”大猷还乡后息影月湖，卒年81岁，谥“庄靖”，著有《适斋存稿》。

史　浩

史浩（1106 ~ 1194年），字直翁，鄞县人，少时孤贫，力学求进，博通经史，南宋高宗绍兴十四年（1144）进士。调任余姚尉，境内有劫贼出没无常，民心不安，史浩设计擒其为首者九人，民心稍安。县令论功行赏，史浩不自居有功，他说“捕盗是县尉职责，今九人受罚而我一人领赏，于心不安”，谢辞，继任温州教授。得郡守张九成器重。秦桧曾有意提拔他，但他知道秦桧难共处，借故避开。秦桧死后两年，史浩任太学正，升国子博士。当时太子未立，史浩向高宗上疏道：“普安、恩平二王子宜择其一，以系天下之所望。”高宗以为是，即命史浩为王府教授。史浩倾心于普安王子，尽心辅助普安，使他行事能称高宗心意，经过多次考验，高宗决定立普安为皇太子，封为建王，命史浩为建王府教授兼直讲。绍兴三十二年（1162）立建王为太子，史浩除起居郎兼太子右庶子，同年六月高宗禅位，太子登基，尊号孝宗，史浩任中书舍人兼侍读。孝宗问史浩：“施政以何者为先？”史浩道：“当前最重要的是保固边鄙，收拾人才，秦桧辅政时，嫉妒贤能，许多国家有用之才都遭废黜，现在要以礼召回来加以重用，张浚、张焘、辛次膺等都是人才，应当重用。”同时又推荐周葵、胡铨、张戒、王十朋等35人入朝，孝宗全部同意。一时朝中人才济济，气象一新。

隆兴元年（1163）史浩为尚书右仆射、同中书门下平章事兼枢密使，孝宗以师礼待史浩，史浩又提出赵鼎、李光无罪，岳飞久冤应予昭雪，复岳飞官爵并禄其子孙，同时对受冤案牵连而被罢官受害者，一律平反昭雪，孝宗都同意并付诸实施。重用贤良、昭雪冤案是史浩在宋史上的两大功绩。

史浩权高爵显，但也有两次被罢相。一次是由于爱国名将张浚要求举兵北伐，恢复中原，洗雪国耻，而史浩认为眼前国力不济，兵力不足，宜固守边防，以待时机。张浚以为时机已到，只要王师北伐定有北方豪杰起来响应。史浩认为这是没有把握的事。双方争议了五天，张浚知道史浩不会同意出兵，就直接奏请孝宗下诏北伐，孝宗本有恢复中原之意，于是同意张浚起兵。张浚便不通过尚书省、枢密院，径檄诸将即行发兵。史浩得知此事，就对参知政事陈伯康说：我等俱兼两府官职，出兵这等大事都不让我们知道，那要我们宰相做什么？张浚锐意用兵，如果失败了，那么以后再图恢复中原就更没有希望了。由于缺乏后方支持，结果张浚北伐军在符离溃败。御史王十朋以此弹劾史浩，并言及史浩与太府丞史正朋比，阻止张浚北伐，史浩因而被罢相。从此不召史浩入朝达十二年。

乾道四年（1168）孝宗复委史浩知绍兴府、浙东安抚使。绍兴遇水灾，史浩决定减免湖区租税，赈恤受灾人家。他礼贤下士，还在绍兴创办贡院，置义田，济助乡里学者贤士之后代。后因母丧，史浩回家守制。

淳熙初孝宗又想到史浩，说："久不见史浩了，他好吗？"即着任史浩为少保、观文殿大学士兼侍读，淳熙五年（1178）复为右丞相。孝宗对史浩说："自叶卫罢相，虚位以待卿久矣。"史浩说："蒙恩再相唯尽公道，但我决无朋党之弊。"孝宗道："宰相岂当有党，人主亦不当以朋党名臣下，朕但取贤者用之，否则去之。"史浩复相后礼请朱熹出山，同时又推荐江浙名士杨简、陆九渊、叶适、袁燮等 15 人为朝廷所用，南宋孝宗朝人才济济，史有美誉。

淳熙后期因殿步二司兵员缺额，二司要募兵三千以补缺额，因募兵不足额，殿前司就在市上强迫捕人，城市骚动，被掠去者断指自戕，军人又乘机强夺民财，百姓反抗，有司捕肇事军人和百姓陆庆童，欲各取一人，杀头示众。史浩反对这样做。他对孝宗说："军人掠人夺货，对肇事者军法从事理所当然，市人陆庆童是被迫反抗，怎能与肇事者同罪？陛下怕军人有异心，故将二人同罪以安军心，而百姓不得其平，激怒百姓亦为可畏。"孝宗怒对史浩道："你是将我比作秦二世吗？"史浩回道："自古民怨其上者多矣，'时日曷丧，予及汝皆亡'，岂止二世之事。"由此史浩自知触怒孝宗，要求辞去相位。后来有人向孝宗言陆庆童之冤，孝宗说："史浩曾为此力争，因而求去，我至今也很懊悔。"这是史浩第二次罢相。罢相后仍以少傅、保宁军节度使，充醴泉观使兼侍讲留在朝中。此时史浩又向孝宗推荐重用曾弹劾过他的王十朋、曾诋毁过他的陈之茂，要求为他们晋职。孝宗问史浩："王十朋、陈之茂都弹劾你，你还要荐举重用他们，你是以德报怨吗？"史浩说："臣没有想过要以德报怨，只是不敢以私害公。"由此可见史浩对人才的爱惜和为人之宽厚。

淳熙十年（1183）史浩致仕回乡，封太保、魏国公。孝宗还赐银二万两为他在月湖竹州建“真隐馆”，并亲笔书“四明洞天”四字相赠。宋光宗绍熙五年（1194）史浩卒，享年88岁，晋封为会稽郡王。宁宗登基后，赐书“纯诚厚德元老之碑”，追封为越王。

史浩在高宗、孝宗两朝历居高位，老成谋国，勤政爱民，爱惜人才，奖掖后进。在朝论事虽常与诸大臣意见不同，但他能包容涵养，毫无忌恨之心，更无借机诬陷之事。他不积极支持张浚北伐，致使张浚兵溃符离，曾受人非议，但他并非秦桧一流的投降派，而是想固守半壁河山、聚养国力、有备而战、以图光复的人。史浩是四明史上最有影响的人物之一，遗著有《尚书讲义》、《辕官讲义》、《鄮峰真隐漫录》等。

史弥远

史弥远（1164 ~ 1233），字同叔，鄞县人，史浩第三子。淳熙十四年（1187）进士，历任大理寺司直、太常寺主簿、诸王宫大小学教授。史弥远善议论多机变，他曾建言朝廷表彰廉洁之士，奖励贤能之人；修整水利，重视农业；训练士兵，巩固边防……立言堂皇，丞相京镗对他甚为器重，有次屏退左右，单独对史弥远说：“你日后功名事业，一定远远超过我，今日我愿以子孙相托。”宁宗庆元四年（1198）授枢密院编修，迁太常丞，兼工部郎官。开禧元年（1205）授司封郎兼国史修编、实录检讨。次年兼资善堂直讲，封鄞县男，兼权刑部侍郎。

宁宗时韩侂胄擅政，韩为显示他的威严，曾发兵攻打金兵，结果失败，宋军受重创，韩侂胄为挽回面子，保住自己的地位，仓促之间又要再次发兵，众臣慑于韩侂胄权势，虽然都明白韩侂胄用兵屡败，此时用兵非其时，但都不敢阻拦。也有人劝史弥远说，太夫人年高，不要为此事而使老人担忧。史弥远道：“时事如此，言入而益于国利于民，虽得罪也甘心。”杨皇后素忌韩侂胄擅权，久想将他废除，就派皇子向宁宗说：“侂胄再起兵端，将不利于社稷。”宁宗决断不下，交诸大臣一起讨论，史弥远上疏奏道："召集用兵，事关国体宗庙社稷，所系甚大，怎可举数千万人之生命于轻易一掷？派兵外出，京师空虚，一旦盗贼内起，派谁来抵御？"竭力反对韩侂胄出兵，主张"整顿沿江屯驻之兵，使其各挡一面，既可防备边地，又可扶护行都"。这计策深合杨皇后心意，于是杨皇后就与史弥远合谋设计诛杀韩侂胄。开禧三年（1207）十一月，史弥远联络台谏及侍郎张镃等上疏亟论韩侂胄擅权误国之罪，乘韩侂胄上朝前将他诛杀，并遣使携韩之头向金邦求和，为金邦拒绝。

嘉定元年（1208）任参知政事，拜右丞相兼枢密使。当时，宁宗病重，尚未立储嗣，曾领养宋太祖十一世孙贵和为皇子，更名为"竑"；又以沂王嗣子贵诚为郎，贵诚系燕王德昭之后，史弥远见其貌大异之，认为贵诚之相贵不可言，就与他亲近。韩侂胄被诛后，杨皇后专政，杨对史弥远十分宠信，皇子竑忌史弥远权大，曾在无意中写了"弥远当配八千里"一条，事为史弥远所知，既惧且恨，便谋划废竑。嘉定十七年（1224）宁宗病笃，史弥远与杨皇后密谋，矫诏立赵昀（即贵诚）为皇子，迁赵竑为济王，宁宗驾崩后便拥立赵昀即位，是为理宗。理宗登基，感念史弥远有定策立己之功，仍任史为右丞相，朝中大权一柄于史弥远，又拜为太师，封魏国公。史弥远怕人议论，坚辞太师、魏国公之号，要求解政归田。宝庆二年（1226）拜少师，绍定五年（1232）拜太傅，六年（1233）拜太师，并袭父史浩荫封会稽郡王。同年史弥远病故，理宗辍朝三日，追封文卫王，谥忠献。

史弥远诛杀韩侂胄后，在宁宗朝任丞相17年，在理宗朝独相17年，专权用事达二十余年。在朝凡有言济王被废事者一律排斥，不少正人君子被逐于外，大失人望。他为人机诈，人品与史浩相差远矣，他老师杨简说他"不类其父"。理宗曾问杨简："听说师相早年曾受教于你？"杨简道："臣所以教弥远者不如此。"理宗追问何意，杨简回答道："弥远视其君如弈棋然（对待皇帝像下棋一样任意摆布）。"理宗听了顿然失色，一言不发，退朝后将此事告诉史弥远，史说"吾师素有心疾，乞放归田里”，不久杨简免官归里。钱塘书商陈宗之能作诗，将当时江湖诗人之诗收于一集，名“江湖集”，将自己的诗也收在其中，中有“秋雨梧桐皇子宅，春风杨柳相公桥”两句，前一句悼济王，后一句讽刺史弥远。史弥远见到后就命人劈碎《江湖集》雕版，下令禁止士大夫作诗，待他死后禁诗令方取消。育王寺风水好，史弥远看中育王寺地要造坟，寺僧敢怒不敢言，其中一僧作偈道：“寺前一块地，常有天子气，丞相要作坟，不知是何意”，并将此偈贴到临安大街，史弥远只好作罢。当时还流传一首乐府诗，其中“往来与月俦，舒卷和天蔽”两句，就是讽刺史弥远与杨皇后的暧昧关系。从这些侧面也可以看出史弥远在人们心目中的形象了。

史弥远府第在月湖之西，左为衮绣桥，右为感圣桥，史府在两桥之间。

史守之

史守之，字子仁，史浩孙，史弥远侄。早年从学于杨简、袁燮，也曾向楼钥学古文。以丞事郎监平江府郎科院。好读书，喜藏书，为人守正不阿，不仅没有因家世显赫而盛气凌人，反而有意疏远避其宗衮家族，洁身自好。对其叔父史弥远的所作所为十分不满，为了避势远嫌，以朝奉大夫致仕，退居月湖，杜门谢客，著书讲学。宁宗亲书“碧址”二字赐守之。史守之隆礼崇道，从不做苟且之事，史弥远也畏他三分，每有事常告诫家人，“不要让十二郎知道”。史守之在史浩孙辈中排行十二，故称为十二郎。

史守之早年受教于杨简，便终身不忘恩师。杨简归里后读书著书讲学，碧沚富藏书，守之就请杨简来碧沚，将碧沚改为书院，请杨简主讲，由此而使碧沚流芳后世。

史氏一门三宰相五尚书，在这一钟鸣鼎食之大家族中，有好人也有不好的人，史守之就是好人。

杨 简

杨简（1141 ~ 1225），字敬仲，号慈湖，慈溪（今宁波慈城）人，南宋孝宗乾道五年（1169）进士，授富阳主簿。学问以尊德性为宗旨，师礼陆九渊（象山），传象山心学。任绍兴府司理，每审必亲临，听审时默不作声，由案犯吐露真情，他则据理而断，公正无偏。有一府吏触怒主帅，主帅令杨简鞫审，杨简断府吏无罪，主帅命杨简查考他平日过错，杨简道："平日过错谁人不犯？今日他实无罪，如以他往事来定罪，我不能奉命。"主帅大怒，杨简就自动辞职。丞相史浩荐杨简为乐平知县，杨简在乐平兴县学并亲自到县学施教，循循教导使学生感动落泪。当地有姓杨姓石两少年，因斗殴伤人。杨简将此两人关押狱中管教，教他们做人的道理及得祸得福的因由，两少年日久被感悟，终成好人。此事在乐平影响很大，人人都以犯法为耻，在杨简寓教于政的行为感化下，乐平形成夜无盗警、路不拾遗的良好风气。光宗绍熙五年（1194）诏为国子博士。杨简离开乐平时，杨、石两少年领众多县民大呼"杨父"，含泪送杨简离境。

宋宁宗庆元元年（1195），韩侂胄弄权，赵汝愚罢相。杨简认为赵汝愚不该罢相，太学生杨宏中等人上疏反对罢赵汝愚相位，韩侂胄将太学生遣送到五百里外编管，杨简也罢职返乡，在四明著书立说，讲学授徒，达 14 年之久。

嘉定元年（1208）复出，历任秘书郎、著作佐郎、国史院编修兼实录院检讨官，后出知温州。杨简任温州知府时克己奉公，廉洁自律。有人认为杨简自奉过简，杨简道："吾敢以赤子膏血自肥乎？"在任内礼贤下士，并为妓女废除妓籍。他以德行政，凡事以教化为先，厚实待民，使邻闾和睦，闾巷内听不到争骂之声，百姓爱之如父兄，家家以画像来表示对这位父母官的爱戴。后迁驾部员外郎。

入京后，理宗召见杨简，杨简坦诚进言道："皇上不要只听顺耳之言，不听逆耳之言，兼听则明，使善政尽举，弊政尽除，如此方能使民怨自消，祸乱不作。”改工部员外郎。此年北地灾荒，金人因饥饿来归者日以千万计。边境官兵为阻灾民过河，临淮水射杀饥民无数。杨简知道后心中十分难过，即上疏道：“得土地易，得人心难，薄海内外皆吾赤子，中土故民生灵涂炭，来投靠慈父，而我等却因斗米升粟射杀子民，此岂是绥靖四方之道？”杨简哀痛上奏而执政置之不理，杨简愤而辞官，以宝谟阁学士致仕。

晚年寓居月湖，在史守之的碧沚开馆讲学，后返慈湖终老。宝庆元年（1225）卒，封爵为慈溪男，谥文元。杨简著述丰富，为“淳熙四先生”之首，有《慈湖遗书》、《慈湖诗传》、《杨氏易传》等传世。《宋史》赞道：“杨简之学非世儒所能及，施诸有政，使人百世而不能忘。”他的高足兵部尚书袁甫说：“慈湖先生生平履践一无瑕玷。”杨简的人格、道德、学问体现了“四明学派”的精神实质。

袁　燮

袁燮（1144 ~ 1224），字和叔，鄞县人，一生以名节自励，是一位学识渊博、人格高尚的人。乾道初年（1165）与沈焕、杨简、舒璘同入太学，四人切磋道义，揣摩学问，后又共同师事陆象山，精研象山心学，四明人尊称四人为“淳熙四先生”，袁燮以为心是人之大本，“人生天地间，所以超然独贵于物者，以是心尔。心者，人之大本也。此心存则虽贱而可贵，不存则虽贵而可贱”。人之贵贱，不在地位高低，而在于心地之正与不正。在等级森严的封建社会里，袁燮能提出这种人本主义思想，是难能可贵的。袁燮一生不论为人处世，还是做官论学，都本之于心正。

袁燮于孝宗淳熙八年（1181）中进士，授江阴尉。史浩深知其人品才学，要推荐他到朝廷任职，被婉辞，他不愿因同乡情谊而受提拔。

淳熙末年，浙西灾荒，百姓饥饿，常平使罗点派袁燮前去赈灾。袁燮到任后首先实地勘察，了解民情，绘制灾区地图，每一保画一图，细列土地、山水、道路、居民分布点及其产业等，将各保图合而为一，便成都、乡、县的全境图，凡县境内征税放赈或遇纠纷争讼事只要打开图一查，就能据实处理，清政便民。宁宗赵扩即位后，调袁燮为太学正。当时朱熹辞朝，丞相赵汝愚罢官，朝中正人被斥，袁燮自知不能为韩侂胄等人所容，但仍从容地为太学生讲学论道，以正义正气勉励太学生。庆元年间，袁燮历任浙东帅幕、福建常平、沿海参议，理事认真，办案公正，为民所称道。嘉定初诏主宗正簿，枢密院编修官，权考功郎官太常丞知江州，后改提举江西常平兼权隆兴府。他痛恨贪官以苛捐暴政害民，上书要求严惩贪官，澄清吏治。诏为都官郎官，迁司封，时彭龟年等贤士被排斥，权臣擅权危及社稷，袁燮上疏要求宁宗勤而好问，问则明，不问则暗，暗则是否得失朦然不辨。请宁宗能清明听政，不要受权臣蒙蔽。迁国子监祭酒。袁燮以德育人，忠信笃实，返躬切己，受教诸生莫不敬重。兼崇正殿说书，任礼部侍郎兼侍读。因反对史弥远向金邦屈辱求和而被劾罢官。离职时太学生三百人盛礼饯送。致仕后以宝文阁待制提举鸿庆宫。

袁燮曾与杨简、沈焕同时讲学于月湖，杨简主讲于碧沚书院，沈焕沈炳兄弟主讲于竹洲书院，袁燮主讲于城南书院，四明学术由此兴盛一时，人皆仰慕，学者称他为“絜斋先生”。

袁燮卒于宁宗嘉定末年（1224），谥正献。遗著有《书钞》、《絜斋毛诗经筵讲义》、《陆象山先生年谱》、《絜斋集》等。

袁甫

袁甫，字广微，袁燮之子，曾受学于杨简。宁宗嘉定七年（1214）进士第一名，历官秘书省正字、湖州通判、著作郎，徽州、衢州知州，福建转运判官，秘书少监，江州、婺州知州，升起居郎兼中书舍人，兼国子监祭酒，兵部尚书兼吏部尚书。

他继承了他父亲袁燮、老师杨简的道德风范，而忠心虑国，不计个人安危，敢于直言直谏的刚毅之气，更是“青出于蓝而胜于蓝”。他初任秘书省正字，宁宗召见时，他就义正词严地对宁宗说，要有忧患意识，“君天下不可一日无惧心”，并陈说当时可忧惧的五大问题：一可惧“端良者斥，谄谀者用，杜忠臣敢谏之门”，正直敢言的忠臣受排挤，阿谀奉承的小人被重用，天下就没有忠心谋国敢说敢为的人了；二可惧“兵戈既兴，馈饷不继，根本一虚则有萧墙之忧惧也”，强敌压境，国力空虚，粮饷不足，战事一开，内部就会先乱起来；三可惧“陛下深居高拱，群臣奉行簿书，独运密谋之意胜，而虚心咨访之意微，天下迫切之情无由上闻”，皇帝高居深宫，不察下情，大臣只做表面文章，报喜不报忧，一旦有事只与少数几人密谋，不愿咨询一些有识之士，天下紧迫情况难以上达；四可惧“外患未弭，内患方深，而熙熙然无异平时，自谓雅量足以镇浮，不知宴安实为鸩毒”，国家内忧外患重重，而朝廷粉饰太平，饮宴歌舞不断，表面上似乎太太平平，实际上却是饮鸩止渴；五可惧“陛下恭俭有余，刚毅不足；庸才惋人苟求富贵而未闻，大明黜陟，军帅交结州郡，贿赂皆自贵近”，皇帝恭俭有余而刚毅不足，庸才小人钻营上爬身居高位，明智才德之士受压制排挤，军帅交结州郡，贿赂腐败之风都出自贵族近幸。同时又针对时弊，提出兴利除弊的对策。袁甫初入仕就敢直言直谏，说明他有过人的胆识。

袁甫在任地方官时，为百姓办了不少好事，如任徽州、婺州知州时，他先从教化入手，兴办郡学，创书院并亲自讲学，开创良好风气；他关心民间疾苦，赈济灾民，使饥者得食，病者得医；他以至公之心审理历年积案，昭雪冤狱……史书记载他“前后持节江东五年，所活殆不可数计”。

在军事方面他力主加强边防，有备而战，既反对屈节求和，也不主张轻举妄动。史浩之孙、史弥远之侄史嵩之督师江西，力主向金邦求和，袁甫也像他父亲反对史弥远的议和主张一样，反对史嵩之的求和主张。他上疏宁宗，不被采纳，就要求辞职归里，宁宗不允，升袁甫为起居郎中书舍人。不久朝廷擢史嵩之为兵部尚书，袁甫以为不妥，再次上疏道：“臣与嵩之本无仇怨（两人原是同乡），但国事所系，谊难缄默。”不愿写迁史嵩之为刑部尚书的诰命，于是被贬出知江州。理宗嘉熙三年

（1239），迁袁甫为兵部侍郎，袁甫条陈十项对策，权兵部尚书兼吏部尚书。去世时年 67 岁，赠通奉大夫，谥正肃。著有《孝说》、《孟子解》等，有文集传世，人称“蒙斋先生”。

沈　焕

沈焕（1139 ~ 1191），字叔晦，定海沈家山人。24 岁中举，与杨简、袁燮、舒璘同时入太学，与太学录陆九龄有师友之谊，后拜陆九渊为师，同杨、袁、舒一起探究象山心学。宋孝宗乾道五年（1169）进士，殿试时孝宗见他仪表不凡，命内侍问其姓名，因此遭人妒忌。初授余姚尉、扬州教授，后召为太学录，在职不满 80 天，就被外调高邮军教授，充干办浙东安抚使公事。因营造高宗山陵，有司为接待上官，建传舍，设酒筵，供给不暇，沈焕就对安抚使郑汝谐说：“高宗驾崩，国有大戚而臣子安乐如此，其心能安乎？”郑汝谐命沈焕将此事上奏，于是治办了主事者，并令参与宴饮者偿还酒宴费用，因而使营造帝陵消费顿时减少了许多。

沈焕为人端正刚严，不能为时所容，曾任舒州通判，后因病闲居，闭门读书，侍奉老母。沈焕人品高尚，律己甚严，上司委派非义不往，学以尊德性为重，生活十分清苦。他常道：“昼观诸妻子，夜卜诸梦寐，两者无愧，始可言学。”一生光明磊落，问心无愧，史浩敬其为人，将月湖竹洲四明洞天一部分让给他办书院讲学，沈焕就与他弟弟沈炳一起授徒讲学，时杨简在碧沚，袁燮在城南，著名学者吕祖俭也时来竹洲与沈焕一起论道讲学，在月湖出现“四桥行人如织，木铎之声相闻”的景象，“淳熙四先生”中舒璘在外，吕祖俭与他们志同道合，正好补舒璘之缺。

沈焕教学态度严肃，善善恶恶，师道尊严，学生初见时都有些怕他，后来感到可敬可亲，乐于受教。沈焕于绍熙二年（1191）去世，享年 52 岁，丞相周必大闻沈焕谢世，极为惋惜，自责道：“追思立朝，不能推贤扬善，子愧叔晦。”追赠华文阁直学士，特谥端先。

舒　璘

舒璘（1136 ~ 1199），字元质，奉化广平人，人称“广平先生”。入太学，与太学录陆九龄有师友之谊，后拜陆九渊为师，既尊象山心学，又重朱熹理学。朱熹、吕祖谦在婺州讲学，舒璘徒步数百里向朱、吕问学求教，他在给家人的信中写道：“敝席疏篱总是佳趣，栉风沐雨反为美境。”他是一位心学与理学兼修的学者，其学以刻苦磨砺、改过迁善、笃实不欺为主。

乾道八年（1172）进士，两授郡学教授，舒璘任徽州教授前，郡学学风不佳，舒璘德行高尚，以身作则，教士生以日用常行之道，和颜悦色，循循善诱，从不严词训斥，使诸生渐渐明了学之所本。徽州人说：“吾乡学问之途赖先生窒而复通。”丞相留政称他为“当今第一教官”。后任平阳知县，当时郡政苛刻，百姓不胜其苦，舒璘以民病上告郡守，义正词严，郡守肃然改容。秩满后，通判宣州，不久病故。

舒璘善于教书育人，他说：“师道尊严璘不如叔晦（沈焕），若启迪后进则璘不多逊。”他是一位出色的教育家。他没有当过高官，但人们都很尊敬他。袁燮说舒璘“笃实不欺，无毫发矫伪”，杨简赞他“孝友忠实，道心融明”，楼钥说“璘之于人如熙熙之阳春”，文天祥道“广平之学，春风和平”。由此可知舒璘为人为学之道了。淳祐中特谥文靖。著有《诗学发微》、《广平类稿》、《诗礼讲解》等。

吕祖俭

吕祖俭（？ ~ 1196），字子约，号大愚，是金华理学大师吕祖谦之弟，他兄弟两人对朱熹理学、象山心学兼取其长，不守门户之见，为学以“高明正大，简易明白”为要旨。吕祖俭于淳熙九年（1182）至淳熙十四年（1187）任明州监仓，与甬上学者杨简、袁燮、舒璘等过从密切，与沈焕、沈炳兄弟尤善，其子吕乔年娶沈焕女为妻。吕、沈间既是学问同道，又是儿女姻亲，往来更为密切。时沈氏兄弟在竹洲，吕祖俭仓署在城东，为便于朝夕相处，他的朋友船场官王季和为他特制一条小船，供其在湖上往来，吕祖俭为此作了一首诗："湖光拍天浮竹洲，隐然一面城之幽，中有高士披素裘，我欲从之恐淹留。探囊百金办扁舟，又烦我友着意修，微风一动生波头，飞棹来往倦则休。"反映了当时湖上高士的雅趣。吕祖俭也经常在竹洲讲学。人称"四明四先生"，其实还应加上吕祖俭、沈炳两人，称"四明六先生"才是。

宁宗即位，任吕祖俭为太府丞，当时韩侂胄擅权，他暗地叫正言李沭弹劾右相赵汝愚，赵汝愚被罢，吕祖俭认为赵汝愚之过，不如李沭所言之严重，上奏宁宗言赵汝愚不该罢相。韩侂胄听了大怒，威胁吕祖俭道："吕寺丞乃预我事邪？"同时，国子监祭酒李详、国子博士杨简，也因论赵汝愚不该罢相事，为李沭所劾而罢官，吕祖俭不顾生死对宁宗说："陛下登基初任用一批忠良之臣，而不久朱熹、彭龟年、李详、杨简等皆因忠直之言而被排斥，恐怕以后天下有当言之事，大家都钳口不言了，这难道是国家之利吗？许多能言之士感到难言，不是由于怕得罪皇上，而是怕忤意权势。"他还大义凛然地向宁宗奏道："故凡劝导人主事从中出者，盖欲假人主之声势以渐窃威福耳。权臣怙宠，摇撼外庭。臣恐政归幸门，不在公室，所荐皆其私，所倾陷皆其恶，深恐陛下孤势，而相与维持宗庙社稷者寝寡也。"这一刺斥韩侂胄的疏一上，吕祖俭就被扣上"朋比罔上"之罪安置韶州。中书舍人邓驿上奏，言祖俭罪不至贬。韩党假传御笔批道："祖俭意在无君，罪当诛，窜逐已为宽恩。"楼钥上书道："祖俭以言事得罪，投之岭外，万一即死，圣朝有杀言者之名，臣窃为陛下惜之。"楼钥上书后，宁宗问楼钥所言何事，方知祖俭被逐，是韩侂胄假传圣旨。于是将祖俭改迁吉州，又移至高邮。吕祖俭被谪时，朱熹在给他的信中说："熹以官则高于子约，以上之顾迁恩礼则深于子约，然坐视群小之所为，不能为一言所报効，乃令子约独舒愤懑，触群小而蹈祸机，其愧叹深矣。"吕祖俭在谪所仍然读书穷理不止，平时穿着草鞋翻山越岭采摘草药，以卖草药度日，生活极苦而他安之若素。他说："因事变有所摧折，失其素履者固不足以言矣；

因事变而意气有所加者亦私心也。”他终生明理求实，学行一致，为世所敬。在高邮谪所二年逝世。《宋史》将他列入“忠义传”。遗文有《大愚集》。

吴　潜

吴潜（1196 ~ 1262），字毅夫，南宋宣州宁国（今属安徽）人，宁宗嘉定十年（1217）举进士第一，授丞事郎签镇东军节度判官，后历任朝廷及地方要职多年。吴潜胸怀大志，忧国忧民，励精图治，以振兴弱国为己任，每上疏言事都能针对时弊，恳切呈辞，披肝沥胆，无所隐讳。曾上疏理宗要求收召贤哲，选用忠良，屏斥“贪残者”，诛杀“怀奸党贼者”，放逐“贾怨误国者”，并言不可让小人和君子并进，在重要地区要预蓄人才以备患，提出“顺天意，理民情”为致治之本。致书丞相史弥远要他用老成廉洁之人，选用良将以御外患，革除吏弊以新治道。吴潜通晓军事，他分析元蒙灭金以后的边防形势后说：“金人既灭，蒙人代金，与比为邻，当以和为形，以守为实，以战为应。”提出既要有备无患，又不可轻举妄动的战略。淳祐十一年（1251）晋参知政事，授右丞相兼枢密使，封崇国公，次年罢相。

开庆元年（1259）元兵围攻鄂州（今湖北武昌），复吴潜右丞相、枢密使职，吴潜指挥军务，调集各路兵马击退元兵。他认为南宋国势衰微，祸根在于“奸臣憸士设为虚议，迷国误军”，严词抨击丁大全、高铸、肖太来、沈炎等佞臣误国之害。当时权奸贾似道当国，他与吴潜有宿怨。吴潜任右相时，命贾似道“移司黄州”。黄州居鄂下游，是元兵往来要冲之地，贾似道认为这是吴潜有意要置他于险地，怀恨在心，在他任右丞相后就蓄意诬陷吴潜。理宗将要立赵禥为太子，吴潜以为不宜，密奏时言及“臣无弥远之材，忠王（赵禥）无陛下之福”。一言触痛理宗隐处，理宗大怒，贾似道趁机挑拨，吴潜被贬谪建昌军，徙潮州、代州团练使，循州安置。景定三年（1262）五月吴潜预感死期将临，对人说“吾将逝矣”，是夜风雨大作，吴潜端坐而逝。吴潜死后举国悲恸，士民哀痛国丧良相。恭帝德祐元年（1275）追复吴潜原职，特赠少卿。

吴潜两次来明州，一在端平年间（1234 ~ 1236），以工部侍郎知庆元府兼沿海制置使；一在宝祐年间（1253 ~ 1258），以观文殿大学士授沿海制置大使判庆元府。吴潜在明州兴学术、建城墙、修水利……办了不少好事。开庆元年重修“逸老堂”刻李白像与贺知章同祀，并作《重修逸老堂记》，对贺知章的人品及他之所以勇退的原因作了独具卓见的评述，此文堪与范仲淹的《严先生祠堂记》媲美；吴潜治郡三年，凡碶契、堰埭、湾塘等有关水利的设施都加固重修，建“时亭”于平桥右侧，平桥南立水[illegible]字于石[illegible]视“平”字之淹没与否为启闭闸门之准则，字淹则泄，字出则蓄。他在《平桥水则记》上写道：“余数祈归老，行且得请，然于此郡之丰歉不能忘，故置水则于桥下，而以平字准之。”说明他对明州百姓生活的关心。

吴潜是南宋著名诗词家，词风凄劲、激昂，他借词抒发他济时忧国的抱负，“报国无门空自怨，济时有策从谁吐”这两句词深刻地表达了他壮志未酬的悲愤情怀。著有《履斋诗余》、《论语士说》、《履斋先生遗集》4 卷。

王应麟

王应麟（1223 ~ 1296），字伯厚，号深宁，原为河南开封祥符县人，金兵入侵，其祖辈随宋室南迁定居鄞县。应麟出生于鄞，与其弟王应凤系双胞胎，都聪明过人。王应麟九岁时已能通读六经，理宗淳祐元年（1241）中进士，但他并不以登第为荣，认为当时读书人追求举业，只知沽名钓誉，功名得到后就委弃一切，制度典故漫无所知，这不是国家所要的通儒。于是继续发奋，于宝祐四年（1256）中“博学宏词科”，王应凤也于开庆元年（1259）中“博学宏词科”，一门双中“博学宏词科”，受到皇帝褒奖。

某年宋理宗亲临集英殿主考，理宗欲将第七卷置于卷首，叫王应麟复核，王应麟看了试卷后就向理宗顿首致贺说：“是卷古谊若龟镜，忠肝若铁石，臣敢为圣上得士贺。”唱名时方知这是文天祥的考卷，文天祥遂中第一名进士。王应麟迁主管三省枢密院架阁文字，又迁国子录、太常寺主簿。理宗向他问政，王应麟道：“眼前淮蜀等地都勿安宁，淮蜀等地与京畿有唇齿之忧，望陛下不要宴安自逸，不要只听悦耳之言自宽。无事时忧患警惕，有事时才能临危不惧。不要被只报喜不报忧的人所欺蒙。”当时丁大全执政，他是隐瞒真情讳言边境事的佞臣，他忌恨王应麟，便罢了王应麟的官职。不久丁大全事败，王应麟被重新起用，通判台州，召为太常博士，擢秘书郎。

度宗嗣位，王应麟摄礼部郎官兼崇政殿说书，起草“百官表”。他嫌宰相贾似道为人，有意疏远，贾似道也想排斥王应麟。有人劝王应麟不要得罪贾似道，王应麟道：“忤相之患小，负君之非大。”王应麟素以博学闻名，累迁起居舍人兼权中书舍人、吏部侍郎。德祐元年（1275）授中书舍人兼直学院、国史实录院修撰兼侍读，又迁礼部侍郎兼中书舍人。后因左丞相留梦言任用私人，曲意庇护，王应麟上书陈说利害，疏上不报，王应麟便辞官归里。返里后不问外事专心著作，暇时则徜徉于两湖之滨。他精通经史子集，史家称他“博学多闻，在宋代罕其伦比”。

入元以后，王应麟拒绝出仕，所有著述只书干支，不写年号，以示他不臣服于元。一生著述丰富，主要有《困学纪闻》、《玉海》、《通鉴地理通释》、《汉书艺文志考证》、《通鉴答问》、《词学指南》、《三字经》等三十余部，《深宁集》695卷。《困学纪闻》是他考订评论经史百家、历代名物制度的读书札记，共两千多条，是一部颇有影响的学术著作。他在自序中写道：“幼承义方，晚遇艰屯，炳烛之用，用志不分，困而学之，庶自别于下民。”这部书是他“困而学之，述为纪文”，故名“困学纪闻”。他又以独家之力，编写了《玉海》二百卷，起自三皇五帝，迄于宋末，经史子集、百家传记，无所不包。他在编著鸿篇巨制的同时，又作《三字经》为蒙童修身立德的启蒙读物，今联合国教科文组织已将它推向世界。

袁　桷

袁桷（1266 ~ 1327），字伯长，号清容居士，鄞县人，自幼好学，读书达旦而不倦，初从戴表元学，后师事王应麟，精于史学，尤长于“典故制度”之学。

袁桷生于宋末，长在元初，两朝兴衰袁桷皆有所见。他在元朝做官多年，但志气、行事仍秉承王应麟的师教。20岁时被举为茂才异等，元成宗大德元年（1297）荐为翰林国史馆检阅官，升国史院编修，迁待制，再拜集贤学士，参与纂修累朝学录，编修宋、辽、金三史。又奉诏撰修元成宗、武宗、仁宗三朝大典，凡朝廷制册、勋臣碑铭大都是他所作，文章博洽，辞采华赡，是元初文臣之佼佼者。

袁桷学于宋仕于元，以民族气节而言内心颇为矛盾，他在《书世绝堂雅集诗卷》一文中写道：“吾乡盛时，比屋皆故家大官，咸淳（1265 ~ 1274）贾似道擅权，绝恶四明，由是衣冠皆为月集，悉不敢议时事，卒至国亡无卖降于外者，当至元末诸老先生尤无恙，时则深宁王先生应麟师表模范，世论雅集犹有洛社耆英之遗意。”（洛社是指北宋时被新党排斥在洛阳的名臣文彦博、富弼、司马光等十三人组织的洛阳耆英会）指出南宋遗老如王应麟等在宋亡之后，没有一人向元蒙投降称臣，同时也委婉地表达了他编两宋遗老诗集《书世绝堂雅集诗卷》的初衷和心态，以及仕元20年内心世界的两重性。

袁桷于泰定元年（1324）辞官还乡，归里后于城南筑“南园”，建“芳思亭”为他读书之处。袁桷在四明撰《延祐四明志》20卷，为“四明六志”之一，是研究浙东史志文化的重要文献。袁桷工于书法，传世的有《旧岁北归帖》等。著作有《易说》、《春秋说》、《清容居士集》、《琴术》等十余部。卒赠中奉大夫、江浙中书省参政，封陈留郡公，谥文清。

范 钦

范钦（1505 ~ 1585），字尧卿，号东明，明世宗（朱厚熜）嘉靖十一年（1532）进士，知随州有政绩，迁工部员外郎。当时朝中大工程频兴，武定侯郭勋为督办，权重势大。范钦因事触犯郭勋，郭勋向上进谗言，范钦被捕下狱，受廷杖。范钦本来无罪，获释后出知袁州（今江西宜春）。袁州是权奸严嵩的老家，严嵩的儿子严世蕃仗势侵吞公产，范钦不畏权势依法阻止，严世蕃大怒。严嵩对严世蕃说："这人是敢于对抗武定侯的人，你打击他反而会提高他的名声。"事虽了，但范钦与严家的怨已结下。后迁范钦为副都御史，巡抚赣南诸郡，继升广西参政，转福建按察使，进云南右布政使，迁陕西左布政使。范钦辗转东西南北，身为一方镇守，保一方平安，做了不少有利于民的事，但也镇压了一些被迫起来造反的农民。后迁兵部右侍郎，时严嵩擅权，明世宗朱厚熜昏庸，朝政腐败，范钦厌于官场生活，未赴兵部上任，就要求解职归里。与范钦同时辞归的有南京兵部尚书张时彻及罢职归里的兵部侍郎屠大山，三人归四明后，相互唱和，共主甬上文柄，人称"东海三司马"，可说是月湖文化又一盛事。

范钦一生爱读书藏书，在各地做官时就留心当地志书典籍，广采博纳，藏书甚丰。致仕以后在城西月湖边建藏书楼，以"天一生水，地成六合"之义取阁名为"天一"。范钦遍购海内孤本异本，抄录他所未有的书，同时又购入城西丰坊万卷楼火烧后之残本，藏书达七万余卷，经史子集皆备，尤以明代各地方志及登科录和四明先辈未经传世之诗文集为贵，其收藏之完备为浙东藏书第一家，天一阁也是至今尚完整无损的中国最古的藏书楼。"良书播惠九州，好事流芳千古"，范钦因天一阁而名载史册，天一阁因富藏书而流芳千古。

著有《四明范氏书目》、《天一阁集》、《明贡举录》、《抚掌录》、《古今谚》等。

万斯同

万斯同（1638 ~ 1702），字季野，人称石园先生，鄞县人。万氏在明代世任武职，有“四世三忠”、“三节一义”之誉，到了万泰由武转文，“弃累代戈矛之传，以文史代驱驰”。万泰系复社名士，生八子——斯年、斯程、斯祯、斯昌、斯选、斯大、斯备、斯同，各有成就，人称“万氏八龙”。斯同最幼，在七岁时明亡，万氏家道中落。斯同幼时最淘气，顽皮时万泰就将他关在空房，不让他同兄长们入家塾读书。而斯同却在空房内偷读家藏的明代史料数十册，读完后又读四书五经。他聪明强记，知识大有长进。有时跟在诸兄长后面听他们议论学问。长兄斯年在家开课，斯同要求一起听课，长兄问他知道些什么。斯同说：“听兄长们所学，我以为并不难。”于是斯年就出难题考他，斯同很快就回答清楚。斯年大为惊奇，对他父亲说“几失吾弟”，万泰也颇为惊异，于是为斯同置办新衣新鞋送他入塾读书。以后万斯同进一步通读五经及唐宋八大家，万泰十分高兴，逢人就说“吾家第八儿，遂能至此，当为善择师友”。顺治十六年（1659）万泰病逝，黄宗羲听到噩耗，即寄书万斯年，邀万氏兄弟到余姚化安山龙虎堂向他受学。万斯同时年 23 岁，徒步百里，第一次到余姚向黄宗羲求教，留恋十日，披览黄氏藏书，回家后作诗道：“何时龙虎堂，相对披经籍。”这次受教使他终生难忘。康熙元年（1662）万氏广济街故居为清兵所占，万氏一家被迫迁居于西郊管村白云庄墓庄。此后万斯同发奋读史，从人借读“二十一史”，读到两目发肿，儿子万言回忆说：“吾父与季野从祖，日不饱一粥，然磨砺史学，从云在楼陈氏借‘二十一史’，入夜无油，就月光读之，光尽则相背诵达旦。”康熙六年（1667）正月，万斯同偕兄弟叔侄及其他学者 25 人，再到余姚求教于黄宗羲。五月，黄宗羲亲自来宁波，授他们刘宗周的《圣学宗要》，郡中同志十余人以为学不讲不明，皆从黄宗羲学。次年黄宗羲再次来甬讲学，并将讲经会定名为“证人”，称为“证人书院”。甬上证人书院有弟子四十余人，其中得到黄宗羲推许的有十六人，万斯同在十六人中最年轻，也最受学友们推崇。李杲堂说他“善读书，其于经史之学，开卷了然，得其纲领”，还说，“若学通古今，无所不辩，则吾不如季野”。

万斯同秉承父师之教，崇尚节气，以明末遗民自居，绝意科举仕途。康熙十七年（1678）诏征博学鸿儒，万斯同坚辞不受。康熙十八年（1679）开局修《明史》，大学士徐元文为总裁，延请斯同入史馆，领翰林院纂修官衔，受七品俸，万斯同仍不愿出仕。后经他老师黄宗羲教导，要他以布衣参史事，不署衔，不受俸，斯同于是同意进京修明史。他北上修史时，众师友为他饯行，他说：“吾此行非他志，显亲扬名非吾志，盖以群书有不能自致者，必资历有力者以成之，可藉手以报先朝矣。”这是他去修明史的目的。黄宗羲赠他一诗道：“四方身价归明水，一代奸贤托布衣。”

《明史》总裁徐文元对万斯同很器重，继徐文元之后有张玉书、陈廷敬、王鸿绪先后任主纂，他们对万斯同也很敬重，诸纂修官的史稿均要送请万斯同审核，万斯同审阅后就指出取某书某卷某页，有某事当亦入；取某书某卷某页，有某事当参校，所指都无差错，万斯同不居纂修之名，隐操总裁之柄，《明史稿》五百卷皆由其手定。万斯同在京为刑部尚书徐学乾编《读礼通考》。同时，他还在京师开设讲会，启导后学，学者尊之如泰山北斗，名公大臣都尊称他为“万先生”，而他始终自称“布衣万斯同”。晚年双目失明，仍以口授方式编史、讲学、答问。

万斯同在康熙四十一年（1702）卒于北京明史馆内王鸿绪馆邸，享年65岁。著作除《明史稿》500卷外，尚有《历代史表》、《儒林宗派》、《两浙忠贤录》、《昆仑河源考》、《五礼通考》、《石经考》、《石鼓文考》、《石源诗文集》等。去世后门人谥为文贞。

万斯同是浙东史学奠基人之一，是一位身份特殊的史学大家。

李邺嗣

李邺嗣（1622 ~ 1680），名文胤，邺嗣乃其字，号杲堂，鄞县人。

李邺嗣一生虽不做官，但名望却很高，他品德高尚，学植深厚，受人尊敬。12岁即能作诗，求学于黄宗羲，毕生致力于诗及古文辞研究，曾为黄宗羲校核《古文雅》和胡学文编辑《甬上耆旧诗》四十卷，为浙东诗文名家。

清顺治五年（1648），他父亲李枫因参与四明山抗清斗争，被捕入狱，李邺嗣亦被驱至定海，关在马厩达70天，经万泰竭力营救，方被释回。同年七月，邺嗣再次被捕下府狱，后因清政府拘捕贤良、滥杀无辜而引起公愤，始被释放。李邺嗣两次下狱，累受折磨，身体虚弱，经常生病，但他仍不计个人安危，仗义疏财，营救同仁不遗余力。黄宗炎因抗清被捕将受重刑，李邺嗣与冯道济倾家荡产将黄宗炎从刑场救出。1664年张苍水抗清兵败被俘，清军到处搜索，凡与张苍水有信件往来者按籍捕杀，李邺嗣暗中施计，使多人免受其害。张苍水在杭州英勇就义后，李邺嗣大义凛然赶往杭州为其营葬，并筑张苍水墓于岳飞、于谦两墓之间，是为彪炳千秋的杭州"三忠墓"。

李邺嗣与万泰、高斗权兄弟等人于月湖建鉴湖社，为地方名士聚集之所，或吟诗作赋，或探讨学术，砥砺士气，共推李邺嗣为盟主。李邺嗣名气既大，浙江官员推荐他应"博学宏词"，李邺嗣坚辞不赴。晚年"力任甬上文献之重"，致力于地方文献的考订整理工作。《甬上耆旧诗》成书后，邺嗣又为众诗人立牌位隆重祭祀，由此可见李邺嗣辑耆旧诗并非为诗而传诗，而是以诗传人，展示甬上文化延绵不绝。

李邺嗣卒时58岁，学问人品人所倾慕，学者尊称他是"杲堂先生"。著有《杲堂文钞》6卷、《诗钞》7卷、《诗文内集》38卷、《西京节义传》2卷、《汉语》10卷、《甬耆旧传》30卷，另有《南朝语》、《拣堂小志》、《传世说》等。

全祖望

全祖望（1705 ~ 1755），字绍衣，号谢山，鄞县人，出生于月湖桂井巷。8岁开始通读《资治通鉴》、《文献通考》，14岁补博士弟子，

16岁应乡试，文章深得名诗人查慎行看重。20岁登范氏天一阁、谢氏天赐阁、陈氏云在楼，遍读藏书，搜阅秘本。又赴杭州赵氏小言堂借阅平时所未见之书，并与杭世骏、厉鹗等名士交友论学，自此学问大进。雍正七年（1729），督学王兰生选全祖望入贡，次年入都，拜谒桐城派古文大师、侍郎方苞，与方苞讨论丧礼，方苞对他刮目相看，十分器重。雍正十年中顺天乡试，内阁学士李绂阅全祖望文卷后，赞叹不已，认为是继王应麟、黄震之后浙东又一大才，于是邀他同住在李府紫藤轩，相互砥砺学问，结为忘年之交，因之全祖望声誉日高。乾隆元年（1736）中进士，为翰林院庶吉士，在翰林院通读《永乐大典》，日尽20卷，抄录了大量在院外见不到的史籍，其中很多是四明先辈著作，如宋版《宝庆四明志》早已绝迹，幸得《永乐大典》编入，使著名的“宋元六志”之一《宝庆四明志》经全祖望抄录得以重归四明。凡此种种，都为全祖望以后成为四明文献大家奠定了厚实的基础。

乾隆二年（1737）张廷玉当国，解散庶常馆，张廷玉素与李绂不和，因此牵连李绂挚友全祖望，全祖望归班于知县候选。全祖望厌恶官场虞诈，绝意仕途，归里居家。不久父母双亡，家境日困，而他好学如故，奋读史书，广收遗闻，写了许多表彰忠义的文章。乾隆十三年（1748）应聘去绍兴蕺山书院讲学，因郡守失礼便辞归。在家专心著作，由于生活贫困，又加上力学不止，耗神过甚，大病一场。乾隆十七年（1752）往广东肇庆，主讲于端溪书院。因旧病复发，次年归里。乾隆十九年（1754）移居扬州养病，扬州系文献名邦，故家藏书甚富，全祖望不顾体力，仍孜孜不倦地读书著书，想在辞世前多留些珍贵文献给乡邦故里。在扬州校注《水经注》，辑补黄宗羲《宋元学案》。是年冬回四明。全祖望自知来日无多，1755年春节刚过就召集他的入室弟子董来纯、张炳、卢镐、蒋学傭等，整理抄录他的著作。他口授旨意，为了对后人负责，将他自认为不满意的文章删去大半。不久其儿子全德昭病故，全祖望心力交瘁，悲恸过度，也于同年七月病逝。一代文宗在巍巍的学术道路上走完他艰辛的一生，卒年50岁。

全祖望是宋元明清四明学术的总结者，也是浙东史学的集大成者，如果没有全祖望以毕生心血整集、提炼、阐发四明文化的辉煌成就，四明后人恐难享受到如此丰厚的文献成果。可叹一代文宗死后却无钱安葬，家人只得出售“双韭山房”藏书万卷得银二百两，才得购办葬具，惨淡营葬。

全祖望有著作三十余部，四百余卷，其碑、记、传等作品都收于50卷《鲒埼亭集》和58卷《鲒埼亭集外编》中。他继李杲堂《甬上耆旧诗》后，又续编自明万历以后的《甬上耆旧诗续编》。他辑补黄宗羲《宋元学案》，对慈湖、絜斋、广平、定川、深宁、东发、静洁、宝峰浙东八大学者的学案补辑尤为完善。他的《七校水经注》、《校订〈困学纪闻〉三笺》、《汉书·地理志稽疑》、《经史问答》等，都有较高学术价值。

徐时栋

徐时栋（1814 ~ 1873），字定宇、同叔，号柳泉，鄞县人。道光二十六年（1846）举人，两次会试不中，后以捐输饷银授内阁中书。平生酷爱读书，更喜藏书，家有藏书六万余卷，在月湖建“烟屿楼”，为其读书、著书、藏书之所。他治学重独立思考，“覃思精诣，治经有心得，不傍汉，不徇宋，常主先秦之书以平众难，故不蹈近人墨守之弊”。他虽不得意于科举，却学有主见，不随流俗，因此能以“经术文章主盟坛坫”，四方学者向他问学求教不绝于时。他博览群籍，尤多着意于乡邦文献。他家业富裕，这为他搜集刊印地方文献提供了有利条件，“搜访乡先正诗文，上自汉唐，以迄于元，踵诸家耆旧之集而益所未备，凡数十册”。手编《四明丛集》凡134卷，40册。（此稿当时没有刻印，流失日本为东方文化馆收藏，后为张寿镛编《四明丛书》时采用）宋元《四明六志》，为古代志书之善本，年久散佚，徐时栋多方搜集遗文，考异订讹，重新校刻宋元《四明六志》，并著《〈四明六志〉校勘记》，使六志得以流传后世。他是继全祖望之后又一乡邦文献学专家。

同治七年（1868）受聘主持鄞县志局，为充分利用他家藏书，将志局移到他西门外新宅水北阁，并借阅卢氏抱经楼、杭州丁丙八千卷楼藏书千余种，仿国史馆所编列传之例，对方志所采用资料出处一一注明，开方志编纂之先例。越五年，徐时栋病重，临终前不语私事家事，执志局董沛之手，以编志书事郑重委托。1874 年志成，光绪三年发行，称《光绪鄞县志》，是四明志书中又一部善本。

翁文灏

翁文灏（1889 ~ 1971），谱名存璋，字咏霓，号君达。鄞县歧阳乡石塘村人，居鄞县城内，湖西有翁文灏住宅。光绪二十八年（1902）中秀才，1906 年进上海震旦学院，读法义、数学。1908 年参加浙江省官费留学生考试，遂赴比利时耶文大学学习，专攻地质学。1912 年以优异成绩毕业，获物理及地质学博士学位。1913 年初归国，参加留学生文官考试，获第一名，任农商部检事，并在地质研究所任讲师、教授，开展地质调查。1922 年到 1931 年兼任清华大学地质系、北京大学地学系教授，和丁文江等人组织中国地质学会，并任第一届学会副会长，1924 年任会长。曾多次出席太平洋科学会议和国际地质会议。1931 年代理清华大学校长。20 世纪 30 年代初，宋子文任行政院长时曾请翁文灏任教育部长，翁托辞未就。1932 年任隶属于国民政府参谋本部的国防设计委员会秘书长。1934 年初，国防设计委员会改为资源委员会，翁文灏仍为该会秘书长。1937 年 4 月，国民政府组织外交使团参加英王乔治六世加冕典礼，翁文灏为使团成员兼秘书长。他受命随使团访问英、法、德、前苏联四国，了解欧洲诸国政要对即将爆发的中日战争的立场和态度，9 月返回南京时，抗日战争已全面爆发。1938 年 1 月任经济部长兼资源委员会主任委员和工矿调整处处长，主管战时军需生产，同年 11 月工矿调整处改为战时生产局，翁兼任局长。1945 年任国民政府行政院副院长，同时进入国民党中央委员会。抗日战争胜利后，翁文灏任行政院副院长，但辞去了其他兼职，1948 年 6

月任行政院长。抗日战争结束后蒋介石背信弃义，倒行逆施，发动内战，翁文灏在行政院长任内违心地在电台发表“戡乱”广播讲话，受到人民斥责。由于国民政府腐败，国家经济崩溃、物价暴涨，翁文灏与财政部长王云五、中央银行总裁俞鸿钧等搞“币制改革”，发行“金圆券”，通货恶性膨胀，民不聊生，翁文灏辞去行政院长职。1949 年 2 月李宗仁任代总统，李邀翁任代总统秘书长。由于局势急转，翁辞去国民政府一切职务，不随蒋介石去台湾，并隐居香港。1950 年赴法国讲学。1951 年初，经周恩来总理安排，翁终于冲破重重阻碍，返回香港，3 月经广州北上北京，抵京时受到中国科学院院长郭沫若等人欢迎，周总理设宴招待。翁文灏回国后，闭门读书著述。1954 年起任地质出版局特约编辑，当选第二、三、四届全国政协委员，国民党革命委员会中央委员会常委，台湾和平解放委员会副主席等职。毛泽东在《论十大关系》中特别提到翁文灏是“有爱国心的国民党军政人员”。1971 年初在北京逝世，终年 82 岁。

翁文灏是著名的地质地震学家，他在比利时耶文大学学习时，经过多次地考察，完成博士论文《勒辛地区的含石英玢岩研究》，填补了国际岩浆岩研究的空白，是我国第一位获得地质博士学位的人。

1951 年他从法国回来后，专心于学术研究，他在完成《人类进化史纲》、《中国古代史新研》等著作后，写了一首诗：“自度辛勤卅载更，愧于政理失分明。猿人演进慚多昧，军阀贪私痛久行。枉历六旬虚用力，尚须多日苦收成。愿从社会前途想，细绎史篇判浊清。”这也可以说是他内心的独白。

（载于2001年宁波出版社出版的《千年月湖》）

四明文采

南宋诗词家　张孝祥

张孝祥（1132 ~ 1170），字安国，号于湖居士，祖籍四川简阳。孝祥出生于鄞县雷峰，在鄞县长大。孝祥伯父张邵曾出使金邦，被金邦拘留达15年，威武不屈，视死如归。回朝后劝秦桧遣使迎还钦宗，为秦桧所忌，返四明闭门读书，隐居不出。张邵对孝祥十分钟爱，视同己出。孝祥聪明过人，读书过目不忘，文思敏捷，下笔数千言顷刻便成，16岁就名闻乡里。绍兴二十四年（1154）赴临安廷试，策问名列第一。同科者有秦桧之孙秦埙，曹泳之子曹冠。考官原定秦埙第一，孝祥第二，曹冠第三。宋高宗赵构读三人策文后，认为秦埙之文全套秦桧，而孝祥之文独有见识，便擢孝祥为第一，曹冠第二，秦埙则列第三，并亲书《皋陶谟》赐给孝祥。秦桧见秦埙名次在孝祥之后，大为不快，得知孝祥名列第一，秦埙在第三，是高宗御批，就更为恼火。后来了解到张孝祥是张祁的儿子，而张祁曾支持胡寅反对过秦桧，就越发震怒，说胡寅虽已贬逐远方，而他居然还能影响他故人的儿子擢中状元，就设计陷害张祁。同时，曹泳在张孝祥高中后，想把女儿嫁给孝祥，被张孝祥拒绝，因此也恼恨在心，就和秦桧一起诬告张祁有谋反意，张祁被囚禁在大理寺狱中受尽苦楚。直至秦桧死后，张孝祥上疏为父亲辩诬，张祁冤案才得以昭雪。张祁复官后，孝祥也被授予秘书省正字。宋朝官制，只有廷试第一，才能授秘书省正字。

张孝祥年轻有为，几次上奏疏，要求改革秦桧任宰相时的许多弊政，多数被采纳。绍兴三十二年（1162），孝祥以左承议郎衔知抚州，时年纪还不到三十，但理事有方，为老于州事的官员所不及。宋孝宗隆兴元年（1163），主战派领袖张浚自蜀还朝任枢密使，荐举孝祥为都督府参赞军事兼建康留守。后因孝祥积极襄助张浚北伐，被主和派汪彻弹劾罢官，但不久又复用，历任知潭州等地的地方官，在知荆南任湖北路安抚使时，筑堤坝，除水患，建万盈仓储备各处漕运粮草等，政绩卓著。不幸，孝祥只38岁，便在芜湖中暑身亡。后人以张孝祥短暂一生的学识行事，认为他“文章政事皆过人远甚”。

张孝祥不仅是一位年轻有为的政治家，同时还是一位气概不凡的文学家和笔力遒劲的书法家。宋高宗每次看了孝祥亲书的奏折后，总是赞赏他的文墨，认为“必将名世”。张孝祥一生作词甚多，可惜至今传存的只有一百八十余首。

张孝祥的诗词，气势雄伟，风格豪迈，可以上追苏轼，肩平稼轩，称得上南宋豪放派词人中的一大家。他的诗词充满浓烈的爱国情感，其中最著名的有《六州歌头》（长淮望断）：

> 长淮望断，关塞莽然平。征尘暗，霜风劲，悄边声。黯销凝。追想当年事，殆天数，非人力；洙泗上，弦歌地，亦膻腥。隔水毡乡，落日牛羊下，区脱纵横。看名王宵猎，骑火一川明，笳鼓悲鸣，遣人惊。
>
> 念腰间箭，匣中剑，空埃蠹，竟何成！时易失，心徒壮，岁将零。渺神京。干羽方怀远，静烽燧，且休兵。冠盖使，纷驰骛，若为情！闻道中原遗老，常南望，翠葆霓旌。使行人到此，忠愤气填膺，有泪如倾。

孝祥《六州歌头》作于1163年。时张浚北伐军在符离溃败，朝中和议之声复起。面对国事全非，孝祥内心十分悲愤，积郁于内而形诸笔墨，在一次酒席上，感慨万千，秉笔疾书，一气呵成此词。词的上阕描写中原地区被金兵蹂躏践踏，到处一片凄凉景象，而敌人却气焰嚣张，在故国河山上骄纵横行。下阕感叹自身报国壮志无成，诉说中原父老南望王师的忠愤之心，痛恨朝中那些主和派，乘战事失利，竞相奔走于屈膝求和的勾当。全首词弥漫着慷慨沉痛、忠愤填膺的爱国正气。张浚当席读《六州歌头》，万分沉痛，酒难下咽，罢席而入。

张孝祥留世的诗文集有《于湖集》、《于湖词》等。

南宋词人　吴文英

吴文英（1200 ~ 1260），字君特，号梦窗，又号觉翁，四明人，是南宋一位独具风格的著名词人。著有《梦窗词》甲、乙、丙、丁四稿。流传的词将近 350 首之多。南宋词人中除辛稼轩外，作品数他最多，是一个颇有影响的词人。

吴文英虽然布衣终身，但结交的达官显贵却不少。他和嗣荣王赵与芮、参知政事吴潜、京湖制置大使贾似道、史弥远之子史宅之等都有唱酬交往，而和吴潜、史宅之的关系尤为密切。他曾写了四首贺贾似道的小词，人们认为他阿谀权贵，引起大家对他人格的怀疑。贾似道是理宗当朝时的权相，为人阴险残暴，做了许多坏事，历史上多认为他是加速南宋灭亡的罪魁。吴潜和贾似道同朝，曾任参知政事，主张励精图治，积蓄力量，收复国土，甚得朝野好评。由于吴潜任左相时曾命贾似道“移司黄州”，黄州在鄂下游，是元兵往来要冲之地。贾似道认为是吴潜有意要置他于险地，怀恨在心。贾似道任宰相后，就蓄意诬陷吴潜，吴潜终于被诬害致死。吴潜生前，吴文英和他诗词酬唱，过从甚密，而在吴潜被害后，吴文英还以小词投赠贾似道，于是引起士林非议，认为他品格不高，词格也不高。对此，刘毓崧在《梦窗词叙》中曾为梦窗辩解，说梦窗“与贾似道往还酬答之作，皆在似道未握重权之前，至似道声势熏灼之时，并无一阕投赠”，说明吴文英并不是趋炎附势的小人。责备梦窗也罢，或是为他辩解也罢，如果不拘成见，从吴文英一生行迹及其所作的诗词来看，并无谄媚巴结权贵的意思。他虽然潦倒终生，却没有向当道权贵乞求一官半职。夏承焘在《吴梦窗系年》结尾时说：“读其投献贵人诸词，但有酬酢而罕于求，在南宋江湖游士中，殆亦能狷介自好者耶。”这对吴文英人品词品的评价是比较公允的。不过吴文英处在山河半壁、国事危难之秋，而他的作品大都是表示个人的欢爱忧伤，很少有忧国忧民、忠愤填膺之作，自然称不上豪杰之士。

有的词论家批评吴文英的词重形式而轻内容，说他重形式自然是不错的，词家依声填词，当然要根据词的格律来表现内容。吴文英自己就说过：“盖音律欲其协，不协则成长短诗；下字欲其雅，不雅则近乎缠令之体；用字不可太露，露则直突而无深长之味；发意不可太高，高则狂怪而失柔婉之意，思此则知所以为难。”可见他对词的格律形式十分重视。他重视词的形式，但不能因此就认为他轻视词的内容，他的词除了表达个人的欢爱悲愁之外，也常借历史遗迹来抒发千古兴亡之感慨，这不能说和他当时忧国伤时的感情无关。如《八声甘州·陪庾幕诸公游灵岩》一词，其中有“宫里吴王沉醉，倩五湖倦客，独钓醒醒。问苍天无语，华发奈山青”之句，描写夫差沉湎，范蠡清醒，致使强国亡，弱国兴的成败教训，寄托他对国事兴废的感怀，由此就不能说他的词只重形式不重内容。如果和他写作年代的历史背景联系起来看，则他的作品大都是托兴之作，不是无病之吟。

他的代表作《莺啼序》是词中最长的调子（全篇共240字），也是最足以显示吴文英词家功力的一首词。

残寒正欺病酒，掩沉香绣户。燕来晚，飞入西城，似说春事迟暮。画船载，清明过却，晴烟冉冉吴宫树。念羁情，游荡随风，化为轻絮。

十载西湖，傍柳系马，趁娇尘软雾。溯红渐，招入仙溪，锦儿偷寄幽素。倚银屏，春宽梦窄，断红湿、歌纨金缕。暝堤空，轻把斜阳，总还鸥鹭。　　幽兰旋老，杜若还生，水乡尚寄旅。别后访，六桥无信，事往花委，瘗玉埋香，几番风雨？长波妒盼，遥山羞黛，渔灯分影春江宿，记当时，短楫桃根渡。青楼仿佛，临分败壁题诗，泪墨惨淡尘土。　　危亭望极，草色天涯，叹鬓侵半苎。暗点检：离痕欢唾，尚染鲛绡，亸凤迷归，破鸾慵舞。殷勤待写，书中长恨，蓝霞辽海沉过雁，漫相思，弹入哀筝柱。伤心千里江南，怨曲重招，断魂在否？

这首词正是他“音律欲其协”、“下字欲其雅”、“用字不可太露”、“发意不可太高……”艺术主张的体现。《莺啼序》回忆“十载西湖”，感伤眼前落英缤纷的暮春景色，悼念失去的情人，诉说内心的悲痛，词的内容虽然比较狭隘，但词人的感情却十分真挚。词论家们对这首词毁誉参半，从来没有一首词有像《莺啼序》那样决然相反的两种评价。称赞的，如陈廷焯说它“全章精粹，空绝千古”（《白雨斋词话》），成了千古绝唱。贬斥的，如张炎说它“如七室楼台，眩人眼目，拆碎下来，不成片段”（《词源》卷下），指责它纯粹是辞藻的堆砌，毫无意义。

中国古典文学专家叶嘉莹教授对梦窗词作了精细的研究，她说自己“细心吟绎了一番，于是乃于梦窗词中发现了一种极高远之致，穷幽艳之美的新境界”，她认为梦窗的词是“将时间与空间，现实与假想错综杂糅起来叙述的方法”（《拆碎七宝楼台——谈梦窗词之现代观》）。这就很像现代派诗人的表现手法了。叶嘉莹认为这是在古代词人中，吴文英所独具的“超越时代的深思敏悟的创作精神”。没想到这位南宋时的四明词人，六百多年后遇到了知音。

元戏剧家　高则诚

高明（约 1301 ~ 1371），字则诚，号菜根道人，浙江瑞安人，晚年隐居鄞县南乡栎社著《琵琶记》。

《琵琶记》是高明根据民间流传的南戏《赵贞女蔡二郎》（以下简称《赵贞女》）重新改写的。《赵贞女》描写东汉时蔡伯喈上京赶考，得中状元后入赘牛丞相府，贪恋功名富贵，长期不归，赵五娘含辛茹苦侍奉公婆，自己吞糠咽菜支持门庭，后又碰到荒年，公婆双亡，赵五娘独自用麻裙裹土埋葬了公婆，后到京师寻找蔡伯喈。找到蔡伯喈后，蔡不仅不认赵五娘，反而让马来践踏赵五娘，蔡伯喈忘恩负义遭到天谴，被雷轰死。此戏在江南一带广泛演唱，可以说是家喻户晓。陆游《小舟游近村舍舟步归》一诗写道“斜阳古柳赵家庄，负鼓盲翁正作场。身后是非谁管得？满村听说蔡中郎”，就是指此。高则诚有感于此，就将《赵贞女》改写为《琵琶记》，故事情节作了很大的变动。《琵琶记》描写蔡伯喈因父母年老，不愿上京应试，但父亲一定要他去，他只好去了。伯喈到京，果然中了状元，牛丞相要选伯喈为婿，伯喈不允。牛丞相强将他留在牛府与牛小姐成婚，伯喈不得已被逼成婚，但心里时刻思念家中的父母妻子。伯喈在京城享受荣华富贵，而他老家的父母妻子却饥寒交迫，靠了他妻子赵五娘苦熬苦撑和邻居张广才接济才勉强度日。后来蔡伯喈父母相继亡故，赵五娘卖发买棺，以麻裙兜土造坟葬了蔡公蔡婆，而后画了公婆真容，背了琵琶，沿途唱劝世文到京城寻夫。见了丈夫诉说家中苦情，责备伯喈不顾双亲的罪过，感动伯喈，上表陈情，回家祭墓，赵五娘和牛小姐结为姐妹，都得到皇帝封赠。高则诚将蔡伯喈对父母“生不能养，死不能葬，葬不能祭”的“三不孝”罪孽改写为蔡伯喈不肯赴考，父亲不从，他要辞官养亲，皇帝不从，他要辞婚，牛丞相不从的“三不从”。用“三不从”来开脱“三不孝”，将负心归过于情势所逼，最后是用一夫两妻、夫荣妻贵、忠孝节义大团圆落案。将揭露批判作践妇女、忘恩负义之徒的民间故事，变成了宣扬忠孝节义、善有善报的封建伦理道德戏。高明之所以要这样改编《赵贞女》，自然和高明本身具有正统的封建伦理思想有关。

高明早年受学于理学家黄溍，以后又熟读《春秋》，认为“人不明一经取第，虽博奚为”。他是受儒家思想熏染成长的，一生一世的所作所为都遵守儒家的规范，《琵琶记》则是他宣扬儒家思想的代表作。同时，他又是一位士大夫，对蔡伯喈的人品自然有他的看法。蔡伯喈虽然在董卓擅权时做官，但他毕竟是一位大学问家、大书法家，平时为人正直有为，曾上书议论朝政缺失，并因此而获罪受害，他的《述行赋》敢于揭露当时统治者的奢侈腐败，同时对民间疾苦寄以同情。作为封建士大夫的高明自然对蔡伯喈怀有敬意，而《赵贞女》中将蔡伯喈写成不孝不义之徒，他就出来为蔡翻案。《琵琶记》虽然歌颂了忠孝节义的封建伦理，但是高明对封建统治下的现实还是不满的，这类不满情绪在《琵琶记》中时有流露，如他对下层妇女在封建制度下的悲惨遭遇，对百姓受欺受压的苦难生活，寄予深切的同情；上对官居极品的牛丞相的仗势压人，下对社长、里正等地方爪牙的专横作恶，给以无情的揭露，在一定程度上反映了社会的黑暗。

《琵琶记》艺术成就较高，不仅词采华赡，音律和谐，结构紧密，对比鲜明，有很强的戏剧效果，而且高明相当重视人物性格的塑造，如赵五娘、张广才等形象，至今还能在舞台上感动观众。

《琵琶记》一出就引起强烈的反响。明太祖朱元璋对它十分赏识，将它和四书五经并提，认为是富贵人家不可缺少的精神食粮。这当然和它宣扬封建伦理教化有关，但也由于它艺术成就高，因而受到普遍重视。人们将它和《西厢记》并列，认为《西厢记》是北曲之宗，《琵琶记》是南戏之首。明朝一代就出有四种《琵琶记》和《西厢记》的合刻本。龙洞山农在《刻重校北西厢记》序中说："词曲盛于金元，而北之《西厢》，南之《琵琶》尤擅场绝代。"说明《琵琶记》和《西厢记》在戏曲史上的地位是相等的。

由于《琵琶记》作于宁波，因此宁波人对《琵琶记》有一定的感情，清著名历史学家万斯同的《鄮西竹枝词》写道："终宵曲就聚灯花，异事人传高永嘉（高原籍永嘉），还有风流栎社长，直教老手夺《琵琶》。"相传高明在栎社著《琵琶记》深夜不息，边写边按拍歌舞，将楼板也踏穿了，桌上两支蜡烛的烛光也因震动而交织在一起，于是人们就将高明作《琵琶记》的楼称为"瑞光楼"。

明文学家　屠　隆

屠隆（1542 ~ 1605），字长卿、纬真，号赤水，鄞县人。他早年就以才华超群而闻名甬上。屠隆秉性放达，潇洒倜傥，任青浦县令时和当地名士同游九峰、三泖，饮酒赋诗不拘小节，自称为"仙令"。由于他任县令时政绩卓著，官誉甚好，因此很快调京升迁为礼部主事。任礼部主事时结识西宁侯宋世恩，两人情意相投，宴游吟唱，过从甚密，宋世恩将屠隆看做兄长，西宁侯夫人也重屠隆之才，以兄长礼待屠隆。此事引起刑部主事俞显卿的忌妒。俞显卿是个阴险小人，由于屠隆任青浦县令时拒绝俞显卿的干谒（送礼拍马走后门），轻视俞显卿之为人，因此俞显卿羞恼在心。俞显卿考中进士后授官刑部主事，于是就借机报复，诬蔑屠隆和宋世恩“淫纵”，并和宋世恩夫人关系暧昧，此事影响到礼部尚书陈经邦。屠隆等上疏辩诬，并指控俞显卿挟私诬陷，为此，上司将屠隆和俞显卿两人同时罢官。屠隆被罢官后回鄞县，途经青浦，青浦父老为他筹募田宅，叫屠隆长住青浦，屠隆谢辞，在青浦欢饮三日，返回故乡。屠隆回故乡后绝意仕途，靠卖文为生，更加纵情于诗酒，虽然生活已很拮据，但仍然热情好客。他才情横溢，写诗作文一挥数纸，看来似乎很不经意，但不落窠臼，识见往往有独到之处。他曾戏请二人对案，出两个题目，各赋百韵，他谈笑自若，举笔成文，两题同时完成。有一次，他一面和人下棋，一面口诵诗文叫人笔录，棋子一步不乱，诗句源源而出，使录写的人赶写不及。由此可见，屠隆的才思敏捷确非一般人所能及。他的夫人沈氏、女儿瑶瑟都会作诗，屠隆有所作，女儿、夫人一起和咏，传为美谈。沈、屠两家兄弟曾刻沈氏和瑶瑟的诗，合集为《留香草》。

屠隆在文学上的造诣是多方面的，诗、文、戏曲、书画，各方面都有成就。他作诗重“兴趣”，认为“古诗多在兴趣”，反对“以古绳今”，认为“诗之变随世递进”，不同时代，应当有不同风格的诗，诗人作诗是自己情性的抒发，“只求自得，不必袭古”（《论诗文》）。他擅长作长诗，往往在谈笑之间，数百言长诗就作了出来，《青浦道士吟留别京邑诸游好》抒发他被谗罢官归里时豁达的心境，率真自然，不加雕琢，可以说充分展现了屠隆诗的特色。他在鄞县作了许多山水诗，其中《与汪长文游四明山作》一诗，表达了他对故乡山山水水的深情，同时亦是他借山水之意反映他遣忧解愁、超然物外的傲气。

四明迥奇绝，独立东南州，上与元气合，下见沧海浮，烟霞日莽互，何人穷其幽？二君策高足，能为十日游，白云度千岭，青天开双眸，扪星帝座近，得句山灵愁。倦来卧梦月，海风吹萧飕，洞天闷瑶草，何时寻丹丘。

四明山和五岳比，不算高，屠隆只不过借此来寄托他想弃尘脱俗、过谪仙生活的意愿，其中也寄寓了他对家乡山水的深情。

屠隆流传于世的戏曲有《昙花记》、《修文记》、《彩毫记》三种。《昙花》、《修文》两记都是写修道成仙的故事，于后世影响不大，只能说明道教对屠隆思想影响很深。《彩毫记》是屠隆的传世名作，被选入《六十种曲》，描写的是李白的生平传奇，颇有文采，刻画诗人气质尤见特色，其中"知几引退"、"乘醉骑驴"两出，写得更为精彩。"知几引退"中《谒金门》一曲道："一领朝衫不恋我，三寸彩毫生祸胎，胸中云梦尚无恙，长笑一声归去来！"可说是屠隆借李白之口来表达自己的心事感怀。昆曲折子戏《太白醉写》是《彩毫记·脱靴捧砚》一折的脱胎之作，深受观众欢迎。

屠隆还精于书画，功力深厚。他对绘画艺术也有自己的见解，论画也和论诗观点相似。他论诗重"兴趣"，论画重"意趣"，主张画画要"意趣具于笔前"，画家未落笔，胸中先要有"意趣"在，有意趣则"画成神足"，"自多妙处"。如果画家胸无"意趣"则求形似"刻意工巧"，"有物趣而乏天趣"，画品就不高了。他论画主张不能"以似不似第其高远"，应以意趣为高，学画要"能以画寓意"，要以"天生活泼为法"，要"妙合天趣"，不要只求"纸上形似"，鼓励学画者要学名家笔意，这样才能深得"画意"，这对以后画家重"神似"有一定的影响。

屠隆一生著述很多，有《由拳集》、《白榆集》、《采真》、《南游》等诗文集传世。

明花鸟画家　吕　纪

吕纪（1477 ~？），字廷振，号乐渔，鄞县人，是明代著名的花鸟画家。曾学画于名画家边文进，但青出于蓝而胜于蓝。吕纪擅长画凤、鹤、孔雀、鸳鸯，设色艳丽，生气奕奕，画面杂以花树山石，灿烂夺目。偶尔也画山水人物，笔法严谨，甚有法度。

弘治初，吕纪和林良（著名的花鸟画家）同时应征入官，同直仁智殿，为锦衣卫指挥使。锦衣卫原是护卫宫廷的禁卫军，是皇帝的近侍，后来成为刑审机构。画家自然干不了这种事，吕纪等不过在锦衣卫挂个名，但也说明吕纪是位受皇室看重的宫廷画家，他画的凤、鹤、鸳鸯等属都是富贵寿考吉祥的象征。

吕纪虽然是个承制作画的宫廷画家，但他为人重节操，在画中常常寄寓进规之意。明孝宗对他颇赏识，说“工执艺以谏，吕纪有之”。当然这种所谓进规，只是在画面上表现典丽端庄的法度规范，使皇室宫人看了有所感悟，这和冒颜直谏是不同的。不过能在花鸟画中寓比兴之意，是吕纪的画能成为上品的重要因素。

吕纪留存的作品不少，《鹰雀图》、《桂菊山禽图》、《竹禽双雉图》、《雪景翎毛图》等都是最能反映他艺术风格的代表作。吕纪画的花鸟常常配以风景，布局结构独具一格，如《雪景翎毛图》中一株垂着细枝的积雪老树占了画面的大部分，一对翎毛双双依偎在树下水畔，衬以悠淡的雪景，越发显示出这对翎毛在寒雪中相互温柔体贴的情态，整个画面给人以清寒而温暖、悠淡而高洁的意趣。

吕纪是一代名家，学他画的人不少，如罗素、叶双石、车明兴、陆钧、唐志尹等都是学吕纪而各有成就的画家。

吕纪本人无子，有从子高（字崇岳）、棠（字德芳），都工翎毛花卉，能继承吕纪的画风。

晚清诗人　姚　燮

姚燮（1805 ~ 1864），字梅伯，号大梅山民、复庄。祖籍浙江诸暨，后迁北仑，姚燮生于北仑。祖父姚昀著有诗集，在地方上颇有文名，父亲姚成是县学秀才，故姚姓在北仑称得上是书香门第。姚家有“小有居”，内“泉石寄邃，花木茂微”，每逢春秋佳日，姚昀便邀当地文士来“小有居”饮酒、赏花、赋诗。姚燮自幼就是在诗的环境中长大的。姚燮周岁识字，五岁能诗，童年所作《灯花诗》，大受父辈诗友赞赏，可说是个早慧的孩子。以后他博览群籍，涉猎面很广。姚燮学识渊博，多才多艺，不仅在诗、词、骈文等文学领域有成就，同时对经史也颇有研究，并且善于绘画，对绘画的鉴赏水平很高。任渭长的画，首先是由于姚燮的鉴赏赞誉而负盛名，最终成为南派画家的宗师。任渭长有段时间就住在姚燮的大梅山房作画，画了一百多幅《姚燮诗意图》，以诗意入画境，以画境传诗意，幅幅独具意趣，别开生面，是南派画的珍品。

姚燮虽然才高学富，但在科场上却很不得意，道光十四年（1834）中举后，五次上京考进士，次次落第，以后他便绝意仕途，在家坐馆教学，发奋著述。姚燮一生著述很丰富，教出来的学生也很多，名重一方，堪称浙东名士。但读书人不会理财，中年时家道中落，生计无着。又因鸦片战争中英侵略军攻陷北仑，全家避难宁波，生活更加困迫。徐时栋于道光癸卯（1843）秋记姚燮的生活情况道：“是岁余客杭州，有传某伯（姚梅伯）死者，比归知无恙。过之观中，方作道士装，为人忏悔。相视而笑，出手注《玉枢经》论茗共谈。”弄到寄食道观、当道士糊口的穷困地步，姚燮的晚境是够悲惨的。

姚燮素以能诗自负，他5岁作诗，终生不倦，作诗万余首。姚燮早年的诗重性灵，自言“曩昔为诗，取法袁简斋，下笔立成，觉抒写性灵，具有机趣”。他29岁时刊刻的《疏影楼词》大都描绘欢情爱意和风光山色，笔绪悠闲，词采绚丽，这大概是他“少年忘检束，避礼法如槛困”那种少年得志的风流名士性情的自然流露。其中有些写景诗，有一定的艺术成就，如《韩庄阁舟中七夕杂诗》：“木兰桨子藕花乡，唱罢厅红晚气凉。烟外柳丝湖外水，山眉澹碧月眉黄。”描写秋夜月色颇有意趣，这是他少年不知愁滋味时的诗风。等到他30岁才乡试中举，以后又屡试不第，勤读苦吟捞不到一官半职，再加上生计艰困，“十载九出门”，终年在外奔波也没法解除家中妻儿的饥寒，弄得“寒衣在典不可赎，赤手思炊米无宿。我心如棘君首蓬，相对吞声抵悲哭”（《夜坐吟二章示内子》)，无衣无食，东借西易，“向邻贷得一斗余，计口不敷三日需”(《无米行》)的地步。环境变了，心情变了，诗风也就变了。那时姚燮作诗“一以古法为尺绳，不阿不隐”，重寄兴，重讽喻，已厌弃性灵派的诗风了，认为神韵派、性灵派的诗缺乏社会意义，“施（闰章）王（士祯）树坛坫，其实皆俳优，后来草窃辈，乃有袁赵俦”，彻底否定了王渔洋的神韵派和袁子才的性灵派的诗，虽然有点偏激，但也说明那时姚燮的诗更能正视现实，接触社会了。《复庄诗词》的诗大都反映人民生活的苦难，诗人推己及人，写了不少有社会意义的诗篇，如《哀雁》:

海上之雁尔何来？上飞下飞相徘徊。
自云朔方岁饥苦，欲托残生到南土。
南人苦旱如北潦，江芦洲笋多枯槁。
富家有粟仓廪闭，贫户有鸡卖无地。
曷安尔身为尔计，海上穷兵善矰缴，
将得尔肉谋一饱，不则流落江南乡，
千里愁云迷故道，雁乎尔归兮尚早。

这首诗反映道光年间，外敌入侵，朝政腐败，国势虚弱，南旱北涝，哀鸿遍野，饥民嗷嗷的实际情况。诗人将“哀雁”比作流离失所的灾民，沉痛地写出时代的悲音。这类沉郁、愤懑、质朴的诗风，是《复庄诗词》的基调。从“谋生吾亦倦，前路尔何依，风雪稻粱尽，关河岁月非”(《闻雁》)这类诗句来看，诗人的感情已和苦难的人民交融在一起了。

鸦片战争以后，诗人的心情更加亢奋，诗境更加开阔，每首诗都充满着反帝爱国思想。道光二十一年（1841）英军攻陷定海、镇海、宁波，慈溪、余姚、奉化等地也都遭到侵略军的蹂躏。姚燮一家从镇海逃到宁波，两个儿子几乎遭害。到了宁波，文武官员率先逃走，英军未伤一兵一卒便占领了宁波。姚燮在逃难途中见到种种悲惨景象，义愤填膺，写了不少怒斥侵略者暴行和人民悲痛遭遇的诗，如《捉伕谣》：

城鬼捉夫如捉囚，手裂大布蒙夫头；
锒铛锁禁钉室幽，铁钉插壁夫难逃。
板床尘腻牛血臊，碧灯射隙闻鬼嗥。
当官当夫给钱粟，鬼来捉夫要钱赎。
朝出担水三千斤，暮缚囚床一杯粥。
夫家无钱来赎夫，囚门顿首号妻孥。
阴风掠衣头发乱，飞虫啮领刀割肤。
谁来怜尔喉涎枯！

诗中描写侵略者的凶残，民夫生活的悲惨，若不是诗人亲见亲闻，是无法写得如此具体，如此深刻的。

姚燮的另一类诗是反映鸦片战争中坚持抵抗、视死如归的英勇将士的，如《闻定海城陷五章》之二：

蜃雨濡军帻，狞飙拉将旗，
饮泥怜久饿，摩壁誓同危，
路绝晨嘶马，云昏夕堕鸱，
衔恩持死力，力尽死何辞。

描写英雄将士栉风沐雨、忍饥挨饿、视死如归、坚持战斗的精神，是相当感人的。姚燮后期诗风趋向悲壮，和他早期诗的轻靡是迥然不同的两种风格，这当然和国难、家难促使姚燮思想感情的变化密切相关。

姚燮以能诗自负，实际上，他在学术上的成就实不在诗词之下。他对戏曲、乐府的研究功夫很深，著有《今乐考证》、《今乐府选》。他的《读〈红楼梦〉纲领》在旧“红学”研究中，是一篇值得注意的文章。他的诗文著作大部分收集在《疏影楼词》、《复庄诗词》和《复庄骈俪文榷》中。

近代书法家　梅调鼎

梅调鼎（1839 ~ 1906），字友竹，号赧翁，慈溪（今江北区慈城镇）人。祖籍镇海，后迁慈城，长期在慈城居住。

梅调鼎自幼酷爱书法，早年以学习钟繇、王羲之为主，同时广泛涉猎晋唐以上诸名家书法，兼收并蓄，中年参酌北碑，南北融会，刚柔相济，笔势贯串，自成一体。和会稽赵之谦的魏碑，各立门户。赵以魏参篆隶，体格粗放，而梅则融合晋唐诸大家，娟秀清新。同仁公认“梅赧翁书，其用笔之妙，近世书家殆无有能及之者”，当代书法家沙孟海曾著文推崇梅调鼎书法：“不但当时没有人和他抗衡，怕清代二百六十年中也没有这样高逸的作品。”

梅调鼎布衣终身，不得一第，并不是他文才不足以应试，也不是学识不及那些科举得中的茂林秀才。梅调鼎不应试、不得第，正说明他的人品和书品有过人之处。清代科举制度规定，试帖书写必须用馆阁体（又称“台阁体”），要求大小匀落，横竖整齐，圆润光滑，千字一体。这完全是清统治者束缚诸生的一种思想控制手段，有意抹杀文家的个性。梅调鼎从小就对馆阁体感到厌烦，认为书法至此，全无生意，死气沉沉，庸俗不堪，谈不上什么书艺风骨，因此他从来不写馆阁体的字。由于他不肯附俗，于是就被学台试官取消了参加省试的资格。有人劝他不妨写馆阁体，以求仕进。梅调鼎宁愿不参加考试，不做官，但决不拿书法去趋势附俗，充分表现了书家学者的骨气，可是他这种卓立不阿的品格，反被当时一般俗士所嗤笑，说他不识时务。梅调鼎则淡然置之，益发专心致志，探求高逸的书法艺术。

梅调鼎没有功名，做不到官，就以卖字谋生，但他又有一种“怪脾气”：不肯为达官贵人写字，即使致以重金，他也不屑为之。梅调鼎有个叫严少舫的同乡，在京做小官，有一天，他准备好纸墨，邀请梅调鼎来家饮酒作书。梅调鼎酒后即兴挥毫写了几幅，当写到一幅上款题为

“少荃公台大人之属”时，严少舫在一旁扬扬自得，梅调鼎马上察觉，即对严说：“我今日写的字有酒气，不好。”说毕，当即将这幅字撕毁了。原来，“少荃”就是大官僚李鸿章。

梅调鼎的书品是他人品的反映。他为人重节操，宁可清贫潦倒，也决不趋炎附势，因此终身都过着清苦的生活，靠借贷度日，而他却安贫乐道。某年除夕，他写了一首七律：

年年年底少青铜，惟有今年分外穷。
薪水用残厨灶冷，衣裳典尽箧箱空。
蓬蓬爆竹邻家响，扰扰人言债主荣。
长啸一声过年也，千门万户日曈曈。

贫困砺其志，也砺其字，梅调鼎终年累月地闭门练字。每当雪封冰冻的日子，他就将双手插进雪堆，待两手冻僵以后再奋笔疾书，一直练到出汗为止，数十年如一日，勤学苦练，以此为乐，乐而忘忧。

梅调鼎书法艺术的特点，主要是用笔能“圆”能“断”，圆断结合，相应并用。“圆”即是从中锋运行，圆转流畅，万毫着力而又能藏锋纳气，“断”就是意连笔断、貌离神合的笔法。在严谨的结构中，表现出干净利落、跌宕生姿的态势。圆、断结合，这是他揣摩“二王”笔意中蜕化出来的心得，尤其是这个“断”字，可说是“梅派”的独到之处。他的楷书笔力沉雄，逸而不浮，他的行书则潇洒流利、清秀自然，确为“三百年来所无”。

梅调鼎死后，书法遗作已为当世所重，被视为国之瑰宝。可惜他流传下来的墨宝不多，“十年动乱”中已毁损大半，宁波天一阁及沪甬几位老藏家处尚保存几幅，阿育王寺天王殿前三副石楹联，都出自梅调鼎手笔，幸好无损，可供梅派书法爱好者揣摩。

（载于1986年4月浙江人民出版社出版的《宁波史话》）

明州佛教

四明的第一座寺院——普济寺

传说在秦始皇五年（前 217）就有西域僧人室利防等十八人来中国传播佛教，秦始皇认为佛教和中国异俗，不同意他们在中国传教，并用厚礼将他们遣送出国。汉武帝以后，西域僧人又陆续来中国，开始将佛经传到中国，但没有大的影响。到了东汉明帝时，《大乘》、《小乘》经多部先后译成中文，佛教在中国的影响逐渐扩大。三国时有月支国沙门支谦居东吴，译出大小乘经三十余部，并将佛教和中国的儒家道家思想揉合一起，受到士大夫的赞赏。东吴太子太傅阚泽也开始信佛，他对孙权说："孔、老二教，法天制用，不敢违天；佛教诸天奉佛，不敢违佛。"阚泽说服了孙权信佛，孙权在建康首先建立"建初寺"，阚泽也在赤乌二年（239）舍献自己在慈溪的住宅建"普济寺"，这是宁波的第一座寺院，也是浙江最早建立的寺院。当时佛教在中国仅是初兴时期，寺院主要阐扬佛教教义，还没有形成中国的佛教宗派。

普济寺在今宁波慈湖，寺址已圮毁，但在慈湖中学校园内仍保存有书法家奚虚己书写的经幢。此经幢今已移至保国寺。

天下禅宗五山之第二——天童寺

天童寺在鄞县东乡太白山。太白山山深林密，景色幽邃，古有"深径回松"、"清关喷雪"、"双池印景"、"西涧分钟"、"玲珑天凿"、"太白云生”、“东谷秋江”、“南山晚翠”、“平台铺月”、“凤冈秀竹”等太白十景之称，今辟为森林公园，游人云集，四时不绝。宋时王安石有诗道：“山山桑柘绿浮空，春日莺啼谷口风。二十里松行欲尽，青山捧出梵王宫。”今日对景诵诗，仍感贴切。

天童寺历史悠久，为天下禅宗五山之第二。传说西晋时有高僧义兴，在此山结茅修行，每日有一孩童为他担水砍柴，义兴意想此童子为太白星所幻化，遂名此山为“太白山”。到了唐代又有僧人法璇（称太白禅师），于太白山东麓建太白精舍（后人称此为古天童），每日诵《法华经》，又有一童子供奉薪水，法璇称他为“天童”，并以天童为山名，因此太白山亦称天童山。唐肃宗至德二年（757）古天童移址并加扩建，就是现在的天童寺址。北宋时改名为景德禅寺。明代仍改称天童寺，洪武十五年（1382）明太祖朱元璋册封天下名刹，册天童寺为天下禅宗五山第二。历唐宋元明清诸朝代，天童寺都是著名的禅宗道场。

禅宗是最富于中国特色的佛教教派。从教派的谱系来看，和印度释家有渊源关系，但从教义的发展来说是完全中国化了，因此可以说是中国的佛教。禅宗在日本也有较广泛的影响，这是从中国传过去的。

禅宗以“明心见性”为修行宗旨，主张“不立文字，直指本性”，认为人心本有佛性，慧觉出自内悟，因此传教也不用文字，强调以“无念为宗”、“即心即佛”，因此亦称作“佛心宗”。相传释迦牟尼在灵山会上，拈花示众，众门徒不解其中奥妙，只有迦叶破颜微笑，于是释迦就嘱咐迦叶说“吾有正法眼藏，涅槃妙心，实相无相，微妙法门，不立文字，教外别传”。迦叶心领神会，传此微妙法门，成为禅门初祖。直到二十八代菩提达摩，于梁武帝时，由广州入建康，谒梁武帝萧衍，萧衍虽笃信佛教，广建寺院，但不解禅理，于是达摩就由南朝到北魏，入嵩山少林寺面壁默坐。达摩有弟子道育、慧可，慧可传达摩衣钵，禅门弟子尊达摩为中国禅宗初祖，慧可为二祖，慧可传僧灿，僧灿传道信，道信传弘忍，弘忍传慧能，禅宗史上称为“东土六祖”。严格地说，慧能才是真正中国式佛教～禅宗的创始者，慧能以前只有禅学并无禅宗。

关于慧能承受五祖弘忍衣法，有段故事：慧能姓虞，幼年家贫，卖柴度日，一日卖完柴，听到买主安道诚在念《金刚经》，心有所感，就问安道诚念什么，安道诚说他是在黄梅弘忍大师处学得的《金刚经》，慧能就到黄梅礼拜弘忍，弘忍因慧能尚未剃度，就叫他以行者的身份在厨房当杂役。有一次弘忍想了解众门徒的智慧，叫大家各作一偈，并交代如有悟得大意者，就交付法衣。当时弘忍门下上首弟子神秀于半夜到廊下题“身是菩提树，心如明镜台，时时勤拂拭，莫使染尘埃”一偈。第二天一早弘忍见此偈后，唤众弟子焚香偈前，令众僧依此子修行，并叫神秀到堂内说：“你的偈，见识只到门前，还未入门，一般人依此修行，可以不堕落，但还没有达到‘无上菩提’。”教神秀静思一两日，再作一偈，如能入门，见自本性，准备传授衣法。当时，慧能正在碓房舂米，听到一童子诵神秀偈，慧能听了认为此偈未见本性，于是就叫童子带他去南廊礼拜此偈，同时他念了“菩提本无树，明镜亦非台，佛性常清净，何处有尘埃”一偈，请人代写在南廊以后就自去碓房舂米。五祖弘忍忽见慧能偈，认为他“善知大意”，参透了禅门真谛，夜半三更，唤慧能到堂内，给他说《金刚经》，慧能很快就领悟了，弘忍就将法衣传给慧能，并说“汝为六代祖，衣将为信禀，代代相传，法以心传心，当令自悟。”弘忍恐有人谋害，促慧能带法衣迅速离开。于是慧能就南去曹溪，后又避到广州制旨寺听印宗法师讲涅槃经，印宗为慧能剃发受戒后，又回到韶州曹溪村，在宝林寺广阐禅宗教义，为禅宗六祖。后人称为禅宗南派。

弘忍死后，武则天迎神秀入长安，受到宫廷和佛教徒崇拜，开创禅宇北派。神秀主张“坐禅入定”，正如他在偈中所说的“时时勤拂拭，莫使染尘埃”一样强调“拂尘看净”，力主渐修，要求门徒打坐“息想”起坐拘束其心。此后，禅宗就分为南北两派。南宗慧能认为一切众生本来就有佛性，慧觉出自内悟，不假外求，主张不须读经，不必礼拜，不立文字，性心本净，即心即佛，见性成佛，凡人只要做到不念善恶，无思无念，以“无念为宗”就能顿悟，简便易行，佛徒大都舍繁就简，于是南宗影响日大，北宗传了几代，法脉就断了。

以后南禅宗又分成曹洞、云门、法眼、沩印、临济五家，称为禅宗五山。而云门、法眼、沩印三宗，到了宋元都已淹没无闻了，明朝只有曹洞、临济两家，仍有相当规模，而临济宗又稍盛于曹洞宗。

天童寺在禅宗南派中占有重要地位，尤其是临济、曹洞两宗，都有名僧主持过天童。

曹洞宗创于唐宣宗年间，由洞山良价及其门人曹山本寂开创宗业，因此叫曹洞宗。曹洞之禅重叮咛，师徒常相交接，参悟本性。在唐宣宗大中年间（847 ~ 859），天童山咸启禅师法嗣洞山良价，由此开始，天童就变成为曹洞名山。到了宋宣和年间（1119 ~ 1125）洞山良价十世孙清了悟空禅师住天童，阐曹洞教义。宋建炎三年（1129）高僧正觉宏智禅师至明州，礼拜普陀山后留住天童。宏智禅师机锋敏捷，为佛门所重。当时金兵占明州，许多寺院大都毁于兵燹，而正觉宏智临难不惧，危坐山门，保全寺院。而后于绍兴三年（1133）又扩建寺宅，使天童寺名声更大。以后又有如净禅师主持天童，日本沙门本道元南宋时来到中国，专程赴天童拜谒如净，如净授本道元曹洞宗法，道元归国后于日本创永平寺弘扬曹洞宗法，曹洞宗在日本影响之大胜过中国，道元为日本曹洞宗之始祖。天童乃是日本曹洞宗的祖庭，年年都有曹洞信徒来天童朝拜。

临济宗为禅宗五山中最盛之一宗，唐时由义玄开创，因义玄住河北正定临济院，因此叫临济宗。天童寺也是临济宗的重要门庭，临济宗高僧虚庵怀敞在南宋绍兴年间自天台山万年寺来主持天童，建千佛阁。当时有日本名僧千光荣西来到中国，在天台学法，得天台新章疏三十余章，学毕返日本，转道明州谒见怀敞，怀敞又传以临济教法，千光荣西继承临济宗法，返国后开创日本临济宗，千光为日本临济之祖。时怀敞欲建千佛阁，苦无巨木为梁柱，千光荣西就对怀敞说：我想报答师恩，万死不辞。我是日本皇室近亲，归国后当致良材为助。千光荣西归国后两年，果然运来许多巨木，千佛阁三年建成，佛阁楹柱四十余，全是从日本运来的，这也是中日文化史的一段佳话。日本临济宗的祖庭也在天童，由此可见，天童和日本佛教的关系很是密切。明洪武十五年（1382），天童景德禅寺定名为天童寺，明太祖朱元璋赐额为“天下禅宗五山第二”。明世宗朱厚熜敕召天童寺高僧翁忞禅师入京，赐天章宝物，永镇名山。

临济宗下有虎丘派、天童派等，天童派宗风很盛。明末有圆悟密云禅师，受衣拂坐天童道场，大振宗风，称之为临济之中兴。密云是个活动能力很强的僧人，在二十多年中于通玄、金粟、育王、天童、黄檗等处开堂传法，六坐道场，共剃度弟子三百余人，皈依者有三万之众。入清以后禅宗教义没有新的发展，天童仍是禅宗著名道场，门风不衰。

天下禅宗五山之第五——阿育王寺

阿育王寺和天童寺同为禅宗名刹，在中国佛教史上及中日文化交流史上都有过一定影响。

阿育王寺创建于晋安帝义熙元年（405），是浙江在晋朝时所建的五十五所寺院之一，历史悠久。原来在舍利塔出现之后，只建塔亭，由几个僧人守护舍利。宋元嘉中建立寺院，至梁武帝普通五年（524）扩建，并赐额为阿育王寺。寺宇庄严，周围皆植青松翠柏，一入其境顿使人有超尘脱俗之感。今山门口尚存晋松一株（亦称放光松），虽已凋枯，但干枝挺然而立，仍能引人作千载之遐想。佛寺规模不亚于天童，其中舍利殿更是金璧辉煌，为其他寺院少见。阿育王寺历代都有名僧常住，其中最著名的是宋朝时云门宗大觉怀琏禅诵。云门宗是南禅宗五派之一，始祖晚唐云门文偃，居韶州云门山兴奉寺，因而称云门宗。宋时云门名僧有怀琏等。怀琏在宋大中祥符元年（1008）主持阿育王寺，宋皇赐育王名为“育王广利寺”；称怀琏为大觉禅师。明洪武十五年（1382）朱元璋册封阿育王寺为“天下禅宗五山第五”。历代主持育王的名僧有介谌、端裕、如珙等，他们都是临济宗名僧。自怀琏以后主持育王的大都是临济派僧人。

阿育王寺藏有举世闻名的佛国珍宝——释迦文佛真身舍利。相传早在周厉王时，东天竺国阿育王造了八万四千座宝塔，分贮释迦文佛真身的舍利八万四千颗，分布于天下“八吉祥六殊胜”之地。晋太康三年（282），有并州（在今山西大同和河北保定之间）猎户刘萨诃患重病，昏眠七日，后经和尚指点，出家为僧，法名慧达，病愈后发宏愿要跑遍中国，寻找“八吉祥六殊胜”之地，请出释迦文佛真身舍利，他由北而南跑了许多地方都未找到，一日到了鄞县鄮山恍惚听到地下有钟声，慧达哀求三日，掘地一丈忽见一座高一尺四寸阔七寸，五层四角的宝塔，慧达悲喜交至，虔诚供奉，于是舍利再现之事名闻遐迩，这是传说中舍利的由来。由于舍利是佛国珍宝，自梁武帝开始，历代皇帝都倍加珍视，梁武帝萧衍曾调兵三千设营卫护；陈宣帝专门派僧人守塔；唐中宗李显遣使赐金用珠玉珍宝来装饰佛塔；吴越王钱俶曾叫他弟弟迎舍利塔到杭州礼拜；周显德五年（958）阿育王寺火灾，宋初又将寺院、塔院重新修建，大中祥符元年（1008）赐以“广利”为额，将育王扩充为十方禅刹。怀琏大觉禅师主持育王时，宋仁宗赵祯待以优礼，亲作颂诗十七篇，大觉建宸奎阁珍藏仁宗御笔，并由苏轼作碑文记其盛事。南宋高宗赵构赐书“佛顶光明之塔”，孝宗赵眘又遣供奉使李裕迎佛塔到临安宫中礼拜。宋末，寺又遇灾，元世祖忽必烈命使者迎塔至开平龙光华严寺，后又迁燕京圣寿万安寺，集僧尼十万，建十六坛场参拜舍利，元世祖亲临礼拜，礼拜后送塔南还，并下诏江浙省臣增修舍利殿。由于僧人的宣传，王公大臣的推崇，阿育王寺亦因舍利而名声大震。

阿育王寺在中日文化交流史上有过一定贡献。唐天宝年间，律宗大师鉴真因日本僧人荣睿、普照的虔诚恳求，决心东渡日本阐扬律宗，并将中国文化传送到日本。登山涉海，历经艰险，往返几次都未成功。其中天宝二年（743）的第二次东渡，从岭南起程，船到狼浦被飓风击破，不得已到下屿住一个月，修好船再行，到了桑石山，船又被风浪打坏，船上水米俱尽，鉴真一行饥渴三日，回到明州，在阿育王寺安顿，时已是天宝三年（744）初春。绍兴、杭州、湖州、宣州等地寺院的高僧纷纷来请鉴真讲道授戒，鉴真依次巡游开讲传戒后又回到明州阿育王寺，在阿育王寺准备第三次东渡。但仍未成功。天宝七年（748）鉴真自扬州出发作第四次东渡，又遇风浪，在海上漂流十四日，漂到海南岛，后经梧州、桂林赴广州，到了端州（今肇庆）龙兴寺，日僧荣睿病故，隔一年到了韶州，日僧普照挥泪辞别鉴真，又来明州阿育王寺。普照在荣睿死后又来阿育王寺，说明日僧对阿育王寺法缘很深，阿育王寺和日本佛教界的关系源远流长。

天下讲宗五山之第二——延庆寺

延庆寺在宁波市内，创建于周广顺三年（953），原名报恩院，宋大中祥符三年（1010）改名为延庆寺，称天下讲宗（天台宗）五山之第二。

天台宗原宗印度龙树之教义，而实际创始人是陈、隋间的智顗。智顗（538 ~ 597）受法于梁朝慧思。智顗天资聪颖，讲法华经、讲摩诃止观，理义精深，富于创见，为佛门所重。二十八岁在天台山佛陇螺溪创建草庵，陈宣帝诏由天台县供给开支，免两民户赋税，专门为智顗送茶饭柴薪，并将其所建草庵名为“修禅寺”。因智顗居天台山，以后宗智顗教理的就称为天台宗。

南北朝时，南方佛学重谈理，北方重坐禅，前者称为“慧”，后者称为“定”，智顗主张“定”、“慧”双修，将南北派结合起来。

天台宗主要尊奉的是《妙法莲花经》，妙法指佛法微妙无上，莲花比喻经典的纯白美丽。天台宗认为一切众生都有佛性，一切众生皆能成佛。

禅宗和天台宗都是起始于南北朝，兴盛于隋、唐、宋，也是最富有中国特色的佛教之一。禅宗不立文字，以“明心见性”为修行目的。天台宗既注重自身的修行，又着重阐扬佛谛真义，重讲经说法，这是两者不同的地方。天台宗不仅在中国佛教史上有影响，在国外尤其是日本影响也很大。

天台宗到了十一世纪，因争论智顗《金光明经玄义》广本、略本的真伪问题，引起杭州智园和四明知礼两派天台宗义学僧的争辩。四明知礼一系天台宗徒称作山家派，杭州智园一系称为山外派。后来山外派观点为山家派所破，于是知礼的名声更大，被尊为四明尊者。

知礼（960 ~ 1028）原姓金，鄞县人，十五岁出家受戒，二十岁在天台螺溪传教院从天通学天台教观。宋淳化二年（991）受请住四明祥符寺开天台宗讲席，听讲的信徒很多，讲堂容纳不下，就迁到报恩院。由于知礼识见渊博，深明佛理，听讲受教的人从四面八方源源而来，于是报恩院院主显通就舍报恩院为知礼讲堂，永远作为传讲天台教观之地。宋咸平六年（1003），日本僧人寂照等带了日本天台宗学者源信提出的有关天台教义的疑问二十七条，专程来四明向知礼请教。知礼依教答疑，著《问目二十七条答释》，深受日本国僧敬重。知礼先后撰有《十不二门指要钞》、《十义书》、《观心二百问》等佛教著作阐扬天台教义，使天台宗蔚然中兴。天禧元年（1017），知礼和异闻等十僧人共修《法华经》，三年期满，知礼准备舍己焚身，被公私僧俗多方劝止。宋真宗赵恒知道他德行高超，赐名法智大师，天圣六年（1028）圆寂，被天台宗僧人尊为天台宗第十七祖。宋大中祥符三年（1010）报恩院改延庆寺，称天下讲宗第二山。十一世纪后，宁波延庆寺就成了天台宗的重要讲堂，是一座有一定历史影响的寺院。

宁波的净土法门

净土宗是用不息地念佛修持，借阿弥陀佛之力，以求来生幸福的一种教派。唐代善导创立。自宋以后，净土宗的念经成为佛教各派共同尊奉的仪式。普陀是有名的观音道场，寺庵大都供奉观世音菩萨，净土宗除尊如来佛之外，最尊观音、文殊、普贤，并称其为三世尊。宁波七塔寺也供奉观世音，传说七塔寺的“观音金身”，是在明洪武年间涨大水，由普陀漂海而来，在七塔寺安座的。因而七塔寺既是禅宗丛林，也是宁波净土宗的名山，称为“小普陀”。清末宁波有位法名谛闲（俗名单三）的和尚，他原以行医为业，后来感到医生不能医命，就出家当和尚，从敏祖法师，听讲《法华经》。民国元年（1912）主持宁波观宗寺，他既师承天台宗，同时又修净土宗，著名国画大师张大千早年曾来观宗寺拜谛闲为师。谛闲主张教（天台宗）禅（禅宗）净（净土）三者可以融会贯通，不分门户。在他的倡导下，宁波寺院的僧尼大都是三宗圆通，不专宗一派了，此后僧尼除念经外，专门研究某派经义的学僧就不多了。

现存的北宋木结构建筑——保国寺佛殿

保国寺在宁波洪塘马鞍山（又名灵山）。保国寺虽称不上佛教名山，但建寺较早，东汉初骠骑将军张意的儿子、中书郎张齐芳辞官后在此结茅隐居。唐初建寺，唐广明元年（880）重建，唐僖宗李儇赐名为“保国寺”，至今已有一千一百年历史。宋大中祥符年间由俶平和尚重建。保国寺依山筑寺，景色优美。大殿是木质建筑，风格质朴，结构精巧，殿宇堂顶全用斗拱交错榫接，层层拱托，不用一钉一铆，俗称无梁殿。历经九百多年的风雨，而殿宇依旧，是现存江南最早的木结构建筑，很有价值，被列为全国重点文物保护单位，是宁波宗教建筑史上的珍贵文物。

（载于1986年4月浙江人民出版社出版的《宁波史话》）

苏东坡和阿育王寺大觉禅师

苏东坡很爱杭州，先后在杭州当过通判和太守；他也喜爱明州，曾想请调到明州当地方官，虽没有调成，但与明州阿育王寺却有一段不浅的缘分。

苏轼有许多方外朋友，如参寥、惠勤、辩才、大觉怀琏等都很有学问，他们既是苏轼的道友，也是苏轼的诗友。阿育王寺第五代住持大觉怀琏禅师年长苏轼二十七岁，怀琏和苏轼可说是忘年之交。

大觉怀琏禅师禅、律兼修，是临济宗的高僧，苏轼对他十分尊敬。怀琏早年在庐山修持，道德文采名重一时，宋仁宗赵祯知道他是一位有德行的和尚，特诏他到开封主持十方净因禅院，并经常召他到宫内询问佛法大意。怀琏引申佛经中“说法者，无法可说”(《金刚经》)、“身外无法”的观点告诉赵祯说：“若论佛法两字，是加增之辞，但知十二时中，平常饮啄，快乐无忧，只此相期，更无别事。”意思是说最初佛祖讲经，并未用“佛法”两字，佛法两字是后来传经时才用的。人们只要在每天十二个时辰中，快乐无忧地过正常平和的生活就好了，何必再去求别的呢？怀琏还善于融会孔子、老子的思想来讲经说经，这很合赵祯的心意，赵祯钦赐怀琏以“大觉禅师”法号，以后大家就尊称他为大觉怀琏禅师。大觉怀琏秉性淡泊，守律甚严，广为人们所敬。有次仁宗派使者赐给大觉怀琏“龙脑钵盂”，大觉怀琏当着使者的面将“龙脑钵盂”焚烧，并说僧人依律应当穿褪了色的粗服，用瓦体铁罐进食，用金银玉器进食不合清规，所以将它焚烧。使者向赵祯回奏此事，赵祯不但不责怪，反而赞叹不已。怀琏素性简淡，不恋荣华富贵，不愿久居京师，曾几次上书请求归山养老，赵祯都慰勉挽留，直到英宗赵曙继位，才同意放怀琏还山。大觉怀琏离开京师后，明州太守就请他来明州主持育王山广利禅寺，并在阿育王寺建造了“宸奎阁”，珍藏宋仁宗亲自书写给大觉怀琏十七篇诗翰及英宗御笔手诏，同时还请苏轼作《宸奎阁碑记》。苏轼在碑文中记述了建阁的始末，而文章立意则为大觉怀琏树碑立传。可惜这篇碑记辗转送到阿育王寺时，大觉怀琏在世之日已不多了。《宸奎阁碑记》初刻于宋元祐六年（1091），因年久废圮，明万历乙酉年（1585）重刻，到今保存完好，有较高的文献价值。

苏轼之所以敬重怀琏还有一个原因，是因为怀琏也是苏轼父亲苏洵的好友。苏洵生前珍藏有五代时著名的诗僧禅月贯休所绘的一堂罗汉像，苏轼对此十分宝贵，因怀琏在育王，便决心将这幅罗汉像施舍给阿育王寺，他还写信告诉参寥，请他去阿育王寺看看这堂“禅月罗汉”真伪有疑，要求另换一堂“金水罗汉”。苏轼回信告诉他这堂“禅月罗汉”价值非其他可比，要怀琏好好供奉。不知苏轼送的这堂罗汉像当时有没有刻石，现在阿育王寺法堂四壁刻的“禅月罗汉”是后来由阿育王寺住持宗亮用重金于别处购得，于 1929 年刻石的，虽不是当年苏轼所舍施的那一堂，但形象生动，雕刻精美，也是不可多得的艺术珍品。

苏轼是个很坦诚直率的人，对是非善恶都有他独立的看法，并且直言不讳，诚如他自己所说“窃怀忧国爱民之意，自为小官即好潜议朝政，屡以此获罪”。因此他经常得罪当权者，多次遭到贬斥流放，还差一点儿丧命。他自己生活极不安定，却时时想到别人的安危，为别人排难解忧。当他得知大觉怀琏在明州受到小人的排挤时，特地写信给明州太守和皇族宗彦赵德麟。他在给赵德麟的信中说：“育王大觉禅师，仁庙（指仁宗皇帝）所礼遇……今闻其困于小人之言，几不安其居，可叹可叹！太守聪明老成，必能安全之。愿公因语款曲，正使凡僧，犹当以仁庙之故加礼，而况其人道德文采推重一时乎！此老今年八十二，若不安全，当使何往……”这封情辞恳切的信，充分表达了苏轼对大觉怀琏的关切之情，从这封信中既可看到苏轼和大觉情谊之厚，也可看到苏轼待人以诚的风范。

直到晚年，苏轼与怀琏离别十九年之后，还时时想念着，他在《跋太虚辩才庐山题名》文中写道：“某与大觉禅师别十九年矣！禅师聪屣当世，云棲海上，谓不复见记，乃尔拳拳耶，抚卷太息，欲一见之，恐不可得。会与参寥师自庐山之阳并出，而东所至皆禅师旧迹，山中人多能言之者……”当他为太虚、辩才庐山题名集作跋时就想起当年和大觉怀琏一起在庐山时的情景，现在他又和参寥重上庐山却见不到大觉禅师了，想到他们之间云水阻隔，岁月不再，真是感慨系之。不论方外方内，友情于人毕竟是可贵的。

大觉禅师去世时，苏轼在祭文中写道：“……昔本无生，今亦无灭，人怀昭陵，涕泗哽噎，我在壮岁，屡亲法筵，愧奠示别，岂免凄然。”虽然说法界本是不生不灭，不以生死为念，但想到仁宗皇帝待大觉禅师礼遇，想到自己早年受到大觉禅师的启迪教益，对大师溘然长逝，总是感到凄楚悲痛的。苏轼对大觉怀琏的深情可说是生死不渝的。

苏轼是中国文化史上一颗灿烂的巨星，大觉怀琏是北宋临济宗的大德高僧，阿育王寺是浙东著名的禅宗道场，三者有此一段非凡的因缘，记下来让身居历史文化名城中的宁波人知道，不谓无益吧！

（1998年6月）

第二辑　佛教哲学与中国文学研究

般若学和唐宋诗论

——佛学与诗学初探

一

“般若经”是佛教大乘空宗宣扬本空观念经文的总名，含《摩诃般若波罗蜜经》、《般若波罗蜜多心经》、《般若波罗蜜多金刚经》、《放光般若经》、《道行般若经》、《大品般若经》等多部经文。据说释迦牟尼从初成道日到入涅槃夜经常讲《般若波罗蜜经》。“般若”是佛教哲学中的重要学说，可以说是大乘空宗哲学的认识论，“不得般若，不见真谛”，般若是佛教徒必修之行，“解脱涅槃道，皆从般若得”，要入涅槃，先修般若。但“般若”又是外延十分宽泛，难以用几句话概括的佛学名词，因此要领会它的“真谛”是颇费周折的。梁朝僧人法彪在《发般若经题论义》中解释说：“摩诃此言大，般若此言智慧，波罗此言彼岸，蜜此言度。”（《广弘明集·卷十九》）后来禅宗六祖惠能答门徒问时说：“何名般若？般若是智慧。”（郭校《坛经》二六）但梵音“般若”与汉语“智慧”的含义又不完全相同。东晋时佛教理论家僧肇称佛学“般若”为“圣智”，称通常人所谓的智慧为“惑智”，他认为常人只限于对世界片段的、虚幻对象的认识，所谓智慧只是对虚幻世界的迷识；而佛教的“般若”不是用来认识现实世界，而是要认识现实世界的虚妄，从而超脱色相（物质形态、社会形态）将大智慧运到彼岸（即佛界所说的“净土”）。因此“般若”不直译为“智慧”，而保持梵文的本音（读bō rě）。由于般若是宣扬玄鉴、神会，带有神秘色彩的认识论，因而使人觉得深奥莫测，不易透解。梁朝萧子显在《御讲摩诃般若经序》中写道：“摩诃般若波罗蜜经者，盖法部之为尊，乃圆圣之极教，开宗以无相明本，发轸与究竟同流，奥义云霏，深文海富，前世学人鲜能堪受……”（《广弘明集·卷十九》）他认为般若的奥义深文一般学者难以解透。不过越是奥妙，越能引起僧人学士们推究的兴趣，他们将般若和《老》、《庄》、《易》三玄融通，形成具有中国唯心哲学思维特点的般若学，僧肇的《肇论》，特别是其中的《般若无知论》，就是这方面的代表作。后来惠能就以具有中国唯心哲学思维特点的般若观来讲解《金刚经》，成为中国佛教禅宗的思想基础。

般若学认为宇宙本体是空的，现实世界只不过是种种虚幻现象的幻集，人们所见所闻只不过是些假相，而假相非相，“如来说一切诸相，即是非相”，“此人无我相，无人相，无众生相，无寿者相，所以者何？我相即是非相；人相、众生相、寿者相，即是非相。何以故？离一切诸相，即名诸佛”（《般若波罗蜜多金刚经·相寂灭分第十四》）。在常人看来世界是有相的，汇集着人相、我相、众生相……佛认为世界原本无相，常人所见相其实是非相，能够认识到假相非相，不执著于尘世诸相，解脱一切相，就得到了佛道，“菩萨应离一切相”。般若之智就是使人解悟诸相非相的道理，不要“住色生心”，不应见到色相而产生种种思想和心理活动。般若学的重要经典《摩诃般若波罗蜜经》反复宣讲的就是一个“空”字，色（物质形态）空、受（感觉）空、想（思维）空、行（意志）空、识（认识）空。从总体上说，物质世界和精神世界都是空的。就具体的人来说，人的各部分感官和感官所感受的感识也是空的，眼空，耳鼻舌身心空；色空，声香味触法空。色空是空观的本源，彻悟了色空，那么因色而生的眼识也就空了，因耳所听的声识、鼻所闻的香识、舌所感的味识、身所受的触识，在在皆空。“色空中无有色，受想行识空中无有识。”般若认为既无客观世界也无主观世界，“色不异空，空不异色，色即是空，空即是色”，四大皆空，就无所谓生灭，无所谓爱恶，无所谓得失，无所谓烦恼，“是诸法空相，不生不灭，不垢不净，不增不减”，世界是空是静是无。“无智亦无得，以无所得故”（《般若波罗蜜多心经》），般若就是解悟无知之智，僧肇《肇论》中的《般若无知论》就是阐述般若“无知而无不知”、“无不知而无所知”这一观点。僧肇认为常人要认识世界是不可能的，般若并不要认识客观世界，因为常人所谓世界只是虚幻的假相，感官所见只是假相，不能从假相中识得真谛，世界本是无相，感官怎能观察到无相的世界呢？真谛无实无虚，要识真谛不用经过思维，也不须借助任何语言文字，而是默照玄鉴，靠“不知而自知，不为而自为”的“神明”。他说般若乃“无名无说，非有非无，非实非虚。虚不失照，照不失虚，斯则无名之法”。般若是无可名之名，“非言所能言”，般若之智不是语言所能表达的。但是不用语言又如何来传般若呢，传般若还是要用语言，不过语言只等于载人渡河的筏，到达彼岸就要舍筏登岸，不舍筏就不能登岸。“如来常说汝等比丘，知我说法，如筏喻者，法尚应舍，何况非法。”（《金刚经·正信希有分第六》）所以僧肇说“圣人（佛）终日言而无尝言”，在法不在筏，在意不在言。“是以言知不为知，欲以通其鉴，不知非不知，欲以辨其相。辨相不为无，通鉴不为有。非有，故知而无知；非无，故无知而知。是以知即无知，无知即知。”僧肇这段诡辩性的玄言，虽然不易理解，但却说出了般若的基本思想，任继愈先生曾将它翻译成现代语，意思是说“关于知的问题，目的不在于求知，而在于洞达（般若）直观。不求知，目的不在无知，而在于体认（般若）实相，体认实相，它不是无，洞达直观，它不是有。不是有，所以它（般若）知而无知。不是无，所以它（般若）无知而知。因此，知离不开无知，无知离不开知。”（《汉唐佛教思想论集·附录》）洞达世界假相为无相，这是智，而世界本来是无相的，这智也就无所知，既要搞清楚假相非相，又要弄明白实相无相，既非有，亦非无，因而般若之智是无知之知，知即无知。僧肇绕了许多圈子说明靠感官认识世界是不可能的，认识世界不在于辨识客观世界的有无，而在于神明玄鉴，似有似无，有乃是无；若实若虚，实乃是虚。“夫至虚无生者，盖是般若玄鉴之妙趣，有物之宗极者也。”（僧肇《不真空论》）不用说他这种颠倒存在和意识的关系，以意识（神明玄鉴）来否定客观世界的存在（无相）不仅是唯心的，也是诡辩的，但他的《般若无知论》将佛学玄学化，丰富了抽象思辨，在论述有知和无知的关系中虽然使人觉得玄虚，但也含有辩证的内核，特别是将般若学导入中国唯心哲学体系，对以后禅宗思想的发展是有影响的。

般若学是禅宗思想的哲学基础，惠能将它作为禅宗修行的法宝。他对般若作了通俗的解释，使一般僧人都能领会，因而它的影响就更大了。惠能《坛经·般若品》中说：“何名‘摩诃’，‘摩诃’是‘大’，心量广大，犹如虚空，虚空能含日月星辰，大地山河，一切草木，恶人善人，恶法善法，天堂地狱，尽在空中，世人性空，亦复如此。”惠能认为摩诃般若（大智慧），即是“心量广大”，即是“空虚”，空虚能含万物，心量广大到能容含万物而自空，“性含万法是大，万法尽是自性”。惠能还认为般若不须外求，世人本自有之，但世人之所以不能体认般若，是由于“心迷”，不能“自悟”之故，“菩提般若之知，世人本身有之，即缘心迷，不能自悟，须求大善知识示道见性。善知识遇悟即成智”。他不像僧肇那样将般若说得那么神秘，而是直截了当地说般若之知世人本自有之，关键在于能破迷而自悟，破迷就要心量广大，广大到一切虚空，不执著于偏知偏识来迷惑本性，“若识本心，即是解脱，既得解脱，即是般若三昧”。解知般若，经惠能一说，就凝集在一个“悟”字上了，“故知不悟，即佛是众生；一念若悟，即众生是佛”。“前念迷即凡，后念悟即佛。”禅宗修般若简单易行，不像僧肇说的那样要“神明”玄鉴，而是“用智慧观照，于一切法不取不舍，即见性成佛”。惠能主张摒弃一切烦琐，只要求能悟自性；不主张引经据典，一面说“非言所能言”，一面却大布文字障，自相矛盾，他认为只要“持《金刚般若波罗蜜经》一卷，即得见性，入般若三昧”。他还说“此法须行（禅悟）不在口念”。般若经惠能一解说，特别是其明心见性、自性清净、一悟成佛的观点，大大引起诗人学士们的兴趣，般若学对文学艺术的影响就进一步扩大了。

般若学是佛教唯心主义哲学的重要组成部分，惠能将它说成是“最尊、最上、第一，无住、无去、无来，三世诸佛从中出”（《坛经》二六），是客观唯心主义的；但它又十分强调心空、性悟、主体意识的作用，则又是主观唯心主义的。它的内涵既复杂又抽象，将有说成无，将实说成虚，将真说成幻，将一切实体存在都说成空，这样的认识方法自然矛盾百出，为了自圆其说只能求乞于神秘主义，用诡辩来文饰其谬误，从世界观上说，它是反科学的，对社会的影响是消极的。但是从思维多形态的发展来看，却不能无视它的存在，事实上它已成为中国文化史上有影响的部分，尽管它含有消极因素。而它所提出的一些命题和思维方式，如对真实和虚幻、有限和无限、有知和无知、直观和思辨、动和静以及时空关系的错综的论述，提出了不少有参考价值的观点，特别是在强调主体意识的同时，扩大了想象的思维空间，这对文学艺术的影响是不可忽视的。唐宋以来几部自成体系的诗论，几乎无一不受到它直接或间接的影响，我们在这方面作些研究不是无益的。

二

般若是佛教哲学，是禅宗的思想基础，有些诗人诗论家用般若观来写诗作论，人们就将这类诗及诗论和禅宗联系起来，有以禅喻诗、以禅论诗、诗禅相通等说法，如北宋的李端叔认为“说禅作诗本无差别，但打得过者绝少”（《与李去言书》）。他是最早将作诗比作参禅的人，苏轼对此很赞赏，曾说“暂借好诗消永昼，每逢佳趣辄参禅”（《读李端叔诗百首书其后》）；吴可也认为学诗和参禅一样，“学诗浑似学参禅，竹榻蒲团不计年；直待自家都了得，等闲拈出便超然”（《学诗诗三首》）；严羽的“以禅喻诗”更是众所周知。但是也有人认为诗、禅是不对路的，刘克庄就指出过诗和禅的矛盾：“诗家以少陵为祖，其说曰‘语不惊人死不休’；禅家以达摩为祖，其说曰‘不立文字’；诗之不可为禅，犹释之不可为诗也。”（《题何秀才诗禅方丈》）。要说诗、禅之别还不仅在语言上，在性质上两者的矛盾就更明显，如诗主“托物言志”，禅主“莫随万物”；诗须“缘情而绮靡”，禅须“息妄修心”等。唐朝知名的诗僧皎然也认为“世事喧喧，非禅者之意，假使有宣尼之博识，胥臣之多闻，终朝目前，矜道侈义，适足以扰我真性。岂若孤松白云，禅坐相对，无言而道合，至静而性同哉？吾将深入杼峰，与松云为侣，所著《诗式》及诸文笔，并寝而不纪”（《诗式·序》）。在一位诗僧的眼里，诗、禅也不是一回事。看来诗、禅无差别和有差别的分歧，主要是由于两者的着眼点不同，认为无差别者，是从思维活动方式看两者有相似之处；认为有差别者，是从诗义和禅义的本质上看两者是不同的。如果我们不将诗和禅作简单的联系，不把诗人做禅家，而是从哲学观上来认识，有些诗人和诗学家受般若学的思想影响，某些观点和思维方式与禅家思想接近，也就不奇怪了，有差别无差别的论争也就迎刃而解了。

个人以为在般若诸观中以空观、静观、中观和境观四者对唐宋诗论影响较大。

空　观

空观是般若学的基本观点，假相非相，实相无相；空纳万境，万境皆空；如水中月，如镜中象等说法，很能为一些受过波折而求解脱的诗人和诗论家所接受。陶渊明“此中有真意，欲辨已忘言”（《饮酒》）；谢灵运“池塘生春草，园柳变鸣禽”（《登池上楼》）；韦应物“独怜幽草涧边生，上有黄鹂深树鸣。春潮带雨晚来急，野渡无人舟自横”（《滁州西涧》）；王维“人闲桂花落，夜静春山空。日出惊山鸟，时鸣春涧中”（《鸟鸣涧》）；柳宗元“千山鸟飞绝，万径人踪灭。孤舟蓑笠翁，独钓寒江雪”（《江雪》）；这类诗都是通过对山川气象的描写，进入实相无相的空寂世界，让一些历经坎坷、冀求心地安宁的人读来，就别有滋味，味在酸咸之外的意趣。皎然认为这类诗是"诗人造极之旨，必在神旨，得之者妙无二门，失之者邈若千里"(《诗式》)。他所谓"得"，即是体认了空观思想。皎然的《诗式》、《诗议》谈到诗意就带有般若空观色彩。他在《诗议》中写道："夫境象不一，虚实难明，有可睹而不可取，景也；可闻而不可见，风也；虽系乎我形，而妙用无体，心也；义贯众象而无定质，色也。"这就是般若色空观在诗论中的体现。当然，诗论不是内典，它并非在阐发色即是空的本义，而是用它来观物写心，使诗的意蕴灵空，了无斧凿之痕。

司空图的《诗品》，二十四品中不少地方都有空观色彩。例如第一品"雄浑"，雄浑本是壮美一类，但他所说的"雄浑"和一般美学中所说的壮丽、阳刚美不同，他的"雄浑"指的是混茫、浑朴、空蒙的美，"大用外腓，真体内充。返虚入浑，积健为雄。具备万物，横绝太空。荒荒油云，寥寥长风。超以象外，得其环中。持之非强，来之无穷"。这十二句四字诗，含意明显是受"空含日月星辰"、"由如虚空，名之为大"、"性含万法是大"等空观影响，不过空观重于超以象外，而《诗品》主张既要超以象外，又能得其环中，一出一入，空观主出不主入，《诗品》在出入之间。这也说明诗论不是释论；"横绝太空"之空，不是佛国真如之空，但空观对司空图的影响则昭昭无疑。如"高古"品的"流水今日，明月前身"；如"自然"品的"幽人空山，过水采萍"，"薄言情语，悠悠天韵"等所述的古、雅、洗练、自然，几乎都取意于空观，般若空观在《诗品》中较《诗式》表述得更形象，更富于诗的意境。

严羽借鉴了《诗式》和《诗品》空观论诗的精神，又有他自己的发挥，他论诗强调"兴趣"，而"兴趣"出自灵空，空含万法，空纳万境，唯灵空方能"言有尽而意无穷"。《沧浪诗话·诗辨》中写道："诗者，吟咏情性也。盛唐诸人，惟在兴趣，羚羊挂角，无迹可求。故其妙处，透彻玲珑，不可凑泊，如空中之音，相中之色，水中之月，镜中之像，言有尽而意无穷。"（盛唐诗是否唯在兴趣，本非定论，且不谈）严羽的兴趣说可能受司空图诗味说的启发，而探其源，则来自般若空观。

般若空观为诗文家吸收用来论诗论文的例子不少，上溯沈约、刘勰，下推王世贞、屠隆、袁宏道、王士祯等，都不同程度地用般若空观来衡裁诗文，而其中尤以唐宋诗人如王维、苏轼，诗论家如皎然、司空图、严羽等人受般若学影响最深。

静　观

静观和空观本为一体，空观是对宇宙本体的看法，静观是对时空运动的看法。般若静观不是寂灭静止的静，而是动中之静。《摩诃般若波罗蜜经·习应品》道："诸法空相，不生不灭，不垢不净，不增不减，是空法，非过去，非未来，非现在。"说的就是般若静观，世界既无生灭、垢净、增减的物质变化；也无过去、现在、未来的时空运动。世界是空静的。物质明明在变化，时间明明在运动，却要说它是空静的，这种思维只有排除理性，诉诸直觉，靠冥思、玄觉来体认，只有玄觉才能视有为无，视实为虚，视动为静。僧肇在《物不迁论》中写道："《放光》(指《放光般若经》)云：法无去来，无动转者，寻夫不动之作，岂释动以求静，必求静于诸动。必求静于诸动，故虽动而常静。不释动以求静，故虽静而不离动。然则动静未始异，而惑者不同。"静不离动，动不离静，求动于静，动是静之动，静是动之静，动静未曾相异，世人认为动只是动，静只是静，那是受感官蒙蔽之缘故。对此，惠能也有一说：南海印宗法师说法，见风吹幡动，问众人："汝总见风吹幡于上头，幡动否？"众僧有的说幡动，有的说不是幡动是风动，有的说风幡不动而是人所见动，众说纷纭，这时惠能出来说："众人妄想动与不动，非风幡动，法本无有动与不动，所言动者，人心自动耳。"(《曹溪大师别传》)法无动静，所谓动静只不过是说者心中有动静而已。这种动静观在逻辑上是说不通的，但诉之于直观，"万物静观皆自得"，诗人正可以从心观中驰骋各自的想象。王维《山居秋暝》："空山新雨后，天气晚来秋。明月松间照，清泉石上流。竹喧归浣女，莲动下渔舟，随意春芳歇，王孙自可留。"诗中之景句句皆动，而通体意境却是静穆的，动中之静，更使人感到静的幽趣。

皎然诗有许多抒发静观的名句，如“境静万象真，寄目皆有意”（《苕溪草堂》），“性起妙不染，心行寂无踪”（《奉酬于中丞》），“诗情聊作用，空性唯寂静”等都是写心性处静的名句。他在《诗式·取境》中写道“有时意静神王（旺），佳句纵横，若不可遏，宛如神助”，就认为佳句都自静观中来。

司空图的“不着一字，尽得风流”（《含蓄》）就含有以静制动的意思；“明漪绝底，奇花初胎”，“碧山人来，青酒满怀”，“妙造自然，伊谁与裁”（《精神》），这些诗句说明以静观动才能写出动中的静趣；“筑屋松下，脱帽看诗。但知旦暮，不辨何时”（《疏野》），写出超然物外、静而忘言的机趣；司空图所谓“象外之象，景外之景”恐怕也是受般若静观的影响所得。

严羽的“妙悟”说，受静观影响更不待言。妙悟是受禅悟启发而来，禅门之悟有顿渐之别。惠能主张顿悟，他对其弟子说：“汝若不得自悟，当起般若观照，刹那间，妄念俱灭，即是自真正善知识，一悟即知佛也。自性心地，以智慧观照，内外明彻，识自本心，若识本心，即是解脱，既得解脱，即是般若三昧。”（《坛经》三十一）妄念俱灭、自心空净、内外明澈的般若观照中就含有空观和静观，妙悟虽不能说就是般若观照，但妙悟须静中观照自性，体察诗心，在内省的思维特点上妙悟和禅悟是接近的。

般若空、静观为诗论家所接受就体现在诗论中，为诗人所吸收就渗透在诗篇中，苏轼的《送参寥师诗》可说是般若空静观的诗化：“欲令诗语妙，无厌空且静。静故了群动，空故纳万境。阅世走人间，观身卧云岭，咸酸杂众好，中有至味永。诗法不相妨，此语当更清。”这首诗很能说明般若空静观对诗人影响之深。

中　观

佛教各宗派都以中观为观道之极，北齐慧文读《中论四谛品》后写道："诸法无非因缘所生，因此因缘，有不定有，空不定空，空有不二，名为中道。"（《佛祖统记》卷六）中观维系于空有二边，而又不着于空有二边的一边。《中论》道"已去无有去，未去亦无去，离去去未去，有时亦无去"，说的是时间和空间从现象上看，有时似动，有时似静，实质上它是不动不静的。"若动而静，似去而留，可以神会，难以事求。"（僧肇《物不迁论》）由于中观在空有、动静等相对关系中有不离二边、不即二边的思维特点，因此颇能引起若断若续、若即若离、草灰蛇线、虚虚实实的联想，这种思维方式不论对诗人还是诗论家都是有用的。皎然推崇谢灵运的诗"但见性情，不睹文字"。一般地说，人们读诗总是先见文字，后见性情，如果不依靠文字，性情又何以得见？反之，如果只见文字，不见性情，也就没有诗意可言了。文字和性情融浑一体，读时但见性情，不睹文字，达到得鱼忘筌、得意忘言的化境，"文外之旨"，既不离文字又不着文字，这是诗家的中道。皎然在《诗议》中写道："且文章关其本性，识高才劣者，理周而文窒；才多识微者，句佳而味少。是知溺情废语，由语朴情暗；事语轻情，则情阙语淡，巧拙清浊，有以见贤人之志矣。抵而论属于至解，其犹空门证性有中道乎！何者？或虽有态而语嫩，虽有力而意薄，虽正而质，虽直而鄙，可以神会，不可言传，此所谓诗家之中道也。"溺情废语是偏，事语轻情也是偏，巧拙有素，清浊相济，才与识、情与语，不即不离，不过不及，不离分寸，不拘分寸，这是只能神会难以言传的诗家中观。

司空图所谓"味在酸咸之外"，所谓"象外之象，景外之景"，味在味外而不离味，象在象外而不离象，景在景外而不离景，意在文外而不离文，这类说法颇近于释家的中观。严羽的"诗有别材，非关书也；诗有别趣，非关理也。然非多读书，多穷理，则不能极其至"（《沧浪诗话·诗辨》），也是不即二边不离二边的中道义。诗材不出于书本，诗趣不来自理路，然不读书无以养材，不穷理无以识趣，既相异又相联，不即不离，岂非诗家的中观？后人对沧浪别材别趣说争议甚多，有的说是，有的说非，主要是由于双方只看到严羽已明说了的妙悟是以禅喻诗，未注意严羽不曾点出的别材、别趣说实出于空门中观。用中道观来分析诗有别材，非关书，而又须多读书；诗有别趣，非关理，而又须多穷理这对矛盾，就自然圆转了。

中观是般若学的方法论，不离两边不即两边的思维方式，在诗论中常可见到。

境 观

按禅宗说法，外境内心各有分限，主张“背境观心”，就是说要认识自性，先要排除外境的干扰。境在身外，是“心所游履攀缘者”，心若游履外境就难以自识本性，所以主张“背境观心”。《俱舍诵疏》曰：“色为眼识所游履，声为耳识所游履，故声色皆为境。”释家认为心外之境是“尘境”，“尘境”是虚妄相，“境通色，非色；有见，无见；有对，无对；有为，无为；相应，不相应；有所依，无所依；有所缘，无所缘；有行相，无行相”（《大毗婆沙论》）。唯物论认为心外之境，不论是自然环境或社会环境都是客观存在，人心中之境是外境的反映。而释家却将它颠倒了，认为心境是真境，外境是虚妄境，是幻境，佛在自心，人们之所以迷失真性，是因虚妄境而生贪、嗔、痴三毒，只有体认尘境虚妄，自识本性，才能解脱迷惘，返本归真。按理说般若境观和诗的意境互不相关，但思维形态是复杂的，相互关系是错综的，既有相互排斥的一面，又有相辅相成的一面，般若境观却丰富了诗人观照的方面。《说无垢称经·声闻品》说“一切法性皆虚妄见，如梦如焰。所起影像，如水中月，如镜中像”，《观有情品》又说“菩萨观诸有情，如幻师观所幻事，如观水中月，观镜中像，观芭蕉心”。诗的意境本是诗人以情观物、因景生情、情景交融中产生的，诗人将外境移入内心，类似幻术师见他所变幻的事景一般，外境之月移入心中，心中之月已非空中之月，而是意中之月。诗是真实的梦幻，也是梦幻的真实，心所游履的“尘境”转化成为和心境相映的意境，这不是很奇妙的吗？事实上，事物向相反方面转化的事例有不少。

在唐宋诗论中最早提出意境说的是皎然的《诗式》和《诗议》（尚有《诗格》，但作者是否是王昌龄有疑，为何人所作待考，故不列）。皎然几次提到“取境”，他所谓“取境”归纳一下，大致可分为三个层次。第一层，取境是指诗人的立意，他在《辨体有一十九字》中写道：“夫诗人之思初发，取境偏‘高’，则一首举体便高；取境偏‘逸’，则一首举体便逸。”“高”和“逸”以及十九字中其他十七字如“总”、“忠”、“节”、“志”、“气”、“隋”、“思”等都是指意，“风韵朗畅曰高”、“体格闲放曰逸”等都是意，作诗先要立意，意立，一首诗就有了统一的风格。取境的第二层次是写意，皎然道：“取境之时，须至难至险，始见奇句。成篇之后，观其气貌，有似等闲不思而得，此高手也。”（《取境》）他批评了作诗不假修饰、不要苦思的片面看法，认为诗的精练和自然是一致的，作诗先要从难从险入，而又要显得自自然然，看不出雕琢的痕迹，经过难、险提炼出来的自然，才有意境。第三层次是“重意”，重意是指“文外之旨”，皎然还把重意分两重意、三重意……意越重，越能味之无极。他在《重意诗例》中写道：“两重意以上，皆文外之旨，若遇高手如康乐公（谢灵运）览而察之，但见性情，不睹文字，盖诣道之极也。”重意意在文字之外，含蓄隽永，“言已尽而意无穷”。但先须立意高，写好意，然后才有“重意”，重意就是重诗的意境，指内涵蕴蓄，可以激发读者神往的那种诗境。皎然的“取境”说是以后逐渐完美的意境说的先声。司空图的“象外之象，景外之景”，严羽的空中音、相中色、水中月、镜中像诸说，都是他们希望诗人去摄取的意境，以求得言有尽而意无穷的效果。诗家得之于释氏境观的意境说，恰恰破除了“背境观心”、“息妄修心”的禅理。

般若空观否定了一切，最后也否定了自身，可是却为诗学开阔了想象的空间。宗白华先生在《中国艺术意境之诞生》一文中写道：“禅是中国人接触佛教大乘义后体认到自己心底深处而灿烂地发挥到哲学境界与艺术境界，静穆的观照和飞跃的生命构成艺术的两元，也是构成禅的心灵状态。”说得十分精彩，可见般若学不仅对中国古代诗论有影响，对近代美学思想也有一定的影响。

（本文作于1984年秋，发表于1987年春宁波师院学报，1987.9.
中国人民大学书报资料中心复印报刊资料
《中国古代、近代文学研究》月刊转载。）

佛教的语言观

一

释迦牟尼得道成佛之后，他还要将不生不灭、无挂无碍、智慧圆满的涅槃境界传给众生，他认为众生个个具有如来智慧，只因被妄想蒙蔽，生出贪嗔痴三毒，对人们本来具有的智慧德相，迷而不知，隐而不显，不能成佛。为了普度众生，他就教化一批有觉悟的弟子和他一起到处讲经说法，引渡众生。为了让众生接受他的观点，了解他的教义，他十分重视语言的作用。佛经的语汇十分丰富，而且善于运用比喻和因时因地现身说法的方法，将玄妙的哲理说得浅显明白。《法华经》中曾说“譬喻亦言辞，随应方便说”，丰富的想象、生动的语言和恰当的比喻是讲经说法的法宝。释迦牟尼在讲《楞严经》时，一开始就对阿难说：“如来今日实告汝，诸有智者，要以譬喻而得开悟。”对有智者尚且要用比喻使他们开悟，对芸芸众生自然更要用大家听得明白的语言去启迪了。季羡林教授在《原始佛教的语言问题》中引用一则巴利文小品，讲了释迦牟尼要求佛教语言通俗化的故事：“有两个比丘姓耶弥卢谛拘罗，是兄弟俩，原来生在婆罗门家中，声音良好，善于谈说。他们来到世尊那里，向世尊致过敬，对世尊说：‘大德，现在的比丘，不同姓，不同名，不同门阀，不同家室，都来出家。他们用自己的方言俗语毁坏了佛所说的语。请允许我们用梵文表达佛语。’佛世尊呵责他们说：‘你们这些傻瓜，怎么敢说请允许我们用梵文表达佛语。傻瓜呀，这样既不能诱导不信佛的人信佛，也不能使信佛的人增强信仰，而只能助长不信佛的人，使已经信了的人改变信念！’呵责完以后，又给他们说法，然后告诉比丘说：‘比丘呀，不许用梵文表达佛语，违者得突吉罗（意思是要受‘律的处分’）”。释迦牟尼最后还说：“我允许你们，比丘呀，用自己的语言学习佛所说的话。”释迦牟尼当时为什么反对用梵文说教？他主要是反对婆罗门教所用的梵文语言，这也可以说是一种宗教革命，是对占特权地位的婆罗门教的一种反抗；同时也说明佛既要“济度众生”，就必须用人人都听得懂的语言来说教。佛经上常常赞誉那些善于以比喻说明奥妙佛理的佛门高弟子“辩才无碍”。《楞严经》卷五记述富楼那弥多罗尼子如何修正成阿罗汉的事。富楼那说：“我于佛前，助佛转轮，因狮子吼，成阿罗汉，世尊印我说法无上。”富楼那由于口才好，善于演说，能“狮子吼”，因此由比丘修正成阿罗汉。（所谓“狮子吼”是指说法时不畏异端邪说，犹如狮子一吼，众兽惕服一般）说明富楼那因说法时语言表达能力强而得到果位，这是佛教重视语言功能的显例。另一位更有辩才的是在家菩萨（居士）维摩诘。维摩诘深明佛道，精通诸法妙义，更是辩才无碍。他是毗舍离城的富翁，生病在家。释迦牟尼派舍利弗等十大弟子，弥勒、文殊等四大菩萨去探病。起先大家谁也不敢去，因为维摩诘有大辩才，这些大弟子都在不同场合被他驳倒过，晓得他的厉害。后来世尊一定要他们去，他们只好去了。在探病过程中，维摩诘以随机应变、现身说法的谈话技巧和神通力，宣讲人间佛国的道理，使十大弟子、四大菩萨听了赞叹不已。记录那次谈话的《维摩诘所说经》是大乘佛经中重要的经典之一，也可以作为一部想象力十分丰富、语言技巧相当高明的文学作品来读。唐朝大诗人王维取名为维，号摩诘，充分说明王维对在家菩萨维摩诘的景仰。

释家虽然十分重视语言的作用，讲究语言的艺术，但又认为佛的真如妙谛，不是语言所能说得清楚的，智慧圆觉需要心证，语言是没有作用的。佛经中常可见到“语言道断”这样的话，语言说不清道，佛门之道非言所能言。《维摩诘所说经·见阿闳品》记述佛陀问维摩诘如何观如来的问题，这是一切希望成佛得道的佛教徒普遍关心的问题。何谓如来？佛教所谓如来者，即“诸法如义”的意思，“乘真如之道而来”名为“如来”。如来是佛陀的异名，但又不是专指释迦牟尼一人，凡得道最高者可称如来，除释迦牟尼称如来外，阿弥陀佛也称如来。对如何能见如来，维摩诘以大乘性空论观点回答这一问题。他说：如来是前际不来，后际不去，今则不住，不来、不去、不住的；如来不在方，不离方，法身无在而无不在；观如来不可以智知，不可以识识；如来是圆明清净的大觉，如来庄严之相，是无相状之相，一切“语言道断”，不是语言所能说得清、说得了的，用语言说得清的，就不是如来真相。认识如来，语言是没有作用的。《金刚经》二十六章偈道：“若以色见我，以音声求我，是人行邪道，不能见如来。”如来既是指至高无上的佛陀，又是指难以用语言所能表达的佛的最高理念。也就是说，语言难能表述佛陀的最高理义，勉强去说定然会歪曲佛义，是行邪道。因此释迦牟尼在讲了许多部佛经之后，就主张“布不言之教”。根据《大梵天王问佛决疑经》记载，大梵天王在灵鹫山请佛说法，并将一支金色的菠萝花贡献给佛。可是佛升座后一言不发，只将手里拿着的菠萝花给到会的大众看。大家不理解何以要拈花示众，只有迦叶尊者看了破颜一笑，默默地领悟了佛拈花示众的意思。佛见了就说：“吾有正法眼藏，涅槃妙心，实相无相，微妙法门，咐嘱与摩诃迦叶。”拈花示众奥妙，非言所能言，迦叶一笑，心领神会。后来，禅宗便发展了这种以心传心的心印法门。在《维摩诘经·不二法门品》中记维摩诘问众菩萨如何入不二法门的事，众菩萨谈了各自对入不二法门的看法。最后，文殊问维摩诘道：大家都说了，那么你认为什么是不二法门？而维摩诘“默然无言”。最有辩才的维摩诘，问到不二法门时却默然无言，是维摩诘言拙了吗？不是。维摩诘认为无言才是空门至极，所以默然无言。文殊对此大为赞叹：“善哉善哉，乃至无有文字语言，是真入不二法门。”为什么文殊对维摩诘“默然无言”如此推崇，认为是“真入不二法门”呢？因为佛的最高理念“如来真相”“不可以智知，不可以识识”，非言所能言，非识所能识，而是需要内心的智慧观照去默默领悟。凡是用语言所能表述的概念，总是会受到一定时空观念的限制，要落到某一实处中去，而大乘空宗认为宇宙一切都是非有非无，不生不灭，非有为非无为，非非有为，非非无为。这种不可思议的不二法门，怎么可以用语言来表述呢？“说法者，无法可说，是名说法。”“若人言如来有所说法，即为谤佛，不能解我所说故。”（《金刚经》第二十一章）维摩诘的“默然无言”，才是真正领悟到“无实无虚”的真如妙谛，这就是佛教界传诵不息的“维摩一默如雷鸣”的故事。

释家既然认为法是无法可说，说法即是谤佛，语言道断，那么，为什么还要鼓吹“辩才无碍”、“吹大法螺”、“作狮子吼”，重视语言的功能呢？在释家看来，这并不矛盾，“辩才无碍”是为了宣扬佛法，使众生心服，“作狮子吼”是为了震慑异端邪说，“吹大法螺”是为了警醒妄想的痴迷之人。《金刚经》用“筏”作比喻来解释言与不言的关系，“如来常说汝等比丘，知我说法，如筏喻者，法尚应舍，何况非法”。（《金刚经》第六章）用语言说法，好比渡河用筏，一到对岸就得将筏舍弃，如果停留在引渡的筏上，就到达不了佛国，只有领悟了无言可言的境界，才能领悟如来真谛。这和庄子“得鱼忘筌”的意思相似。“筌者所以在鱼，得鱼而忘筌；蹄者所以在兔，得兔而忘蹄；言者所以在意，得意而忘言。吾安得夫忘言之人而与之言哉！”（《庄子·外物》）庄子认为言只是用来达意，意达到了，语言就成了无用的累赘了。无论是道家还是释家，都认为最高的哲理是最玄妙的，玄妙的哲理是超越逻辑思维的，因此不是逻辑性的语言所能表达的。老子早已说过“知者不言，言者不知”，“圣人处无为之事，行不言之教”。在这方面佛教哲学和老庄哲学是接近的，因此东晋有名的佛教理论家僧肇将佛学和玄学结合起来，来解释知与言的关系。他在《般若无知论》中写道：“夫有所知则有所不知，以圣心无知，故无所不知，不知之知，乃曰一切知。”他认为任何人的知都有一定的限制，自以为有所知，往往就有所不知，相反，般若（大智慧）是无所知，因而就无所不知，这种无所知而无所不知的佛的智慧妙义是“非言所能言”的。不过“言虽不能言”，然又“非言无以传”，不用语言又如何来传播佛的精理妙义呢？传播佛的智慧还得要用语言，佛教的言和不能言是一对解不开的矛盾，僧肇只好用“圣人终日言未尝言”这种不明不白的话来自圆其说。佛教往往将不能自圆其说的思想用“佛法无比”、“不可思议”这样的话来掩盖其难以解释的问题。他们既然认为“四大皆空”，自然毋须用科学来解释世界。我们认为外部世界是客观存在，佛教却认为外部世界一切都是空的，世界是虚妄，如梦幻泡影，尽管阐发佛教思想的著作浩如烟海，但他们到底说不清世界究竟是什么。语言无法说明，所以只好用“终日言未尝言”的不了义作结。

作为宗教的佛教，要宣讲自己的信仰，并且要说服他人一起来信仰，这样就非言不可，因此十分讲究语言的艺术。而作为哲学的佛学，它所信奉的一切空、毕竟空、超脱一切的空观思想，这就非言所能言了。虽然佛教哲学思辨是深邃的、精致的，但毕竟是唯心的，这种唯心主义哲学是超出逻辑范围的，因此是“非言所能言”的。“非言所能言”、“非言无以传”是佛教语言的基本矛盾，这对基本矛盾形成了佛教独特的语言观，以后“不立文字、不离文字”的中国禅宗对此又有所发展。

二

中国禅宗的初祖是印度高僧达摩。达摩在梁武帝时东渡来到中国传授心法，他到建康见梁武帝萧衍。萧衍是一位笃信佛教的皇帝，造了许多佛寺，并几次舍身为僧。他一见达摩就问：“我建造了许多寺院，你看有何功德？”达摩回答他说“并无功德”，同时告诉萧衍“净智妙圆，体身空寂，如是功德，不以世救……”达摩认为空门崇尚清净空寂，建造寺庙并不能济渡世人。两人观点不合，达摩就渡江至嵩山少林寺，终日面壁，默然而坐，“不将一字来教弟子”。后来，弟子慧可要求达摩传心印法门，达摩告诉他，诸佛心法，不是从别人那里得到的，心法在自己心中，无须外求。达摩不重言教，认为语言文字只会引起内心波动，要摒除一切外象，主张“凝住壁观，无自无他，凡圣一等”，做到“外息诸缘，内心无喘，心如墙壁”。禅宗自初祖达摩到六祖惠能都主张不立文字。三祖僧灿在《信心铭》中写道：“多言多虑，转不相应；绝言绝虑，无处不通。”认为语言会干扰内心的清净，绝言可以排除外境的干扰，要“外息诸缘”就须“绝言绝虑”，做到“任性合道，逍遥绝恼”。中国禅宗的真正创始人是六祖惠能，惠能更直截了当地告诉门徒“诸佛妙理，非关文字”，主张以心传心，明心见性，用文字来证心是多余的。他在《坛经·自序品》中说：“摩诃般若波罗蜜者，此言大智慧到彼岸。此须心行，不在口念，口念不行，如幻如化如露如电……”他认为人的本性“自有般若之智，自用智慧观照故，不假文字”。有位尼姑向惠能执卷问字，惠能回答说：“字便不识，义即请问。”尼姑说：“字尚不识，曷能会义？”惠能说：“诸佛妙理，非关文字。”在惠能看来，佛性空寂，本来无有可说，何须用文字唠叨。惠能所创立的南宗，特别强调“不立文字”。不立文字的南宗可以说是《金刚经》“法者，无法可说，是名说法”思想的体现。惠能主张“佛向心中作，莫向身外求”，提倡心行，教育弟子要“处染常净”。他的禅要求是外绝诸相，内息妄念，精神处于“本来无一物”的无意识状态，而这种无意识是在对深意识不断否定中产生的，正如日本学者铃木大拙所说，是“受过训练的无意识”。但是这样的无意识极难做到，人活着就必然会受外境的影响而产生思维活动，有了思维活动，就必然需要思维的外壳——语言，将它串联起来，表达出来。人是能思想的动物，禅师也一样是有思想的人，有思想就有语言，强调 “不立文字”、布“不言之教”的禅家，离开语言不仅无法布教，而且无法进入禅境。禅宗所谓“绝言绝虑”、“不立文字”最终只不过是一句虚语，正像《四库全书总目·〈五灯会元〉目》所说：“临济宗学徒传授几遍海内，宗内撰述亦日以纷繁，名为不立文字为不二法门，实则轇轕纷纭，愈生障碍。”原来以“不执文字”为标榜的禅宗，衍化成“不离文字”机锋凌厉的禅宗。他们既离不开文字，同时又想不执著于文字，于是就设想出一种背离语言逻辑，抛弃一切常识范围内的语言，创造出一种超越逻辑思维，超出一般思想常规的特殊语言，来表达他们内在的神会冥悟。由南宗派生的“一叶五花”临济、曹洞等宗派各以不同的传授方式，产生出种种表达言外之意和意外之言的特殊语言方式，有的用动作暗示，或一棒一喝，或扬眉瞬目，或竖一指，或吹布毛等动作来传授禅机；有的用常人所没法理解的、超理性的语言来交流心机，如“参话头”、“看话头”等。惠能之棒、青原竖拂、马祖大喝等都是非言之言的表示。如怀海禅师初参马祖道一（临济宗的创始人），道一见怀海来便竖起拂子，怀海便说：“即此用，离此用。”道一遂将拂子挂于床角。过一息道一却问怀海：“汝以后鼓两片皮，如何为人？”怀海便取拂子竖起。道一说：“即此用，离此用。”怀海就将拂子挂在禅床角。道一振威一喝，怀海当时被震得“三日耳聋”，这是禅门公案中有名的“马祖大喝”。又如临济宗黄龙派创始人慧南于景祐三年（1036）居南昌黄龙门，门风严厉，常问出家僧人的乡关来历，又问：“人人尽有生缘处，哪个是上座生缘处？”禅师当即回答，慧南便伸出手问道：“我手何似佛手？”接着又问诸方参请宗师，在问答间突然伸出双脚问：“我脚何似驴脚？”三十年来示此三问，参学者一时往往不凑机，过不了关，禅门称为“黄龙三关”。慧南之问不是按常理顺序而问，而是忽东忽西，忽上忽下，一问人家来历，又问“我手何似佛手”，三问“我脚何似驴脚”，真是牛头不对马嘴。这种跳跃式的问话，完全不是一问一答的常规性对话，而是思理之外，超常态的话头，答不必是所问，问更不理会所答，由各自去领悟、去理会，有的凑机，有的不凑机，若按问而答便没有参透话头。慧南对三关总颂道：“生缘断处伸驴脚，驴脚伸时佛手开。为招五湖参学者，三关一一透将来。”全是一些非理性所能解的非言之言。

曹洞宗与机锋凌厉的临济宗相反，提倡师徒传授默默相对的“默照禅”，认为“至妙唯在默中，唯至言之默为能普及之照”，如天童的宏智正觉提出学禅须“清心潜神，默游内观”，描写默照禅为“廓然亡象，如水涵秋；皎然莹明，如月夺夜”。他们的参禅方式是师徒对坐，默默忘言，认为只有默默才能昭昭，“默默忘言，昭昭现前”，“晦而弥明，隐而愈显”，“妙存默处，功忘照中”。“默照理园，莲开梦觉”，他们静坐默究，外不被因缘流转，内无攀缘之思，神志清明，无相无状。默照禅的无言之言和临济宗的机锋、话头，是两种不同的参禅方式，虽然各有门户，而归其宗则同出一源，不论是棒喝还是默照，都是为了追求一种外离诸相、内息妄念、空寂清净的境界。不过这种主观唯心的境界，现实中是不存在的，只有在佛教徒的自我观照中出现。因此他们用来描写幻觉世界的语言，只能是非言所能言之特殊符号。这种非言所能言之言，不论是棒喝、机锋还是默照，都是一种传达心声的符号。这种符号难以用明确的概念来说明，只能根据各人的解悟来体会。禅宗说教不需要客观依据，而是以心传心，离客观世界越远越好。佛教的语言观是在“言”和“不言”的矛盾中发展的。禅宗的“不立文字”到“不离文字”，是言和非言矛盾的后续，在言~非言~言之间循环，不过后一个“言”字与前一个“言”字有所不同，后一个“言”字是“非言之言”，是超出逻辑范围的语言。

佛教语言表达佛教思想，佛教思想是唯心的，“凭虚而易骋”，因而想象丰富；不仅想象丰富，而且从局部来看，它的思辨机智而邃密，它虽不能科学地说明世界，但给文字、诗的语言留下了许多可资借鉴的地方，因此对诗学是有一定影响的。

三

佛教思想对文学的影响是多方面的，这里只能举几个例子来说明佛教语言观对中国诗论的某些影响。唐诗僧皎然论诗重“意”，重“文外之旨”，他评谢灵运的诗时说：“高手如康乐公览而察之，但见性情，不睹文字，盖诣道之极也。”“但见性情，不睹文字”之说显然是受佛教得法舍筏思想的启示。他在《诗式·文章宗旨章》中又说：“为文真于情性，尚于作用，不顾词彩，而风流自然。”诗的语言是精美的，而诗并不是为了片面追求语言的精美，而是要透过语言见到诗人的真性情的流露，词彩只是传达性情的筏，有了真性情，词彩就可以弃之不顾，如果只顾词彩而不见性情，那就丧失了诗的作用。皎然论诗强调了意和性情，反之，如果没有词彩，则性情也难以见到，谢灵运的“池塘生春草”、“明月照积雪”刻画微妙，何尝不在词采上用工夫。

唐诗论家司空图《诗品·含蓄》中写道：“不着一字，尽得风流，语不涉难，已不堪忧。”诗是语言的艺术，不着一字，何来风流？司空图当然不会不明白这个理，但是“不着一字，尽得风流”这句话却成了诗家论诗的名言，我们将它和惠能的“诸佛妙理，非关文字”的话联系起来看，说明诗重在意而不在言，也就是“得意而忘言”这句话的诗化。不过没有言何来意？诗既不能不重言，也不能只见言不见意，而是要意在言外。梅圣俞曾对欧阳修说：“诗家要率意，而造语亦难，若意新语工，得前人所未道者，斯为善也。必能状难写之景，如在目前；含不尽之意，见于言外，然后为至英。”（欧阳修《六一诗话》）“含不尽之意，见于言外”，也就是司空图“不着一字，尽得风流”的意思，这也和佛法不在言却又要在言上花大工夫是一样的道理。

五代僧淳在《诗评》中写道：“夫缘情蓄志，诗之要者也，高不言高，意中含高；远不言远，意中含远；静不言静，意中含静……”意中之意，妙在不言之言，这是佛家观如来不以智知，不以识识，而大知大识又必受之于如来的思维方式的衍化。

宋诗论家严羽所谓“不涉理路，不落言筌，诗者吟咏性情，盛唐诸人，惟在兴趣，羚羊挂角，无迹可求，故其妙处，透彻玲珑，不可凑泊，如空中之音，相中之色，水中之月，镜中之像，言有尽而意无穷”（《沧浪诗话》）。严羽以禅喻诗，历代学者虽有不同看法，但在诗学中毕竟是有很大影响的，他就是将禅家的语言观运用于诗学中一个突出的例子。

清文论家刘熙载在其《诗概》中写道：“杜诗只有有无二字，足以评之，有者，但见性情气骨也；无者，不见语言文字也。”当然以“有无”两字评杜诗并不恰当，杜诗宏博，用“有无”两字怎能概括得了？

杜甫"语不惊人死不休"，十分重视语言的锤炼，怎能说不见文字？钱钟书在《谈艺录》中评严羽时曾说："诗自是文字之妙，非言无以寓言外之意。"这话用来评上面所提到的一些说法都是很恰当的。我在这里引用这些材料，只是用来说明禅宗的语言观对我国诗文论的影响而已。诗与禅是性质不同的两个范畴，谈诗论禅不能等量齐观，即使有些方面可以参照，也只是参照罢了。金代诗人元好问在其《陶然亭诗序》中说："渠辈谈道不在文字，不离文字；诗家圣处不离文字，不在文字，唐贤所谓性情之外不知有文字耳。"这样既相联系又相区别的比较，抓住了两者的特点，论述得比较通达。

中国古代诗论家的某些论点受佛教语言观的影响很明显，我们揭示佛教语言观的内在矛盾，也可以看到中国诗论家重意而轻言的片面性。事实上，我国许多伟大的诗人都是言意并重，好的意境只能在好的诗句中显示，言和意是不可分割的。

（1992年12月《宁波大学学报》第5卷第2期）

唐诗的禅趣

一

禅是一种复杂的概念，通常可以从三个方面来理解。

一、禅是各派佛教徒共修的法门，是佛教一切教法的总相法门，佛教徒修行首先从禅上修起，最后达到进入禅境的目的。晋朝慧远的《庐山修行方便经序》要求僧人通过坐禅达到法体本体合一。他描写法体本体合一的情状是“运群动以至壹而不有，廓大象于未形而不无，无思无为而无不为”。僧人修行达到无所不见而无所见，无所不闻而无所闻，空含万物，万物皆空，无思无为而无不为，便进入了禅的境界。王维有两句诗：“欲知坐禅久，行路长春芳”（《过福禅师兰若》）、“薄暮空潭曲，安禅制毒龙”（《过香积寺》）。这里所谓的“坐禅”就是指潜心修禅，所谓的“安禅”就是指无思无为，解脱一切烦恼。简单地说，禅既是僧人修行的方式，也是僧人修行要达到的最高境界。

二、禅是指中国佛教中一个重要的宗派——禅宗。禅宗的心源虽然是由菩提达摩从印度传到中国的，但最具中国文化特点之禅宗的形成，严格地说是由六祖惠能开始。禅宗主张单传心印，不立文字。禅宗依据的经典是《大般若经》、《楞伽经》，惠能最崇奉的是《金刚经》。禅宗的修行宗旨是要“明心见性”、“解脱自在”，主张以心传心，自悟自解，自识清净本性，去来自由，心体无滞，认为“一切般若智，皆从自性而生，不从外人”。这种经过自悟自解而自识清净本性的智慧观照，很得中国士民的欣赏和接受，于是惠能开创的南宗禅发展很快，衍生出沩仰宗、临济宗、曹洞宗、云门宗、法眼宗，总称“五宗”，其中临济宗又派生出黄龙派、杨歧派，统称“五宗七派”。禅宗是中国最有影响的佛教宗派之一，在日本的影响也很大。

三、禅从更广泛意义上说，也可以说是一种思维形态，在特定环境中滋生的精神状态，是一种摆脱凡俗、摒除思虑、宁静淡泊、安闲自然、息心凝神、清心寡欲的精神境地。它使人在淡泊无为中体悟到生命和宇宙的纯净，从而产生出心地清明的情趣，这种情趣就是所谓“禅悦”。这里权且将“禅悦”和“诗趣”融会在一起，称之“诗的禅趣”。

诗的禅趣和前面所谈的佛教的禅自然有一定联系，但能感受这种情趣的不一定是有佛教信仰的人，相反，有时刻苦修禅的禅师不一定都能感受到这种情趣，而无心于佛的普通人在特定情况下却能不期然地萌发这种情趣。

二

南宗禅谈禅说法不用艰深难懂的语言，惠能常用很普通的人人都听得懂的话来说法。以后著名禅师如马祖道一、百丈慧海更喜欢用村言俗语、隐语、暗喻或机锋棒喝来触发禅机。也有禅师爱用诗化的语言来启悟禅机，如药山禅师的“云在青天水在瓶”隐喻佛在自心，何须外求；曹洞宗创始人曹山本寂的《大梅山法偈》“摧残古木依寒林，几度逢君不变心”喻修禅要像梅花那样有耐寒傲霜的志节。禅门机锋往往叫人一时摸不着头脑，但一经解悟便豁然开朗，感到身心舒畅，洋溢着一种难以言说的机趣。禅宗十分看重一个“悟”字，“一念悟，众生是佛”(《坛经》)，禅宗“悟”的思维方式，启迪了一部分唐代诗人，使唐人小诗增添了哲理和韵味。

禅趣诗在体式上绝句多于律诗，古体长诗虽然也有谈禅的，但理多于趣，不像绝句那样有情趣。绝句言简意赅，以少胜多，融意于景，涉笔成趣。律诗也有富于禅趣的好诗，但律诗格律较严，限制过多，不像绝句可以少受拘束，挥洒自如。禅趣诗内容多涉山水田园，由于诗人性爱自然，耽山悦水，在大自然的陶冶下忘却尘世纷扰，因而禅趣诗多半常有幽静淡远的情趣，给人以清新之感。禅趣诗的作者，有的诗才极高又精通禅理，有的仕途困顿，借山水以排忧遣愁，有的本身就是寄至味于淡泊的禅师。

王维是精通禅理的大诗人，他《辋川集》的山水诗中，有的是缘情之作，借山水抒发情怀，有的则是清净无为，“连感慨也无”的禅趣诗。借山水来抒发情怀的如《孟家坳》：“新家孟城门，古木余衰柳。来者复为谁？空悲昔人有。”出言自然而语多感慨，古木凋零，人事沧桑，充满悼古惜今之意。如《华子冈》：“飞鸟去不穷，连山复秋色。上下华子冈，惆怅情何极！”春去秋来，思绪绵邈，景语都是情语。如《山中送别》：“山中相送罢，日暮掩柴扉。春草明年绿，王孙归不归？”身居深山，心牵离人，语味极淡，情思极深。如《哭孟浩然》：“故人不可见，汉水日东流。借问襄阳老，江山空蔡州。”失故友之痛，叹才士之亡，悼惜之情，感人至深。这类诗虽然写得冲淡自然，但都是抒情之作，若以禅趣而言，则不同于《鹿柴》、《栾家濑》、《白石滩》、《竹里馆》、《辛夷坞》、《鸟鸣涧》、《山中》诸篇了。如《鹿柴》：“空山不见人，但闻人语响。返景入深林，复照青苔上。”这首诗以声和光来反映山之幽深、林之邃密，人景同化，远离尘世之喧嚣。如《竹里馆》：“独坐幽篁里，弹琴复长啸。深林人不知，明月来相照。”描写竹林操琴，意随神往，物我两忘，唯有明月相照，诗意灵空超脱。如《山中》：“荆溪白石出，天寒红叶稀。山路元无雨，空翠湿人衣。”溪枯石出，天寒叶稀，山中云雾，濡湿人衣，一片萧瑟、寂寞、空蒙景象，有情无情，不即不离。如《书事》：“轻阴阁小雨，深院昼慵开。坐看苍苔色，欲上人衣来。”不带声色，含意幽密，苍苔染人衣，人衣袭苍苔，写出不染不净的禅境。如《辛夷坞》：“木末芙蓉花，山中发红萼。涧户寂无人，纷纷开且落。”芙蓉花在山中自开自落，自在自得，何预人间事？如《鸟鸣涧》：“人闲桂花落，夜静春山空。月出惊山鸟，时鸣春涧中。”花自落，夜自静，月光惊山鸟，鸟鸣山更幽，一派静境，与《辛夷坞》可谓异景同趣，异曲同工，胡应麟评为“名言两忘，色相俱泯”（《诗薮》），深得禅趣。以上诸作可算得上是禅趣诗的典型。王维诗中还有像《田园乐》一类的田园诗，如“采菱渡头风急，策杖村西日斜。杏树坛边渔父，桃花源里人家”、“萋萋芳草春绿，落落长松夏寒。牛羊自归村落，童稚不识衣冠”、“山下孤烟远村，天边独树高原。一瓢颜回陋巷，五柳先生对门”等诗，只可说是恬静、纯朴、淡远的田家风俗画或风景画，并不含多少禅味。王维还有直接谈禅的诗，但是一涉理路，诗趣就减弱了。禅趣大都出于“任性逍遥，随缘放旷”（《五灯会元》卷七），一涉理就没趣了，如《酬张少府》：“晚年惟好静，万事不关心。自顾无长策，空知返旧林。松风吹解带，山月照弹琴。君问穷通理，渔歌入浦深。”这是王维晚期之作，前四句写自己的心情，说“万事不关心”，其实他依然在关心，否则也不用说“自顾无长策”带有自嘲意味的话了。后四句反映他如羁鸟归林、解脱自在的情趣，而心中还藏着“穷通”思想，虽然没有明说，但与上面“自顾无长策”联系起来看，他对政治生活不仅有所褒贬，甚至还是留恋的。以前有人说王维“晚年惟好静，万事不关心”是消极逃世的思想，不错，王维在仕途坎坷时确有逃世思想，而从他出山入山、几进几出的经历来看，他的入世思想多于出世思想。“市隐何妨道，禅栖不废诗”，他是抱着做官修禅、事理无碍的思想来做官、修禅、写诗的。他弟弟王缙说他“当官坚正，秉操孤直，纵居要剧，不忘清净”（《王缙进王右丞集表》）。“纵居要剧，不忘清净”八个字确是王维为人处事、修禅作诗的最好说明。本文阐述王维诗的禅趣，并不意味王维其他的诗价值不高，如以价值而论，王维有许多诗是高于禅趣诗的，不过禅趣诗确是王维诗重要的部分，对以后的诗创作和理论都产生过较大的影响。

与王维齐名的诗人孟浩然，也写过许多山水田园诗，风格冲淡自然，和王维有相似之处。孟浩然曾想出仕，而机遇不佳，退而洁身自好，淡泊自守。他诗风清新，如《宿建德江》“移舟泊烟渚，日暮客愁新。野旷天低树，江清月近人”，情景宛然，诗意隽永，但句句含我，字字关情，有诗趣而不涉禅味，这方面孟浩然和王维是有所不同的。另一位风格相近的田园诗人储光羲，其诗风质朴清淡，而所作感慨多气，这可能和他仕途顿挫，官运不亨有关，如《洛阳道五首献吕四郎中》“洛水春冰开，洛城春树绿。朝看大道上，落花乱马足”，明写在洛阳道上骋进的官宦们的得意神态，而字里行间却流露出他关情仕途的心态。他的《江南曲》之三“日暮长江里，相邀归渡头。落花如有意，来去逐轻舟”虽是一首写江南水乡、男女情爱的乐府诗，但道出有情无情一如落花，可算是一首参透情恨、色相皆泯、有禅味的诗。但这种禅趣不是有意写出，而是于无意中流露出来的。

被称为“五言长城”的刘长卿，为人刚直，多忤权贵，累遭贬遣，喜与僧人交往，他的诗亦颇多禅趣。他的五绝有的情深意密，有的清冷淡泊，如《逢雪宿芙蓉山主人》：“日暮苍山远，天寒白屋贫。柴门闻犬吠，风雪夜归人。”写景极真，写情极深，写山民之贫困清苦十分感人，诗意至深而不含禅趣。如《听弹琴》：“泠泠七弦上，静听松风寒。古调虽自爱，今人多不弹。”诗风苍朴、含蓄，诗中描写的境静而诗人的心不静，是借听琴在抒发抑郁的心情，是好诗但不是禅诗。如《送上人》：“孤山将野鹤，岂向人间住？莫买沃洲山，时人已知处。”这是一首讽刺诗，讽刺佛门弟子本该超尘脱俗，却要占名山而扬名媚俗，这岂是出家人之本旨？诗虽涉佛而不含禅意。他也写有意境悠远的禅趣诗，如《送灵澈上人》：“苍苍竹林寺，杳杳钟声晚。荷笠带夕阳，青山独归远。”这也和《逢雪宿芙蓉山主人》一样，是一首可以入画的好诗，但“风雪夜归人”是以情写景，“青山独归远”是以禅写景，前一首有情趣，这一首有禅趣。他另一首五律《寻南溪常道士》：“一路经行处，莓苔见屐痕。白云依静渚，芳草闭闲门。过雨看松色，随山到水源。溪花与禅意，相对亦忘言。”清新脱俗，一尘不染，景近意远，理趣皆具，是禅趣诗的上乘之作。另一位诗人常建也是善于融景于禅的高手，如

《题破山寺后禅院》:“清晨入古寺，初日照高林。曲径通幽处，禅房花木深。山光悦鸟性，潭影空人心。万籁此俱寂，但余钟磬音。”进禅院而禅心自发，描绘了一派清净禅境，在律诗中是一首难得的禅趣诗。

韦应物早年侍卫皇室，放任恣纵，后折节读书，历任滁州、江州、苏州刺史，性向简淡，喜与禅师过往，擅长绝句，山水诗清幽淡远，颇有禅趣，如《怀琅琊、深标二释》:“白云埋大壑，阴崖滴夜泉。应居西石室，月照山苍然”四句诗渗透了深、幽、清、寂，怀人而不及人，以清净境来烘托二释子之高洁。禅门有言：“才涉唇吻，便落意思，尽是死门，终非活路。”(《五灯会元》卷十二）上诗怀人而不写人，表意而不着意，不涉理路，不落言筌，深得禅趣。他的《滁州西涧》一诗，更是脍炙人口：“独怜幽草涧边生，上有黄鹂深树鸣。春潮带雨晚来急，野渡无人舟自横。”自然放旷，清幽绝伦，与柳宗元的《江雪》“千山鸟飞绝，万径人踪灭。孤舟蓑笠翁，独钓寒江雪”堪称禅趣诗之双绝。柳宗元因改革弊政失败后，累遭贬遣，处境困厄，纵情山水，悠游于儒佛之间，所作诗颇多禅趣。如《渔翁》:“渔翁夜傍西岩宿，晓汲清湘燃楚竹。烟销日出不见人，欸乃一声山水绿。回看天际下中流，岩上无心云相逐。”描写渔翁寄身山泽，与世无争、悠游自在的情状，这正是柳宗元所祈求的“淡然离言说，悟悦心自足”的禅境。

白居易晚年信佛，自号香山居士，所作的诗内容和他早期反映民生疾苦的新乐府大不一样，但仍保持清楚明白的风格，有些诗哲意隽永，耐人寻味。如《遗爱寺》:“弄石临溪坐，寻花绕寺行。时时闻鸟语，处处是泉声。”明白如话，说出了无思无为、解脱自在的禅趣。如《惜牡丹花》:“惆怅阶前红牡丹，晚来唯有两枝残。明朝风起应吹尽，夜惜衰红把火看。”这首诗从字面上看是诗人怜花惜春之作，如果再深一层探究，诗人从牡丹残枝，联想到大千世界兴衰环回，物物皆然，参悟到“不生不灭，不常不断”的禅机，这首诗颇似禅家的话头，参的是活句不是死句。又如《花非花》:“花非花，雾非雾；夜半来，天明去。来如春梦几多时？去似朝云无觅处？”花是花而非花，雾是雾而非雾，花与雾俱都稍纵即逝，万物均是梦幻泡影。这是白居易另一首禅悟诗，但这只能说是佛经的诗解，禅趣不及上一首。另外，他还有《读禅经》："须知诸相皆非相，若住无余却有余。言下忘言一时了，梦中说梦两重虚。空花岂得兼求果，阳焰如何更觅鱼。摄动是禅禅是动，不禅不动即如如。"此诗全袭佛经中的偈，了无诗意，自然谈不上禅趣。白居易在《醉吟先生传》中为自己画像："性嗜酒、耽琴、淫诗，凡酒徒、琴侣、诗客多与之游，游之外，栖心释氏，通学小中大乘法。"由此可见，白居易和王维有别，王维潜心佛道，虔诚礼佛，深得三昧，而白居易信佛不过和饮酒、操琴、游山玩水一般，是一种生活享受，他虽自称居士，但和摩诘居士不同，香山诗大部分是白居易晚年率性随意之作，论诗意不如以前，论禅趣则不如王维。

大历诗人钱起，诗风清丽含蓄，所作小诗均不涉佛理，但在他如画的小诗中往往不经意地流露出禅趣，如《宿洞口驿》："野竹通溪冷，秋蝉入户鸣。乱来人不到，芳草上阶生。"萧瑟、荒凉，而生气不灭，于不经意中表达了"诸法不生不灭'的禅趣。如《远山钟》："风送出山钟，云霞度水浅。欲知声尽处，鸟灭寥天远。"闻钟声而怅寥廓，欲寻钟声尽处，唯见暮色苍茫，闻而未闻，见而未见，声色皆冥，诗意含禅味。晚唐诗人杜牧，秉性刚直，诗风倜傥，评论时政慷慨多气，有济世的抱负，但不为时用。诗篇中多伤时忧世之作，有时寄情物外，遗世独立，有些诗篇颇有禅趣，如《题敬爱寺楼》："暮景千山雪，春寒百尺楼，独登还独下，谁会我悠悠。"又如《赠渔父》："芦花深泽静垂纶，月夕烟朝几十春。自说孤舟寒水畔，不曾逢着独醒人。"这类诗的禅趣，都是作者想寄身江湖以求解脱的心境的自然流露。

唐人小诗，除诗人诗篇含有禅趣外，有几位诗僧的诗也颇有禅趣。按理说诗僧的诗应当更具禅趣，其实不然，因为僧人爱在诗中表达禅理，一涉理路禅趣就相应减弱，因此唐人小诗的禅趣，士人优于僧人。不过也有不少诗僧写了许多耐人寻味的禅趣诗。如船子和尚德成的偈："千尺丝纶直下垂，一波才动万波随。夜静水寒鱼不食，满船空载月明归。”这几句偈极有诗趣，一条钓线搅动万波，若动若静，若静若动；钓者求鱼而意不在得，明月满船而空无所有，世间万象空有不二。就禅而言是禅师悟道的名言，就诗而言是意境悠远的好诗。唐诗僧寒山子的诗也有同样的妙处。寒山，世人不知其姓名，隐居天台山寒岩，破衣敝裘，行走山林，少与人语，独自言笑，常题诗于林间石上，诗句出于天籁，颇有机趣，后人于山林间抄录三百余首，名《寒山集》流传于世，如其《寒岩》之三：“登陟寒山道，寒山路不穷。溪长石磊磊，涧阔草蒙蒙。苔滑非关雨，松鸣不假风。谁能超世累？共坐白云中。”《寒岩》之四：“可笑寒山道，而无车马踪。联溪难记曲，叠嶂不知重。泣露千般草，吟风一样松。此时迷径处，形问影何从。”《寒岩》之六：“寒山多幽奇，登者皆恒慑。月照水澄澄，风吹草猎猎。凋梅雪作花，杌木云充叶。触雨转鲜灵，非晴不可涉。”这些诗都是随景写景，意境空灵，语言朴素，不事雕饰，任意而为，随性而作，离俗而不弃世，涉理而不说理，诗趣理趣浑然一体并存不悖，这是僧人禅诗之佳者。与寒山齐名的拾得，是丰干在路上拾得的孩儿，由天台山僧扶养，长大后为国清寺烧火僧，与寒山为友，也能诗，诗句浅显明白，出于天籁，但喜于诗中阐扬佛理，诗趣不及寒山，如《无题》之一：“寒山自寒山，拾得自拾得。凡愚岂见知，丰干却相识。见时不可见，觅时何处觅。借问有何缘，却道无为力。”《无题》之二：“般若酒泠泠，饮多人易醒。余住天台山，凡愚那见形。常游深谷洞，终不逐时情。无愁亦无虑，无辱也无荣。”诗虽自心间流出，无愁无虑，无辱无荣，也是明心见性之言，但借诗谈道，诗味不足，也就无禅趣可言了。另一位天台山僧灵澈，原是云门寺禅师，社会阅历较深，文化素养较高。他的诗不像寒山、拾得出于天性，而是洞察世情，超脱是非后形成了放旷豁达的诗风，如《东林寺酬韦丹刺史》：“年老心间无外事，麻衣草座亦容身。相逢尽道休官好，林下何曾见一人。”这是说官场上的人，都说要退隐林下，事实上没有一人能做到，只有不慕荣利的山僧，才能安心过清苦寂寞的山林生活。这虽是一首洞察人心的好诗，但缺少禅趣。他的《天姥岑望天台山》："天台众峰外，华顶当其空。有时半不见，崔嵬在云中。"明写天台华顶山之高，暗喻真如福地可望而不可即，不是轻易到得了的，深入浅出，颇有禅趣。还有一位曾隐居天台山的僧人灵一，名不及灵澈，而所作诗篇既含禅理又有诗趣，如《雨后欲寻天目山，问元骆二公溪路》："昨夜云生天井东，春山一雨一回风。林花解逐溪流下，欲上龙池通不通。"此诗描写云、山、风、雨、林花、溪流，句句写实景，最后一句问句，极似禅门的话头，有此一问使通篇景语都含禅意。参话头，决疑窦，是禅子修禅的法门，大疑大悟，小疑小悟，不疑不悟，春山风雨吹落林花，林花逐溪飘流，溪流是否通向龙池？林花能否到达龙池？此一疑令悟者自解。这是一首寓禅机的诗，但不是洒脱自然的禅趣诗。他的《题僧院》"虎溪闲月引相过，带雪松枝挂薜萝。无限青山行欲尽，白云深处老僧多"和《归岑山过惟审上人别业》"禅客无心忆薜萝，自然行径向山多。知君欲问人间事，始与浮云共一过"，这两首诗全是用老僧的口气道出了无思无为、无挂无牵、淡泊自然的禅境和禅趣。

唐代著名的诗僧要数皎然和贯休，他们留下来的诗最多，但大都是以史为诗，以学问为诗，以佛理为诗，以世情为诗，其中自然有不少好诗，但有禅趣的诗却并不多见。如皎然的《酬崔侍御见赠》："买得东山后，逢君小隐时。五湖游不厌，柏署迹如遗。市隐何妨道，禅栖不废诗。与君为此说，长破小乘疑。"完全是迎合崔亦官亦禅心理的应酬之作，谈不上什么禅趣。贯休写过许多同情民间疾苦的好诗，如《偶作》四："君子食即食，何必在珍华。小人食不食，纵食如泥沙。清歌且莫唱，妙舞亦休夸。尔非凤炙麒麟肉，焉能一挂于齿牙。去来去来归去来，红泉正洒芙蓉霞。"将贫富生活作了强烈的对比，控诉豪门的侈奢，同情贫民的痛苦，有很强的现实意义。他悲天悯人，以慈悲心看世界，很少作淡泊潇洒的禅趣诗。

三

禅趣诗在唐诗中不占主导地位，只能说是唐代诗苑中的奇葩，具有吸引人的艺术魅力和独特的美学风格。对这类诗不能简单地用积极的或消极的概念去判别，读这类诗既可能使人产生逃避现实、孤芳自赏的消极心理，也可能激发起人们对山水田园大自然的热爱，在争名逐利、损人利己的庸俗气氛中保持清新独立的头脑，以求心灵的纯洁和人格的完美，这就不能说是消极的了。

禅趣诗虽然与禅有一定联系，但并不一定与宗教有必然关系。有佛教信仰的人可以在禅趣诗中感悟“息虑忘缘”的禅味，一般读者可以从禅趣诗中领略宁静、淡泊、悠远的情趣，有的还可以借此来解除心中的烦恼和焦躁。诗无达诂，仁者见仁，智者见智，读者可以选读自己所喜爱的诗篇，提高个人的鉴赏兴趣。

艺术的风格是多样的，诗的风格也是多样的，中国是诗的大国，唐代是诗的黄金时代，且众体兼备，不论是古体、律诗、绝句，还是史诗、叙事诗、抒情诗，或是现实主义或是浪漫主义，都留下了不朽的诗篇，对后世都有深刻的影响。以山水田园诗为主体的禅趣诗，也同样给后人产生了较大的影响，唐以后在中国诗坛出现的意境说、妙悟说、兴趣说、性灵说、神韵说乃至境界说，都不同程度地受到过它的影响，因此本人以为作这篇文章或不算多余。

（1994年《宁波大学学报》第6期）

苏轼诗论

苏轼虽然没有写过诗话一类专著，但散见在记、叙、跋、诗、书信等上有关论诗的文字，数量多，涉及面广，其见解之精辟处，为一般诗论所不及。现将“诗以奇趣为宗”、“寄至味于淡泊”、“诗画本一律，天工与清新”、“欲令诗语妙，无厌空且静”等诗观缀联成文，以窥苏轼诗论之一斑。

“诗以奇趣为宗”

苏轼在《书柳子厚渔翁诗》中提出“诗以奇趣为宗，反常合道为趣”的观点，他读了“渔翁夜傍西岩宿，晓汲清湘燃楚竹。烟销日出不见人，欸乃一声山水绿。回看天际下中流，岩上无心云相逐”后说“熟味此诗有奇趣”。《渔翁》清纯幽邃，其奇趣，不是奇在文字，而是奇在境界，而境界之奇在于“反常合道”。反常是说诗要有新意，要反俗为新。山溪渔翁早作晚歇本是寻常生活，而诗人在寻常生活中体察到渔翁与世无争、宁静淡泊的心情，这淡泊是渔翁日出而作、日落而息的淡泊，不是高人雅士隐居山林的淡泊，更不是“人在江湖，心怀魏阙”终南捷径式的“淡泊”，寓理于情，渔翁自然之情就在渔翁自然之理中，此诗意境高远，奇趣就在“反常合道”。

苏轼在《书郑谷诗》中，将郑谷的《雪中偶题》与柳宗元的《江雪》作比较，批评郑谷的“江上晚风堪画处，渔人披得一蓑归”是“村学中诗”。意思是说这两句诗只是直叙表象，缺乏内涵，熟俗而无新意。而柳宗元“千山鸟飞绝，万径人踪灭。孤舟蓑笠翁，独钓寒江雪”那种静谧绝尘的境界有奇趣。他说：“人性有隔也哉，殆天所赋，不可及也。”柳宗元的《江雪》创造了一个新的境界，而郑谷的《雪中偶题》只不过重复别人说过多次的俗话，没有反俗为雅。苏轼“诗以奇趣为宗”是要求诗能独创新意，而不能掇拾他人的牙慧，即使描写一般常见的题材，也要化俗为雅，融古于新。

“诗以奇趣为宗”的奇趣是反常与合道两个方面的统一，如果认为“奇遇”之奇是奇在反常不须合道，那么不合道的反常，只有奇而没有趣。苏轼在《净因院画记》中写道：“余尝论画，以为人禽宫室器用皆有常形，至于山石竹木，水波烟云，虽无常形，而有常理。常形之失，人皆知之；常理不当，虽晓画者不知……以其形之无常，是以其理不可不谨也。”这段话可以用来作“反常合道”的注释。诗和画都是注重形象思维的艺术，离开形象，诗和画就都无意境可言，但诗的形象不是常态常形的简单摹写，诗画不必拘泥于常形，形可以反常，而理却不能不当。不顾常理，随心所欲，创作者与欣赏者就没有共同的认识基础，没有共识就不会产生共鸣。反常是要求作诗不可一般化，太熟了就俗了，诗一俗就不会给读者以新的感受，读诗如读不出新的感受，就没有趣味了。无诗趣的诗，人们是不爱读的。合道就是要“合乎天造（自然之理）”，用现代的话来说，就是要合乎事物的自然规律。物有常理，“随物赋形”，形可以因时因地随物表现的势态不同而千变万化，但千变万化之形，必须合乎物之常理，常理一失，形就成无本之木了，“以其形之无常，是以其理不可不谨也”。苏轼称赞文与可画竹出神入化，因为他深得竹之理，“与可之于竹石枯木，真可谓得理者矣，如是而生，如是而死，如是而挛拳瘠蹙，如是而条达遂茂，根茎节叶，牙角脉络，千变万化，未始相袭，而各当其处，合于天造，厌于人意”。“各当其处”，就是合道，合自然之理。反常与合道相互依存，不可或缺。李白、杜甫诗中有不少反常的奇句，但这些奇句细细品味就能发现都是合道之言。如李白的《长相思》：

“美人在时花满堂，美人去后花余床。床中绣被卷不寝，至今三载犹闻香。香亦竟不灭，人亦竟不来。相思黄叶落，白露点青苔”，“至今三载犹闻香”、“香亦竟不灭”等都是反常的奇句，花香何能长达三年之久而不灭？三载不灭之花香是反常之言，而人的爱恋思念之心持久不变却是常情常理，合乎道，反常合道使这首《长相思》有奇趣。如杜甫的《江汉》：“江汉思归客，乾坤一腐儒。片云天共远，永夜月同孤。落日心犹壮，秋风病欲苏。古来存老马，不必取长途。”这首诗通篇合乎道，但如果没有“古来存老马，不必取长途”这样的奇句作结，那意境就不能如此高远，韵味就不会如此醇厚。

在众多诗人中，苏轼最推崇陶渊明，他说：“观陶彭泽诗，初若散缓不收，反复不已，乃识其奇趣。”大家都认为陶诗冲淡自然，而苏轼却认为陶诗有奇趣。奇趣何来？就在冲淡自然中见出诗人的真性情，真襟怀。苏轼读陶潜“平畴多远风，良苗亦怀新”后说：“非古之耦耕植杖者，不能道此语，非余之世农，亦不能识此语。”陶诗的奇趣是“精能之至，反造平淡”后的奇趣，也就是元好问论陶诗“一语天然万古新，豪华落尽见真淳”的奇趣。元好问这两句诗可以说是脱胎于苏轼的“精能之至，反造平淡”，而元好问却对苏轼的奇趣说有微词“奇外无奇更出奇”，“一波才动万波随。只知诗到苏黄尽，沧海横流却是谁？”（《论诗三十首》）这可能是对以后学苏轼诗的人，只知学苏轼的“反常”，而不知学苏轼的“合道”，因而对出现生硬放佚、好奇务新的风气而言的吧！

“寄至味于淡泊”

苏轼提出了“心诗以奇趣为宗”，同时又提出“发纤秾于简古，寄至味于淡泊”的观点。这两句话出在《书黄子思诗集后》，是苏轼分析了魏晋和盛唐诗歌发展概况后提出来的，“魏晋以来，高风绝尘少衰矣。李杜之后，诗人继作，虽间有远韵，而才不逮意。独韦应物、柳宗元发纤秾于简古，寄至味于淡泊，非余子所及也”。确实，韦应物出任滁州、江州、苏州刺史后，好与禅师交游，山水诗清幽淡远，颇有禅趣，如《怀琅琊、深标二释》:“白云埋大壑，阴崖滴夜泉。应居西石室，月照山苍然。”如《滁州西涧》:“独怜幽草涧边生，上有黄鹂深树鸣。春潮带雨晚来急，野渡无人舟自横。”这样的诗确可称之为简古、淡泊。柳宗元永贞革新失败，辗转流放，谪贬永州后，寄情山水，悠游于儒佛之间，在“淡然无言说，悟悦心自足”的心情下写出“发纤秾于简古，寄至味于淡泊”的诗是很自然的。苏轼常将柳宗元和陶渊明的诗并提，因为两人风格近似，他在《评韩柳诗》中，将陶渊明、柳宗元、韦应物、韩退之四人作比较后说:“柳子厚诗在陶渊明下，韦苏州上。退之豪放奇险则过之，而温丽靖深不足也。”并且还认为，柳宗元、陶渊明的诗都属“枯淡”一类，“所贵乎枯淡者，谓外枯而中膏，似淡而实美。渊明、子厚之流是也”。苏轼推崇陶渊明，很钦佩陶渊明率真坦诚的人品，“岂独好其诗也，如其为人，实有感焉”，同时也很欣赏陶诗“外枯而中膏”的风格。“外枯”，诗句质朴无华，不媚俗取宠；“中膏”，内容情真意纯，诗品人品浑然一体。“外枯”使“中膏”不假外饰，真纯自然；“中膏”使“外枯”枯而不燥，质而实腴，淡而实美，“如食人蜜，中边皆甜”，味之无极。

“发纤秾于简古，寄至味于淡泊”是“外枯而中膏”说的进一步发挥，前者比后者说得更加完善。这两句诗虽然是对韦、柳诗而言，但其实也是苏轼自己一部分淡雅高远的诗词已经达到的境界。不过苏轼并不一味反对纤秾，也并不单纯主张简古，而是主张简古要从纤秾中升华。淡泊也不是淡进淡出，淡而无味，而是要淡得有味，是含至味的淡泊，是味外之味。他引用司空图的话说:“梅止于酸，盐止于咸，饮食不可无盐、梅，而其美常在咸酸之外。”美在酸咸以外的至味，不是一尝便说得出来的味，而是可以“一唱三叹”之味，是苏轼前辈梅圣俞所谓“含不尽之意，见于言外”之味。简古来自纤秾，淡泊出于至味，所以苏轼并不主张学写诗一开始就去学简古和淡泊。他在《给侄儿信》上说:“大凡为文，当使气象峥嵘，五色绚烂，渐老渐熟，乃造平淡。”

开始要“气象峥嵘”、“五色绚烂”，应当放开一些，而后成熟了才渐趋淡泊，没有丰富的阅历和成熟的创作经验是学不到简古和淡泊的。

淡泊不仅是一种艺术风格，也是一种人生境界，是从复杂的生活经历中体会出来的哲理。苏轼流居儋耳，在食无粮、病无药、居无室的困厄中，常将陶渊明诗和柳子厚诗集放在身边“目为二友”，乃情境使他与陶、柳诗激起共鸣。没有一番辛苦，没有一番经历，想仿到“寄至味于淡泊”很不容易。

“诗画本一律，天工与清新”

“论画以形似，见与儿童邻。赋诗必此诗，定非知诗人。诗画本一律，天工与清新”(《书鄢陵王主簿所画折枝二首》)，这是苏轼以诗论画、以画论诗的名句。论画不能只求其形似，而要它能传神；论诗不能只见其格律，而要能见其精神。诗与画虽属两种不同的艺术门类，但两者所追求的艺术境界却是一致的。苏轼的诗论和画论有许多相通的地方，其画论富于诗意，其诗论也可以用来论画。如他《题王维画》的诗“行吟坐咏皆自见，飘然不作世俗辞。高情不尽落缣素，连山绝涧开重帷”，既在论王维的画，同时也在论王维的诗。他在《书摩诘蓝田烟雨两首》中说：“味摩诘之诗，诗中有画。观摩诘之画，画中有诗。”这几句话已成为诗画并论的千古名句。他启示诗人写诗要写出画境，启发画家作画要画出诗意，诗和画都要创造出意境来。观画不仅要看它形象的真善美，还要欣赏它的韵味，有韵味的画才耐看。读一首诗不但要体味这首诗的情意，还要品味情意所借以寄托的景象，也就是通常所说的“情景交融”。“情景交融”就包含着诗中有画、画中有诗的意思。

苏轼既是大诗人又是名画家，他的诗，相当一部分，诗中有画；他的画，画上有诗。不仅是画，就是他的书法，也可说是书中有诗画，因为诗书画都讲究韵味，在韵味上诗书画是相通的。苏轼喜画竹石，他用画竹石来寄托他的心志情怀，画就是诗。他写景物的诗，几乎篇篇可以入画，如《饮湖上初晴后雨》：“水光潋滟晴方好，山色空蒙雨亦奇。

欲把西湖比西子，淡妆浓抹总相宜。”这首七绝清新地描绘出西子湖绮丽空蒙的画面，如果是一幅画，恐怕只能描绘出西湖潋滟的一面或空蒙的一面。潋滟与空蒙很难在画面上同时出现。“诗中有画”却能将水光潋滟和山色空蒙同时完美地展现在人们眼前。又如《有美堂暴雨》中“天外黑风吹海立，浙东飞雨过江来。十分潋滟金樽凸，千杖敲铿羯鼓催”几句诗将暴雨的气态、情状、声势，描写得淋漓尽致，一般的图画怕不易将它描绘得如此有声有色。《王直方诗话》引《司马君实独乐园》“青山在屋上，流水在屋下。中有五亩园，花竹秀而野”后说，“只头四句便说尽，可以入画矣！”

关于画中有诗，苏轼写过许多精彩文章，最著名的《墨君堂记》，记文与可画竹：“与可独得君（竹）之深，而在君之所以贤，雍容淡笔，挥洒奋迅而尽君之德。稚壮枯老之容，披折偃仰之势，风雪凌厉，以观其操。崖石荦确，以致其节。得志，遂茂而不骄；不得志，瘁瘦而不辱。群居不倚，独立不惧。与可与君可谓得其情，而尽其性矣。”这段文字将论画、论竹、论人，合而为一，“其身与竹化，无穷出清所”。

能传神的画是上品。既能传神，又能创意，富有诗情的画才是画的极品。苏轼赞美吴道子的画“得自然之数，不差毫末，出新意于法度之中，寄妙理于豪放之外，所谓游刃余地，运斤成风，盖古今一人而已”（《书吴道子画后》）。以画家而论，吴道子古今一人，但将吴道子的画与王维的画比较起来，苏轼又将王维的画放在吴道子画之上，“吴生虽妙绝，犹以画工论；摩诘得之于象外，有如仙翮谢笼樊。吾观二子皆神俊，又于维也敛衽无间言”（《王维吴道子画》）。何以苏轼对王维的画评价如此之高呢？因为王维画“得之于象外”，意境悠远，有味外之味，画中有诗。吴道子画虽然绝妙，但乃是画工之精，缺乏象外之意，味在酸咸之内而不在酸咸之外，缺少味外之味。

“诗画本一律，天工与清新”，诗画交相作用，是苏轼诗论的一个重要观点。

“欲令诗语妙，无厌空且静”

苏轼一生大起大落，身世长处在惊涛骇浪之中，但是他能处静以观动，“慎静以处忧患”，并在静中悟出许多养生、处世、作诗的道理，“夫人之动，以静为主，神以静舍，心以静宁，志以静充，虑以静明，其静有道得已则静，逐物则动”（《江子静字序》）。这种“静”的哲学，使他于物无所求，能“游于物之外”，身处逆境而乐道不疲。这是他经受了宦海的险风恶浪之后，潜心佛老之学，企图在佛老思想中寻求解脱的一种精神追求，越到晚年，受此影响越深。

“欲令诗语妙，无厌空且静”，这两句诗出自《送参寥师》。参寥是位有才学的诗僧，和苏轼是莫逆之交。当苏轼被贬黄州时，参寥特地赶到黄州，陪伴他度过一段困难的日子。参寥生性孤傲，与物多忤，好写诗骂人，得罪了不少人，最后落得被逐出山门，受蓄发编管流离之苦。苏轼很早就关心参寥，写了这首劝喻他的古体诗：“上人学苦空，百念已灰冷。剑头惟一吷，焦谷无新颖。胡为逐吾辈，文字争蔚炳。新诗如玉屑，出语便清警。退之论草书，万事未尝屏。忧愁不平气，一寓笔所骋。颇怪浮屠人，视身如丘井。颓然寄淡泊，谁与发豪猛。细想乃不然，真巧非幻影。欲令诗语妙，无厌空且静。静故了群动，空故纳万境。阅世走人间，观身卧云岭。咸酸杂众好，中有至味永。诗法不相妨，此语当更清。”这首诗写得委婉曲折，读起来觉得隐晦难懂，连参寥当时也没领悟其中的深意。如果他解透了苏轼写这首诗的含意，也许可以免除他后来几遭灭身的“奇祸”。诗的上半段大意是说参寥诗写得好，“出语便清警”，但又说他的诗不像恬淡出俗诗僧的诗，而是像抑郁忧愤、慷慨多气的诗人那样，好发“忧愁不平气”。诗中还以韩愈《送高闲上人序》论张旭和高闲的草书为喻：张旭将胸中喜怒忧愤、思慕哀怨之情、慷慨激昂之气都发之于草书，“以此终其身，而名后世”，而高闲是一个与世无争的和尚，却要像张旭那样寄情于草书，如何能写得出动天地、惊鬼神的草书来呢？苏轼以“退之论草书，万事未尝屏”

为例，劝说参寥，诗僧作诗当澄澈其心，淡泊寄意，提出“欲令诗语妙，无厌空且静。静故了群动，空故纳万境”的观点。这不止是对参寥而言，实是苏轼重要的诗观，也是他早于严羽“以禅喻诗”而提出“诗法不相妨，此语当更清”。诗禅相通的思想，阐发了空观和静观对于诗的影响和作用。

佛教哲学般若学对空与静作了深刻的阐发。空观和静观是大乘空宗观察宇宙万物（大千世界）的基本出发点和归宿处。《坛经·般若品》谈到空观时说：“虚空能含日月星辰大地山河……”，又说“心量广大”即是“空虚”，空虚能容含万物，“性含万法是大，万法尽是自性”，心量广大到能容万物而自空就是大悟。苏轼诗中所谓“空故纳万境”便是这个意思，具体地说就是诗容涵量越广，诗的意境就越深远，反过来也就是说诗人的心量越广大，他所创造的意境也就越深远。

静观和空观本为一体，空观是释家对宇宙本体的看法，静观则是释家对时空运动的看法。佛学并不把“静”看做绝对静止的静，而是要以静观动，在动中悟静。东晋佛学理论家僧肇在《物不迁论》中写道：“岂释动以求静，必求静于诸动。必求静于诸动，故虽动而常静。不释动以求静，故虽静而不离动。然则动静未始异，而惑者不同。”动不离静，静不离动，求静于动，动是静之动，求动于静，静是动之静，所谓“静故了群动”，诗人要处静以观动，使心志清明，役物而不惑于物。这是苏轼后期“慎静以处忧患”的人生观在诗论中的反映。他在《雪堂记》虚拟答客问说：“子以为登春台与入雪堂，有以异乎？以雪（堂）观春（台），则雪为静。以台观堂，则台为静。静则得，动则失。”意思是说，物物之间，都互为动静，如处静以观动，可以细察物之理；如以动观动，自身处于动中而去观动中之物就会有失，所以说“静故了群动”。叶燮《原诗》说苏轼诗“其境界皆开辟古今所未有”，苏诗境界超出常人，除了他有非常人之经历外，恐怕也和他上述的哲学思想有关。

苏轼的空观和静观思想，不仅影响他的创作，如著名的《赤壁赋》就是他静空观完美的体现；同样也影响他的政治生活，元祐八年（1093）苏轼罢礼部尚书，出知定州，哲宗不让他入宫面辞，他只好上书言天下治乱，其中写道："古之圣人将有为也，必先处晦以观明，处静以观动，则万物之情毕陈于前。"由此可见，"静故了群动，空故纳万境"不是出于一时的感性，而是他基本的哲学观和人生观的反映。

苏轼的诗论除了上面说到的外，还有一个最基本的观点——"诗皆有为而作"。他所谓"奇趣"、"淡泊"、"清新"、"空静"等都是就艺术风格和诗的内在规律而言，而"诗皆有为而作"则是诗人的创作态度和诗的社会功能问题。苏轼对此是抱严肃态度的，他不但认为诗要"有为而作"、"不得不为而作"，而且还主张诗要近于人情，他论《诗经》之所以能流传后世，主要是因为《诗经》近人情，"惟其近于人情，是以久传不息"(《诗论》)。他赞赏凫绎先生诗集"精悍确苦，言必中当世之过"。他很重视诗的社会影响，在他创作的诗篇中，有许多是"言必中当世之过"的，不然也不会发生"乌台诗案"这样的悲剧，即使这场冤案逃脱不了，他的政敌也不可能在他的诗中找诬害他的借口。苏轼的诗文都是"有为而作"、"不得不为而作"，因此在苏轼的诗文集中，可以看到他渊博的知识、非凡的才华，却很少看到他虚语空文（除"青词"、"疏文"中有此文字外）。我们研究苏轼的诗论决不可忽视其"诗当有为而作"的观点，由于这一观点已有专家作过精辟的论述，本人深受教益，本文就不多说了。

（1995年《文艺理论研究》第6期）

东坡文谈

苏东坡是中国有数的大文学家之一，在他长期的创作实践中，积累了丰富的写作经验，值得我们借鉴，今将其有关写作的论说，草就此文，请同好指正。

“不能不为之为工”

东坡有《苏轼文集》一百四十多卷，文史哲无所不包，人情物无所不谈，诗书画无所不涉，内容浩瀚如海，文字姿态横生，真可谓“无意不可入，无事不可言”，而他却说“未尝敢有作文之意”。这是不是作者的自谦之辞呢？不是的，应当说这是作者作文的一大心得。他在《江行唱和集序》中写道：“为文者，非能之为工，不能不为之为工也。”人们作文可能有两种心态，一种是为作文而作文，一种是在写作激情驱动下感到不能不写而作文。前者也能写出文章，但不能打动人心，只有在不能不为的心情下作文，才能写出真感受、真性情，只有真情实感的文字，才能入人之心，动人之情。何以当年苏轼每篇文章出来，很快就能流传于世，哪怕他在流放期间写的诗文，也能不胫而行，广为流传，连宋神宗赵顼在吃饭时看到苏轼的文章都会放下碗筷来读，认为“人才难得”。天下能写文章的人不少，而为写而写的人也不少。有的人有名气，在别人请托下，勉强写些空泛应酬文章；有的人以卖文糊口，虽无实感，也不能不找些题目来写；有的拿诗文作敲门砖，为沽名钓誉而写。上述诸类文章多半是空文，虽能为而不能工。苏轼所谓“不能不为之为工”，是他作文的基本态度。

对“不能不为”这句话，我以为可以从两方面来理解，一是指作文要有用于事，有补于世，是作者的职责、道义、情感促使他不能不写。他在《凫绎先生诗集叙》中写道：“先生之诗文，皆有为而作，精悍确苦，言必中当世之过，凿凿乎如五谷必可以疗饥，断断乎如药石必可以伐病。”天下好文章大都是作者在道义感、责任感驱使下写出来的。苏轼还认为在凛然正气和强烈的道义感推动下怀着深情而写，作者即使不足以作文名世，也能写出感人的好文章，如诸葛亮是政治家、军事家，他并不以能文自居，而他的《出师表》却感人肺腑，彪炳千秋。“诸葛孔明不以文章自名，而开物成务之姿，综练名实之意，自见于言语。至《出师表》简而尽，直而肆，大哉言乎……”(《乐全先生文集叙》)。《出师表》是诸葛亮在北伐中原前为求蜀国之生存，不得不为而为之作，一字一句都很感人，这类好文章不是“以事君为悦者所能至也”。天下一等好文章大都是在不能不为而为之的激情中写出来的，诚如司马迁所言：“昔西伯拘羑里，演《周易》；孔子厄陈蔡，作《春秋》；屈原放逐，著《离骚》；左丘失明，厥有《国语》；孙子膑脚，而论兵法；不韦迁蜀，世传《吕览》；韩非囚秦，《说难》、《孤愤》；《诗》三百篇，大抵贤圣发愤之所为作也。”(《报任安书》）这些都是苏轼所谓不能不为之作，是“古之圣人有所不能自已而作者”。

苏轼能写各类文章，但他最不愿写墓志铭一类文字，因为这类“谀墓”文字大都是言不由衷的虚言空文。相反，他在“乌台诗案”死里逃生以后，家里人都劝他以后少写诗作文，免得再遭人陷害，他自己也准备弃笔不写，可是做不到，在不能不为时他还是为了。他被贬放到黄州后诗文越写越多，越写越好，他弟弟说他贬斥到黄州后“驰骋翰墨，其文一变，如川之方至”。许多名篇都是在不能不为、情不自禁的情况下自然流露的，如《赤壁赋》、《赤壁怀古》等不朽之作都出于此时。在哲宗绍圣年间，他又一次被贬逐到岭南，他也想以后少写诗文，免惹麻烦，可是在不能不为之时，他依然情不自禁文兴不减，黄鲁直说“东坡岭外文字，读之使人耳目聪明，如清风自外来也”。贬惠州后不久，他又被执政章惇放逐到海南儋耳，承受一次比一次更沉重的打击，而他不计穷达，委运任命，还是作了许多诗文。苏辙说：“东坡谪居儋耳，独喜为诗，精炼华妙，不见老人衰惫之气。”这一切都说明东坡文章是在“不能不为”的动力下写出来的。

东坡所谓“不能不为之为工”的另一种意思是指作文要顺乎自然，好比“山川之有云雾，草木之有华实，充满勃郁，而见于外”（《南行前集叙》）。有山川就会有云雾，有草木必然生华实，有性情才能出文章，华实相辅，情采相符，是作文自然之理，作者内藏不能不发之情，才会有不能不为之作。苏轼著名的策论如《教战守策》、《上神宗皇帝书》等都是在不计个人安危，一心于国计民生，不能不为之而为的。一些记事抒情之作如《喜雨亭记》记久旱逢雨、纾解民困后的喜悦心情，也是情不自禁不能不为而为的。即使有些文章，看来似乎是无所为而为的闲适之作，如《记承天寺夜游》，记与友人在月夜同游承天寺，全文仅85个字，文笔细致入微，格调冲淡自然，作者自称为闲人，好像是消闲文字，其实不然，他是在写一个不想闲而闲的“闲人”，闲人之心像明月一般的皎洁，而又满怀勃郁的情思。“何夜无月，何处无竹柏，但少闲人如吾两人耳”，这是作者既怀着忧伤又自求解脱那种复杂心情的流露。我认为这是另一种表现形式的《离骚》，从创作感情而言，也是“不能不为”之作。苏轼的《超然台记》、《筼筜谷偃竹记》等著名的散文都可作如是读。

“行于所当行，止于所不可不止”

由于东坡文章是在不能不为而为的情况中写的，因此他的文笔自然流畅，“常行于所当行，常止于所不可不止”（《自评文》）。他在谈自己作文心得时说过这话，在称赞谢民师的诗文时也说谢民师诗文“大略如行云流水，初无定质，但常行于所当行，常止于所不可不止，文理自然，姿态横生”。“行于所当行，止于所不可不止”，是东坡又一行文准则。苏轼文章长的有长达万言的《上神宗皇帝书》，短的有仅85字的《记承天寺夜游》。前文，作者观点是保守的，而写作情绪却意气风发，是在“笔头千字，胸中万卷，致君尧舜，此有何难”的锐励奋进的豪情中落笔的；后者则是他悲凉、孤独、企求解脱心情的自然流露。两样情怀，两种风格，但都流畅自然，长的不可减，短的不宜增，行于所当行，止于所不可不止。

好文章的情理、文采自然融合，不是生硬凑合。苏轼父亲苏洵将情理和文采的关系，比喻为“风行水上涣”，水上的涟漪、波浪，只有在水和风相激扬的时候才会产生，“非水之文也，非风之文也，二物者，非能为文而不能不为文也。物之相使，而文出于其间也，此天下之至文也”（苏洵《仲兄字文甫说》）。苏轼继承他父亲的观点并结合自己的经验，提出“行于所当行，止于所不可不止”的作文准则，是很中肯的。“行于所当行，止于所不能不止”，这两句话看似平常，其实却是大作家作文的宝鉴。作文之难就难在“所当”两个字，什么是所当，什么是不当，作者的才识、功力就表现在这上面。作文既要像行云流水自然而然，又不能离题太远不着边际，要文理契合，情采相符。东坡的大小文章，大都符合“所当”两字，如融游览、考察、哲理于一体的游记散文《石钟山记》，就是行于所当行，止于所当止的范例。文章大致可分三个层次：第一层次提出对前人关于石钟山诸说的怀疑，疑北魏郦道元“微风鼓浪，水石相搏，声如洪钟”说之浅，疑唐代李渤所谓扣山石铿然有声，故名为石钟山说之伪。第二层次描写他深入考察、探索究竟的过程：先发现山下有许多石洞和石缝，微波激浪，冲荡其间，声播四周，又发现两山间有大石当中流，大石中空，四边有小孔，风水吞吐其间，“有窾坎镗鞳之声”，如钟鼓齐鸣，终于搞清楚此山何以名为“石钟山”的原因。第三层次论证凡事不目见，不实地了解，不探明究竟，妄加臆断，得出的结论都是靠不住的。郦道元想到了，但未作深入调查，因此说不清所以然；李渤认识片面，以偏概全，自然得不到正确的结论。全文以石钟山为主线，从“疑”字入题，以“探”字深化，用“解”字作结，文章层次清晰，情文并茂，中间穿插惊心动魄、扣人心弦的情景描写，更使文字跌宕多姿，气势雄浑，全文行于所当行，止于所不可不止，如将此文作为范文来读，是大可得益的。

“辞达而已矣”

作文是为了表情达理，情要用辞来表，理要以辞来达，因此“辞达”是作文的基础。孔子说“言之无文，行而不远”，说话只能使眼面前的人听得到，只有形成文，才能广为流传。而要成文，就要用“辞”联系起来，辞的作用就是达意，所以他说“辞达而已矣”（《论语•卫灵公》）。孔子只要求辞能达意，不赞成说与实不符的漂亮话，“巧言令色鲜矣仁”，更反对“巧言乱德”，用虚言假语来混淆视听，败坏诚信的美德。这是孔子的语言观，东坡论文进一步发挥了孔子的语言观，他在文章中多次提到“辞达”，在《答王庠书》中说，“孔子曰：‘辞达而已。’辞止于达，止矣，不可以有加矣”；在《答虔倅俞括奉议书》中又说“孔子曰：‘辞达而已矣。’物固有是理，患不知，知之患不能达之于口与手。所谓文者，能达是而已”；在《答谢民师书》中说得更详细：“求物之妙，如系风捕景，能使事物了然于心者，盖千万人而不一遇也。而况能使人了然于口与手乎？是之谓辞达，辞至于能达，则文不可胜用矣。”苏轼在三封信中所谈到的“辞达”是相互表里的三种意思：第一层意思是说“辞达”是作文的基础，也是作文的基本要求。第二层意思是说“辞达”先要“心达”，心中先要弄清楚文章所要表达的事物之理；心中明白了还要做到“口达”，说得清，道得明；再而做到“手达”，能将心中想到的、嘴里说到的情理写出来，而且要达情达理。第三层意思是说辞达不仅指辞而言，还必须做到物、情、理三达，即要确切反映客观事物，要善于表达作者的主观情感，要有正确的思想认识。这就是苏轼认为作文的最高要求，“辞止于达，止矣，不可以有加矣”。显然，这已经不是孔子所谓“辞达而已矣”的原意了，而是苏轼借孔子

"辞达"两字，加以发挥后提出他行文的主张。苏轼对"辞达"两字的阐发，可作为我们作文的借鉴。现在会写文章的人越来越多了，这是好事，可是肯在"辞达"两字上下工夫的人却并不很多。有些文章读起来往往感到语涩情伪，有些自称为"作家"的人，却做不到"辞达"，这是令人遗憾的。

东坡在阐述"辞达"的同时，还提出"随物赋形"的美学观点。用一体化的文字模式，来反映客观事物的多样化是不成功的。苏轼认为描写各种事物，不论是动态的还是静态的，一定要根据事物性质、形状、情态、气势、景象的不同而"随物赋形"，他在《自评文》中说："吾文如万斛泉源，不择地皆可出，在平地滔滔汩汩，虽一日千里无难，及其与山石曲折，随物赋形，而不可知者。"意思是说他写作时文思如泉涌，意之所及，文便随至，好比大河流水滔滔汩汩无所阻隔，但一遇到山石，水势就会随山石的势态而变化，或汹涌澎湃，或迂回曲折，随物赋形才能多姿多态、妙趣横生。作文切忌刻板，陈词滥调的文字是没有生命力的。苏东坡的《后赤壁赋》和《石钟山记》，虽然都描写了月夜中的山川，但所描写的景象不同，文章的语势也完全不同，描写赤壁夜景"江流有声，断岸千尺，山高月小，石落石出……"，文笔宽缓舒坦，将人带到静寂的世界。描写石钟山夜景"至暮夜月明……大石侧立千尺，如猛兽奇鬼，森然欲搏人；而山上栖鹘，闻人声亦惊起，磔磔云霄间……"文笔紧促，使人觉得寒气袭人。"随物赋形"使东坡文章多情趣，令人久读不厌，这也是"辞达"的一种表现。同时，东坡所谓"辞达"并不是要求词藻华丽，而是要求"文字华实相副"，期于适用，"反对贵华而践实"。他在《答黄鲁直书》中说晁无咎词"细看甚奇丽"，但不够平实，希望黄鲁直转告晁无咎"凡人文字，当务使和平，至足之余，溢为奇怪，盖出于不得已也"。尽管他自己文章文采华赡，而他始终认为文章"以华采为末，而以体用为本"，文词要平实、合体、适用，"辞达而已矣"。

“一意以摄之”

上文所谓“不能不为”、“行于所当行，止于所不可不止”、“辞达而已”，三者是互有联系的，可说是东坡文谈的三条准则，而使三者贯连的还有一重要观点，就是“一意以摄之”。“意”不仅是东坡论文的中心，也是我国历代文论家所关注的问题。《易•系辞》有“立象以尽意”之说，庄子有“得意而忘言”之论，钟嵘有“文已尽而意有余”之议，至于唐宋以来以意论诗文者更是不胜枚举。东坡以意论文，一半是继承古代文论的传统，一半则是他自己的创见，这也和他对待其他传统观点一样，善于融古于新，古为己用。东坡以意论诗论画论书论文的地方很多，他在《策总叙》所说“臣闻有意而言，意尽而言止者，天下之至言也”，是指文章要将意说透彻，既把道理讲清楚又不啰嗦。言的作用就在于“尽意”而不能“泛滥于辞章，不适于用”、言浮于意，这个“意”是指内容意义。

他在《与王庠书》中说读书要“一意以求之”，一意就是一心一意。王庠是东坡喜爱的外侄孙，他教王庠读书“八面受敌”法，说：“书富如海，百货皆有之，人之精力不能兼收尽取，但得其所欲求者耳。故愿学者，每次作一意求之。”读书好比到集市买东西，市上百货都有，你只能买你所需要的东西。“书富如海”，经史子集，典章文物，读不胜读，因此每次读书，只能“一意以求之”，一心一意读你当前需要读的书，不能一心二意又想读这，又想读那，好高骛远，什么都学不到。这次一心读这种书，下次一心读那种书，每次都“一意以求之”，日积月累，不仅知识丰富而且领会深刻，以后学有所成，就能“八面受敌”，经受得起各方面的检验。他认为读书要“一意以求之”，而作文则要“一意以摄之”。《容斋随笔》有一则记东坡教葛延之如何作文的笔记：葛延之不远万里到儋耳去看望苏东坡，并向他求教作文之法，东坡先打个比喻说儋耳有数百人家，日常用物都求取于市肆，市上有东西，但不能随便去拿，必须“有一物以摄之，然后为己所用”。这一物就是钱，有钱可以买各种东西，没钱则一物也不能取。接着东坡就对葛延之说，“天下之事散在经子史内，不可徒使，必得一物以摄之，然后为己用”。这一物就是“意”，作者作文先要立意，胸中有意，才可以本着自己的心意，去吸取经子史中知识，为己所用，“不得意不可以用事”。“一意以摄之”的“意”和“一意以求之”的“意”是有区别的，前者指作者的立意，作者心中拟定的作品的中心思想。

东坡所谓“意”还有一种意思，是指物与物之间有共同相通的理，是同类事物共有的规律。以书法为例，如篆、隶、草、楷，虽然书写的体式不同，而其书写的原理是相通的，有共同的规律，书法家对各体虽然各有所长，但必须掌握书法的规律，“物一理也，通其意，则无适而不可……”。如宋代书法大家蔡襄精通书法之意，因此他行、草、隶、飞白，都写得精妙无比，东坡称赞他“通其意，则无往而不适”。写字有意，作文也有一个意在，“通其意，则无往而不适”，意思是说掌握了写作的规律，灵活运用就能左右逢源。

苏轼所用的“意”字是多义的，而各种意义的“意”都与写作有关，他自己的诗文最看重的就是“意”。例如一篇不到千字的《赤壁赋》，何以有百读不厌的魅力？有的说是情景胜，有的说是文采胜，有的说是哲理胜，鄙意以为将三者分解，各无胜处，而以“一意以摄之”，将三者融为一体，则气象万千，意境独出，使《赤壁赋》成为千古绝唱。东坡作《赤壁赋》时“一意以摄之”的“意”，就是他在《黄州安国寺记》中所说“深自省察，则物我两忘，身心皆空”之意。这个“意”是苏东坡在经受奇祸，被贬放到黄州，死里逃生后省悟到的哲理，虽然这个“意”满含悲凉寂寞之气，但它却使苏东坡在坎坷多难的生活中，始终保持旷达乐观的性格。他在月夜泛舟赤壁时又进一步深化了他在安国寺所感悟到的哲理，使这篇融情、景、史、哲于一炉的散文赋成为不朽的名篇。苏东坡所谓“一意以摄之”可说是作文的箴言。

苏东坡留下诗文之多，在中国文学史上是数一数二的，因此他留下的写作经验之丰富也是不言而喻的，本文只略论一二，许多精髓之谈，则有待高明者去阐扬了。

（1996年9月《宁波大学学报》第9卷第3期）

东坡词臆札

一

凡是喜爱中国古典诗词的人，怕没有一个不爱读苏东坡的词。诸如《水调歌头》（明月几时有）、《念奴娇》（大江东去）等词，几百年来传诵不息，许多人都能背。我觉得东坡词好读而不易懂透，粗粗一读就令人喜爱，但喜爱它什么却一时说不清楚，再读一遍似乎明白了些，但还是难以理会其意蕴，等读了苏轼其他有关的诗文以后，再读这首词，感受就不同了。傅干说东坡词"寄意幽渺，指事深远，片言只字，皆有根柢"（《傅干注东坡词编纂缘起》）是有道理的。如东坡在黄州作的《卜算子》（缺月挂疏桐）就是"寄意幽渺，指事深远"之作：

缺月挂疏桐，漏断人初静。谁见幽人独往来，缥缈孤鸿影。
惊起却回头，有恨无人省。拣尽寒枝不肯栖，寂寞沙洲冷。

诗人用"缺月"、"疏桐"、"寒枝"、"沙洲"……组成一幅幽冷的画面，以"孤鸿"来烘托"幽人"的孤独和寂寞，隐隐地诉说心中的幽恨。黄山谷说这词"语意高妙，似非吃烟火食人语，非胸中有数万卷书，笔下无一点尘俗气，孰能至此"。说它"语意高妙"诚然，说它"似非吃烟火食人语"则不然。苏东坡此词正反映"吃烟火食人语"的隐情，并无超脱人世的想头，而是托物寓意反映他斯时斯地的心境。一个卓然独立的人，虽遭到不测之祸，等噩梦醒来后，乃和"拣尽寒枝不肯栖”的“孤鸿”一般，决不愿随世俯仰，抛弃自己的理想和追求。“幽人”、“孤鸿”都是诗人内在精神的外化，说它不食人间烟火是淡化诗人内心的忧愤，怕不是诗人作此词的本意。东坡性格是旷达的，但不能说旷达的人就没有愤慨，这首“寄意幽渺”的词，正是将幽恨和旷达两者融合一体，形成飘逸而悲凉的艺术境界。

读“缺月挂疏桐”，自然地联想到东坡在同时期写的散文《记承天寺夜游》，虽然一是词一是文，一记“夜游”一写“孤鸿”，但将两篇作品连起来读，就会感到两者的情脉是相通的。《记承天寺夜游》短短85字，描写了宁静的夜、皎洁的月、幽美的竹柏松影，玲珑剔透。月夜是美丽，而在月下游的却是两个“闲人”，“何夜无月，何处无竹柏，但少闲人如吾两人者耳”。“闲人”两字包含多少辛酸，“闲人”与“幽人”、“孤鸿”异辞同义。苏东坡在《徐大正闲轩》那首诗中对“闲”作了沉痛的诉说：“冰蚕不知寒，火鼠不知暑。知闲见闲地，已觉非闲侣。君看东坡翁，懒散谁比数。形骸堕醉梦，生事委尘土。早眠不见灯，晚食或欺午。……语希舌颊强，行少腰脚偻。五年黄州城，不踏黄州鼓。人言我闲客，置此闲处所。问闲作何味，如眼不自睹……”这就是自称“闲人”的苏东坡的境况。在这首诗后面，他还写道：“永昼端居，寸阴虚度，了成何事？”可见其内心的痛苦。上述的词、文、诗，写作年月相近，“幽人”与“闲人”都是诗人自喻，读了《记承天寺夜游》、《徐大正闲轩》，回头再来了解“缺月挂疏桐”的意蕴，就决不是黄山谷所谓“似非吃烟火食人语”者了，东坡词大都托物寓意，非一般依声填词、重形式轻内容者可比。

二

东坡一身既有“穷则独善其身，达则兼济天下”的儒家思想，也有“游乎四海之外，死生无变于己”的道家思想；又有“物我两忘，身心皆空”的释家思想。三种思想在不同时间、不同境遇中交相为用，同时他又能将三者融合于一体，形成其独有的人生观。他之所以能处顺境而常感忧患，处绝境而不改其志节，并有逆境顺处豁达大度的气量，与他的人格、性格、才识、涵养密切相关。他在给好友李公择的信中说："吾侪虽老且穷，而道理贯心肝，忠义填骨髓，直须谈笑于死生之际。若见仆困穷便相于邑，则与不学道者，大不相远矣。"上述一切便是形成苏东坡豁达、洒脱、乐观个性的根源。他在黄州作的《定风波》（莫听穿林打叶声）、《临江仙》（夜饮东坡醒复醉）等词就是他旷达、乐观性格的写照。

> 莫听穿林打叶声，何妨吟啸且徐行。竹杖芒鞋轻胜马，谁怕？一蓑烟雨任平生。　　料峭春风吹酒醒，微冷，山头斜照却相迎。回首向来萧瑟处，归去，也无风雨也无晴。

这首《定风波》词潇洒脱俗，反映了东坡光明磊落、无所畏惧的一面。字面是描写道中遇雨的情况，实质上是反映他坚强无畏的精神。无所贪求的人，也是无所畏惧的人，有"一蓑烟雨任平生"的襟怀，还怕什么风、什么雨呢？摆脱世俗的纷纭，不计个人的荣辱，风雨阴晴于我也就无有无不有了（这里"风雨"自含有政治上风风雨雨的意思）。这首词的高妙之处在于能将心情与自然巧妙地融为一体，创造出淡泊脱俗的意境。人说东坡词"性情之外，不知有文字"，这首词便是显例。另一首《临江仙》（夜归临皋）写于《定风波》后一年。两首词思想境界相似，但《临江仙》在旷达中含有痛苦，较《定风波》更多地反映了东坡内心的矛盾。豁达的人并不是没有痛苦，而是能善自解脱痛苦。苏东坡内心充满痛苦，但是他并不为此而抑郁，而是能自我排遣，善自解脱。苏东坡的幽默是含泪的欢笑，用欢笑去排除痛苦，《临江仙》（夜饮东坡醒复醉）展示的就是这种心境：

> 夜饮东坡醒复醉，归来仿佛三更。家童鼻息已雷鸣，敲门都不应，倚杖听江声。　　长恨此身非我有，何时忘却营营？夜阑风静縠纹平。

小舟从此逝，江海寄馀生。

“长恨此身非我有，何时忘却营营”，虽然想忘却世事，不为名利而奔走，但是身不由己，何时才能忘却呢？不易啊！于是就想忘身于江湖，“小舟从此逝，江海寄馀生”。不料这首词传开之后，引起黄州郡守徐君猷一场惊恐。叶梦得在《石林避暑录》中记录了这则故事：

> 子瞻在黄州，与数客饮江上。夜归，江面天际，风露浩然，有当其意，乃作歌词。所谓“小舟从此逝，江海寄馀生”者，与客大歌数过而散。翌日，喧传子瞻夜作此词，挂冠服江边，拿舟长啸去矣！郡守徐君猷闻之惊且惧，以为州失罪人，急命驾往谒，则子瞻鼻鼾如雷犹未兴也。

这首词充分表现了东坡善自排遣烦恼的乐观性格，不意给郡守开了一次不大不小的玩笑。善于排遣烦恼，并非没有烦恼，而是不以烦恼来压抑自性，苏东坡是最能解放自己的人。

三

有人说东坡词“短于情”，不知此话出于何因。是因为苏东坡“以诗为词”且苏诗重于理，由此推论苏词“短于情”呢，还是拿东坡词与柳永词相比，少有偎红依翠、浅斟低唱的情调，而说苏词“短于情”呢？此话不论出于哪家，即使出于苏门四学士之一的晁无咎之口，我们也是不敢苟同的。我们认为苏词不仅深于情，而且善于达情。

苏轼和他弟弟苏辙的情义之深，远远超过一般兄弟，他们有共同的政治理想：“当时共客长安，似二陆（指晋之陆机、陆云兄弟）初来俱少年，有笔头千字，胸中万卷。致君尧舜，此事何难？”（《沁园春·赴密州，早行，马上寄子由》）。两人遭遇也很相似，苏轼几次被贬，苏辙均被牵连，兄弟俩命运相连，患难与共。两人都盼望早点脱离仕途，同在一处生活，他俩都喜爱韦应物“宁知风雪夜，复此对床眠”这两句诗，以“对床而眠听雨声”相约共同度过下半生。苏轼在送别子由诗中写道：“寒灯相对记畴昔，夜雨何时听萧瑟”；兄弟俩相晤在彭城时赋诗“误喜对床寻旧约，不知漂泊在彭城”；苏轼被关在御史台监狱时，时时想念他弟弟，怕此生见不到了，写了“他年夜雨独伤神”沉痛的诗句，怕他弟弟不能和他共听夜雨而独自伤神；后来苏轼进入翰林院后想念他弟弟时又写道“对床定悠悠，夜雨空萧瑟”。苏辙也常以“夜雨”来表达对兄长的怀念，出使辽国时在神水馆赋诗道“夜雨从来对榻眠，兹行万里隔胡天”，后来又写“对床老兄弟，夜雨鸣竹屋”。共听夜雨，对床谈心，成了他兄弟两人毕生的心愿，可是这心愿却无法实现。正由于苏轼对弟弟有如此深的感情，才能写出“明月几时有”中秋怀子由那样的绝妙好词。他在赴密州路上作的《沁园春》（孤馆灯青）和在密州度中秋时作的《水调歌头》（明月几时有）都为怀念苏辙而作，写得非常感人，尤其是《水调歌头》，更是几百年来人人爱唱诵的词，人们爱歌此词来表达对亲友思念之情。这首最富有个性的词，却成了人们共同的心声。

明月几时有？把酒问青天。不知天上宫阙，今夕是何年！我欲乘风归去，又恐琼楼玉宇，高处不胜寒。起舞弄清影，何似在人间！

转朱阁，低绮户，照无眠。不应有恨，何事长向别时圆？人有悲欢离合，月有阴晴圆缺，此事古难全。但愿人长久，千里共婵娟。

这首词是东坡词深于情又善于达情的代表作。天上人间显示诗人丰富美丽的想象；深爱弟，博爱众，推己及人，表达诗人仁慈的情怀；“人有悲欢离合，月有阴晴圆缺，此事古难全”，展现诗人旷达的胸襟；“但愿人长久，千里共婵娟”，寄托诗人对人生的美好祝愿。难怪胡仔在《苕溪渔隐丛话》中说：“中秋词，自东坡《水调歌头》一出，余词尽废。”能写出这般深情美意的诗人，怎好说他“短于情”呢！

苏东坡悼亡他原配夫人王弗的《江城子》（十年生死两茫茫）更是

深情凄恻，感人泪下。这首词是苏轼梦见他亡妻后作的，词描写了梦中的情景，也描写了他对前妻刻骨铭心的思念，一字一句皆含悲声。“十年生死两茫茫。不思量，自难忘”——生者的深情；“千里孤坟，无处话凄凉”——死者的寂寞；“纵使相逢应不识，尘满面，鬓如霜”——生者在尘世的坎坷、苦难；“夜来幽梦忽还乡，小轩窗，正梳妆。相顾无言，惟有泪千行”——梦中还乡，追忆往昔，倍觉痛心；“料得年年肠断处：明月夜，短松冈”——东坡用唐朝张某亡妻孔氏，从冢中出赠诗给张某“欲知肠断处，明月照松冈”的故事来诉说内心无限的悲痛。我读过许多悼亡的诗词，没有一首像“十年生死两茫茫”那般感人的了。若不是东坡深于情，何能出之？

苏东坡有一爱妾，名叫朝云，是一个杭州姑娘。从小到苏府服侍王夫人，后来苏轼收房为侍妾。她聪敏、善良、美丽，秦观说她“美好春园，眼如晨曦”。她敬爱苏东坡，陪伴东坡度过一连串苦难岁月。当苏轼在章惇执政时再次被贬到惠州的时候，苏轼第二位王夫人也去世了，只有小儿子苏过和朝云跟随他到惠州。她十分爱慕苏东坡的人品才学，在放逐生活中给了苏东坡很多安慰。她在东坡熏染下有较好的文化修养，她爱读东坡诗词，有时被感动得读不下去。苏东坡很爱她，专门为她写了两首诗，将她比作“天女维摩”。后来朝云染上瘟疫去世，东坡很伤心，为她写了悼文，不久又作了《西江月》：

玉骨那愁瘴雾，冰肌自有仙风。海仙时遣探芳丛。倒挂绿毛幺凤。
素面常嫌粉涴，洗妆不褪唇红。高情已逐晓云空，不与梨花同梦。

东坡将“梅花”比作朝云，或者说将朝云比作“梅花”。词描写梅花高洁坚贞的品格、素雅端丽的姿容、不畏瘴雾的风骨，即是写朝云的品格、姿容、风采。朝云名分虽为侍妾，其实是东坡晚年最好的精神伴侣。这首《西江月》也是一首不同凡响的悼词，它没有“十年生死两茫茫”那样悲戚，东坡将朝云精神升华为“梅”：“高情已逐晓云空，不与梨花同梦”。这又是一首“情性之外，不知有文字”的佳作。

综观东坡词，大都是深于情的，以上所述只就其亲人之情而言，其实东坡的情是很广的，有国情、乡情、友情、民情等，东坡词不仅情深，而且能以多种形式来表达其内在之深情，柳永词亦深于情，但东坡词的思想境界高于柳永。

四

词论家将宋词划分为“豪放”和“婉约”两大派，认为苏轼是豪放派的始创者，胡寅说“眉山苏氏一洗绮罗香泽之态，摆脱绸缪宛转之变，使人登高望远，举首高歌，而逸怀浩气，超然乎尘垢之外，于是花间为皂隶，而柳氏为舆台矣”(《向子湮〈酒边词〉序》)。苏轼自己也认为他的词和柳永词的风格是迥然不同的，他在作《江城子·密州出猎》后对人说：“近颇作小词，惟无柳七郎风味，亦自是一家，呵呵，数日前猎于郊，所获颇多，乍得一阙，令东州壮子抵掌顿足而歌之，吹笛击鼓以为节，颇壮观也。”可见苏轼对自己词的豪气是颇为得意的。俞文豹《吹剑录》记：

> 东坡在玉堂（翰林院）有幕士善讴，因问：“我词比柳词何如？”对曰：“柳郎中词只好十七八女孩儿，执红牙拍板，唱‘杨柳岸，晓风残月’；学士词须关西大汉、执铁板，唱‘大江东去’，公为之绝倒。”

这是众人皆知的故事，以后人们也常以《念奴娇·赤壁怀古》作为豪放词的代表作。但是东坡词并不全是豪放的，也有不少清新可爱的婉约妩媚之作，如《水龙吟·次韵章质夫杨花词》：

> 似花还似非花，也无人惜从教坠。抛家傍路，思量却是，无情有思。萦损柔肠，困酣娇眼，欲开还闭。梦随风万里，寻郎去处，又还被、莺呼起。　不恨此花飞尽，恨西园、落红难缀。晓来雨过，遗踪

> 何在？一池萍碎。春色三分：二分尘土，一分流水。细看来，不是杨花，点点是离人泪。

此词描写杨花透彻入微，诉柔情缠绵悱恻，启人心扉。将此词放在婉约派词选中也是上乘难得之作。再如《蝶恋花》(花褪残红青杏小)：

> 花褪残红青杏小，燕子飞时，绿水人家绕。枝上柳绵吹又少，天涯何处无芳草！　墙里秋千墙外道，墙外行人，墙里佳人笑。笑渐不闻声渐悄，多情却被无情恼。

惜春伤春，无情有情，缘情绮靡，这首词也是要“十七八女孩儿，执红牙拍板”唱方好。由此可见“豪放”与“婉约”本是相对而言，“豪放”并不排斥“婉约”，“豪放”如能与“婉约”相济，只能使意境更美。冯熙说东坡“独往独来”、“刚亦不吐，柔亦不茹”，可谓知音。苏轼作文主张“随物赋形”，作词也是“随物赋形”，意到笔到、刚柔相济，即使在《念奴娇·赤壁怀古》这样豪放风格的代表作中既有“大江东去，浪淘尽，千古风流人物”意气飞扬、豪放绝伦、奔放的一面；也有“故国神游，多情应笑我，早生华发”叹古惜今、感慨系之、沉郁的一面。文学作品的风格不能单一，一个作家作品的风格也并不单一，只有多样化的统一，才能引起各类读者的喜爱。东坡词含意深广，风格多样，所以才能受到众多读者的喜爱。

《红楼梦》之色空观

一

“色空”是佛教哲学的主要观点。许多佛经都讲色空，尤其是大乘空宗对色空阐发最为透彻。《般若波罗蜜多心经》将它概括成“色不异空，空不异色，色即是空，空即是色”四句话。所谓色是指一切物质现象和社会意识；所谓空，不是说物质灭亡了，意识消除了才是空，而是说一切物质和精神现象的本性原本是空。佛家认为各种现象都是“因缘合成”，缘合即起，缘散即了，本性原空。《楞严经》还说“因缘和合，虚妄有生，因缘别离，虚妄名灭”，因缘而生的各色各种都是虚妄，“凡有所相，皆是虚妄”(《金刚经》)。佛家还认为世界本无所谓去来，无所谓得失，无所谓爱憎，但由于人识见的虚妄，就生出生灭、得失、爱憎等烦恼来了，“求于去来，迷悟生死，了无所得”(《维摩诘经》)。人们求生恶死，求得怕失，喜爱厌憎，许多烦恼便因此而生。如果领悟到不生不灭、不爱不憎、无得无失的真谛，烦恼也就无所生了。曹雪芹受空宗思想影响较深，《红楼梦》所体现的色空观，不能说和这种思想无关。不过《红楼梦》的色空观不是佛教色空观简单的转译，佛教色空观是释家观察宇宙万物的出发点，《红楼梦》的色空观渗透在人物的思想行动之中。佛教的色空观认为“色空不二”，《红楼梦》的色空观是“因空见色，由色生情，传情入色，自色悟空”，先入红尘，然后看破红尘“自色悟空”，在色空中贯穿着一个“情”字，在色空的环圈中第一个“色”字是有血有肉、能由此而生情的色，第二个“自色悟空”的“色”

字才是佛教本来意义的色。佛门要求弟子六根清净，视贪、嗔、痴为三毒，痴于情爱，是三毒中最累人的一毒。《楞严经》卷八写道："因诸爱染，发起妄情，情积不休，能生爱水，是故众生，心忆珍馐，口中水出；心忆前人，或怜或恨，目中盈泪；贪求财宝，心发爱涎，举体光润；心著行淫，男女二根，自然流液……因爱生情，其爱虽别，流汁是同，湿润不升，自然从坠……"佛家认为因爱而生情，因情而产生的心理或生理的欲求，是使人堕落的根源。本来情和僧是水火不合的，而《红楼梦》作者却将两者结合在一起，空空道人见《石头记》"因空见色，由色生情，传情入色，自色悟空，遂改名为情僧，改《石头记》为《情僧录》"，将情和僧联在一起，真可谓别出心裁。作者在色、空之间插入一个情，让"情"经历千波万折之后，传情入色，再回归到自色悟空，进入色空的光圈之中。贾府原是诗礼簪缨之族、钟鸣鼎食之家，后来却树倒猢狲散，终成一片白地，岂非"色即是空"之谓也？《红楼梦》确是一部大旨不过谈"情"的"情"书，而这个"情"字的蕴涵极大极深，作者以感人肺腑的笔墨，细致、深刻、含蓄、蕴藉地写出了各种各样的情和爱，而到后来这些情和爱都归结为梦幻泡影。贾母、王夫人的亲伦之情，却毁灭了宝玉和黛玉的纯爱之情；宝钗爱宝玉其情非假，而这一真情之爱，却害了黛玉，伤了宝玉，苦了自己；宝、黛之间爱河无底，却成了两人痛苦之源；专心钟情于一人的尤三姐，却因情而殒身；"擅风情，秉月貌"的秦可卿，却被视为"败家的根本"。脂砚斋在十三回点批写道："借可卿之死，又写出情之变态，上下大小，男女老少，无非情感而生情。且又借凤姐之梦，更化就幻空中一片贴切之情……所谓幻者此也，情者也此也，何非幻，情即是幻，幻即是情，明眼者自见。"这段批语就点明了《红楼梦》的色空观。

作者精雕细刻地描绘了宝玉和黛玉的爱情悲剧，简笔大定地刻画了柳湘莲和尤三姐的爱情悲剧，两者都体现了色空思想，不过色空思想不是特别地说出，而是"让它自己从场面和情节中流露出来"（恩格斯《给明娜·考茨基的信》）。贾宝玉和柳湘莲的"自色悟空"其悟虽一，而悟的过程却因两人的性格和环境不同而全然不同。贾宝玉的悟，经过似迷似悟、悟而又迷、迷而复悟的渐进过程，如第五回“神游太虚幻境”，贾宝玉还处于天机未凿、混沌初启阶段；到了二十一回“贤袭人娇嗔箴宝玉”一节，宝玉因被袭人假意冷落，竟想到“焚花散麝”、“戕宝钗之仙姿，灰黛玉之灵窍”，还认为“钗、玉、花、麝者皆张其罗而邃其穴，所以迷惑缠陷天下者”，居然想到女子的美貌、灵巧、温柔、体贴是一张张诱人落阱的大网，虽然这是模仿《庄子》文字一时的气话，但其中已透露了宝玉色空思想的端倪，不过尚经不起黛玉的一嗔，微弱的觉悟便被黛玉、袭人的深情软语吹散了；在二十二回“听典文宝玉悟禅机”，看一出《山门》、听一曲《寄生草》，又诱发了“赤条条，来去无牵挂”的禅机。当他想卫护湘云，遭到湘云的嗔怪，想讨好黛玉，又吃了黛玉的闭门羹，在两头不讨好“回头想想真无趣”时，就想到“赤条条，来去无牵挂”，并占“你证我证，心证意证，是无有证，斯可云证，无可云证，是立足境”一偈，心灰意消，想于无可证处求立足境。这一偈显然受《圆觉经》“其所证者，无得无失，无取无舍；其能证者，无作无止，无任无灭。于此证中，无能无所。毕竟无证，无证让者”的启悟，这是宝玉的又一次开悟。此回末脂砚斋点批写道：“作者具菩提心，捉笔现身说法，每于言外惊人，再三再四，而读者但以小说古词目之，则大罪过。”就是提醒读者要注意作者通过宝玉作此偈的玄机所在。不过宝王虽然不时流露色空思想，但终究敌不过脂粉绮罗的熏染，摆不脱柔情蜜意的羁绊，更斩不断灵河岸边种下的情根。直到黛玉魂归、贾府败落、人物星散、风波迭起之后，才“悬崖撒手”，遁入空门，自色悟空，了结一段尘缘。

再看柳湘莲之悟。柳湘莲一身傲骨，浪迹天涯，原想寻一位“绝色女子”为妻，在旅途中经贾琏说合，匆促间以祖传鸳鸯剑为聘物，定下尤三姐。后来又怀疑尤三姐与贾家兄弟瓜葛不清，深为懊悔，回来索取聘物，不意尤三姐竟为之自刎殉情。柳湘莲先疑尤三姐的邪淫，后敬尤三姐之刚烈，深悔自己一念之差而绝此佳偶，心如寒冰，遂用鸳鸯剑

“将万根烦恼丝”一挥而尽，随跛足道士不知去向……“一念若悟，众生是佛”，柳湘莲一念之下，斩断尘缘，有位学者说柳之悟是顿悟。不过不论是渐悟、顿悟，都是自色悟空。《坛经·疑问品》中写道：“本来正教无有顿渐，人性自有利钝。迷人渐契，悟人顿修。自识本心，自见本性，即无差别。”宝玉这块青埂峰下的顽石，入迷虽深，自见本性虽晚，而一旦大悟，就“悬崖撒手”了。柳湘莲四海为家，无牵无挂，一尝苦果，因缘即了，便用“智慧剑破烦恼贼”。两人出家完全符合各自性格发展，但又都是“由色悟空”。

宁、荣两府除贾、薛、林之缠缠绵绵的“不了情”之外，还有许多复复杂杂的情结，众多人物一沾这个“情”字，瞬间的欢乐便成为终生的烦恼。大观园中钟情女子有多少，有多少钟情女子是幸福的？“万艳同怀（悲）”、“千红一窟（哭）”是她们共有的命运。覆巢之下无完卵，在败落的大家中，谁能有好的结果呢？本来封建大家庭的盛衰消长是历史的必然，许多悲剧的发生既有历史原因、社会原因，自然也有各自的主观原因，曹雪芹对此的认识十分清醒，不然不可能将封建秩序的崩溃刻画得如此深刻。但曹雪芹在清醒地看到这一历史现象时，观念上又受到佛教哲学的影响，因此在反映人物的精神现象时，往往带有因果回环、苦海无边、悲天悯人、祈求解脱的思想。一部“悲凉之雾遍披华林”的《红楼梦》交织着清醒的现实主义和“借幻说法”的色空观，使这部反映封建社会历史的巨著，蒙上了悲凉的迷蒙的云翳，给人们带来消极影响，同时也因此而形成《红楼梦》独有的艺术风格和魅力。

二

和色空观密切相关的是《红楼梦》的梦幻意识。梦本来是一种精神现象，是人的潜意识在睡梦中的流露。《红楼梦》之梦并不仅是这类精神现象，而是大家败落、爱情消散的一场人生大梦。二知道人说“知醒乃是梦，可读红楼梦”，这话不无道理。红楼梦乃是一场醒着的梦。在阐述《红楼梦》的梦幻意识时，必须先了解其“真假并观”的思维特点。

《红楼梦》第一回写道："曾经历过一场梦幻之后，故将真事隐去，而借'通灵'说此《石头记》一书也，故曰'甄士隐'云云。"接着又说，"欲将已往所赖天恩祖德、锦衣纨绔之时，饫甘餍肥之日，背父兄教育之恩，负师友规训之德，以致今日一技无成，半身潦倒之罪，编述一集，以告天下……我虽不学无文，又何妨假语村言敷演出来……故曰'贾雨村'云云。"在演说石头一番经历之后，又说："其间离合悲欢，兴衰际遇，俱是按迹循踪，不敢稍加穿凿，至失其真。"这段文字告诉读者：阅《红楼梦》要假作真看，真作假观。作者之所以要这样写，可能出于两种原因：一是政治原因，清代在康熙、雍正、乾隆等朝大兴文字狱，稍有触犯就会遭到灭门之祸，何况曹家败落，原本就与宫廷内部矛盾有关，曹雪芹著书自然不能不有所忌讳，只好将真事隐去，假语村言了。二是受佛教哲学影响，在艺术构思时采用佛学"真假并观"的思维方法。前种原因红学家论述甚多，不赘言，本文着重谈后一种原因。

小说中两次出现"太虚幻境"都是在人物梦中：一次是甄士隐在梦中随一僧一道进入"太虚幻境"，见到一副对联写道："假作真时真亦假，无为有处有还无"；另一次是小说主人公贾宝玉"神游太虚幻境"，第一眼所见仍是这副对联，既是幻境，而两人所见一般无二，可见作者在借幻说法，寓意至深。就艺术方法而言，小说本来就是真真假假，真假并存，既是生活真实的再现，又有艺术的虚构，读小说也要有真假并观的能耐。但曹雪芹在《红楼梦》之梦中两次显示这副对联，其用意当不仅限于小说的艺术再现和表现的真假问题，而是和他艺术思维受到佛教哲学的影响有关。大乘空宗的重要理论家龙树根据"色空不二"、"不即不离"的经义，倡导"中道义"作为佛教徒观察宇宙万物的方法，他的专著《中论》被释家公认为佛门"观道之极"，是佛教哲学的认识论。《红楼梦》的真假观和梦幻意识与此不无关联，《中论》中写道："不离二边，不即二边，中正之理也。"二边包含来去、有无、真假、生灭等相反相成、既相对立又相依存的双边关系。不离二边，假不离真，真不离假；不即二边，假非真，真非假，离真则非假，离假则非真。东晋著名佛教理论家僧肇认为真和假既不是一，也不是二，“言真未尝有，言伪未尝无，二者未始一,二者未始殊”(《不真空论》)。用这方法去观察问题就是“中道观”。有无之间的对应关系也是如此，“以真谛故无有（真谛是指佛教对世界的认识），俗谛故无无（俗谛是指世人对世界的认识），真故无有，则虽无而有；俗故无无，则虽有而无。虽有而无，则不累于有；虽无而有，则不滞于无”（昙影《中论序》)。简单地说，真谛所谓无，即俗谛所谓有；俗谛所谓有，而有的实质乃是无。“无为有处有还无”，有无之间也是不即不离的。《红楼梦》中甄士隐是代表出世思想，理念化的人物，真（甄）乃是假；贾雨村，假语村言，说是假（贾），实乃是有血有肉的奸官猾吏的典型，假乃是真。贾宝玉和甄宝玉模样一般无二，但一个是活生生的真人，一个是模模糊糊的影子，甄不真，贾不假；贾天祥风月宝鉴正反照，一面是红粉，一面是骷髅，骷髅原来是红粉，红粉终究成骷髅。了解《红楼梦》真假并观的艺术构思，便可顺着这一思路去研究《红楼梦》的梦幻意识。

作者在第一回开端写道：“更于篇中间用‘梦’、‘幻’等字，却是此书本旨，兼寓提醒阅者之意。”一部“俱是按迹循踪，不敢稍加穿凿至失其真”的小说，何以要用“梦”、“幻”等字来提醒阅读者呢？显然“梦幻”不是随便用用的字样，而是反映了作者的创作意图。佛家看世间一切事物都如梦幻泡影一般，世俗所谓贵贱、荣辱、贫富、寿夭、恩仇、苦乐……“诸法性空”，都是虚妄之见。《维摩诘经·方便品》认为世间一切都是虚幻不实的妄见，“是身如聚沫，不可撮摩；是身如泡，不得久立……是身如幻，从颠倒起；是身如梦，为虚妄见……”一切烦恼皆因虚妄而起，“离一切相，即一切法”，将一切都看做梦幻，除一切妄见，大梦便可醒了。

《红楼梦》竭尽其详地描写贾府在元春省亲时“烈火烹油，鲜花着锦”等富贵尊荣的盛况，但转眼间到了“虎兔相逢大梦归”时，“喜荣华正好，恨无常又到”，贾府跟着走下坡路，富贵荣华不过是稍纵即逝的梦幻泡影。“机关算尽”的王熙凤“意悬悬半世心，好一似，荡悠悠三更梦”，顷刻间一场欢喜忽悲辛。争强好胜、贪得无厌的王熙凤又有什么好结果呢？半世守节、教子成名的李纨，在“光灿灿，胸悬金印”时，却已是“昏惨惨，黄昏路近”了……一切不就是一场梦吗？

《红楼梦》对封建社会矛盾的揭示，对封建贵族之家盛衰兴败情景的反映，对封建大家庭青年男女悲惨遭遇的描绘，对贾宝玉、林黛玉、薛宝钗、王熙凤等典型人物的塑造，其深度和广度是其他同类小说所无法比拟的，但将生活真实转化为艺术真实时，作者渗入了色空梦幻意识，将悲剧的因素归之于苦因生苦果、“好即是了”的因果关系，这一切是不是影响了《红楼梦》的思想价值呢？

如果我们从现在的观点来看，色空、梦幻意识确是减弱了《红楼梦》的思想价值。但对出生于乾嘉时期、有高度文化素养、有非凡艺术才华，同时又是“燕市悲歌哭遇合，秦淮风月忆繁华”没落世家子弟的曹雪芹，在痛感末世悲哀的同时，借佛教思想以求解脱，并在创作中流露出来是很自然的，我们不能设想如果曹雪芹用另一种观点来创作《红楼梦》，那又会是一部什么样的小说，肯定不会是我们现在看到的《红楼梦》了。我们认为佛教思想给《红楼梦》带来消极避世思想，但同时也要看到色空、梦幻意识是形成《红楼梦》艺术特色的重要因素。

（1995年《中外论坛》第2期）

《金瓶梅词话》的因果观

一

《金瓶梅》故事假托发生于宋季，实则是明中叶以后腐朽统治、黑暗社会世态的总描绘，它以西门庆家史为中心，上涉朝廷，凡皇室昏愦，太师专柄，太尉暴戾，太监贪婪，官场腐败，都一一暴露；下联社会底层，凡豪富之荒淫，土霸之强暴，帮闲之无行，淫妇之浪荡以及僧道之伪善，种种丑态恶行，无不剥露无遗。《金瓶梅词话》中写道："那时徽宗天下失政，奸臣当道，谗佞盈朝，高、杨、童、蔡四个奸党，贿赂公行，悬秤升官，指方补价，夤缘钻刺者，骤升美任。贤能廉直者，经岁不除，以致风俗颓败，赃官污吏满天下。役烦赋重，民穷盗起，天下骚然。"说的虽然是北宋后期，实际上就是《金瓶梅》故事发生的社会背景。由于《金瓶梅》深刻地揭露当时的社会现象，描绘了"世情冷暖"、"炎凉恶态"，就被认为是一部"世情书"，后来张竹坡评点《金瓶梅》就称之为"世情小说"。鲁迅在《中国小说史略》中讲到明小说两大主潮，就将《金瓶梅》列为"讲世情"这一主潮中，他说《金瓶梅》"大率为离合悲欢及发迹变态之事，间杂因果报应，而不甚言灵怪，又缘描摹世态，见其炎凉，故或亦称之为'世情书'也"。

《金瓶梅》以大量文字描写西门庆与潘金莲、李瓶儿、庞春梅、王六儿、如意儿、宋惠莲、李桂姐以及林夫人等纵欲行淫的性行为，其中与潘金莲、王六儿、李瓶儿的交媾，更是描写得污秽不堪，尤其在二十七回《潘金莲醉闹葡萄架》中西门庆对潘金莲变态性的性虐待描

山水方滋；俪采百字之偶，争价一句之奇，情必极貌以写物，辞必穷力而追新，此近世之所竞”（《明诗》），当时风气，一面提倡描绘山水自然，一面雕琢辞藻、矫情造作，违拗自然之道，针对这种自相矛盾的创作风气，提出“夫岂外饰，盖自然耳”（《屈道》）的创作思想，反对繁采寡情、斫伤自然的文风，含有匡谬纠俗的精神。

论作家的社会观

从直观看，刘勰认为作文本于“自然之道”，创作受自然制约，是作者对自然感受的直觉反映。但创作又不只限于反映自然，还要反映社会，而且反映社会比反映自然内容更广泛，因此比起反映自然，如何反映社会要复杂得多，它必然会涉及作家的社会观。刘勰在创作论的许多方面都谈到作家的社会观问题。刘勰论作家的社会观，先从谈文学的社会功能开始：“至夫子继圣，独秀前哲，镕钧六经，必金声而玉振，雕琢情性，组织辞令，木铎起而千里应，席珍流而万世响，写天地之辉光，晓生民之耳目矣。”（《原道》）他颂扬孔子文章“独秀前哲”，影响到千载万世。何以孔子文章有如此远大影响？因为他“写天地之辉光，晓生民之耳目”，“写天地之辉光”说明孔子文章“原于道”，“晓生民之耳目”说明天地间自然存在的文章，经过孔子“雕琢情性，组织辞令”就产生“木铎起而千里应，席珍流而万世响”，言教身传，醒人耳目，启人益智的作用。所以作文除了“本于道”，还要“师乎圣”，以孔子为师，“陶铸性情，功在上哲。夫子文章，可得而闻，则圣人之情，见乎文辞矣”（《征圣》），孔子文章本于自然，人们通过孔子文章，可以学习他的道德性情。“道沿圣以垂文，圣因文以明道”，作文既要原于道，又要征于圣，征于圣是为了文以明道，于是他依托孔子的思想，提出“政化贵文”、“事迹贵文”、“修身贵文”，将文章和政教、历史、修身结合在一起，主张文章要有教于社会，有证于历史，有益于修身的社会观。从文学的功利性来看，刘勰作家论的社会观近于儒家。

社会观近于儒家，并不能说他著《文心雕龙》的指导思想完全是儒家思想，《文心雕龙》中的有些观点是超越儒家思想的。也不能说《文心雕龙》的指导思想是“儒佛合一，以佛统儒”，尽管刘勰早年受佛门熏染很深，晚年出家当和尚，并且对佛典有精湛的研究，但他并不是以佛教徒思想来著《文心雕龙》的。当时他处世论文重世利，重功名，重情志，这和空无净寂的佛门宗旨相忤。刘勰是博览群书的大学者，凡有利于阐发创作内在规律的学说、例证，他都得心应手地拿来为我所用。他不仅大量应用儒家经典，运用老庄思想文辞的地方也不少，列在创作论首篇的《神思》，可以明显看出他受庄子思想的启示，但我们并不因此而说他是以道家思想来著《文心雕龙》的。他有时引用佛典术语来阐发运文之妙境，如《论说》篇谈到王衍和裴頠“崇有”和“贵无”的论争时说：“滞有者全系于形用，贵无者专守于寂寥。徒锐偏解，莫诣正理。动极神源，其般若之绝境乎？”认为“崇有”者太执著，“贵无”者太虚渺，各执一面之辞，不了解有和无相通的道理。只有明白有中含无、无中含有的根本道理，才能进入智慧的最高境界。这种说法虽暗合佛学“中谛”义理，但他不是在宣扬释氏教义，而是借此说明论说文的立论必须周密，“义贵圆通，辞忌枝碎，必使心与理合，弥逢莫见其隙；辞共心密，敌人不知所乘”的原理。已故的马宏山同志曾多次引此为例来证实刘勰著《文心雕龙》是“以佛统儒”思想，论据是不够充分的。但是也不能不看到刘勰论文是广征百家之言，而不拘泥于儒家一说，他不同于后来以儒家正统自居，“非三代两汉之书不敢观”的韩愈之文论。

刘勰论作家的社会观有和儒家接近之处，儒家有立德、立功、立言三不朽的信条，主张文章要经世致用，对这种观点刘勰是坚守不移的。他说：“唯文章之用，实经典枝条，五礼资之以成，六典因之致用，群臣所以炳焕，军国所以昭明，详其本源，莫非经典。”（《序志》）对文学的社会功利要求，刘勰的思想和儒家一致。不过我们还得进一步来看，刘勰论文依托儒家，同时又超越儒家规范。儒家排斥异端，刘勰对百家之言兼收并蓄，因此刘勰论文较一般儒生通性达理。儒家主张复古，思想是保守的，“周监于二代，郁郁乎文哉，吾从周”（《论语》)，主张向后看。而刘勰却认为“兴废系乎时序，文变染乎世情”，“时运交移，质文代变”，时代变了，文风就会相应地变。他这样来认识文学和时代的关系，就高于儒家复古思想。在文学发展问题上，他揭示了“通变”这一发展规律。他的通变思想虽受到《易·系辞》“穷则变，变则通，通则久”、“往来不穷谓之通”等观点的影响，同时又有自己独立的见解。“变”有两种变法：一是循环式的变，万变不离其宗；一是递进式的变，“蔚映十代，辞采九变……质文沿时，崇替在选”(《时序》)。文学的变是随历史沿革而发展的。刘勰“通变”思想属于后一种，他那“变”的观念是发展的，不是保守的，“文律运周，日新其业，变则其久，通则不乏”(《通变》)，他“变”的主张不是复古，而是求新。他虽然不满“宋初讹而新”的文风，认为是“竞今疏古，风末气衰”，似乎是说今不如古，其实这是对特定的情况而言，他批评的“风末气衰”是指“饰羽尚画，文绣鞶帨”，因追求辞采绮靡而弃本去实，那种纤弱浮华的风气，批评的是晋宋以来的文坛弊端，不是说今不如古。他在《通变》篇列叙文学发展的情况说：“是以九代咏歌，志合文则，黄歌断竹，质之至也；唐歌在昔，则广于黄世；虞歌卿云，则文于唐时；夏歌雕墙，缛于虞代；商周篇什，丽于夏年。”这种由质而文、由朴而丽的发展，他是赞赏的，文学是随时代演变而逐渐完美起来的。同时他又认为作文要“志合文则”，所谓“文则”就是指“序志述时”、“衔华佩实”等作文之准则，“圣文之雅丽，固衔华而佩实者也”(《征圣》)。而宋初文风却竞华弃实，所以他才说是“竞今疏古，风末气衰”。他看到“楚之骚文，矩式周人；汉之赋颂，影写楚世；魏之篇制，顾慕汉风；晋之辞章，瞻望魏采”(《通变》)。下一朝代的文学是在上一朝代文学的影响下发展的，但文学的发展要“志合文则”。“黄唐淳而质，虞夏质而辨，商周丽而雅”，刘勰认为这是健康的发展。“楚汉侈而艳”，楚汉继承了“商周丽而雅”的一面，同时也出现了侈和艳的倾向，由侈和艳的影响所及，忽视了“序志述时”的“文则”，于是就产生“魏晋浅而绮”，“宋初讹而新”，美而无实的弊端。刘勰认为要克服那种“以讹为新”，不合文则的弊病，必须“斟酌乎质文之间，而檃括乎雅俗之际”。既不重文轻质，也不重质轻文，要雅俗兼顾，使文学得到健康发展。他看到“文变染乎世情，兴废系乎时序，原始以要终，虽百世可知也”，文学随时代发展的趋势，提出“斟酌乎质文之间，而檃括乎雅俗之际”的主张，来改变宋初“以讹为新”的文风。他反对“以讹为新”的新，赞赏“文律周运，日新其业”的新，他同样以“文变染乎世情，兴废系乎时序”的观点来分析屈原的作品，“固知楚辞者，体宪于三代，而风杂于战国，乃雅颂之博徒，而辞赋之英杰也，观其骨鲠所树，肌肤所附，虽取镕经旨，亦自铸伟辞……故能气往轹古，辞来切今，惊采绝艳，难与并能矣”（《辨骚》），“观其艳说，则笼罩雅颂。故知炜烨之奇意，出乎纵横之诡俗也”（《时序》）。他对屈原的评价，注意到楚辞产生的历史特征，因此较前人对屈原的评价，显得公正而全面。

刘勰作家论的社会观接近儒家，但并不拘守儒家的成规，他有保守的一面，将儒家的经典奉为“含章之玉牒，秉文之金科”，同时又有超越儒家守旧思想的进步的一面，即看到时代对文学的巨大影响，文学随时代发展的必然性。同时刘勰本人的社会观有两重性，因此他论作家的社会观时就有“鬻盾誉矛两难得而俱售”之憾，这也是造成后人讨论《文心雕龙》的“纲”时，各执一词、两难兼解的缘由。

论作家的才学观

创作需要才华，作家必须是个有才识的人，这在王充《论衡》、曹丕《典论》及陆机《文赋》等著作中早有阐发，但都没有作系统论述。对才学观作比较系统的论述，并将写作和才气、才和学、作家的禀赋才识和形成作品的风格等关系作全面论述的则首推刘勰。刘勰认为作品是作家内在情志的外延，“情动而言形，理发而文见，盖沿隐以至显，因内而符外者也”（《体性》），作家著文，内心有郁勃的情思，然后由隐至显，形诸笔墨，积句成章，将内在的情思章明于世。刘勰将内心的酝酿看做创作的第一步，因此十分看重作家的内才和气质。遍观《文心雕龙》全书，刘勰论才学涉及不少篇章，概而言之，可以从“才有天资”、“才性异区”、“功以学成”三个方面来认识刘勰的才学观。

首先，他从作家禀赋方面来论文，认为“才有天资”（《体性》），“才自内发”（《事类》）。人之才和天然禀赋有密切关系，一个人能不能成为作家，先要看他是否具有一个作家应有的才气。“然才有庸俊，气有刚柔”（《体性》），才有庸俊之分，气有刚柔之别，才和气都是因人而异的，有的才俊而气柔，有的气刚而才庸，有的才高而气刚，有的才低而气柔，有的则兼有刚柔之气。总之，各种各样的人有各色各样的禀赋才气。有的人富有从事创作活动的才情，有的人缺乏这方面的才情。“才有天资”、“才自内发”，作家有作家的“天资”、“内才”，有否从事创作活动的天资、内才，是能否成为一个作家的先天条件。

其次，刘勰认为才不是单一的，即使有同样天分的作家，都具有成为作家的禀赋才性，但是他们才的表现却因人而异，“人之禀才，迟速异分”（《神思》），“才难然乎，性各异禀”（《才略》），“才性异区”（《体性》），上述论点提出了气质、禀性和才情之间复杂的关系问题。比如同样是作家，同样有才气，但他们才气的表现并不一致，而且很难一致，因为“才性异区”、“性各异禀”，各人的气质、禀性不同，虽都有才分，而他们才气表现却因人而异，“才难然乎”，才是不能用一个尺度来衡量的。以曹氏昆仲为例，一般人都认为曹植才分高于曹丕，而刘勰并不这样看，他说：“魏文之才，洋洋清绮。旧谈抑之，谓去植千里，然子建思捷而才俊，诗丽而表逸；子桓虑详而力缓，故不竞于先鸣；而乐府清越，典论辩要，迭用短长，亦无懵焉。但俗情抑扬，雷同一响，遂令文帝以位尊减才，思王以势窘益价，未为笃论也。”（《才略》）刘勰认为曹丕的才分并不低于曹植，由于“性各异禀”，两人才气的表现就有所不同，曹植“思捷而才俊”，曹丕“虑详而力缓”，可说是“迟速异分”；反映在作品风格上，曹植“诗丽而表逸”，曹丕则“乐府清越，典论辩要”，“丽”和“逸”固然是才的表现，“清越”、“辩要”何尝不是才的表现？不能将才的不同表现，看做才的不同程度。同时，刘勰也不以作者创作反应的迟速，来区分作者才情的优劣，“人之禀才，迟速异分”，一个才气俊逸，反应敏捷；一个思虑周密，文有后劲。他对“机敏故造次而成功，虑疑故愈久而致绩”（《神思》），反应快慢是不分轩轾的，才情的优劣应当以作品的优劣来衡量，不宜以写作速度的快慢来区别。作品优秀，不论出手迟速，都表明作者有才情；作品不堪一读，不论落笔快慢，都说明作者才情不高。刘勰以禀性异区的观点来论才，较以一个模式来论才的观点，要通达得多了。

第三，刘勰论才虽重视天赋，但很强调学的重要作用，他将才和学密切联系，这是刘勰才学观的重点。刘勰看重天资、内才，但他不是唯天才论者。《神思》篇谈创作的思维时着重提出要“积学以储宝，酌理以富才，研阅以穷照，驯致以怿辞”，都在说明学的重要性。这四句话不仅指作家的灼见卓识有赖于他的学识素养，而且也说明才的富足需要识的宏博，十分强调学的作用。他将才和学的关系比作盟主和辅佐的关系，“才为盟主，学为辅佐，主佐合德，文采必霸”（《事类》），创作固然需要才气，同时也要有学识，一个人如果没有学识，即使他有过人的天资，也无法显示他的才华。才为主，学为辅，有主无辅，有才无识，是写不出好文章的；既有才气又有学识，才学兼优，“主佐合德，文采必霸”，好作品都是有才有识的作家写出来的。如果有才而不学，或者虽学而乏才，“才学褊狭，虽美少功”（《事类》），即使有一面之好，终究写不出完美的作品。

刘勰既强调才和学两者不可分离，同时又说明才和学两者不能混为一谈，他认为才和学有内外之分，“才自内发，学以外成，有学饱而才馁，有才富而学贫。学贫者，迍邅事义；才馁者，劬劳于辞情；此内外之殊分也”（《事类》）。才是天赋，是一个人天然具有的资质，难以外求。而学却有赖于后天的努力，“玉不琢不成器”，学有助于才的发展，学是使一个人成才的外部条件。作为一个作家先要对自己有所认识，求之于内，了解自己的禀性特点，“因性练才”才能发挥自己的特长。同时要“积学储宝，酌理富才”，根据自己的禀赋才性，求学于外，使自己学富才高。刘勰将才和学分成内外，然后提出“因性练才”，由内及外；“酌理富才”，由外及内；以才求学，以学成才，将内外合成一体，这一见解对了解作家的创作个性、创作才华和创作功力很有帮助。“才性异区”，从内在的禀性来说，作家的才性各异，不能强求一律，学也要顺着本身的特性去学，要“因性练才”，根据各个不同的禀性质素去加工提高，尽量使每一个作家特异的天资得以充分发挥，使每个作家都能创作出具有自己独特风格的作品，“因性练才”促使每一个作家都有鲜明的创作个性。

刘勰提出“因性练才”，同时又提出“役才课学”。他在《才略》篇列举了九十多个作家，并将他们的才学加以比较之后说：“自卿渊以前，多役才而不课学，雄向以后，颇引书以助文；此取与之大际，其分不可乱者也”，他认为司马相如、王褒以前的汉代作家都是凭才气而创作的，到了扬雄、刘向以后，都爱引经据典靠学识来组织辞令。这两类作家才和学没有统一，都属“偏美”，刘勰对他们的作品虽都有所肯定，但都没有给以很高的评价。他主张要“役才课学”，这是因性练才思想的进一步发挥。他在《总术》篇又提到“夫不截盘根，无以验利器；不剖文奥，无以辨通才。才之能通，必资晓术，自非圆鉴区域，大判条例，岂能控引情源、制胜文苑哉！”要鉴识作家的才华，就看他能否剖析作文之奥秘，作家要掌握作文之奥妙，就要全面通晓写作的方法。才的发挥有赖于学，以才求学，以学役才，这是使作家成功的妙法。

如果将“因性练才”、“役才课学”、“功以学成”看做刘勰论作家才学观的三个递进层次，我们认为刘勰作家论的才学观是比较全面的。刘勰在《辨骚》篇中对欣赏屈原作品提出“虽取镕经旨，亦自铸伟辞”，“凭轼以倚雅颂，悬辔以驭楚篇，酌奇而不失其真，玩华而不坠其实”，恰如其分的见解，这和他不偏一美的才学观有关。

论作家的功名观

刘勰认为作家著作应有明确的功利性，而且还认为作品的功利和作者的功名观是一致的。“夫宇宙绵邈，黎献纷杂，拔萃出类，智术而已。岁月飘忽，性灵不居，腾声飞实，制作而已。”（《序志》）宇宙极大，物类极众，而在极大极众之中，出类拔萃的是知识学问。岁月似流水，瞬息即逝，万事万物都有生消盛衰的过程，而要使荣名长存，只有著书立说。这和曹丕《典论·论文》“年寿有时而尽，荣乐止乎其身，二者必至之常期，未若文章之无穷。是以古之作者，寄身于翰墨，见意于篇籍，不假良史之辞，不托飞驰之势，而声名自传于后”的说法意思相同，说得明白一点，作者著作就是为了要留好名声于后世。刘勰在《原道》、《征圣》、《宗经》以及《总术》、《程器》、《才略》、《序志》等篇都谈到作品的功利性和作者的功名观。作者不著述便罢，一提笔就应考虑作品的影响和自家的名声。

刘勰在《序志》篇阐明著《文心雕龙》就是“言为文之用心”。他从三个方面来言为文之用心：一、认为一个人“形同草木之脆，名逾金石之坚，是以君子处世，树德建言，岂好辩哉？不得已也。”作家著述的目的是“树德建言”，使“名逾金石之坚”，写作是为了立身扬名。二、如何使自己的著作扬名于身后呢？要写有社会价值的作品，“唯文章之用，实经典枝条，五礼资之以成，六典因之致用，君臣所以炳焕，军国所以昭明”，写出来的文章要起“经典”的辅助作用，大有利于治国，小有益于修身。三、要“文以载心”，他看到宋初文坛“辞人爱奇，言贵浮诡，饰羽尚画，文绣鞶帨，离本弥甚，将遂讹滥”。针对那种背离序志述时、教化益世的本旨，片面追求绮辞丽藻的情况，提出作文要“本乎道，顺乎圣，体乎经，酌乎纬，变乎骚”的总体要求，主张坚持“序志述时”、“衔华佩实”的“文则”。我们认为从“为文之用心”的三个方面，可以看出刘勰是将文章的功利性和作者的功名心紧紧地连在一起的。刘勰自己就是根据这一思想来著《文心雕龙》的，“文果载心，余心有寄”(《序志·赞》),他对自己的著作很自信,由于当时他名气不大,未为时流所重,于是为取得文坛宗主沈约的赏识,不惜扮作商贩,将书送到沈约手里,“取定于沈约”以求闻达。这也是他著作的功利目的和作者的名位欲求在自身的体现。

作家在写作动机中含有个人名位思想,这对古代作家来说并没有什么不光彩,“君子处世恒患名之不立”,文人以文章为自己立名,是很自然的。问题在于他写出什么样的文章来为自己扬名。对此,刘勰有他的看法,他认为有的作品虽有文名,但他们的文章“解散辞体,缥缈浮音,虽滔滔风流,而大浇文意”(《才略》),如殷仲文之“孤兴”,谢叔原之“闲情”那类文意缥缈、无益人世的文章,虽然作者也因此猎取了虚名,但不足取。刘勰要求之名是名实相符之名,写出来的作品要符合社会功利要求,“是以君子藏器,待时而动,发挥事业,固宜蓄素以弸中,散采以彪外,楩楠其质,豫章其干,摛文必在纬军国,负重必在任栋梁,穷则独善以垂文,达则奉时以骋绩,若此文人,应梓材之士矣”(《程器》),他要求文人立名应表里相称,文品人品都好。文人先要修德立功,写文章能达于政事,益于教化,同时又要“风清骨峻,篇体光华”(《风骨》),那样的作者才算文高名立,他的文名才足以流传后世。

谈到作家的才气时,刘勰认为对作家不要求全责备,不要因其有某些缺点而肆意讥诮。人无完人,历代文人是有各人之“瑕累”的,但这样那样的毛病,地位低的文士有,地位高的将相也有。“人禀五材,修短殊用,自非上哲,难以求备”(《程器》)。人都有各自的长处和短处,不能因将相名位高就一味说他的好话,文士地位低就动辄得咎,“将相以位隆特达,文士以职卑多诮”,以名位论是非,是不公正的。与此相反,也有另一种情况,如曹丕尊为帝王,声望隆盛,他的诗文虽也足以名世,但他的文学声誉却被政治地位淹没了;而曹植因政治处境偃蹇,人们就尽量抬高他的文学地位。刘勰认为这样也不恰当,他说“遂令文帝以位尊减才,思王以势窘益价,未为笃论”(《才略》)。作家是作家,应以作品的成就得名,不能以地位高低论人,作家以作品传世,他的名声应从翰墨中显扬。

刘勰关于自然观、社会观、才学观、功名观的论述，虽是散列在有关篇籍中，但却有它们内在的联系，尤其是自然观和社会观之间，才学观和功名观之间的联系更为密切，从中不难看出刘勰作家论的体系。可是由于他没有写过作家论的专章，许多论点都是分散提出的，因此不可能像一篇专论那样有严密的逻辑。笔者不揣浅陋，将它串联、归纳、序列，以见刘勰作家论之大端，如有错误，请批评指正。

（1987年11月《古代文学理论研究》第12辑）

刘勰的风格论

曾有同志说：刘勰没有给风格下过定义。这话不错。因为在刘勰所处的时代，“风格”这一术语还未曾出现，刘勰自然不会给“风格”下什么定义。不过话得说回来，我们说刘勰的时代“风格”这一术语还未曾出世，不等于说当时和之前的作家、作品就没有各自的风格。风格是作家、作品成熟的标志，是和作家、作品同时存在的，换句话说，有作家有作品，就会有其各自的风格。刘勰是博览群书、精通文理的学者，在他综论文史、精心研究创作规律的巨著《文心雕龙》里自然对风格问题有所探讨，有所发现。本文试以《文心雕龙》有关论及风格的篇章，分别以“各师成心，其异如面”，“因情立体，即体成势”，“文变染乎世情，兴废系乎时序”为小节标题，阐述风格和个性、文体、时代三者的关系。

“各师成心，其异如面”

我国有句成语叫做“文如其人”，法国布封《论文笔》中也有句名言——“风格就是人”，意思差不多。“风格”这个词的通常解释是：指作家在作品中体现出来的创作特色。风格不单指具有特色的修辞和结构形式，而是作品所包含的多种因素的合成，是融合作品的内容和形式的整体体现，是作家在他作品中反映出来的创作个性。作品的内容和形式，都是客观事物的反映（形式虽然是反映的方式，但也受客观存在的事物形态所制约），离开了客观事物，就没有创作之源，就写不出东西。而如何反映客观事物，却因人而异，不论是题材的选择、主题的提炼、情节的安排，还是语言的运用，都反映了由作者的立场、观点、气质、习惯、艺术手法等多种因素形成的创作个性。人们常说艺术创作要独具匠心，越是匠心独具的作品，越有鲜明的风格，风格越鲜明，越能看出作者的创作个性。正所谓“文如其人”。艺术要有特色，作品要有个性，一般化、雷同化的作品是没有艺术生命力的。因此借鉴古代文论，对作品风格和作家的创作个性作些探讨，该是必要的吧。

《文心雕龙》中的《体性》篇，是研究作品风格和作者创作个性的专论。《体性》所标“体”字，从全篇文义来推究，我们认为即是风格；“性”字文意明白，就是指作者的才性。《体性》所论述的，即是作品风格的形成和作者才性的关系。“辞理庸俊，莫能翻其才；风趣刚柔，宁或改其气，事义浅深，未闻乖其学；体式雅郑，鲜有反其习……”所谓庸俊、刚柔、浅深、雅郑是形容风格；才、气、学、习是指述才性。下文接着就说：“若总其归途，则数穷八体：一曰典雅，二曰远奥，三曰精约，四曰显附，五曰繁缛，六曰壮丽，七曰新奇，八曰轻靡。”所谓八体，不就是指八类不同的风格表现吗？同时，《体性》在列举八体之后，马上又指出形成典雅、远奥等风格和作者才性修养的关系：“典雅者，熔式经诰，方轨儒门者也；远奥者，馥采典文，经理玄宗者也……”可见《体性》中“体”字的含义，接近我们现在所说的风格。但《体性》的“八体”之体，和《定势》中的“因情立体即体成势”之“体”的含义有些不同，“八体”指的是八类风格特征，“因情立体”的“体”才是指章表、书奏、诗赋等文体。我们之所以要分清两个“体”字是既相联系又有区别的，为的是可以将创作个性对风格形成的关系及各类文章对风格的影响说得更清楚些。

刘勰认为情和理是文章的内涵，言和文是文章的外符，先有内而后见于外，“情动而言形，理发而文见，盖沿隐以至显，因内而符外者也”。一篇文章的内涵（情、理）和外符（言、文）都和作者的才性修养有密切关系。而才性因人而异，有禀赋、气质不同而异，有学植、习染不同而异。前者是先天禀性，后者是后天的修养，“才性”可以说是两者的融合。因各人才性不一，于是写出来的诗文风格就不同，所以说“笔区云谲，文苑波诡者”，由于作家的创作个性是多种多样的，写出来的作品自然是如云似波，多姿多态。

不过，文章的风格虽然多式多样，但形成风格的原因却不是无迹可寻，而是有源可索。是“情性所烁，陶染所凝”。刘勰在《体性》中阐述了作品的风格，是由作者才、气、学、习总和性的体现，他重视天资才气，但他也强调学植习染，“若夫八体屡迁，功以学成，才力居中，肇自血气；气以实志，志以定言，吐纳英华，莫非情性”。先说“八体屡迁，功以学成”，一种风格的形成，或各种风格的交互运用，其功在学。后说“吐纳英华，莫非情性”，能写出一手好文章，能形成自己成熟的风格，还得靠才气。“才为盟主，学为辅佐，主佐合德，文采必霸，才学褊狭，虽美少功”（《事类》）。关于学习和才性的关系，上段引文说得很清楚：两方面都不可少，有才有学，两者结合得好，“文采必霸”；两者缺一，虽有好的一面，也是“虽美少功”。刘勰器重才气但又强调学习，“功以学成”，学习之功，可以努力而成，若学有所成，可以辅佐才气、展示才华，使内外相符；若学无所成，即使有才气也不能颖发，不能形成独特的风格。“事义浅深，未闻乖其学；体式雅郑，鲜有反其习。”学和习是要紧的。所以他特别提到“才有天资，学慎始习”，天资是先天性的，不可强力而致，如果学植根基深厚，可以使好的天资发挥他潜在的无限才华，也可以使资质较差的人，弥补他先天的不足。因此对“学慎始习”作了专门的说明，强调学习要重视开端，因为开端对以后的影响很大。“斫梓染丝，功在初化，器成采定，难可翻移”，斫直木染纯丝，斫之长则长，斫之短则短，染为苍即苍，染为黄即黄。如果开始斫染得不成器色，以后要改也难了。可见刘勰对学、习极为重视，他述说八类风格的形式，也是从学、习角度来发挥的，“典雅者，熔式经诰，方轨儒门者也；远奥者，馥采典文，经理玄宗者也；

精约者，核字省句，剖析毫厘者也……”讲的都是有关学和习的方面。他评析具体作家的风格，虽然重于情性，但也涉及学习，如“贾生俊发，故文洁而体清；长卿傲诞，故理侈而辞溢；子云沉寂，故志隐而味深；子政简易，故趣昭而事博……”列举贾谊、司马相如、扬雄、刘向等名家的文章风格，都和他们的情性相符。但是贾谊文所以能洁，体所以能清，是由于贾谊“颇通诸子百家之书，断义明，练辞精；司马相如之文理所以侈，辞所以溢，是因为“相如好书，师范屈宋，洞入夸艳”（《才略》），这岂不是和他们各人的所学所习有关？一个作家风格的形成，是他才、气、学、习的总和，有不同的才性修养，就会产生不同的文章风格。才性虽然属于天赋，但必须济之以学习，“积学以储宝，酌理以富才”（《神思》），学习才能使才性得到良好的发展。但“才自内发，学以外成”，反过来说，学、习也要根据各人的才性禀赋去求源寻流，定各自的趋向，要“因性而练才”，使先天的禀赋能良好发展，后天的学习能富有成效。“摹体以实习，因性而练才”，这样，写出来的诗文既可以看到作者取法定习的师承渊源，又能够见到作者富有个性特征的独特风格。

此之谓“各师成心，其异如面”。

“因情立体，即体成势”

刘勰在《体性》中论述了才性和风格的关系，又在《定势》中论述了文体和风格的关系。

上文说过，刘勰所处时代没有“风格”这一术语，所以他常用其他说法来表述风格的精神，《体性》中用“体”字，《定势》中就用“势”字，从不同角度来阐发风格的含义。

“夫情致异区，文变殊术，莫不因情立体，即体成势也。”“因情立体，即体成势”是理解全文的关键。这里的“体”字含有两种意义，一和《体性》中的“体”义同，指风格，“圆者规体，其势也自转；方者矩形，其势也自安；文章体势，如斯而已，“体”、“势”合词，指风格所包含的情势文气。另一种含义是指章表、赋颂、符檄、史论等文章体裁，“章表奏议，则准的乎典雅；赋颂歌诗，则羽仪乎清丽……此循体而成势，随变而立功者也”。章表奏议等即是体，所谓“循体而成势”，反过来说，就是典雅、清丽等各种风格，须根据不同文体来铺扬。《定势》中的“势”字，我们认为可以作风格的表现来理解。“因情立体，即体成势”，情是内涵，体是外符，采用什么文体，要根据表达情理的需要，比如重于说理的宜用论说体，抒发情志的就得用诗歌体，这道理不说自明，势是述情说理的风格表现，但它又要受文体的制约。正像陆机在《文赋》中所说的那样：“诗缘情而绮靡，赋体物而浏亮，碑披文而相质，诔缠绵而凄怆……”诗、赋、碑、诔是体，绮靡、浏亮、质朴、凄怆则是势，势因文章情理而生发，但又得和文章体式相适应。某种文体表达某种内容，就自然产生某种相应的表现风格。势没有独立的特性，是根据文章内容随机而发的。刘勰说“势者，乘利而为制也”。什么是“乘利而为制”？刘勰的解释是“如机发矢直、涧曲湍回，自然之趣也。圆者规体，其势也自转；方者矩形，其势也自安，文章体势，如斯而已”。发机射箭，箭势是直的；涧流迂曲，水势就回旋。随圆而转，随方而安，这就是所谓势。文章的势也是这样，“因情立体，即体成势”，章表奏议的风格要典雅，诗词歌赋的文笔要清丽，史论序注的文字要精练，这就是所谓“循体成势”。当然，风格应当多样，不是说一种文体只限于一种风格，不同的人用同一种文体，风格就因人而异。刘勰论文从来不把问题说死，他讲了“循体而成势”，紧接着就说“随变而立功”，各种风格可以“节文互杂”，典雅并不排除清丽，清丽并不反对精约，只要彼此协调，都可以兼而有之，“刚柔虽殊，必随时而适用”。可是不相协调、互有矛盾的就不能兼用，风格不要单一，却要统一，“雅郑而共篇”扞格不合，“则总一之势离”，就会影响全文风格的统一。各色彩丝，可以织成五彩缤纷的锦缎，但总得要有本彩为底，然后适当配合，才能构成悦目的图案，否则杂乱无章，就会使人觉得眼花缭乱。

《定势》重点是讲体和势的关系，“即体成势”，势随体而生发，体须势而成文，没有势，体就成了槁木枯阴，不成其为文了。“形生势成，始末相承”总括了体和势的关系。当然，我们不能将体和势的关系简单地说成是文体和风格的关系，因为刘勰作《定势》的主旨，主要是为匡正当时辞人“率好诡巧”、“逐奇失正”之弊，而提出“因情立体，即体成势”反正之义。但其中确实也提出了对文体和风格关系的精辟见解，我们要全面地研究刘勰的风格观，对此不可忽视。

“文变染乎世情，兴废系乎时序”

风格的形成，有主观因素和客观因素，但不论是主观还是客观，都要打上时代的印记，受到时代的影响。例如屈原和贾谊，这两人的情性、才气，甚至政治遭遇都有许多相似的地方，所以司马迁在《史记》中才会将屈原、贾生合传。但两人所处的时代不同，虽然他们有相似之处，但表现在文辞风格上毕竟是极不相同的。屈文恣纵，贾文沉郁；屈辞啼晔，贾辞俊发。这和屈原处于百家争鸣的战国时代，贾谊生于经术渐兴的汉文帝时期有直接关系。刘勰在《时序》篇总述了历代文术变化的基本情况之后，概括出“故知文变染乎世情，兴废系乎时序”两句话，是很确切的。风格虽然因人而异，但就其总体而言，一个时代的经济、政治、文化对一个时代文章风格的形成有很大的影响。个人风格表现出各人的个性特点，而这些个性特点却又无不带上一定的时代色彩，这里也有个性和共性的辩证关系。“时运交移、质文代变”，社会性质、政治形势变了，文章内容不能不变，文章内容变了，表现形式自然也要相应地变，任何一个出类拔萃的作家，都无法摆脱这个“变”的规律。“文律运周，日新其业”（《通变》），作品的内容和形式都要随“时运交移”而起变化，体现作品内容和形式的基本形成——风格，自然会带有鲜明的时代色彩。

关于各个历史时期的政治形势、社会情况对文学创作的影响，刘勰在《时序》中都扼要地讲到了，而其中对形成建安时期文学风格的社会原因的分析，更值得注意。刘勰不仅卓有识见地阐明了时势影响作家的创作个性，同时还阐述了众多作家的创作个性又形成了一个时代文学风格的辩证关系。“魏武以相王之尊，雅爱诗章；文帝以副君之重，妙善辞赋；陈思以公子之豪，下笔琳琅；并体貌英逸，故俊才云蒸。”建安时有曹操、曹丕、曹植等领袖人物的倡导，并以他们富有个性特征的创作实践的影响，一时出现了王粲、刘桢、应旸、阮瑀等一批著名作家，形成文学史上有名的“建安风骨”，这说明了各个有创作个性的作家，对形成一个时代的文学风格是起作用的。但是为什么处于这个时代的这些作家，都是悲凉激越、感慨特深的风格特点呢？因为“世积乱离，风衰俗怨，并志深而笔长，故梗概而多气也”。汉皇朝崩溃、军阀混战，造成社会生活极度不安，个人性命朝不保夕，整个社会混乱、动荡。当时许多著名的作家，虽然他们的政治地位不同，各人禀性、企求不一，但都颠簸在这个时代的旋涡之中，所以才“梗概而多气”。曹氏先导，众家接踵，各以各的心志情怀唱出了时代的悲歌，有的率真，有的清婉，有的慷慨，有的悲怆，“俊才云蒸”就形成了文学史上著名的“建安风骨”。“建安风骨”前不会出现在文景汉武的升平时世，后不会产生于清谈误国的东晋末世，而只能产生于建安年代。“文变染乎世情，兴废系乎时序”，时代形势、社会风尚对一代文学的风格特性的影响确实是大的。

时代风尚对文学创作风格的形成是有影响的，文章体式对风格特征的体现是有限制的，创作个性的发挥不能不受前两者的制约，但是一个时代的风格、一种体裁的特性，又必须通过作者独特的风貌来显示，同中有异，异中有同。

关于时代、文体、个性三者与风格之间的错综关系，刘勰虽然没有专门在一篇文论中作过全面分析，但综观《文心雕龙》的有关篇章，确是一一有所阐述（关于风格的民族特点和阶级倾向，这是刘勰当时所不能见及的，当然不能苛求于古人）。生于18世纪的布封在法兰西学院发表《论文笔》的讲话，说出“风格就是人”的名言，誉满全球，人们一谈到风格就会提到布封。而早于布封一千多年的刘勰，写了不少有关风格的专论，难道不应该引起重视，对他的著作作一番专门研究吗？

（1981年《社会科学辑刊》第4期）

刘勰的文采论

一

本文想从“文采出于自然”、“文采发自情性”、“文采美在分寸”三方面来探讨刘勰对文采美的看法。在未及本题之前，想先提出一个问题求教于明家：用形式主义来概括六朝文学的主要倾向是否恰切？刘勰是不是反对形式主义？

本人识浅，以为用形式主义来概括六朝文学的主要倾向是不恰当的；说刘勰反对形式主义也很勉强。我们知道，一切文学现象都属社会意识，文学表现形式和它所要表现的内容是密切相连的，马克思主义要求不要把形式当做独立自在的东西来评价，而要当做有充实的一定内容的形式来评价。没有一定的内容，就没有一定的形式，任何一种形式都有它所表现的相应的内容。用现实主义作一标尺，认为凡是只重表现形式而不能真实地反映现实的作品就是形式主义，这说法用来解释某一文学现象也许合适，而将一些被认为形式胜于内容的作品都说成形式主义则未必妥当。以前曾有人认为中国文学发展到六朝，出现了形式主义的逆流，这观点被一些文学史著作所采用，现在看来这断语是否恰切，尚可研究。中国文学发展到晋宋齐梁时期，出现了“俪采百字之偶，争价一句之奇，情必极貌以写物，辞必穷力以追新”的风气，这是文学自身发展及人们审美要求提高的自然趋势，不应该将它说成形式主义。六朝文学比较重视形式美是事实，但六朝文学重形式美是和当时社会政治经济形势相吻合的。南朝文学的形式美，并不游离于南朝的社会情态。我们认为形成南朝文学讲究辞藻浓艳、对仗工整、声律和谐、情思绮靡的原因有二：一、由质而丽是文学自身发展的必然趋势，长期以来的文笔之辩，到了六朝已有明确的界说，文学已有自己特定的概念，“丽辞雅义，符采相胜”的美学要求，已为多数作家所接受，六朝的骈俪文，是六朝文学追求形式美的鲜明特征，它上承楚辞汉赋排比、对称的修辞方法，并注意了“宫羽相变，低昂互节”（沈约《谢灵运传》），文学语言的音色和节奏，发展成六朝独具一格的文体，它和楚辞、汉赋、唐诗、宋词、元曲一样，是一个时代文学发展最具特色的标志。“文律运周，日新其业”（《通变》），这是六朝文学在形式上的创新，是构成中国文学发展体系的一个环节，我们不应拘于古文家的成见而贬低六朝骈文的美学价值。二、“文变染乎世情”，由于时代的影响，南朝文士喜用“饰羽尚画，文绣鞶帨”装饰性的文字，并非偶然。刘宋以后，南北对峙，南朝局势暂时安定，自汉末经三国魏晋近三百年的动荡，到了南北朝出现了偏安局面，虽然从根本上说局势仍不稳定，但人们苦于战乱，人心思安，即使是偏安一隅，总也得到喘息的机会，社会经济有了一定程度的转机。相对地看，南朝经济发展超过北朝。经济繁荣和社会生活的安定，促进了文化的发展，文人学士能在安定的环境中从事写作，有较多工夫去琢磨文字的声、情、形、色，推敲文字表现形式的美。较汉末于“世积乱离，风衰俗怨”情势下，在戎马倥偬之间从事写作的建安文士，风格自然有明显的变化，作者的创作兴趣和人们的鉴赏心理随时代的变化而变化了，在这种情况下建安风骨自然难以为继，从慷慨趋向绮靡，是在特定的历史条件下自然形成的。

同时，由于“自中原沸腾，五马南渡，缀文之士，无乏于时。降及梁朝，其流弥盛。盖由时主儒雅，笃好文章，故才秀之士，焕然俱集”（《南史·文苑传》），自晋室南渡之后，大批文士聚集东南，南朝文风兴盛，尤其齐梁以来皇室贵胄笃好文学，“吟咏风谣，流连哀思”成为文学的主调。梁元帝萧绎公然主张“至如文者，惟须绮縠纷披，宫徵靡曼，唇吻遒会，情灵摇荡”（《金楼子·立言篇》），认为文学应着重表现柔性的美，简文帝萧纲更进一步主张将文学和政教分开，认为文学应当有自己的特性，“立身先须谨慎，文章且须放荡”（《与当阳公大心书》），文学不是说教。在他们的倡导下，文学的内容和形式都起了变化，内容着重于描写景色，抒发情性，创作感情流入纤弱，文字风格趋向绮靡，和建安时期相比，文学的社会意义减弱了。但是文学社会意义的减弱并不等于说当时的文学没有内容。说南朝文学所涉及的社会内容比较狭隘可以，说南朝文学只具形式，毫无内容，是形式主义，则须商榷。“赏好异性，故意制相诡”（沈约《谢灵运传》），后人可以批评南朝文学内容失之于纤弱，但不能说它是形式主义，就以《玉台新咏》所选的诗篇来看，它用丽辞来描绘艳情，从审美角度看是统一的。

刘勰《文心雕龙》问世，早在萧纲、萧绎文艺观形成之前，刘勰的文论不可能针对萧氏的文艺观提出批评，倒是刘勰的文艺观和萧统“事出于沉思，义归于翰藻”（萧统《答湘东王书》）的观点是一致的。他认为永嘉以后的文学作品缺少骨力，对“风末气衰”的现象是不满的，对“以讹为新”、“穿凿取新”、矫情造作的文风也有过批评，但这种批评兼及内容和形式，并没有说它是形式主义。他在《风骨》篇中写道：“是以怊怅述情，必始乎风，沈吟铺辞，莫先于骨。故辞之待骨，如体之树骸，情之含风，犹形之包气。结言端直，则文骨成焉；意气骏爽，则文风清焉。”说明风和骨都含有内容和形式的因素，“风清骨峻”是指风格的整体，并未将风和骨分成内容和形式两部分。就作品的整体来说，形式是内容的外显，内容是形式的内涵，即形式即内容，即内容即形式，人为地划分哪些属于内容，哪些属于形式，将作品看做是零件的装配，而不是有机的整体，“八宝楼台拆下来不成片段”，这样来看待文学作品，就不可能产生美感。刘勰评论作家作品都是从整体着眼的，当时不仅没有“形式主义”这种术语，事实上他也没有将形式和内容分成两个范畴，“黄唐淳而质，虞夏质而辨，商周丽而雅，楚汉侈而艳，魏晋浅而绮，宋初讹而新”（《通变》），不论是“淳而质”，或是“丽而雅”，乃至“讹而新”，都是既指形式也指内容。他在《征圣》篇提出“圣文之雅丽，因衔华而佩实者也”，就说明了内容和形式是不可分割的统一体。他并不认为作品的形式可以脱离作品的内容而单独存在，因此他也就不会考虑要去反对什么形式主义。他论文采也不是将文采看做纯粹的表现形式，而是看做作者情性的流露，辨明这一点，才有条件去进一步研究刘勰的文采观。

二

刘勰认为文章须有文采是自然之理，他重文采本于他“文源于道”的基本观点，文采出于自然。他在《原道》篇就提出：“傍及万品，动植皆文：龙凤以藻绘呈瑞；虎豹以炳蔚凝姿；云霞雕色，有逾画工之妙；草木贲华，无待锦匠之奇。夫岂外饰，盖自然耳。”不论是动物、植物，不论是变化无穷的气象，还是顺序生长的花草，都是有质有形有声有色而自然成采的，“夫以无识之物，郁然有彩，有心之器，其无文欤！”大自然五彩缤纷，并非有意为之，而是自然生成的，那么人本于自然之道，有意出之的文章岂能无采，“心生而言立，言立而文明，自然之道也”。万物有采，文章自然要有采，“圣贤书辞，总称文章，非采而何”(《情采》)，不作文便罢，作文就得要有文采。文章本来就是由形、声、情三者组成的，“故立文之道，其理有三：一曰形文，五色是也；二曰声文，五音是也；三曰情文，五性是也。五色杂而成黼黻，五音比而成韶夏，五性发而为辞章，神理之数也”。采是情、声、色的统一体现，有声色有文采。刘勰自己作文就很重文采，整部《文心雕龙》文采光华，几乎都是用骈俪体写成。曾有人说刘勰一面反对形式主义，一面承袭骈俪文体，自相矛盾；还认为刘勰作《声律》、《丽辞》是为了讨好沈约而自售的违心之作。这说法难以令人信服，它不了解刘勰本来就是把丽辞看成是自然而然的文采，不是人为做作的虚饰，“造化赋形，支体必双，神理为用，事不孤立。夫心生文辞，运裁百虑，高下相须，自然成对”(《丽辞》)。天地万物，大都是成双成对的，人有双目两耳四肢，宇宙间有阴阳、雌雄、上下、左右……都是相对相成，那么源于自然的人文，当然也应该“高下相须，自然成对”。虽然刘勰这样来认识自然并不科学，拿人文和自然现象作这样的比附也很牵强，但他本人对“体植必两，辞动有配”、丽辞本于自然的观点是深信无疑的，不能说他是为了讨好沈约的违心之论。

刘勰在《物色》中进一步阐发了文采出于自然的看法，“是以诗人感物，联类不穷；流连万象之际，沉吟视听之区；写气图貌，既随物以宛转；属采附声，亦与心而徘徊”。大自然激发了诗人的情思，同时也为诗人提供了汲取文采的源泉，“情以物迁，辞以情发”，诗人有感于物，物情交融于心，于是就有意象萌发于内，而诗人要将意象表现于文字，就得借助于文采。文采来自两方面：一是对物的观照，对自然的摹写，“故巧言切状，如印之印泥，不加雕削，而曲写毫芥”，辞采来自自然；一是意象的形象化，“目既往还，心亦吐纳”，一面“随物宛转”，同时“与心徘徊”，情物相随，即物即情，文采既得之于物象，也出之于情性。“屈平所以能洞监风骚之情，抑亦江山之助乎？”《离骚》之所以能“惊采绝艳”，不是由于南国江山之秀和屈原才性之美的结合吗？

文采出于自然，因而联辞结采必须自然，切忌造作，刘勰在《隐秀》篇也提到文字不能雕削取巧；“雕削取巧，虽美非秀”，堆砌辞藻，雕琢文字，即使表面好看，但文乏异采，不过是“碌碌丽辞”而已。文采之美，应当是“自然会妙，譬卉木之耀英华”，美要美得自然。文采出于自然，因而刘勰又在《养气》中提出“率志委和”、“理融情畅”、从容自然的写作态度，不赞成为“争光鬻采”去苦思竭虑，“钻砺过分，则神疲而气衰”，文采是出不来的。

文采发之于自然，辞采得之于自然，行文要出之于自然，刘勰的文采论，这一思理脉络是很清楚的。

三

刘勰的文采观从总体来看，认为日月垒璧、山川焕绮、动植皆文，文采出于自然。而从人文角度来说，是人的灵性领悟了自然之道，“心生而言立，言立而文明”，文源于自然，同时也渗透着人的性灵智慧，因此文采又不同于自然界物色之采，而是蕴涵着人的情性。文采发自情性，这是刘勰论文采又一重要观点。“原夫登高之旨，盖睹物兴情。情以物兴，故义必明雅；物以情观，故词必巧丽。丽词雅义，符采相胜。”（《诠赋》）刘勰认为“人禀七情，应物斯感”（《明诗》），人有性就有情，情原是人所本有的，但未受到外部事物的触动时，情是潜在的，而一旦受到外部事物的触动，情就被激发起来，物色召于外，情志兴于内，情由物兴的同时，又以情去观物，物是情外化的依托，同时物也因情而被赋予感情色彩，情的物化和物的情化，两者融会一体，鲜明的艺术形象，就由此而生。文采来自物色，出于情性；同时写气图貌又有赖于绚丽的辞采。“丽词雅义，符采相胜”，丽词和雅义不能分割，正像玉纹和玉不可分割一样，没有玉纹不是美玉，没有文采不算雅文。反之，没有玉质之润，就显不出玉纹之美，没有情志之雅，也显不出辞采之美。

同样，丽辞和雅义的关系，刘勰在分析情和采的关系中又作了进一步的阐发，“夫铅黛所以饰容，而盼倩生于淑姿；文采所以饰言，而辨丽本于情性”（《情采》）。丽辞和雅义、情和采，这两对关系是先后相承，互有联系的，但刘勰分析情采关系较分析丽辞和雅义的关系又深入了一步，“丽辞雅义，符采相胜”，丽辞和雅义是并行组合，并未说明两者以何为主。“丽辞雅义”，刘勰是在《诠赋》篇中提出来的，“赋者，铺也，铺采摛文，体物写志”，他以赋的要求是“文虽新而有质，色虽糅而有本”，因此只提出“丽辞雅义，符采相胜”，就不再去区分它的本末表里。《情采》是从创作规律的高度，来探讨诗文中情志和辞采的关系，带有普遍意义，就是要分清何者是根，何者是枝叶的问题了。根和枝叶同出于一体，根无枝叶不成气色，枝叶无根不能繁荣，两者失一，都难以生存。但两者又是一主一从、一表一里的关系，“文采所以饰言，而辩丽本于情性”，这较“丽辞雅义，符采相胜”的并行提法深入了一层。“故情者，文之经，辞者，理之纬；经正而后纬成，理定而后辞畅，此立文之本源也。”情是文之经，文辞要有情才始生采；辞是理之纬，纬要围绕着经，才能织锦绣采，没有经，纬就无处着落，经纬交织，而经是基础。纬成本于经正，辞畅本于理定，经是纬之本源，理是辞之本源，情是采之本源，从这意义上说文采的本源是情志。文采虽显现在诗文之表，但一定要以情、志为本，否则就是没有内涵的浮词。浮词是无本之木，文采则不仅鬻采于表，同时又发情于内，文采本身也具有内容和形式两个因素。因此刘勰肯定“为情而造文”，否定“为文而造情”。为情造文，“志思蓄愤，而吟咏情性”，内有真情，文不虚饰，情采相符；为文造情，“苟驰夸饰，鬻声钓世”，内无真情，而是借文辞来沽名钓誉，出之于文必然是淫丽泛滥，说明文采不能脱离情志，“繁采寡情，味之必厌”。情以物兴，物先于情，辞以情发，情先于辞，“缀文者情动而辞发”（《知音》），“吐纳英华，莫非情性”（《体性》），这些话，都是文采发自情性的最好说明。

文采发自情性，而情性不是抽象的东西，人都有情有性，但情性却因人而异，一人有一人之情性，因此发自情性的文采也和人的情性一样，一个作者都应有显示其情性的文采，文采的展示，不是单一的，而是多样的。“辞理庸俊，莫能翻其才”（《体性》），辞采的美拙和作者的才性密切相关，有的作家强于说理，却弱于文采，如“桓谭著论，富号猗顿，宋弘称荐，爰比相如，而集灵诸赋，偏浅无才，故知长于讽谕，不及丽文也”（《才略》），桓谭学问好，见识高，善于写说理文，可是他著赋不及司马相如那样富于文采。反之，有的作家富于文才，却贫于议理，如“相如好书，师范屈宋，洞人夸艳，致名辞宗，然核取精意，理不胜辞”（《才略》），司马相如辞采华赡，但思理不深，“文丽用寡”。同时，也有思理深，文才高，两者兼得的作家，如司马迁“子长纯史，而丽缛成文，亦诗人之告哀焉”（《才略》），司马迁长于著史又富于文采，他的《史记》既是历史巨著，又是文学名篇。总之，由于才性各异，形之于文，情理文采就各不相同，读者往往可以从作品的文采来推想作者的情性，是以贾生俊发，故文洁而体清；长卿傲诞，故理侈而辞溢；子云沈寂，故志隐而味深……”（《体性》），贾谊、司马相如、扬雄，都是西汉著名的文章家，贾谊情性俊发，他的著作文清采洁；司马相如生性骄傲放纵，他的文采富丽，可是华而不实；扬子云笃学沉思，他的文章艰深，文采含蓄。当然，刘勰对这些作家的评论是否客观，可以研究，但“触类以推，表里必符”，他认为文采发自情性，道理是很清楚的。

四

刘勰论文采，除上文归纳文采出于自然，文采发自情性两点之外，还有不可忽视的一点，就是联辞结采要善于掌握分寸，文采美在分寸。文采的作用在于传情、达志、饰美。施采得当，“情信而辞巧”，使人感到美而可信；施采不当，“采滥辞诡，则心理愈翳”，反而掩盖了真情。文采能使文章生色，也会使文章减色，所以敷情设采一定要注意“情周而不繁，辞运而不滥”（《熔裁》），不繁不滥就是要注意分寸。凡事过犹不及，作文更是如此，“夫美锦制衣，修短有度，虽玩其采，不倍领袖”（《熔裁》）。用锦缎制衣，质料虽美虽好，但先须合乎体裁，或长或短必须掌握分寸，不能因为质料好花色美，就将领子放大，袖子拉长，太大太长，衣不合体，衣料再好也是不能令人满意的。不过衣服是否得体，一般人都能看得出来，而“文章千古事，得失寸心知”，作文的分寸得失全靠作者自己在心里把握。有的作者喜欢用浓墨重彩而不善节制，恨不得将自己认为精彩的文辞都用到一篇“佳作”上来，如刘勰认为陆机“才欲窥深，辞务索广，故思能入巧，而不制繁”（《才略》），“情繁而辞隐”（《体性》），批评他不能“制繁”，因而就文章的明净来说不及他弟弟陆云，尽管陆云之才不如陆机。刘勰在《总术》篇针对类似情况，提出要“研术”，“凡精虑造文，各竞新丽，多欲练辞，莫肯研术”，指责作者一味追求新辞丽采，而不去全面研究写作的方法，因此用辞往往有失分寸。如果能全面通晓写作的规律，那么联辞结采就会掌握好分寸，该铺扬的地方铺扬，该节制的地方节制。刘勰论文既重视文采，又反对繁采，认为设情敷采要情真而辞简，描写景物时用辞要简而切情，“物色虽繁，而析辞尚简”，要以少总多，以简驭繁。

刘勰主张析辞尚简，但也不反对“夸饰声貌”，他认为“自天地以降，豫入声貌，文辞所被，夸饰恒存”（《夸饰》）。天地万物，有声有色，文源于道，辞采当然也要有声有色，即使像《诗经》、《尚书》这类经典之作，也不免要用夸饰之辞，如《诗经·大雅·嵩高》描写山高，就说“崧高维岳，骏极于天”；《诗经·卫风·河广》描写河狭，就说“谁谓河广，曾不容舠”，“言峻则嵩高极天，论狭则河不容舠”。虽然言过其实，但能给人以极高、极狭的印象，对理解文义不仅无碍，而且有益，可以加深印象，“壮辞可得喻其真”。写真、抒情之作，适当运用夸饰之辞是需要的，“至如气貌山海，体势宫殿，嵯峨揭业，熠耀焜煌之状，光采炜炜而欲然，声貌岌岌其将动矣！”山海这么雄伟，宫殿如此壮丽，要使人在文字上具体感受到宏广的景象、奇丽的光彩，就须“因夸以成状，沿饰而得奇”。不但描绘景色需要夸饰，就是抒发感情也允许夸饰，“谈欢则字与笑并，论戚则声共泣偕”，写内心蕴涵着的感情，用夸饰之辞，更能增强它的感染和振奋作用，“可以发蕴而飞滞，披瞽而骇聋”。（上述引文均见《夸饰》）文学作品的夸饰之辞古今皆然，即使最讲实际、反对虚妄的王充也认为文中用夸饰之辞出于不得不然，他在《论衡·艺增篇》中写道：“世俗所患，患言事增其实，著文垂辞，辞出溢其真，称美过其善，进恶没其罪。何则？俗人好奇，不奇，言不用也。故誉人不增其美，则闻者不快其意；毁人不益其恶，则听者不惬于心。闻一增以为十，见百益以为千，使夫纯朴之事，十剖百判；审然之语，千反万畔。”对美事恨不多用美词扬其美，对恶人恨不多施恶语詈其恶，这是人情之常。文学作品根据这种心理状态，用夸饰性的修辞，和读者的接受心理是吻合的。刘勰论文采，对这方面自然不会忽视。值得注意的是他提出夸饰更要掌握分寸，“然饰穷其要，则心声锋起，夸过其理，则名实两乖……使夸而有节，饰而不诬，亦可谓之懿也”。夸饰之辞要用得适当，如若过了头，违情背理，就会使人厌弃，所以刘勰特别指出要“夸而有节，饰而不诬”，就是掌握分寸。托尔斯泰也曾说过：“没有分寸感，从来没有，而且也不会有艺术家，正像没有节奏感就没有音乐家一样（《论莎士比亚和戏剧》）。”刘勰是先于托翁一千多年说出这个道理的人。

文采的美在于分寸，因此刘勰很重视文章的修改，将过或不及的地方，经过修改，使辞采浓淡适当，修短合度。他在《神思》中写道“抒轴献功，焕然乃珍”，认为写文章像织布一样，须精工细作，才能显示出文采的美。在《熔裁·赞》中又写道“权衡损益，斟酌浓淡，芟繁剪秽，驰于负担”，说明敷情施采要善于剪裁，不要使“繁华损枝，膏腴害骨”（《诠赋》），一定要掌握好文采的浓淡分寸。

文采既是修辞学的研究对象，也是美学的研究对象。文采不只是对作品的润色，其本身就具有独立的美学意义，文采有美的鉴赏价值，因此我们认为研究刘勰的文采论，不是枝节问题，而是《文心雕龙》创作论体系研究中必须重视的问题。

（1988年9月《古代文学理论研究》第13辑）

刘勰的物色论

《礼记·乐记》道："凡音之起，由人心生也，人心之动，物使之然也。"《乐记》的物使心动说，和刘勰在《文心雕龙·物色》篇中所说"物色之动，心亦摇焉"的意思相似。刘勰提出这一观点，可能受到《乐记》的一定影响，但它涉及创作的思维规律问题，应当引起注意。《物色》篇着重讲自然环境、四季景色、气候物象如何影响诗人的情思，以及诗人的情思和诗创作之间的关系。《物色》对以后"情景交融"的诗说有较大影响。

一

什么叫做"物色"？《昭明文选·赋》的物色类，选了宋玉的《风赋》、潘安仁的《秋兴赋》、谢惠连的《雪赋》和谢希逸的《月赋》。这四篇所描写的大都是季节、景色、物象，以及作者通过自然景物描写所寄寓的心志情怀，物色赋也可以说是物情赋。李善《文选注》对"物色"的解释是"有物有文曰色，风虽无正色，亦有声"。任何事物总有它的表现形态，有它的特色，自然景象的特色尤为显著，秋有秋之景，月有月之色，雪有雪之形，风虽然看不见，但风一起就会触及物，要激起许多反响，或"起于青萍之末"或"舞于松柏之下"，风的大小，引起物的不同反应，激发出巨细不同的音响，风更是有声有色的。由此可以说明，所谓"物色"的"物"，是指在时空中运动着变化着的自然和自然界的某一状态。“色”是物之容，是“物有其容”的“容”，是指自然界在一定时空中所呈现的形象（情状、色彩、音响等）。自然界的各种物象构成各色各样千变万化的自然景色，人们看到各种自然景色，就会有各种不同的心理反应，产生各种感觉，引出许多联想，诗人、艺术家就有可能从自然之景中进入艺术之境，所谓“物色之动，心亦摇焉”就是这个意思吧！

诗人触景生情，诗兴诗意诗情由“物色”而生发，“情以物兴”，情的兴起是由于物，“情以物迁”，情的变化也是由于物。“是以献岁发春，悦豫之情畅；滔滔孟夏，郁陶之心凝；天高气清，阴沉之志远；霰雪无垠，矜肃之虑深……”人们因不同季节、气候、物象，而产生不同的感受，滋长不同的情感。“岁有其物，物有其容；情以物迁，辞以情发。”刘勰将一年四季的变迁，每一季节的自然特征，诗人对各个节候景色物态的感觉反应，和由此而产生的郁勃的诗情，以及扬物露情与联辞结采的关系，一层深一层，一环扣一环地做了系统的阐发，说明物是情之源，情是辞之本，辞是情之表，将物、情、辞的本末源流讲得十分清楚。

在阐明物、情、辞关系的同时，刘勰还特别提出诗人感物的特点，说明诗人对物的感受能力在艺术创作中起着重要的作用，“是以诗人感物，联类不穷。流连万象之际，沉吟视听之区……”因为自然界呈现的景色物象是一个接一个连绵不绝的，同时在一定时空内所显示的景色物象也不是单一的，而是纷然杂陈、错综复杂的，所以诗人感物必然要通观全貌，由此及彼，极目无穷，才能在纷然杂陈的大千世界中，捕捉住最有特征、最富感染力、给诗人感受最深、最能传情的景色物象入诗。因此诗人必须“流连万象之际，沉吟视听之区”，对大自然的景色物象，看得多，听得多，才能感得深，想得远，只有这样，在秉笔行文的时候，才能细致逼真地描写出景物的形貌，有声有色地显示其内在的精神。

虽然，最早提出物使心动、感物生情之说的并非刘勰，指明诗人感受能力在创作过程中所起的作用，在刘勰之前早有人谈到了。除了上面提到的《乐记》之外，司马迁有“诗三百篇，大抵圣贤发愤之所作也”（《报任安书》）的说法，所谓“发愤”是说心有郁积须借物以抒发，诗是有感而发的（后来朱熹也说“诗者,人心之感物而形于言之余也”）。陆机也在《文赋》中写道：“遵四时以叹逝，瞻万物而思纷，悲落叶于劲秋，喜柔条于芳春。”所谓叹逝、物思、悲秋、喜春，说的都是感物生情的话。和刘勰差不多时候的钟嵘在《诗品序》中说得更具体：“若乃春风春鸟，秋月秋蝉，夏云暑雨，冬月祁寒，斯四候之感诸诗者也。”由于诗人对四季景物、气候有深刻的感受，“感荡心灵”，才有作诗的冲动。上述例子说明，认识到诗人的感受对诗创作的重要作用的，并非刘勰一个人，但是将诗人的感受能力对统一物、情、辞的作用，以及它在形成诗的形象整体中所起的作用，说得那么具体清晰，刘勰较前人确有进一步的发展。“人禀七情，应物斯感，感物吟志，莫非自然”（《明诗》），他认为喜怒哀乐爱惧欲的情愫是人所本来具有的，但情的激发，是由于物的触动，诗人“感物吟志”，因物而动情，“情动而言形”（《体性》）出于自然的情理。他对物、情、辞关系的系统阐述，对研究艺术思维的规律，足资借鉴。所谓“物色之动，心亦摇焉”，是指诗人的感受受制于物色，“春秋代序，阴阳惨舒”，一般地说，春光明媚使人感到怡和舒泰，秋风秋雨使人觉得阴沉惨淡，诗人对自然景物的感觉是自然景物在诗人头脑中的直观反映。刘勰不仅讲清了感觉产生的物质基础，而且还进一步阐明诗人对自然景物的感受，必须有特殊的才能。“是以诗人感物，联类不穷；流连万象之际，沉吟视听之区；写气图貌，既随物以宛转；属采附声，亦与心而徘徊。”说明诗人对事物的接触，应当比一般人更广泛；诗人对物性的观察，应当比一般人更深刻；诗人对物情的感觉，应当比一般人更敏锐。有了较强的感觉能力，才能识透事物的情性，抓得准事物的特征，写得好事物的气（精神）貌（情态），才能塑造出完美的艺术形象。不同的人，接触不同的事物，有了不同的感觉，滋生不同的感情，这是常情，而诗人作诗，还要有将自然物景转化为艺术情境的特殊的感受能力。情景交融，在自然景色中注入了情，同时也把内在的情，借外景而自然流露。诗中之景是情的外化，这景已不是自然之景的翻版，而是带上主观色彩的情景了；这情也不是喜怒哀乐的抽象感觉，而是熔铸在景的具体形象中了。而在客观的景和主观的情相互转化、融合的过程中，诗人的感觉能力起着重要的作用，诗人对景物没有深刻的感受，就难以写出情景交融的诗，写出来的诗也很难有感染力。诗篇要感动别人，首先诗人自己要被用以感人的事情所感动。刘勰在《物色》篇中揭示了创作诗的感受规律（也适用于其他艺术领域），在当时是难能可贵的。

《物色》篇所谓物使心动，虽然是专论自然景物对创作的影响，但是也可以将它的基本精神加以引申，用来说明社会存在对创作的关系，用来说明客观存在对作者情的生发所起的制约作用。《时序》篇中有“文变染乎世情，兴废系乎时序”两句话，说的就是时代对创作的影响。

二

《物色》篇在阐述“情以物迁”艺术思维的同时，又进一步阐发了“辞以情发”的艺术表现方法问题。刘勰认为反映自然景物的艺术形象，要兼有“气”和“貌”两个方面，也就是说既要写出“气”（事物的内在精神），又要图出“貌”（事物的表现形态）。只有把气、貌两者统一起来，才能把景色写活（“写气图貌，既随物以宛转”）。在描写景物的艺术手段上，既要刻画客观景物的形貌，也要表达诗人的内在情思（“属采附声，亦与心而徘徊”）。在艺术手法上，他反对繁滥，主张精约，指出“物色虽繁，而析辞尚简”，自然景色纷然杂陈，诗人反映它时必须有所取舍，要删繁就简，使形象鲜明。举例来说，如《诗经·周南·桃夭》“桃之夭夭，灼灼其华”，只用“灼灼”两字，就把桃花盛开的情貌形容出来了；如《诗经·王风·大车》“谓予不信，有如皎日”，只用一个“皎”字，就把坚守誓言的心情表达出来了。他十分推崇《诗经》中“两字穷形”、“一言穷理”的洗练的艺术手法。当然，刘勰所谓“一言穷理”、“两字穷形”的说法，多少有点夸张，一言就把道理讲清，两字能将形貌描透，这种简古深奥的文字，怕不是一般读者所能接受的，但他从中总结出一条“以少总多，情貌无遗”的艺术规律，确实值得我们重视。如果将《物色》篇的“以少总多，情貌无遗”和《总术》篇的“乘一总万，举要治繁”这四句话联系起来看，说刘勰早在一千多年前就提出了典型化的艺术方法，也不算过分吧。客观事物是无穷的，景色变化是无常的，要把无穷的事物、无常的景物在一首诗中全部反映出来是不可能，也是没有必要的，因此要“以少总多”、“举要治繁”，把自然界纷然杂陈、繁复众多的景象，用丽而约的艺术语言描绘出来，而且要描绘得“情貌无遗”，既要完善地描出貌，又要真实地写出情，那就得有所选择，选既有代表性又有特征的景物，集中笔力来描绘它、反映它。“乘一总万”、“以少总多”，“一”概括着“万”，“少”包含着“多”。要把“万”不分巨细一一表述得具体、完整、不可能，必须用“一”来说，“一”因为集中，可以表述得具体、完整、鲜明，“万”的含量，可能用“一”反映出来。要把“多”一件件一桩桩描绘得细腻生动，难以办到，“少”才可以将景色物象描绘得“情貌无遗”。如果以多来反映“多”，就艺术形象而言会失之笼统，看不出景物的特色，形象不鲜明；如果只强调“少”，不是以“少”来总“多”，那么这“少”是孤单的，没有概括性，没有社会意义，你描写得再细腻，也不会引起人们的兴趣，激起人们的共鸣。少而能总多，就是要求具体和概括的统一。“乘一总万”可以从“一”联想到“万”，“以少总多”可以从“少”见到“多”，诗人所描绘的艺术形象既是“情貌无遗”形象鲜明，又能“总多”、“总万”，具有一定的广度和深度，这“一”是从“万”中提出来的，这“少”是从“多”中炼出来的，这和我们现在所说的典型意义、典型化方法，不是颇为相似吗？

三

刘勰《物色》篇在提出“以少总多，情貌无遗”典型化艺术手法的同时，对如何描写景物的艺术手段也作了细致的阐述。（一）他认为描写景色、表达情志，形容词的运用要恰到好处。诗的语言要色彩鲜明，但不能繁滥。他说："雅咏棠华，或黄或白；骚述秋兰，绿叶紫茎。凡摛表五色，贵在时见，若青黄屡出，则繁而不珍。"《诗经》、《楚辞》中对景物的描写，用了许多色彩鲜明的形容词，收到了很好的艺术效果，但后人学习运用时，要掌握分寸，不能过分，过分了就会使人感到繁滥。色彩的美在于鲜，形容词的作用在于恰如其分，多了滥了，不仅不会使人感到美，反而会使人觉得滥俗。（二）描写形貌和抒发情志要结合。要"情貌无遗"，不能光在风景草木的外观上用工夫，"窥情风景之上，钻貌草木之中"，以形似为满足。更要紧的是要有诗情、诗意，情要深，意要远，"吟咏所发，志惟深远"。要"情貌无遗"，就要文情并茂，形神兼备，既能巧妙地表现物容，又能精湛地抒发情志。（三）要"因方以借巧，即势以会奇"，也就是说要推陈出新。春夏秋冬四时景色，以前的诗人已经反复吟咏过了，后人诗作要不蹈前人的窠臼是比较难的，但诗又要求有新的意境，不允许套袭前人的陈词。描写自然景色，离不开夏冬春秋四时物色，但这些景象，前人都已描写过了，重复就会使人感到陈腐，如何解决这一矛盾呢？刘勰认为可以在前人有成就的诗篇中"借巧"、"会奇"，参酌旧章，进行变革，"古来辞人，异代接武，莫不参伍以相变，因革以为功"，历代诗人都是下一代继承上一代，后人借鉴前人的。但继承、借鉴不是因循守旧，而是变革，要有巧思，要能出奇，用巧思来出奇，就会使人感到"虽旧弥新"、醒人耳目。四季景色可以相似，而诗人的情思却因人而异，在相似的自然景色中，由于各人的情思不一，"物有恒姿，而思无定检"，因此吟咏同一自然景色，而得的意境却迥然不同，这是完全可能的，刘勰指出"物色尽而情有余者，晓会通也"，很能说明这个道理。

四

《物色》篇对诗创作的物、情、辞三者的关系，作了全面的阐述，对艺术思维和艺术手法也提出不少可资借鉴的精彩见解，但是在阐述物情关系时，也有不够全面的地方。《物色》篇的基本观点是物色影响诗人的情思，“物色之动，心亦摇焉”、“物色相召，人谁获安”、“情以物迁”的观点基本上是正确的，说明客观世界影响人们的主观感受，是唯物的。但是创作需要丰富的想象，诗人受自然景物的感染而激发出创作冲动时，还有他主观能动的因素在起作用，诗人对自然景物的感受不是纯客观的，而是通过世界观的折光来感受、反映客观事物的，因此诗人的感受反应不可避免地带有一定的主观性。正因为每个诗人都有各自不同的主观因素，所以他们在反映客观的自然景物中才能显示各人的创作个性，创出不同的意境，如果不承认这一点，就无法解释反映同一自然景物的作品，为什么不同的诗人写来就会产生不同的艺术效果。一般来说，人们看到春光明媚、鸟语花香的景色，总是感到欢畅的。而杜甫的《春望》却写道：“感时花溅泪，恨别鸟惊心。”看到这种景色不但不感到欢畅，反而感到悲怆。所以说“物色之动，心亦摇焉”，物色虽一而人心相异，因而“摇”的情思就全然不同。诗人的喜怒哀乐，是由诗人各自的社会原因形成的，四季的景色物象感召诗人，引起他们的感觉反应，使他们有借物喻志、依景托情的凭借。因此在谈到“情以物迁”的同时，还应注意到“以情观物”，即物和情的相互转化关系才是。

刘勰论知音

一

《文心雕龙》中有不少篇章，都含批评或批评论的精神，前人对此阐述颇多，如胡应麟《诗薮·内编》提到“萧统之选，鉴别昭融；刘勰之评，议论精凿”。他是从评论的角度来肯定《文心雕龙》的。《经义杂记》中记道：“刘勰《文心雕龙》之论文章，刘劭《人物志》之论人，刘知几《史通》之论史，可称千古绝作。”臧琳视《文心雕龙》为“千古绝作”，也是从评论角度来赞誉的。章学诚不仅从评论角度来推崇《文心雕龙》，说它“体大虑周”，而且还进一步阐述其评论的影响和作用。他说：“或偶举精字善句，或品评全篇得失，令观之者得意文中，会心言外，其于文辞，思过半矣。”无疑，他是将《文心雕龙》当论文专著来看的。刘勰自己在《序志》篇中讲得更明白，作《文心雕龙》一个重要的原因是为了正晋宋以来“文体解散，辞人爱奇，言贵浮诡，饰羽尚画，文绣鞶帨，离本弥甚，将遂讹滥”那种不务本实、专求藻饰，追奇逐异、舍本求末的文坛风尚，本着“序志述时”、“衔华佩实”的宗旨，来考究“为文之用心”。所谓“为文之用心”，一方面要“按辔文雅之场，环络藻绘之府”，研究情采相符，能继承风雅传统、内容和形式相统一的创作规律；一方面对浮诡、怪诞、淫丽、讹滥的文风提出批评。这一精神可以说是贯穿于《文心雕龙》全书的。

不论在总论还是在文体论、创作论各个部分，刘勰一方面继承了前人的成就，吸取了前人的定论，“有同乎旧谈者，非雷同也，势自不可异也”(《序志》)，另一方面，对前人的论述，凡认为不恰当的，都作了再评论，“有异乎前论者，非苟异也，理自不可同也(同上)”。刘勰文论的继承性和批判性都很明显。在《辨骚》篇中，刘勰认为班固等人对《离骚》的评价不够确切，就不客气地指出他们“褒贬任声，抑扬过实，可谓鉴而弗精，玩而未核”的缺陷，并在评议前人论述的基础上，提出《离骚》“体宪于三代，而风杂于战国，乃雅颂之博徒，而词赋之英杰也。观其骨鲠所树，肌肤所附，虽取熔经旨，亦自铸伟辞”。对《离骚》的继承性和独创性，提出比较全面的看法，不论这样的评价是否精确，他既不菲薄古人，也不迷信古人，对他认为不恰当的评论进行再评论的精神却是可贵的。在《奏启》篇中，刘勰更是毫无忌讳地将批评的笔锋直指孔门“亚圣”孟轲，他对战国时期儒墨两家“吹毛取瑕”、互相攻讦的论争方式十分反感，他说：“墨翟非儒，目以羊彘；孟轲讥墨，比诸禽兽……是以世人为文，竞于诋诃，吹毛取瑕，次骨为戾，复以善骂，多失折中。”墨翟将儒家比作猪羊，孟轲骂墨家是禽兽，这种火气十足、互不尊重的批评方式，对后人影响不好，刘勰主张要用法规来制裁这种以诋诃谩骂来代替论争的批评风气，提出要“辟礼门以悬规，标义路以植矩，然后逾垣者折肱，捷径者灭趾，何必躁言丑句，诟病为切哉”，认为开展批评一定要树立辨别是非的标准和正确的批评态度，只要道理说得对，能使人信服，何必要虚张声势，恶语伤人。在《史传》篇中，对某些史传作者，或因爱奇而失实，或因慕势利而贵富贱贫的做法，也作了尖锐的批评：对前者批评说“俗皆爱奇，莫顾实理。传闻而欲伟其事，录远而欲详其迹，于是弃同即异，穿凿傍说，旧史所无，我书则传，此讹滥之本源，而述远之巨蠹也”，斥责了为标新立异而违背历史真实的有害做法。对后者批评说“勋荣之家，虽庸夫而尽饰。迍败之士，虽令德而常嗤，理欲吹霜煦露，寒暑笔端，此又同时之枉，可为叹息者也”，对趋炎附势、歪曲是非的史笔更感痛恶。

他除了褒贬是非、校正得失之外，还对如何使评论文章本身立论正确，无懈可击，提出很好的见解，如《论说》篇提出论说文要能“辨正然否”，对和不对都要有明确的见解。而要“辨正然否”，就要“钻坚求通，钩深取极”，也就是说越是不易辨清的问题，越是要寻根究底地把它搞清楚。由于论说言语有其具体对象，所以一面要考虑立论的正确，使自己的认识和客观事实相符，并能将问题说明白，“义贵圆通，辞忌枝碎，必使心与理合，弥缝莫见其隙”；一面要考虑立论的严谨，不使论敌有空子可钻，“辞共心密，敌人不知所乘”；不但提出了评论者应有的基本态度，而且也讲到了评论的基本方法。

上述例子，不仅说明《文心雕龙》全书贯穿着批评的精神，同时也可看出刘勰著《文心雕龙》，许多篇章都是将立论和评论结合着写的，用立论带出评论，使评论理由充足；用评论反证立论，使立论论据确凿。立论和评论紧密结合，是刘勰文论之一大特色。

二

刘勰的批评精神，渗透在《文心雕龙》的许多章节中，而专论批评的篇章却不多，《知音》篇可算是最突出的一章，是专谈文艺欣赏和文艺批评的。

《知音》篇开头说的是知音难，而其本旨却是说音不难知。先说说知音难，“知音其难哉！音实难知，知实难逢，逢其知音，千载其一乎”。这是感叹性的话，历来文士都感到知音之可贵，也觉得知音之难求，因此俞伯牙和钟子期的故事就成为千古美谈。刘勰认为知音是难的，但不以为音是不好知的，知音之难，是难在思想问题上，刘勰对此归纳为：

（一）“贱同而思古”。历代文士都乐于作古人和古代作品的知音，而对同时候的人和同时代的作品，却“同时相贱”，因为古人和古代作品与自己没有直接的利害冲突，就能够比较客观地来认识作品的优缺点，而且肯下工夫来考评真伪，辨正得失，所以肯定古代作品的知音人多。而同时代的作家和作品与论者的关系较近，人们往往以自己的利害观来衡量作品的优劣，带有一定的主观色彩，就不易辨识作品的本来面目。例如秦王政起初看到韩非的著作，感到韩非的学说很合他的心意，就急切地想要见到韩非，甚至不惜出兵韩国，将韩非争过来。但等韩非到了秦国，秦王感到并不如想象中能合他心意。加上李斯妒忌，向秦王说韩非坏话，秦王也认为韩非心向韩国，对秦不利，就将韩非关了起来，李斯乘机将韩非毒死狱中。刘勰用这一事例来说明“日进前而不御，遥闻声而相思”，可见不是“音”本身不能知，而是由于利害关系和偏见，即使知音，一旦与自身利害产生冲突，也不免会反目成仇。秦王一面吸取韩非的政治主张，一面将韩非整死，可见“同时相贱”，不关“音”本身的好知与否，而是由于人生在同时，关系复杂，关系一复杂，偏见就可能产生，一有偏见，自然就难成为其“知音”了。

（二）“文人相轻”。曹丕说“文人相轻，自古而然”（《典论·论文》）。文人之所以相轻，主要是由于“各以所长，相轻所短”，也即是刘勰说的“才实鸿懿，而崇己抑人”，本人虽有高才，但喜欢挑剔和自己同样有才的人，以此来抬高自己，贬低别人。如班固讥傅毅“下笔不能自休”，嫌傅毅文章不够简洁，曹植批评陈琳“不闲于辞赋”，而陈琳自己却认为他的赋“能与司马相如同风”，于是曹植嗤笑他“画虎不成反类犬”。既要崇己就得抑人，用抑人来崇己，因此古来同辈文人能成为知音的就不多了。

（三）“信伪迷真”。读书少，学识浅，道听途说，分辨不清是非真假，“学不逮文，而信伪迷真”，这样要参透作品的真谛，成为作家的知音，自然是不可能的。刘勰举了楼护说“史迁著书，咨东方朔”没有根据的话，惹桓谭嗤笑的例子。不过这一例证能否成立，可以研究。据《汉书·游侠传》记楼护“学经传，为吏数年，甚得名誉”，似乎不像个道听途说、信口开河的人。但是“学不逮文，而信伪迷真”，确也是难以为知音的一个原因。

以上所谓知音难，大都是从读者的思想修养方面来说，还未涉及作品本身的复杂性。而从作品本身的复杂性来说，确也有“音实难知”的原因。刘勰拿器物和文情作比较，说“形器易征，谬乃若是；文情难鉴，谁曰易分”。看得见、摸得到的器物，有时还要弄得真假难分，何况是雕琢情性，曲包余味，不能一眼看清的各种诗文。同时，由于篇章内容不一、体式多样、风格各异，而读者只能凭各人的学识修养、兴趣爱好来鉴赏领略，“慷慨者逆声而击节，酝藉者见密而高蹈，浮慧者观绮而跃心，爱奇者闻诡而惊听”。秉性豪放的人喜爱壮烈的格调，性情内向的人欣赏含蓄的文辞，小智巧慧的人迷恋绮丽的辞藻，猎奇好异的人爱听离奇的故事。“知多偏好，人莫圆该”，每个读者只能赏识和自己识见相近、情性相合、文趣相投的篇章，不可能对各类文章、各个作者、各种风格都赏识，更不可能成为每个作者、每部作品的知音。读者对作品的欣赏，都会受自己认识局限的影响，如果不意识到自己认识的局限性，反而认为自己的看法最正确，“各执一隅之解，欲拟万端之变”，以个人的爱好来衡裁复杂的文情，合乎自己胃口的就推崇，不合自己胃口的就贬低，“东向而望，不见西墙”，认识不全面，就不可能对作品做出正确的评价。“文情难鉴”说的是文情的复杂性，“知多偏好”说的是读者识见的局限性，由于这一矛盾，就产生了“音实难知，知实难逢”的问题。

克服“贱同思古”、“文人相轻”的毛病，涉及人的思想修养、气度襟怀问题，这在《知音》篇中没有多加论述（在《程器》篇虽略有触及，但也没有专门发挥）。而对如何解决“文情难鉴”和“知多偏好”这一矛盾，《知音》篇提出了较好的见解，也可以说是《知音》篇的精华。

如何来克服“篇章杂沓，质文交加，知多偏好，人莫圆该”的矛盾呢？刘勰认为一要“博观”，二要“不偏”。他说：“凡操千曲而后晓声，观千剑而后识器；故圆照之象，务先博观。”亲手弹过许多曲子，才能通晓音律；亲眼看过许多宝剑，才能辨识利钝。要正确地评价一篇作品的好坏，必须读过许多作品，能作全面的分析，而后才可能有较高的鉴赏力。因此要“知音”，首先要“博观”，见识多了，对各种事物才可以进行比较，能比较才能见出高低，看到深浅，“阅乔岳以形培塿，酌沧波以喻畎浍”就是这个意思。“博观”是要紧的，但光靠“博观”还不够，“博观”固然可以减少认识的片面性，但还不能完全消除人的偏见。要消除偏见，做到“无私于轻重，不偏于憎爱”，不以个人爱憎为好恶，必须要明确考察文情的几个方面，并以此作为衡文的准则，于是刘勰就提出了“六观”。“是以将阅文情，先标六观：一观位体，二观置辞，三观通变，四观奇正，五观事义，六观宫商。斯术既形，则优劣见矣。”刘勰认为从这六方面来观照文情，可以克服个人憎爱之偏见。有同志将此“六观”和《宗经》篇的“六义”联系起来，认为这就是刘勰文艺批评的标准。这看法虽有一定道理，但是还嫌笼统。个人认为刘勰在《宗经》篇中揭示的“六义”，和《知音》篇中所提出的“六观”着眼点是不同的。《宗经》篇的“六义”，刘勰是从著作方面来要求作家著文要“宗乎经”，不但要尊重经义，而且还要从经典著作中学习“情深而不诡”、“风清而不杂”、“事信而不诞”、“义贞而不回”、“体约而不芜”、“文丽而不淫”六条作文的规范（关于“六义”，拙作《议通变》一文中曾说过“不是经的本然，而是刘勰使之然”）。因此我认为不能简单地将“六义”看做刘勰所立的文艺批评的标准，而是刘勰借经的名义提出的六条作文的准则。“六观”则是从读者鉴赏角度提出对文情、文术六方面的观照。“六义”和“六观”从总体上说是统一的，从立论的角度看是不同的。“将阅文情，先标六观”，意思是说要了解作品的内涵，须先从六个方面去观察。将这六个方面综合起来看，都是从表到里，从形式到内容的，恰恰和从内容到形式的“六义”成一反照。“六义”的前四义：情深、风清、事信、义贞，除了风清兼有内容和形式的含义之外，其余都是专指内容而言。体约文丽才始谈到表达的形式。这说明作者构思总是先从文情文理来考虑，然后才根据情理来提炼文辞，安排体式。而“六观”却是要读者透过形式去理解内容。

如“观位体”，《熔裁》篇中说“情理设位”、“立本有体”，《章句》篇中说“设情有宅，置言有位”，说明作文要根据表里来选用语辞，安排结构，确立主次，对作者来说先是“设情以位体”，对读者来说则是先观“位体”，而后察知文情。

如“观置辞”，《情采》篇中说“是以联辞结采，将欲明理，采滥辞诡，则心理愈翳”，说明作文要注意辞采的运用，但“联辞结采”的目的是明理，如果辞采用得过分，义理反而受辞采之弊而不明。《丽辞》篇中说“若气无奇类，文乏异采，碌碌丽辞，则昏睡耳目”，说明辞之丽，不在表面华藻，而要内涵奇气，如果缺乏内在的生气，光有好看外表，只会使人感到厌倦。对作者来说为了表情达意，才注意辞采的运用；对读者来说是先从观辞采入门，而后才能体会文章的情理。作者先情后辞，读者先辞后情，“观置辞”也是由表及里的。

如“观通变”，《通变》篇中说“名理有常，体必资于故实，通变无方，数必酌于新声；故能骋无穷之路，饮不竭之源”，作者作文既要吸取前人的成果，要“资于故实”；又要自创新意，能“酌于新声”。“变则可久，通则不乏”，如果作者掌握了通变精神，那么他的文章就有生命力，可以“骋无穷之路，饮不竭之源”。“观通变”就是观作者是否有“参古定式”和“望今制奇”的功力和才情，也是从读的方面来看作家作品的。

如“观奇正”，《定势》篇中说“奇正虽反，必兼解以俱通”。“正文明白，而常务反言者，适俗故也。然密会者以意新得巧，苟异者以失体成怪。旧练之才，则执正以驭奇；新学之锐，则逐奇而失正。势流不反，则文体遂弊”。“观奇正”就是看作者是否将“奇”和“正”的关系处理好了，如果是“执正以驭奇”，就能“意新得巧”，如果是“逐奇而失正”，就会“失体成怪”。刘勰反对当时那种“逐奇失正”、“失体成怪”的文风，所以要读者注意作者对奇正关系的处理是否得当，这些话也是对读者而言的。

如“观事义”，《事类》篇中说“盖文章之外，据事以类义，援古以证今者也”，刘勰认为做文章既要有才气，又要有学问，“才自内发，学以外成”，写出好文章既要才资聪颖，又要学识渊博。文章能独出心裁，靠的是才；文章能言之有据，说服力强，就要“据事以类义，援古以证今”，就有赖于渊博的学识，“综学在博，取事贵约”，由引经据典是否博而能约、恰如其分，可以判断作者学力的深浅，这自然也是要读者予以关注的一个重要方面。

如“观宫商”，《声律》篇中说“故言语者，文章关键，神明枢机，吐纳律吕，唇吻而已”，也就是说言语是文章的关键，文章读起来是否顺口，是否切情，是否有气势，就得看语言的声调、节奏是否能“以音律文”，是不是做到“声不失序”。“观宫商”是要读者从声读中来考察文章是否声情并茂，也是对读者而言的。

总之，“六观”就是要读者从体现文章优劣的六个方面去观照。“六观”又可分为相辅相成的三组：“观位体”和“观置辞”为一组，重点是看结构是否严谨和修辞是否切情；“观通变”和“观奇正”为一组，重点是看文体是否规范和文意是否清新；“观事义”和“观宫商”为一组，重点是看引喻是否得当和声情是否和谐。总体来说，“六观”强调的是观，观总是由外而内、由表及里的。

这样来理解“六观”是不是将形式和内容割裂了呢？不是。刘勰自己说过两句很关紧要的话：“缀文者情动而辞发，观文者披文以入情，沿波讨源，虽幽必显。”作者因内心情思萌发，于是联辞结采，用来表达内心的情志；读者阅览篇章，必须先透过文辞，然后才了解内情，激起共鸣。因此，我们可以说“六义”是刘勰对作者著作提出的要求，“六观”是刘勰对读者赏鉴提出的要求。作者“情动而辞发”，要以“六义”为规范；读者“披文以入情”，要以“六观”为准则。刘勰认为用“六观”来鉴赏篇章，文情就并不难鉴，“音”也并不难知。读者能否成为作家作品的知音，关键在于是否“博观”，是否“不偏”，掌握了“六观”这一准则，鉴阅文情就可以做到“不偏”。“故心之照理，譬目之照形，目瞭则形无不分，心敏则理无不达”，“博观”，其目就瞭，“不偏”，其心就敏。钟子期听到琴声，能了解伯牙的心志情怀，分得出其志在高山、志在流水，何况是清晰具体、入情入理的笔墨文章呢！

《知音》篇是关于文艺欣赏和文艺批评的专论，刘勰既说明了知音之难的原因，又阐发了音并不难知的道理。他关于文艺批评的基本观点是“顺美匡恶”，同时也希望读者、论者，能成为作者的“知音”。《知音》所强调的是读者如何引发对作家作品的共鸣，而没有谈到如何指正作家作品的缺点和错误，关于指正作家作品的缺点和错误，则另有《指瑕》等篇章专门论述。此外，我们也必须看到刘勰所谈的欣赏和批评，只是从“为文之用心”方面来谈如何“妙识所难”，没有从广泛的社会意义上来认识文艺批评的作用，也不能从更深刻意义上来理解文艺批评是思想斗争的一种形式。自然，我们是不会这样来要求刘勰的，因为这在当时是难以做到的。不过，从如何提高人们的文艺欣赏水平及如何沟通作者和读者的认识，使评论家能成为作家的“知音”这点来说，《知音》篇是有借鉴价值的。

（1986年1月《文心雕龙学刊》第3辑）

刘勰论养气

一

刘勰论文，反对“繁采寡情”，赞美“秀气成采”，凡为他所赞许的辞采都是和“气”相联的：

> 精理为文，秀气成采。 《征圣》
>
> 气往轹古，辞来切今，惊采绝艳，难与并能。 《辨骚》
>
> 智术之子，博雅之人，藻溢于辞，辞盈乎气。 《杂文》
>
> 列御寇之书，气伟而采奇。 《诸子》
>
> 文举之荐弥衡，气扬采飞。 《章表》
>
> 刘祯云：“文之体势有强弱，使其辞已尽而势有余，天下一人耳，不可得也。”公干所谈，颇亦兼气。 《定势》
>
> 建安之末，区宇方辑……观其时文，雅好慷慨；良由世积乱离，风衰俗怨，并志深而笔长，故梗概而多气也。 《时序》
>
> 稽康师心以遣论，阮籍使气以命诗，殊声而合响，异翮而同飞。 《才略》

刘勰论采及气的文字不少，此处只举其大端而已。所谓“秀气成采”、“气伟采奇”、“气扬采飞”，都是说美好的文辞，出于卓越的才气，气宇非凡，文采出众；气度潇洒，文采飘逸。屈原含忠贞之气，创新声之辞，所以他的作品“惊采绝艳，难与并能”。建安时期，杀伐多难，作家性气慷慨，诉之于文便梗概多气，后世称为“建安风骨”。

反过来看，凡刘勰认为少气乏力的作品，不论辞藻多么浓艳，在他看来都是平庸可厌的。《风骨》篇中写道“思不环周、索莫乏气，则无风之验也”，刘勰认为好文章应该“情与气偕”、“风清骨峻”，没有气就没有真实的情，少情乏气的作品，对别人没有什么影响，发挥不了“化感”作用，因此他对“索莫乏气”的文章是不赞赏的。在《丽辞》篇，他更不客气地说：“若气无奇类，文乏异采，碌碌丽辞，则昏睡耳目。”《丽辞》讲的是骈俪对偶、文辞修饰的问题，但他在研究文字的表现形式时，也很重视气的作用，如果文章没有奇气异采，没有作者的创作特色，即使文辞雕琢得很漂亮，人们看了也是引不起兴趣的。这是刘勰对寡情乏气作品的批评。

还有一类刘勰并不十分欣赏的文章，由于章内含气，他也给予一定程度的肯定，如《封禅》篇中写道“秦皇铭岱，文自李斯；法家辞气，体乏弘润；然疏而能壮，亦彼时之绝采也”。刘勰对法家文章并不赞赏，以为法家苛于刑政，失于儒雅，“政无膏润，形于篇章”，法家少文，文章乏味。但他又认为李斯的文字虽然“体乏弘润”，可是有“法家辞气”，因而也肯定他“疏而能壮，亦彼时之绝采”。从他所肯定的、否定的、否定中有肯定的文章来说，“气”是刘勰论文之准则。当然论文重气并不只是刘勰一人，先有曹丕，后有韩愈，但曹、韩却没有像他说得那么全面，刘勰以气论文的观点，值得注意。

那么刘勰所谓的气，究竟指什么呢？刘勰用“气”字的地方，大致有三个方面：一、文气，上述引文所见便是；二、志气，存于作者胸中，是形成文气的关键；三、精气，指作者的创作精力，《养气》篇专门论此。三者互相关联。所谓文气，即是作家内在的创作精神流露在文辞中的气度气势，是形成作品风格的因素之一。

二

上面谈了文气，这里谈谈志气。“气”从何来？古人将气看做人的生命力，王充认为一个人的生死寿夭和一个人所具有的气之强弱有关，气强的寿命长，气弱的生命短，“人之禀气，或充实而坚强，或虚劣而软弱。充实坚强，其年寿；虚劣软弱，失弃其身”（《论衡·气寿》）。一个人生命力的强弱可以从他禀气强弱来推断，“强寿弱夭”。推而论之，引申到文，一篇文章生命力的强弱，也可以从文章所含之气的强弱来判断。曹丕将人的禀赋之气和文辞之气联系起来，提出“文以气为主，气之清浊有体，不可力强而致”（《典论·论文》），认为文章之气和作者禀赋之气直接有关，盈溢于文中之气，也即作者禀性之气的外化，有什么气成什么文，勉强不得。刘勰吸收了王充的禀气说和曹丕的文气说，并发展成为更全面的文气论。他认为文气来自血气，“才力居中，肇自血气；气以实志，志以定言，吐纳英华，莫非情性”（《体性》）。文章的骨气强弱和作者禀气强弱有关，辞采英华是作者情性的外露，而作者的情性又是内在志气的外移，“气以实志，志以定言”，用现代语言来解释，也就是说言是志的外壳，气是志的内涵，气充实了志，志发而为言，文辞气力受制于作者内在的性气情志。刘勰的文气论是强调创作的主观作用的。当然，重气只是刘勰文艺观的一方面，另外，他还有重物的一方面，《物色》篇中写道“岁有其物，物有其容，情以物迁，辞以情发”，说明客观的物影响着主观的情，刘勰对此是有充分认识的。但他并不因此而否定作者的情志在创作中的重要作用。“辞以情发”，形成作品，还是要通过作者的主观作用。这观点在《神思》篇中阐发得很清楚。《神思》既谈到气也谈到物，而在气与物这一对关系中，气起主导作用，“故思理为妙、神与物游。神居胸臆，而志气统其关键；物沿耳目，而辞令管其枢机。枢机方通，则物无隐貌；关键将塞，则神有遁心。是以陶钧文思，贵在虚静……”这段话说明三个问题：一、说明创作构思既受主观作用也有外界影响，两者不是孤立存在，而是交互作用的；二、精神是内在的，而志气是产生精神作用的关键。事物是外在的，作者感受到的外界事物，需要通过辞令才能再现；三、作者虽有熟练的文字能力，可以将外界事物再现得清清楚楚，但如果他气阻神散，即使有熟练的文字技巧，也无济于事，因此“陶钧文思，贵在虚静”。何以酝酿文思，需要虚静呢？因为虚静可以养气，使情志清明，神完气足，关键畅通。养气使志气充实，志气充实了，气成于内，采形于外，内有志气外具文采，从而达到“情与气偕，辞共体并”（《风骨·赞》）的境地。文采来自文气，文气得自志气，所以说“缀虑裁篇，务盈守气”。刘勰所谓“风趣刚柔，宁或改其气”（《体性》）和曹丕的“气之清浊有体，不可力强而致”异辞同义，都在说明作家的文气受制于他的禀气。“公干气褊，故言壮而情骇；嗣宗倜傥，故响逸而调远；叔夜俊侠，故兴高而采烈；安仁轻敏，故锋发而韵流；士衡矜重，故情繁而辞隐；触类以推，表里必符，岂非自然之恒资，才气之大略哉。”（《体性》）上述一批时代相近的作家，由于他们各自禀气不一，于是他们的文章辞气也迥然不同。不过，尽管他们文章辞气不同，却都离不开一个“气”字，禀气相异，使气相同，在刘勰看来一切出色的文章都是情气相偕的。文采是文气的表现，志气又是文气的关键，要写出好文章，就要注意养气。因此刘勰在创作论中特设《养气》一篇，排在专论写作的《附会》、《总术》篇的前面，绝非偶然，从中可以看出刘勰是将“养气”作为创作的重要问题提出来的。

三

“率志委和，则理融而情畅；钻砺过分，则神疲而气衰；此性情之数也。”这是刘勰《养气》篇的主要观点。对于“率志委和”，王元化同志解释为“指文学创作过程中的一种从容不迫直接抒写的自然态度”。（《释〈养气篇〉率志委和说》）。这样解释比较确切。同“率志委和”创作态度相对立的是“钻砺过分”的创作态度。“率志委和”的创作态度和刘勰在《情采》篇提出的“为情造文”创作思想相一致，“为情造文”直抒胸臆，不假补苴，因此写作时能够“率志委和”。“钻砺过分”是“为文造情”的创作表现，没有真情，为了写文章而硬编硬凑，自然只好冥思苦索了。“神居胸臆，而志气统其关键；物沿耳目，而辞令管其枢机”(《神思》),“吟咏所发，志惟深远，体物为妙，功在密附”(《物色》),都是指志气和文辞应当统一，他推崇《诗经·周南·桃夭》、《王风·大车》等诗篇，也是从“写气图貌，既随物以宛转；属采附声，亦与心而徘徊”(《物色》),志气和文辞相统一的角度来赞誉的。志气和文辞统一，情采相符，写作时就能从容不迫，“率志委和”。《养气》篇列举文章沿变的历史：“三皇辞质，心绝于道华”，上古时期，事约言简，毋须文采；“三代春秋，虽沿世弥缛，并适分胸臆，非牵课才外也”，从三代到春秋，政务一代比一代繁杂，思想一代比一代复杂，形之于文辞，较上古时期自然多了文采，但都出于胸臆、文质相符，并不需要雕琢文辞来文过饰非；“战代技诈，攻奇饰说，汉世迄今，辞务日新，争光鬻采，虑亦竭矣”，战国以来纵横捭阖，政治斗争越来越复杂，因此文辞也越来越矫饰，行文时自然也越来越伤脑筋。《通变》篇也谈到“黄唐淳而质，虞夏质而辨，商周丽而雅，楚汉侈而艳，魏晋浅而绮，宋初讹而新，从质及讹，弥近弥澹，何则？竞今疏古，风末气衰也”，说的是同样意思。这些话从表面看，似乎是刘勰主张文章越古越质实越好，越近越新丽越不好。其实不然，刘勰并不笼统地认为文章今不如古，他是从“志气统其关键”的观点来看，文辞出于志气；那种“志思蓄愤，吟咏情性”(《情采》)、有真情实感的作品就好；反之，那种“鬻声钓世”、“淫丽繁滥”、无真情实感的文字就不好。晋宋以来的文辞，多文而少气，所以他说“风末气衰”。要改变这样的文风，他提出“凭情以会通，负气以适变”，时代变了，人们的思想感情变了，文学作品自然也在变，但变是“负气以适变”，着眼点要放在作品内涵的气，而不能撇开气单纯去追求新奇的文辞。

“率志以方竭情，劳逸差于万里。古人所以余裕，后进所以莫遑也。”率志者“为情造文”，自出胸臆，竭情者“为文造情”，雕琢伤神。一种从容自然，一种矫情造作，养气也就是养从容自然的创作态度。

作品是作者情志的自然流露，不可不考虑自身的才智气力，不要勉强去写自己所难以写好的作品。写作要“适分胸臆”，不必“牵课才外”。水鸭趾短，白鹤脚长，各适其分，不必“渐凫企鹤”，如果硬要将鹤的长腿续在鸭的短脚上，只能是两败俱伤。同样，勉强写自身力气所不及的文章，必然会使精气内消，神志外伤，既损害身体，又无益文事。刘勰将体现生命力的精气和展现创作力的志气统一起来，所谓养气，包含着精气之养和文气之养，两者对一个作家来说是一致的，精力充沛，文思敏捷；气衰神伤，文思枯竭。刘勰《养气》篇和王充《气寿》篇不同，刘勰要养的是作家创作之气，王充要葆的则是人寿之气。

“率志委和”说是指作家创作时要从容自然，并不是说创作不必下苦工夫。刘勰认为作者学识要渊博，学习要勤奋，创作前的准备要充分。《神思》篇提出“积学以储宝，酌理以富才，研阅以穷照，驯致以绎辞”，说明提高作家的基本修养，要靠平时刻苦学习，多方观察，深思明识，并且还要有熟练的文字能力，这都是要下苦工夫的。《养气》篇也谈到“学业在勤，故有锥股自厉”，作家要提高学业修养，一定要有像孙敬、苏秦那样悬梁刺股、勤奋好学的刻苦精神。学习勤奋才能学识渊博，学识渊博，写作时才能“率志委和”。若是学识浅陋，胸中无物，勉强去写，定然难以做到“率志委和”。可是当作家酝酿文思，开始创作时，就要保持清醒的头脑、充沛的精力、敏锐的思路，“从容率情，优柔适会”，做到得心应手，自然而然。如果是为了沽名钓誉、卖弄才华、无病呻吟，文辞自然就矫揉造作，写不出也要硬写，那就会“销铄精胆，蹙迫和气”，劳而无功。

还有一种情况，作者虽然才高学富，创作前也有充分准备，开始时文思如涌，但到了某一阶段，就感到言不尽意，难以下笔，“思有利钝，时有通塞”，有时敏锐，有时滞涩，这是创作的正常现象。遇到这种情况怎么办？是过分钻砺，不顾疲劳地继续写下去呢，还是烦而即舍，停下笔来息息心养养神，“清和其心，调畅其气”，等头脑清醒，文思重来再动笔呢？刘勰赞成后者，反对前者。写不出却硬写下去，越写越不成文，头脑也越来越昏沉，“神之方昏，再三愈黩”，这样硬写没有效果。他主张“吐纳文艺，务在节宣”，从事创作，精力要使用得当，

“意得则舒怀以命笔”，有启发，有心得，灵感来时就敞开情怀从容不迫地写，“理伏则投笔以卷怀”，思路滞涩、文不成理的时候，就停下笔来，轻松轻松，谈谈笑笑，养养精神，待时再写。写作时还会出现“或率尔造极，或精思愈疏”（《物色》）的情况，有时似乎轻而易举却写出动人的辞章，有时精思竭虑却写不出像样的文章。要知道，看来轻而易举，其实“功夫在诗外”，没有充分的准备，不到功到事成的程度是不可能“率尔造极”的。总之写作是精神活动，“志气统其关键”，要使文思常新，就要随时注意养气。“养气说”是刘勰创作思想体系的组成部分，养气不仅是养“精气”，不使“精气外销”，同时，也是养志气，养文气。精气衰，志气消，文气失；精气盛，志气足，文气扬，三者是统一的。刘勰在《神思》、《体性》、《风骨》等重要篇章中都强调“气”在创作中的重要性，同时专列《养气》篇，因此研究刘勰的创作思想体系，不可忽视他的“养气说”。

今天看来，刘勰的“养气说”有其合理的成分，如重视作家的创作个性，作品要注意文气，提倡“率志委和”的创作态度，注意调节创作精神，提出“意得则舒怀以命笔，理伏则投笔以卷怀”的方法等都有借鉴价值。至于有时他将“气”这种精神现象说得过于玄乎，对“气”在创作中的作用强调过头等缺点，则要通过分析来决定取舍，不宜一味肯定，但也不能简单否定。

（1990年8月《文心雕龙研究论文集》人民文学出版社出版）

刘勰论写作

《熔裁》、《章句》、《附会》是互相联系的三篇论写作的专文，在这三篇专论中，刘勰概括了前人的作文经验，卓有识见地论述有关写作的各方面问题，至今仍不失其参考价值。

《文心雕龙》现行版本三篇文章的序列为《熔裁》第三十二、《章句》第三十四、《附会》第四十三。《附会》篇可说是写作的综论，把《熔裁》、《章句》两篇的主要观点都包括进去了。下文拟以《附会》为中心，将三篇文章作一综述。

一、“四要素”和“三准则”

刘勰认为学习写文章，路子首先要端正，“才童学文，宜正体制，必以情志为神明，事义为骨髓，辞采为肌肤，宫商为声气。”(《附会》)。情志、事义、辞采、宫商（音韵），是构成一篇文章必不可少的四个方面，我们不妨称之为“四要素”，调理好这四者的关系是写好文章的根本。

“以情志为神明”是指作文要以真实的思想感情为灵魂，文章没有明确的思想，没有真实的感情，等于没有灵魂。但是作者内在的思想感情不能凭空而发，必须要用具体的事义来表示，所以要“以事义为骨髓”。所谓事义，包含着两种意思：一是指文章所要阐发的事情及其所含的意义；一是指引证古人的前言往行，“据事以类义，援古以证今”，用此来证明并充实文章所说之事。一篇文章所援用的事义越充实，文章就越有分量，越能显示文章的骨力，故而比之为“骨髓”。情志和事义都是文章的内容，而要抒发情志，阐述事义，自然要用文辞来表达，文辞的润涩、好孬，关系一篇文章的美丑、优劣，辞采影响着文章的风貌，好比肌肤影响着人的容颜一样，因此说以“辞采为肌肤”。文章的思想感情是否丰富，援用的事义是否恰切，不仅表现在文采上，而且还要在声读中体现出来，情思慷慨声调激越，心气和顺语调委婉，文章的情感、气势赖声调来显示，故而叫“宫商为声气”。学习作文必须掌握“四要素”，使四者声气相通、交相辉映。

掌握了写作的“四要素”，还要明确作文的“三准则”。在《熔裁》篇，刘勰写道“草创鸿笔，先标三准：履端于始，则设情以位体；举正于中，则酌事以取类；归余于终，则撮辞以举要”。“履端于始，则设情以位体”，是说当作者受外界事物的感召，内心有所触动，萌发了写作的情思，在动笔的时候，就要想好所要表达的思想感情及所涉及的内容，用哪一种文章体式，用多大的幅度含量来表达最合适，这是作者首先要考虑的问题。如果体制不定，就难以落笔。“设情以位体”是作家们共有的经验，例如：当曹植怀着对同胞手足死别生离的哀痛；对谗巧小人离间骨肉之情的忿恨，对生死祸福、人事无常的伤怀；以及强作达观对白马王殷勤勉励的心意时，为了表达这样的情态，就采用《赠白马王彪》这样的诗体，如果不采用诗的体式和比兴手法，那种错综复杂的思想感情就无法表达。而当他要自标高格，议论文章得失，臧否当代文士的时候，只有用《与杨祖德书》这类与好友论文谈心、挥洒自如、不拘一格的书信体，才足以表达他那时的思想抱负。“设情以位体”是刘勰写作论的一个重要观点，他在《知音》篇提出“六观”的第一观，就是“观体位”，他认为要鉴别一篇文章的好坏，首先要看文情和文体是否统一，安排是否得法。在《章句》篇也提到“设情有宅，置言有位”，所谓宅就是文章的体式，所谓位就是文字的次序，写文章时对情和辞都要有妥当的安排。在《定势》篇谈到“文变殊术，莫不因情而立体，即体而成势也”。“体”是根据“情”而立的，情体统一，文章的“势”就自然形成，“圆者规体，其势也自转；方者矩形，其势也自安，文章体势，如斯而已。”（《定势》）不论从哪一角度来说，“设情以位体”都是作文的一个重要准则。

“举正于中，则酌事以取类”：根据内容设计好文章的体式之后，接着就得考虑文章所要阐发的中心问题及其有关的事例。一篇文章所提出的中心问题，可能只有一两个，但要阐明这一两个中心问题，却需要引用许多事例，事例太简单了，文章显得单薄；事例太烦琐了，文章显得芜杂。因此“酌事以取类”是作文必须考虑的第二个准则，写文章不仅要根据内容来引证事例，使内在的思想感情具体化、形象化，而且还要通过事例来深化思想，增强文章的广度和深度。刘勰在《事类》篇写道：“事类者，盖文章之外，据事以类义，援古以证今者也。”文章除了作者直抒情思之外，还要援用古事来论证今事，使文章更加丰富充实。不过“类义”先要“酌事”，援证事例是为了更好地说明文章的本义，不是游离本题去广征博引，引证离题太远，不仅无益文章，反而使文义受累。此外“酌事以取类”还意味作者识见要博、取用要精的意思。“学贫者，迍邅于事义”（《事类》），学识贫乏，所知不多，选用事义捉襟见肘，当然写不好文章。作者学识渊博，才能得心应手地取其所需，取精用宏。反之，如果博而不能约，引证过繁用典太滥，这样就会掩盖文章的本义，喧宾夺主，使文章失去中心，所以说“取事贵约”、“酌事以取类”就是要从博中求约。

“归余于终，则撮辞以举要”，辞是文的基础，要写好文章，用辞定要恰当，要根据抒发情志、阐明事义的需要来斟酌文辞。刘勰鉴于作文一般容易犯“瘠义肥辞，繁杂失统”，内容单薄而辞语芜杂的毛病，所以他主张析辞要精，“辞尚体要，弗惟好异”（《尚书·周书》），文辞的功能，主要是为精确地表述内容，而不在于贪多务繁。作者行文在考虑“设情以位体”、“酌事以取类”的同时，必须要掌握“撮辞以举要”的方法。《风骨篇·赞辞》写道“情与气偕，辞共体并，文明以健，圭璋乃骋”这四句话，无异是对“设情以位体”、“酌事以取类”、“撮辞以举要”三者关系作了概括，说明用辞不能离开情理和体制，只有用辞精练，能恰切地表达情理，并使文辞和体式协调，才能“文明以健”，所谓“文明以健”就是文采鲜明，骨格刚健。“撮辞以举要”就是要使文章的纲领昭晰，用辞不要太繁，更不可以辞害义。

“四要素”和“三准则”是密切相关的。四要素指构成文章的四个方面，要处理好这四个方面，就要掌握“三准则”。作文以“情志为神明”，因此要“设情以位体”；以“事义为骨髓”，所以要“酌事以取类”；以“辞采为肌肤”，故而要“撮辞以举要”。“四要素”虽有主次之分，但必须全面掌握，缺一不可。“三准则”虽有始、中、终的序列，但不是刻板的程式，不能机械地把它看做是写作的三个步骤。“四要素”是作文的基础，“三准则”是衡文的准绳，作者如果能将两者都把握好，那他可说是作文的明白人。

二、“附辞会义”和“芟繁剪秽”

《附会》是指附辞和会义，所谓附辞是根据内容来铺扬文辞，所谓会义是紧扣中心来安排章节，总起来说，“附会”就是“总文理，统首尾，定与夺，合涯际，弥纶一篇，使杂而不越”。

文章有长有短，内容有简有繁，有的文章只写一件事，说明一个问题，有的文章要记许多事，说明几个问题。内容简单的固然要说得明白，内容复杂的更要说得明白，含糊其辞、言之无物的短文和头绪纷繁、序理不清的长文，都不是好文章。而要使文章写得清楚明白，就一定要理清头绪，掌握重点。特别是内容比较丰富、结构比较复杂的文章，往往是大问题中含小问题，大题目中有小题目，要写好这类枝派较多的文章，更要注意“整派”、“理枝”。如何来“整派”、“理枝”呢？刘勰说“整派者依源，理枝者循干”，要沿着主流来整理支流，循着主干来整理枝叶，将文章写得脉络清楚，主次分明，这就是“总文理”的意思。“总文理”要求把握住文章的总体，枝节一定要服从总体，不可将枝节写得很精细，而将总体反倒忽略了。“夫画者谨发而易貌，射者仪毫而失墙，锐精细巧，必疏体统。”作画的人虽将头发画得很精细，而画容貌却很草率；射箭的人虽注意了细微处，而忽略了大目标，只用力于细小地方，却疏忽了大体，用这种方法来写文章，肯定要失败。刘勰认为写文章宁可“诎寸以信尺，枉尺以直寻，弃偏善之巧，学具美之绩，此命篇之经略也”。写文章不必拘泥于寸的精细，而要保证尺的可信，推而言之宁可使尺粗疏些，却必须保证丈的正确性。总之，不可因细节的精巧而影响总体的完整，写文章首先要使总体完美，凡影响总体完整的地方都应当割爱。

一篇文章总是有开端有结尾，头要开得好，尾要结得妙。但是有的文章，往往注意了开头，而忽视了结尾，开头写得文采光华，结尾却干巴巴没有味道，读这种文章就不来劲。刘勰对此有过批评，他说“若首唱荣华，而媵句憔悴，则遗势郁湮，余风不畅。此《周易》所谓‘臀无肤，其行次且（趑趄）也’”，开头光采，结尾暗淡，文势阻塞，气脉不畅，这类文章好比屁股没有肉，是走不动的。刘勰认为作文开头固然要用力，结尾也同样要用力，“若夫绝笔断章，譬乘舟之振楫”，“克终底绩，寄深写远”，收笔结尾好比摇船划桨，一定要用力到底，文章结尾含意深远，才能使人读了之后留有余味。“统首尾”就是这个意思。当然，“统首尾”并不是说只要顾到头尾，中间就可以马虎。不是的，他说“是以附辞会义，务总纲领，驱万途于归，贞百虑于一致，众理虽繁，而无倒置之乖，群言虽多，而无纹丝之乱，扶阳而出条，顺阴而藏迹，首尾周密，表里一体，此附会之术也”。“附会”之术是要将复杂的内容安排得井井有条，多变的文辞处理得丝丝入扣，该放的地方要放（“扶阳而出条”——向着太阳而抽出枝条），该收的地方要收（“顺阴而藏迹”——顺着暗处使形迹不露），作文能够做到首尾周密，表面一致，中间自然要流畅贯通，否则首尾就会脱节，谈不上周密，因此说“统首尾”并不只限于开头和结尾，而是指行文的全过程都要照顾到首尾。

写成一篇文章，过程是比较复杂的，在动笔之先要考虑好写什么，如何写？等初稿写出之后，常常会感到这里意有未尽，需要增补；那里有点离题或是重复，需要删去；太简单了需要丰富，太冗长了需要精练；这里多用一个字能起画龙点睛之妙，那里多写一句话就有狗尾续貂之嫌。总之，有的地方要“与”，有的地方要“夺”，这就是所谓“定与夺”。文章要改，懂得写文章一定要懂得改文章，“改章难于造篇，易字艰于代句”，确实有时改比写还难，所以“定与夺”也是写好文章的重要环节。当然，也有所谓文不加点，举笔成文的，例如《三国·魏志·王粲传》记王粲“善属文，举笔便成，无所改定，时人常以为宿构，然正复精意覃思，亦不能加也”。说王粲文章写得快写得好，即使别人用尽脑汁，也不能改动他一个字。那也只能说明王粲作文时的一种光景，并不能证明王粲在落笔之先没有腹稿，也不能说王粲不经过酝酿，不经过推敲，就能写出文章，“时人常以为宿构”说明王粲作文是先有成竹在胸，然后才“举笔便成”。秉笔行文不知道弃、取、与、夺的道理，就写不好文章。所以刘勰在“总文理、统首尾”之后又提出了“定与夺”。

文章要精练，不可松散。一定要上下连贯，左右逢源，讲究结构。一篇文章所涉及的内容，往往不是单一的，有时议古，有时论今，有时说东，有时谈西，有时要把一件事分几方面来说，有时又要将几方面的事合在一起来写，于是就得要懂得“附会”的方法，“善附者异旨如肝胆”，善于组织，可以将不同的内容融洽得像肝胆一祥，“拙会者同音如胡越”，不善于安排，就会使本来声气相通的语辞，弄得南腔北调不相协调。“合涯际”就是要将有关的几个方面融合在一起，使文章结构严密。

一篇文章如果纲领清楚，首尾周密，取舍得法，结构严密，那么这篇文章就能做到“杂而不越”，也就是说文章的内涵虽杂，文辞变化虽多，但都能“各得其序，不相逾越”(《周易·韩注》)，用现在的话来说就是：能将复杂的内容处理得有条不紊，文章既不单调又很完整，做到了多样化的统一。但是要做到这样却很不容易，“夫文变无方，意见浮杂，约则义孤，博则辞叛；率故多尤，需为事贼。且才分不同，思绪各异，或制首以通尾，或尺接以寸附；然通制者盖寡，接附者甚多。若统绪失宗，辞味必乱；义脉不流，则偏枯文体。”文术变化没有定规，写得简约，内容可能单薄；写得博杂，辞意不易统一。轻易落笔容易出毛病，迟疑不定也要碍事。并且作者才情不等，思路不一，有的胸有全局，有的想一段写一段。不过能全盘考虑的较少，一枝一节连接起来却是多数。因此作文如果不先立主脑，文辞就会紊乱，脉络不通、文气阻塞，就像患了半身不遂之症。写文章如驾马车一样，一个善于驾车的人，能够将几匹马的力量调度好，使之步伐齐一，手中捏着僵绳；像在操琴一般，将不同的音阶组成一曲动人的乐章，《附会》篇讲的就是驾驭文章的方法。

但是要更全面了解刘勰写作论的精神，必须将《熔裁》和《附会》结合起来研究。

什么叫做“熔裁”？“规范本体谓之熔，剪裁浮词谓之裁”，所谓规范本体，就是使文章的情（情志义理）和体（体式体裁）相一致，当作者根据所要表达的情志，确定文章的体式之后，接着又要根据体式来取舍文情，文情有不合于体式规范的就舍弃，使文章“纲领昭畅”，将作者内心蕴涵着的各种情理，加以熔炼，以求其精，文论家称之谓炼意。“剪裁浮词”就是将与情理无关、体式不协的文字去掉，使文辞精练清晰“芜秽不生”，文论家称之为炼辞。“熔裁”就是“概括情理，矫揉文采”使文章写得情理昭畅，文采光华。“熔裁”包括构思、行文、修改等写作的全过程，但着重点在文章的修改上。当然，修改并不只是在初稿写好以后，其实在构思时，作者斟酌要写的内容，就含有修改的意思，落笔时，反复改动文辞，就是在修改。但是不论作文、改文，都必须有共同准则。不能对作文立一准则，改文又另立一准则，如果两者不一致，文章就写不成，改不好。《熔裁》篇写道“凡思绪初发，辞采若杂，心非权衡，势必轻重”。思绪初发，辞采苦杂，这是一般作者都感觉到的问题，在《神思》篇，刘勰就指出过“方其搦翰，气倍辞前，暨乎成篇，半折心始。何则？意空翻而易奇，言征实而难巧也”。准备动笔的时候，似乎想写的东西很多，等到写了之后，与原来的设想差距很大，因为凭空想象可以随心而发，落实到文字要上下连贯，左右照顾，限制比较多。如果凡是所想的都一一写出，文字就芜杂不堪，所以写和改对作文来说是一回事，都要有准则，根据准则来权衡轻重。“若术不素定，而委心逐辞，异端丛至，骈赘必多。”因此写作一定要“定术”，“三准”就是作文的“术”，作文时如“体”不合“情”或是文不协“体”的不行；事、义不协调的不行；重义复句，要点不明的不行；作文要定“三准”好像木工制器要用绳墨一样，木工用墨线标出分寸，将墨线以外的部分削掉，不削不成器，写文章也是如此，要将多余的文字去掉。“一意两出，义之骈枝也；用辞重句，文之疣赘也”，同样意思写了又写，好比大脚趾旁生了一小趾；同一句话说了又说，好比人身上长出肉瘤，都是多余的。作文不去掉多余的东西就芜杂不清，文不成章了。作文要有准则，好比裁衣要有分寸，衣料虽好，但必须量体裁衣，不能因为料子好，就将领子做高一点，袖子留长一点，不合身的衣服，即使料子最上等，也是不好看的。“夫百节成全，共资荣卫；万趣会文，不离情辞，若情周而不繁，辞运而不滥，非夫熔裁，何以行之乎？”人体由上百条骨节构成，全靠血脉流通，肯綮相联，保证身体健康。作文可以表达多种多样的事物和意念，但离不开情志和文辞两个方面，最要紧的是做到情思充实而不显其繁，文辞生动而不嫌其滥。完善而不过分，就需要“熔裁”。《熔裁》篇的“三准”是刘勰论文的准则，包括着作文和改文两方面，而侧重点是在改的一面，他在《赞辞》中特别指出“权衡损益，斟酌浓淡，芟繁剪秽，驰于负担”。《熔裁》着重讲的就是“芟繁剪秽”，《附会》讲的是“附辞会义”，“附会”是要将辞义组织好，“熔裁”是要将辞义熔炼好，两篇专论虽各有侧重，但又是紧密相联的。

三、“宅情”和“位言”

《章句》篇写道“设情有宅，置言有位；宅情曰章，位言曰句。故章者，明也；句者，局也。局言者，联字以分疆，明情者，总义以包体，区畛相异，而衢路交通矣。”文章表达情理，就要给情理有生根落脚的地方，情理的落脚点就是篇章；形成篇章的基础是语言文辞，将言辞安置在最恰当的位子上。“章”的作用是将一章的内容讲明白，“句”的作用，是将“章”所包含的意思，一点一点说出来。章句所反映的内容是一致的，但是表达范围是不同的，一章要将一章范围的内容写出来，一句只是为表达章的内容填砖铺瓦，一句并不一定要构成一个独立的内容，将相关的句子联结起来，才能显示它所含的内容，所以说“章者，明也；句者，局也”。不过章和句虽然表现的范围大小不同，但是必须密切相联，不可分割，章没有句，章不成章；句离开章，散乱无绪；章和句要像小道和通衢一样联结在一起。

写文章首先要考虑好总体布局，同时又不能放过一字一句。“夫人之立言，因字而生句，积句而成章，积章而成篇。”宏篇大论都是从一字一句积累起来的，一字一句处理不当，就会影响整篇文章的质量。“篇之彪炳，章无疵也；章之明靡，句无玷也；句之清英，字不妄也；振本而末从，知一而万毕矣。”整篇文章的光华，要求各个章节都无疵疣；一段章节的清晰，要求每一句话都无瘢迹；一个句子的秀丽，要求每一个字都不乱用，一字影响一句，一句影响一章，一章影响一篇，要写好一篇文章，一字一句都马虎不得。因为字、句、章、篇关系如此密切，所以刘勰在《熔裁》篇标出三准之后接着就说“故三准既定，次讨字句，句有可削，足见其疏，字不得减，方见其密”。文字要求紧密，没有疏漏，一篇文章如果有可以删去的字句，可见这篇文章的文字不够严密；如果是一字也不能增，一字也不能减，表明这篇文章的文字十分严密。刘勰要求文字严密，并不是说文章只可写得简，不能写得繁，也不好说简一定比繁好。简繁的好坏，要根据文章的内容和作者驾驭文字的功力来判别，“精论要语，极略之体；游心窜向，极繁之体。谓繁与略，随分所好。引而申之，则两句敷为一章。约以贯之，则一章删成两句。思赡者善敷，才核者善删，善删者字去而意留，善敷者辞殊而意显。字删而意阙，则短乏而非核。辞敷而言重，则芜秽而非赡。”有的作者文字简洁，但写的都是“精论要语”，文章虽略而不空洞；有的作者思路开阔，涉笔成趣，文字虽繁而不啰嗦。繁与略根据作者不同的才情、爱好而定，才思丰美的可以将两句话的含义引申发展成一章；文思凝练的可以将一章的文字浓缩成两句话，有的善于发挥，有的善于凝练，不论是发挥或是凝练，都要恰到好处。如果为了省略，删减了文字却损害了原意，这就谈不上精练，只有“字去而意留”才可说“善删”。如果文辞铺张很开，可是重重复复，这是芜杂不是繁富，只有“辞殊而意显”才可说“善敷”。刘勰要求作者能“炼熔裁而晓繁略”，并不片面认为略比繁好，或繁比略好。

一般所谓文章作法包含章法和句法，“宅情”是章法，“位言”是句法。“句司数字，待相接以为用”，句的字数不等，长的可以有十余字，短的仅只二三字，古文中甚至一字成一句的，但不论句子长短，总要将几个字连接成一个意思才能成句。“章总一义，须意穷而成体”，章是篇的组成单位，必须将这一章所要表达的内容表达完全才能成章。不论是句还是章都要顺序相连，不可语无伦次，“章句在篇如茧之抽绪，原始要终，体必鳞次”。如果头绪紊乱，序次不清，那样文字就像一团乱麻，成不了章，章就是条例清楚的意思。“首尾周密”指章的顺序，“清新相接”指句的顺序，“宅情”和“位言”是作文的基础，写文章一定要掌握好“宅情”和“位言”这对基础。

刘勰关于写作问题的论述，自然不限于上面提到的三篇，整部《文心雕龙》都是讲“为文之用心”，涉及到写作的各方面问题，而《熔裁》、《章句》、《附会》三篇着重讲作文的章法、句法、技法等基本问题，本文对此作一综合介绍，以供写作教学参考。

（1993年8月群言出版社《文心与禅心》）

《辨骚》之辨

《辨骚》篇引人注意，不仅在于刘勰将它列为“文之枢纽”，更值得重视的，恐怕还在于它是根据文学特征来评论作家作品的第一篇专论。它对一部划时代作品的产生；一种新体裁的形成和影响；对如何根据作品本身来评论作品的批评态度之确立；对文学艺术形象感染力的注意；对华与实、奇与正相结合的艺术规律的探索，都给后人留下深刻的影响。通过对一位伟大作家和一部有重大影响的作品的分析，推导出有普遍意义的文学理论，继《毛诗序》之后，刘勰可算是一位有贡献的人。本文试就上述几点，谈谈个人肤浅的认识。

一

刘勰认为一个时代的文学，必然染有这个时代特有的色彩。他在《时序》篇中写道“时运交移，质文代变，古今情理，如可言乎”，就是说，前一历史阶段结束，后一历史阶段继起，那么这个时期作品的“质”（内容）和“文”（形式）都会发生相应的变化。“故知歌谣文理，与世推移”，文学随时代的变迁而变异，这是千古不易、不言而喻的道理。于是他将文学和时代的关系，用“文变染乎世情，兴废系乎时序”两句话来概括，确有见地。刘勰就是根据这个观点，来研究《离骚》产生的背景和条件，他写道“自风雅寝声，莫或抽绪，奇文郁起，其《离骚》哉，固已轩翥诗人之后，奋飞辞家之前，岂去圣之未远，而楚人之多才乎。”对此，我们可以从三个方面去理解：第一，说明周政权解体，产生《诗》的背景也相应消逝，接着就是诸侯相伐，战争连绵的战国，反映这个时代当有一种新的文学兴起，“奇文郁起，其《离骚》哉”，新兴而起的文学就是《离骚》和以它为代表作的《楚辞》。第二，说明《离骚》的产生，既继承《诗》的传统（“轩翥诗人之后”），又根据新的条件，产生出一种新的文学，对以后的文学有着重大影响（“奋飞辞家之前”），起了承前启后的作用。第三，说明一部伟大作品的产生，固然要有一定的客观条件，但也得力于作者杰出的智慧和才识。由于屈原的时代“去圣未远”，所以他能“依诗制骚、讽兼比兴”（《比兴》），直接吸取《诗》的思想方法和艺术方法，同时也由于“楚人多才”，屈原本身既有卓绝的才识，又处在“楚襄信谗而三闾忠烈”（《时序》）复杂的政治斗争旋涡之中，再加南国秀丽的自然环境给屈原的熏染，对他创作也有直接影响，“屈平所以能洞监风骚之情者，抑亦江山之助乎”（《物色》）。刘勰从上述三个方面来说明《离骚》何以会在这一历史阶段产生，何以有如此重大影响，这和班固、王逸等人，只从是否“依经立义”的角度来评价《离骚》的观点相比，刘勰的见解，无疑要比他的前辈们站得高看得深了。刘勰将文学的时代关系和文学发展内在规律的研究结合起来，来探讨《离骚》的产生、《楚辞》的形成，这样的识见，在当时实在难能可贵。

二

在《知音》篇中，刘勰引用过屈原《九章》中“文质疏内兮，众不知余之异采”这样的话，接着又说“见异唯知音耳”。他著《辨骚》充分阐发了《离骚》内涵的异采，做到“深识鉴奥”可算是屈文“异采”的知音。可惜以前学者对《离骚》虽作过许多评述，但都未见其“异采”，所以他要“辨”，他认为有些学者对《离骚》看法不全面，只从一个角度，甚至只根据个人的主观臆断来评论《离骚》的得失，难免有失偏颇。他反对“褒贬任声，抑扬过实”主观主义的批评态度，认为这是“鉴而弗精，玩而未核”。鉴赏评论一部作品如果只识外表而不知肯綮是不行的。他不同意前人对《离骚》各种不同的看法，希望后人能全面地理解《离骚》，所以他要“辨”。

《离骚》要辨的究竟是什么？历来专家大都认为主要是辨清《骚》和《经》的关系，到底是“同于经”还是“异于经”。范文澜同志认为“彦和以辨名篇者，辨其与经义之同异，计同于风雅者四事，异乎经典者亦四事，同异既明，取舍有立……”（《文心范注》）这是对的，但刘勰是不是认为凡同于经义的就取，异于经义的就舍呢？恐怕不是这样。《辨骚》列叙五家之说，对刘安、班固、王逸三家论述较具体，对汉宣帝刘询和扬雄则说得很简单。刘询认为“辞赋大者与古诗同义，小者辨丽可喜”（《汉书·王褒传》），刘勰的“汉宣嗟叹，以为皆合经述”之说，大概本于此；至于扬雄所谓“体同诗雅”不知出于何书，许多注家都未注明。刘安和王逸对《离骚》的评价都很高，刘安认为“国风好色而不淫，小雅怨悱而不乱，若《离骚》者可谓兼之”并说它“可与日月争光”（《离骚·传》）。王逸认为“离骚之文，依经立义……所谓金相玉质，百世无匹者”（《楚辞章句序》）。两人对屈原的心志、情操及其作品都作了高度的赞扬，并且两人肯定《离骚》，都是以经义作为标准的。班固也以《经》作标准来衡量《离骚》却得出相反的结论，他认为屈原“露才扬己”，《离骚》所述内容“非经义所载”，他除了肯定屈文“文辞丽雅，为词赋之宗”外，对《离骚》的内容基本上是否定的。不论是刘安、王逸对《离骚》的高度赞扬，或者像班固那样持否定态度，在刘勰看来，他们对《离骚》的评定都带有片面性，都是从个人主观爱恶出发来评定《离骚》，而对《离骚》本身，却缺乏全面细致的分析，所以说他们“褒贬任声，抑扬过实”，对作品“鉴而弗精，玩而未核”。刘勰认为要对作品做出确切的评价，必须根据作品固有的内容来分析，从作品本身的语言来推敲，“将核其论，必征言焉”，所谓“征言”，就是要根据《离骚》的本文来研究《离骚》。刘、班、扬、王诸家都是从是否符合经义问题上对《离骚》作褒贬抑扬的，结论虽不同，前提却一致，所以，刘勰先要从这里辨起。根据《离骚》（兼及楚辞其他篇章）的内容来看，他认为用“典诰之体”、有“规讽之旨”、含“比兴之义”、叙“忠怨之辞”这四点是“同于经义”的；而《离骚》所引述的“诡异之辞”、“谲怪之谈”、“捐狭之志”、“荒淫之意”四点是“异于经义”的。有此四同和四异，那么班固所谓“不合经传”的说法，显然是不对的；刘、王等认为“皆合经义”的说法也有点过头。刘勰首先从《离骚》是否符合经义问题上辨清，自然要紧。但是刘勰作《辨骚》的主旨是否仅止于此呢？不然，他主要意思恐怕还不在这里，而是要通过对经义异同的辨疑，进一步阐明屈原何以会写出既同于经义，又异于经义的篇章来的？个人认为《辨骚》之辨重点在此。请看下面一段文字“故论其典诰则如彼，语其夸诞则如此，固知楚辞者，体宪于三代，而风杂于战国，乃雅颂之博徒，而词赋之英杰也。”为什么屈原要用“典诰之体”发“经义之旨”呢？一因为屈原忠贞正直，他的节操情志和经义要求一致；二由于“去圣未远”经义对屈原思想的形成有直接影响，这是他“体宪于三代”的主观原因。为什么屈原要用“诡异之辞”述“狷狭之志”呢？一因为屈原“忠而被谤，信而见疑”，痛家国之丧，忧思切心，他只好用诗章来诉说内心的郁愤，有时不免要用“诡异之辞”指东说西，发发牢骚；二由于战国辩士游说之风盛行，纵横捭阖，百家争鸣，人们思想活跃了，而且屈原自身也卷入合纵连横的斗争之中，“故知晔晔之奇意，出乎纵横诡俗也”（《时序》），这是他“风杂于战国”的历史必然。正因为屈原处于这个特定的历史条件下，所以才能“体宪于三代，风杂于战国”，也正由于他“体宪于三代，风杂于战国”，所以才能形成屈原作品独特的风貌。如果屈原作品都是“依经立义”，那只不过是《诗经》的继续，就称不上“奇文”，也不可能“奋飞于辞家之前”。如果屈原的文辞都是“谲怪之辞”，离经叛道，那就纯然变成艳侈之体，与汉赋同风，屈原的作品也就不会有这样重要的历史地位了。这正是刘勰见解不凡之处。因而个人认为“雅颂之博徒”一句，未必是贬义，联系刘勰引用刘安关于“国风好色而不淫，小雅怨悱而不乱，若《离骚》者可谓兼之”的赞语，王逸《楚辞章句序》称“屈原之辞，诚博远矣”的评价来看，“雅颂之博徒”可否理解为屈原博识《诗经》，而不拘泥于成法的意思。并由于屈原深明“通变”之术，既“资于故实”（体宪于三代），又“酌于新声”（风杂于战国），故而能开创一代新声，堪称为“辞赋之英杰”，接着就说“观其骨鲠所树，肌肤所附，虽取熔经旨，亦自铸伟辞”，将“体宪于三代，风杂于战国”的精神，具体运用在创作上，就能取熔经旨，自铸伟辞，将经的精神体现在作品中，独树一帜，创造出宏伟的文辞。他辨清同于经的四点，异于经的四点，并不是借此对《离骚》作一番取同舍异的评论，而是用同异结合的观点来肯定《离骚》卓绝的特色。有同志认为刘勰对“四异”持否定态度，并进一步推断刘勰不赞成浪漫主义，是否如此，可以讨论。我们认为对《辨骚》的评断，也应该采取“将核其论，必征言焉”的方法，根据文章固有的内容来评论文章。

三

《辨骚》篇更引人注意的另一方面，是刘勰能根据文学形象特征，来肯定《离骚》的艺术感染力。刘勰称《离骚》之文为“奇文”，称《离骚》之辞为“伟辞”，是不是单单就辞采而论辞采的呢？不是，刘勰一直反对“繁采寡情”的文辞，他主张形式和内容要一致，而他认为“志足而言文”、“情信而辞巧”是“含章之玉牒，秉文之金科”（《征圣》）。他赞赏并提倡“衔华而佩实”的雅丽之文。所谓“衔华而佩实”，“实”是指作品的内核，“华”是指作品的文采。在《情采》篇，对此有过具体的说明：“铅黛所以饰容，而盼倩生于淑姿；文采所以饰言，而辩丽本于情性。故情者，文之经，辞者，理之纬，经正而后纬成，理定而辞畅，此立文之本源也”，将华和实、情和采、经和纬、理和辞的关系交代得十分明白。这样一位一再强调华实一致，情采相符的文艺理论家，自然不会像班固那样将《离骚》的文辞和内容割裂开来看的。刘勰称《离骚》为奇文，这个奇字的意思，并不像后来辞家那样以“穿凿取新”、“反正为奇”之奇，那种逐奇失正的“诡巧之辞”，刘勰是痛恶的。在他看来，屈文之奇，是在“取熔经旨”基础上来“自铸伟辞”，是“执正以驭奇”之奇，这样的奇则是刘勰所赞赏的。他在《丽辞》篇中提到“若气无奇类，文乏异采，碌碌丽辞，则昏睡耳目”，可见他对缺乏奇气异采的篇章是不赞赏的。他主张文要有奇气，辞要有异采，而这种异采却正是《离骚》所独有，所以他才会高度称赞《离骚》“气往轹古（文气之奇，古来少有），辞来切今（文采之异，当今独步），惊采绝艳，难与并能”，如果用现代术语来解释，就是说《离骚》艺术形象之鲜明，文辞感染力之强大，是别的作品所难以比拟的。接着他就具体描写了《离骚》（兼及《楚辞》其他篇章）的艺术感染力。“故其叙情怨，则郁伊而易感；述离居，则怆快而难怀；论山水，则循声而得貌；言节候，则披文而见时。”这段文字写出了作品含情之深和景物描写之真，同时也写到了读者所激起的共鸣。“缀文者情动而辞发”（《知音》），屈原有这样的遭遇，才会产生这样的感情，有这样的感情，才会写出这样动人心弦的文辞。“观文者披文以入情”（同上），《离骚》的文辞鲜明、生动、奇伟、能将内涵的深情传达给读者，使读者的心灵激起波澜，并随着作品所展示的奇丽景物，进入作者所描写的精神世界之中，一起为之“长太息以掩涕”。刘勰抓住文学的形象特征，从艺术感染力上来肯定作品的效果，这在古代文论中是少有的。《毛诗序》讲了诗的美刺作用、社会效果，但没有从美学意义上加以发挥。《礼记·乐记》讲到了音乐的感化作用，但也只从“声音之道与政通”，从政教角度，来谈音乐的效果，而对音乐的艺术感染力，并未作具体描写。曹丕的《典论》谈了作家个性和作品风格的关系，没有提到艺术的感染作用。陆机《文赋》谈到一些，如“信情貌之不差，故每变而在颜，思涉乐其必笑，方言哀而已叹”，但只谈到作者构思时的感情反应，没有讲到读者欣赏时的心理共鸣。稍后于刘勰的钟嵘在《诗品》中虽讲到诗有“感荡心灵”的作用，能使“味之者无极，闻之者动心”，但说得比较笼统，不像刘勰那样将作者的感情和读者的共鸣联系起来，把诗的艺术感染力说得那么具体。因此我们认为刘勰在《辨骚》中抓住《离骚》奇文、伟辞的艺术特色，说明《离骚》的感染力之强，从美学意义上来肯定其“气往轹古，辞来切今，惊采绝艳，难与并能”的艺术价值，这对古人来说，是颇不简单的啊！

四

除了上述内容之外，《辨骚》篇还专门辨正了《离骚》的影响问题。

由于《离骚》内涵丰富，文辞奇伟，历来论者对此又有许多不同看法，论其典诰则如彼，语其夸诞则如此，各执一面之辞，东向望而不见西墙，因此《离骚》给后人的影响，可以说既巨大又复杂，“才高者苑其鸿裁，中巧者猎其艳辞，吟讽者衔其山川，童蒙者拾其香草”。不同的人，各以不同的才识取其所需，而大都是只窥一斑，鲜见全豹。尤其是后来的辞赋家如司马相如等人“师范屈宋，洞入夸艳”（《才略》），给后来文坛留下“楚汉侈而艳”文丽用寡的不良影响。刘勰认为这不是继承风骚传统的正确态度，于是他特别指出“若能凭轼以倚雅颂，悬辔以驭楚篇，酌奇而不失其真，玩华而不坠其实……亦不复乞灵于长卿，假宠于子渊矣”，希望后来的诗人们认真向《诗》和《骚》学习，不要步司马相如、王褒的后尘，“为文而造情”使辞赋由侈艳而入浅绮。尤其要告诉人们《楚辞》虽然较《诗经》有更多“奇”和“华”的成分，但楚辞的本质是“真”和“实”的，当你吸取“奇”的时候不可失掉“真”，当你欣赏“华”的时候不可抛弃“实”，只有“酌奇而不失其真，玩华而不坠其实”，方能真正领会楚辞《离骚》的精神。此处所谓奇、华和真、实的关系，也就是上文“取熔经旨”、“自铸伟辞”的具体表现。刘勰在《风骨》篇中提到“若夫熔铸经典范，翔集子史之术，洞晓情变，曲昭文体，然后能孚甲新意，雕画奇辞”。这是“取熔经旨，自铸伟辞”精神的引申，也就是说刘勰是将屈原著《离骚》时的创作精神，作为有普遍意义的创作方法来推广了。这种奇和真、华和实相互交融的精神，已渗透在他创作论的许多篇章之中了，在《风骨》、《通变》、

《情采》、《比兴》、《夸饰》、《时序》、《物色》等篇无不贯穿着这一精神。

近来许多研究者对“酌奇而不失其真，玩华而不坠其实”这两句话有不同的解释。有的认为奇指幻想，真指真实，是幻想和真实相结合，含有浪漫主义和现实主义相结合的意思。有的持相反的意思，认为刘勰对含有浪慢主义成分的奇是否定的，这里所谓奇，是指文辞的华丽，不包含浪漫主义的内容，也谈不上“两结合”。有的认为这两句话，只不过是楚辞艺术特色的概括，用不着以现代概念去套。这些看法都有启发性，可以作进一步的讨论。个人认为这两句话是刘勰对《楚辞·离骚》艺术特征的概括，也是刘勰想要告诉人们学习《楚辞》要以真求奇，以实待华，不可倒置本末，失真本奇、去实待华。“衔华而佩实”、“执正而驭奇”可以说是刘勰言“为文之用心”的两个重点。刘熙载在《艺概·诗概》中提到“诗以出于《骚》者为正，以出于《庄》者为变。少陵纯采《骚》，太白在《庄》、《骚》间，东坡则出于庄者十之八九”。他以奇真、华实结合的《骚》为诗体之正，这见解确有独到之处，可能是受了刘勰这两句话的启发而得的吧！

（1993年8月群言出版社《文心与禅心》）

《神思》散议

一

刘勰在《神思》篇中提出的“神思”，我们看到几种不同的解释，有的认为“神思”是指创作的想象活动；有的认为“神思”就是艺术构思；有的则认为“神思”即是形象思维。以上种种说法含义基本相近，都表述了《神思》篇的某一内容。但是能否用“想象”“构思”或“形象思维”等概念来概括“神思”的基本意义呢？恐怕不能。虽然《神思》篇不少地方都讲到创作的想象活动，如“文之思也，其神远矣，故寂然凝虑，思接千载，悄焉动容，视通万里；吟咏之间，吐纳珠玉之声，眉睫之前，卷舒风云之色”。这几句话，就很具体地描绘了想象活动的情状，不过谈想象只是“神思”篇的内容之一，而不是全部。创作离不开想象，而想象并不等于创作，从想象转化为作品，还有“意授于思，言授于意”，由思想到意象，由意象到文辞的过程，这一创作过程除了想象之外，还要和“设情”、“酌事”、“撮辞”等因素联系起来，否则就会像刘勰所指出的那样“方其搦翰，气倍辞前，暨乎成篇，半折心始”想到的多写出的少。《神思》篇讲了想象在创作活动中的重要作用，但并不是只谈想象的专论，用想象来概括“神思”不够全面。

说《神思》篇主要论艺术构思，包括从开始想象到写成作品的全部过程，这比简单地说“神思”就是想象要全面些，但也觉得不够周到。《神思》篇反复提到有关作者的才气、学植、修养等问题，都不属于谋篇构思的范围之内，例如“积学以储宝，酌理以富才，研阅以穷照，驯致以绎辞”说的是作者的文思才情靠平时的学习、阅历、锻炼中得来，这就不是写作的艺术构思问题，而是涉及到作者的基本修养问题了。固然作者修养的深浅和艺术构思才情的优劣有密切关系，但修养毕竟不同于构思。《神思》篇中着重讲了驭文谋篇、艺术构思问题，但它所涉及的方面却并不限于这些。

说“神思”即是形象思维，用现代术语来代替古代术语，说起来固然简便了当，但用得不适当，反而会造成理解上的困难。究竟什么是形象思维，虽经过反复讨论，但到现在还没有一个众所公认的确切的定义，若是将各人理解不一的“形象思维”这个名词和内涵复杂的“神思”这一概念等同起来，岂非更增加了问题的复杂性。如果将形象思维理解为富于创造性的艺术想象活动，那么上面已经说了，不能概括“神思”的全部意义；如果将形象思维理解为感性的直觉的形象观感，那么《神思》篇所论述的并不限于感性的直觉的形象观感，它涉及更多的倒是理性的思维活动，例如《神思》篇提出“博见为馈贫之粮，贯一为拯乱之药，博而能一，亦有助乎心力矣”，博而能一这个观点，就含有分析、综合、推理、判断的意思，属于逻辑思维的范畴，如果将形象思维理解为“寓于形象的思维”，那么《神思》篇却是谈形象的思维少，谈抽象的思维多，如“陶钧文思，贵在虚静，疏瀹五脏，澡雪精神……”这段话不仅本身很抽象，而且讲的也是修养身心的抽象道理，因此简单地将“神思”解释为形象思维是不妥当的。

《神思》篇从论想象活动开始，谈到创作的主观作用，谈到作者的心神修养，谈到思理、意象和语言三者的关系，谈到文思迟速和作者气质的关系，最后又谈到作品的加工和提炼……可以说概括了创作的各个方面。范文澜、周振甫、牟世金等同志都认为《神思》篇是《文心雕龙》创作论的总纲，这看法多数学者都赞同。既然《神思》篇是创作论的总纲，牵引着以下的各个章节，那样就不可能用想象等单一的概念来概括“神思”的全部意义。我们认为对古代文论名词术语的解释和应用，应作具体分析，区别对待，有的名词概念本身比较鲜明，如“比、兴”，“比者，附也；兴者，起也，附理者切类以指事，起情者依微以拟议”读起来并不费解，类似这种术语，现在应用它，大家都能接受。有的术语古代是通行的，如“通变”，《系辞》所说“穷则变，变则通，通则久”，“通其变，遂成天下之文”这类话，古代一般有文化的人都懂，现在则不是通行语了，如果用现代语言“继承与变革”来解释，与原意基本相似，类似这样的术语，可以简单明了地用现代语意来代替，如“神思”这类内涵多义的词句最好多在深入浅出的分析上下工夫，帮助读者理解，不宜作简单的类比。

二

“神与物游”是《神思》篇的重要观点，但是如何理解这个重要观点，大家看法并不一致。有的理解“神与物游”是心物交融，物来神往；有的理解“神与物游”是以神及物，物由神取。前者，用现代观点来说就是主观世界和客观世界的统一；后者，则认为“神与物游，主要是讲创作的主观作用。我以为后一种观点比较符合《神思》篇的原意。“文之思也，其神远矣”，此处所说的“神”，应是指作者的主观精神。刘勰借用《庄子·让王》“形在江海之上，心存魏阙之下”这句来说明，可见他所谓“神思”是指作者的主观精神活动，不过这种精神活动，不是脱离客观世界的主观冥想，而是和客观世界有着直接或间接联系的思维活动。“故思理为妙，神与物游”，所谓神与物游，是以神及物，神是主体，物是客体，是主体去接纳客体。“神与物游”和“情景交融”含义不同，情景交融是指情和景的融合，神与物游是指作者游心于物，“心生而言立，言立而文明”（《原道》），刘勰认为在创作活动中主观作用居第一位。“神居胸臆，而志气统其关键”，因此从事创作首先要养神，心神修养是搞好创作的第一等事。“是以陶钧文思，贵在虚静，疏瀹五脏，澡雪精神……”要修养心神必须做到“虚静”，虚可妙识事理，静能默察万物，写作一定要神志清明，文思专一，不为偏见所蒙蔽，不因杂务而乱神，刘勰所谓“虚静”和释家所谓专思寂想“思专则志一不分，想寂则气虚神朗”（慧远《念佛三昧诗集序》）的精神状态颇相似，“神思”是刘勰对创作精神活动的设想，因此他特别强调作者的内在修养。当然，作者内在修养除虚静外还包括“积学以储宝，酌理以富才，研阅以穷照，驯致以绎辞”等方面。积累学问，辨析事理，体察物象，理章缀辞，都是作者应当具有的基本修养，但“虚静”是达到上述修养的基础，虚才能积，静才能察，所以说“陶钧文思，贵在虚静”。

刘勰认为“志气”是统“神”的关键，“关键将塞，则神有遯心”，“神有遯心”则文思枯竭，这充分说明“神思”主要是指创作时的主观精神活动。虽然刘勰不仅讲到“神”还讲到“物”，如“思理为妙，神与物游”。那么他所谓的“神”是如何与“物”相游的呢？请看：“故寂然凝虑，思接千载；悄焉动容，视通万里，吟咏之间，吐纳珠玉之声；眉睫之前，卷舒风云之色，其思理之致乎。”在气虚神朗、文思专一的情状下，万物随心，无往不达，无远不至，珠玉之声自出于口，风云之色自陈于目，这就是所谓“神远”，心想到哪里，物就显示在哪里，神思所及已远远超出人们感觉经验的范围，他以为神和物就是这样相游的。我们看这段文字恣纵谲丽，即使放在《庄子》文中也毫不逊色，这恐怕不单是修辞问题，而是表明刘勰提出“神思”这个特定的名词，可能受到庄子思想的影响。一部《文心雕龙》引用庄子文辞并不少见，而使用最多的要数《神思》篇，其中从庄文蜕化而出的文句，约有七八处之多，每当谈到文思妙用、心领神会的时候，刘勰反复援用“独照之匠窥意而运斤”、“伊挚不能言鼎，轮扁不能语斤”这样的话，我想决非偶然，若说刘勰“神思”神字的意思颇近于庄子《养生》篇所谓“官知止而神若行”、“神遇”神字的意思，不是没有根据的，他们都把主观精神作用夸大到神妙莫测的程度。有的同志认为“登山则情满于山，观海则意溢于海”这两句话是说移情作用，是的，这也是“神与物游”的具体描写，是以神及物的表现，山本无所谓情，是我情灌注于山，于是山就有情了；海本无所谓意，是我意漾溢于海，于是海就有意了；“我才之多少，将与风云而并驱矣”，我的才多，心中掀起的风云就大；我的才少，眼前显示的风云就少，是神制于物，物受制于神。神与物游中，神和物的关系，同《物色》篇“物色之动，心亦摇焉”，物和心的关系刚好相反，一是以心驭物，一是物使心动，刘勰在《物色》篇中谈到了情景交融问题，“神与物游”并不涉及到情景交融问题。

在创作活动中，作者的主观作用值得重视，作者的内心修养也应当注意，《神思》对此作了充分的阐发，引起大家关注是对的，但应当指出刘勰在《神思》篇中对此强调过分了，我们如果不加分析，一味推崇，就有可能陷入唯心主义的泥淖。当然，我们也不能以此来判定刘勰的创作思想就是主观唯心主义的，谁都清楚唯心主义这顶帽子在《文心雕龙》创作论部分是扣不上的，说《文心》创作论中的某些论点带有唯心主义色彩，这并不否定刘勰创作论主要观点具有唯物论思想，也不会影响它在文学史上的地位。我们认为唯物思想和唯心思想交杂在一起，在古代文论家身上是常会碰到的，我们应当作实事求是的分析，不要将带有唯心色彩的观点说成是唯物的，文论家毕竟不同于哲学家，对哲学家来说，唯心和唯物营垒分明。对文论家来说，当他掌握了某一事物的规律，他认识问题可能是唯物的，当他受宇宙观和人生观的限制，对问题看不清楚的时候，某些言论可能是唯心的，这种情况在文学史上并不少见，刘勰就是其中一个。

刘勰在《神思》篇虽夸大了创作的主观精神作用，而在别的地方他又认为作家的创作情绪是受客观事物的感召而发生的，例如在《时序》篇，刘勰归纳了从先秦到齐梁的文学发展的历史，认为文学的内容和风格是随时代形势发展而演变的，并作出“文变染乎世情，兴废系乎时序，原始以要终，虽百世可知也”的正确推论，他对时代和创作关系做了唯物主义的说明。在《时序》篇，刘勰对客观社会现实如何影响作家的主观意识，认识虽然还比较朦胧，但终究已经看到了一些。在《物色》篇，刘勰明确地提出了自然景色影响作者的创作情绪、物使心动的观点之后，接着又提出作家内在感情起反射作用于客观景物，“随物宛转”和“与心徘徊”两者统一的观点，并且进一步阐述了“情以物迁，辞以情发”物、情、辞相互关系的朴素唯物辨证的创作思想，在当时实为难能可贵。

《时序》、《物色》较《神思》跨前了一大步，可说是刘勰创作思想的重要发展。

我们认为刘勰的文艺思想存在不少矛盾，《文心雕龙》总体论的基本观点和创作论的基本观点既有一致的地方，也有矛盾的地方，在创作论各篇之间的观点也既有统一的一面，又有矛盾的一面。正由于《文心雕龙》体大思周，有它体系的完整性，而同时又有内在的思想矛盾，因此形成《文心雕龙》思想体系的复杂性，也正因为有其复杂性，所以刘勰的文艺思想才需要进一步探讨。

（1993年8月群言出版社《文心与禅心》）

《风骨》简析

《风骨》篇是《文心雕龙》争议较多的一篇文论。争议的焦点是对“风骨”两字的不同理解。有的认为风含文的意、志、情、气，属于内容方面；骨是指文章的结构和修辞，属于形式方面。有的却反过来，认为“深于风者，述情必显”，风是情的表现形态，属于形式方面；骨则是立辞之本，“辞之待骨如体之树骸”属于内容方面。也有的认为“风骨”就是风格，是指一种刚健有力的风格，包括内容和形式两个方面。我们认为上述几种观点，从局部来看都有其正确一面，但从整体来论，却都嫌不够全面。

《风骨》篇是刘勰针对永嘉以后，文少风力、竞趋绮靡、体格日卑的文风，而作《体性》、《定势》、《情采》、《熔裁》等一系列“匡谬正俗”的文论中很重要的一篇。上列这些篇章各有主题，但又互相关联：如《体性》篇提出“典雅”、“壮丽”、“轻靡”等八体，对其他各体多用褒词，而独贬“轻靡”一体，说“轻靡者，浮文弱植，缥缈附俗者也”。刘勰认为文之壮与轻的区分，在于是否有气和志，指出“气以实志，志以定言”，又称志是文之“骨髓”，强调了用文的志气。如《定势》篇指斥“近代辞人，率好诡巧”，为纠正“失体成怪”、“逐奇失正”的流弊，提出“因情立体，即体成势”的本旨，认为势本于情，“形生势成”、“情采自凝”是情的自然表现，强调了行文的体势。如《情采》篇反复提出作文要有真实的感情，主张“为情而造文”，反对“为文而造情”，菲薄无真情实感、淫丽烦滥的文词，强调了作文的真情。如《熔裁》篇认为作文首先要“规范本体”，把主干立正，同时要“剪裁浮词”，将芜杂去掉，行文要做到“情周而不繁，辞运而不滥”，强调了结构的精练。

上述各篇以及《文心雕龙》的其他有关文章，都是对当时那种矫情造作、纤弱无力、以文灭质的文风的针砭。归纳其大意，不外二点，一反对浮文弱植、繁采寡情的文章，而主张作文应当重志气，重情性；二反对繁华损枝、淫丽烦滥的文辞，而崇尚依情待实，文质相符的文采、涉及的都是内容和形式的关系问题。不过上述各篇都是从不同的角度来论述这对关系，而《风骨》篇则是论述内容和形式关系比较全面的一篇专论。刘勰用比喻性的修辞，撷取“风骨”两字，作《风骨》篇来正文寡风力之弊。风和骨两字，本来各有独立的含义。刘勰将它们连在一起组成“风骨”一词，就具有了特定的含义。风不离骨，骨不离风，既不能说风指内，骨指外；也不能说骨树体于内即是内，风显形于外即是外。其实，两者是互涵内外的统一体。它也不是单纯地指一种刚健有力的风格，而是刘勰认为好的诗文应当具有的素质。

什么叫做“风”？关于风，《毛诗》的阐释是“上以风化下，下以风刺上，主文而谲谏，言之者无罪，闻之足以戒，故曰风”。刘勰采用《毛诗》释义，并有所发挥，称述风是“化感的本源，志气之符契”。所谓“化感之本源”也就是指“上以风化下，下以风刺上”诗的社会影响。“志气之符契”指的是诗人内在情志的形象化。诗人受感于物，发情于内，于是形诸于诗章，来“感物吟志”、“吟咏性情”。如果他所吟咏的情志既真实又有社会意义，能激起人们的共鸣，能起感染教化的作用，这样的诗就可称之为风。所以说“惆怅述情，必始乎风”。“诗言志”，诗人越能关情于社会，越是重视诗的“化感”作用，诗人的志就愈大，情就愈深，所以说“深于风者，述情必显”。能起教化作用的情就是含风之情，有感染能力的风就是含情之风，两者互为一体。“风”从狭义来说，是诗的一种体式，有别于“雅”和“颂”；从广义来说，是指作品所起潜移默化的社会影响。《风骨》篇的风，是从广义来说的。它特别强调作品的社会影响。

诗是“吟咏性情”的，是诗人情志的流露，那么是不是所有述情的诗，都可以称作风呢？不然，刘勰所谓“情之含风，犹形之包气”，含风之情，是指有“气”的情，也就是说要“情与气偕”，才始得风人之旨。如果“思不环周，索莫乏气，则无风之验也”。有情而乏气，也不能成其为风。

那么“气”又是什么呢？关于气，中国古代哲学家各有各的说法：庄周所谓“大块噫气，其名曰风”(《齐物论》)，这气是指自然界的风。孟轲所谓“我善养吾浩然之气”(《公孙丑上》)，这气是指人的精神境界。刘勰所说的气，我认为两者兼而有之，而主要是指人的精神境界。“情之含风，犹形之包气”，风和气也是一而二，二而一的。刘勰论及气的地方很多，总起来看大体指两个方面，一种是指人的精力、精神，如《养气》篇“凡童少鉴浅而志盛，长艾识坚而气衰。志盛者思锐以胜劳，气衰者虑密以伤神”。显然是指人的精力。“吐纳文艺，务在节宣，清和其心，调畅其气，烦而既舍，勿使壅滞”。很清楚，这里所说的气和精神相关。另一种是指人的秉赋、才性，如《体性》篇说“气有刚柔”，又说“风趣刚柔，宁或改其气”，意思是说文辞风格或刚或柔，都跟作者气（秉性）的刚柔密切相关。在《风骨》篇则完全肯定曹丕《典论》“文以气为主，气之清浊有体，不可力强而致”的观点。人各有其性，因此也各有其气。曹丕说“文以气为主”，刘勰说“笔墨之性，殆不可胜，并重气之旨也”，都主张作文要重气。也即是说写诗作文，要发挥作者独有的秉赋才情，做到“情与气偕”。如果作者蕴涵的情是真的，气是壮的，境界是高的，在社会上能起感化作用，并有积极影响的，这样就符合了刘勰所谓“风”的要求，这类作品就有风的精神。

什么叫“骨”？关于“骨”，刘永济先生解释为“喻文之事义”(《文心雕龙校释》)，我认为这是符合刘勰所谓骨的本意的。《附会》篇说得很明白，学文“必以情志为神明，事义为骨髓（鲠），辞采为肌肤，宫商为声气”，事义就是文骨，骨所含的义和理，正与风所含的情和气相呼应。“沉吟铺辞，莫先于骨”，斟酌辞句，是为了恰切地表达事义，事理不明，含义不清，自然用辞也是不清不明的，所以做文章首先要考虑事理含义，而不是脱离事义，先去斟酌辞句。事理明，含义清，用辞才能做到恰切、精练，这就是所谓“练于骨者，析辞必精”，骨不是辞，但骨制约着辞，骨是辞的内核，“故辞之待骨、如体之树骸”。如果诗文内涵的义理浅薄，而拼命堆砌辞藻，在外表上着色，那必然是“瘠义肥辞，繁杂失统”，这就是“无骨之征”。由此可见，骨也和风一样都是属于内容的范围，不是属于形式的范围，有的同志之所以把骨看做形式，主要是将骨和辞等同起来了。其实不然，骨和辞密切相关，但骨不是辞，辞不是骨。辞可以有骨，也可以无骨，有骨的辞“捶字坚而难移”。无骨的辞就是“肥辞”，“肥辞”就是弱于理义，而滥于辞藻。把骨和辞等同起来，认为风是文意，骨是文辞，风和骨的关系，就是文意和文辞、内容和形式的关系，作这样理解，和原意是有出入的。我们以为风和骨都是属于内容范畴，风主情、气，骨主义、理，情、气、义、理都是内容所含的各种因素，它们相互间是水乳交融浑然一体的，不同于内容和形式对立统一的关系。

确实，《风骨》篇详尽地论述了内容和形式的关系，但不是指风和骨的关系，而是指“风骨”和辞采的关系。“若丰藻克赡，风骨不飞，则振采失鲜，负声无力”，如果辞采很丰美而风骨不显扬，那么这样的文字是不会有生气和力量的，这是从反面来论说形式不能脱离内容。接着刘勰又从正面来阐明，创作诗文，酝酿构思，首先要“守气”，内容充实了，诉之于文辞，诗文又显得光华，“是以缀虑裁篇，务盈守气，刚健既实，辉光乃新”。辞采是不可少的，但首先要树立风骨，有风有骨，才能述情显，析辞精。但也不是只重风骨，不重文采。刘勰认为文采和风骨应当协和，有藻采无风骨，好比雉鸡，毛羽很美，可是飞不起来，因为“肌丰而力沉”。有骨力无丰采，好比鹰隼，虽然骨劲气猛，能一飞冲天，可是羽色不美。比之于文章，两者都有欠缺，“若风骨乏采，则鸷集翰林。采乏风骨，则雉窜文囿。”对诗文来说，风骨和辞采都是不可缺少的。不过，针对当时“文寡风力”、“情不胜辞”的文坛风气，刘勰在两者之间就更强调风骨。刘勰认为好的诗文，应该是既要“藻耀”又能“高翔”，既富文采，又有骨力，“唯藻耀而高翔，固文笔之鸣凤也”。如何达到这样高的要求呢？刘勰又进一步提出作者要学习经典著作，要了解文术的变化、文章的体式，写文章要意新而不乱、辞奇而不黩。意要新，辞要奇，而又不乱，不黩，就必须先练风骨，否则就不会成功，“若骨采未圆，风辞未练，而跨略旧规，驰骛新作，虽获巧意，危败亦多”。诗文要创造新的意境，运用秀美的辞藻，还得要以风骨为主干，这就是《风骨》篇所论述内容和形式的关系。总起来说《风骨》和《体性》、《定势》、《情采》等篇一样坚持文质统一，不过《风骨》篇突出地阐明质的内涵是“风骨”，是“情与气偕”的“风力”，“辞共体并”的“骨鲠”。所以我们认为要了解《风骨》的基本精神，必须先从刘勰提出文质相符的文艺观的总体来看，结合当时文坛情况来分析，才能搞清风骨的含义及其“正谬纠俗”的针对性。

（1993年8月群言出版社《文心与禅心》）

《通变》辨释

“通变”是我国古代反映事物变革关系的一个哲学概念，含有朴素的辩证法因素。《周易·系辞下》所谓“穷则变，变则通，通则久”，扼要地阐述了事物发展的阶段性和连续性。任何一种事物，发展到一定阶段，总会受到某些限制，影响这一事物的继续发展，乃至到了所谓“穷”的境地。事物发展到了“穷”的境地，有可能产生两种情况：一种由“穷”到“尽”，这一事物的生命力就此消亡；一种是由“穷”到“通”，使这一事物“通”到新的境地，滋生出一种新的生命力，这就是《系辞上》所说的“往来不穷谓之通”。所谓“通”就是不穷的意思。但是如何使“穷”而能“通”呢？中间一个很重要的环节，就是“变”，“穷则变”，穷而能变就通，穷而不变就亡。“变”是事物继续发展的关键，任何事物的发展都要经过“变”，“通其变，遂成天下之文”（《系辞上》）。司马迁著《史记》的指导思想“究天人之际，通古今之变”，《史记》是一部有生命力的史学巨著。刘勰著《文心雕龙》人称“体大思精”，他之所以能深究诗文创作的规律，其中一个重要的因素，就是他比较透彻地了解“文律运周，日新其业，变则其久，通则不乏”（《通变·赞》）的道理，《通变》篇就是阐述这个道理的专论。

“设文之体有常，变文之数无方”，《通变》首先提出“常”和“变”的问题。“常”我们可以理解为稳定性，“变”我们可理解为活跃性。一种文体的形成，有其一定的过程，但当它已形成一种体式以后，就具有相对的稳定性，刘勰所谓“凡诗赋书记，名理相因，此有常之体也”就是指此。以“诗”来看从四言到五言到七言，虽有其漫长的发展过程，但当它已形成一定的体式之后，这个体式就是相对稳定的。总之，诗之所以称之为“诗”就必须具有诗的基本特性和基本体式，否则“名理”就无从“相因”，也就不能称其为诗了。所以不论是诗赋书记或是论说史传，都各有其基本体式和基本特征，就这方面说是有常的，是相对稳定的。但是“文辞气力，通变则久”，其语言风格，其表现方式，其具体内容，却因时因事因人而异，不能用一个模子来套，任何一种文体如果只能用一种模式，不能变化，没有发展，那么这种文体就要被淘汰。以具体的作家作品来说，一个有成就的作家，一部有影响的作品，因为能给文苑增添新的色泽，所以才会被人们所称道。如果只是因袭，不能创新，那样的作品就不会有什么大影响，迟早会被人遗忘。“文辞气力”是创作中最活跃的因素，它是因人而异，因时而变，没有固定不变的法式。所谓“通其变”就是要处理好“常”和“变”的关系，也就是说要处理好稳定性和活跃性的关系。

那么如何处理好“常”和“变”、稳定性和活跃性的关系呢？刘勰主张要将“资于故实”和“酌于新声”两方面结合起来，他说“名理有常，体必资于故实。通变无方，数必酌于新声”，相对稳定的各类文章体式，有一定的规矩可循，而文术的变革，却没有固定的方法，要根据新的内容采用新的形式。“通变”就是要循“有常”之“故实”，创“无方”之“新声”。刘勰认为后世的各种文体，都是从《易》、《书》、《诗》、《礼》、《春秋》等经典著作中派生、衍变出来的，“论说辞序，则《易》统其首；诏策章奏，则《书》发其源；赋颂歌赞，则《诗》立其本；铭诔箴祝，则《礼》总其端；纪传铭檄，则《春秋》为根”（《宗经》）。在刘勰看来，由“五经”而派生出各类文体，其行文之术虽然千变万化，但其指归则须是：“文能宗经，体有六义，一则情深而不诡，二则风清而不杂，三则事信而不诞，四则义直而不回，五则体约而不芜，六则文丽而不淫”。这“六义”明眼人一看就知道，并不是“经”

的本然，而是刘勰的使其然，也即是说刘勰借“经”的名义，提出自己论衡文术的准则。不过这“六义”将行文之道说得很全面、通达，为众所公认。

“五经”和由“五经”派生的各类文体的特性，以及刘勰归纳的“六义”，也就是刘勰要“资”的“故实”。不过“资于故实”并不是要后世人去因袭、拟古，而是要大家以“六义”为准的，参照旧式，发展新体。“变则其久，通则不乏”，《通变》的着重点在于“变”。那么又如何来“通其变”呢？刘勰说“通变无方，数必酌于新声”。文术变化无穷，无法式可循，“资于故实”只是为了掌握这一文体的特性及可资学习的范例，使后人在“酌新声”时，不要“失体成怪”、“逐奇失正”(《定势》)，而要“禀经以制式，酌雅以富言”(《宗经》)。但是主旨在于“变”，而“变”的紧要处在于“酌新声”。

什么是“新声”？关于“新声”，我们可以从内容和形式两方面来探讨。“时运交移，质文代变”(《时序》)，从内容方面来看，朝代变了，诗文的风貌自然会和上一朝代有所不同。且以《时序》篇所举的陶唐时“德盛化钧，野老吐何力之谈”及“幽厉昏而板荡怒”这两个例子来说吧：唐尧时，人剥削人的情况还没有产生，人们感觉不到统治者对他们有什么压力，所以才会发出“尧何力于我也”舒畅的心声；西周后期，厉王昏庸，民有怨恚，使关心周王朝命运的人感到忧虑，于是“靡不有初，鲜克有终”这样的诗句，就在《荡》诗篇中出现了。“故知歌谣文理与世推移”(同上)，那种“与世推移”的歌谣文理，就是新声。“新声”从内容来说，是指随时代经济政治形势和精神风貌的变迁而不断出现的新内容。同时还得看到“时运交移，质文代变”不仅指诗文的内容随时代转移而起变化，而且从表现形式来看，形式的变化比内容的变化更明显，“黄歌断竹，质之至也……夏歌雕墙，缛于虞代；商周篇什，丽于夏年……”由质而丽，说明文辞随时代推移而逐渐丰富。后一时期吸取了前一时期的艺术经验，使文辞的表现力更加丰美，“楚之骚文，矩式周人，汉之赋颂，影寄楚世……”这是文术发展的必然趋势。《物色》篇也谈到“古来辞人，异代接武，莫不参伍以相变，因革以为功”，只有代有变革，才能日新其业。而变革的基因是“酌于新声”，只有不断地吸取新的东西，才始能“参伍以相变”促进文术的变革。“文变染乎世情，兴废系乎时序”。《时序》篇中这两句话很关紧要，文变决定于世情的变化，世情变了，文术就相应而变，这两句话包括新的内容和新的形式，我认为刘勰所说的“新声”就是指此。因此，我们说刘勰的文学史观基本上是革新的，不是复古的。

清人纪昀和近代黄侃都认为刘勰作《通变》旨在“变新复古”（转引范文澜注），这说法可以商榷。在纪昀看来《通变》是由于“当代之新声，既无非滥调，则古人之旧式，转属新声，复古而名以通变，盖以此尔。”这是只见其一，不及其二。不错，刘勰对晋宋以来的文辞，是持批判态度的，尤其对“宋初讹而新”的文风更不以为然，指斥它“竞今疏古，风味（末）气衰”，认为要改变这种文风，须得“矫讹翻浅，还宗经诰。”如果光从这几句话来看，似乎是在主张复古，但是和下文“斯斟酌乎质文之间，而檃括乎雅俗之际，可与言通变矣”联起来看，就不能认为刘勰是以“复古名以通变”了。我们从“练青濯绛，必归蓝茜，矫讹翻浅，还宗经诰，斯斟酌乎质文之间，而檃括乎雅俗之际，可与言通变矣”一整段文字来论，可以清楚地看出这段话是对“资于故实”和“酌于新声”两者关系的进一步阐发。刘勰肯定商周以前的篇什，虽然有质、文、雅、丽之不同，但是“序志述时，其揆一也”。刘勰用“序志述时”作为审定诗文的法度，他所肯定或否定的，不在于文辞是质还是华，是雅还是艳，而在于是否“序志述时”。他在《情采》篇肯定“诗人篇什，为情而造文”，否定“辞人赋颂，为文而造情”。因为“为情者要约而写真”是“序志述时”的，而“为文者淫丽而烦滥”是远弃风雅，背离了“序志述时”的准则。他批判刘宋以后的篇什是“讹而新”，所谓讹而新，指的是以讹为新，反对是讹不是新。他不仅不反对新，而且还提倡酌新声，主张要“以意新得巧”（《定势》），新要新在立意上，而不是用“颠倒文句，上字而抑下，中辞而外出，回互不常”的方式来“穿凿取新”，更不能用“失体成怪”的诡巧之辞，来逐新趋异。刘勰批判“宋初讹而新”是由于宋时文人抛弃了“序志述时”的准则，而去追求诡巧之辞、失体之文，所以说它是“竞今疏古，风末气衰”。纪昀强调了“矫讹翻浅，还宗经诰”的一面，认为法古人之旧式，是《通变》的主旨；而忽视了“斟酌乎质文之间，而檃括乎雅俗之际，可与言通变”的另一面。如果刘勰单纯以旧式为新声，那就直截了当以“黄唐淳而质……商周丽而雅”为法式就是了，又何必要去“质文之间”、“雅俗之际”来斟酌推敲呢？显然，《通变》之主旨，不是指法古之旧式，以古为新；而是指“时运交移，质文代变”，经过“变”而产生的时代的新声和以“意新取巧”诗文的新意。“资于故实”并不能变，必须“酌于新声”才可言通变，不过“酌新声”要和“资于故实”结合起来，要循着有常之体，去酌新声，通其变，这样才不会出现像宋初那种以诡巧、反正为新奇的反常现象。刘勰批评“竞今疏古，风末气衰”的文风是指宋齐特定历史情况而言，不能孤立地拿这句话来当做刘勰主张复古的论据。

至于如何将“资于故实”和“酌于新声”结合得好，《风骨》篇有段文字说得很具体，可以参照，“若夫熔铸经典之范，翔集子史之术，洞晓情变，曲昭文体，然后能孚甲新意，雕画奇辞。昭体故意新而不乱，晓变故辞奇而不黩”。意思是说作者著文要以经典著作为规范，又能博览群籍，掌握文术变化的规律，了解各类文体的特征，在此基础上来创作新辞，表达新意。既要“参古定法”又能“望今制奇”，就可以做到“意新而不乱”，“辞奇而不黩”。这段文字把“资于故实”和“酌于新声”两者如何统一的关系说清楚了。“资故实”是为了使后来者能循规矩去开拓新境。《通变》篇最后一段文字，又重述了这一精神，并且将“通变”和情气联系起来，进一步提出“凭情以会通，负气以适变”的重要论点。刘勰论文很重情气，每每将情和气联词并用，如“情之含风，犹形之包气”、“情与气偕，辞共体并”（均见《风骨篇》），情和气是诗文内涵的情志意气，都要通过文辞来表达，文体来显示。《物色》篇写道“情以物迁，辞以情发”，“物色”更新了，新的情思就会感物而生；随情而发的辞意，自然也因之而新。《体性》篇写道：“风趣刚柔，宁或改其气”，又说“气以实志，志以定言”。气是作者各自独具的才性，也是形成作家风格的内在素质，情和气都是“酌新声”必须具有的因素。“通变无方，数必酌于新声”，通变没有固定的法式，它的方法是善于在质文之间、雅俗之际，酌取新声，所以必须要“凭情而会通，负气而适变”，范文澜同志说这两句话是“通变之要本”很对，说明文术的变革不是要作者用诡巧之辞，反正之体，去追新逐奇，而是靠作者有“望今制奇”的情志和才气去创新。《通变》虽然强调要“资于故实”，要“参古定法”，而其本意，却是要求文学掌握“通变之术”，能“骋无穷之路，饮不竭之源”，使“文律运周，日新其业”。“通变”旨在革新，不在复古。

至于刘勰谈到“夸张声貌，汉初已极”时，列举枚乘、司马相如、马融、扬雄、张衡等夸张声貌的文辞为例说“广寓极状，而五家如一，诸如此类，莫不相循”。这个例子，本人认为有点“引喻失义”了，如果仅以这一例子来看，会使人误认为“通变”只是“循环相因”，这和刘勰“参伍因革，通变之数”的观点是自相矛盾的。但这只能说是智者千虑之一失，并不能据此而定《通变》为复古。

（1993年8月群言出版社《文心与禅心》）

《隐秀》臆札

一

组成《文心雕龙》的“文之枢纽”、“论文叙笔”、“割情析采”三大部分中，《隐秀》篇应属“割情析采”的部分，是探讨文学创作内部规律的篇章之一，它在言“为文之用心”中的重要性不亚于《风骨》、《情采》、《比兴》、《物色》等篇章，正如黄侃《札记》所说“隐秀之义，诠明极艰，彦和既立专篇，可知于文苑为最要”。既是文苑之最要，而今留存的篇目又是脱漏很多、文字不全的残篇，因而格外使研究《文心雕龙》的学者感到惋惜。于是就有人想补足《隐秀》的漏文，明人钱功甫所钞阮华山本就是其一，钱钞本语多漏洞，不像彦和所作，纪昀对它剔露甚详，认为是明人伪托。不过虽然是伪托之文，但也是前人对《隐秀》篇经过细心琢磨后写出来的，不无可取之处，如刘勰原文对隐之含义说得详赡完备，而对秀只见寥寥数语，脱落甚多，明人伪托之文就补上“彼波起辞间，是谓之秀，纤手丽音，宛乎逸态，若远山之浮烟霭，娈女之靓容华。然烟霭天成，不劳于妆点；容华格定，无待于裁熔；深浅而各奇，秾纤而俱妙，若挥之则有余，而揽之则不足矣”。显然这是矫意为文，不类刘勰所作，但后面写到“故能藏颖词间，昏迷于庸目；露锋文外，惊绝乎妙心。使蕴藉者蓄隐而意愉，英锐者抱秀而心悦……”这几句话，倒颇能说明隐秀的精神，可资参考，不因是伪托之文而不屑一顾。

后来，黄侃发现宋张戒《岁寒堂诗话》引用刘勰“情在词外曰隐，状溢目前曰秀”两句话，认为这是真《隐秀》篇之文，而这两句话却是传于世的《隐秀》篇所没有的，于是他揣摩刘勰作《隐秀》之本旨，就这两句话的原意，铺扬敷衍另作一文。无疑黄侃的文章，就文论文，不失为精心之作，文之开端说明“文以致曲为贵，故一义可以包余；辞以得当为先，故片言可以居要。盖言不尽意，必含余意以成巧；意不称物，宜资要言以助明，言含余意，则谓之隐，意资要言，则谓之秀。……然则隐以复意为工，而纤旨存乎文外，秀以卓绝为巧，而精语峙乎篇中，故曰：情在辞外曰隐，状溢目前曰秀。大则成篇，小则片语，皆可为隐；或状物色，或附情理，皆可为秀”，这段文字言简意赅，对隐秀含义阐发甚明，虽不是刘勰原作，但不失原文之精神。当然黄文也有未能尽如人意的地方，如引喻过繁，不无买椟还珠之失。不过黄侃作此文的用意很明白，“是仰窥刘旨，旁辑旧文，作此一篇，以备采搴”，是为了帮助读者全面了解《隐秀》篇的含义，并不是冒名伪托，也不是另立他说，王利器先生认为“黄氏之作，进退皆失其据，彦和所谓‘将以立论，未见论立者也，”（见《文心雕龙》校证本《隐秀》篇校）。这怕是求全的责备吧。

我们认为《隐秀》篇既有漏文，让关心它的人凭各自的才识、各自的臆想去补足去充实，将这一属文苑之最要的艺术手法，为更多人所关注，是无可厚非的。

二

《隐秀》篇隐与秀两字，如果分开来解释，那么隐和秀都有各自独立的意义，如果将这两字合在一起，那么彼此又是互相依存、不可分离的一体。正像《情采》篇的情和采，《风骨》篇的风和骨，《比兴》篇的比和兴一样，分开来说情和采、风和骨、比和兴，每一单字都有其独立的含义，而联结在一起，则又是两者融会一体，成为有丰富内涵的统一的概念了。刘勰在“割情析采，笼圈条贯，摛神性，图风势，苞会通，阅声字……”（《序志》）阐发创作内部规律部分，常用类似的修辞手法来表述问题。当然不单纯是修辞问题，更重要的还在于刘勰善于用联辞并举、互文足义的修辞手法来揭示“左提右挈，精味兼载”（《俪辞·赞》）篇章与目的内在关系，这也可说是刘勰论文思虑周密、左右逢源的一个标志。

刘勰在《文心雕龙》创作方法论部分列入《隐秀》这一篇目，也像《风骨》、《时序》、《物色》等篇目一样，既是历代作家创作经验的总结，又是前人提出过类似论点的发展和系统化。如“隐秀”之隐的概念的形成，前可以推溯到《周易·系辞》所载“子曰：‘圣人立象以尽意，设卦以尽情伪，系辞焉以尽其言，变而通之以尽利，鼓之舞之以尽神’”。这段话可看做“隐”字之源。由于“书不尽言，言不尽意”文字不能将语言的原意表述得完美无缺，语言又不能将胸中之意表述得透彻入微。既然“意”的纤旨为语言所讲不尽的，那么“意”是不是无法使人了解了呢？不，语言表达不出的意，可以用“象”来显示，“立象以尽意”，观察“象”可以测知“意”。《系辞》所说的“象”是指卦的爻象，是古人用它来推测事物变化的象征性的符号，根据这类象征性符号的变化，可以意想各类事物间的联系和变化，“变则思穷”以此推想可以联类无穷，通过象可以联想言所不能尽的意。《系辞》归纳这类符号及说明符号的文字为“称名也小，取类也大”。古人以《易》来推测宇宙万象、人间万物，属于哲学的范畴，而“立象以尽意”、“称名也小，取类也大”这类观念，却很适宜用它来分析复杂的文艺现象，既可以用它来说明以少寓多，以小见大，形象大于思想的艺术性能；又可以用“立象以尽意”的道理，来理解形象和思维的关系（当然是不完善的）。汉时就有人用这话来分析文学作品含量，评价文学作品的深度和广度，如司马迁的《史记·屈原列传》评价《离骚》为“称文小而其指极大，举类迩而见义远”，就取意于《周易·系辞》。到了魏晋南北朝用这观点来评诗论画的就更多了，如晋陆机的《文赋》就用此意来描述作家的艺术构思和创作活动，“函绵邈于尺素，吐滂沛乎寸心。言恢之而弥广，思按之而愈深”。不就是言小指大、辞约旨丰意思的引申吗？南北朝宋时画论家宗炳的《山水画序》也谈到以小寓大的画法，“令张绡素以远暎，则昆阆之形，可围于方寸之内。竖划三寸，当千仞之高；横墨数尺，体百里之迥。是以观画者，徒患类之不巧，不以制小而累其似，此自然之势。如是则嵩华之秀，玄牝之灵，皆可得之于一图矣。”竖划三寸，可以显示千仞之高；横写数尺，可以透示百里之遥，这是“立象以尽意”观点在绘画艺术上的发挥。以此我们推想刘勰提出“隐秀”的本旨，理论上得之于《易》之《系辞》，是《征圣》篇所谓“隐义以藏用”思想的发挥；从实践意义上来说则是得之于前人的创作经验，并作了更详尽、更系统的阐发。他写道“文之英蕤，有秀有隐。隐也者，文外之重旨者也；秀也者，篇中之独拔者也，隐以复意为工，秀以卓绝为巧，斯乃旧章之懿绩，才情之嘉会也。夫隐之为体，义生文外，秘响旁通，伏采潜发，譬爻象之变互体，川渎之韫珠玉也”。何谓“文外重旨”？周振甫先生《文心雕龙的注释》对此解释为“文辞中没有说出的意思，说出的是一层，没有说出的又是一层，所以称重旨，称复意”。就辞义来讲，解得清楚明白，而就其内涵来说，我们认为尚须和“隐之为体，义生文外，秘响旁通，伏采潜发”四句话连起来看，才能理解完全。“义生文外”话已说清，而其情其意尚须让读者在文字之外去意会，也就是说作品内中深意，在作者明言之外，还留有余意，让读者去思索；“秘响旁通”可以由此及彼，启发读者想象和联想；“伏采潜发”是言情在先，得意于后，使作品耐读耐想，后味无穷。文学作品不是说明书，只要清楚明白就行，文学作品有时需要不清楚的清楚，不明白的明白。所谓不清楚的清楚，是说文辞不可太直露，而要诱发读者去意会作品所含的情理；所谓不明白的明白，是说作品内容不要一眼被看穿，而要激起读者联想的兴味，由此及彼，举一反三。用作者的智慧去激发读者的智慧，能使仁者见其仁，智者得其智，鉴赏力强的能知其深，鉴赏力弱的能识其浅，雅俗共赏，深浅各得其宜。刘勰论隐字的美学意义，在“秘响旁通，伏采潜发”八字中最见功夫，这八字将创作思维和感受心理结合起来，为后人的创作和作品欣赏探索出一条引人入胜的蹊径。唐司空图《与李生论诗书》提出诗要有“韵外之致”，认为“近而不浮，远而不尽，然后可以言韵外之致”。所谓韵外之致，他以味觉来比喻“梅止于酸，盐止于咸，而味在咸酸之外”。这种所谓韵外之韵，味外之味，正是“秘响旁通，伏采潜发”八字的形象化。以后诗家所提出的“别趣”说、“兴味”说、“神韵”说、“性灵”说等，论点虽异，却无不和“秘响旁通，伏采潜发”八字所揭示的创作思维和感受心理有联系。

《隐秀》篇对隐字阐发得如此精妙，因而我们可以从刘勰隐字精妙的阐发推想秀字一定也有巧思妙语，遗憾的是这部分巧思妙语被漏脱了，我们只好从现存的文字中去推测。现存篇目中关于秀的论说仅有“秀也者，篇中之独拔者也”、“秀以卓绝为巧”、“雕削取巧，虽美非秀矣”、“篇章秀句裁可百二”几句，加上《赞》“言之秀矣，万虑一交”约五处。按照《文心雕龙》俪辞对举的写作体例，谈到秀的部分也应有像“秘响旁通，伏采潜发”类似的精心之笔，而篇中却未见这类文字，使我们无法识其全璧，十分可惜。不过从篇中已经提到秀的地方，以及张戒《岁寒堂诗话》所引“状溢目前曰秀”的话来看，可以想到刘勰对秀的美学要求是很高的。秀是篇中之独拔，秀以卓绝为巧，独拔、卓绝是秀的美学标准。“雕削取巧，虽美非秀”这句话表明两点：一、秀要出之于自然，不是矫情造作所能得；二、秀比美的境地要高，秀是美的，但美的不一定就秀。“言之秀矣，万虑一交”、“篇章秀句，裁可百二”都说明秀句来之不易，既要费工夫，又要得来全不费工夫。

秀的要求那么高，那么何等模样的文辞才称得上秀呢？刘勰在《征圣·赞》写道“精理为文，秀气成采”，秀和气相联，美可得之于外，秀则成之于内，秀是内秀，气储于内，秀形于外，内涵清气露于外则秀。《风骨》篇写道“意气骏爽，则文风清焉”，文风清就是秀，秀得之于意气骏爽，所以说“缀虑裁篇，务盈守气”。因为秀和气相通，而气又出之于作者本性，“风趣刚柔，宁或改其气”（《体性》），气是个性化的，有的作者气刚则写出来的文章就露刚气，有的作者气柔则写出来的文章就含柔气，文章的秀气出之于作者“骏爽之气”，“才有庸俊，气有刚柔”（《体性》），作者没有内在的骏爽之气，就写不出秀句，“秀以卓绝见巧”，决非雕采堆藻所能做到，“若气无奇类，文乏异采，碌碌丽辞，则昏睡耳目”（《丽辞》），没有作者独特的才气，写出的文辞就不会有异采；没有个性特点，索莫乏气，文辞雕琢得很美也不会引起读者的兴趣。由此推论，我们认为刘勰在《征圣》篇所指“秀气成采”的秀和《隐秀》篇所提的秀是一个意思。“状溢目前曰秀”是从修辞学角度来说明秀的艺术表现力。“秀气成采”从本质上说明秀是气的一种表现，秀以气为内涵。将内在的秀气和“状溢目前”的表现力融会一体，才是《隐秀》篇秀字的本义。因此，我们理解“隐秀”之秀包含着三个因素。

其一是“状溢目前曰秀”，指的是文字的表现力，刘勰称赞屈原文辞“惊采绝艳，难与并能”，因为他“叙情怨，则郁伊而易感；述离居，则怆怏而难怀；论山水，则循声而得貌；言节候，则披文而见时”（《辨骚》），我们认为这段文字是“状溢目前”的最好说明。

其二是“篇中之独拔”，指的是出类拔萃、醒人耳目的警句，也就是陆机《文赋》中所说“立片言以居要，乃一篇之警策；虽众辞之有条，必待兹而效绩”。秀以卓绝为巧，显然“卓绝”不是指独秀，而是在全篇文字中卓然颖出，起左提右挈、发人深思的作用。秀又是指文辞之精华。

其三是“秀气成采”，秀是指风清骨峻、意气骏爽的文风和“思合自逢”、不假外求的创造性。陆机《文赋》也提到“谢朝华于已披，启夕秀之未振”，创作不是重复他人已说过的话，而是要独抒己见，发人所未发。秀是指骏爽的文风和独具异采的创造性。

刘勰所谓秀是多义性的词，用单一的注释不易表述清楚。许多注家和补漏文章喜欢用寻章摘句的办法，来说明这类文句是秀句，这类文句不是秀句，这恐怕只能说明其一，不能将秀的本义说完全。虽然《隐秀》篇也摘“朔风动秋草，边马有归心”之句来说明“气寒而事伤，此羁旅之怨曲也”，但篇中只此一例，不足以推论其余，倒是刘勰认为篇章秀句都是“思合自逢”自然出之，“非研虑所谓”不是苦思冥求所得，这一意思值得思考，如果用寻章摘句的办法来分析何谓秀，何谓不秀，可能会把活文解死。

三

《隐秀》篇的隐和秀，可说是分则两义，合则一体。我们除了分别弄清隐和秀的含义外，更要将两者联在一起来理解刘勰《隐秀》篇的本旨。

《情采》篇刘勰写到“文采所以饰言，而辩丽本于情性”。说明情性是根，文采是叶，情性是本，文采是表，文章一定要表里一致，情采相符。如果说隐“文外之重旨”类乎情性，是本是里，那么秀“篇中之独拔”就类乎文采，是叶是表。情和采是相互依托的，隐和秀也是相互依托的，隐的文外之旨能“秘响旁通，伏采潜发”，就要由秀句来启示、暗喻，就这点来说隐秀也和情采一样是一种相互依存的关系。隐而乏秀，行文就暗淡晦塞，“晦涩为深，虽奥非隐”。同祥，秀而不隐，语少含蓄，仅求辞藻之美，“雕削取巧，虽美非秀”。隐得之于秀，可隐而不涩；秀得之于隐，就美而不浮，相辅相成，相得益彰，这才是“才情之嘉会”啊！

如果再将“隐秀”和“比兴”对照，“比显而兴隐”，隐和兴相似，秀和比相近。“观夫兴之托喻，婉而成章，称名也小，取类也大”（《比兴》），这和前面所说的隐的含义基本相似。但也有不同，“兴者起也”，起启发、提示的作用，得意在先；隐则“伏采潜发”，回味在后。“何谓为比？盖写物以附意，扬言以切事物者也”，这和秀以卓绝为巧的含义也相类似，同样也有不同，比的方面很多，“或喻于声，或方于貌，或拟于心，或譬于事……”可称为比的文辞很多，比比皆是，但借物喻意的比词不一定都是秀句，秀是篇中之独拔，“篇中秀句，裁可百二”，不是所有美的文辞都可称之为秀，比词不都是秀句，而有时起兴之词，倒可以称之为秀。不过比和兴与隐和秀，两者都不易截然分开，有时句秀而义隐，隐文常含秀气，刘永济先生所谓“文家言外之旨，往往即文中警策处”(《文心雕龙校释》) 所言甚是。比兴也是一样，“诗人比兴，触物园览。物虽胡越，合则肝胆”。运用比兴方法也要审时度势，相辅相成，只用兴不济之以比，就兴义难明，会造成穿凿附会的弊病，如果“日用乎比，月忘乎兴”，习小弃大，也会流于肤浅，这和隐秀不能偏弃是一样的道理。钟嵘在《诗品》中也说过类似的话，“故诗有三义焉:一曰兴，二曰比，三曰赋。文已尽而意有余，兴也；因物喻志，比也；直书其事，寓言写物，赋也。宏斯三义，酌而用之，干之以风力，润之以丹采，使味之者无极，闻之者动心，是诗之至也”。所有文论家都懂得这一道理，写作方法绝对不能单一化，多种方法都可以根据文情需要酌而用之。隐秀两词，分则两义，合则一义，如果顾此失彼，都有失隐秀的本旨。

隐秀从写作方法上说是修辞，是指隐喻、婉曲和清丽、精警的修辞格；而从总体上看则是指风格，是《体性》篇所提到的“远奥”、“精约”、“新奇”一类的风格。当然两者是统一的，修辞是形成风格的因素之一，但风格却不限于修辞。《隐秀》篇的隐秀，刘勰是从风格上来考虑的多，《赞》所提到深文隐蔚，余味曲包，“动心惊耳，逸响笙匏”都是从风格和由这类风格所产生影响效果而言的。我们认为如果能将《隐秀》篇和《风骨》篇联系对读，则更能测知《隐秀》内涵之深。《风骨》是一则美学标准，《隐秀》也是一则美学标准。黄侃说“隐秀之义，诠明极艰……于文苑为最要”。此话颇有道理，不过不易诠明，不等于不能诠明。

（1993年8月群言出版社《文心与禅心》）

小说的含蓄

我国民族的美学传统，是很讲究含蓄的，前人在总结诗、画创作经验和欣赏习惯时，对含蓄这一美学风格给以极大的关注，并有许多精彩的论述。最早《周易·系辞》就有“称名也小，取类也大”的说法。《周易》是部哲学著作，“称名也小，取类也大”并不专指文学艺术而言，但也可以用来说明文学艺术创作的某些方面。司马迁在概括屈原著《离骚》的创作思想时就说：“其文约，其辞微……其称文小而其指极大，举类迩而见义远。”这可说是文学创作的一条普遍规律。

艺术形象是生活形象的反映，但又不同于生活形象。艺术形象是从多种生活形象中提炼出来的。当纷纭的生活形象转化为独立的个性化的艺术形象后，它必须有十或百的生活形象的含量，这样才有浓度，才有分量，才能使欣赏者“味之无极”。从这意义上说，“含蓄”就不单是指一种艺术风格，而是文学艺术共有的美学要求了。以“典型”来说，其中就包含有含蓄的意思。典型性格首先要求有鲜明、独特的个性，是独一无二的，也即黑格尔说的“这一个”，而这独一无二的“这一个”又内含着某一社会、某一阶级、某一阶层的共性，并且要熔铸在个性中，在个性中体现出来，才耐人寻味。

我们读《阿Q正传》这类名著，往往像深山探宝，每读一遍，都会增加进一步探索的兴味。阿Q的内心和外貌是活灵活现、独一无二的，人们用一两句话就能将阿Q的特征说出来，闭上眼睛阿Q的形貌就能清晰地展现在面前。但是阿Q性格的内涵却很深很广，近半个世纪来不知有多少人在研究阿Q！他们写出难计其数的有关阿Q的文章，但是大家还认为没有将阿Q这一典型的内涵说完善。作品中的阿Q是“大团圆”了，但生活中的阿Q却还活着，他并没有“断子绝孙”，阿Q的子孙还在繁衍。以文字量来说，《阿Q正传》只不过是一篇中篇小说的容量，而它却反映了一个民族、一个时代，由于政治、经济、历史……错综复杂的关系，而形成一种矛盾的、奇特的性格弱点。“称名也小”，鲁迅对阿Q这一典型的塑造是臻善臻美了；“取类也大”，鲁迅并没有将阿Q这一典型的内涵完全说出来，留有很大的余地让以后的读者，从各个不同的角度，结合自己的生活去感受，去思索，并从中得到各自的教益。

凡是经得起时间考验，能使人反复阅读而不厌的作品，除了内容深厚之外，在艺术表现上必然具有含蓄美的特点，而艺术风格的含蓄又必然和内容的深厚相联系。如钟嵘在《诗品》中所说的“文已尽而意有余”，见诸文字的作品虽已写完了，而文字之外尚有不尽的余意。这样的作品有深度和厚度，耐人反复细读，给读者留下了情思回旋的余地。

也许有同志认为“文已尽而意有余”是指诗而言的，对叙事性较强的小说未必适用，小说要塑造人物性格，而人物性格越鲜明越好；小说要以情节动人，而情节的脉络越清晰越好，太含蓄了会使人感到隐晦模糊。持这种观点的同志，可能有一种错觉，认为含蓄就是朦胧，就是含糊。其实含蓄不等于朦胧，更不是含糊。含蓄和鲜明、清晰，不是对立的两种风格，而是相辅相成的两种风格。以人物性格的塑造来说，有时描写得太直露了，反而使性格模糊，含蓄却能使性格清晰、鲜明。例如《红楼梦》中的妙玉，这是十二钗中处境很特殊的人物。她寄人篱下却又目中无人，遁入空门却又情意绵密；身在世外，心羁于樊篱，表面上孤傲冷僻，内心里情丝缠绵。曹雪芹刻画妙玉着墨不多，十二钗中除巧姐外，可算是行文最少的一个，但妙玉的性格却耐人寻味，确有“不着一字，尽得风流”（司空图《诗品·含蓄》）之妙。妙玉的风流，都在笔墨之外，精细的读者能看出她对宝玉的脉脉含情，但曹雪芹从未直接点明，只在细小微妙之处，隐隐地透露出个中消息。如《贾宝玉品茶栊翠庵》这一回目，不少细节描写都富有文外之意。就以用不同茶杯来待客这些细节来看，就含而不露地传递了这位少女内心的信息：对贾母出于礼节，请她喝的是“老君眉”，用的是成窑五彩小盖钟；给薛宝钗、林黛玉喝的是“五年藏的梅花雪水”，用的是“𤫩瓟斝”、“点犀盉”两件古玩珍器；对宝玉，妙玉表面上似乎无意请他来喝这“体己茶”，是宝玉自己撞进来的，而其实妙玉这茶局正是为宝玉而设，她若似无意而实有情地给宝玉用的是她自己日常用的“绿玉斗”。这回文字明写栊翠庵品茶一事，而文外之意，却暗暗地透露妙玉“欲洁何曾洁，云空未必空”的气质和心事。又如《寿怡红群芳开夜宴》这一回目，前面热热闹闹地写了姑娘们在怡红院为宝玉庆贺生日的情景，后面又补了看来并不热闹的一笔——宝玉第二天早晨见到砚台下压着一张写了“槛外人妙玉恭肃遥叩芳辰”的粉红笺纸。这一笔看来只是《寿怡红群芳开夜宴》的续笔，而分量却不逊于夜宴这一重头场面，它传送了这位身份特殊、未能出席夜宴的姑娘的一种特殊心情。这张“僧不僧，俗不俗，男不男，女不女，不合理数的拜帖”蓄含着多少难以明说的情愫，无怪要引出宝玉一番痴痴呆呆的心理活动。所谓“不着一字，尽得风流”，不是说一字不写，就会有意境出来，而是说作者要在着字处含有不着字处的风流，让读者从着字处意会到文字之外所含的情意。妙玉之妙，就妙在她的言行处处显得十分含蓄，这就使其性格更丰富更鲜明。相反，高鹗续写的妙玉，由于太直露而显得俗气，使人感到浅薄而且前后不统一。如八十七回《坐禅寂走火入邪魔》，妙玉在惜春处见到宝玉时，“忽然把脸一红，也不答言，低了头”，继而宝玉说了“静则灵，灵则慧……”话尚未说完，“只见妙玉微微把眼一抬，看了宝玉一眼，复又低下头，那脸上颜色渐渐地红晕起来”；后来妙玉问宝玉“从何处来”，宝玉一时答不出，惜春教他说“从来处来”之后，“妙玉听了这话，想起自家，心上一动，脸上一热，必然也是红的，倒竟不好意思起来”。这样一连三次脸红的描写，用在一般情窦初开的少女身上，已使读者腻味，用在

"气质美如兰，才华馥比仙"、"好高人愈妒，过洁世同嫌"的妙玉身上，简直可说是粗俗了。这种浅露的描写，毫无文外之趣，不仅没有使妙玉性格有所发展，而且破坏了妙玉性格的完整性。至于下面写到妙玉坐禅入魔之事，更使人感到庸俗难耐，完全破坏了曹雪芹描写妙玉隐蔽的内心渴求和坎坷的生活遭遇而形成乖僻性格的精心之笔。高鹗笔底少含蓄，因而损害了妙玉的性格，使她成了自命清高的俗物，其实曹雪芹对她何尝有这种想法呢？

同样，情节要引人入胜，也要注意含蓄。情节是人物性格发展的历史。小说的情节可以根据不同的内容、不同的人物关系来展示，有时痛快淋漓，如大河奔腾，气势动人；有时曲曲折折，如深山探幽，引人入胜。但是不管用什么方式来展示情节，都应当注意含蓄，要像宋朝诗人梅尧臣说的那样："状难写之景如在目前，含不尽之意见于言外。"（欧阳修《六一诗话》）小说的情节展示自然要充分，要使读者看得清楚来龙去脉，要"状难写之景如在目前"，但又不必写完，不必写满，该显露的地方显露，应隐藏的地方隐藏，让读者既能满意地看到显露的地方，又能透过"露"去臆想到"藏"，也许读者臆想中的"藏"，比作者原来臆想中的"藏"更丰富更深刻。作者的艺术素养也可以从处理露与藏的关系中见出高低来。我们看托尔斯泰的《安娜·卡列尼娜》描写安娜从意大利回到俄国，急切地想见她儿子谢辽沙的情境吧：托尔斯泰先写安娜离彼得堡愈近，要会见儿子的快乐在她想象中越增大。但一到彼得堡，清楚地意识到她现在的处境，现在的社会地位，要安排与她儿子会见是不容易的。她整天筹划着去看她儿子的办法，她决定写封信给她名义上还未改变的"丈夫"，刚把信写好，就接到她"丈夫"密友莉蒂亚·伊凡诺夫纳的来信，这封信激怒了安娜，她不管一切，决定在第二天谢辽沙生日那天去看他。她买好了玩具，想好了行动计划，早晨八点钟在她"丈夫"亚历克赛·亚历山特罗维奇尚未起床的时刻去见她儿子。通过重重阻拦，终于见到了她的亲儿子，正当母子俩互相温爱的时刻，保姆惊慌告诉"他来了"，于是"谢辽沙倒在床上，呜咽起来……安娜拉开他的手，又吻了他那濡湿的脸，就迈着迅速的步子向门口走去。亚历克赛·亚历山特罗维奇迎着她走来。一看见她，他突然停住了脚步、垂下他的头……她匆匆地看了他一眼——那一眼把他整个身姿连所有细微之点都看清楚了——对他的嫌恶和憎恨和为她儿子而起的嫉妒的情就占据了她的心。她迅速地拉下面网，加快步子，差不多跑一般地走出了房间”。而“昨天怀着那样的爱和忧愁在玩具店选购来的一包玩具，她都没有来得及解开，就原封不动地带回来了”。这段感人肺腑的情节，大大增强了人们对安娜的同情和对亚历克赛的嫌恶。托尔斯泰在这段情节中对每一细节都描写得十分细腻，将人物心理和动作逼真地刻画出来了；而更发人深省的，还在于内中隐藏着安娜悲剧结局的潜因——安娜热爱渥伦斯基，也热爱谢辽沙，前者是炽热的情爱，后者是圣洁的母爱。但中间梗着亚历克赛·亚历山特罗维奇，他和安娜的关系已完全破裂，却又冷酷地不和安娜离婚，使安娜处于十分难堪的境地。她是孤独的，她的心只为渥伦斯基和谢辽沙跳动，而这两者不能缺一的爱却不能融合在一起。她为此而痛苦，可是渥伦斯基在这点上不能理解她，这是安娜和渥伦斯基之间感情的裂缝，安娜不幸的结局正是从这一裂缝开始的。托尔斯泰是善于通过人物行动来刻画人物心理的高手，也是善于从对人物心理刻画来显示事件发展方向的巨匠。在上引作品中，安娜和儿子见面、亚历克赛的出现、渥伦斯基对安娜亲子之情的冷漠，都是情节的显露部分；但这些显露部分的描写，隐藏着安娜内在精神的悲剧，潜伏着安娜的死因，这是情节的隐藏部分。没有显的部分，读者不可能意识到藏的部分；不意识到藏的部分，就不能理解显的部分厚重的笔力。由此可见，小说的情节脉络，既要显露，又要隐藏，将显露和隐藏结合起来，才能牵引住读者的心。我国古代文论家刘勰在《文心雕龙·隐秀》中有几句话很值得参考，他说“隐之为体，义生文外，秘响旁通，伏采潜发……”上面所说《安娜·卡列尼娜》的情节安排，就有“秘响旁通，伏采潜发”之妙。“秘响旁通”则可以由此及彼，启发读者的想象和联想；“伏采潜发”是言情在先，得意于后，使作品耐看耐想。借鉴名家之作，懂得“秘响旁通，伏采潜发”的艺术手法，可以避免直拔笼统、一览无遗、见头即能知尾、简单化的毛病。

常听到人说，现在的短篇小说，越写越长了。这话也许说得过头，不过也说明了创作者近年来对短篇小说的“短”的特色注意不够。所谓短篇小说，并不单是指篇幅短，恐怕主要是指短篇小说有短篇小说反映生活的艺术特点，它的特点是描写人物、事件集中，文笔精练，文意含蓄。

我们读鲁迅的《风波》、莫泊桑的《月色》、契诃夫的《变色龙》，短的二三千字，长的五六千字，故事简短而含义深长，笔墨精练而风趣横生，所塑造的九斤老太、马理尼央长老和奥楚蔑洛夫的形象使人经久难忘。其魅力何在？其中艺术手法的洗练、含蓄，实是不可忽视的因素。鲁迅在回答“创作要怎样才会写好”时说：“写完后至少看两遍，竭力将可有可无的字、句、段删去，毫不可惜，宁可将可作小说的材料缩成速写，决不将速写的材料拉成小说。”如果将速写材料拉扯成小说，这小说一定淡而无味。如果一篇速写写得很精练，使人读了之后感到事约而味浓、文短而义长，它的艺术效果，必然会超过冗长而无味的小说。有位诗人说得好，“含蓄是精练的结果”，含蓄的文字总是精练的。如果文字拖泥带水，尽说些可说可不说的话，这样的作品就会使人厌气，就像18世纪法国文艺评论家布瓦洛在《诗的艺术》中所说的那样，“有时一个作家掌握的材料太多，不把材料写尽就决不把主题放过。如遇到一座宫殿，便先写它的正面，然后又写平台请你去流连……我跳过二十页看看是否结束，哪知还在花园，简直无法逃出。莫学这些作家啊，避免这浮词滥调，累赘的无用细节你应该一概不要，凡是说得过多的都无味而又可嫌，读者肚里餍足了便立刻拒而不咽……”可是有的作者就不肯研究研究读者的欣赏心理，写出来的东西，使读者拒不下咽的实在不少。

当然，含蓄有赖于精练，但精练的文章不一定都是含蓄的。把问题说得简要明白，没有废话，这是精练。文字精练，又含有文外之意，可供读者思索回味，这才叫含蓄。下面举《世说新语》和《资治通鉴》写同一题材的两节文字为例，来看看精练和含蓄的相同和不同。《世说新语》是我国古代一部著名的笔记小说，它采撷汉、魏、晋时代著名人物的佳事佳话，每则只记一事一人，文字长的不过一二百，短的只有寥寥数语，比现在所谓袖珍小说要短得多，由于它取材广泛、文笔精练、妙语如珠，使人感到短而不短。《世说新语》中有一则描写东晋谢安的故事：

> 谢公与人围棋、俄而谢玄淮上书至，看书竟，默然无言，徐向局。客问淮上利害，答曰小儿辈大破贼，意色举止不异常。

这则故事只用四十五个字，将谢安恢弘气度和镇静雅闲的神态，毕肖地描绘出来了，可说是精练之至；但读来犹感不足，因为只写出了谢安闻捷报后镇静从容的情态，而没有透露出谢安当时的内心活动。作为辅弼重臣的谢安，听到决定东晋安危的重大战局淝水大捷的消息后，内心能不感到欢欣快慰？另一段表现同一内容的文字，见于《资治通鉴》：

> 谢安得驿书，知秦兵已败，时方与客围棋，摄书置床上，了无喜色，围棋如故。客问之，徐答曰："小儿辈遂已破贼。"既罢，还内，过户限，不觉屐齿之折。

很明显，司马光这段文字采自《世语新语》，又根据史料作了补充。文字同样精练，但对谢安的心理刻画较前者要深刻而含蓄。在客人面前谢安"了无喜色"，客人一走，他跨门槛进内屋时将鞋底木齿碰断了也不知道。这就含蓄地写出了素以镇静闻名的谢安，听到这重大胜利消息之后，也无法克制内心的激动。"了无喜色"描写了谢安在客人面前的矜持，而这个矜持的人却"不觉屐齿之折"，其内心的兴奋和激动也就跃然纸上了。这段文字的精练不减于《世说》，但较《世说》含蓄有味。

综上所述，归纳起来的意见是：

一、含蓄不单是一种艺术风格，而且是文艺反映生活应有的美学要求。

二、诗、画及其他艺术作品都要有含蓄美，但小说的含蓄和诗、画的含蓄表现方法是有所不同的。小说的含蓄要注意人物性格的内涵的深度，并要处理好情节的显露和隐藏关系。我们要求的含蓄是在作品主题思想明确性基础上的含蓄，不是现代派小说那种主题思想无确定性的晦涩。

三、作品的文辞要精练，文辞精练能使人感到明净的美。含蓄要求精练，但精练并不等于含蓄。精练是指修辞、结构的明确和紧凑，含蓄是指作品内在的含量。作者要使作品写得含蓄，必须要有厚实的生活基础和精湛的艺术素养，两者缺一不可。

含蓄的意义，要从作品的艺术效果上来认识，要把作者的审美能力和读者的鉴赏心理两方面结合起来理解。这是本文试图说明的问题，说错了，请批评。

（1983年10月，发表于1989年《清明》第5期）

散文的哲理

散文是行文比较自由的一种体式，很难给它画出一个绝对的界限，就其应用范围来说，可以叙事、状物，也可以论理、抒情。就其涉及方面来说，用它来记述历史，就叫它为史传散文；用它来阐发哲意，就叫它为哲理散文；用它来导游记胜、描山绘水，就叫它为游记散文；用它来倾吐心曲、抒发情思，就叫它为抒情散文……就其文字含量来说，可长可短，短的数十字便可成文，如《世说新语》的妙语录；长的数千字也成，如鲁迅的《狗、猫、鼠》、朱自清的《桨声灯影里的秦淮河》等都是长而有味的散文。就其和别的文体的关系来看，含意隽永、妙语如珠、近乎诗的散文，被称为“散文诗”；说理性强而又富于艺术意味的散文，曾有人称之为“美文”(《中国新文学大系·散文一集》的导言，就将这类文字归为美文)。有的散文很像报告文学，如峻青的《秋色赋》；有的报告文学很像散文，如黄宗英的《小木屋》。有人将第一人称的小说看做散文，也有人将记人叙事的散文看成小说，你也不好说他完全错了。总之，散文比较自由，不受体裁和格律的拘束。不论何种文学体裁，都是历史地形成的，是在不断发展变化的，相对稳定中含有不稳定的因素，散文更是如此，不必硬将它纳入一定模式，更不必用一个框子去套，如是如是才是散文，不如是如是便不是散文，让散文行文自由些，精神散放些，体式多样些，色彩丰富些，岂不更好。

有同志说“散文要写得‘形散神不散’”，我说这说法亦然亦不尽然。行文自如，题意集中，形散神不散固然好；文字凝练，而文内意蕴却散而曲的，又何尝不好？寄神于形，形神兼美，就是好文章；有形无神，散而无序，就不是好文章。有些指导写作的书爱给某种文体下一个定义，当然，为了使读者（特别是青年学生）能区别不同体裁的不同特征，下定义是需要的，但不可绝对化，“设文之体有常，变文之数无方”(《文心雕龙·通变篇》)，说得太死了，不仅会束缚人的思想，而且会影响散文自身的发展。

散文和诗的不同，除了散文不像诗那样受一定的格律、音韵和分行的限制之外，恐怕还在表现内容上的区别，诗宜于抒情不宜于议论，诗的理要用鲜明的形象来表达，不能用议论来表述，议论多了，诗味就少了。散文既可以抒情，也可以议论。朱自清的散文抒情性较浓，但理在情中；鲁迅的散文说理性较强，但情在理中。今人如此，古人也是如此：韩愈散文重在说理，但将理说得很有气势，很有感情；柳宗元散文（游记）寄情于景，在情景之中抒发着欲明言而不得的理。散文可以言情，可以说理，多说理或多言情，都不会失去散文的气味。

不过，无论是言情或是说理，能使人久读而不厌的，恐怕还在情与理中所含的哲意。综观历代散文名篇和近现代有影响的散文佳作，它们之所以能够传世，成为脍炙人口的佳篇，除了文章写得好，使人受用之外，它吸引人的力量恐怕还在作家能用美的语言，来表达启人益智的美好的思想，这类散文是作者智慧的结晶，含有耐人寻味的哲意。“哲意”，据《说文解字》解释“哲”字为“知也”；希腊文的哲学（Philosophia）词意是“爱智慧”，中外语源对“哲”字的解释相类似。散文的哲理就是要求散文能启迪人的智慧。人们将博识精思，能以美的语言传播美的思想的散文家称为“智者”，可能含有这个意思吧。

散文的哲理，并不光是哲理散文才有，抒情、叙事、记游，各类散文都可表达哲理，散文表达哲理，不是发抽象的哲学言论，而是渗透在所描绘的景色、所抒发的情思之中，让它在行文中不时闪发着智慧的光彩，好像一湾溪流，明澈清净，淙淙汩汩地流着，一弯一曲都有青松翠柏，天光云影，上下映辉一般，散文也要让读者在流畅的行文中不时看到奇丽的异彩。

范仲淹的《岳阳楼记》是众口皆碑的传世名作，他记的虽是岳阳楼，但对岳阳楼的景物很少作静态的描写，只用“衔远山，吞长江，浩浩汤汤，横无际涯；朝辉夕阴，气象万千”短短数语写出洞庭湖岳阳楼的气势形胜。文中着重写的却是作者自己的“览物之情”，他借岳阳楼的气象万千，来抒发胸中的万千感慨。范仲淹《岳阳楼记》作于宋仁宗庆历六年（1046）罢参知政事，贬官知邓州之后。他原本是以天下为己任、很有抱负的政治家，在宋仁宗朝经略边疆、改革弊政、整顿吏治、选拔人才等方面颇多建树，但为宰相吕夷简所忌，指范仲淹、尹洙、欧阳修等为“朋党”。由于官僚集团的倾轧，范仲淹才自请罢参知政事，出知外州。如此朝政，如此际遇，自然使他忧虑万状。范仲淹写《岳阳楼记》时，并没有到岳阳楼，只是以岳阳楼为题借题发挥，抒发他“览物之情”。他以臆想中洞庭湖“阴风怒号，浊浪排空，日星隐耀，山岳潜形”、“薄暮冥冥，虎啸猿啼”的肃杀景象，来表达“去国怀乡，忧谗畏讥”的悲愤心情；又以臆想中洞庭湖“春和景明，波澜不惊，上下天光，一碧万顷”、“长烟一空，皓月千里，浮光跃金，静影沉璧，渔歌互答，此乐何极”的美好景色，来抒发“心旷神怡，宠辱皆忘”的豁达心境。景有暗有明，情有悲有欢，在叙景寄情中自然而然地道出他对悲和喜的态度，同时进一步指出“不以物喜，不以己悲”的人生观。不因外物的得失而或喜或悲，这正是范仲淹斯时斯地所感悟到的哲理，他不是不喜，不是不悲，而是忧君忧民之心不容他喜，不容他悲，“居庙堂之高则忧其民，处江湖之远则忧其君”，“进亦忧，退亦忧”，这忧表达了正直的士大夫忠君爱民的拳拳之意，他从“宠辱皆忘”到“不以物喜，不以己悲”，又推论到“居庙堂之高则忧其民，处江湖之远则忧其君”，思想境界越来越高，他忧民忧君是想能除民之忧，去君之忧，能去除君民之忧，那么乐就在其中了，最后归结为“先天下之忧而忧，后天下之乐而乐”，达到他人生观的最高境界。先忧后乐是范仲淹高尚的人生理想，当然这种高尚的思想境界，多数封建士大夫是很难达到的，不过从《宋史》记载“仲淹泛通《六经》，长于《易》，学者多从质问，为执经讲解，无所倦，尝推其俸，以食四方游士，诸子至易衣而出，仲淹晏如也。每感激论天下事，奋不顾身，一时士大夫矫厉尚风节，自仲淹倡之”，任执政时，“仲淹以天下为己任……日夜谋虑兴致太平”的史实来看，以范仲淹的人品、学问、抱负来论，“先天下之忧而忧，后天下之乐而乐”这两句格言出于他口，实是其胸臆真诚的流露，并非虚饰之言。《岳阳楼记》的哲理蕴涵在景中，在情中，在言中，在理中。读者可览其景，可感其情，可知其言，可明其理，可在其中鉴识全文所含的哲理。

有的散文长而乏味，有的散文短而耐读，原因恐怕就在于前者叙事时只管叙事，写景时只管写景，只让读者知其事，识其景，而不能使读者得其意；而后者在叙事、写景、抒情中能以哲意牵动读者的思绪，让读者去思考，去推索，去意会。和《岳阳楼记》齐名的有欧阳修的《醉翁亭记》。《醉翁亭记》作于宋仁宗庆历五年（1045），比《岳阳楼记》早问世一年。欧阳修的《醉翁亭记》是他贬官滁州时写的，他和范仲淹的遭遇相似，也是所谓“朋党”中人，也为吕夷简辈所排挤，因此两人的心境情怀也有些相似。《醉翁亭记》从字面上看似乎写得很欢快，其实却是欧阳修的愤世之作，是以乐境来道其忧心。“醉翁之意不在酒，在乎山水之间也”是世代传诵的名句，但是欧阳修自称醉翁时还只有三十九岁，既不老亦不醉，他在《赠沈遵》诗中写道：“我时四十犹强力，自号醉翁聊戏客。”这不正是他的自白吗？《醉翁亭记》是用另一种笔墨，来诉说自己本来是壮而有为却不能为的郁悒心情。“醉翁”之意，既不在酒，也不在山水之间，他不过借山水一时之乐来展示他内心“乐其乐”的政治理想。所谓“禽鸟知山林之乐，而不知人之乐；人知从太守游而乐，而不知太守之乐其乐也”，禽鸟恋山林，从人拥太守，而太守正处在放逐流离的境地，何乐之有呢？不过因滁州百姓难得一次好年景，暂免饥饿之苦，借此来乐一乐，表示一下他“以民之乐为乐”的政治愿望而已。《宋史》记欧阳修这段历史时写道：“修始在滁州，号醉翁……天资刚劲，见义勇为，虽机阱在前，触发之不顾。放逐流离，至于再三，志气自若也。”《醉翁亭记》大概就是他“志气自若”的一种表现吧。读过《醉翁亭记》的人，都说这篇散文好！好在哪里呢？有的说“骈散结合，音节铿锵”，有的说“全篇用了二十一个‘也’字，字字恰当”，都说出了这篇散文的艺术特色，不过这篇文字能使人读而不厌，恐怕还是在于文章的立意上，他用“醉翁之意不在酒，在乎山水之间”的哲意，曲折地表达了在人生道路上不要因挫折而消沉的思想，有较大的概括性。

一般地说，展示大景象、大气度的散文，哲理性较强，但不能说记一事一物的散文就没有哲意了。鲁迅《野草》中的散文，既写大题目，也写小题目，但篇篇都含有深邃的哲理。哲意的强弱不在于题意的大小，而在于作者思想的深浅。朱自清的《温州的踪迹·绿》不算什么大题材，他只写仙岩梅雨潭。写梅雨潭也只写梅雨潭的绿，通篇没有用过思想感情一类字样，更没有提出一句能振聋发聩的哲理名言，他只是用流畅的笔触来刻画迷人的绿色。梅雨潭闪闪的绿色招引他，“瀑布在襟袖之间，但我心中已没有瀑布了。我的心随潭水的绿而摇荡，那醉人的绿呀！”梅雨潭的绿波“有鸡蛋清那样软，那样嫩，令人想着所曾触动过的最嫩的皮肤，她又不杂些儿尘滓，宛然一块温润的碧玉，只清清一色——但你却看不透她……仿佛蔚蓝的天融了一块在里面似的，这才这般鲜润呀。那醉人的绿呀！”多么美丽的绿啊！古来描写绿的诗文不少，但很少见到像朱自清那样将绿描写得那么细嫩而又那么深沉，那么迷人而又那么富于生气，那么使人沉醉而又那么令人向往的。宋词人秦观的《如梦令》“莺嘴啄花红溜，燕尾点波绿皱。指冷玉笙寒，吹彻小梅春透。依旧，依旧，人与绿杨俱瘦”也写到绿波、绿杨，但秦观的绿是寂寞的绿。李清照《如梦令》也有“知否？知否？应是绿肥红瘦”之句，但她的绿是伤感的绿。朱自清的绿是生意盎然的绿，他的《绿》没有明言哲意，但字里行间漾溢着大自然富有生气的哲理——谁不希望有自己生活中的绿洲呢！

“读一些卓越作家的直抒胸臆之作，我常常有一种奇特的感受。觉得他们有时像哲人，有时像是小孩，思想家的锐利和童稚的纯真互相交织着，形成一种能够紧紧攫住人心的艺术风格。”当代著名散文家秦牧写在《哲人与孩子》一文中的这段话，很能说明散文哲理的精神。散文的哲理，是博识的作家在生活实践中体察到的真理，通过孩子般纯真、坦率的心胸流露出来的美好的思想，是智慧和纯真的融合。

当然，我们说含有哲理的散文耐读，并不是说明净如水、明白如画的散文就不好，这里只讲散文的哲理，并没有说不含哲理的散文就不算好的散文。

（1997年1月《畅堂文谈》）

诗的情味

熟与新

诗之所以称为诗，首先因为它有诗的情味，一首好诗之所以让人百读不厌，因为愈读情味就愈浓，如果是“淡乎寡味”，那就不成其为诗了。什么是诗的情味呢？拿《小篷船，装粪来》这首民歌来看：

小篷船，装粪来，
惊飞水鸟一大片，
摇碎满河星，
摇出满囱烟。

小篷船，装粪来，
橹摇歌响悠悠然！
摇过柳树林，
融进桃花山。（《红旗歌谣》

这是一首耐读耐想的好诗，诗味很浓。它的情味不在于“俪采百字之偶，争价一句之奇”（《文心雕龙·明诗》），而在于“情性所至，妙不自寻”（司空图《诗品二十四则》）。诗中所写句句皆是实境，它活泼清新地描绘了眼前看得见的景物——河流、小船、晨星、飞鸟、柳树和桃花。可是诗境并不到此为止，如果到此为止，充其量只画出了一幅“江南三月春耕图”，美则美矣，而情味终究不浓。这首诗耐人寻味之处还在于其透过幽美的水乡春色，表达了农村备耕生产热气腾腾的劲头。历代诗苑描写江南春色的好诗妙句不知有多少，但通过景的描写，反映生产热潮，具有这般美妙诗意的，却是我们这个时代的诗歌才有的特色。

《小篷船》匠心独运地写活了一个“摇”字：“摇碎满河星”，形容其早；“摇出满囱烟”，形容其繁荣；“摇过柳树林，融进桃花山”，形容美景无限，前途无穷。在橹摇歌响悠悠声中，把景写活了，情也渗透了，把读者的心灵随着送粪的乌篷船的摇动，送入了愉快的劳动和优美的诗境中。

这首民歌情味很浓，而其取景寓意却尽是人所熟悉的事物。在普通中见出奇妙，在熟悉中透露新鲜，是民歌的特色。诗必须有独创性，但仅用些别人少用的冷僻字眼，写上些一般少见的奇思妙想，这样的诗句独则独矣，但创却谈不上，它根本就没有创造出新的意境来。所谓独创，不光是求其独，而且要求能创，这独是要在不独中创出新意。如果以独为创，那取材奇僻、语意晦涩的诗就是好的了，因为它与众不同。当然这是笑话。一首诗若诵于口而不畅，入于目而不悦，听于耳而不适，其文不畅，其意不明，诗味全失，其余就不足道了。

诗要使人感到熟，又要使人感到新。不熟则生，生僻的诗读起来就会有所阻隔，一有阻隔，诗的感染力就减弱了。同时熟中必须求其新，熟而不新则陈，陈词滥调让人望而生厌，还有什么诗味呢？所以一首诗一定要有新的意境，而这新又必须从熟中出，熟中见新，既感到似曾相识，又感到生气远出。似曾相识就觉得亲中有疏，疏中有亲，引出进一步相识的兴味；生气远出则使人有味之愈浓、探之愈深的意趣，激起深一层探索的意愿。一首诗务使读诗的人感到“诗人先得我心”，这样的诗就愈读愈有味了。

白居易的讽喻诗为多数人所喜爱，这是与他“文章合为时而著，歌诗合为事而作”（白居易《与元九书》）的创作思想分不开的。“歌诗合为事而作”，这事是人们所关心所熟悉的事，白居易作讽喻诗的目的是为了“救济人病，裨补时阙”，所以他的诗有广大的社会基础，能在熟中出新，以鲜明的艺术形象表现富有典型意义的题材，深刻地揭露当时社会的病症。他的诗能做到妇孺皆晓，熟中出新恐怕也是其中重要原因之一。例如：“夺我身上暖，买尔眼前恩，进入琼林库，岁久化为尘”（白居易《重赋》）这种对不合理现象深刻的揭露，“食饱心自若，酒酣气益振。是岁江南旱，衢州人食人”（《轻肥》）这种触目惊心的对比，“宣州太守知不知？一丈毯，千两丝。地不知寒人要暖，少夺人衣作地衣”（《红线毯》）那样愤慨而沉痛的控诉，不正是当时普遍存在的社会现象吗？诗人选取人所熟知的题材，以色彩鲜明的笔触，写出耳目一新的诗篇，既熟且新，故而能广泛流传，让人久读不厌。

尽与余

钟嵘品诗认为：“五言居文词之要，是众作之有‘滋味’者也。”（《诗品序》）看起来好像钟嵘认为五言诗是诗中最有滋味的，其实钟嵘的时代七言诗还很少，虽然汉武帝时，已经出现过柏梁七言诗体，但毕竟还没有形成一代诗风，魏晋南北朝的诗大都是以五言诗为主体的。五言诗较四言虽只多了一个字，但音节变化多了，句格活泼了，诗句的容量大了，表达的情景也丰富了，正像钟嵘所说“四言文约意广……每苦文繁而意少”，而“五言居文词之要，是众作之有‘滋味’者也”。何以五言较四言有“滋味”呢？因为“……指事造形，穷情写物，最为详切……”由此可见，钟嵘所谓诗的滋味不在于四言五言，而在于能“穷情写物”，做到“文已尽而意有余”，能使“味之者无极，闻之者动心”。短短的一首诗之所以有令人百读不厌的魅力，其奥妙恐怕就在于“文已尽而意有余”。

“文已尽”是妙达情理，曲尽其美，一无破绽，有艺术的完整美；“意有余”是情趣隽永，越想越深，愈品愈浓，给读者丰富的想象余地。这样的诗篇才会有较深的感染力。若是一览无遗，直拔笼统，有文无意，有意无趣，没有读者情思回旋的余地，这就不能称为诗，起码不能算好诗。诗，文要美，意要深，情要真，内容美与形式美要统一。因此诗人既要炼意，又要炼字炼句。意不炼就不深，意不深，则内容不佳、意境不高，诗的先天贫乏，饰以华辞丽藻不仅不美，反而让人感到厌气。同样字不炼就芜，句不修就杂，芜杂的字句决不可能写出洁净的诗意。文不尽意就不达，意都没有达还有什么余呢？只有文已尽了而意还有余，才能使“味之者无极，闻之者动心”。诗既要有“已尽”，还要有“有余”，“已尽”中有“有余”，“有余”中有“已尽”，不尽而余不好，尽而不余不妙，已尽而有余，诗的滋味才会油然而生。

所谓“文已尽而意有余”，钟嵘虽是专指“兴”而言的，我觉得这句话可以引申开来作为诗艺的基本要求。司马迁在《史记·屈原列传》中称赞屈原的《离骚》“其文约，其辞微，其志洁，其行廉，其称文小而指极大，举类迩而见义远”。这段赞誉《离骚》的话，也可以用来泛论众诗：文约而意广，称小而指大，举类迩而见义远，故而文能尽而意无穷。

杜甫的《春夜喜雨》，咏春天的一场夜雨，而情味无穷，因为它文约意广，称小指大，举类迩见义远，是一首味之无极的好诗。诗头两句“好雨知时节，当春乃发生”，是诗人见到及时的春雨，感到无限喜悦；接着以神妙的笔致写出“随风潜入夜，润物细无声”，春风化雨、生意蒙蒙的情景，这两句诗出神入化，使人联想翩翩，意味无尽；诗人又慧眼独具，体察入微地写出若隐若现的夜景：“野径云俱黑，江船火独明。”透过雨中江村的夜景，神思妙然地臆想到雨后春晓、艳丽明媚的景象，“晓看红湿处，花重锦官城”，多么鲜美的景色啊，春天的早晨，成都城鲜花盛开，春色满城，红艳艳的花瓣上聚着亮晶晶的水珠，更显得凝重饱满。诗人明写春雨，实却寄寓着美好的愿望，但愿人间常有这样的好雨。可是在杜甫的时代，春雨虽年年能有，而想望中的“好雨”毕竟是难得有的，倒是“雨声飕飕催早寒，胡雁翅湿高飞难”（杜甫《秋雨叹》），愁人的日子却老给人民带来无尽的苦难，给诗人带来无尽的忧虑。正因为这样，所以诗人在那一年正是苦旱望雨的时候，见到这场春雨，怎么会不感到由衷的喜悦，而寄以美好的希望呢？

这首诗既是写实的又是写意的，诗的优美之处不在作者所描写的春雨，而在借春雨抒发诗人高尚的胸怀和美好的情意。诗人把春雨的形和神描绘得透彻入微、淋漓尽致了，而我们读了又读，读它几十遍，其中情味愈读愈浓，好像是读不完的。这种诗味的产生怕是和“称文小而指极大，举类迩而见义远”、“文已尽而意有余”相关的吧。

“称文小而指极大，举类迩而见义远”这两句话用在诗创作上，换一句话说，就是作诗着眼点要大，落手处要小，正如写画要从“大处着眼，小处落墨”一样。大处着眼，立意高，概括面大，使诗的内容具有一定的深度和广度；小处落墨，具体而微，描形绘神具有艺术形象的完整美。诗的情味不可能在抽象的议论中产生。人们品评一首好诗、鉴赏一幅好画的时候，常把“诗情画意”四个字互用，以“诗情”来赞誉画的造意，以“画意”来称美诗的形象，这是有道理的。诗情画意必须交融。诗如果没有画意，就没有鲜明的形象美，诗情就无所寄托。画如果没有诗情，画的意境就不深，画面就没有生气。诗的思想感情，赖鲜明的艺术形象来体现；画的造像刻意，赖优美的思想感情来深化。苏东坡称赞王摩诘的诗画“诗中有画，画中有诗”，其实这是许多好诗好画共有的特色，并不只是王维的诗画才是如此。郑板桥既是画家又是诗人，他的画和他的诗，立意取材和王维诗画不相同，但同样是诗中有画，画中有诗。郑板桥最喜画竹画兰，他的一丛兰有一丛兰的情趣，几竿竹有几竿竹的意境，他以兰、竹来显示他的情操品质，所以他说自己所画的竹是“胸中之竹”，不是“眼中之竹”。而胸中之竹却从眼中之竹中来，是由于他晨起看竹，触而生情，胸中勃然有写竹之意，于是他所画的“胸中之竹”比“眼中之竹”另有意境，不光描绘了竹的形态，而且在竹中渗透着作者的情思，使画出来的竹具有郑板桥特有的神色，挺秀清丽，比活的竹更活，因为画中之竹饱含着画家勃勃的诗情。落墨无多，情味无穷。

诗中有画，诗才不会“理过其辞，淡乎寡味”，才不至成为“平典似道德经”毫无诗味的“诗”。诗之情思应当是具体的，而不是抽象的。深刻的思想内容是诗的灵魂，但只能在艺术形象中流露出来，而不是外加进去的。恩格斯指出“倾向应当是不要特别地说出，而要让它自己从场面和情节中流露出来”(《给明娜·考茨基的信》)。这话对诗来说尤其重要，因为诗是各种文体中用字最省的，它不允许多用一个可以不用的字，更别说冗长的叙议性的文字了。倾向性应当从场面和情节中流露出来，而不要特别说出，也就是要求诗人、艺术家一定要把思想倾向熔铸在具体的艺术形象中，透过形象来展示。脱离形象的议论，不仅不起作用，反而会削弱艺术的感染力。诗情是诗的内涵，画意是要求诗必须以鲜明的形象来表达其蕴蓄的内涵。

诗的思想内容与艺术形式，诗情与画意越相统一，诗的情味就越浓。所以诗的着眼点要大，落墨处可小，要以小喻大，以少综多，微中见广，隐中透显。大与广是指诗的高度的概括力，小与微是指诗的形象的完整和具体。一切艺术形象，必须是具体和概括的统一，诗更要如此。以大喻大就流于空洞疏阔，缺乏鲜明的形象感，讲许多道理，诗句等于议论文的分句，意趣全无，大有何用？以小现小，立意不高，文尽意尽，描写虽具体入微，而内容肤浅，风格不高，虽微何益？一般好的诗篇，差不多总是“其称文小而指极大，举类迩而见义远”，“称文小”，“举类迩”，故而文能尽；“指极大”，“见义远”，故而意无穷。能在微中见广，“文已尽而意有余”，思想性与艺术性相统一的诗篇，就有百读不厌的魅力。

“熟中见新”使诗有引人入胜之趣，“文已尽而意有余”使诗有耐人寻味之美。两者都要求作诗的人，必须要为读诗的人留有思索、想象、回味的余地，让读者在作者的启示之下，发挥其思维的能动作用。有人说，创作是创造性的活动，艺术欣赏也是带有创造性的活动。这话是有一定道理的。作者在进行创造性活动的时候，必须要尊重读者的创造性活动，写诗人的诗兴要能激起读诗人的诗味。创作与欣赏是一个艺术活动的两个方面，当然其中创作是起主导作用的，欣赏者的思想反应和意趣的产生，是随作品对他所起的影响而发生的，所以诗人应当以好的内容、美的形式去感染影响读者。但读诗的人有其各自不同的经历、修养、兴味，当他在欣赏、评价一首诗的时候，必然会带有一定的主观色彩。因此我们认为诗人的创作活动，只是全部艺术思维活动的一半（是极重要的一半），余下的一半，应当留给读者去完成。一首诗或一篇其他的作品，留给读者艺术思维活动的余地愈大，给人的印象就愈深，滋味愈浓，影响也愈大。当然，作者要对读者的思维活动负责，一方面要对内容的好坏负责，另一方面要对是否能激起读者积极的艺术思维活动以及活动程度的强弱负责。从这一意义来说，作者是主动的，读者是被动的；而就欣赏角度来说，读者又有其相对的主动性。诗人作诗应当在创作的主动性中，带动欣赏者的主动性，而不能不留给读者再创造的余地，限制读者艺术思维活动的主动性。过去有人说“诗无达诂”，仁者见仁，智者见智，这只说到欣赏者的主动性一面。但见仁见智总还得要有所见的对象，他的“诂”总得从一定的对象出发，诗的创作对欣赏还是起主导作用的，不能把欣赏与创作完全割离。不过诗的文约意广，留给读者再创造的余地，确实要大些，一首诗留给读者的余意愈深，读者就会感到诗味愈浓。

“情”与“景”

王国维在《人间词话》中点出，“词以境界最上，有境界则自成高格”，并且对“境界”两字做了具体说明：“境非独谓景物也，喜怒哀乐，亦人心中之一境界，故能写真景物、真感情者，谓之有境界，否则谓之无境界。”王国维的“境界”说，从某一角度来看，有其独到之处，境界之出主要在于“情景交融”。每读一首情味深浓的好诗，总感到其中叙景和抒情很难分开，景中有情，情中有景，正像王国维所说“一切景语皆情语也”，那也就是说，当诗人创作一首诗，艺术思维活动已经告一段落，独立的诗篇已经形成的时候，其中所包含的“情”

和“景”很难说一个是纯粹属于主观性的，一个是纯粹属于客观性的，事实上主观和客观已经统一地熔铸在艺术品的整体之中了。因而又感到王国维《人间词话》中的论点有不少自相矛盾的地方。夏承焘先生在《词论十评》一文中曾指出王国维的“无我之境”之说与“一切景语皆情语”之说有矛盾。我觉得他那“客观之诗人不可不多阅世……主观之诗人（抒情诗）不必多阅世……”的说法，与他的“诗人对宇宙人生，须入乎其内，又须出乎其外。入乎其内，故能写之，出乎其外，故能观之；入乎其内，故有生气；出乎其外，故有高致……”的议论也有矛盾。诗人对宇宙人生，要写必须要观，要“入乎其内”，必须要“出乎其外”，因而不论是什么诗人都不能不多阅世。王国维把文学创作活动，生硬地分为客观与主观两类，认为主观之诗人“阅世愈浅则情愈真”，与社会现实生活距离愈远愈好，这种看法是不全面的，如果依照他的主张去做，就根本不可能达到他自己所提出的有境界的要求。他称赞李煜的词“真”，其实李煜的词不正是一亡国之君的客观际遇的反映吗？

“情景交融”是诗的美学要求。所谓“情景交融”，我的理解是诗人对客观景物的描写与诗人内在的思想感情有机的融合，是主客观的统一。作者触景而生情，借景而抒情，情由景而触发，景受情所制约。写景，则无情不成景；抒情，则无景不入情。历来诗人作诗，无不重视抒有景之情，写有情之景。苏轼有“作诗火急追亡逋，清景一失后难摹”（《腊日游孤山访二僧》）的诗句，这确是甘苦经验之谈。“春风春鸟，秋月秋蝉，夏云暑雨，冬月祈寒”（钟嵘《诗品序》），本自然界客观存在，为什么会“清景一失后难摹”呢？显然不是景不易得，而是情景交融之难得。当诗人受到美的自然现象的触发，当情与景合的一刹那，确实要像“追亡逋”那样火急地把它把握住，不使这可贵的一刹那遽然而逝。所谓“文章本天成，妙手偶得之”，大概也是指这种情况而言的吧。

因为情中有景，景中有情，所以我们感到抒情诗与写景诗很难分别，抒情诗常有赖于自然景物来抒其情；写景诗也不是纯粹为写景而写景，纯粹写景而无抒情，其景就不美。我们读唐人的许多小诗，说它是抒情诗也可，说它是风景诗也行。如李白的《峨眉山月歌》：

峨眉山月半轮秋，影入平羌江水流。
夜发清溪向三峡，思君不见下渝州。

前几句句句是景，但也句句有情，以对青衣江、岷江月夜景色的描写，回忆与友人在峨眉相处时之情景，自然地托出最后一句“思君不见下渝州”怀恋的心情，叙景是为了抒情。像《黄鹤楼送孟浩然之广陵》中“孤帆远影碧空尽，惟见长江天际流”那样的诗句，更是情与景浑然一体、高度融合的典型。另一种好像是纯粹写景的诗，如《望天门山》：

天门中断楚江开，碧水东流至此回。
两岸青山相对出，孤帆一片日边来。

这首诗看起来只是对天门山形势景色的描绘，但细细咀嚼，这首诗写的虽是天门山的壮丽，全诗流露出来的却是诗人倜傥的胸怀。诗人写景，总是要选择那种与自己的胸怀情愫相吻合的、能够寄情寓意的景物入诗。不合诗人情怀，勉强写出，就是死景而不是活景。早期的王维，当他有理想、有热情、政治态度积极的时候，写出了“草枯鹰眼疾，雪尽马蹄轻”（《观猎》）、“大漠孤烟直，长河落日圆”（《使至塞上》）雄浑壮阔的情境。而当他“晚年惟好静，万事不关心”，皈依佛门、过消极遁世生活的时候，“空山不见人，但闻人语响。返景入深林，复照青苔上”（《鹿柴》）、“木末芙蓉花，山中发红萼。涧户寂无人，纷纷开且落”（《辛夷坞》），描写山深林幽、虚静清寂的景物，就成了他诗篇的主调，这不正是他心情的反映吗？王维描写自然景色，有突出的成就，但他也不是为写景而写景，写景就是写情，因为情景交融，所以才能诗中有画，画中有诗。

情景交融，景中有情，变自然之景为艺术之景；情中有景，化诗人胸中之情为典型之情。情景交融，是内在的情和外在的景有机的融合。两者融合得越完美，诗的情味就越佳。

以上仅是个人对诗的情味的初探，粗浅之谈，孤陋之见，错误难免，希读者指教。

（1962年3月于东钱湖）

悲剧之悲

一

悲剧是以悲痛来感动人，以悲壮来激励人的艺术。悲剧所描写的主人公，大都是一些人们所同情的人，或者是使人敬重的人。他们或是为了争取国家、民族、人民和阶级的利益，或是为了追求自身的幸福生活，而遭到恶势力的打击、迫害，陷于不幸的境地，精神和肉体受到痛苦的折磨，甚至衔冤饮恨而死。把这种坏人作恶、好人受欺的事件，艺术地再现在舞台上，反映在作品中，就是悲剧。例如战国时期的屈原，他为了使楚国强盛起来，不受秦国的欺凌，提出“联齐抗秦”的正确主张，却受到亲秦派郑袖、靳尚一伙奸佞之徒的排挤、陷害，“忠而被谤，信而见疑”，终于忧愤而亡。反映屈原斗争生活的历史剧《屈原》，是一出悲壮的历史悲剧。又如，梁山伯和祝英台，他们间真挚、纯洁的爱情，是人们所赞许的，他们所追求的幸福生活，是人们所祝愿的，可是受到家长制封建势力的无情摧残，两朵蓓蕾初放的花朵，短命夭折，欢笑变成悲哭，幸福化为痛苦。表现这故事的《梁山伯与祝英台》，是一出缠绵悱恻的爱情悲剧。再如，由于剥削阶级大家庭的罪恶，一些无罪的人，死的死，疯的疯，揭露这种悲惨生活的《雷雨》，是惊心动魄的社会悲剧。悲剧所反映的内容是多方面的，因此它的表现形式也是多样的，这里只能举例而言。最近《剧本》上发表的胡小孩同志的新作《刑场上的婚礼》，从工人运动受到挫折，广州工人运动领导人牺牲这一特定的历史情节来说，也是属于悲剧范畴，但其性质和上述几种悲剧不同，它是表现无产阶级革命家崇高节操的革命悲剧。

悲剧的矛盾冲突，多数是表现在两种对抗性势力的搏斗，例如《屈原》，表现的是战国时代伟大的爱国诗人、明智的政治家屈原和以郑袖、靳尚为代表的奸佞集团之间的矛盾，是爱国和卖国、正义和邪恶这两种势力的搏斗。张仪、郑袖、靳尚之流的阴谋得逞，造成屈原被害、怀王被囚、楚国衰落的悲剧，矛盾性质是对抗性的。破坏梁山伯、祝英台幸福生活，造成一对青年死亡的罪恶势力，是残酷的封建礼教、阴森的等级门第。祝公远虽然是祝英台的父亲，但在这场冲突中，扮演的却是刽子手的角色，矛盾冲突也是对抗性的。在《雷雨》中，20年前，上一辈周家大少爷，蹂躏了侍女侍萍，又惨无人道地将正待分娩的侍萍赶了出去，种下了以后发生一场大悲剧的种子。20年后，下一辈周家大少爷又在循着其父亲的故步，践踏侍女四凤的灵魂，终于爆发了一场惨不忍睹的大悲剧。《雷雨》所反映的不仅是错综复杂的家庭纠葛，同时也反映了旧社会阶级压迫、阶级奴役的罪恶本质，它的矛盾冲突当然是对抗性的。

悲剧的矛盾冲突，多数是两股势力的生死搏斗，但也有由于个人主观上的错误不能及时改正，而造成的悲剧，如《霸王别姬》中的楚霸王项羽就是。当项羽以破釜沉舟的决心，杀苏角、虏王离、大破秦军、威震诸侯的时候，他确实是一个叱咤风云的英雄。他自起义以来，身经七十余战，没有一次战败过。但这个无畏无敌的勇士，却战不胜自己身上的缺点和错误。他居功自傲，刚愎自用，听不得不同的意见，不愿意采纳正确的建议，以致坐失良机，功败垂成，最后落得个乌江自刎的悲剧结局。毛主席在一次重要讲话中曾经指出，不爱听别人不同意见的人，“难免有一天要‘别姬’就是了”。这话指出了霸王悲剧的原因，意义是非常深刻的。

二

不论哪一社会，只要在现实生活中存在着悲剧，它迟早会在文艺作品中反映出来。有些好心人认为，悲剧即是表现好人受压迫、坏人作恶，那样就会给人们带来消极影响，因此在社会主义社会发表或演出悲剧是不适宜的。我们认为这种顾虑没有必要，事实证明，一篇能真实地描写社会主义时期悲剧情势的优秀作品，不仅不会带来消极影响，反而能起积极作用。如陶斯亮同志的悼念文章《一封终于发出的信》，是对一位无产阶级革命家悲剧事件的实写，是一篇感人至深的血泪文章，许多同志在读这篇文章时不禁痛哭失声。这样一位“心底无私天地宽”的无产阶级革命家、党和国家卓越的领导人，惨遭专搞阴谋诡计的野心家们的残害，他革命一辈子，临死连心爱的女儿、小外孙都没准他看一眼，怎么不叫人感到悲愤？《一封终于发出的信》虽然写的是真人真事，但有深刻的典型意义，因为这种悲剧本来不应该发生在无产阶级专政的社会主义国家里，而事实上却发生了，因而格外引人深思。读这篇文章而激发起悲愤的感情是可贵的，它激励人的斗争意志，使人感到维护社会主义法制是多么重要。同时，看到陶铸同志在这般困厄的境遇中，不计个人安危，像青松那样坚贞不屈，就会使人将悲痛升华到“苌弘血化碧，哀痛总能消”（陶铸《五绝》）的精神境界。

黑格尔认为悲剧的结局不是单纯的否定，而是通过否定重新达到肯定。黑格尔关于悲剧的辩证观点，对了解悲剧的艺术效果是有帮助的。通过否定达到新的肯定，使消极因素转化为积极力量，这就是悲剧艺术的功效。那些担心悲剧作品会产生不良影响的好心人，懂得这个道理后，就不必那么忧心忡忡了。

反映社会主义时期的悲剧有积极意义，同样，反映旧社会劳动人民悲剧生活的作品，也有积极意义。如《血碑》中的杨立贝，他除了遭受旧社会劳动人民共同遭受到的被剥削被压迫之外，其悲剧性还在于他被官僚地主阶级弄得家破人亡后，仍对官僚地主阶级的政权抱着它能“伸张正义”的幻想，这一矛盾更增强了他的悲剧性。《血碑》这一悲剧的社会意义，不仅在于它揭露了旧社会反动统治阶级的罪恶，还在于它使人们清醒地看到，对反动统治阶级的政权，不能抱有一丝幻想，只有推翻它，建立无产阶级专政的社会主义国家，才能切实保障劳动人民的根本利益。

上演悲剧正是为了制止类似悲剧的重演。如许多观众看《祥林嫂》，在剧场里为祥林嫂悲惨一生流下同情之泪，一走出剧场，想想祥林嫂如果活到现在，就不会冻死在雪地里，临死也不用担心“人死了之后，究竟有没有灵魂”的问题了。对比之下，会感到生活在新社会新制度下的幸福，旧社会旧制度是不能让它复辟的，从而更加热爱新社会。

文艺作品是以情动人、寓理于情、传情入理的。越能引起人们激情的作品，越有吸引人的魅力。悲剧的悲痛、悲壮都能激起人们的激情，因而有很大的吸引力。

西方某些悲剧理论家认为，悲剧是以艺术上的悲痛感受来排遣现实生活中悲剧的痛苦，是痛苦的解脱、感情的净化。我们认为，我们的文学艺术，反映典型性的悲剧事件，塑造悲剧性的典型人物，不仅是为了解脱痛苦，将悲剧当做麻醉剂，而且是为了使人民群众惊醒起来，感奋起来，走向团结和斗争，改造自己的环境。

三

一个时代有一个时代的悲剧。由于各个时代的阶级关系、阶级力量对比不同，产生悲剧的主客观原因不同，艺术方法不同，因此各个时代的代表性悲剧，必然具有各自的时代特点。古希腊的悲剧，人们称之为“命运的悲剧”，因为古希腊的悲剧，大都是表现人的意志无法违抗神的主宰。悲剧的主人翁，大都是命途多舛的人，由于受到神的谴责而陷入悲惨的境地。例如索福克勒斯的悲剧《俄狄浦斯王》中的俄狄浦斯，尽管他千方百计想逃避“杀父娶母”的神意，可是意外的遭遇，最后还是让他尝到杀生父而娶生母的惨痛的苦果，这只能说是神的摆布、命运的捉弄。马克思认为“希腊艺术的前提是希腊神话，也就是已经通过人民的幻想，用一种不自觉的艺术方式加工过的自然和社会形式本身”（《〈政治经济学批判〉导言》）。“命运的悲剧”是古希腊社会意识的一种反映。

莎士比亚是欧洲文艺复兴时期的大诗人、大戏剧家，他所创作的悲剧，其刻画人物性格的深刻，是前无古人的。他十分注意典型人物性格内在矛盾的描写，所以后人称莎士比亚的悲剧是“性格的悲剧”。例如哈姆雷特的性格，既懦弱又勇敢，既犹豫又果断，既感到生的可悲又觉得死的可畏，既有明睿的智慧又带心理的病态。总之，他是活生生的矛盾统一体，是血肉丰满最有个性的人物。他要向他叔叔克劳狄斯报杀父、淫母、篡夺王位之仇，但由于他性格的内在矛盾，在复仇行动中就犹疑不决，最终造成他自己和奥菲莉亚等无辜者死亡的悲剧。哈姆雷特的性格反映了欧洲文艺复兴时期的一代人，敢于冲破中世纪黑暗统治、唤起理性觉醒、对旧的一切表示怀疑否定、对新的未来加以思考探索的精神状态，有巨大的典型意义，为悲剧的典型性格的创造，提供了宝贵的艺术经验。

19 世纪俄国戏剧家奥斯特洛夫斯基的《大雷雨》，又为悲剧开拓了更广的社会背景。《大雷雨》中女主人公卡德琳娜之死，不是由于命运的捉弄，也不是由于性格的缺陷，而是黑暗的社会制度所造成的罪过。通过卡德琳娜之死，激起人们对黑暗制度的愤恨、反抗，这就为动摇、摧毁黑暗制度带来了希望。虽然这种反抗力量是薄弱的，但毕竟是“黑暗王国”的一线光明。这样的悲剧，人们称之为“社会悲剧”。

上述三种悲剧，也可以说是悲剧艺术发展的几个代表性阶段。我国作为完整的戏剧形式来反映悲剧生活的，最早恐怕要数元朝的杂剧了。我国古代的悲剧，一开始就是反映善与恶、忠与奸的斗争，表彰正义，抨击暴恶的，如《窦娥冤》、《赵氏孤儿》等。我国悲剧的现实主义传统，是值得我们重视的。

文艺作品是现实生活的反映，越能真实地反映生活、反映时代精神的作品，它的生命力也越强。反之，如果一部作品不反映一定时代的生活真实，只是一味模仿、套袭前人的程式，可以肯定这部作品是没有多大生命力的。创作社会主义时期的悲剧，有社会主义时期的矛盾特点，与过去的悲剧比较，不论是内容还是形式都不相同。但是要创作时代色彩鲜明、生命力强的作品，作者必须善于吸取前人的成功经验，并融会到自己的创作中来。希望我们的悲剧创作，能朝着恩格斯指出的“巨大的思想深度和意识到的历史内容，同莎士比亚式的情节的生动性和丰富性，这二者之完美的融合……”（恩格斯《给斐迪南·拉萨尔的信》）的方向去努力。

当前我们看到的像《伤痕》、《神圣的使命》、《枫》那样的悲剧性小说，像《丹心谱》、《于无声处》那样有浓郁悲剧色彩的戏剧，有力地揭露了“左”倾路线的祸害，批判了林彪、“四人帮”的罪恶，激起读者、观众强烈的共鸣，这对正本清源、拨乱反正，有着深刻的意义，政治上艺术上都有较大的影响，这类悲剧题材还应当继续发掘。除此之外，社会主义时期是不是还有其他悲剧题材可写呢？应该是有的。马恩著作中曾经提到“不学无术是一种恶魔的力量，我们担心它还会成为许多悲剧的原因”（《第一七九号〈科伦日报〉社论》，引自马克思、恩格斯《论艺术》）。我们感到这种“恶魔的力量”，现在还是需要加以警惕，如破坏社会主义法制、违背民主集中制原则的官僚主义；不按客观规律办事，碰了壁还不肯回头的主观主义；因一己私利，置国家、民族大局于不顾，横冲直撞，破坏社会正常秩序，影响安定团结的无政府主义……这一切，如果任其发展下去，就会酿成悲剧。这些病源除了历史原因、社会原因之外，还有一种原因，就是由于“不学无术”这个“恶魔力量”在作怪。“不学无术”这种恶魔的力量，恐怕不是一下子能消灭干净的。在举国一致为建设社会主义现代化强国而奋斗的伟大时代里，用悲剧或喜剧的形式与“恶魔力量”作战；应该说是文学艺术为四个现代化服务的一个不可忽视的方面。我们应该开拓新的悲剧题材。让革命的悲剧为消除产生“许多悲剧的原因”发挥积极作用。

（1979年5月《东海》）

第三辑　书序与随笔

《浙东学派当代名家——傅璇琮学术评论》序

傅璇琮同志是当代负有盛名的学者，学识精深博达，专治唐宋文学，但涉及的学术领域十分开阔，多能见人所未见，发人所未发。他治学勤奋，著作多种，每一部专著或由他主编的大部专集出版，都会受到学术界重视，是一位受人尊敬的学者。本书汇集了罗宗强等三十余位专家教授的专论和钱锺书等十多位名家的书信，对璇琮同志的学术成就和德行情操作了全面、深入、中肯的评述，读者读后定能得益，这里仅就其治学精神和治学方法谈点看法。

璇琮同志是怀着不可摇撼的民族自豪感来“深入透彻了解我们代代先人积累遗传下来的文化学术瑰宝”的。他说：“中国学者有责任也有义务发扬光大我们自身的学术传统，向全世界展示中国学术的优势，为世界学术作出贡献。”这话虽然写在《周易与中国文学》（陈良运著）的序中，但他高远的治学目标却体现在他整个学术研究实践中，显示在他每一部著作中，贯穿在他所参与的各种学术活动中。他高深的学术成就本于他高远的治学目标。

璇琮同志在《〈李德裕年谱〉新版题记》中道出他治学的心得——“一心为学，静观自得”。学者多认为“一心为学，静观自得”是他治学的精神支柱。人的一生大都是在顺境和逆境中交叉行进的，人人都希望生活过得顺顺利利，但谁也难免会遇到许多不顺心的事，甚至会经受各种挫折、磨难和痛苦。如何看待顺境和逆境，理顺两者的关系，是人生哲学一个重要的课题。在运动不息的年月里，璇琮曾因“莫须有”的罪名受过委屈，而他虽身处逆境，但“一心为学”的初衷不改，在“静观自得”中反求诸己。他在精神舒畅时好学不倦，在精神受挫时依然凝神一志，“衣带渐宽终不悔”，在学术研究上下苦工夫。他说：“我们做学问，确不必有什么政治牵挂之虞和世态炎凉之辱。”脚踏实地做学问，在“静观自得”中开创出一片光灿灿的学术天地，其治学精神是坚韧的。

璇琮同志读书很多，既熟读常人熟知的书，更精读常人罕见和难知的书。精深是璇琮治学的功夫所在，他的精深建立在博通基础之上，由博通而精深，又由精深而博达。璇琮搞学术研究有一独特的思路，即“舍易就难，舍热求冷”（吴汝煜编《唐五代人交往诗索引》序）。他攀登学术高峰，走的是一条不平坦的山路。他不做热热闹闹的表面文章，而自甘冷落，深入到人所未及的深处。他重史料、重考据、重实证，有理有据地改正前人的错断和旧史的误植，给人以新的启示。如《李白任翰林学士辨》，以切实可靠的实证说明李白于天宝初应诏入宫时只为翰林供奉，非为翰林学士，修正了一些关于李白的讹传，指出从天宝初几年李白在长安的生活和心情来看，不能把“李白的高傲看得太重，实际上李白难免于世俗，他是不能脱离社会实际的”。这些精辟的辨析，使我们对李白有了更全面的认识。这不仅无损于大诗人的形象，而且让大家对李白的性格和诗篇了解得更真切。又如《从白居易研究中的一个误点谈起》，“史诗互证”，阐明白居易“五年间的翰林生活，是白居易一生从政的最高层次，也是他诗歌创作的一个高峰，但同时又给他带来思想情绪上的最大冲击，在这之后他就逐渐疏远政治，趋向闲适”，这使我们明白了白居易的诗何以会有前后两种迥然不同的风格。正由于璇琮同志有“舍易就难，舍热求冷”的良苦用心和“史诗互证，情理兼容”的研究方法，他才能在学术研究道路上，不时出现柳暗花明的新境界，提出一个又一个令人信服的创见。钱锺书先生在所赠《管锥编》的题签写道："璇琮先生，精思劬学，能发千古之覆，吾之畏友。"这对他的学术贡献作出了最有分量的评价。

璇琮同志为人朴实无华，待人亲切平和，对治学要求却十分严格，"力求务实创新，切忌急功近利"，反对浮夸不实的作风。他探讨问题求真务实，弄清事例的本末真伪，坚持实证，解决一个问题要翻阅很多资料，从别人未发现的问题中找出真实可信的依据来修正前人的错误。读璇琮的书，我常常会有如在读浙东学派前贤著作的感觉。读杨简的《慈湖遗书》，读王应麟的《困学纪闻》，读王阳明的《传习录》，读黄宗羲的《明儒学案》，读章学诚的《文史通义》，读全祖望的《鲒埼亭集》部分文集，虽然他们处在不同的朝代，文章的内容也各不相同，但读时总觉得有股脉络是前后贯通的——他们有严谨治学、重考证、情理兼容重实学、经世致用重实践、言行一致重德性的共性。浙东学派前辈的学术重心在哲学、史学、伦理学方面，璇琮同志的学术重心在古典文学方面，他们的研究范畴不同，但严谨笃实的学风、纯正明达的文风十分接近。浙东学术文脉源远流长，璇琮的学术是这条文脉中的一环，我们相信浙东学术文脉今后还会绵绵不断地延续下去。宁波学者公认傅璇琮同志是当代浙东文化的代表人物，他继承并发扬了浙东学派严谨笃实、经世致用的学风，开拓了学术研究的新空间，为中国古典文学的传统文化研究作出了卓越的贡献，家乡人为他感到骄傲。

1949 年 5 月宁波解放后，钱念文先生与我一起调至宁波中学工作，钱先生任校长，我任辅导主任，同时又兼教学。当时璇琮为高中一年级学生，曾听过我的课，故我们早有交往。后他于 1951 年秋以同等学力（未届高中毕业）考取清华大学中文系，自此即长期在北京求学、工作。但他对家乡仍具深情，特别是对宁波的文化事业十分关注。20 世纪 90 年代初，宁波编纂《宁波市志》，由中华书局出版，璇琮同志时已为中华书局总编辑。他不仅在单位认真缜密审稿，有一次还特地带一位编辑来宁波，住了七八天，日夜审读，有时还逐句修订。后来他还为《宁波市志》作序，在序中特别提出，这次新编的《宁波市志》，"发扬了'贵致用、务博综、尚实证’的浙东学派的严谨文风”。此后他又应宁波出版社之邀，主编《中国藏书通史》，此书于2001年出版，2002年获中国图书奖。近几年，他又主编《宁波通史》，每年都要来宁波几次，这就更加深了他对家乡的情谊。他在一篇读书随笔中特意引用宋代著名文人范仲淹的两句诗：“满面南风指四明，山长水曲不胜情。”这确能体现璇琮同志深挚浓郁的乡情，很值得一提。

宁波出版社编辑出版《浙东学派当代名家——傅璇琮学术评论》，有识力，有魄力。这既是对傅璇琮同志学术贡献的高度肯定，也有利于促进大家对浙东学人、浙东学派严谨务实学风的再认识，同时也能对时下“学术只为名利谋”以及急功近利、飞扬浮躁的风气起一点匡谬正俗的作用。

2007年春节

（《傅璇琮学术评论》宁波出版社2007年7月出版）

《浙东学术文化名人》序

黄宗羲的《明儒学案》，黄宗羲、黄百家、全祖望《宋元学案》的著述，开创了编纂学术思想史的先河。中国第一部学术思想史产生在浙东，是浙东学术文化的光荣。时隔五百年后，我们看到了由李磊明同志主编的《璀璨的文化星空——浙东学术文化名人》一书，仿佛又闻到浙东学术文化的书香气，同时也引发出了一个问题：《浙东学术文化名人》的出版是浙东学术文化的余波微澜，还是为浙东文化带来再创辉煌的一种信息？答案应当是后者。希望它能为宁波文化大市的建设鸣金击鼓开道，我们不但要以先辈开创的文化大业为荣，更要以我们这一代人创造的文化大业的新辉煌为荣。

《宁波日报·学苑版》响应浙江省委《关于加快建设文化大省的决定》和宁波市市委“建设宁波文化大市”的号召，专门开辟“浙东学术文化名人”专栏，组织专家学者撰写有关浙东学术文化名人的专论50篇，分别介绍自汉唐宋元明清至现代50位四明籍学术文化名人，其中有在学术思想上引领风骚、具有开创性导向性的大学问家、大思想家和尊为人师的道德楷模，例如：

气度恢弘、淡泊自守、高风亮节、卓立独行的汉隐士严子陵；操持忠直、名高位显、博学多能、诗书文三绝的贞观名臣虞世南。

入宋以后，浙东学术更是人才辈出，星空璀璨、光照千秋，如倡导尊德性、立诚信、贵人心，力行以德养身、以德行政、以德育人，

“直而温、毅而宏”的一代宗师“四明四先生”——杨简、袁燮、舒璘、沈焕。

如博览群书、综理百家、深思明辨、求真务实，提出“思欲近，近则精；虑欲远，远则周”的思维逻辑，提倡“不以笃实为本，则学不足以成德，文不足以明理”的治学方法和“不愧于人，不畏于天、天人一也，不愧则不畏”的道德修养，开浙东学术治学严正风气之先的宋代鸿儒王应麟。

如视民为天下之元气，倡导“君得之则治，失之则乱，顺其道则安，逆其道则危”的民本思想，秉正气、重名节、忠贞刚烈、视死如归的明朝大儒方孝孺。

如辨是非、知善恶、致良知，明“理在心中”，倡“知行合一”，重“学贵实践，不实践无以为学”，开创孔孟儒学新境界，冲破“理学”对人性的束缚，精神影响深远的明代大思想家王守仁。

如以“博雅多方之学，融成精洁纯粹之知”，倡导经世致用，创建浙东史学，宣传民为国本，反对君主专制的民主主义启蒙思想黄宗羲。黄宗羲虽为王阳明之后学、刘宗周之门生，其思想影响之大之深之广则超过他的老师。更值得一提的是，他的专著《明夷待访录》对中国民主改革、革命先驱者谭嗣同、孙中山等有深刻影响。“明夷”一词见于《易经象传》，“明入地中，明夷，君子以莅众，用晦而明”、“外似隐藏，内实明哲”。简言之，“明夷”是指外虽晦暗，却潜藏待启发的光明；“待访录”则是指明识之士准备告示来访者的治世之道。《明夷待访录》的主旨是指出“天下（指人民）为主君为客”。而封建君主专制却将主客关系颠倒了，必须将被颠倒了的主客关系重新颠倒过来。他对封建专制制度作了全面的批判，并在政治、经济、军事、文教等领域全方位地提出“天下为主君为客”的治国思想，所以大家称黄宗羲为民主主义启蒙思想家。

黄宗羲创立的经世致用，经史当应用于当世的浙东史学，则由他的得意门生万斯同在实践中发扬光大。万斯同以布衣参与《明史》编纂，“不居纂修之名，隐操总裁之柄”，实践他治史要“录前代之理乱，酌古今之得失，定一代之规模，建万世之长策，以承天心而拯斯民”，史为国用的历史观。

黄宗羲的后学，清代大学问家全祖望是浙东学术、浙东史学的集大成者，他认为为学要“以学道、爱人为先务”，要立身有学术，立朝有气概，为官有惠政。李绂说他是“继王应麟、黄震之后浙东又一大才”。

以上所述只略举大端，要深入全面了解，就请读《浙东学术文化名人》全书。总之，浙东学术在中国学术文化史上处于显著地位，早期的“四明学派”，中期的“姚江学派”，后期的“浙东史学派”，都有其一定的历史影响。从四明心学开始，到王阳明的“知行合一”，发展到黄宗羲的“经世致用”，由心学向实学转化，是浙东学术文化十分明显的特征，可以作进一步研究。我们高兴地读了潘起造、虞浩旭、张如安、徐定宝等专家教授分工撰写的《浙东学术文化名人》后，再次认识到由“心学”向“实学”转化的浙东学术文化的文脉。本书不仅是介绍浙东学术文化的普及读物，而且可以被视作“浙东学术文化发展史”。为之，我更期待在这本“简史”的基础上，组织更多专家、用更大力气、作更深研究，编纂出一部新的“学案”——有影响力的《浙东学术文化发展史》。浙东学术文化有许多合理的内核，可以为建设中国特色社会主义和谐文化所吸纳。“诚信、务实、开放、创新”的宁波精神既是伟大的时代精神的体现，也是宁波人在物质文明、精神文明建设的历史长河中所凝聚的精神力量的提炼，其中也包含着浙东学术文化精神，如果我们能使全体市民都了解浙东学术文化及其代表人物的精神实践，更自觉意识到宁波精神的内涵，对建设中国特色社会主义的新宁波是十分有利的。这里我还想重复一句前面说过的话：我们不但要以先辈开创的文化大业为荣，更要以我们这一代人创造的文化大业的新辉煌为荣！

2008年4月于宁波

（《浙东学术文化名人》宁波出版社2009年5月出版）

《姚燮研究》序

姚燮（1805 ~ 1864），字梅伯，号复庄，宁波北仑人，是杰出的诗人、著名的学者、卓越的画家，中国近代文化史上的全才。他博览群书，学富才高，精通诗词戏曲、传奇小说、经史地理，并及佛典道藏，著作等身，见识超俗。

他作诗万余首，现存三千七百余首，有《复庄诗词》32 卷传世；著有《疏影楼词》、《续疏影楼词》共 8 卷；《今乐考证》5 卷、《今乐府选》192 册；《复庄·骈俪文榷》8 卷；编《蛟川诗系》凡 31 卷；评点《红楼梦》，并撰有《读〈红楼梦〉大纲》；舆地志《四明它山图经》等。以上所录只记其大端，其余篇目则不胜枚举。姚燮又是书画名家，除写仕女花鸟外，一生画梅三千余幅，以画寄兴，笔触潇洒，骨力清峻，自成一格，画如其人，故自号梅伯。历代名家对姚燮诗文书画评价甚高：《清史·文苑传》称姚燮诗文"苍凉抑塞，逼近少陵（杜甫），骈体文亦沉博绝丽"；王韬论姚燮书画"工画梅，兴酣落墨，媚态横生，人物花卉无不奇特，字尤古峭拔俗"；《中国大百科全书·中国文学卷》记姚燮"文学上有多方成就……对当时民族矛盾、社会矛盾都有深切感受，但仕途蹭蹬，怀抱不伸，因而心中积郁皆发之于诗文。艺术上追求'独得独到'，总体风貌'气骨雄健，思力沉著，情韵婉转'。骈文得汉魏气势，有六朝情韵"；当代著名学者钱仲联称他为"当时学林艺苑中的一位巨匠"。但令我辈深感遗憾的是，这位名声赫赫的文化名人，在他家乡却鲜为人知，实有愧于先贤。

北仑、镇海两区政协有鉴于此，专门组织“姚燮文学艺术成就研讨会”，邀请专家学者及家乡人士四十余人与会。会上宣讲论文三十余篇，对姚燮成就作全方位的研讨，大家各抒己见，议论深刻，本人受教之余，也谈几点感想。

1．学识渊博，才华出众。姚燮所学遍及整个文化领域，而且都能融会贯通，左右逢源。所作文章虽然风姿各异，但是气同一脉，风格独标，“因其独到心，著为独到辞”。姚燮的独创精神非常突出，以诗与画为例，“诗画本一律，天工与清新”，姚燮也和王摩诘一样“诗中有画，画中有诗”。如姚燮的《续疏影楼词》“以牢骚落度之意，一寄诸幽馨顽艳之中”，以丽词来浇其胸中之块垒。他画梅逾千，幅幅皆作“百屈不肯做直势”的姿态，表示“晚节寒香共古今”的品质。梅伯的词和画都表露“疏影横斜水清浅”的清高和独立精神。因为他知识渊博，所以他文思如泉，佳作如林；因为他才华出众，故有“发人所未发，言人所未言”的独创精神。

2．文随世变，笔力雄健。姚燮于嘉庆十年出生，同治三年逝世，历经嘉庆、道光、咸丰、同治四个朝代，其间又经历了鸦片战争，是中国最后一个封建王朝由强转弱、由兴而衰，面临彻底崩溃的前夕。朝廷腐败、国势积弱、内忧外患、民不聊生，姚燮身历其境，对这一历史剧变中的世态人情感受深刻，在诗文中有深切的反映。在姚燮早负才名、少年得志时，他的诗文笔绪悠闲，辞采绚丽，倾心“性灵”，讲究“神韵”，多描山绘水、吟风弄月之作。后来他仕途受阻、抱负难展、家境困乏、精神沉郁时，一变早年名士心态，同时也厌弃其“性灵派”诗风，创作了大量刺斥清朝政府、同情民间疾苦、富有正义感的诗篇。鸦片战争后目睹清廷腐败、英军残暴、百姓受苦，他义愤填膺，诗风更趋悲愤激烈，写下许多反帝爱民的著名诗篇。他文随世变，笔力雄健，这个时期的诗篇可称为浙东军民抗英斗争的史诗。

3．真知灼见，学林大师。姚燮不仅是浙东文坛巨子、艺苑大臣，同时也是学林大师。他以过人的精力，一破中国戏曲研究几百年的沉寂，一举推出《今乐考证》、《今乐府选》两部中国戏曲史的扛鼎之作。著名学者郑振铎称他为“网罗古今一切戏曲于一书，自古到今还不曾有过第二人”。他的《红楼梦》评点和《读〈红楼梦〉大纲》，赞曹雪芹“以涵古盖今之才，撰空前绝后之书”。他是第一位高度评价曹雪芹的人，他的观点历来为《红楼梦》研究者所重视。在生命的最后年月，他以残年余力撰《蛟川诗系》31卷，选录自隋唐至清嘉庆、道光年间镇海诗人345家，为建设乡邦文献作出贡献。《蛟川诗系》与李邺嗣的《甬上耆旧诗》堪称浙东诗坛的双璧。鸦片战争期间，他避居鄞江桥，生活十分艰苦，尚以孱弱之躯和朱立淇一起踏勘四明它山地形，作《四明它山图经》，详细记录它山地区的地脉、山貌、水势……是很有价值的舆地志。他每时每刻，每到一地都想为家乡人民做有益的好事，写有用的诗文，“鞠躬尽瘁，死而后已”。知哉姚燮！仁哉姚燮！姚燮是近代浙东文化的重要代表，我们不仅要纪念他，更要深入研究他。

北仑区政协主席张嘉梁同志一贯重视地区文化建设，这次他和镇海、北仑两区政协同志精心组织“姚燮文学艺术成就研讨会”，并准备将论文结集出版，精神令人感动，嘱我作序，我不揣浅陋，就以此代序吧。

2000年6月于北仑港

（《姚燮研究》北仑区政协文史资料专辑）

《〈论语〉解读》序

孔子是辉煌的中华古文化之集大成者，是伟大的思想家、政治家、教育家。他那以“仁”为核心的哲学观，仁义、忠恕、孝悌、诚信的道德伦理思想；他那为政以德，“敬事而信，节用而爱人，使民以时”，“惠而不费”，“因民之所利而利之”，“劳而不怨，欲而不贪，威而不猛”，“己欲立而立人，己欲达而达人”的政治思想；他那“学而不厌，诲人不倦”的教育精神，“敏而好学，不耻下问”的学习态度，“文、行、忠、信”的教育内容，“不愤不启，不悱不发”、“举一反三”、因材施教的教育方法；以及他“居处恭，执事敬，与人忠”的行为规范……都是十分宝贵的民族文化遗产，是我们应当珍惜的精神财富。

孔子的思想、言论、行事，比较集中地反映在《论语》这部书中。《论语》记录着孔子和他弟子们的言行，也可以说是孔子和孔门学者的言论集。《论语》二十篇，不是一时之作，也不是出于一人之手，而是孔子在不同时间、不同地点、不同事件中因材施教，因事立言，因义传道，由他弟子记录整理的文献。《汉书·艺文志》记，《论语》是“孔子应答弟子时，人及弟子相与言而接闻于夫子之语”，孔子卒后由其门人纂辑而成的书。据唐文学家柳宗元推论，《论语》由孔子门生曾参的学生所编定。宋理学家程颐则认为，“《论语》之书，成于有子（有若）曾子（曾参）之门人”。他的根据是《论语》所列许多孔子门人都不称子，独对有若和曾参称子，这是有子、曾子的学生对他们老师的尊重，所以断言《论语》一书成于有子、曾子的门人。班固、柳宗元、程颐等人的看法，大同小异，为多数学者赞同。

《论语》是儒家的经典，思想精微，内容丰富而又言简意赅，后人读《论语》须通过注释、训解，才能了解其深刻含义，所以历代都出过许多讲解、注释《论语》的书。据不完全统计，自汉至今关于《论语》的书不下三千余种，其中影响最大的是宋代朱熹的《〈论语〉集注》，后来这本书成为明清科举考试应试者必读之书，许多读书人都是通过朱熹集注来理解《论语》的。朱熹《集注》基本上符合孔子思想，但也有许多地方掺杂了宋理学的客观唯心主义思想，有不少维护封建统治思想的迂腐之论。封建时期的注疏家为维护封建统治者的利益，往往借孔子之名来宣扬封建统治思想，他们一面将孔子抬高到“至圣先师”的高位，一面却任意篡改孔子思想来欺世惑众。正如匡亚明先生所言：“各时代起作用的孔子思想，一般是经御用后儒改造过的假孔学或半真半假的孔学，因此把它的反动作用全部推在孔子身上是不恰当的……”（见《孔子评传》第十章）他提醒我们阅读《论语》要独立思考，尽可能了解孔子学说的本义。

我认为顾鸿安同志的《〈论语〉解读》是一部有特色的《论语》读本，乐于向读者介绍。顾鸿安的《〈论语〉解读》特点有三：

第一，顾鸿安同志是位勤奋的学者，他博览群书，参阅了许多关于《论语》传训注释及有关孔子思想研究的书，从比较研究中，分析提炼吸纳他认为恰当而又能为当代读者接受的注疏，运用浅显、明白的语言来表述，因此他的注释易懂易记。

第二，顾鸿安同志从事教育工作多年，熟悉读者的接受心理，为使初学者能读懂解透，对每节语录都分三个层次做递进式的说明：一是“注释”，将生字难句一一注释，解除读者的文字障碍；二是“今译”，每一节将古文译成白话文，使读者能理清全句内容；三是“点评”，将每一节文字的义理作有重点的评析，其中也掺入了他本人的认识感想，这样做对古汉语比较生疏的读者很有帮助。

第三，点评是《〈论语〉解读》中用力勤、难度大的部分，也是这本书最有特色的地方。点评既要点出古义，又要译出新意，也就是使这部古典著作所蕴涵的哲理、箴言、嘉义能古为今用，借古鉴今，给今天的读者新的启发。顾鸿安同志在这上面费了不少心血，有许多点评既中肯，又有启示作用。例如对《里仁》篇“子曰：‘苟志于仁矣，无恶也。’”的点评为：“一个人能立志行仁，内心就会有一股向善的自律力量，一旦有坏思想，这股向善的自律力量就会使人弃恶从善。有志于仁者不是说不做错事，但是有了过错能自觉改正。”这样的点评，联系实际比较自然，看了使人受用。但我也感到有些点评引申过繁，联系实际亦嫌牵强，可说是白璧之瑕，但是瑕不掩瑜，他的点评能启发读者的思考，对读者是有帮助的。

《〈论语〉解读》即将由作家出版社出版，顾鸿安同志为弘扬民族优秀的传统文化做了件有意义的事，乐于为序。

2004年10月

（《〈论语〉解读》作家出版社2004年10月出版）

《绚丽的历程》序

历史上的宁波是人才辈出、文化底蕴比较深厚的地方。现代宁波更是人才济济，文化艺术气氛浓郁，有鲜明地域特色的地方。宁波曾出过许多大师级的人物，如周信芳，如潘天寿，如沙孟海，如柔石，如巴人，如袁牧之，等等。他们自幼受浙东文化熏陶，后来外出求学求业，经受历史洪流的磨炼考验，锻炼成引领风骚的一代大师，成为家乡人民的骄傲。最可贵的是他们又将他们卓越的成就、高尚的情操、明睿的智慧、精湛的作品，反哺家乡，影响家乡一代一代新人的成长。

同时，自改革开放30年来，在党的关怀培育下，宁波也造就了一支诚信、务实，有智慧、有才情、有创新思维和创作能力的作家艺术家队伍，他们中有的以优秀的文学艺术成果，博取了国家的、省的、市的多项奖励，他们的知名度和作品的影响力已经跨越地区、声名远播。上一代人的良好影响，新一代人的茁壮成长，两股力量的融合，使宁波的文学艺术能在中国特色的社会主义文化园地中开放出有地域个性和时代精神，色彩鲜明，引人瞩目的花朵，形成宁波文艺的新景象。这新景象的形成，宁波文联发挥了重要的作用。

宁波市文联自1958年12月成立至今已有50年历史了。这50年历史经历了由暴风骤雨、惊涛骇浪到风和日丽、春光明媚的巨变。作为一个地方文联，虽只是历史洪流中的一叶小舟，但这叶小舟也得随着历史波澜的起伏而起伏，也要在风浪中搏击，在波澜中荡漾，更要迎着朝阳，把准舵盘，不使方向迷失。在一个非常特殊的年代里，文联这叶小舟是在大风大浪中，小心翼翼地飘荡过来的，在不平常的年月里经受了不平常的历练。到了改革开放的年代，宁波市文联在中共宁波市委的领导下，在中国特色社会主义核心价值观的指引下，终于踏上了阳光灿烂的中国特色社会主义的文化大道，出现了一支卓有成就的作家艺术家队伍，产生了一批有一定影响力的文学作品和艺术精品。出作品出人才，出人才出作品，在良性互动的态势下，宁波市文联自身也得到健康扎实的发展，切切实实地用文艺来为人民服务，为社会主义现代化建设服务，为宁波文化大市建设服务。

宁波市文联成立50周年了，在这50年中自然会留下许多有纪念意义的成绩和许多为宁波文艺事业的发展繁荣而辛勤工作的人们之形迹。在纪念宁波文联成立50周年之际，编辑出版《绚丽的历程》这本画册，反映了50年来宁波文艺界的许多人和事是很有意义的。这本画册也可以说是宁波文艺50年演变发展的形象史。一幅一幅照片，表述了一章一章历史，最真实的形象，是最有说服力的历史。我们看到这许多顺年代、分内容排列的照片，激起几多感慨，引发几多回忆，有的引人深思，有的令人沉郁，有的让人兴奋，有的使人愉悦，从旧照片看新景象，更使人感到新景象来之不易，弥足珍贵。《绚丽的历程》是宁波文艺发展50年的真实记录，也是献给众多文艺工作者、组织者、作家、艺术家们最珍贵的礼物。

“长江后浪推前浪，一浪更比一浪高”，前50年历史已然翻过去了，新50年的光辉前景即将展示在我们面前。宁波已进入“扎实推进经济大市向经济强市迈进，使宁波成为科学发展的先行城市”（《中共宁波市委十一届五次全会会议决定》）的新的历史时期。经济发展促进文化发展，社会繁荣影响文化繁荣，文艺反映生活，是时代的镜子，文艺又是催人奋进的号角，激励人们昂扬向前的精神。当我们看到《绚丽的历程》时，已“思接千载，视通万里”地臆想着新的“绚丽历程”的到来，纪念宁波文联成立50周年，将是迎接宁波文艺发展新阶段的迎新会。

2008年11月

（《绚丽的历程》宁波市文联、宁波出版社2008年11月出版）

《宁波帮研究》序

宁波人素以善于经商闻名于世。俗有“无宁不成市”之说，意思是说凡是经济发达的地方都有宁波人在经营工商业。因为宁波在外地从事工商业的人多，而且经营得法，有较扎实的经济基础。同时，宁波人又比较看重乡情乡谊，宁波人帮宁波人，互相帮衬，相互依托，这就大大地增强了宁波工商业者的实力地位。于是外省人将善于经营、又有一定经济实力的宁波人合在一起，称之为“宁波帮”。“宁波帮”和“山西帮”、“安徽帮”、“潮州帮”、“福建帮”……一样成为我国工商经济发展史上著名的商帮。19世纪以来，各地的商帮都有起有落，唯有“宁波帮”却历久不衰，而且越到近代，“宁波帮”的声誉越隆，尤其在港台等地，宁波实业家的经营才能、经济实力、社会地位，是很有名气的。

宁波人既以善于经商闻名，人们就简单地将宁波人的才干归纳为“会做生意”。其实这样来看宁波人的聪明才智是不全面的。宁波实业家的创业和开拓精神来自他们审时度势、观察局势的敏锐，勤于进取、敢于冒险的勇气，克勤克俭、求实务本的干练和见微知著、随机应变的手腕。以上多种素质交融一体，才形成宁波实业家的才智和本领。为此，我们认为宁波人的才能与宁波的历史文化传统有一定关系。

早在新石器时代，河姆渡人就显示了他们非常的智慧，在古文化遗址中，河姆渡遗址属于先进的序列。远在公元前10世纪，宁波就是造船和海运基地。《周逸书》记，“成王时，于越献舟”，周成王时越地就有船只输贡。《慎子》记载，“行海者，坐而至越，有舟故也”，意思是说在海上可以坐着行进到宁波，是因为有了船的缘故。据张道渊考证，“于越所献之舟”，“当造于今宁波市”，他还认为，“《慎子》所记，为宁波市航海之最古记录……宁波市实为中国造船之发轫地也。”（文载1933年《国风》三卷9期《宁波市在国际通商史上之地位》）在唐代，“海外各国贾舶交至”（宝庆《四明志》），宁波海外贸易相当发达，各国商船都到宁波来贸易。在宋代，《宋史·神宗纪》记载，宋神宗元丰年间，曾在明州造两艘巨舰，“一曰灵虚致远安济，次曰灵飞顺济，皆名为神舟”；此外还造有“万斛船”，在当时可算是世界吨位最大的海船。在元代庆元年间，宁波是重要的海运外贸港和军港。以上记载都说明宁波的海上开发是很早的。

北宋王安石任鄞县县令时，试行局部改革，宁波人就比较注意如何改善自家的经济和文化生活。南宋时有“心学”大师杨简等人聚焦在月湖讲学，宣扬陆象山心学，要求道德、人格的自我完善，起过较好的作用。现在宁波人中间还流行“做人凭良心”的常用语，这不能说“心学”对此没有一点影响。明代，姚江王守仁（阳明）倡“致良知”学说，他说“知善知恶，是谓良知，为善去恶，是谓格物”，要求人们以反求自身的修养方法来完善自己。同时他还提出“知行合一”，认为“知是行之始，行是知之成”，主张“知行并进”。王阳明思想对讲究实际、善于经营、看重商业信誉的宁波人是有一定影响的。清初有名的思想家黄宗羲提出“工商皆本”、“经世致用”的唯物主义观点，更直接影响了近代宁波实业家重视工商业的思想。鸦片战争后，宁波为“五口通商”口岸之一，传统的宁波文化发生了较大的差异，产生了许多消极因素，但同时也输入了近代科学知识，宁波外出经商的人多了，在国内外一些大商埠中逐步形成了“宁波帮”。新兴的民族资产阶级热心办学，培养为商业服务的人才，反映了资本主义商业经济的要求。宁波实业家捐资在家乡办学是有传统的，这也是近代宁波文化的一个特点。

我们研究“宁波帮”，要以更广泛的范围、更多面的视角，来探索“宁波帮”的历史、现状和发展的趋势，从而在理论上加深对动员全世界“宁波帮”来建设宁波的深远意义的认识。

发动“宁波帮”来建设宁波，从广义上说，孙中山先生早在1916年已提出来了。1916年8月孙中山在宁波做了一次有历史意义的演讲，他说：“宁波风气之开，在各省之先。将来整顿有方，自可为各省之模范，以地位、人才均具此项资格。”同时，他在“振兴实业”、“讲求水利”、“整顿市政”三个方面提出了设想。讲到振兴实业时，他说：“宁波地方之实业，非不发达，然其发达多在外埠，鄙见以为发展实业，在内地更为重要。试观外人，其商业发展于外者无不先谋发展于母地，盖根本坚固而后枝叶自茂也。宁波人对工商业之经验，本不浅薄，而甬江有此良港，运输便利，不独可将商品运输于外洋，若悉心研究，力加扩充，则母地实业既日臻发达，而甬人之营业于外者，自无不随母地而益形发展。”孙先生是有远见的，这些话，当时只是一种美好的设想，而在今天却是有现实意义的。

邓小平同志在设计中国的改革开放和现代化建设的总蓝图时，十分关心沿海地区的发展，专门提出“把全世界的‘宁波帮’都动员起来建设宁波”的号召。这是他高度重视世界各地“宁波帮”的作用，看到宁波具有建设成为现代化港口城市的条件，才发出这个号召的。现在宁波市人民在党和政府的领导下，正在为实践这一号召而努力，在海外的宁波籍人士也十分关心家乡的建设，因此对“宁波帮” 作一专门研究是十分必要的，眼前这方面需要研究的课题很多，例如关于“宁波帮”的历史、现状和发展趋向及“宁波帮”与中国经济发展的关系等问题的研究都有待进一步深入。对“宁波帮”真正能做出有价值的研究，则有赖于关心于此的海内外学者、专家来共襄其成。

1988年12月

（宁波市政协《宁波帮研究》专辑）

《宁波当代作家散文选》序

散文是行文比较自由的一种文体，很难给它划定一个绝对的界限，就其应用范围来说，可以叙事、状物，也可以论理、抒情。就其涉及的方面来说，用它来述历史记人事，就称之为史传散文；用它来阐发哲理，就叫它为哲理散文；用它来导游记胜、描山绘水，就叫它为游记散文；用它来倾吐心曲、抒发情思就称之为抒情散文。以其文字含量来说，可长可短，短的数十字便可成文，长的数千言也不嫌其长。不论长和短，散文最有吸引力的，恐怕还在于作家能用美的语言，表达美的思想感情。优美的散文大都含有耐人寻味的哲理，有人说散文是智者之文，大概就是这个意思吧。

我书桌上放着《宁波当代作家散文选》书稿，内容丰富、风格多样，反映了宁波当代作家的感受、情思和智慧。《散文选》中有相当数量的文字是写宁波的，是一部有宁波特色的散文，因而使我联想到有三位古人写宁波（四明）的三篇著名散文，这里顺便将先后相隔千余年的三篇散文的因缘关系说一说。

一是晋朝陆云的《答车茂安书》。陆云作《答车茂安书》的缘由是车茂安的外甥石季甫被任命为鄮县县令，当时中原人不知道鄮县（宁波古名），以为是蛮荒之地，贫困异常，灾难不断，到鄮县当县令等于走上绝路，因此石季甫一家人惊恐万状，抱头痛哭。石的舅舅车茂安知道陆云学识渊博，便向他探询鄮县实况，陆云就写了这封信，告诉他鄮县地处东南，西有大湖，北有名山，南有林泽，东临巨海，有许多美好的东西，是使秦始皇东巡时流连忘返的地方。读了这封信后，石家“举家大小豁然忘愁”。《答车茂安书》便成了宁波人爱读的信。

二是在南宋度宗朝当过礼部侍郎的王应麟，他退休后在家著书立说，想到千年前的陆云《答车茂安书》没有将他家乡四明的美好说清楚，于是便洋洋洒洒地做了著名的散文《四明七观》，观四明之雄峻，观东海之浩瀚，观山川之秀丽，观物产之丰盛，观寺庙之庄严，观人物之卓越，观学术之纯粹……《七观》构思宏博，文采华赡，堪称美文。

三是清朝大学问家全祖望，他世居宁波月湖，感到四百年前王应麟的《四明七观》全方位赞美了四明宝地却忽略了“唐宋衣冠、人文荟萃”的月湖，于是他又写了典雅华美的《湖语》，详说月湖的历史、月湖的景观、月湖的人物、月湖的甲第、月湖的水利、月湖的物产、月湖的文采风流、月湖的风俗人情，最后说“湖水之静深、足以洗道心；湖水之澄清，足以励清节；湖水之霏微，足以悟天机”。月湖不仅美丽，而且还有清廉的美誉。王应麟和全祖望都是著作等身的大学者，文采斐然的一代文宗，《四明七观》和《湖语》是笔力相当的文中双璧。距《湖语》传世约二百五十年后，我们又欣喜地读到描绘四明新景物、新人物、新气象的《宁波当代作家散文选》。高兴之余，插叙了一段四明文坛掌故，该不是赘笔吧！优秀的传统文化和反映民族精神的现代文化，文脉是相通的。

“文变染乎世情，兴废系乎时序”(《文心雕龙·时序》)，不同时代的文章，有不同的时代特征。《宁波当代作家散文选》含有“乡音乡情”、“河山履痕”、“异域风情”、“内心家园”、“坊间论语”、“世间你我”、“斯人难忘”、“浙东人文”、“文史我鉴”九方面内容；选录228位作家，253篇作品，达80余万字，是一部集细流而成大河，缤纷多彩的散文集。选集中佳作甚多，如语淡味醇、引人遐思的《古渡随想》、《普陀听潮记》；如思理深、意蕴厚、深入浅出的《追寻古建筑的灵魂》；如写高尚于平凡，见真诚于细微的《纽襻》、《以母亲的名义》、《煤球阿三》；如绘形于文内、见义于文外，耐人寻味的《粗陶》、《蓝布长衫》、《与灰尘斗争到底》；如意气沉郁，情感深厚的怀人之作《忆念梅志》、《永远的江老师》；如叙事婉曲，伏采潜发的人物写生《带着枷锁前行》；如以行云流水般文笔，写平平常常的生活细节，却能激发读者心灵回荡，富有人情味的散文《写字台边的黑猫》；如以擅写心理矛盾之笔记叙大文豪的精神悲剧，令读者唏嘘不已的《黑暗中紧紧依偎》；如记实事、道真情、浓情淡写、亲切自然、文如其人的《回乡》；如深思博览、写异域见闻、印象清晰、读后有余味，富有知性和历史感的游记《美国心情》……佳作众多，不胜枚举。此外尚有许多色彩斑斓，爱憎分明，时代感染力深的作品不一一列举，读者读后自有分晓，无须多说。

历史在不断前进，宁波在不断发展，最近国务院批复宁波城市定位：东南沿海重要的港口城市，长三角南翼经济中心，国家历史文化名城。要把宁波建设成经济繁荣、社会和谐、设施完善、生态良好，具有国际港口和江南水乡特色的现代化城市。这一正在实施中的宏伟蓝图，极大地激励着宁波人的心，大家都在为实现这一伟大目标而努力奋斗，贡献各自的聪明才智。作家更是责无旁贷，去参与，去感受，去反映。同时在新形势、新情景中探索新的观察点，培养新的情趣，抒发新的情怀。散文是灵敏度很大的语言艺术，经济越繁荣，社会越进步，人们的感情越丰富，思想境界越高，散文用力的广度深度也越大越深。

出作品出人才，出人才出作品，是互为因果的，我们高兴地看到《宁波当代作家散文选》聚集了那么多作者，汇集了那么多作品。在这一群体中许多人年富力强，其中，既有十八九岁的年轻人，还有八九十岁的老年人，不论十八九还是八九十，都是有才情有文采的人。《宁波当代作家散文选》一定程度地反映了宁波散文创作的实力和潜力，它的出版，也可以说是宁波市文联和作协的~次队伍建设，深信这支散文队伍定能在散文园地上作更有深度的耕耘，让散文之花开得更鲜艳，更芬芳。

2006年9月25日

（《宁波当代作家散文选》宁波出版社 2006年12月出版）

《宁波帮经营理念研究》序

“宁波帮”是中国近代商贸史上的重要商帮之一，有悠久历史，在近代、现代、当代的商贸活动中出过不少有影响的人物，他们创造了令人瞩目的业绩，有很高的商业智慧。“宁波帮”是很有文化特性的商帮，它的文化特性可以概括为：一、机智灵活、克勤克俭、勇于开拓进取的创业精神；二、重乡情乡谊、兼爱互利、团结互助的乡帮协作精神；三、在长期的经贸活动实践中形成的讲实际、求实惠、谋实利的务本求实精神。“宁波帮”的商贸文化与尊德性、立诚信、致良知、崇实践，知行合一、经世致用、工商皆本的浙东学术思想基本合拍。我们认为要进一步研究“宁波帮”精神，首先要从“宁波帮”讲信用、重声誉的商业道德和审时度势、把握商机、开拓创业的经营理念两方面入题。“宁波帮”代表人士事业的成功与他们善于将传统的商业道德和精于谋划的商业智慧结合起来，形成适应形势发展的经营理念是分不开的。我们高兴地看到一部专门研究“宁波帮”经营理念的专著问世了，为这本专著的出版祝贺。

《宁波帮经营理念研究》由乐承耀教授等所著，是一部有特色的“宁波帮”研究专著：一、它从时空上拓宽了“宁波帮”人物研究的范畴，从近代、现代的“宁波帮”研究延伸到当代事业有成的宁波籍人士研究，书中阐述的不仅有上几辈“宁波帮”代表人士，还有新近的宁波籍著名人物，如被美国《福布斯》杂志列为2003年中国首富的“网络奇才”丁磊（本书也做了出色的介绍）。从横向看，本书所推重的人物已由商界扩充到文教科技等行业的精英，研究面拓宽了。二、本书的作者在充分运用“宁波帮”研究已有成果的基础上，又搜集发掘了许多新的资料和生动的实例，材料丰富，论述有据，是一部可信度较高的读物。三、“宁波帮”人士聪明、精明、开明，他们的智慧和经营理念是“宁波帮”之所以成为“宁波帮”的重要特征，加深这方面研究对促进宁波的经济和文化发展有现实意义。《宁波帮经营理念研究》从市场观、创新观、开放观、人才观、诚信观诸方面来阐释“宁波帮”的经营理念，既全面又深入，可以说是一笔可贵的无形资产，应当珍惜。

孙中山先生早在1916年就说过：“宁波人对工商业之经验，本不浅薄，而甬江有此良港，运输便利，不独可将商品运输于外洋，若悉心研究，加以扩充，则母地实业日臻发达，而甬人之营业于外者，自无不随母地而益形发展。”孙先生是明智的。为之我们更要全面而深刻地领会、实践邓小平同志“把全世界的‘宁波帮’都动员起来建设宁波”的指示精神，把宁波建设得更美好，同时也要使“宁波帮”精神能与时俱进，得到更好的发扬。

《宁波帮经营理念研究》将由宁波出版社出版，乐承耀教授约我作序，乐于从命。

2004年5月20日

（《宁波帮经营理念研究》宁波出版社2004年7月出版）

《中华当代儒商书画选》序

古代对博洽多闻的学者和有学问的文化人通称为“儒”，从特定含义上说，儒是指崇尚孔子思想，秉承孔子以“仁”为核心的道德伦理学说，并能遵守“居处恭、执事敬、与人忠”行为规范的人。有人将读书明理，以仁心济人，以仁术治病的医生称为“儒医”；将爱国为民，有儒者风度的将领称为“儒将”；将有“修己爱人”的人格修养和“因民之所利而利之”经营理念的商人称为“儒商”……

孔子弟子中高人、能人甚多，他们大都是有高尚道德的人。孔子分德行、言语、政事、文学四科来培养人才，史称“孔门四科”。在孔门四科中虽没有商业这一科，但在孔子门生中却有一位杰出的商业人才，他叫子贡（端木赐）。他在孔门属言语科，是一位口才出众，能闻一知二、以理服人的外交家，在诸侯纷争的年代里，他用外交手段来缓解国与国之间的争斗，“化干戈为玉帛”，因此受到各国诸侯的重视。后来他弃官经商，孔子说他“赐不受命而殖货焉，亿则屡中”。他在晋、鲁等地经商，由于善于分析形势、把握机遇，对各地物价行情猜测很准，因此获利很多，富到可以和诸侯“分庭抗礼”。子贡富了，但他始终没有忘记孔子“仁者爱人”的教导，实现他“博施于民而能济众”的理想，子贡可算是中国第一位儒商。现在许多工商界人士都以被称为“儒商”为荣，这是好事。当然现在的儒商已不同于子贡时代了，但是传统商业道德仍然有可继承的一面，“因民之所利而利之”的企业家越多，越有利于社会主义市场经济的健康发展，人们对当代儒商是寄予厚望的。

书画是高雅艺术，爱好并精修书画艺术的人大都是有文化涵养的人。晋人说“学书积学致远”，学书法要积学储宝、宁静致远。书法不是单纯的笔法技法，还要有笔墨中蕴涵着的文化精神，有精神内涵的笔墨才是能使人百读不厌的笔墨。绘画与书法同功，也是内涵十分丰富的艺术，南北朝时艺术理论家宗炳认为画家作画要像圣贤修身一样，要有“含道”、“澄怀”的精神修养，作画时要“凝气怡身”，尽量避免庸俗观念影响画家的心境，作家的情趣必然会影响作品的境界。

经商与书画是性质不同的两个范畴，经商需要理性思维，必须要有理性的经营理念；书画需要形象思维，必须要有感性的创作激情。但是体现在具体的人的身上，理性认识和感性感受是可以统一的。一位企业家的文化艺术素养愈高，他的经营理念也就愈开阔愈丰富。文化有利于企业品格的提高，企业文化品位越高，也就越能和谐地协调好义和利的关系，提倡企业文化是构建和谐社会不可忽视的一环。

陈安春君是位爱好书画艺术的企业家，他崇儒、修禅、善经营、精书法，又善于将四者融会贯通，是位颇有才识的商家。他的书法受业于体草书传人蒋思豫先生，潇洒飘逸，纵横自如，颇有禅味。他营商联谊，以书会友，结识了海内外许多儒商和书画界人士，集资创编了《中华当代儒商书画选》，并请其师蒋思豫先生主编，至今已出版了四辑。他始终坚持“儒商者取之于民，用之于民，为民兴业，为民办事”之宗旨，并为弘扬民族文化，建设企业文化而尽心竭力。在《中华当代儒商书画选》第四辑即将面世之际约我写序，为他精神所感，是为序。

2007年1月

（《中华当代儒商书画选》中国书画出版社2007年10月出版）

《当代茶诗选》序

陆羽《茶经》提到茶能消渴提神、清心明目、解闷去烦、活络四肢、舒通百节，可以和佛门的“醍醐”、仙家的“甘露”抗衡（根据原文意释）。茶的好处多多，“茶为国饮”已经为人所公认。茶是人们日常生活的必需，又是人们精神生活不可或缺的益友，工人清茶一杯解困消乏，商人清茶一杯寻找商机，文人清茶一杯助长文思，各种各样的人都可以从茶中品出各色各样的味道来，就是出家人也要用一杯清茶来清除贪、痴、嗔三毒，赵州和尚“吃茶去”成为禅门不移的话头。人人都有茶缘，而诗人对茶的缘分却特别深特别浓。苏东坡作诗道：“戏作小诗君勿笑，从来佳茗似佳人。”在这里，苏轼是将佳茗比作佳人，是诗人爱茶最生动的说法。当然诗人所说的佳人，并非单是指美人，而是诗人臆想中美好的形象。诗人爱茶必然要作茶诗，将自己饮茶时的种种感受融入诗中，其中最有代表性的要数唐朝诗人卢仝的《走笔谢谏议寄新茶》，“卢仝七碗茶”已成为精于品茶者的专门名词：“碧云引风吹不断，白花浮光凝碗面。一碗喉吻润，二碗破孤闷；三碗搜枯肠，惟有文字五千卷；四碗发轻汗，平生不平事，尽向毛孔散；五碗肌骨清；六碗通仙灵；七碗吃不得也，惟觉两腋习习清风生。”先见沏茶时的灵动形象，再写茶入口时的感受，喝到三碗文思如泉，喝到四碗胸中的闷气发散出来了，喝到第五第六碗便觉得肌骨爽朗、头脑清醒，到了第七碗心中俗气全消，清风习习，飘飘欲仙。“卢仝七碗茶”既真切又迷人，既清醒又浪漫。如果和良朋好友一起喝茶时谈谈陆羽《茶经》，吟吟卢仝茶诗，一定能兴味盎然，忘却世俗的烦恼。

前人的茶诗以古体、律诗、绝句居多，五四以后诗人也有以自由体写茶诗的，但数量不多，眼前却有一部全用新诗体写作的《当代茶诗选》，读之使人耳目一新。诗选选了九十余位诗人的一百五十多篇诗作，新茶诗写得自由，写得爽气，写得生动，也写得深沉。其中写出了四明名茶发现、发育、发展的历史渊源；写出了四明名茶的名色特质；写出了茶人育茶的甘甜辛酸；写出了茶客喝茶的心情世态……诗人们以各自的诗心写诗，各有各的语势气态，内中有不少优美的诗句值得传诵，值得回味，如《四明茶史》的“一斤绝品的茶芽，一万吨的阳光、雨露……”这么开阔的联想，这般豪迈的语势，在茶诗中并不多见。如《四明十二雷》中的“三位姑娘失踪多年／所幸那些细长的茶叶／长满那三座山崖／听不到雷声／却闻到陈年暗香”。当你在品尝“贡茶”的鲜美时，知否？知否？曾有三位采茶女闻惊雷而坠落山崖，清美的茶是多少人血泪所酿。说得太沉重了，饮茶毕竟是件舒心事，请到“清源品茶”吧！“火炉煮沸了／高山清泉／灼灼的心香／把吴歌梵音融进‘铁观音’的芳郁”。茶的芳香融合饮茶人的心香，这才是品茶的最高境界。最能辨别茶的滋味的莫过于茶壶，茶壶里面有哲学：壶中日月并不长／只是壶中滋味／有时候是苦涩／有时候是清香／全由自己选择品尝。茶壶也满含着哲理啊！

诗人感情丰富，重精神生活，而茶是精神活动的催化剂。诗人和茶结缘，茶中有诗，诗中有茶，《当代茶诗选》就是这两者的完美结合。

我对诗知之不多，但喜欢喝茶，我只能站在门外，对诗心与茶缘的和谐结合，表示由衷的赞叹！

2007年1月于宁波

（《当代茶诗选》人民日报出版社2007年3月出版）

《茶文化书画集》序

眼前这本书画集是以茶文化为主题，集诗、书、画、篆刻、摄影于一体的作品集，可以说是茶与文学艺术的一次联姻，其结合点是因为两者都体现了优秀的民族文化传统。

茶是人们日常生活中的必需品。俗话说："开门七件事，柴米油盐酱醋茶。"人不可一日无茶，茶圣陆羽说：茶能消渴提神、清心明目、解闷去烦、活络四肢、舒通百节。(《茶经》原文为："茶之为用，味至寒，为饮，最宜精行俭德之人。若热渴、凝闷、脑疼、目涩、四肢烦、百节不舒、聊四五啜，与醍醐、甘露抗衡也。")喝茶有许多好处，现代人认为茶含有多种维生素、氨基酸，有丰富的活性成分，是上好的保健饮料。现在有好几位专家和著名人士建议将茶列为"国饮"。宁波茶文化书画院的艺术家们以诗、书、画、印、影等优美的艺术形象，将"国饮"的特性表现出来，是很有意义的创作，谁见了都高兴。

品茶与鉴赏艺术作品都是精神活动，能丰富人们的生活情趣。明文学家袁宏道说："世人所难得者唯趣，趣如山上之花，水中之味，花中之光，女中之态，虽善说者不能一语，唯会心者知之。"趣得之于自然，只可意会，难以言传。

品茶是一种情趣：一人独啜，情思悠悠；二人对饮，畅怀倾心；三朋四友围桌而饮，说说笑笑，寓动于静。这是品茶的情趣。

欣赏艺术作品又是一种情趣。苏东坡说："诗中有画，画中有诗，诗画本一律，天工与清新。”诗与画有美的共性，一要自然而然，二要清新脱俗。而书与画更是异形而同品，“画尚变化，书尚气格”，两者都是作者情志的寄托。篆刻看刀法，作品以气质为重。摄影借用科技手段，摄取世态万象，展示摄影家的审美眼光。诗、书、画、印、影，事事皆有情趣，有心人自能得之。

不过要感受情趣之隽永，还须进一步去体会茶与艺术作品的韵味。清新平和、淡泊宁静，是茶的韵味，品茶能品出淡泊宁静的韵味，喝茶就喝出境界来了。“言已尽而意无穷”是诗的韵味；“气韵生动，意境悠远”是画的韵味；“正书居静以治动，草书居动以治静”是书法的韵味；“法古而铸今”是篆刻的韵味；“形真而神俊”是摄影艺术的韵味。如果我们在品茶和鉴赏艺术作品时，能感受到它们的韵味，则是更美妙的精神享受。

宁波《茶文化书画集》，是茶和艺术在民族文化共性上的结合，希望它所显示的情趣和韵味，能使大家感到愉悦。

（《茶文化书画集》由宁波茶文化促进会编辑出版）

《海上茶路与东亚文化研究文集》序

《海上茶路与东亚文化研究文集》是一本有意义的书，提出了有研究价值的课题。“海上茶路”虽然不能和“丝绸之路”相提并论，但就其历史意义来说，同样是不能忽视的。“丝绸之路”有南、北、中三路，总长7000多公里，是中国古代贯通欧亚大陆的商路，也是中华文化与印度文化、希腊文化、波斯文化交流之路，影响十分深远。“海上茶路”是中国东南沿海通向东亚各国的海上商路，也曾有人称之为“海上丝绸之路”。本书所指的“海上茶路”则是单指由明州港始发由海上至日本、高丽（朝鲜、韩国的古称）等东亚诸国，以茶和瓷器为大宗贸易的海上商路。因茶和文化生活有密切关系，随着茶的输出，必然会产生由茶而派生的文化影响，因此学者们概称这条海上之路为“海上茶路”。他们考证了“海上茶路”形成的历史过程以及茶与宗教、文化生活的关系，拓宽了茶文化研究的视野，为进一步深入开展“海上茶路”和茶文化研究奠定了基础。有几位专家在论文中提出，日本高僧来华学法回国时，将中国茶栽培技术和茶文化带到日本，形成日本“茶禅一味”的茶道文化。我们认为这是一个值得深入研究的课题。

探溯茶文化之源，当始自儒家而非释家。儒家重礼，许多礼仪活动都以茶为先，敬天献茶，尊祖供茶，迎宾待茶，婚丧喜庆无不以茶礼为先。《礼记》有“玄酒在室，醴盏在户，粢醍在堂，澄酒在下”的记载，所谓“玄酒”实为白水，“太古无酒，以水行礼，故后称水为玄酒，不忘本，思礼之所由起也”。古之玄酒（白水）实等于今人之茶，人们常说“以茶代酒”表示敬意，茶含有敬的意思，所以说茶文化之源起自儒家。佛教最早以“四谛”（苦、集、灭、道）传教，教世人解脱烦恼，脱离苦海，“离苦得乐”，而僧人自身生活十分清苦，随身之物仅一衣一钵而已，自然不会去讲究喝茶。印度佛教在东汉明帝时传入中国，开始时不适应中国文化，与本土文化有段摩擦与适应的过程。经过魏晋南北朝，佛教文化与儒、道文化相斥相济，吸入了《周易》的通变哲学、孔子的道德思想、老子“无为无不为”观念，逐渐与中华文化相融合，产生了中国化的佛教宗派。如宣扬假中空“三谛圆融”的天台宗；如以净心常念“南无阿弥陀佛”佛号，向往“极乐世界”的净土宗；如主张不立文字，以心印心，“明心见性”的禅宗等。虽然他们都十分虔诚地尊奉佛祖释迦牟尼，但他们都是融合了中国精神文化，形成本土化的中国佛教，与此同时也派生出适应中国佛教徒生活的茶文化。流传到日、韩等国的茶文化，就是由中国式的佛茶文化开始的。最早将中国茶文化传到日本的高僧都是天台宗和禅宗的大德。如最澄，是天台宗的传人，日本天台宗的创始人；如空海，是著名的学问僧，法号遍照金刚，不仅精通佛理，同时对中国古代文化也有精深研究，他所著的《文镜秘府》是研究唐诗和唐代诗论的经典著作，对中日文化交流作出过重大贡献；如荣西，是日本临济宗的创始人，他先在天台山学法，后又师从明州天童寺虚庵怀敞上人，对《茶经》颇有研究，著有《吃茶养生记》，被誉为日本的茶祖；如道元，师事天童寺如净禅师，在天童修禅三年，回日本创建永平寺，是日本曹洞宗祖师，并传天童茶礼于日本。除他们外，还有多位日本法师来华学法，回国传中国佛教义理的同时，也带去了含有中华传统文化精神的茶文化。当代日本茶道提倡的“和、敬、清、寂”四规，仔细研究便可觉察其中就融会了“礼之用，和为贵”，“致虚极，守静笃”，“见性是功，平等是德”，“内心谦和是功，外行于礼是德”，集儒、道、禅诸家文化于一体的茶文化，是中日文化交流密切的明证。

宁波连续几年举办了“中国宁波国际茶文化节”，有力地促进了茶产业的发展和茶文化研究的深化。第四届“中国宁波国际茶文化节”又专门举行了“海上茶路与东亚茶文化研究论坛”，有多位国内专家和对茶文化有专门研究的日、韩等国友人，在论坛上作了精辟发言，开展学术交流，对海上茶路和国际茶文化交流做了历史性的考证，举了许多实例，提出有说服力的论证。现在宁波茶文化促进会将发言和专论汇集成册，这必将对茶产业的发展和国际茶文化研究的深化产生积极的影响。这是一本有意义的书，乐于为序。

2008年8月25日

（于宁波茶文化促进会）

《梁祝的传说》序

梁山伯与祝英台美丽动人、生死不渝的爱情故事，最早见诸文字是在梁元帝萧绎的《金楼子》。萧绎登帝位只有四年（552 ~ 555），那么有关梁祝的传说必然早于555年前，不然就不可能收于《金楼子》中。据说梁祝故事发生于晋末，在民间流传了150年后，才被载入《金楼子》，这样算来，梁祝故事流传至今该有1600余年了，由此可见其生命力之强，影响力之大，感染力之深。可以想象，在1600余年流传中有多少人的思想感情参与其间，是众多的参与者使梁祝的形象变得越来越丰满。

魏晋时期，在久经战乱后，人们的精神冲破汉儒思想的束缚，是春秋战国以后一次思想解放，因而祝英台女扮男装，外出求学并不离奇。魏晋时代又是门阀观念极深、等级制度极严的时代，“九品论人”思想影响极大，上品无寒门，下品皆庶民，婚配时门第高低是无法逾越的界限，祝员外不肯将女儿嫁给寒儒，实属必然。精神解放与门第限制的矛盾，产生了祝英台与梁山伯的爱情悲剧。悲剧是历史性的，梁祝故事动人处在于其强大的精神力量冲破了封建门第制度的樊篱，祝英台的“生前不能夫妻配，死后也要同坟居”的决心，使梁祝的爱情升华了，它使爱的悲剧转化为爱的永恒。人们美丽的想象，“蝶舞凝山魄，花开想玉颜”（宋薛季宣诗），以比翼双飞的蝴蝶，来象征爱的纯洁、情的永恒。

梁祝故事离奇而美丽，因而它有诱人的魅力；梁祝美好的心灵，遭到残酷的摧残，因而引起人们的同情；梁祝生死不渝、纯洁高尚的爱情，激发了一代又一代青年人的情感，激起众多心灵的共鸣。于是由梁祝故事衍生出戏曲、电影、音乐、舞蹈、美术、雕塑等多种多样感人的艺术形象。多种多样的艺术又引发人们多种多样的思考，学者们想弄清楚梁祝故事产生的历史背景，民俗学家想考究当时的婚姻习俗，美学家想研究梁祝形象的美学原理，考古学家要考证祝英台读书台、梁山伯墓遗址的真伪……由此而产生有关梁祝的文化现象，形成蔚为大观的“梁祝文化”。由周静书主编，莫高、徐秉令、麻承照等同志参与编纂的，由中华书局出版的洋洋两百万字的《梁祝文化大观》汇集了从梁祝故事传说，到梁祝艺术创作，再到梁祝学术研究的珍贵资料，是“梁祝文化”的结晶。《梁祝文化大观》出版后受到文化艺术界、学术界学者，图书收藏家及广大读者的重视，被认为是文化园地中的奇葩。为适应读者大众的热切需求，近期，周静书同志精选了《梁祝文化大观》中“民间故事”部分篇目，又补充了一些新近发现的原始传说，续编了这本新颖精致的《梁祝的传说》。该书还刊印了刘黛琳、何月桂两位女画家绘制的梁祝彩画，并附有水族双歌《梁山伯与祝英台》及其他有关梁祝的美妙歌曲。在中华书局大力支持下，《梁祝的传说》出版了。

梁祝的传说是梁祝文化之源，水从源头起，浩浩大江源于涓涓细流。原始传说能使我们探索到梁祝文化的底蕴，《梁祝的传说》是梁祝文化探本溯源之作，有助于阅读鉴赏和梁祝文化的研究。周静书同志约我写序，我就“借题发挥”几句吧！

2001年6月

（《梁祝的传说》中华书局2001年12月出版）

解读“宁波精神”

中共宁波市委常委会讨论，确定宁波精神为“诚信、务实、开放、创新”。我作为宁波市民，对市委确定的宁波精神完全拥护，深受鼓舞，并借此来谈谈我对宁波精神的理解。

精神是什么?

说到“精神”两字，大家心中自然是明白的，但是要说清楚精神究竟是什么，却很不容易，因为它的内涵太丰富了，不是一两句话就可以说清楚的。

古代《易经》认为“神”是精气，是构成人生命的重要核心。现在辞书解释“精神”是人的意识、思维活动和心理状态（包括人的情绪、意志和观念）。德国哲学家黑格尔的《精神现象学》中将个人的意识称为主观精神，将社会意识称为客观精神，将二者的统一称为绝对精神，并指明精神的形成，经过由自发到自觉的不同层次，由意识、自我意识，到理性、精神是精神的深化过程。辩证唯物主义认为精神就是意识，存在决定意识，精神是物质存在的反映，是物质的最高产物；同时又认为精神可以转化为物质，精神为人所掌握，就能够成为创造物质的力量。精神是能意识到的存在，但不是能用肉身捉摸得到的物体。物质世界的变化和发展都有一定的精神力量在起作用，精神作用是很重要的。

中华民族有伟大的民族精神。毛主席指出："中国是世界上文明发展最早的国家之一，中国已有将近四千年有文字可考的历史……中华民族不但以刻苦著称于世界，同时又是酷爱自由，富于革命传统的民族……在中华民族几千年历史中，产生了很多民族英雄和革命领袖。所以中华民族又是一个有光荣的革命传统和优秀的历史遗产的民族。"(《中国革命和中国共产党》)这就是我们引以为豪的中华民族的精神。人们将巍然屹立在中华大地上的泰山视为中华民族精神的象征，那么泰山精神又是怎么样的呢？我国伟大诗人杜甫，将泰山精神做了深刻的描述："岱宗夫如何？齐鲁青未了。造化钟神秀，阴阳割昏晓。荡胸生层云，决眦入归鸟。会当凌绝顶，一览众山小。"一首五律《望岳》就形象生动地将雄伟崇高的泰山精神显示在眼前了。人也有精神，人们爱称有志向、有作为、能干大事的人为"大丈夫"。孟子说："居天下之广居，立天下之正位，行天下之大道，得志，与民由之，不得志，独行其道，富贵不能淫，贫贱不能移，威武不能屈，此之谓大丈夫。"(《孟子·滕文公下》)这就是大丈夫精神。民族有民族的精神，地方有地方的精神，人有人的精神，精神影响无处不在，精神作用不可忽视。

对宁波精神的理解

《中共宁波市委关于推进文化大市建设加快社会事业发展的决定》中指出："把弘扬民族精神、浙江精神与弘扬宁波精神紧密结合起来，大力宣传发扬，不断丰富发展'诚信、务实、开放、创新'的宁波精神，使之成为激励全市人民奋发进取的强大精神动力。"那么，"诚信、务实、开放、创新"的精神又是怎样提炼出来的呢？一个地方的集体精神是当地的人民群众在物质财富和精神财富的创造活动中，在改造客观世界同时改造主观世界的历史长河中逐步形成的，决不是凭空想出来的。巴音朝鲁书记在市委十届四次全会上的讲话，对宁波精神的提炼、形成，从历史的高度、现实的深度、发展的力度，做了精辟的阐发，他说："宁波之所以在人多地少、资源缺乏、交通落后、基础薄弱的条件下创造出现代化建设的辉煌业绩，深层原因就在于深厚的文化底蕴以及受这种文化熏陶逐渐铸就形成的诚信、务实、开放、创新的宁波精神。这些文化成果，是我们今天建设文化大市的宝贵资源。”这样分析是很有说服力的。在《决定》和巴音书记讲话的启发下，我进一步领会了宁波精神的实质，下面谈谈我对宁波精神的理解。

“诚信”。诚信是我们中华民族固有的美德，它经过世世代代人民群众和有德有识之士的实践，具有越来越丰富的内涵。“诚者，天之道也；诚之者，人之道也。”天道诚实无妄，人道就是顺天然之理，诚实无欺地做人做事，“立身处事，诚信为本”。孔子教他弟子要“谨而信，泛爱众而亲仁”，处事谨慎，以爱心待人，必能取信于人，得人之心。诚信是我们民族固有的美德，也是构建和谐社会必具的公德，那么为什么又说它是宁波精神呢？因为宁波人重视诚信的价值，在事业上因诚信而取得成功，在道义上因诚信而受到尊重。宁波出过不少以诚信为本而使事业有成的典型人物，宁波人早就树立了“尊德性，立诚信”的人文精神，今后我们更要以诚信精神促进宁波的经济发展、社会进步，构建社会主义的和谐社会。宁波将诚信作为优秀的传统精神来弘扬，含义是深刻的。

“务实”。务实和诚信相互关联，不可分割，不务实何来诚信，不诚信怎会务实？求真务实和诚信为本，相辅相成，不求真，鉴别不出真伪，谈不上诚信；不务实，只说不练，飞扬浮躁，不干实事，怎能取信于人？务本求实是宁波优良的文化传统，浙东学术由心学向实学转化有一条清晰的脉络，“尊德性为人之大本”、“知行合一”、“经世致用”都含有务本求实精神。四明学者的道德思想重在“践履”（实际行动），认为“不实践无以为学”。务本求实精神又是宁波工商业者的经营之道、成功之路，宁式建筑、宁式木器、宁式缝纫、宁式烹饪、宁式金银首饰、宁式刺绣……都以做工考究、货真价实闻名于世。凡此种种，都是宁波人务实精神的体现。改革开放以来，宁波经济快速发展，人民生活质量不断提高，都是靠脚踏实地、实事求是的精神干出来的。当然务实并不反对务虚，务实精神并不排斥革命理想主义，没有理想就不会有事业的发展。务实精神反对虚夸，更反对弄虚作假，却并不反对务虚，我们对科学的假设，对革命浪漫主义的想象，应该有积极态度，发扬务实精神也要有务虚意识，创新精神就要务虚与务实的结合。

“开放”。在邓小平理论、在改革开放方针的指引下，宁波社会经济快速发展，“已经进入工业化中后期阶段，初步接近经济现代化的门槛”。宁波人民较普遍地享受到改革开放胜利的成果，这和宁波人民在党的领导下能较快地接受改革开放思想，并在改革开放的道路上迈出坚定有力的步伐是分不开的，同时也和宁波人民原本具有外向型的传统思维有直接关系。宁波在唐、宋时期已出现对外的商贸活动，宋、元期间宁波就是我国对外贸易的主要港口之一，自明、清、民国以来，宁波人络绎外出经商，造成“无宁不成市”的局面。“无宁不成市”说明宁波人有开放头脑。不过那时的开放是自发的，是由生存环境所迫而促成的，而现在的开放是自觉的，诚如巴音朝鲁同志所说：“宁波自古以来就体现了开放性的特征，改革开放以来，宁波更致力于对外开放，反映了宁波人大海般的胸襟。”

“创新”。创新精神是宁波人长期的追求，七千年前我们的先辈河姆渡人就开始耕种，种出了迄今所知的世界上最早的稻谷；他们在七千年前就改造穴居生活，创建了杆栏式木结构建筑；他们在劳动中产生了美的感受，萌发了原始的艺术创作意识，河姆渡出土的“骨哨”、“双鸟舁日”的牙雕以及其他饰品，都表明宁波先祖的智慧。在宋、明期间，四明地区思想家率先向当时居思想统治地位的程朱理学挑战，冲破理学的僵化思想，使孔孟儒学有了生气。黄宗羲的《明夷待访录》，最早对统治中国几千年的封建制度进行全方位的批判，传播了民主主义的启蒙思想，其思想影响了谭嗣同、孙中山等民主改革、革命的先行者。前辈们的创新意识是留给我们的宝贵精神遗产，邓小平理论、“三个代表”重要思想和科学发展观，进一步激发了宁波人的创新精神，激活了宁波人善于吸收新事物、开创新路子的灵活头脑。在当代，宁波就拥有八九十位两院院士，他们为现代化建设事业作出了重要贡献。弘扬“创新”精神必将使宁波人自在的聪明灵性，转化为自觉的创新智慧和才能。

为了行文方便，本文将“诚信、务实、开放、创新”精神分开来叙述，但我们必须理解市委提出的“宁波精神”是一个完整的整体，我们要从总体上来理解，来把握。要诚信就要务实，要开放就要创新；诚信思想、务实作风，要落实到开放、创新的实际工作中。只有诚信、务实、开放、创新合成的宁波精神才能成为“激励全市人民奋发进取的精神动力”。

宁波精神既继承了宁波文化的优秀传统，又体现了当代宁波朝气蓬勃、持续发展的时代精神；宁波精神既蕴涵我们伟大的民族精神的共性，又富有开放性的国际港口城市的地域个性。实践宁波精神，就要将宁波精神体现在全面建设小康社会，构筑社会主义和谐社会的方方面面的工作中，渗透在宁波人的精神世界中。以上是我学习宁波精神的一点认识，写出来向同志们求教。

（2005年10月首刊于《宁波日报》《学苑》，
又载于《宁波政协》2005年第6期）

联结历史文化与现代文明的桥梁——《宁波通史》

在中共宁波市委和宁波市政府的领导和关心下，由中共宁波市委宣传部主持，请当代著名学者傅璇琮先生主编，宁波教育界、史学界几位专家共同编著的《宁波通史》经过五年多时间的不懈努力，已经由宁波出版社正式出版了。面对五大本《宁波通史》，作为长期在宁波工作、生活的老宁波人，我内心感到由衷的高兴和感佩。在首发式上我想谈两点看法。

一、《宁波通史》继承发扬了浙东史学的优良传统，集浙东史学的大成，是一部具有爱国主义精神和民本思想的优秀的地方史。

宁波历史悠久，从河姆渡遗址的发现，说明宁波的远祖早在七千多年前就已经生活在四明大地上了。从秦王朝建郡县制，立鄮县于东海之滨起已有2200多年；从唐玄宗时合鄮、鄞、句章等县为明州，并以明州为通海港口起，也有1200多年历史了。宁波历代都重视地方志的编纂，素有方志之乡的美誉，著名的《宋元四明六志》，清同治、光绪期间编的《鄞县志》，民国时期编的《鄞县志》以及当代的《宁波市志》都是有影响的志书，这许多志书都为《宁波通史》的编著提供了内容丰富、翔实可信的史料。

我们更要看到，在中国历史上有较大影响的“浙东史学”发源地就在宁波，由黄宗羲首创，由万斯同、章学诚、邵晋涵等史学家发扬，由全祖望集大成的浙东史学派倡议“经世致用”，历史当运用于当世、民为邦本的史学思想，在学术思想界影响极大。中国最早的几部学术史如《明孺学案》、《宋元学案》原创地也在四明，这一切都为《宁波通史》的编著提供了有价值的参考和思想依据。说明《宁波通史》编著的先天条件是良好的。

傅璇琮先生和参与编写的几位专家学者，本着时代精神与文化传统相结合的精神，及求真务实的唯物史观，花大力气、用真功夫，对历史的重点、难点、疑点做了认真的考证、研究，从立大纲到文字符号的运用都作了仔细的推敲。因此，我们可以说，《宁波通史》是一部内容丰富、可信度强的地方史。

二、《宁波通史》贯通了宁波海洋文化、宁波商贸文化、浙东学术文化、宁波三大主流文化及其相互影响的脉络，是一部既有共性也有个性，有地方特色的地方史。

宁波靠山面海，陆域平坦，三江环抱，土地肥沃，气候宜人，自然条件较好，在农耕经济发育较早的基础上，发展了海洋文化。唐玄宗时建明州，并设市舶司于明州，经营对外贸易并兼管外事，这是中国开始对外贸易的始发点之一；宋时原设两浙市舶务于杭州，后移至明州，当时日本、高丽等地来中国从事商务活动都由市舶务管理，至今高丽使馆的遗址仍在；元朝改明州为庆元府，仍然是海上贸易的重要港口，同时将上海、澉浦等地市舶司归庆元市舶提举司管辖。说明宁波是中国海洋文化发展较早的地区，同时也说明，海洋文化可以说是促使以后宁波经济文化发展的基因。

明朝初年，因倭寇屡屡在沿海侵扰，洪武二年明太祖下令禁止通藩下海，但只禁中国船只出海，不禁外国船只进港。到了明代中叶，因东洋船来中国贸易发生争贡事件（相互争夺市场），影响浙江沿海的安宁，嘉靖时下令停止市舶，撤销宁波市舶司，封闭港口，一律不准外船进港。但官商贸易停止而民间商贸活动却由此而活跃起来，据志书记载，“吾甬滨海建郡，辟为商场，生斯土者皆注意商业，自顺治康熙年间海禁弛，已冒险交通百余年来，益奔走驰逐，自二十行省至东南洋群岛，凡商贾所萃，皆有甬人之车辙马迹焉”，早就有了“无宁不成市”的说法。鸦片战争后，宁波被辟为五个通商口岸之一，洋货占领市场，白银滚滚外流，民族工商业经营困难，必须向外寻找商机，开拓市场。而上海开埠后具有的独特区位优势，促使宁波工商业者竞向上海谋求生计。他们先聚集于上海，后又从上海向内地和海外开拓。甬商在各地惨淡经营，奋力拼搏，同乡间互相帮助，行业做大了，逐渐形成了“宁波帮”。宁波帮是有文化特色的商帮，他们有机智灵活、克勤克俭、勇于开拓进取的创业精神；他们重乡情乡谊，有兼爱互利、团结互助的乡帮协作精神；他们有长期商贸活动的经验，逐渐形成讲实际、谋实利、求实惠的务本求实思想。宁波的商贸文化是与较早形成的海洋经济分不开的。

宁波的学术文化始兴于宋，特别到了南宋，明州是半壁江山的经济文化重镇，出过不少宰相、尚书侍郎等高官，也产生了许多名流学者和思想家，南宋可以说是浙东学术文化的开创时期。孔孟儒学发展到南宋，形成了以朱熹为代表的“理学”和以陆九渊为代表的“心学”两大学派，四明地区由于杨简、袁燮、舒璘、沈涣“四明四先生”倡导心学，心学成了四明地区的文化主流。心学强调养心是人之大本，尊德性是立身之道，认为百姓日用即是道，“德贵在行”，重视道德的实践精神。到了明代，王阳明进一步发展了陆氏心学，后人称为“陆王心学”，是浙东最有代表性的思想派别。王阳明倡导“致良知”和“知行合一”，要人们是非分明，去恶从善，并且要知而能行，即知即行，知行合一，尊德性，重实践，这是对程朱理学重理轻行、重先验轻实践思想的批判和修正。王阳明发展了心学，同时也促使心学向实学的转化。黄宗羲进一步发展了王学，提倡经世致用，对腐朽的封建制度进行全面的批判，他认为要传孔子之道，必须切实笃行，在经济思想上反对封建主义的轻商思想，提出“工商皆本”，黄宗羲是民主主义的启蒙思想家，民主革命先驱孙中山先生、谭嗣同等都受过他的思想影响。

浙东学术文化和宁波商贸文化都有过辉煌的历史，两者同时出现在四明大地上，互相不可能不受影响。历来善于经商的宁波工商业者都是务本求实、勇于开拓创业的实践家，他们长期形成的务实思想，无形中影响着宁波人的思维方式。浙东学派一个很大的特点就是在学术思想上要求真务实，主张在行为实践上下工夫，这与宁波商贸文化的影响不无关系。同时，我们也看到宁波帮的商业智慧也受到浙东文化传统的影响，宁波商人常说“做生意要讲良心”，“经商要以诚信为本”，显然，这种商务道德同浙东文化影响有密切关系。宁波商贸文化以务实精神影响浙东文化，浙东文化以诚信、尊德、重义思想影响宁波商人，两者相济相成，使甬帮商人有较高的商业智慧和良好的商业信誉，这是“宁波帮”能长期不败不衰的历史原因。

《宁波通史》综述了宁波商贸经济与浙东文化的历史概况，又揭示了经济与文化相互影响、相互促进的历史经验，这是《宁波通史》对宁波经济文化建设的一大贡献，也是《宁波通史》的一大特色。

经过近五年时间建成的杭州湾跨海大桥，大大缩短了宁波与上海的距离，有力地促进了长江三角洲地带，尤其是宁波社会经济文化的发展，运营20个月来效益非常明显。同样，前后近五年时间编著完成的《宁波通史》，是贯通几千年历史的另一类型的大桥，是将宁波的传统文化与现代文明连接起来的精神桥梁。当我们在为宁波悠久历史而自豪的同时，也增强了我们将宁波建设成为社会主义现代化国际港口城市的历史责任感。我们要开创历史新篇章，我们要比先人们做更大更多更好的努力。

（2010年4月《宁波通讯》第2期）

诚信泛论

诚实守信是中华民族的传统美德

诚和信是对应性的联词，我待人以诚，人则报我以信。反之，我对人言而有信，人也必然会以诚待我。诚信是一个人道德思想和道德行为的体现，是人与人之间的亲和力，也是促进事业发展的内动力。

“诚信”两个字的含义，在儒家经典著作《大学》、《中庸》中有精微的阐发，但诚信观念却不是儒家一家思想，而是中华民族固有的美德。早在孔子以前，人们就以诚信、笃实的美誉来赞美虞舜高尚的品格，说舜“浚哲文明，温恭允塞”，意思是说舜思想深邃，富有智慧，为人粹和恭敬，行事诚信笃实，所以唐尧就禅帝位给虞舜。由此可见，不是因为有了儒家学说才有诚信观念，而是诚信观念本来就包容在博大精深的中华优秀文化传统之中。但是到了春秋战国时期，诸侯争霸，攻战不息；大夫夺权，尔虞我诈；诚信思想被严重破坏。因而孔子忧国忧民，挺身而出，教育子弟，游说诸侯，大力倡导仁义、忠恕、诚信思想，诚信便成了儒家思想的重要内容。孔子大弟子曾参和他的门人编著《大学》，对“诚信”作有说服力的阐释。“修身、齐家、治国、平天下”，修身是基础，而修身先要从“正心”、“诚意”下工夫，心正意诚，先从“毋自欺”做起，欺人犹如欺己，不自欺就是不欺人，不自欺欺人就是诚，“诚者，天之道也；诚之者，人之道也”。所谓“天之道”即是天理自然，春夏秋冬，四季运行，敬授人时，生生不息，天道之诚真实无妄。“人之道”就是顺天然之理，诚实无欺地做人做事，一个人如果违背了诚实无妄之理，他就失去了做人的准则，做人有诚心，待人有诚意，处世则能诚实。诚实便是不虚情假意，不虚伪造作，不自欺欺人。诚实是善，欺骗是恶，善要坚持不懈去做，“择善而固执之”；恶要“如恶恶臭”闻而掩鼻，将它从心底里清除干净。诚贯穿在一个人修身行事的方方面面，不能有一息间断。

与诚关联的是信，立身以诚，处事有信，“立身处事，诚信为本”。孔子教他的弟子要“谨而信，泛爱众而亲仁”，处事谨慎，以爱心待人，必能取信于人，得人之心。曾参有句“吾日三省吾身”的名言，他每天都要从三方面来反省自己：一、“为人谋而不忠乎？”为人办事，是不是真心实意、尽心尽力；二、“与朋友交而不信乎？”与朋友交往是不是诚实无欺；三、“传不习乎？”对师长的传授是不是经常温习思考。曾参的“三省”，归纳起来就是一个“信”字。“人无信不立”，一个言而无信的人，人家就会认为这是一个不可靠、不能信任的人，所以孔子一再强调人要有信，“人而无信，不知其可也”，一个不守信的人能做出什么事来呢？他比喻人无信，就像“大车无輗、小车无軏”，大车没有轼，小车没有把，如何使车行走呢？也就是说，人无信就难以为人。

宁波是文献之邦，历史上出过许多诚信有德之士，如南宋淳熙年间“四明四先生”之一的舒璘（广平）。他比杨简、袁燮、沈焕三人官位低得多，只当过徽州等地的教授，但他很受人敬重，因为他一生诚实无欺。袁燮说他“平生发于言语，率由中出，未尝见其一语之妄”，楼钥说他“如熙熙然之阳春”。他以诚信待人，使受教的学生感到“如坐春风，如沐化雨”，培养了一批有德有识的人才，被誉为“天下第一教授”。这里再举一位商人的例子：“宁波帮”商人素以守信用著称，他们将守商业信用和不守商业信用，作为是正派商人还是不正派商人的标准。正派商人以“做生意要讲良心”为座右铭，做生意自然要赚钱，但钱要取之有道，要在“义内求财”，不能用欺骗手段，拿不义之财。《镇海县志》载，包玉刚的祖先包祉奎，在宁台温一带做丝绸生意，有一晚和一帮商旅投宿在台州客栈，第二天黑早就叫挑夫挑起行李货物赶路，走了一程，天亮了，发现一头货物不是自己的东西，打开一看里面还有银票，知道是挑夫摸黑拿错了行李，连忙赶回客栈，但人都已走散。包祉奎只好在墙上贴张“招识”说明原因，并留下自己的地址。隔了些日子，一位福建木材商寻访到包家，包祉奎物归原主，于是“客感其诚，又高其义，因皆至闽，几营业十年，遂获利起家焉”。这就是包家上代以诚信起家的故事。包玉刚曾深有感触地说：“在商业道德上头，还是老传统好，要有信誉、有信用才行，这里关系很大。”

诚实守信，以诚待人，是利人利己的传统美德，贪求一时之利而背信弃义，是有悖于我国民族道德精神的。

诚信是事业发展的内动力

江泽民同志在庆祝中国共产党成立八十周年大会上的讲话中指出：“发展社会主义文化，必须继承和发扬一切优秀的文化，必须充分体现时代精神和创造精神，必须具有世界眼光，增强感染力。”他指示我们，“我国几千年历史留下了丰富的文化遗产，我们应该取其精华，去其糟粕，结合时代精神加以继承和发展，做到古为今用”。诚信是我国优秀的文化遗产，我们应当结合时代精神加以继承和发展。我国最近公布的《公民道德建设实施纲要》，是中华民族的传统美德和时代精神相结合的完美体现，《纲要》指明“爱国守法、明礼诚信、团结友善、勤俭自强、敬业奉献”为公民的基本道德规范。《纲要》还指出：“社会的一些领域和一些地方道德失范，是非、善恶、美丑界限混淆，拜金主义、享乐主义、极端个人主义有所滋长，见利忘义、损公肥私行为时有发生，不讲信用、欺骗欺诈成为社会公害，以权谋私、腐化堕落现象严重存在。”《纲要》将不讲信用、欺骗欺诈视作社会公害，值得大家深思。改革开放以来我国经济迅速发展，综合国力日益增强，人民生活明显提高，生活十分美好，但人们在美好生活中不时会流露出“不放心”的感觉：进商店怕出高价买假货，去医院怕治小病花大钱，上学校怕老师对学生缺乏爱心，读报纸怕看到某些信誓旦旦的承诺变成毫无诚意的谎话，看电视怕被“戏说”所戏弄，看球赛怕被黑哨吹得气炸，找工作怕前门进不去，后门无路走，评职称怕没有“贵人”提携，攀不上高枝……凡此种种，都会使人感到不放心。不放心的事遇得多了，就会给美好生活蒙上阴影，公害不除，人心不安。“这些问题如果得不到及时有效解决，必然损害正常的经济和社会秩序，损害改革发展稳定的大局。”公害定要清除，要清除公害既要法治，也要德治，人们多一分诚信，社会就少一分欺骗，欺骗、欺诈行为少了，人们的信任度高了，大家会从不放心变成放心。孟子说：“学问之道无他，求其放心而已矣。”求放心是一门大学问，自己做的事先要使自己放心，使自己放心就要“毋自欺”、不欺人，诚信为本，你以诚信待人，别人就会对你放心，大家心情舒畅，生活就会更加美好。最后，再重复一句前面说过的话，诚信是人际关系的亲和力，也是促进事业发展的内动力。对人对事失去诚信，最后就会失落自己。

2002年3月6日

（《宁波日报》《学苑》版）

诚信可贵在于行

诚信是公共的道德准则，也是个人的行为规范。诚信是思想、感情、行为的统一，抽象的道德概念说不上诚信，只有结合实践，在个人行为中才能见出一个人是否诚信。仅在口头上说诚信，实际行动中却做出不诚无信的事，这是地道的伪君子。诚信可贵在于行，笃守诚信的人才有其人格魅力，“人无信不立”。

诚信和务实

诚信、务实是宁波精神的重要内容，待人以诚、处事有信、求真务实、不事张扬、说到做到。诚信和求真务实是相辅而成的，不求真，鉴别不出真伪，谈不上诚信；不务实，只说不练，飞扬浮躁，不干实事，怎能取信于人？诚信务实是宁波近年来经济发展、社会进步、人民生活显著提高的内动力，是宁波精神的高度概括。诚信务实也是浙东优秀文化的传统精神。

宁波传统文化有两大主流，一是历史悠久的宁波商贸文化，一是有辉煌历史的浙东学术文化，两种文化各自发展，但又互相影响。历来善于经营的宁波工商业者都是讲实际、谋实利、求实惠、勇于开拓创业的实践家，他们的务本求实精神无形中影响着宁波人的思维方式，也影响着浙东学者的思维方式。浙东学术思想一大特点就是务实，四明学派的“德贵于行”，王阳明的“知行合一”，黄宗羲及浙东史学派的“经世致用”、“工商皆本”等思想的产生，不能说和宁波商贸文化的务实精神没有一点关系。同时，宁波的商贸文化、“宁波帮”人士的商业智慧，同样受到浙东传统文化的良好影响，比如宁波商人常说“做生意要凭良心、讲信誉”，“经商要以诚信为本”，“赚钱要赚在分寸上”等就是显例。宁波商贸文化以实践功夫影响浙东学术文化，浙东学术文化以“知善知恶是良知”、“尊德性立诚信是人之大本”的道德观念影响宁波的商贸文化，同时两者又影响了宁波人的价值观、道德观、人生观，形成诚信、务实的宁波精神。我们先辈说过“德贵于行”、“百姓日用即是道”，这两句话在今天看来依然有其生命力。诚信之道不在坐而论，而在起而行。道德观不是玄虚奥妙的空道理，而是具体在一个人的日常生活中，待人接物中，对善恶、是非、美丑现象的判别中，感情倾向、生活态度中，诚之就要行之，行之必须诚之，宁波精神就体现在两者的结合上。

诚信要知人、爱人

诚信是人与人之间双向性的和谐关系，我待人以诚，人报我以信，以诚待诚，以信取信，“诚信友爱”是构建和谐社会的凝聚力，要确立诚信观念，先要知人爱人。中国古代哲学重在知人，重视对人的研究。《尚书·皋陶谟》道“知人则哲”，知人是最深的智慧；老子也说“知人者智，自知者明”，既要知人又要知己，人贵有自知之明；孔子不但知人知己，而且还将知人知己合成一体，提出以“仁”为核心的哲学思想。“仁者爱人”，仁就是爱人的哲学，人不仅要为己，更要为人，想到自己同时要想到他人。“己欲立而立人，己欲达而达人”，“己所不欲，勿施于人”，这两句最能表达孔子“仁”思想的格言，说得简单通俗一点，就是好事要与人共享，坏事不要推诿给别人。诚信是立己、立人、爱人如己的学问，知人爱人是诚信的基础。胡锦涛同志多次讲话都提出“权为民所用，情为民所系，利为民所谋”，教导广大干部做一切事都要以人为本。爱民、为民，“因民之所利而利之”是干部对群众的诚信。

不久前看到巴音朝鲁同志撰写的一副对联："从政先立公仆志，当官常怀爱民心。"这副对仗工整、情意真切的对联既是作者的自勉，也是对广大公务人员的激励。高尚的志向、真诚的爱心，是干群之间建立诚信关系的纽带。好人王延勤以真诚的爱心，为残疾人排忧解难，作出无私的奉献，他爱人如己，赢得了众多残疾人对他真诚的爱。以诚信待人必能获得人们真诚的回报，还有什么能比长留人世的"好人王延勤"这一称号更辉煌，更能告慰王延勤在天之灵呢？

在不同岗位工作的人，如果都怀着知人爱人之心，以诚以信地对待工作，对待他所接触的人群，如教师知学生爱学生，以诚以信地教书育人；医生了解病人，爱护病人，以诚以信地治病救人；营业员关心顾客，尊重顾客，以诚以信地服务于顾客……如此，他们也必将得到同样的回报，这种和谐关系是多么畅人心意啊！

诚信要辨析义利

诚信缺失，往往是人们因私而忘公，因利而失信所致，所以认清义利关系对维护诚信精神至关重要。历来人们对义利关系有三种不同的看法：一种主张以义为上，"正其义而不谋其利"，将义与利看成对立的关系，这是脱离实际的理想主义，不仅不符合当前市场经济规律，而且在古代也很难做到；第二种是蔑视公益，唯利是图，说什么"人不为己，天诛地灭"，这是损公肥私、损人利己的极端个人主义，现在社会上某些不良倾向的产生，都和这种利己主义思想有关；第三种是"利而后利之，爱而后用之"，为国家谋利先要使百姓有利，要百姓为国家效力，当政者先要爱惜百姓，这是荀子的思想，比较切合实际，主张以义带利，义利兼顾。王安石主政鄞县时也说过："政事所以理财，理财义也"，这是他在北宋元丰时主持政治经济改革的基本思想。我们反对因谋利而丧失诚信，并不是说讲诚信就不要谋利，遵循市场规律，在公平竞争中获取利润，公平公正，这是社会主义市场经济的义。弄虚作假，以欺诈蒙骗手段谋取不义之财，违背诚信精神，是不允许的，谋不义之利是不道德的。有位宁波帮著名人士说得好："要在义内求利，不求不义之财。"商场上十分重视一个"信"字，有信就有誉，信誉好了，大家都信任你，假使你遇到困难，人家也愿帮助你，因为你信誉好，这能使你遇难呈祥。如果你不诚不信，没有信誉，"失道寡助"，有了困难没人帮你，失信于人往往会使自己身败名裂。市场经济是自由竞争的经济，也是要受市场规则制约、体现公平公正原则的经济，诚信是社会主义市场互惠互利经济的生命线，切不可等闲视之。墨子说："夫爱人者，人必从而爱之；利人者，人必从而利之；恶人者，人必从而恶之；害人者，人必从而害之。"兼相爱，交相利，人际关系都是双向性的，不因利而失信，必因信而得利，"不诚无物，诚之为贵"。

诚信精神既是理性的，也是感性的，诚信是人际和谐、社会和谐、自我心态和谐的内涵，诚信精神必须弘扬。

（2005年7月18日，《宁波日报》《学苑》版）

道不远人　德贵在行

一

“道不远人，德贵在行”，这题目的上半句取于孔子的“人能弘道，非道弘人”（《论语·卫灵公》）思想。所谓“道”，是指事物所当然的道理，物有物之理，人有人之道，做人就要明白做人的道理。“人能弘道”、“道不远人”中的“道”，就是指人们在日常生活中的行为道德，大事有大道理，小事有小道理，大道理要明白，小道理也不能含糊。

题目的下半句“德贵在行”，德的可贵在于人在实际行为中的表现，浙东文化的优秀传统就是要大家“明实理，做实事”，南宋“四明四先生”之一的杨简说：“道无大小，何处非道，当于日用之中求之，衣服饮食，道也；娶妻生子，道也；动静语默，道也；但无所贪，正而不邪，道则不求而自得。”（《遗书》）道并不是高深莫测的，而是在百姓日常生活中经常遇到的问题，一个人做一件事或不做一件事，都有是与非的选择，你行事之前，先要有个判断，这样做是对还是不对，合乎道就对，不合乎道就错。“知是知非是良知”，有良知的人，头脑清醒，是非就分得清。如果一个人的良知被私欲邪念所蔽，就分不清是非善恶；如果良知丧失，就会去做人所不齿的事。所以，明朝思想家王阳明大力倡导“致良知”思想。他说：“良知只是个是非之心，是非只是个好恶”，“知善知恶是良知”，良知是明明白白的，是的还他是，非的还他非，一点也含糊不得。“良知”就是当你内心有为善的意念时，要珍惜爱护，使善意充分发挥，转化为善的实际行动；当你发觉内心有不正不好的念头时，要努力去遏止，使恶念消除于未发之际，不给社会造成不良影响。“致良知”中的“致”，就是既要维护好，不使良知丧失，同时又要使良知扩充到实际行动中，“去非求是，去恶为善”，要知而能行，即知即行。因此，王阳明又提出“知行合一”的观点。他说：“真知即所以为行，不行不足为真知。”致知要在行中去求真知，知了必须要行，不能行就不能知，不能知就难以行，知行要合一。只会说说道德的概念，没有德行的行为，就不是真知，只有在道德实践中才能求得道德的真知。王阳明教导学生时，十分强调德的实践性，他说：“吾辈为学重在实践，不实践无以为学。”（以上引文均出自《传习录》）尊德性重践履，是浙东文化的宝贵传统，我们应当重视。

“道不远人”，只要有心，人人都可以使自己成为有道德的人。道德的学问很大，道德的要求很实。宁波是爱心城市，因为宁波有许多有道德的人，他们通过各种方式来表达自己的爱心，日行其善，做了许多感人的好事：在日常生活中，有许多爱人如己、乐于帮助弱势群体解决困难的人；在突发事件中，有不少急公好义、见义勇为、舍己救人的人；有“为善不近名”，年复一年捐献一笔笔善款而不留姓名的人；更有道德楷模林萍，她为了使一棵纯洁、稚嫩的幼苗不夭折，以慈母般的柔肠、钢铁般的意志，神圣地捐出自己将近一半的肝脏，去挽救小徐洁的生命。她用自己的高尚行为，谱写了一曲感动千万人，并为千万人传诵的道德颂。以上所说都是爱心城市的实况，高尚的道德境界，不是从道貌岸然者之口说出来的，而是由许多普通人在平凡和不平凡的生活中表现出来的。

二

中国特色社会主义和谐社会，是重视道德的社会，民主法治、公平正义、诚信友爱、充满活力、安定有序的和谐社会对道德要求很高。但是在构建和谐社会的历史过程中，尤其在社会主义现代化建设快速发展时期，随着改革的深入，许多潜在的矛盾会在社会生活中显现出来，和谐社会中也会有不和谐的声音。如个别公职人员的贪污腐败，是人民群众最为痛恨的。公职人员的立脚点是公，理应“权为民所用，情为民所系，利为民所谋”。公职人员如果背离了“公”字，凡事都从“私”字上考虑，以权谋私，损公肥私，那他就丧失了公心，成了充满私欲的蛀虫。某些公职人员的贪污腐败，有多种原因，或因制度失范，或因监督不力，或因诱惑力太大……而最根本的原因却在于自身心防无力，宗旨思想淡薄，道德观念缺失，自制能力解体，私欲放纵，行为糜烂。贪污和腐化相连，贪污的手是脏的，但往往先从内心的腐化开始，私欲膨胀，行为失察，欲壑难填，越陷越深，挽救之道既要法制严明、监督有力，也要道德自觉、唤醒良知、防微杜渐。

又如学术界有些人的诚信缺失，操行失守。顾名思义，“学者”，应当是知识渊博，专业精湛，有道德、有睿智、有创新思维能力的人。人民殷切期望他们能为人民造福，为国家创造荣誉，而最近却不断发生学术造假、论文抄袭、沽名钓誉、投机取巧、败坏学术界声誉的行为。有一位硕士，为谋求虚名，用尽心机，一面剽窃别人的论文，一面又请一位名家与自己一起署名，拉大旗扯虎皮，论文发表了，弄虚作假的行径也暴露了，他浪得的虚名成了欺世盗名的同义词。

更令人痛心的是未成年人的犯罪行为。最近读了《报刊文摘》摘编的《半月谈》记者高远的《百名少年犯的黑色记忆——关注未成年犯罪现象》，了解到近年来，青少年犯罪人数之多，犯罪手段之残忍，与被害人关系之密切以及犯罪人心理之麻木，令人震惊，让人揪心，使人沉痛。一个15岁的少年，强奸了两个女孩，一个12岁，一个7岁，其犯罪的动机说是“从网上看到，想试一试”，并和十几个年龄接近的人一起“交流”，大家也想找机会“试一试那事”，其中有一人就强奸了他的表妹。一个13岁的少年，用一个月时间作准备，连杀了三个亲人——奶奶、婶婶、堂弟，说是为她母亲“出气”，问他杀人手段是哪里学来的，他说是“看电视学的……”这种惨无人道、骇人听闻的事，竟然是未成年人所为。社会上出现这么多未成年人残忍、残酷的犯罪事例，是不是说天真善良、纯洁无邪的“赤子之心”在今天的青少年身上已经丧失了呢？《三字经》首篇“人之初，性本善，性相近，习相远”四句话已经不适用于今日的少年儿童了吗？当然不是的！我们依然相信绝大多数少年儿童都是天真无邪的。不过，在复杂的社会形态中，要爱护、保护好儿童纯洁的心灵，应当多想想“性相近，习相远”这两句话的含义。“习”何以会相远，其远的方位又在哪里？少年儿童需要大人理性的教育，而更能起作用的还是大人在日常生活中的感性影响。少年犯罪的动因，大都是受了某种不良的影响，受到某种反常的刺激，引起恶性的情绪反应，不思后果地犯下罪行，犯了罪还不知罪在哪里。罪，虽犯在不良少年身上，而更要反思的应当是我们的家长、我们的老师、我们的有关领导和我们影视媒体的形象塑造者，我们应共同努力，来营造能使青少年健康成长的环境。所谓“习”，就是指人的习性和习惯，习性是在日常生活中逐渐养成的，习惯是从家庭、学校、社会生活中潜移默化地熏染而成的。创造良好的、文明的社会环境，人人有责。

和谐社会和其他社会一样，存在着各种各样的矛盾；不过，和谐社会要以和谐的方法妥善地处理各种矛盾。马克思说：“和谐的标志，在乎人与自然之间、人与人之间的矛盾的真正解决。”（《一八四四年经济学哲学手稿》）我们要“处理和谐与不和谐的辩证关系，有步骤地消除不和谐因素”。有人认为，现在是市场经济，大家都以营利为目的，为了谋利就顾不上诚信不诚信，道德不道德了！显然，这种想法是错误的，是十分有害的。市场经济虽然是自由经济，但也是法制经济，在自由竞争中，诚信是不可缺少的道德准则。温家宝总理在英国剑桥大学的演讲中提到，有效应对世界金融危机时应该十分重视道德的作用。他说：“有效地应对这场危机，还必须高度重视道德的作用。道德是世界上最伟大的，道德的光芒甚至比阳光还要灿烂。真正的经济学理论，决不会同最高的伦理道德准则产生冲突。经济学说应当代表公正和诚信，平等地促进所有人，包括最弱势人群的福祉。”温总理的演讲是有针对性的，市场经济的活动更需要参与者的道德自律。他还深刻地指出：“道德缺失是导致这次金融危机的一个深层次原因。一些人见利忘义，损害公众利益，丧失了道德底线。”温总理的话值得深思，道德的作用不容低估。

2009年8月17日

（《宁波日报》《学苑》版）

市场经济的道德观

经济基础决定上层建筑，上层建筑既是经济基础的反映，同时又起积极作用于经济基础，这是马克思主义的基本原理。道德是上层建筑的一个重要范畴，既受一定经济基础所制约，同时又起积极作用于一定的经济基础。那么，以公有制为主体，多种经济成分并存，在国家宏观调控下发挥市场机制在资源配置中基础作用的社会主义市场经济，是不是有它相应的道德观念、道德行为来为它服务呢？回答应该是肯定的。可是有的人认为市场经济就是为了谋利，赚钱与道德是两回事，要赚钱就不必讲道德。我们认为这种思想不仅不符合马克思主义原则，而且必然会影响社会主义市场经济的健康发展。

我国有悠久的文明史，中华民族有优良的道德传统，中国人民历来是讲道德的。在古代，儒家将道德概括为“仁、义、礼、智、信”五个字，其核心是“仁”与“义”，孔孟的道德观基本上是围绕“仁义”两个字展开的，孔子讲“仁”，孟子讲“义”。孔子所谓“仁者爱人”、“推己及人”、“己所不欲，勿施于人”等都是“仁”的思想的发挥，同时他又从“仁”推导出“孝”、“悌”、“忠”、“信”等道德范畴，主张对父母要孝，对国家要忠（在封建社会，君代表国家，因此说要忠君），对兄弟要友爱，对朋友要信义。后来孟子又从孔子“仁”的基础上提出一个“义”字，强调“以义为上”、“见得思义”，就是凡事要想一想你之所得是不是符合道义。一个人不能做不义之事，受不义之财，“富贵不能淫，威武不能屈，贫贱不能移”，要求人的一切行为都要讲道义。孔孟的道德思想在历史上起过积极作用，对我国乃至对整个东方文化都有较大影响。但是孔孟道德思想有基本弱点，就是偏重于个人的身心修养而忽视社会实践，认为只要自身修养好了，一切问题就都解决了，如《论语》上说：“子路问君子，子曰：‘修己以敬。’曰：‘如斯而已乎？’曰：‘修己以安人。’曰：‘如斯而已乎？’曰：‘修己以安百姓。’”道德重在自觉、自重，律人首先律己，这是不错的，但是人是社会关系的总和，只重视内心体验，忽视社会，即使你自身修养好了，也改造不了社会，修身不同社会实践相结合，在现实前面总是要碰壁的，历来儒生碰的壁特别多，能有几个真正做到“修身齐家治国平天下”的？由于他们只重自身修养，轻视劳动生产，于是将义和利截然分割，“君子喻于义，小人喻于利”，讲道德的是君子，求生谋利的是小人，将义归于君子，将利归于小人，自然是错误的思想。由于早期儒家在理论上的偏颇，导致以后的儒家越来越轻视社会实践，脱离社会实际，如宋朝的理学家们认为一切都要服从一个“理”字。他们所谓理是指先验的天理，人们的生活、生理要求都是由于人欲在驱动，人欲使人不仁，于是主张“存天理，去人欲”，人只能按照先验的抽象的“天理”去修身养性，人们在日常生活中的欲望要求都被认为是不道德的。这种思想不但扭曲了人的本性，而且大大阻碍了社会的发展，所以，五四运动提出“打倒孔家店”的口号，主要针对的是宋以后理学家们的儒学。这类儒家思想束缚了人的性格发展，阻碍了社会进步，所以要打倒它，而对孔孟学说则要吸取其合理的内核，剔除其封建性的糟粕。

当前，不少海外学者在积极研究儒学与华人经济发展的关系，提倡“新儒学”。他们看到近年来“亚洲四小龙”经济发展很快，世界各地华人经济都有引人注目的成就，对所在国的经济影响很大，亚太地区华人经济圈对亚太地区乃至全世界经济发展都起着重要作用，因此很多学者都研究为什么在西方经济发展缓慢的情况下，亚太地区华人经济却能得到如此迅速的发展。他们将伦理学、社会学和经济生活结合起来研究，认为华人经济发展得益于儒家思想为主体的东方文化，如《亚洲华尔街日报》分析东亚经济发展出现奇迹的原因，是由于东方文化的影响——重视人的修养，努力工作，注意节俭，尊重权威和伦理道德。他们还认为台湾虽然没有多少企业是在埋头读儒家的经典著作，但他们受东方文化背景的影响，他们的行为观念就是在儒家文化背景长期影响下形成的。有位叫戈登·雷丁的西方学者，通过细节研究中国文化、家庭习惯和伦理对华人商业行为的影响。他看到华人公司多数为家族所有，家庭文化有助于加强对公司的献身精神的培育。从公司家族利益考虑，对个人有自我克制精神，他们是清醒的现实主义者，因此公司有内聚力和灵活性，大家都能勤奋工作和献身创业。这是新儒学的观点。我们并不认为华人经济发展单纯是由于东方文化的内聚力，经济发展必然包含着资源、资金、技术、市场等多种因素，但是人的精神修养确实是一个重要因素，我们可以借鉴儒家的道德观并将其改造整理后，为社会主义市场经济建设服务。5月12日《人民日报》第1版介绍，“邢台市玻璃厂厂长王长林，用了不到一年时间使一个亏损六年濒临破产的企业一举扭亏为盈，受到企业和舆论界关注，王长林成功经验不止一条，但是他的‘人格也是效益’的独创见解和高尚行为，给人的感触最深”。所谓“人格效应”就是前面提到的“修己以敬”、“修己以安人”的道德修养起了作用。我国古代有句名言：“民不畏吾威而畏吾公，民不服吾能而服吾廉，公生明，廉生威。”确实，人格力量是很大的，尤其是领导人的人格影响更大。

当然，我们并不主张对儒家道德观不加分析，全盘接受，例如对“仁”、对“修己以敬”等观念，毛主席就不是讲“仁”、讲“修己以敬”，而是讲“全心全意为人民服务”，全心全意为人民服务包含着“仁”的精神，但不片面强调个人修养，而是强调从革命利益、人民利益出发，全心全意为人民服务，并且要在为人民服务的社会实践中，确立一个革命家的人生观和价值观，而不是脱离社会实践关起门来提高为人民服务的修养。为此，我们以为明确市场经济的道德观，首先要弄清楚以下两点：

1. 要正确处理利与义的辩证关系。儒家重义轻利，《孟子》中载："孟子见梁惠王。王曰：'叟不远千里而来，亦将有以利吾国乎？'子曰：'王何必曰利？亦有仁义而已矣。'"孟子将利与义决然分割开来，强调义，主张"以义为上"，认为"见义而行是君子，见利忘义是小人"。这种将义与利分割的思想不仅不适应于市场经济，就是在战国时期也是行不通的。梁惠王要求孟子讲些强国的道理，而孟子只讲仁义，梁惠王自然是不会去听他的，因此当时的儒家到处碰壁，没有过过好日子。做生意讲本求利是天经地义的，不讲利，不要利润，搞什么市场经济？没有利，生产上不去，生活水平就无法提高。市场经济是重利的，但是重利不能轻义，不能见利忘义，谋私利而忘记公义是不道德的。例如有些人为私利而偷税漏税，只顾个人利益，不顾国家利益；有的甚至用不法的诈骗手段，损公肥私，这种人是地地道道见利忘义的小人。现在社会上确实有见利忘义的小人，那些卖假药、假酒坑害人的人，那些以次充好，用假名牌标高价牟取暴利的人，那些用黄色书刊、黄色录像去毒害青少年的人，那些利用职权瞒天过海、损公肥私的人……都是见利忘义的小人。邓小平同志提出"有利于发展社会主义社会生产力，有利于增强社会主义国家的综合国力，有利于提高人民生活水平"的"三个有利于"思想，是义和利的高度统一，它既是我国经济发展的准则，也是社会主义市场经济的道德准则。利是经济要求，义是道德要求，市场经济提倡公平竞争，竞争为了利，公平就是义。一个人如果能见利思义而不见利忘义，不取不义之财，不做不义之事，那就是有道德的人。如果在市场经济的大海中多一些见利思义的君子，少一些见利忘义的小人，那么我们社会主义市场经济必然能健康发展，并且可以在国际市场竞争中立于不败之地。如果在市场经济竞争中不讲商业道德的人多了，那么市场就有可能畸形发展，最后这些人必将自食恶果。

2. 市场经济体制下最根本的道德基础是职业道德和社会公德。一个为他人利益而牺牲个人利益的人，是高尚的人、有道德的人，无产阶级革命家以及历史上的志士仁人都是为人民利益、为民族利益而牺牲自己的人，他们永远值得我们敬重和思念。但在市场经济体制下，我们并不要求人人都为他人利益而牺牲自己利益。如果我们提出你要成为有道德的人，必须牺牲自己，这样，多数人就会对道德抱敬而远之的态度。社会主义市场经济中的道德，并不只要求少数人提高道德修养，更重要的是使道德成为多数人的自觉行为。市场经济的道德观并不要求每个人都牺牲个人利益，而是要求利己与利人相统一，在肯定为他人利益而牺牲自己利益是高尚道德的同时，也要承认保护个人的合法利益，同时又不损害他人利益也是道德行为。市场经济越发展，人们相互间的交往就越多，经济关系与社会关系也越来越复杂，因此要使复杂的关系正常化、有序化，既要靠法制，用法律手段来制约，更要靠人的文明习惯和道德自律，道德是内在的修养，就是靠自爱、自觉、自尊、自重、自律。职业道德和社会公德需要用规章制度来保证，但更重要的是靠每个人的自觉，如以买卖双方来说，卖方与买方是一对矛盾，卖方要赚钱，买方要价廉物美，双方的要求都是合理的，如彼此照顾对方的利益，买卖就成交了。如果双方只想到自己一方利益（尤其卖方），不尊重对方，不为对方利益着想，一言不合就争执起来，就容易引起矛盾；如果双方都想到“买卖不成情义在”，矛盾就解决了。如企业与企业之间、公司与公司之间、生产部门与流通部门之间，既有相互竞争的一面，又有互相支持、合作的一面，他们之间利益与道德的矛盾，就比单纯买卖关系要复杂多了。处理这方面关系，既有协议、合同、契约等涉及法律法规的问题，又有互守信义、互相帮助的道德问题。自觉守法也是道德行为，“人无信不立”，商业信誉比什么都重要，许多成功的企业家都是靠良好信誉起家的。当然也有靠搞阴谋要手腕而发家的，但天长日久，他们的社会地位终究是不稳固的。如厂长、经理与职工之间的关系，涉及利益分配合理不合理的问题，这里除了多劳多得、贡献大的多得，贡献少的少得之外，还有多种分配形式，但不管什么分配方式，必须合情、合理、合法。平均主义不利于生产发展，欺上瞒下，中饱私囊，手长的多捞，手短的捞不着，更不利于生产发展，这样必然影响职工的积极性和凝聚力，生产上不去，最终受损失的还是企业。邢台市玻璃厂厂长王长林的人格效应，就是职业道德的作用。职业道德不论对厂长、职工都是至关重要的。各行各业的从业人员都有与各自服务对象的关系问题，比如医生与病人、公共汽车售票员与乘客等，是互相尊重，还是彼此轻慢，是热情相待还是冷言相对，是助人为乐还是不管别人死活？一方是职业道德问题，一方是社会公德问题，如果双方都有道德修养，那么社会上将减少许多纠纷，人与人之间就会增加祥和的气氛，人们就会感到生活的温暖和美好。

发展社会主义市场经济应该树立相应的道德观，传统的民族道德应当批判地继承，革命的传统道德应当发扬光大，社会主义市场经济的道德建设应当作为精神文明建设的重要一环来抓，我们建议各类学习班应当补上一堂道德课。

（1994年4月在宁波市政协精神文明建设专题座谈会上的发言）

“和谐”的古义和今读

每每见到“和谐”一词，心上就会浮起融洽、祥和、愉悦的感觉。例如到了山青水秀之处，看到青山绿水、白云碧草，就会感受到大自然的和谐美；身处团结友好、互相关怀的环境中，就会感到同志情感的和谐美；见到一家人亲亲切切、和和睦睦、融融洽洽，就会感到人伦亲情的和谐美……总之，方方面面的和谐，会带来方方面面的美感，和谐是美，人人都会有对美好和谐生活的向往。和谐社会历来为思想家和政治家们所关心，实现社会和谐，建设美好社会，始终是人类孜孜以求的一个社会理想，也是包括中国共产党在内的马克思主义政党不懈追求的一个社会理想。胡锦涛同志指出：“加强对我国历史上关于和谐社会建设的理论研究，按照去伪存真，去粗取精的要求，努力做到古为今用……通过深入系统的理论研究，深化对构建社会主义和谐社会规律的认识。”科学地理解“和谐社会”的古今含义，对建设社会主义和谐社会是有帮助的。

和谐是中华传统文化十分强调的道德精神和社会理想，许多思想家都对此有过论述，其中孔子对“和谐”的阐述比较详细。孔子一贯倡导仁、恕、孝、悌的伦理道德，向往“礼治乐和”的和谐社会，他一生孜孜以求的理想虽难以实现，但是他始终“学而不厌，诲人不倦”。《礼记》多处记叙古代人对和谐社会的构想，在《礼运》篇描写大同世界时写道：“大道之行也，天下为公……使老有所终，壮有所用，幼有所长，鳏寡孤独废疾者皆有所养……”又在描写小康社会时写道：“大道既隐，天下为家，各亲其亲，各子其子，货、力为己……示民有常……”在诸侯争霸的春秋时期希望以“大顺治天下”，用“和谐”来排难解危。《礼运》对“大顺”的描写是：“故事大积焉而不苑，并行而不缪，细行而不失。深而通，茂而有间，连而不相及也，动而不相害也，此顺之至也，故明于顺，然后能守危也。”意思是说：治天下，大事重要，小事也不可疏忽，大事积习厚重，不能胶滞不动。大事小事并行，大事要办，小事也不可有细微之失。大事牵动小事，小事影响大事，深处要通，茂处要疏，诸事相连时要互动而不互妨。天下之事有大有细，有深有浅，有密有疏，有动有连，要各按其道，顺理而行，这就叫“大顺”，以大顺治天下，可以使天下安稳。大顺就是要和谐地理顺各种关系。《礼记·中庸》也写道：“万物并育而不相害，道并行而不相悖，小德川流，大德敦化，此天地之所以为大也。”天地和谐所以能包容一切。有鉴于此，孔子说：“礼之用，和为贵，先王之道，斯为美；小大由之。”（《论语·学而》）孔子的思想是美好的，法国前总统吉斯卡尔·德斯坦在2004年春到曲阜参观孔庙时说：“孔子是了不起的哲学家，他的大同思想、和谐发展思想非常有价值。”他还说：“现在世界上各种冲突很多，许多国家解决问题的手段比较简单和偏激，孔子的思想则讲究中庸和谐，多作些研究也许对解决世界问题能有帮助。”

孔子在2550年前提出“和为贵”思想是可贵的，但他的和谐理想在当时是无法实现，也是难以实践的，这与党在十六大提出“社会更加和谐”中的“和谐”一词不可同日而语。胡锦涛总书记在一次重要讲话中指出：“我们所要建设的社会主义和谐社会，应该是民主法治、公平正义、诚信友爱、充满活力、安定有序、人与自然和谐相处的社会。”社会主义和谐社会的和谐，是基于科学发展观基础上的和谐，是促使物质文明建设、政治文明建设、精神文明建设紧密结合、全面推进的和谐，是大家同心同德，通过实践能够实现的和谐。

2005年3月14日

（《宁波日报》《读书》版）

与自然为友

“道法自然”，古代哲学家大都爱面对自然作哲学思考，并以自然来滋养哲人的智慧。先以大家熟悉的例子来说，《论语·子罕》记：“子在川上曰：‘逝者如斯夫，不舍昼夜。’”从字面上看，这是说孔子在川上看到川流不息的流水，发出了日往月来，时光易逝的感叹；而其深层含义是告诉人们，要从这一自然现象中领悟到大化运行，继往开来、生生不息的道理，勉励后生要把握时机，自强不息，予人以深刻的启迪。

晋宋间大诗人陶渊明，志趣高洁、博学善文，身处政局动荡之际，“不愿为五斗米折腰”，弃官不当，回家躬耕自食，安于贫苦，创作了许多描写田园生活的田园诗，风格恬淡自然、朴实无华，但语淡而意深，富于哲理，使人百读不厌。如他20首《饮酒诗》中《结庐在人境》一首，真可说是将人品、诗情、自然景色和哲学思辨融为一体的千古绝唱：“结庐在人境，而无车马喧。问君何能尔？心远地自偏。采菊东篱下，悠然见南山。山气日夕佳，飞鸟相与还，此中有真意，欲辨已忘言。”与自然为友，涤尘清浊，远离尘世的喧嚣，心与菊花、飞鸟、山气合一，没有半点虚情，只有一派真意，此情此景无须用语言来表达，语言也表达不了，“此中有真意，欲辨已忘言”。这首诗写透了人与自然为友的情怀和心态。

不同思想体系的哲学家，各有不同的思维方式，但他们都爱从自然感受中得到启悟。释家善于以自然为喻来阐发他们的理念，如天台宗高僧湛然在阐扬世间万物皆有佛性的义理时说："佛性遍法界，不隔有情无情，一草一木、一砾一尘皆有佛性。"大乘佛教不仅认为人有佛性，一切胎生含血之物有佛性，连非胎生的草木，无灵性的尘砾也都有佛性，以此来说明佛以慈悲平等心观照世间万物的教理。至于禅宗大师常以自然为喻来阐明禅心精微的例子更是不胜枚举。禅宗经典《五灯会元》就记有许多与自然有关的妙语，如卷十五中记道："问如何是佛法大意？师曰春来草自青。"这一问一答真可谓洒脱自然、机趣天成。又如《大珠语录》说："青青翠竹总是法身，郁郁黄花无非般若"，更是将禅与自然的关系说得通通透透。何以禅宗丛林都建在深山密林之中？因为山深林密自然清静，潜心参禅，便于达到心无妄念、明心见性的最高境界。

中国哲人喜与自然为友，外国哲人也同样喜与自然为友。印度诗哲泰戈尔是自然的崇拜者，他描写自然的小说和诗篇都富于哲学思辨。他认为自然界是一个有机的整体，人与自然在生活实践中，在具体的情感生活中达到伟大的自然和谐。他在小说《沙达娜》中描写道："大地、水、光、水果和花草等自然万物，对人类而言，并不是有用则用、用完即弃的单纯的物质，而是如同整曲华美的交响乐中的每一个音符，是人类实现自我理想所不可或缺的必要构成……只有当人生中发现自然的永恒之灵时，才觉到生命的真正意义……"泰戈尔对人与自然关系的描写是多么美妙啊！自然不是冷冰冰的无情物，而是能与人心灵沟通的，"是人类实现自我理想所不可或缺的必要构成"。这正像《牡丹亭》中杜丽娘说的，"可知我常一生儿爱好是天然"。爱好天然，与自然为友是一个人心地真纯的反映。17世纪日本诗人巴蕉也给人们留下了印象很深的诗句："何等尊贵，青叶嫩叶，在日光下。"树枝上的青叶嫩叶何来尊贵？因为它是大自然的使者，日光下青叶嫩叶在叶脉中流动着大自然生命的汁液，诗句是那么得朴实，而其内涵又是多么得丰美啊！

与自然为友并非是诗人哲学家的专利，每个人都要与自然为友；

尤其是生活在文明社会的现代人更要与自然为友。在经济繁荣、科学昌明的现代生活中，人们一出家门见到的是宽敞的马路、高大的楼房、川流不息的车辆、来来往往的行人、琳琅满目的商品……一进家门看到的是电视机、VCD、电冰箱等现代化设备，生活中什么都不缺少，但心里却老感到迫促、不舒畅，甚至烦躁，为什么？因为离开了大地母亲，望不到悠悠的白云，看不见清清的流水，闻不到芬芳的花丛，摸不着茵茵的芳草，呼吸不到新鲜的空气。所以人必须与自然为友，不论城市和农村都要给大自然多留些自由舒张的天地。只要你爱护大自然，它会给你很多很多好处，你去拥抱大自然，它会使你感到舒坦和宁静，清除你胸中的郁闷，宽缓你浮躁的情绪，使你四肢活络，头脑清醒，身心健康。但是与自然为友必须要爱惜自然，大自然使你清新，你必须以清新来回报自然，以自然规律来开发和守护自然。如果你肆意糟蹋破坏自然，大自然也是要报复的，吃过自然报复的苦头的人们都是记忆犹新的。当然治理大环境，修好大自然，要依靠政府和群体的力量，需要大家努力，不过每人身边都有小环境小自然，那就要每人从自己身边的小事做起，与自然为友，自然会给你很好的回报。

1999年12月28日

（《宁波环境报》）

与人为善

“与人为善”是句好话，当代人的解释是：我以善意待人，帮助别人，希望他好。人若有过，批评他不是要打击他，而是为了使他知过能改，改了就好。这样做有利于协调人际关系，有利于促进安定团结，是很好的。不过，“与人为善”这句成语的原来意思，却不是这样的。这句成语出典在《孟子·公孙丑下》，是孟子颂扬虞舜善于向一切为善之人学习的赞美词：“大舜有大焉，善与人同。舍己从人，乐取于人以为善。”史称舜是古代圣君，他之所以能成大事，是因为他善与人同，看到别人善行，觉得自己不如他，就舍己从人，和有善行的人一起从善。乐于取人之善反求诸己，因此他能和唐尧一样成为我国古代的圣贤明君。孟子又说：“取诸人以为善，是与人为善者也。故君子莫大乎与人为善。”孟子所谓“与人为善”，其本意是“取诸人以为善”。如从语法上来分析，“与人为善”可以有两种读法，一种读法是“与，人为善”，意思是人为善，乐与其同；另一种读法是“与人，为善”，意思是对人有善意，或以善心待人。同一句话读法不同，意思也就有所不同。孟子的“与人为善”该是前一种意思，敢于舍己之不善，乐于取人之所善，这只有德行出众、胸怀博大的人才能做到，所以他说“故君子莫大乎与人为善”。

孟子将舜作为“与人为善”的典范，同样，他用另一种说法将孔子视为“与人为善”的典范，他称孔子是“集大成者也”，什么叫“集大成”？曲阜孔庙有规模宏大的大成殿，各地孔庙也都有大成殿，“集大成”是孟子对孔子至高无上的颂扬。所谓“集大成”，正如孟子所说：“伯夷，圣之清者也；伊尹，圣之任者也；柳下惠，圣之和者也；孔子，圣之时者也。孔子之谓集大成。”伯夷、伊尹、柳下惠都是古代的圣贤，伯夷是周以前一个小国的王子，伊尹是商朝的首相，柳下惠是“坐怀不乱”的正人君子，孔子将伯夷坚定不移的节操、伊尹以天下为己任的精神、柳下惠志行高洁的人格等种种善行都吸收到自己身上，通过自身的实践推行于当世，所以孟子说他是“集大成者也”，“圣之时者也”。（“集大成”另一说是指孔子集中国古代文化之大成。）集大成精神和“取诸人以为善”的与人为善精神是相似的。

不论是以善意待人，还是博取众善，发扬、继承这两种“与人为善”精神，都是有现实意义的。我们既要有“取诸人以为善”，与人为善的胸怀，使自己具有更崇高的思想境界和更丰富的知识。同时，更要提高对是非、善恶的辨别力和判断力，从而扬善弃恶，趋利避害，扶正祛邪，使正气上扬。面向现实，我觉得两种“与人为善”的精神都应当发扬。

（1998年6月29日）

知人者智　自知者明

老子哲学崇尚自然无为，《道德经》一书主体思想是唯心的，但其中也含有唯物因素，并且充满了辩证法的智慧，提出了不少引人深思的问题，本文所及“知人者智，自知者明”就是其中之一。

能分得清好人坏人的人是智者，能自知自己好坏的人，是有自知之明的人。这话说来容易，做到却难。马克思说过，人的本质“在其现实性上，它是一切社会关系的总和”，一个人就是他自身生存范围内的一个小世界，集中着诸多纷纭复杂的关系。因而知人不是易事，如果一个人的好坏，像京剧脸谱一样忠奸分明就好办了，但现实生活中却不是如此，胸怀坦诚的人表里如一，而本性狡诈的人却善于伪装。外表只能给人一个初步印象，不可能就此对他作出确切的判断，只就表面印象论好恶，十有其九要犯错误，就连孔老夫子都为此做过自我检讨，他说：“以言取人，失于宰予；以貌取人，失于子羽。”宰予口才好，孔子起先很赏识，后来由于宰予提出父母亡服丧三年可改为一年，孔子认为宰予缺乏孝心，是“不仁”；又一次宰予在大白天睡觉，孔子见了就气恼地批评他“朽木不可雕也”（其实宰予是孔门弟子中一位出色的外交家）。子羽，姓澹台名灭明，孔子初见他时印象不佳，因为他相貌丑陋，后来孔子觉察到他是品行端正、行事有方的人（子羽还是将孔子学说传到南方的第一人）。可见以表面印象论人是靠不住的，因而孟子提出要“知人论世”，了解一个人要全面，连他接物处世的生活环境也要弄清楚。

用人先要知人，知人才能善任，用人而不知人是很危险的。战国时，赵奢、赵括父子两人都是赵国名将，谈论起兵法来，赵奢还说不过赵括，但知子莫若父，赵奢曾对他妻子说："赵若将之，破赵必括也。"因为赵括夸夸其谈，是"理论的巨人，行动的矮子"。后来秦国侵犯赵国，赵王不听蔺相如和赵母之言，起用赵括代替廉颇。结果长平一战，赵国全军覆没，应验了赵奢"破赵必括也"的预言。这就是不知人而用人的后果。

由于知人不易，因此历史对能知人的人就倍加赞誉。春秋时齐之管仲与鲍叔自幼相交，一起经商，获利后管仲自己就多取些，鲍叔毫不介意，他知道这是管仲家贫之故。后来齐公子小白与齐公子纠兄弟争权，鲍叔事小白（后立为齐桓公），管仲事纠，纠失败，管仲被幽禁，鲍叔竭力将管仲推荐给齐桓公，认为管仲之贤定能辅佐齐桓公成霸业。以后管仲果然辅桓公九合诸侯，一匡天下，成了春秋霸主。鲍叔可谓知人，管仲说："生我者父母，知我者鲍叔也。"《史记》赞美道："天下不多管仲之贤，而多鲍叔能知人也！"知人者智，唯智者能知人。

知人不易，自知更难，因为人最容易被自身的各种欲念所蒙蔽。自知何以谓"明"，河上公《老子章句》注道："人能自知贤与不肖，是为反听无声，内视无形，故为明。"自知不自外来而是出于内心，内心之知，听之无声，视之无形，全仗自身内在的修养和觉悟。"知者不惑"，内心清醒，是非分明，就不会被外界眼花缭乱的现象所迷惑。子张问明，孔子说："浸润之谮，肤受之愬，不行焉，可谓明也已矣。"（《论语·颜渊》）一个人犯错误往往不是在暴风雨袭来的时候，而是在春风得意的时候，春风得意时忘乎所以，就不易察觉"浸润之谮，肤受之愬"渐变性侵蚀的危害，可是积累到一定程度就会铸成大错，这种教训，在现实生活中也是屡见不鲜的。

有的人明于知人，而暗于知己，稍有作为就骄傲自满，不警惕自身的弱点，以致身败名裂，如楚霸王项羽就是。项羽自起兵以来，身经七十余战，每战必胜，可这位常胜将军，却不能战胜自身的弱点和错误，他居功自傲，刚愎自用，听不得不同意见，以致坐失良机，功败垂成，最后落得乌江自刎的悲惨结局。

人的自知，还贵在他能否辨别传到耳朵边的声音，听话辨声也有明与不明的区别。有的人只爱听顺耳之言，听不得逆耳之言，失去对“浸润之谮”的警觉就是不明。荀子《修身篇》有段话值得思考，他说：“非我而当者，吾师也；是我而当者，吾友也；谄谀我者，吾贼也。”能正确指正我缺点错误的人，是我老师；能符合实情肯定我好的人，是我朋友；歪曲是非曲意奉承我的人，是害我的人。一个人能自知自身的优点和缺点，其心就明了。

行文至此，就引“得知千载上，正赖古人书”两句陶诗煞尾吧！

（1998年8月12日）

谈淡泊

淡泊是一种精神境界，也是一个人情操的反映。淡泊不是淡漠，淡漠是对世事漠不关心，不愿承担一切社会责任、尽一个公民应尽的义务。淡泊是精神修养，不热衷于个人名利，不沉湎于声色犬马，而是从生活境界的高处领悟人生的真谛，对该做的事，尽力去做，对不该做的事，洁身自好，有所为有所不为。得意时不踌躇满志，趾高气扬；失意时不消极悲观，灰心丧气。既不受名缰利锁的羁绊，也不因琐屑小事而烦恼，淡中有味，淡中有乐。

孔子是一位“志于道，据于德，依于仁，游于艺”(《论语·述而》)，以天下为己任的大思想家、大教育家。他希望在诸侯纷争、道德沦丧的动乱年代，实现他仁德之治的政治理想。他周游列国，游说诸侯采纳他的主张，使之成为礼仪之邦。孔子是一位任重道远的入世主义者。可是在争王争霸、战争不息的岁月中，要实现他治国平天下的理想是根本不可能的，所以他生前处处碰壁。但孔子“学而不厌，诲人不倦”，始终乐而不疲，原因何在？一是因为他坚信自己的理想，二是由于他对个人生活要求很淡泊。“饭疏食饮水，曲肱而枕之，乐亦在其中矣！不义而富且贵，于我如浮云。”不贪富贵，不图享受，忧道不忧贫，因此对个人生活就能淡然处之，正如古人所言“藜羹饭后，识人生淡泊之真”。

儒家以入世思想来看待淡泊，道家则是从出世态度来看待淡泊。老庄主张“淡泊无为”，最早将“恬淡”两字明白地揭示出来的是庄子，道家将恬静淡泊视为“全生葆真”的精神准则。“平易恬淡，则忧患不能入，邪气不能袭，故其德全而神不亏。”（《庄子外篇·刻意》）恬静淡泊可以消除忧患，祛除邪气，使心气安泰、精神不亏。“淡然无极而众美从之”，淡然无为，不企求身外之物，也不为外物所奴役，胸中聚集精美之气，使心志清明，“心不忧乐，德之至也”。在《庄子·缮性》篇还提出“以恬养知”，通过恬淡的涵养，孕育生命的智慧。恬淡之人，超然物外，能不偏不倚地看待世界，认识自然，“以恬养知”可说是庄子后学的明哲之言。

历史上许多明智的政治家、思想家，在他们胸怀大志、奋发有为的时候，积极入世，以天下为己任。但仕途风波，险恶莫测，所以他们常常也会给自己留有精神后院，这后院就是“以恬养知”、恬淡自守的淡泊思想。诸葛亮是位杰出的政治家、军事家，他未出茅庐时，在南阳读书种田，不求名利，是位淡泊自守的隐士。当他被刘备三顾茅庐的至诚所感动，决心出山辅佐刘备共创大业时，他还是给自己留着后路，临行嘱咐他弟弟诸葛均要管好田地，不使田园荒芜，使他功成身退时能回南阳过耕读生活。后来诸葛亮虽然再也没有回到过南阳，为了巩固蜀汉政权，南征北伐，席不暇暖，并准备以身许国，“鞠躬尽瘁，死而后已”时，他还是殷殷地嘱告他儿子要牢记“淡泊以明志，宁静而致远”两句传世名言。这两句名言也可说是诸葛亮一生业绩和高尚人格的写照。

综上所述，说明淡泊不是淡进淡出，淡而无味，而是淡中有真味，淡中有至味的深层涵养。苏东坡十分推崇陶渊明的诗，认为陶诗有“奇趣”，陶诗的“奇趣”在于“精能之至，反造平淡”。陶诗语简而情真，外枯而中膏，似淡而实美。“精能之至，反造平淡”的平淡，是最有滋味的平淡。苏东坡还十分看重韦应物和柳宗元的诗，认为韦、柳的诗能“发纤秾于简古，寄至味于淡泊”，韦、柳诗的简古，是细腻、浓厚感情的纯化，淡泊是意境高远的淡泊，能使人味之无极。淡泊的思想境界是从复杂的生活经历中体会出来的哲理，没有一番经历，没有一番辛苦，是领会不到淡泊滋味的。

在现实生活中，我很钦敬能负重任而又安于淡泊的人，这样的人任重而道远，是可信赖的人。我很惋惜才能并重而不甘淡泊的人，古今中外有不少先荣耀而后萎靡的人物，这种人多半缺乏远大的眼光和恬淡的胸怀。至于整日追名逐利、整夜沉湎酒色的人，就不必说了。

（1999年1月21日）

伏尔泰和孔子

伏尔泰是 18 世纪法国的哲学家、文学家，也是杰出的启蒙思想家，他反对封建专制，对于天主教神权思想及其统治势力进行无情抨击和辛辣讽刺。他认为宗教是理性的大敌，主张由知识来达到人心的解放。他对中国文化和孔子的思想十分推崇，在其著名论文《论哲学家》中写道："公元前 6 世纪，世界的东方生活着一位不喜欢抛头露面而喜欢说实话的圣贤，这位圣贤便是孔夫子……他从不愿欺骗人类，地球上还有能比这更好的行为规范吗？"他在论文中引经据典，用了孔子许多格言，然后说："我们必须承认，没有哪位立法者说出过比孔子所说的对人类更有用的真理了。"他高度赞扬"修身齐家治国平天下"思想，将《大学》中的"欲治其国者，先齐其家；欲齐其家者，先修其身；欲修其身者，先正其心……"用法语意译为"要像管理你的家庭一样管一个国家，一个人只有以身作则，方能管理好他的家庭"。意思是说：要治理好国家，先要管理好自己的家庭；要管理好自己的家庭，首先自己立身要正，要以身作则。伏尔泰认为这一逻辑顺序，是很完美的政治伦理学。

伏尔泰又是美学家，他在《论美》中说"美就是要惹人爱"。美的作用是使人通过双目（视觉）深入人的灵魂，使灵魂受到美的润泽，感到温暖。也就是说，美要美在心灵，外在的美，可能有人认为美，也有人可能认为不美，而内在的美才是最有"确定性"的美。伏尔泰将美学和美德结合起来，认为孔子说的“以直报怨，以德报德”就是美德。孔子的话出于《论语·宪问》，有人问孔子“以德报怨”好吗？孔子不以为然，反问道那么如何来报德呢？他接着说，要“以直报怨，以德报德”，要以公平正直的态度来对待别人的怨恨，以正道服人，消除他心中的怨恨；而对待德（恩惠）则要“以德报德”，说明美是有是非的，美和美德是相连的，伏尔泰认为，“以直报怨，以德报德”就是美德。

伏尔泰还十分推崇孔子“己所不欲，勿施于人”的思想，他在《论宽容》中说：“纷争不和是人类的大敌，而宽容则是唯一医治它的良药。”宽容就是“己所不欲，勿施于人”，伏尔泰将它意译为“要像对待自己那样对待他人”。伏尔泰的“宽容”，就是孔子的“恕”。孔子思想中特别强调“恕”，有一次子贡问孔子，是不是有一句话可以使人终生奉行，孔子回答说：“其恕乎！己所不欲，勿施于人。”（《论语·卫灵公》）孔子也曾对曾参说“参乎！吾道一以贯之”，“夫子之道，忠恕而已矣”（《论语·里仁》）。伏尔泰《论宽容》的核心思想就是孔子的“恕”。

灿烂的中华文化在世界上曾有过良好的影响，在17、18世纪，欧洲出现过中国文化热，欧洲思想家都很重视中国文化，吸取过孔子、老子思想的精华。18世纪英国经济学家亚当·斯密在研究市场经济的时候，受到老子《道德经》“道常无为，无为而无不为”哲学思想的启发，推导出“自由市场经济”的原理。中国知识分子应当以优秀的中华文化为骄傲，江总书记在一次重要的讲话中曾指出：“我国历史上有许多格言警句和诗词歌赋，都是劝人要奋发向上，淡泊处世……”处于知识经济时代的中国知识分子，应当有奋发向上的创新精神，使优秀的中华文化发出新的光彩。

（2000年5月30日）

老子和亚当·斯密

中华传统文化与市场经济的关系，是一个值得研究的课题。最近《参考消息》(1999 年 6 月 18 日第 4 版）有一篇标题为“西方自由市场原理源于《道德经》”的文章，读了很感兴趣。文章原题是“意义重大的思想”，作者是香港《远东经济评论》总编迈克尔·瓦帝基奥蒂斯，文章着重介绍西方自由市场原理的理论渊源。人们都认为现代自由市场经济原理的创始人是 18 世纪英国经济学家亚当·斯密，是他在其经典著作《国富论》中提出来的。他受同时期的法国哲学家弗朗索瓦·魁奈著作中“自由放任”一词的启发，认为政府政策不应干涉经济自然法则的运行。现在又有位专家考证后认为“自由市场经济的基本思想是在中国人理论的帮助下，由 18 世纪中叶的耶教会传教士得出的”，斯密和魁奈的思想是受到这位传教士的启发。那么他所指的中国人的理论是什么理论？那位中国人又是谁呢？当代英国哲学家约翰·詹姆斯·克拉克研究认为，这一理论来源于老子的《道德经》。没想到老子的《道德经》竟会是西方自由市场经济理论的鼻祖，这不是一个使人大感兴趣的话题么？

“自由经济”按照市场规律由经济自行运管，不受行政权力干预，这和老子“无为而治”的思想是吻合的。《道德经》三十七章中写道：“道常无为而无不为。侯王若能守之，万物将自化。”老子认为，天下万事万物都有其自然之道，如果任其自然，由万物自化，那么万物就能按其本性自由发展而欣欣向荣。在六十三章中又写道：“为无为，事无事，味无味。大小多少，报怨以德。图难于易，为大于细，天下大事，必作于细……”将老子的“无为”哲学和市场经济自由运转的理论联系起来看，说西方自由市场经济原理源于《道德经》，以其大体而论，是合乎逻辑的。

老子是中国古代哲学家，从总体上说，他的思想并不适用于现代。当前，在我国人民上下齐心，在党中央领导下，为建设中国特色的社会主义而奋发图强、艰苦奋斗的时候，谈什么“无为而治”，那是在拖历史发展的后腿，万万不可。不过老子哲学概括面广，有时它能启迪人的聪明机智来有效地处理某些问题。西方经典经济学家、哲学家，能在老子“无为”思想启迪下创立自由市场经济理论，我们为什么不可以像马克思对待黑格尔哲学那样扬弃其唯心主义思想，吸收其辩证法合理的内核，将它“被颠倒了的头足，重新颠倒过来”，为我所用，不是很好么！中华传统文化博大精深，我们以马克思主义的观点方法，取其精华，弃其糟粕，联系实际，用于现在，是有价值的，比如现在正在推行的“承诺制”。承诺制必须要以真诚和信誉为基础，儒家主张“不诚无物，是故君子诚之为贵”，老子认为“轻诺必寡信，多易必多难”，儒家从正面讲诚之为贵，老子从反面讲不要轻易许诺，说到就必须做到，承诺了却又办不到的话就会失信于人，言而无信是人生的大忌。这些话在今天不是仍值得我们深思吗？！

（1999年6月22日）

古之儒商

现在工商界被人称为“儒商”的人多起来了，这是好事。既称儒商，起码是位能文明经商的人，这对发展社会主义市场经济有好处，应当欢迎。不过我想既称儒商，总得和儒学创始人孔子的思想联系得上才是。

孔子思想体系博大精深，既有其积极一面，也有其消极一面。“仁”是孔子思想的核心，仁的含义是积极的，“仁者爱人”，“泛爱众而亲仁”，仁就是要爱人，要爱众多的人。孔子教人不能只顾自己而要“推己及人”，“己所不欲，勿施于人”。孔子认为“富与贵是人之所欲也”，但不可“见利忘义”，“不义而富且贵，于我如浮云”，他对用不正当手段得来的富贵是不屑一顾的。总之，既称为儒商，就要有“修己以爱人”的人格修养和“利国裕民”的经营思想。

孔子有位高足，姓端木名赐，字子贡，可算是中国最早的儒商了。子贡敏而好学，对孔子的教导能“闻一知二”。有一次他向孔子请教：“一个人虽然穷，但他不丧失人格，不去拍贵人的马屁，富了也不骄傲，看不起别人，这样的人行吗？”孔子回答说：“可以，但还不够，贫不但无谄，还要乐道；富不但不骄，更要以礼待人。”子贡听了很受启发，同时他还进一步领会了《诗经》中“如切如磋，如琢如磨”这两句诗的意思，即教人不可稍微知道一些事理就自满起来，一定要反复琢磨，精益求精。孔子听了称赞子贡说“赐也，始可与言《诗》已矣，告诸往而知来者”，学习就该这样，不是老师教一，只知道一，而是受到老师启迪后要进一步去思考，做到“闻一知二”、“举一反三”。

子贡有问题，总是自己先经过反复思考后才向孔子请教。

有一次，他问孔子一个大问题：“如有博施于民而能济众，何如，可谓仁乎？”如果有人能给百姓们办好事，使大家生活过得好，这可以说是仁吗？

孔子告诉他说：“这岂只是仁，足可以称为圣人了，连尧舜这样的大圣人都很难完全做到呢！”同时又进一步告诉子贡：“夫仁者，己欲立而立人，己欲达而达人，能近取譬，可谓仁之方也已！”意思是说行仁道，不但自己要站得直，也要使人站得直，自己做到了，也要使人能做到，而且要就近做起，这就是实践仁的好方法。子贡能想到“博施于民而能济众”这样的大问题，孔子又教他要就近做起，这一问一答对子贡以后成为中国第一位儒商影响是很深的。子贡不但是一位博学多闻的学者，而且还是一位出色的外交家。他深明礼义，能言善辩，多次陪同鲁国君臣与各国诸侯交往，几次都在紧急情况下以理说服诸侯，维护了处于弱国地位的鲁国的尊严。子贡的愿望是能在以大欺小、以强凌弱，诸侯争霸、争斗不息的年代里，用外交手段来缓解国与国之间的争端，能不动刀兵，不费粮草，化干戈为玉帛。他在春秋后期外交上取得的重大成功，是载入史册的，司马迁说：“子贡一使，使势相破，十年之中，五国（鲁、齐、吴、晋、越）各有变。”（《史记·仲尼弟子列传》）

子贡后来弃官经商，孔子说他“赐不受命而殖货焉，亿则屡中”。他利用善于分析形势，把握机遇的政治经验，在曹、鲁等地经商，猜测物价行情上落，每次都猜测得很准，因此大获其利，很快就成了出名的富商。同时他又本着“博施于民而能济众”的儒家思想，有了钱更想多做利民之事。他以儒商身份一面经商，一面访问各国诸侯，以实现他“博施济众”的理想。他周游列国，比孔子为了推行“仁政德治”而周游列国要阔气多了。孔子在匡几乎丧命，在陈蔡绝粮，饿得像“丧家之犬”，而子贡却“结驷连骑，束帛之币以聘诸侯，所至，国君无不分庭抗礼”(《史记·货殖列传》)。子贡虽然富贵到可以和各国诸侯分庭抗礼的地位，但他始终不忘孔子“富而好礼”的教导。

有人说他比孔子高明，他听了气愤地说：“仲尼，日月也，无得而逾焉。人虽欲自绝，其何伤于日月乎！”孔子像日月一般，仰之弥高，没有人能超过他。孔子死后，弟子们从各地赶来服丧三年，子贡三年服丧之后，又在孔子墓旁筑庐守墓三年，其师生之情非同一般。

子贡离现在已有 2600 多年了，古时的儒商和现在的儒商自然不可同日而语，但是他“博施利民而济于众”的思想还是有参考价值的，今天的儒商应当以邓小平同志“三个有利于”思想为指导，为发展社会主义市场经济服务，多做利国利民的事。

（1997年5月）

儒商兴学礼赞

——读《赵安中传》

王耀成同志的《赵安中传》从1997年初版至今已出了三版，发行量达七万三千册，说明这是一部能打动人心、深受读者欢迎的书。正如香港一位女作家所说：“《赵传》写得真诚、真实，不是在给富人擦皮鞋。”

赵安中先生捐资助学的项目遍及山区、海岛、边疆，共有166项，捐助资金累计达1亿多元人民币。可是在香港的富豪榜中却见不到他的名字，他只是“凭勤俭建立根本，靠积聚而成小康”的中小企业家，他自谦是个“小商人”，而我们从他的业绩行状、思想修养、办事作风等多方面来看，他是一位名实相符的儒商。他是宅心仁厚的爱国者，他说：“有生之年能够为祖国做点事情，死后能够长眠在故乡的大地上，身后果然有知，能够看到故乡的山乡、海岛，莘莘学子个个成材，此生之愿足矣。”他是一位见利思义、义内求财的义商。经商、办厂、交友，以义为先。他又是一位“推己及人”的仁者。自己小学没有毕业，深尝谋事求业没有学历的苦恼，他说：“我从小受教育不多，但深知教育乃立人、振业、兴国之基础。树木须坚根，树人要扶本，受教育是人一生发展之根本，没有什么事情比教育更重要了。因此在我有生之年，总要小小尽力。”他就是以这样的情怀，不顾八十高龄年衰体弱，而跋山涉水，深入山区海岛看望老师学生，捐资助学，以求心之所安。由此可见，我们称赵安中先生为儒商，并非溢美之词。

所谓“儒商”，是指有“修己以爱人”的人格修养和“利国裕民”的经营理念在经营工商企业的人。我深为赵安中先生“推己及人”捐资兴学，“己欲立而立人，己欲达而达人”的事迹所感动，他有爱人之心并能就近做起，岂不是仁者之举？

《赵安中传》是一曲儒商兴学的赞歌，在新出的第三版中，随着赵先生业绩的发展，传记又增添了新的感人的章节，例如关于宁波大学举行“安中大楼”奠基典礼的一段文字，更是感人不浅、催人泪下。情之所至，我不厌其烦地摘抄如下文字，以飨读者：

> 2004年5月10日宁波大学举行“安中大楼”奠基典礼，赵安中原定来宁大参加，但是他重病在身，难以起身。宁大决定采用视频会议系统，让在香港病床上的赵安中犹如身临其境，以遂老人的心愿。
>
> 在宁大会场上看到了已有87岁高龄、重病中的赵安中，只见他颤巍巍从病榻上坐起来，气喘喘地叮嘱宁大学子：“要把书读好，要报效祖国。”他一声声呼唤着全部到了宁波现场的宁大先后6任校长的名字，他历数着每一任校长的功绩，连声说：“谢谢，谢谢你们！”说着便声泪俱下，泣不成声……全场师生和与会嘉宾无不落泪。这泪浸润着无穷的感念之情。大家都知道，为了祖国的教育事业，先生已经把在加拿大和美国的房产卖掉了，他已经罄其所有，在祖国各地建造了一百四五十幢宽敞明亮的教学大楼。可是他自己住的还是三四十年前造的老式公寓楼。这泪，出自大家内心的感动，为赵安中先生的品格和精神所感动！

显赫的名位、亿万的财富，可以骄人，却不能感人，只有高尚的人格、崇高的精神，才能感人。《赵安中传》是一本感人的书！

（2006年6月26日宁波日报《读书版》）